KB030371

한국아동 · 청소년상담학회 연구총서 1

2판

청소년 상담학 개론

Adolescent Counseling

김동일 · 김은향 · 김지연 · 김형수 · 박승민
이명경 · 이원이 · 이은아 · 이제경 · 이주영
정여주 · 최수미 · 최은영 공저

학지사

2판 머리말

『청소년 상담학 개론』은 1판이 출간된 후 약 6년 동안 예비 청소년 상담사와 현직 상담사들을 위한 교과서로 활용되어 왔습니다. 그것은 1판 저자들(김동일, 김은하, 김은향, 김형수, 박승민, 박중규, 신을진, 이명경, 이영선, 이원이, 이은아, 이제경, 정여주, 최수미, 최은영)의 헌신적인 노력이 있었기에 가능했습니다.

이 책에 대하여 지금까지 많은 독자가 다양한 의견을 주었습니다. 청소년 상담에 대한 전반적인 흐름을 알 수 있는 체계를 보여 주었고, 텍스트로서 알찬 내용을 담았다는 긍정적인 피드백을 주신 것에 대해서는 특별한 감사를 드립니다. 그러나 청소년 상담 영역의 역동성과 발전 속도, 독자의 다양한 요청사항(장별 내용의 독립성 유지, 활용 가능한 조언 제시, 요약 및 표의 적절한 배치)을 반영하는 것이 필요하다고 느꼈으며, 이에 따라 『청소년 상담학 개론』 2판을 준비하였습니다. 이에 이 책의 틀을 잡아 준 1판의 기존 저자들의 노고에 진심으로 감사드린다는 말씀을 다시 한번 전하며, 기존 내용의 연속성을 유지하면서 발전적 수정 및 개정을 위해 애써 준 2판의 여러 저자에게도 특별히 고마움을 표합니다. 학회의 학술적 공통분모를 구성하기 위하여 작업에 참여해 주었던 모든 저자의 노력은 오랫동안 기억될 것입니다.

'한국아동 · 청소년상담학회'에서는 변함없이 청소년 상담과 청소년 상담사를 위한 표준 지식과 지향점을 공유하고, 학회 회원들과 예비 '청소년 상담사'를 위한 총서를 지속적으로 발간해 나갈 것을 약속드립니다.

책을 개정하는 데 많은 분이 애를 쓰셨습니다. 특히 이 책을 묶기 위하여 애써 준 한국아동·청소년상담학회 간사 현은정 선생님에게 고마움을 전합니다. 또한 학지사 김진환 사장님, 이영봉 과장님을 비롯한 임직원 여러분의 지속적인 관심과 지원에 감사드립니다.

2020년 관악에서

저자들을 대신하여

한국아동·청소년상담학회 회장 김동일

1판 머리말

1990년 우리나라에 '체육부 청소년종합상담실'이 설치되고, '청소년대화의 광장' '한국청소년상담원'을 거쳐 현재의 '한국청소년상담복지개발원'으로 전환되기까지, 상담 및 청소년 상담 영역을 구체적으로 밝히고 명확하게 규정짓고자 하는 학술적·실무적 작업이 지속적으로 진행되었습니다. 점차 '상담자'라는 명칭에 앞서서 '청소년 및 청소년 관련인과 청소년 관련 기관을 대상으로 직접 봉사, 자문활동 그리고 매체를 통하여 청소년의 바람직한 발달 및 성장을 추구하는 활동'을 중심으로 '청소년 상담자'라는 자신의 전문성을 드러내는 이들이 늘어나게 되었습니다. 2003년 한국청소년상담원에서 주관하여 시작된 청소년 상담사 국가자격제도는 청소년 상담의 전문성과 영역 특수성을 고양하는 데 커다란 기폭제가 되었습니다.

청소년 상담의 주요 목표는 문제해결과 예방, 성장의 세 가지 차원에서 생각해 볼 수 있습니다. 즉, 청소년들이 겪는 부정적 문제들을 보다 효과적으로 해결할 수 있도록 돕고, 이러한 문제가 발생하기 전에 이를 예방할 수 있게 하며, 보다 긍정적인 사고와 능력을 길러 건강한 발달을 돕는 것입니다. 2000년부터 한국상담학회의 근간학회로 거듭나게 된 '한국아동·청소년상담학회'는 청소년 상담자의 입문과 연수를 위하여 다양한 학술 및 전문적 지원 활동을 수행해 오고 있습니다.

본 학회에서는 청소년 상담과 청소년 상담자를 위한 표준 지식 및 지향점을 공유하고, 회원들을 비롯하여 '청소년 상담사'가 되기 위해 공부하는 입문생을 위하여 연구총서를 발간하고자 합니다. 이에 첫 번째 작업으로 청소년 상담의 이론과 실무에 대한 폭넓은 전문성을 지닌 학자들이 힘을 모아 『청소년 상담학 개론』을 완성하여 펴내게 되었습니다. 이 책은 지금까지의 청소년 상담에 대한 여러 가지 학문적 · 제도적 · 실제적 변화를 종합적으로 반영하고자 기획되었으며, 동시에 앞으로 청소년 상담 영역이 어떻게 진화해 가야 하는지에 대한 고민과 성찰을 담았습니다. 바쁜 일정 중에도 학회의 학술적 공통분모를 구성하기 위해 집필에 참여한 모든 저자의 노력은 오래도록 기억될 것입니다.

본 연구총서를 위하여 많은 분이 애를 쓰셨습니다. 특히 이 책을 묶기 위해 궂은 일을 마다하지 않은 서울대학교 김명찬 박사에게 고마움을 전합니다. 또한 학지사 김진환 사장님, 백소현 과장님을 비롯한 임직원 여러분의 지속적인 관심과 지원이 있었기에 이 프로젝트가 진행될 수 있었습니다.

마지막으로, 청소년의 행복과 성장을 위하여 헌신하고 계시는 청소년 상담자들과 '국가 청소년 상담사'를 꿈꾸는 모든 분과 이 책을 나누고자 합니다. 여전히 형성과정에 있는 젊은 '청소년 상담학'을 펴내는 작업에 앞으로도 독자 여러분의 진심 어린 관심과 조언을 기대합니다.

감사합니다.

2014년 관악에서

『청소년 상담학 개론』 모든 저자와 함께

한국아동 · 청소년상담학회 회장 김동일

차례

제1장

청소년 상담이란

ADOLESCENT COUNSELIN

청소년의 삶의 질을 높이고, 올바른 방향으로의 성장을 돕기 위한 노력은 지금까지 꾸준히 이루어져 왔다. 우리나라는 급격한 사회적 변화와 청소년기의 과도기적 발달 단계 특성이 맞물려 청소년의 어려움이 많이 보고되고 있다. 따라서 전문성을 지닌 상담자의 상담 활동을 바탕으로 한 효과적인 청소년 상담에 대한 요구가 높아지고 있다. 이 장에서는 청소년 상담의 개념 및 목표를 이해하고, 청소년 상담에서 다루는 영역과 청소년 상담자의 자질 및 역할, 청소년 상담과 관련한 자격 제도에 대해 다루어 보기로 한다.

학습목표

1. 청소년 상담의 개념을 이해하고 설명할 수 있다.
2. 청소년 상담 전문가의 역할과 필요성을 명확히 인식하고 설명할 수 있다.
3. 우리나라의 청소년 상담 관련 자격 제도의 의미를 알고 제반 사항을 숙지할 수 있다.

DOLESCENT COUNSELING

1. 상담의 의미

'상담이란 무엇인가?' 하고 상담학자들에게 질문한다면, 그들은 현존하는 250여 개의 상담 및 심리치료 이론만큼 다양한 답을 할 것이다. 상담이라는 것이 결국 인간을 대하는 과정인 만큼, 그에 대한 각자의 관점이 다르기 때문이다. 인간이라는 존재와 심리적 어려움의 원인 및 해결 방안, 내담자와 상담자의 역할 등에 대해 사람들은 각기 다른 관점을 가지고 있고, 이로 인해 상담에 대한 정의도 달라진다. 흥미로운 점은 그럼에도 불구하고 무수히 많은 상담에 대한 개념 정의에는 공통점이 있고, 이러한 공통의 내용을 찾아 상담이라는 것이 무엇인지에 대해 포괄적으로 정의하는 것이 가능하다는 점이다. 다음의 다양한 상담 개념에서 어떤 공통점이 있는지 생각해 보자.

먼저, 인간중심 상담을 대표하는 Carl Rogers(1942)는 그의 저서에서 효과적인 상담에 대해 "내담자가 자신이 선택한 새로운 방향으로 적극적으로 행동할 수 있도록 자기 자신을 이해할 수 있게 해 주는 명확하게 구조화된 허용적인 관계"라고 하였으며, 지시적 상담이론을 기반으로 하는 Williamson(1950)은 상담을 "일시적으로 각 개인의 적응을 도울 뿐만 아니라 장래 적응을 준비하도록 돕는 것"으로 정의하였다. 또한 정신분석적 접근을 기반으로 하는 Bordin(1968)은 상담을 "심리치료와 마찬가지로 상담자 혹은 치료자가 다른 사람, 특히 내담자의 성격 발달에 적극적으로 기여하는 역할을 하는 상호작용 과정에 적용되는 개념"이라 한 바 있다. 인지적 접근을 바탕으로 하는 Hahn과 MacLean(1955)은 "상담이란 혼자서 해결할 수 없는 문제로 인해 어려움을 겪고 있는 사람과 이 사람의 어려움을 해결하는 데 도움을 줄 수 있는 훈련과 경험을 갖춘 전문가의 일대일 관계에서 생기는 과정"이라고 정의하였다.

그러므로 상담은 적응적인 삶을 위한, 그리고 더 나아가 전반적인 삶의 질을 향상하는 대표적인 조력체제이다. 구체적으로 국내 학자들이 정의한 상담의 의미를 살펴보면 다음과 같다. 이장호(2011)는 상담에 대하여 "도움을 필요로 하는 사람(내담자)이, 전문적 훈련을 받은 사람(상담자)과의 대면에서, 생활 과제의 해결과 사고, 행동 및 감정 측면의 인간적 성장을 위해 노력하는 학습과정"으로 정의하였으며, 이형득(1993)은 "상담이란 개인의 발달 과업 성취와 개인의 적응력 신장에 도움이 되는 활동이나 프로그램을 개발하여 실시함으로써 문제 발생의 사전 예방과 동시에 성장과 발달을 촉진하기 위해 도움을 주는 활동"이라고 정의한 바 있다. 또한 박성수(1998)는 "상담이란 내담자와 상담자 간에 수용적이고 구조화된 관계를 형성하고 이 관계 속에서 내담자가 자기 자신과 환경에 대해 의미 있는 이해를 증진하도록 하여, 내담자 스스로가 효율적으로 의사결정을 하고 여러 심리적인 특성을 긍정적인 방향으로 변화시키도록 원조하여 결과적으로 내담자의 성장과 발전을 촉진하는 심리적인 조력과정"이라고 정의하였다.

이처럼 상담에 대한 정의가 각기 다름에도 불구하고, 그 내용을 살펴보면 공통적으로 적용할 수 있는 요소들을 발견할 수 있다. 한국청소년개발원(2004)에서는 상담의 필수 요소로 다음과 같이 여섯 가지를 제시하였다.

- 첫째, 상담은 도움을 필요로 하는 내담자와 도움을 주는 상담자가 있어야 한다. 상담은 내담자나 상담자 중 어느 한 사람만 있어서는 성립되지 않는다. 상담자와 내담자가 개인 혹은 집단의 형태를 유지하며 모두 존재할 때 상담이 성립될 수 있다.
- 둘째, 상담은 전문적인 교육과 훈련을 받은 상담자에 의해 제공되는 전문적 활동이다. 상담관계는 일상적인 대인관계와 달리 상담자가 내담자를 긍정적인 방향으로 변화시킬 책임을 가지고 수행하는 전문적 관계다. 따라서 상담자는 이에 요구되는 전문적 지식과 기술을 갖추어야 한다.
- 셋째, 상담은 상담자와 내담자 간의 상호 협력관계에 기초하고 있다. 바람직한 상담관계는 상담자와 내담자가 대등한 위치에서 상담에 임하고, 서로 합의에 의해 상담 목표를 설정하고 그것을 구체화한다.
- 넷째, 상담은 의사결정과 문제해결에 관여한다. 상담에서 다루는 문제는 다양하지만 상담은 내담자의 의사결정과 문제해결에 직간접적으로 관여한다. 내담자가 이러한 의사결정과 문제해결 기술을 습득하도록 조력하는 것은 상담의 주요한 기능 중의 하나다.
- 다섯째, 상담은 내담자가 새로운 행동을 학습하거나 새로운 태도를 형성하도

록 돕는다. 내담자의 행동 변화는 상담의 효과를 측정하는 척도가 될 수 있다.

- 여섯째, 상담은 내담자의 문제를 예방하고 성장과 발전을 조력한다. 상담자는 단순히 상담을 통해 문제해결을 돕는 것뿐만 아니라 이후에 내담자가 유사한 문제를 이해하고 직접 해결할 수 있도록 돕는다.

이러한 필수적 요소들은 다양한 상담의 정의에서도 공통적으로 전제하고 있음을 확인할 수 있었고, 이를 바탕으로 우리는 상담이 '어려움을 겪고 있는 내담자'와 '전문성을 갖춘 도움을 줄 수 있는 상담자'가 맺는 관계를 통하여 내담자의 긍정적 방향으로의 변화를 이끈다는 것을 알 수 있다([그림 1-1] 참조).

다시 처음의 질문으로 돌아가 보자. '상담이란 무엇인가?'라는 물음이 주어졌을 때 자신이 선호하는 이론과 관점을 바탕으로 나름의 정의를 내리는 것은 자연스러운 일이나, 핵심적 요소를 간과한 정의를 내리는 일은 피해야 할 것이다. **상담이란 도움을 필요로 하는 내담자의 성장과 발전을 위하여 전문적 지식과 기술을 갖춘 상담자가 조력하는 상호 협력관계**라는 점을 숙지하는 것이 상담의 정의를 구성함에 있어 바탕이 되어야 한다. 그리고 이와 같은 핵심적 요소를 숙지함으로써 일상생활에서 흔히 혼용되고 있는 '상담'과 유사한 활동들, 즉 '조언' '훈육' '지도' 등과 상담을 분명히 구분할 수 있어야 한다.

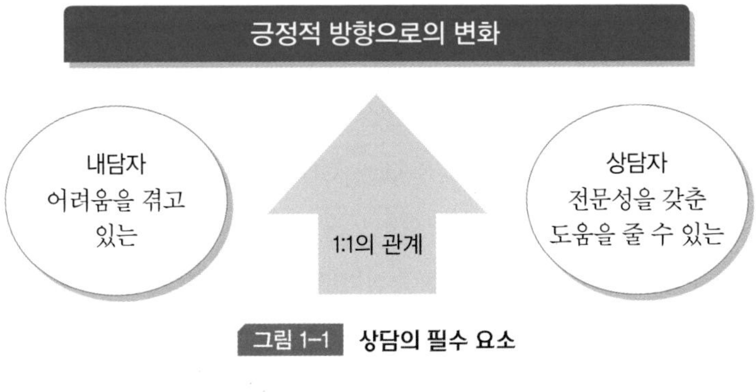

그림 1-1 상담의 필수 요소

2. 청소년 상담의 의미와 목표

청소년에 대한 상담 및 심리적 접근은 교육학, 심리학, 사회복지학, 정신의학 등 여러 분야에서 꾸준히 연구되어 왔으며, 최근에는 청소년 상담 영역을 다른 대상에 대한 상담 분야와 구분하여 발전시키고자 하는 노력이 더욱 늘고 있다. 이는 청소년의 발달 단계와 환경 및 호소 문제 등이 성인의 그것과는 분명히 다르다는 것을 많은 이가 공감하게 된 데에서 비롯된다. 청소년들은 급격한 신체적 발달과 학교 · 가정에서의 인간관계, 학업 스트레스 등 다른 대상과는 구분이 되는 어려움을 호소하곤 한다. 따라서 청소년 상담 영역은 성인 대상의 상담이론을 근간으로 삼기보다는 청소년의 특성을 감안한 차별적 접근이 이루어져야 한다.

우리나라에서는 1990년에 현 '한국청소년상담복지개발원'의 모태인 '체육부 청소년 종합상담실'이 설치되면서 청소년 상담 영역을 구체적으로 밝히고 그 의미를 보다 명확하게 규정짓고자 하는 노력이 본격적으로 시작되었다. 박재황, 남상인, 김창대, 김택호(1993)는 청소년 상담을 "청소년 및 청소년 관련인과 청소년 관련 기관을 대상으로 하여 직접 봉사, 자문 활동, 그리고 매체를 통하여 청소년의 바람직한 발달 및 성장을 추구하는 활동"으로 정의하였으며, 이성진(1996)은 "청소년 상담이란 성장기에 있는 청소년이 사회에 잘 적응하고 자신의 잠재 가능성을 최대한 실현할 수 있도록 도와주기 위한 전문적인 활동"이라고 하였다. 구본용(2002)은 "청소년 상담이란 청소년이 원하는 것을 청소년들에게 알맞은 방법으로 제공하여 그들이 행복하게 살아갈 수 있도록 돕는 활동"으로 정의하였다.

이러한 정의를 바탕으로 생각할 수 있는 청소년 상담의 목표는 무엇인가? 박성수, 김혜숙, 이숙영, 김창대, 유성경(1997)은 청소년 상담의 목표로 문제해결과 이상심리의 치료, 문제 발생의 예방, 발달 촉진, 탁월성의 성취를 들었다. 구본용(2002)은 상담을 치료적 개념과 구분하여 청소년의 건강한 성장에 보다 초점을 맞추고, 청소년기의 발달 과제 및 일상생활에서 당면한 문제해결, 잠재력 발휘, 주변 환경의 긍정적 변화, 삶의 지혜를 목표로 제시하였다. 이러한 내용을 바탕으로 정리해 보면, **청소년 상담의 목표**는 크게 **문제 해결과 예방**, **성장**의 세 가지 차원에서 생각해 볼 수 있다([그림 1-2] 참조). 즉, 청소년이 겪는 부정적 문제를 보다 효과적으로 해결할

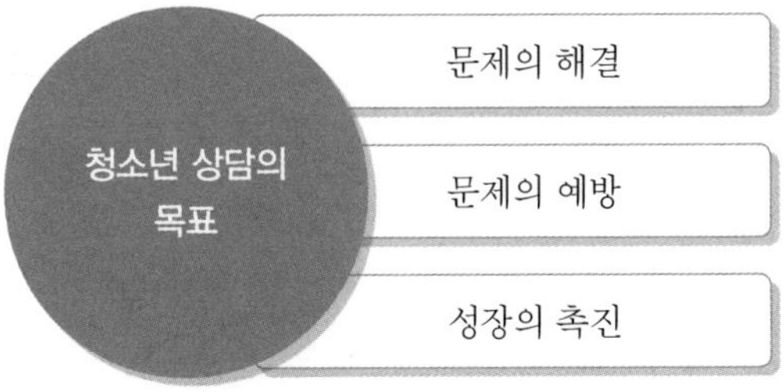

그림 1-2 청소년 상담의 목표

수 있도록 돕고, 이러한 문제가 발생하기 전에 그것을 예방할 수 있도록 하며, 보다 긍정적인 사고와 능력을 길러 건강한 발달을 촉진시킴으로써 긍정적인 방향으로의 변화를 돕는 것이다.

청소년 상담의 가장 큰 특징은 청소년이 당면한 문제의 해결뿐 아니라 이러한 문제의 예방 및 교육, 청소년의 건전한 발달과 성장에 초점을 맞추고 있다는 것이다. 즉, 청소년 상담은 이미 어려움을 겪고 있는 청소년이 그것을 해결할 수 있도록 돕는 한편, 모든 청소년의 건전한 발달과 적응을 도와 바람직한 사회 구성원으로서의 성장을 촉진하기 위한 목적을 가지고 있다. 실제로 많은 청소년은 개인적 요인뿐 아니라 발달과업, 혹은 주변 환경으로 인한 정체감 혼란 및 대인관계에서의 어려움, 학업 및 진로에 대한 고민 등의 어려움을 공통적으로 호소하곤 한다. 이러한 문제에 대하여 적절한 예방 교육 및 상담이 제공된다면 문제가 일어난 뒤 이를 해결하는 1차적 수준의 상담 제공보다 더욱 효과적인 결과를 기대할 수 있을 것이다. 이러한 이유로 청소년 상담에서는 문제 발생 상황에 대처할 수 있는 지혜와 힘을 기르기 위한 성장 지향적 접근을 많이 활용한다. 예컨대, 학습 방법을 가르쳐 학업 스트레스에 적절히 대처할 수 있도록 한다든지, 대인관계 기술 훈련을 통해 교우 및 교사와의 인간관계에서 발생하는 스트레스를 적극적으로 극복할 수 있도록 한다든지, 자기성장 프로그램을 통해 자신의 가치와 잠재력을 발견하고 위기 상황에 유연하게 대처할 수 있도록 하는 등의 방법이 있다(박재황 외, 1993).

또 다른 특징으로는 청소년 상담의 대상을 들 수 있다. 성인상담에서 어려움을 호소하는 당사자를 가장 중점적으로 다루는 것과는 달리, 청소년 상담에서는 청소년뿐 아니라 청소년 관련인(부모, 교사, 청소년 지도자)과 청소년 관련 기관(가정, 학교, 청소년 고용업체, 청소년 수용기관, 청소년 봉사기관)이 포함된다(이형득, 1993). 이는 청소년이 호소하는 어려움이 발달과정에서 자연스럽게 생긴 것일 수도 있지만, 주변 환경 및 주변인의 영향에서 비롯된 경우가 많기 때문이다. 이 경우 청소년이 가진 문제를 탐색하고 이를 독자적으로 해결하려 해도 주변 환경으로 인해 문제가 계속 반복될 가능성이 높으므로 청소년뿐 아니라 관련 주변인과 기관을 그 대상으로 한다.

상담의 방법적 측면에서 특징을 살펴보면, 일대일 개인상담뿐 아니라 소규모 혹은 대규모 집단상담의 형태가 필요하며, 문제의 예방과 건전한 성장 및 발달을 돕기 위한 교육 프로그램이 많이 이루어진다는 점이다.

지금까지 살펴본 바와 같이 청소년은 단순히 '작은 성인'이 아니며, 청소년 상담은 성인상담이론 및 방법을 축소한 차원으로도 볼 수 없다. 청소년 상담을 위해서는 청소년의 발달 단계와 환경, 호소 문제 등에 대해 차별화된 접근을 해야 하며, 이를 위해 청소년 상담자는 청소년이 처한 발달 조건에 대한 폭넓은 지식과 청소년 상담에 대한 올바른 관점을 유지할 필요가 있다.

3. 청소년 상담 현황을 통해 본 영역과 쟁점

청소년 상담은 점점 그 규모가 큰 폭으로 증가하는 추세다. 『청소년 백서』 및 「한국청소년상담복지개발원 상담통계」에 따르면 청소년 상담 대상자는 〈표 1-1〉처럼 2009년 407만 1,477명에서, 2018년에는 612만 1,586명으로 꾸준히 증가하고 있다. 이는 2018년 기준, 9~24세 청소년 인구 899만 명을 기준으로 볼 때 청소년에 대한 상담 제공비율의 증가를 보여 준다.

상담 지원을 받은 대상을 살펴보면, 2018년 기준 초등학생 26%, 중학생 25%, 고등학생 22%, 대학생 3%, 기타(무직 청소년, 학부모 등) 24%로, 초·중·고등학교의

표 1-1 최근 10년간 전국 청소년 상담 대상 현황 비교

(단위: 명)

상담 건수	초등학생	중학생	고등학생	대학생	기타	합계
2009년	971,993	1,102,538	810,411	67,062	1,119,473	4,071,477
2018년	1,599,385	1,538,560	1,360,754	178,731	1,444,156	6,121,586

출처: e-나라지표.

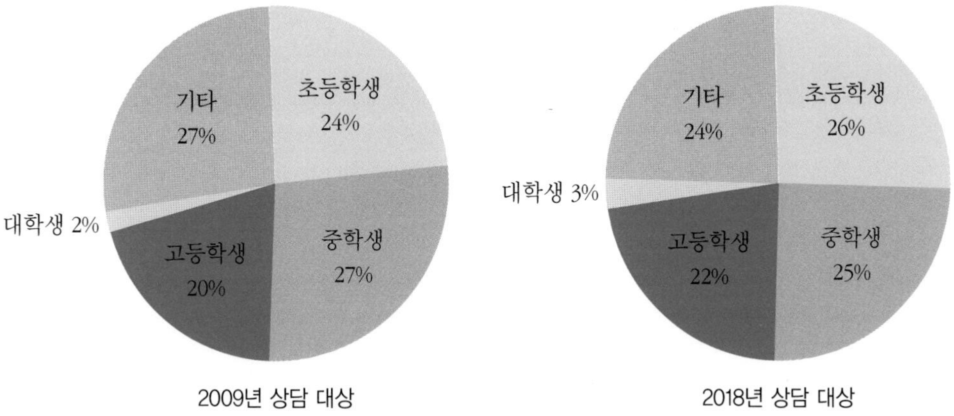

그림 1-3 청소년 상담 대상의 비율 변화

학령기 청소년들의 비중이 70 % 이상을 차지하고 있는 것으로 나타났다. 초 · 중 · 고교생 상담 대상은 지난 10년간 고르게 증가하였으나, 중학생이 차지하는 비율이 다소 줄어들고 초등학생 상담 비율이 점차 늘어나고 있음을 알 수 있다([그림 1-3] 참조). 실제로 초등학생 대상 상담은 2009년 97만 1,993명에서 2018년 159만 9,385명으로 중학생이나 고등학생에 비해 가장 많이 증가하였다. 이러한 추세를 바탕으로 볼 때 향후 초기청소년을 중심으로 한 예방 중심적 상담이 더욱 요구될 것으로 판단된다.

청소년이 가장 많이 호소하는 어려움은 무엇일까? 전국 청소년상담지원센터 및 한국청소년상담원 등을 통한 우리나라 청소년들의 고민, 고충 등에 대한 상담 내용 및 연도별 현황을 살펴보면 다음과 같다.

표 1-2 연도별 전국 청소년 상담 내용 현황 (단위: 건)

순위	상담 내용	2009년	2018년
1	대인관계	529,874	1,329,866
2	학업/진로	681,393	839,102
3	정신건강	202,276	738,188
4	일탈/비행	425,959	522,910
5	컴퓨터/인터넷 사용	381,085	427,140

6	가정	259,158	388,601
7	성격	266,379	340,885
8	단순 정보 제공	349,159	253,835
9	활동	141,798	86,943
10	성	93,674	86,701
11	생활 습관 태도	71,013	41,507
	계	3,401,768	5,055,678

출처: e-나라지표.

2018년 기준, 우리나라의 청소년들이 호소하는 주요 문제는 대인관계(26%), 학업 및 진로(16.6%), 정신건강(14.6%), 일탈 및 비행(10.3%), 컴퓨터/인터넷 사용(8.4%), 가정(7.7%), 성격 (6.7%) 등의 순으로 나타났다. 이러한 결과는 과거 학업과 진로에 관한 상담이 가장 큰 부분을 차지하던 것과 달리, 최근 대인관계 및 정신건강, 비행, 컴퓨터 및 스마트폰 과의존 등 다양한 영역에서 어려움을 겪는 청소년이 많아지고 있음을 보여 준다. 따라서 청소년 상담자는 시대적 변화에 따라 변화하는 청소년들의 니즈(Needs)를 파악하고 관련 영역에 대한 상담적 역량을 갖추어야 할 것이다.

이 중에서도 정신건강과 일탈 및 비행이 관련된 위기상담 영역에 대한 각별한 관심이 요구된다. 앞에서 살펴본 바와 같이, 정신건강 관련 상담건수는 전체 상담 중 차지하는 비율이 2009년에는 5% 미만에 불과하였으나 2018년에는 14.6%를 차지하는 등 매년 가파르게 증가하며 청소년 정신건강 관리의 필요성을 여실히 드러내고 있다. 정신건강과 밀접한 관련이 있는 일탈 및 비행 관련 상담이 전체의 약 10%를 차지할 뿐 아니라, 일탈 및 비행으로 인한 각종 문제 수준의 심각성이 사회적으로 대두되고 있다. OECD에서 정의한 위기청소년(at-risk youth), 즉 학교생활에 적응하지 못함으로 인해 직업이나 성인으로서의 삶을 성취해 내지 못할 것 같은 사람, 그 결과 사회에 긍정적으로 기여하지 못할 것 같은 청소년들과 그 맥락을 같이하며, 우리나라 청소년의 16.2%(170만 명)가 위기청소년의 범주에 속한다고 추정한 윤철경 등(2006)의 연구 결과로도 확인할 수 있다. 우리나라에서는 위기청소년에 대한 상담적 개입의 중요성을 인식하고 '청소년안전망' 제도를 실시하고 있다. '청소년안전망'은 청소년들이 겪는 어려움을 해결하고자, 각 지역의 청소년상담센터를 중심으로 사회안전망을 구축하고 보다 효과적인 서비스 구축 체계를 수립하여 위기청소년을 지원하는 데 목표를 둔 통합적인 청소년안전망 지원정책이다. 이는 2005년 시범 운영을 시작으로 2008년에 80개, 2019년에는 230개 청소년(상담)지원센터에서 운영되며 짧은 기간 동안 눈부신 성장을 이루었으며, 2019년 7월 1일 'CYS-Net(지역사회청소년통합지원체계)'에서 '청소년안전망'으로 그 명칭이 변경되었다. 따라서 청소년 상담 전문가들은 위기청소년에 대한 효과적 개입과 예방을 위해 많은 관심을 가지고 노력해야 할 것이다.

또한 그 비중이 과거에 비해 다소 줄어들기는 하였으나, 학습 및 진로는 여전히 청소년 상담에서 가장 중요한 주제이므로 청소년 시기에 올바른 진로의식을 갖고 적절한 학업 능력을 갖출 수 있도록 상담적 지원이 이루어져야 한다. 청소년 상담 전문가들은 이 분야에 대한 실질적 상담은 물론이고 이와 관련한 연구와 대부분의 청소년에게 적용할 수 있는 프로그램 개발 등에도 관심을 가져야 할 것이다.

4. 청소년 상담자

청소년의 발달적 특성 및 그들이 겪는 어려움의 특성은 성인의 그것과는 분명히 차이가 있다. 따라서 청소년을 상담하는 이들은 상담자가 보편적으로 갖추어야 할 인간적 자질뿐 아니라 청소년 상담자로서의 전문가적 자질을 갖춰야 할 필요가 있다. 여기서 인간적 자질이란 상담자로서 갖추어야 할 사람됨의 특징을 의미하며, 전문가적 자질이란 상담 활동을 수행하는 데 요구되는 전문적 지식과 기술을 의미한다. 여기에서는 먼저 청소년 상담자의 자질에 대해 살펴보고자 한다.

1) 청소년 상담자의 자질

흔히 우리는 해당 분야에 대한 전문적 지식과 기술을 갖춘 사람을 전문가라 칭하곤 하지만, 상담 전문가의 경우에는 이러한 전문가적 자질 외에도 수많은 인간적 자질이 요구된다. Guy(1987)는 상담자에게 요구되는 열 가지 인간적 자질을 제시하였다. 첫째, 사람에 대한 자연스러운 호기심과 탐구심, 둘째, 적극적 경청 능력, 셋째,

언어적 대화를 즐길 수 있는 대화 능력, 넷째, 상대방의 입장이 되어 그의 처지를 이해하고 성별이나 문화권이 다른 사람에 대해서도 이해할 수 있는 공감과 이해심, 다섯째, 분노에서 기쁨에 이르기까지 다양한 감정을 인식할 수 있는 정서적 통찰력, 여섯째, 내면세계를 보고 느낄 수 있는 내성, 일곱째, 자신의 개인적 욕구보다 다른 사람의 욕구를 우선적으로 다루는 자기부정의 능력, 여덟째, 정서적 친밀 상태를 유지할 수 있는 능력, 아홉째, 어느 정도 거리를 유지하는 가운데 힘을 느낄 수 있는 능력, 열째, 유머감각이 그것이다.

한편, Cormier와 Cormier(1985)는 상담자의 자질로 지적 능력, 에너지, 융통성, 지지, 온정, 자기인식, 그리고 문화적 경험에 대한 인식, 이렇게 일곱 가지를 꼽았다. 첫째, 지적 능력은 다양한 조력 이론에 대한 지식과 이를 배우고자 하는 의욕, 학습 능력 그리고 현실적으로 빠른 이해력을 의미한다. 둘째, 에너지는 상담 회기에서의 적극적 자세와 많은 내담자를 연속으로 면접할 수 있는 활동성의 유지를 뜻한다. 셋째, 융통성은 반응 양식에 대한 것으로 자신의 스타일을 내담자의 요구에 적응시키는 것을 말한다. 넷째, 지지는 구원자의 역할을 지양하고 내담자가 스스로 결정할 수 있도록 지지하는 것을 의미한다. 다섯째, 온정은 내담자의 독립심을 키워 주고 내담자의 이익을 추구하는 자질을 뜻한다. 여섯째로, 자기인식은 상담자가 자신의 태도와 가치관 및 감정을 인식하고 어떤 요인이 자신의 내적 특성에 영향을 미치는지 이해하는 능력을 말한다. 마지막으로, 문화적 경험에 대한 인식은 다양한 문화적 배경을 지닌 사람들에 대한 이해를 의미한다.

이와 같은 인간적 자질뿐 아니라 효과적인 상담업무를 수행하기 위한 전문적 자질도 중요한데, 이는 상담이론에 대한 지식, 실습 경험과 훈련, 자격을 갖춘 슈퍼바이저의 지도 등을 통해 습득될 수 있다. 특히 청소년 상담자는 청소년의 발달 특성을 고려하여 그들의 행동을 이해하고 진단할 수 있는 전문가적 자질을 필요로 한다. 이는 성인에게 문제로 진단될 수 있는 행동도 청소년 시기에는 정상 범주에 속하는 것일 수도 있기 때문이다. 이와 같이 청소년이 호소하는 어려움이 단순한 발달 위기상의 행동인지, 일탈행동 혹은 심각하게 다루어야 할 문제인지 잘 판단하기 위해서는 청소년의 발달 특성 및 정상 행동 범위에 대한 이해가 선행되어야 할 것이다.

2) 청소년 상담자의 역할

많은 이는 청소년 상담자의 역할에 대해 청소년을 대상으로 한 상담에 한정하여 생각하는 경향이 있다. 그러나 청소년 상담자의 역할은 그보다 훨씬 다양하다. 물론 청소년 상담자는 기본적으로 상담 장면에서 청소년이 호소하는 각 문제 영역에 대해 **상담적 개입을 하는 역할을 수행**하는데, 여기에는 효과적 상담을 수행하기 위한 심리검사의 해석 및 활용도 포함된다. 청소년 상담자의 두 번째 역할은 **청소년 상담과 관련된 연구를 설계하고 수행**하는 것이다. 청소년 상담과 관련한 학문적 뒷받침이 없다면 청소년 상담 영역의 발전은 기대할 수 없을 것이다. 세 번째로, 청소년 상담자는 **청소년 정책과 관련한 전문가**로서의 역할을 수행하게 된다. 청소년들의 바람직한 성장과 발달을 돕기 위한 청소년 상담 정책을 개발하고 행정 업무를 총괄하며 상담기관을 설립하거나 운영하는 역할은 상담을 직접 수행하는 것만큼이나 무척 중요하게 여겨야 할 것이다. 마지막으로, 청소년 상담자에 대한 교육 및 훈련을 맡아 하는 전문가로서의 역할도 요구된다. 청소년 상담자의 전문성을 길러 주기 위해서는 이러한 역할을 수행할 수 있는 전문가로서의 상담자들의 노력이 필요하기 때문이다. 이처럼 다양한 역할을 효과적으로 수행할 수 있도록 하기 위하여 우리나라의 청소년 상담 관련 자격증은 중점을 두는 역할에 따라 자격의 급을 구분하고 있다.

3) 우리나라의 청소년 상담 관련 자격증

현재 우리나라에서는 국가자격증인 청소년 상담사 자격증과 함께 한국상담심리학회에서 관리하는 상담심리사, 한국상담학회의 전문상담사 등의 민간자격증이 널리 인정받고 있다. 이 중 청소년 상담사 자격증은 우리나라의 청소년 문제 대처를 위한 전문 상담 인력의 필요성을 감안하여 2003년에 신설된 국가 자격으로 1, 2, 3급으로 구성된다. 1급은 청소년 상담 정책 개발 및 행정 업무의 총괄과 상담기관의 설립 및 운영, 2급 및 3급 청소년 상담사 교육과 훈련을 담당하는 역할을 하며, 2급은 청소년 심리검사 해석 및 활용, 청소년 문제 영역에 대한 전문적 개입 등 상담의 전반 업무를 수행하고 상담과 관련된 독자적 연구의 설계 및 수행을 담당한다. 3급은 기본적 청소년 상담업무를 수행하고 상담실 관련 제반 행정적 실무를 맡는다.

표 1-3 청소년 상담사 현황(2018년 기준)

등급	1급	2급	3급	합계
인원(명)	619	5,965	13,014	19,598

출처: 청소년상담복지개발원 홈페이지.

청소년 상담사는 「청소년기본법」 제22조 제1항을 근거로 하고 있으며, 청소년 상담 관련 분야의 상담 실무 경력 및 기타 자격을 갖춘 자로서 자격시험에 합격하고 100시간 이상의 연수과정을 마친 뒤 여성가족부 장관이 부여하는 국가 자격을 갖춘 자를 의미한다. 2003년 청소년 상담사 제도가 도입된 이래 2018년 기준 청소년 상담사 자격을 소지한 사람은 1급 619명, 2급 5,965명, 3급 13,014명의 총 19,598명으로 집계되고 있다(〈표 1-3〉 참조).

한국상담학회의 상담 자격증은 상담의 최고 전문가로 전문적 능력과 상담자 교육 및 훈련 능력을 보유하였다고 여겨지는 1급 전문상담사, 전문적 상담 업무를 수행할 수 있는 실무 능력을 보유한 2급 전문상담사의 2단계로 나누어진다. 2019년 기준 한국상담학회 자격을 소지한 사람은 1급 792명, 2급 6,039명으로 총 6,831명이다(〈표 1-4〉 참조).

표 1-4 한국상담학회 자격 소지자 현황(2019년 기준)

등급	1급	2급	합계
인원(명)	792	6,039	6,831

출처: 한국상담학회 홈페이지.

한편, 한국상담심리학회에서 인정하는 상담심리사자격증은 (사)한국심리학회에서 인정한 상담심리사 자격을 취득한 자를 의미하며, 상담심리 전문가로서 상담 실무와 함께 상담실 운영 책임을 맡고 상담심리사의 교육지도와 자문을 담당하는 상담심리사 1급과 상담 실무를 담당하는 2급으로 나누어진다. 2018년 기준 한국상담심리학회 자격을 소지한 사람은 상담심리사 1급 1,452명, 상담심리사 2급 5,180명으로 총 6,632명이다(〈표 1-5〉 참조).

표 1-5 한국상담심리학회 자격 소지자 현황(2018년 기준)

등급	1급	2급	합계
인원(명)	1,452	5,180	6,632

출처: 한국상담심리학회 홈페이지.

4) 청소년 상담자의 활동 영역

한국청소년상담복지개발원에서는 [그림 1-4]와 같이 청소년 상담자의 활동 영역을 국가정책 차원, 민간 차원, 교육 차원의 세 가지 영역으로 제시하고 있다.

먼저, 국가정책 차원으로는 한국청소년상담복지개발원을 비롯하여 각 지역의 청

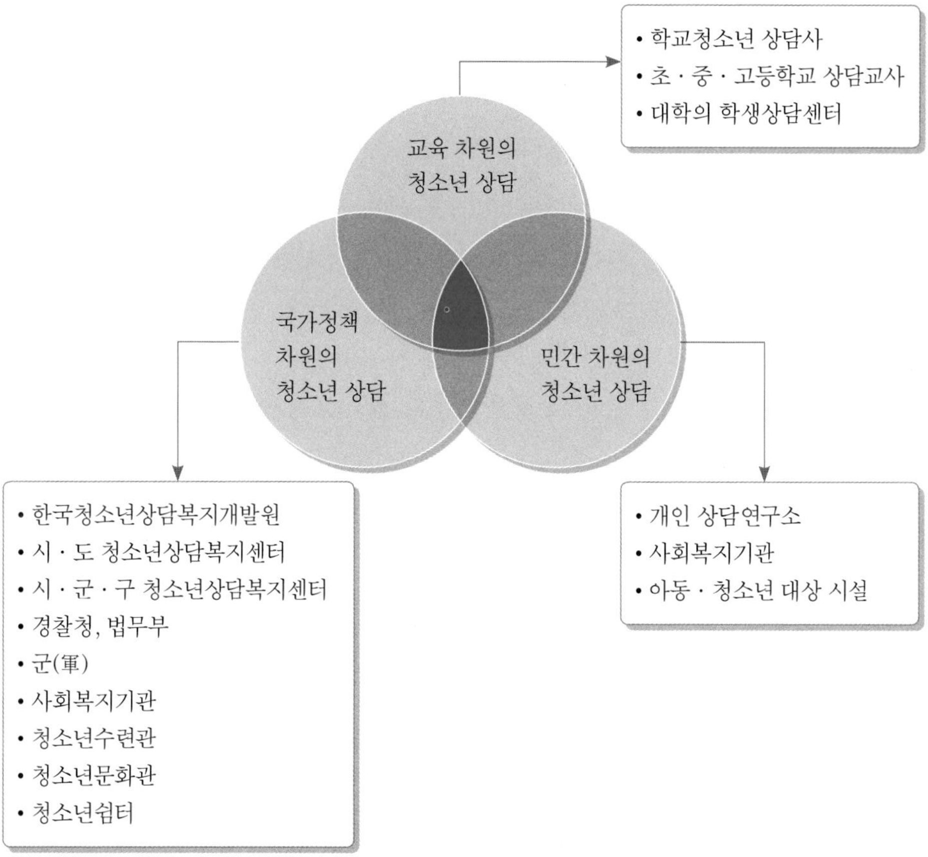

그림 1-4 청소년 상담자의 활동 분야

소년상담복지센터, 경찰청이나 법무부, 군, 사회복지기관, 청소년 관련 복지시설 등에서 청소년 상담을 담당하고 있다. 또한 민간 차원으로는 개인 상담연구소나 사회복지기관, 기타 아동·청소년 대상 시설 등에서 청소년 상담을 수행하곤 한다. 마지막으로, 학교청소년 상담사와 초·중·고등학교에 배치된 상담교사, 대학의 학생상담센터 소속 상담자들이 청소년의 호소 문제에 대한 상담과 함께 교육 차원의 청소년 상담업무를 맡고 있다.

5) 청소년 상담 관련 기관

우리나라 청소년 상담의 발전은 과거 '청소년 대화의 광장' '한국청소년상담원'을 거쳐 현재 전국의 청소년 상담·복지 관련 기관을 총괄하는 '한국청소년상담복지개발원'의 발전과 그 맥을 같이하고 있다. 이에 여기에서는 우리나라 청소년 상담의 중추적 역할을 하고 있는 청소년상담복지개발원의 기능에 대해 간단히 소개하고자 한다.

청소년상담복지개발원은 「청소년복지지원법」에 따라 청소년들이 건강한 몸, 마음, 정신을 소유한 인격체로 성장할 수 있도록 도와주기 위해 설립된 여성가족부 산하 청소년 상담복지 핵심 기관으로, 전국의 청소년 상담·복지 관련 기관의 총괄, 청소년 상담·복지 정책 연구 및 프로그램의 개발·보급, 상담·복지의 전문인력 양성을 위한 교육 연수, 위기청소년을 위한 통합지원체계 운영·지원, 취약계층 청소년을 위한 자립 및 복지 사업 등 국가 차원의 청소년 정책 업무를 수행하고 있다. 청소년상담복지개발원의 대표적 기능은 다음과 같다.

- **청소년 상담·복지 관련 정책 연구:** 사회 이슈가 되는 청소년 문제를 분석·연구함으로써 문제해결과 예방에 공헌하고자 하며, 이를 위해 청소년 상담·복지 정책에 대한 중장기적 연구를 수행한다.
- **청소년 상담 기법의 연구 및 상담 자료의 제작·보급:** 다양하고 심각해진 청소년 문제를 해결하고 예방하기 위해 맞춤형 프로그램을 개발하여 이를 전국 청소년 관련 기관에 보급·운영한다.
- **국가자격제도 청소년 상담사 자격연수·보수교육 사업:** 청소년 상담의 전문화와 상

담자들의 자질 향상을 위해 「청소년기본법」에 근거하여 청소년 상담사 자격연수와 청소년 상담사의 전문성 향상을 지원하는 보수교육을 실시한다.

- **청소년 상담 · 복지 관련 기관 종사자 직무교육 및 전문 연수**: 지역 청소년 상담 · 복지 관련 종사자들의 전문성 강화를 위해 직무 연수를 실시하며 자녀 지도를 위한 부모교육, 친구의 문제를 같은 눈높이에서 공감하고 조언하는 또래상담자 양성교육, 건강한 청소년 육성에 목적을 둔 품성교육 등을 실시한다.
- **청소년안전망 운영 사업**: 각 지역의 청소년상담복지센터를 중심으로 위기청소년을 신속하고 효과적으로 지원하기 위해 지역주민과 기관, 단체 등 지역 내 활용가능한 자원의 연계를 통해 청소년안전망을 운영 · 지원한다. 또한 청소년안전망의 효과적 연계를 위하여 컨설팅 지원, 관계자 회의 등 다양한 지원 활동을 실시한다.
- **학교밖 청소년지원 사업**: '청소년지원센터 꿈드림'을 중심으로 경제적 · 환경적 어려움 등의 다양한 이유로 학업을 중단하고 진로를 포기하거나 보호시설 등에 입소된 청소년을 대상으로 자립 의지를 심어 주고, 학업 복귀나 사회 진입을 지원하는 사업을 실시한다.
- **인터넷 · 스마트폰 과의존 예방 · 해소 사업**: 인터넷 및 스마트폰의 과의존을 예방하고 치유하기 위해 체계적인 대상자 발굴과 프로그램 개발 및 상담전문 인력 양성을 통한 맞춤형 서비스 사업을 실시한다.
- **청소년폭력예방 지원사업**: 또래상담 프로그램 개발, 또래상담 지도교사 및 또래상담자 양성을 통하여 청소년폭력 징후를 조기에 발견하고 개입하여 청소년폭력예방 환경 조성 확대사업을 실시한다.
- **전문상담사업**: 다양한 호소 문제 유형별로 심리검사와 개인 · 집단상담, 사이버상담, 전문클리닉 서비스를 제공하는 사업을 실시한다.
- **청소년 권리교육사업**: 청소년희망센터를 중심으로 권리교육 강사 양성 및 권리교육을 제공하여 민주적 청소년으로 성장할 수 있도록 지도 및 지원 사업을 실시한다.

5. 청소년 상담자의 윤리적 책임

청소년 상담의 요구가 증가하고 그 영역이 확대될수록 이를 담당하는 청소년 상담자의 윤리적 책임 또한 중요시되고 있다. 윤리적 책임이 엄격하다는 것은 청소년 상담자가 청소년의 정서와 인지, 행동 발달을 조력하는 전문가로서 여겨진다는 것을 의미하므로, 청소년 상담자들은 전문가로서의 자부심을 가지고 윤리적 책임을 다하기 위해 노력해야 할 것이다. 현재 우리나라에서는 청소년 상담사 국가 자격증 소지자를 대상으로 한 윤리 규정이 제정되어 있는바 이를 기준으로 청소년 상담자의 윤리적 책임을 정리해 보고자 한다.

1) 목적

- 청소년 상담사의 책임과 의무를 분명하게 제시하여 내담자를 보호한다.
- 청소년 상담사가 직무 중에 발생하는 문제를 처리할 수 있는 기준을 제공한다.
- 청소년 상담사의 활동이 전문직으로서의 상담 기능 및 목적에 저촉되지 않도록 기준을 제공한다.
- 청소년 상담사의 활동이 지역사회의 도덕적 기대에 부합하도록 준거를 제공한다.
- 대한민국 청소년들의 건강 · 성장을 책임지는 전문가로서의 청소년 상담사를 보호하는 기준을 제공한다.

2) 청소년 상담사로서의 전문적 자세

(1) 전문가로서의 책임

- 청소년 상담사는 「청소년기본법」에 따라 청소년의 권리와 책임을 다할 수 있게 지원해야 한다.
- 청소년 상담사는 자기의 능력 및 기법의 한계를 인식하고, 전문적 기준에 위배되는 활동을 하지 않도록 한다.

- 청소년 상담사는 검증되지 않고 훈련받지 않은 상담 기법의 오·남용을 하지 않도록 유의한다.
- 청소년 상담사는 청소년과 관련된 정책, 규칙, 법규에 정통해야 하고 청소년 내담자를 보호하며 청소년 내담자가 최선의 발달을 이루도록 노력해야 한다.

(2) 품위유지 의무

- 청소년 상담사는 전문상담자로서 품위를 손상하는 행위를 하지 않는다.
- 청소년 상담사는 현행법을 우선적으로 준수하되, 윤리강령이 보다 엄격한 기준을 설정하고 있다면 윤리강령을 따른다.
- 청소년 상담사는 상담적 배임행위(내담자 유기, 동의를 받지 않은 사례 활용 등)를 하지 않는다.

(3) 보수교육 및 전문성 함양

- 청소년 상담사는 자신의 전문성을 유지·향상시키기 위해 법적으로 정해진 보수교육에 반드시 참여한다.
- 청소년 상담사는 다양한 사람을 상담함에 있어 상담에 필요한 이론적 지식과 전문적 상담 및 연구 능력을 향상시키기 위해 교육, 자문, 훈련 등 지속적인 노력을 기울여야 한다.

3) 내담자의 복지

(1) 내담자의 권리와 보호

- 청소년 상담사는 내담자의 복지를 증진하고 존엄성을 존중하는 것에 최우선 가치를 둔다.
- 청소년 상담사는 내담자가 상담 계획에 참여할 권리, 상담을 거부하거나 개입 방식의 변경을 거부할 권리, 거부에 따른 결과를 고지받을 권리, 자신의 상담 관련 자료를 복사 또는 열람할 수 있는 권리 등을 보장해 주어야 한다. 단, 기록물에 대한 복사 및 열람이 내담자에게 해악을 끼친다고 판단될 경우 내담자의 기록물 복사 및 열람을 제한할 수 있다.

- 청소년 상담사는 외부 지원이 적합하거나 필요할 때 의뢰를 요청할 수 있으며 이를 청소년 내담자 및 보호자(만 14세 미만 내담 청소년의 경우)에게 알리고 서비스를 받을 수 있도록 노력한다.
- 청소년 상담사는 자신의 질병, 죽음, 이동, 퇴직 등으로 인하여 상담을 중단해야 하는 경우 이에 대한 적절한 조치를 취해야 한다.
- 청소년 상담사는 청소년 내담자에게 무력, 정신적 압력 등을 사용하지 않는다.

(2) 사전 동의

- 청소년 상담사는 상담을 시작할 때 내담자가 충분한 설명을 듣고 선택할 수 있도록 적절한 정보를 제공해야 하고, 상담자와 내담자 모두의 권리와 책임에 대해 알려 줄 의무가 있다.
- 청소년 상담사는 내담자에게 상담과정의 녹음과 녹화 여부, 사례지도 및 교육에 활용할 가능성에 대해 설명하고, 내담자에게 동의 또는 거부할 권리가 있음을 알려야 한다.
- 청소년 상담사는 내담자가 만 14세 미만의 청소년인 경우, 보호자 또는 법정대리인의 상담 활동에 대한 사전 동의를 구해야 한다.
- 청소년 상담사는 내담자에게 상담의 목표와 한계, 상담료 지불 방법 등을 명확히 알려야 한다.

(3) 다양성 존중

- 청소년 상담사는 모든 인간의 기본적인 권리, 존엄성, 가치를 존중하며 성별, 장애, 나이, 성적 지향, 사회적 신분, 외모, 인종, 가족형태, 종교 등을 이유로 내담자를 차별하지 않는다.
- 청소년 상담사는 내담자의 다양한 문화적 배경을 이해하고, 청소년 상담사 자신의 고유한 문화적 정체성이 상담과정에 영향을 주지 않도록 노력해야 한다.
- 청소년 상담사는 자신의 개인적 가치, 태도, 신념, 행위를 자각하고 내담자에게 자신의 가치를 강요하지 않는다.

4) 상담관계

(1) 다중관계

- **청소년 상담사는 법적 · 도덕적 한계를 벗어난 다중관계를 맺지 않는다.**
- 청소년 상담사는 내담자와 연애관계 및 기타 사적인 관계를 맺지 않는다.
- 청소년 상담사는 내담자와 상담 비용을 제외한 어떠한 금전적 · 물질적 거래관계도 맺지 않는다.
- 청소년 상담사는 내담자와 상담 이외의 다른 관계가 있거나 의도하지 않게 다중관계가 시작된 경우에는 적절한 조치를 취해야 한다.

(2) 부모/보호자와의 관계

- 청소년 상담사는 부모(보호자)의 권리와 책임을 존중하고, 청소년 내담자의 건강한 성장을 위해 부모(보호자)에게 상담자의 역할에 대해 설명하여 협력적인 관계를 성립하도록 노력한다.
- 청소년 상담사는 내담자의 성장과 복지에 필요하다고 판단되는 경우, 내담자의 동의하에 부모(보호자)에게 내담자에 관한 최소한의 정보를 제공한다.

(3) 성적 관계

- 청소년 상담사는 내담자 및 내담자의 가족, 중요한 타인에게 자신의 지위를 이용하여 성적 접촉 및 성적 관계를 가져서는 안 된다.
- 청소년 상담사는 이전에 연애관계 또는 성적인 관계를 가졌던 사람을 내담자로 받아들이지 않는다.

5) 비밀보장

(1) 사생활과 비밀보장의 의무

- **청소년 상담사는 내담자와 부모(보호자)의 사생활과 비밀보장에 대한 권리를 최대한 존중해야 한다.**
- 청소년 상담사는 상담기관에 소속된 모든 구성원과 관계자 · 슈퍼바이저 · 주

변인들에게도 내담자의 사생활과 비밀이 보호되도록 주지시켜야 한다.

- 청소년 상담사는 청소년 내담자 상담 시 사전에 상담에 대한 내담자의 동의를 받고 상담과정에 부모나 보호자가 참여할 수 있으며, **비밀보장의 한계에 따라 정보를 제공할 수 있음을 알린다.**
- 청소년 상담사는 청소년 내담자 상담 시, 상담 의뢰자(교사, 경찰 등)에게 내담자 및 보호자(만 14세 미만 내담 청소년의 경우)의 동의하에 정보를 제공할 수 있다.
- 청소년 상담사는 비밀보장의 의미와 한계에 대하여 청소년 내담자의 발달 단계에 적합한 용어로 알기 쉽게 설명해 주어야 한다.
- 청소년 상담사는 강의, 저술, 동료자문, 대중매체 인터뷰, 사적 대화 등의 상황에서 내담자의 신원 확인이 가능한 정보나 비밀 정보를 공개하지 않는다.

(2) 기록 및 보관

- 청소년 상담사는 내담자에게 전문적인 서비스를 제공하기 위해 상담 내용을 기록하고 보관한다.
- 기록의 보관은 공공기관이나 교육기관 등은 각 기관에서 정한 기록 보관 연한을 따르고, 이에 해당하지 아니한 경우에는 3년 이내 보관을 원칙으로 한다.
- 청소년 상담사는 기록 및 녹음에 관해 내담자의 사전 동의를 구한다.
- 청소년 상담사는 면접기록, 심리검사자료, 편지, 녹음 및 동영상 파일, 기타 기록 등 상담과 관련된 기록을 보관하고 처리하는 데 있어서 비밀을 준수해야 한다.
- 청소년 상담사는 원칙적으로 내담자 및 보호자(만 14세 미만 내담 청소년의 경우)의 동의 없이 상담의 기록을 제3자나 기관에 공개하지 않는다.
- 청소년 상담사는 내담자와 보호자가 상담 기록의 삭제를 요청할 경우 법적·윤리적 문제가 없는 한 삭제하여야 한다. 상담 기록을 삭제하지 못할 경우 내담자와 보호자에게 타당한 이유를 설명해 주어야 한다.
- 청소년 상담사는 퇴직, 이직 등의 이유로 상담을 중단하게 될 경우 기록과 자료를 적절한 절차에 따라 기관이나 전문가에게 양도한다.
- 전자기기 및 매체를 활용하여 상담 관련 정보를 기록·관리하는 경우, 기록의 유출 또는 분실 가능성에 대해 경각심과 주의 의무를 가져야 하며 내담자의 정보 보호를 위해 적극적인 노력을 해야 한다.

• 내담자의 기록이 전산 시스템으로 관리되는 경우, 접근 권한을 명확히 설정하여 내담자의 신상이 공개되지 않도록 조치를 취한다.

(3) 상담 외 목적을 위한 내담자 정보의 사용

• 청소년 상담사는 자신의 사례에 대한 보다 나은 전문적 상담을 위해 내담자 및 보호자(만 14세 미만 내담 청소년의 경우)의 동의를 구한 후 내담자에 대해 사실적이고 객관적인 정보만을 사용하여 동료나 슈퍼바이저에게 자문을 받을 수 있다.
• 청소년 상담사는 교육이나 연구 또는 출판을 목적으로 상담 관련 자료를 사용할 때에는 내담자 및 보호자(만 14세 미만 내담 청소년의 경우)의 동의를 구해야 하며, 신상 정보 삭제와 같은 적절한 조치를 취하여 내담자에게 피해를 주지 않도록 한다.

(4) 비밀보장의 한계

• 청소년 상담사는 상담 시 비밀보장의 1차적 의무를 내담자의 보호에 두지만 비밀보장의 한계가 있는 경우 청소년의 부모(보호자) 및 관계 기관에 공개할 수 있다.
• 비밀보장의 한계가 있는 경우는 다음과 같다.
  - 청소년 상담사는 **내담자의 생명이나 사회의 안전을 위협하는 경우** 비밀을 공개하여 그러한 위험의 목표가 되는 사람을 보호하기 위한 합당한 조치 등으로 안전을 확보한다.
  - 청소년 상담사는 **법적으로 정보의 공개가 요구되는 경우** 내담자에게 그 사실을 알리고 최소한의 정보만을 제공한다.
  - 청소년 상담사는 **내담자에게 감염성이 있는 치명적인 질병이 있을 경우** 관련 기관에 신고하고, 그 질병에 노출되어 있는 제3자에게 정보를 공개할 수 있다.
• 청소년 상담사는 아동학대, 청소년 성범죄, 성매매, 학교폭력, 노동관계 법령 위반 등 관련 법령에 의해 신고의무자로 규정된 경우 해당 기관에 관련 사실을 신고해야 한다.

6) 심리평가

(1) 심리검사의 실시

- 청소년 상담사는 심리검사를 실시하고 해석할 수 있는 능력을 배양해야 한다.
- 청소년 상담사는 심리검사 실시 전에 내담자 및 보호자(만 14세 미만 내담 청소년의 경우)에게 사전 동의를 받아야 한다.
- 청소년 상담사는 검사 도구를 선택, 실시, 해석함에 있어서 모든 전문가적 기준을 고려하여 사용한다.
- 청소년 상담사는 내담자에게 적절한 심리검사를 선택해야 하며 검사의 타당도와 신뢰도, 제한점 등을 고려한다.
- 청소년 상담사는 다문화 배경을 가진 내담자를 위한 검사 선택 시 내담자의 사회문화적 맥락을 신중히 고려해야 한다.

(2) 심리검사의 해석

- 청소년 상담사는 심리검사 해석에 있어 성별, 나이, 장애, 성적 지향, 인종, 종교, 문화 등의 영향을 고려하여 검사 결과를 해석한다.
- 청소년 상담사는 청소년이 이해할 수 있도록 심리검사의 목적, 성격, 결과에 대한 설명을 제공한다.
- 청소년 상담사는 심리검사 결과를 다른 이들이 오용하거나 외부에 유출하지 않도록 하여야 한다.

7) 슈퍼비전

(1) 슈퍼바이저의 역할과 책임

- 슈퍼바이저는 사례지도 방법과 기법들에 대한 교육과 훈련을 지속적으로 받음으로써 사례지도 역량을 향상시키기 위해 노력한다.
- 슈퍼바이저는 전자 매체를 통하여 전송되는 모든 사례지도 자료의 비밀보장을 위해서 주의하고, 필요한 조치를 취한다.
- 슈퍼바이저는 사례지도를 시작하기 전에, 진행과정에 대해 충분히 설명한 후

동의를 받음으로써 슈퍼바이지의 적극적 참여를 독려할 책임이 있다.

- 슈퍼바이저는 슈퍼바이지에게 전문가적 · 윤리적 규준과 법적 책임을 숙지시킨다.
- 슈퍼바이저는 지속적 평가를 통해 슈퍼바이지의 한계를 파악하고, 그가 자신의 한계를 인식하고 보완할 수 있도록 돕는다.

(2) 슈퍼바이저와 슈퍼바이지의 관계

- 슈퍼바이저는 슈퍼바이지와 상호 존중하며 윤리적 · 전문적 · 개인적 그리고 사회적 관계를 명료하게 정의하고 유지한다.
- 슈퍼바이저와 슈퍼바이지는 성적 혹은 연애관계, 그 외의 사적인 이익관계를 갖지 않는다.
- 슈퍼바이저와 슈퍼바이지는 상호 간에 성희롱 또는 성추행을 해서는 안 된다.
- 슈퍼바이저는 가족, 친구, 동료 등 상대방에 대한 객관성을 유지하기 힘든 사람과 슈퍼비전 관계를 맺지 않는다.

8) 청소년 사이버상담

(1) 사이버상담에서의 정보 관리

- 운영 특성상, 한 명의 내담자가 여러 명의 사이버상담자를 만나게 되는 경우 상담자들 간에 정보를 공유할 수 있음을 내담자에게 알린다.
- 사이버상담 운영기관에서는 이용자가 다른 사람의 신분을 도용하지 않도록 절차를 마련해야 한다.

(2) 사이버상담에서의 책임

- 사이버상담자는 만약에 있을지 모르는 위기 개입 등의 상황을 대비하기 위해서 내담자의 신분을 확인할 방법을 가지고 있어야 한다.
- 사이버상담이 내담자에게 부적절하다고 간주될 경우, 상담자는 대면상담 연계 등 그에 적합한 서비스 연계를 하여야 한다.

9) 지역사회 참여 및 제도 개선에 대한 책임

(1) 지역사회를 돕는 전문가 역할

- 청소년 상담사는 경제적 이득이 없는 경우에도 청소년의 최선의 유익을 위하여 지역사회의 기관, 조직 및 개인과 협력하고 사회 공익을 위해 전문적 활동에 헌신함으로써 사회에 공헌하도록 한다.
- 청소년 상담사는 내담자가 다른 정신건강 전문가와 상담을 받고 있음을 알게 되면, 내담자의 동의하에 그 전문가와 긍정적이고 협력적인 관계를 맺도록 노력한다.

(2) 제도 개선 노력

- 청소년 상담사는 청소년 및 복지 관련 법령, 정책 등의 적용과 개선을 위해 노력한다.
- 청소년 상담사는 자문을 요청한 내담자나 기관의 문제 혹은 잠재된 사회문제를 규명하고 해결하는 데 도움을 준다.

10) 상담기관 설립 및 운영

(1) 상담기관 운영자의 역할

- 청소년 상담기관을 운영하고자 할 경우, 운영자로서의 전문성 및 역량을 갖추도록 노력해야 한다.
- 상담기관 운영자는 직원이나 학생, 수련생, 동료 등을 교육 · 감독하거나 평가할 시에 착취하는 관계를 가져서는 안 된다.
- 상담기관 운영자는 자신과 현재 종사하고 있는 직원의 전문적 역량 향상에 책임이 있다.
- 상담 비용은 내담자의 재정 상태 등을 고려하여 합리적으로 책정한다.
- 상담기관 운영자는 직원 채용 시 자격 있는 사람을 채용해야 한다.

(2) 상담기관 종사자의 역할

- 청소년 상담사는 자신이 종사하는 기관의 목적과 운영방침을 따라야 하며, 기관의 성장 · 발전을 위해 노력해야 한다.
- 청소년 상담사는 고용기관에 손해를 끼칠 수 있는 상황이나 기관의 효율성에 제한을 줄 수 있는 상황에 대해 미리 알려 주어야 한다.

11) 연구 및 출판

(1) 연구 활동

- 청소년 상담사는 청소년 문제해결을 위해 윤리적 기준에 따라 과학적인 방법으로 연구를 계획하고 수행한다.
- 청소년 상담사는 연구 대상자를 심리적 · 신체적 · 사회적 불편이나 위험으로부터 보호하여야 한다.
- 청소년 상담사는 연구 참여자들에게 연구의 본질, 결과 및 결론에 대한 정보를 제공하는 것이 과학적 가치와 인간적 가치를 손상키시지 않는 한, 연구 참여자들이 그 정보를 얻을 수 있는 기회를 제공한다.

(2) 출판 활동

- 청소년 상담사는 연구 결과를 출판할 경우에 자료를 위조하거나 결과를 왜곡해서는 안 된다.
- 청소년 상담사는 투고논문, 학술발표 원고, 연구계획서를 심사할 경우 제출자와 제출 내용에 대해 비밀을 유지하고 저자의 저작권을 존중한다.

12) 자격취소

청소년 상담사는 「청소년기본법」 제21조의2(자격의 취소)에 해당하는 경우 자격이 취소된다.

- 「청소년기본법」 제21조의 결격사유에 해당하게 된 경우

① 미성년자, 피성년후견인 또는 피한정후견인
② 파산선고를 받고 복권되지 아니한 사람
③ 금고 이상의 형을 선고받고 그 집행이 끝나거나 집행을 받지 아니하기로 확정된 후 3년이 지나지 아니한 사람
④ 금고 이상의 형을 선고받고 그 집행유예의 기간이 끝나지 아니한 사람
⑤ 제3호 및 제4호에도 불구하고 다음 각 목의 어느 하나에 해당하는 죄를 저지른 사람으로서 형 또는 치료감호를 선고받고 확정된 후 그 형 또는 치료감호의 전부 또는 일부의 집행이 끝나거나(집행이 끝난 것으로 보는 경우를 포함) 집행이 유예 · 면제된 날부터 10년이 지나지 아니한 사람
㉠ 「아동복지법」 제71조 제1항의 죄
㉡ 「성폭력범죄의 처벌 등에 관한 특례법」 제2조의 성폭력범죄
㉢ 「아동 · 청소년의 성보호에 관한 법률」 제2조 제2호의 아동 · 청소년대상 성범죄
⑥ 법원의 판결 또는 법률에 따라 자격이 상실되거나 정지된 사람

- 거짓이나 그 밖의 부정한 방법으로 자격을 취득한 경우
- 자격증을 다른 사람에게 빌려 주거나 양도한 경우

13) 청소년 상담사 윤리강령 제 · 개정 및 해석

- 한국청소년상담복지개발원은 청소년 상담사 윤리강령 교육 · 보급을 위해 노력해야 한다.
- 한국청소년상담복지개발원은 청소년 상담사 대상 의견 수렴 및 전문가 토론회, 자격검정위원회의 보고 등 자문을 통해 청소년 상담사 윤리강령 개정안을 수립한 후 청소년 상담사 윤리강령을 개정할 수 있다.
- 윤리강령과 관련하여 의견이 있거나 공문 등을 통해 윤리적 판단을 요청할 경우, 한국청소년상담복지개발원에서 전문적 해석을 제공할 수 있다.

요약

상담에 대한 정의는 그 근거가 되는 이론과 관점에 따라 다양할 수 있으나, '어려움을 겪고 있는 내담자'와 '도움을 줄 수 있는 전문가로서의 상담자'가 맺는 관계를 통한 내담자의 '긍정적 방향으로의 변화'가 공통적으로 전제되는 핵심적 요소임을 알 수 있다. 따라서 상담이란 도움을 필요로 하는 내담자의 성장과 발전을 위하여 전문적 지식과 기술을 갖춘 상담자가 조력하는 상호 협력관계라고 할 수 있다. 이를 숙지함으로써 일상생활에서 흔히 혼용되고 있는 '상담'과 유사한 활동들, 즉 '조언' '훈육' '지도' 등과 상담을 분명히 구분할 수 있어야 한다.

한편, 청소년 상담이란 '청소년 및 청소년 관련인과 청소년 관련 기관을 대상으로 하여 직접 봉사, 자문 활동, 그리고 매체를 통하여 청소년의 바람직한 발달 및 성장을 추구하는 활동'이라 할 수 있다. 그리고 그 목적으로는 청소년이 겪는 부정적 문제들을 보다 효과적으로 해결할 수 있도록 돕고, 이러한 문제가 발생하기 전에 그것을 예방하며, 보다 긍정적인 사고와 능력을 길러 건강한 발달을 촉진시킴으로써 긍정적인 방향으로의 변화를 돕는 것을 들 수 있다.

우리나라에서는 최근 청소년 상담 건수가 대폭 증가하고 있으며, 대부분이 학령기 청소년이므로 그들이 주로 어려움을 겪는 대인관계, 학습 및 진로, 정신건강, 일탈 및 비행, 인터넷 중독 등의 주요 영역에 대한 상담 전문성을 확보해야 할 필요가 있다.

끝으로, 청소년 상담 전문가는 일반 상담자로서의 자질뿐 아니라 청소년 상담자로서의 전문적 능력을 갖추어야 하며, 윤리적 책임에 대한 인식을 강화해야 한다.

생각해 볼 문제

1. 다음 중 청소년 상담에 대한 설명으로 옳지 않은 것을 모두 고르시오.
   ① 청소년 상담의 목표는 청소년들이 당면한 문제를 해결하도록 돕는 데에 한정된다.
   ② 청소년 상담의 대상은 청소년뿐 아니라 부모와 교사, 청소년 지도자 및 청소년 관련 기관이 모두 포함된다.
   ③ 청소년 상담은 개인상담뿐만 아니라 집단상담의 형태로도 이루어진다.
   ④ 지난 10년간 가장 많은 비율로 증가한 청소년 상담 대상은 중학생이다.
   ⑤ 최근 청소년들은 대인관계에 관한 어려움을 가장 많이 호소한다.

2. 청소년 상담자의 역할로 알맞은 것은?

가. 청소년을 대상으로 한 상담을 담당한다.
나. 청소년 상담기관을 설립하거나 운영한다.
다. 청소년 상담과 관련된 연구를 수행한다.
라. 청소년 상담자들에 대한 교육 및 훈련을 맡는다.
마. 청소년 상담정책을 개발하고 행정 업무를 총괄한다.

① 가 ② 가, 나 ③ 가, 나, 다 ④ 가, 나, 다, 라 ⑤ 가, 나, 다, 라, 마

3. 청소년 상담자의 윤리적 의무에 대한 설명으로 옳은 것은?

① 상담자는 청소년 내담자에 대해 비밀보장의 의무를 지닌다.
② 상담자는 청소년 내담자의 동의를 받지 않았어도 상담 사례를 활용할 수 있다.
③ 청소년 내담자가 상담 기록 삭제를 요청해도 상담자는 그 기록의 사본을 보관하여야 한다.
④ 상담자는 청소년 내담자가 자신이나 타인의 안전을 위협하는 경우 비밀을 공개할 수 있다.
⑤ 상담자는 청소년 내담자가 올바른 방향으로 행동할 수 있도록 무언의 압력을 행사할 수 있다.

정답 1. ①, ④ 2. ⑤ 3. ①, ④

참고문헌

구본용(2002). 청소년 상담 모형의 정립과 발전과제. 한국청소년상담원 9회 청소년상담학세미나, "한국에서의 청소년상담–미래와 전망".

박성수(1998). 생활지도. 서울: 정민사.

박성수, 김혜숙, 이숙영, 김창대, 유성경(1997). 청소년상담원리. 서울: 한국청소년상담원.

박재황, 남상인, 김창대, 김택호(1993). 청소년상담교육과정개발연구. 서울: 청소년 대화의 광장.

윤철경, 조홍식, 김향초, 이규미, 우정자(2006). 위기청소년 지역사회 안전망 실태와 발전방안. 한국청소년개발원 연구보고서.

여성가족부(2018). 2018 청소년 백서.

이성진(1996). 청소년상담 발전의 방향과 과제. 제3회 청소년상담학세미나 자료집.

이장호(2011). 상담심리학(4판). 서울: 박영사.

이형득(1993). 한국상담의 전문화와 대중화. 한국 카운슬러협회, 생활과 지도, 28, 9-22.

한국청소년개발원(2004). **청소년상담론**. 서울: 교육과학사.

홍경자(2001). **상담의 과정**. 서울: 학지사.

Bordin, E. S. (1968). *Psychological counselling* (2nd ed.). New York: Appleton-Century.

Cormier, W. H., & Cormier, L. S. (1985). *Interviewing strategies for helpers* (2nd ed.). Monterey, CA: Brooks/Cole.

Guy, J. D. (1987). *The personal life of the psychotherapist*. New York: Wiley.

Hahn, M. E., & MacLean, M. S. (1955). *Counseling psychology*. New York: McGraw-Hill Book Company, Inc.

Rogers, C. R. (1942). *Counseling and psychotherapy: New concepts in practice*. Boston: Houghton Mifflin.

Williamson, E. G. (1950). *Counseling adolescents*. New York: McGraw-Hill.

e-나라지표 http://www.index.go.kr/potal/main/EachDtlPageDetail.do?idx_cd=1600

제2장

청소년 상담이론 및 상담실제

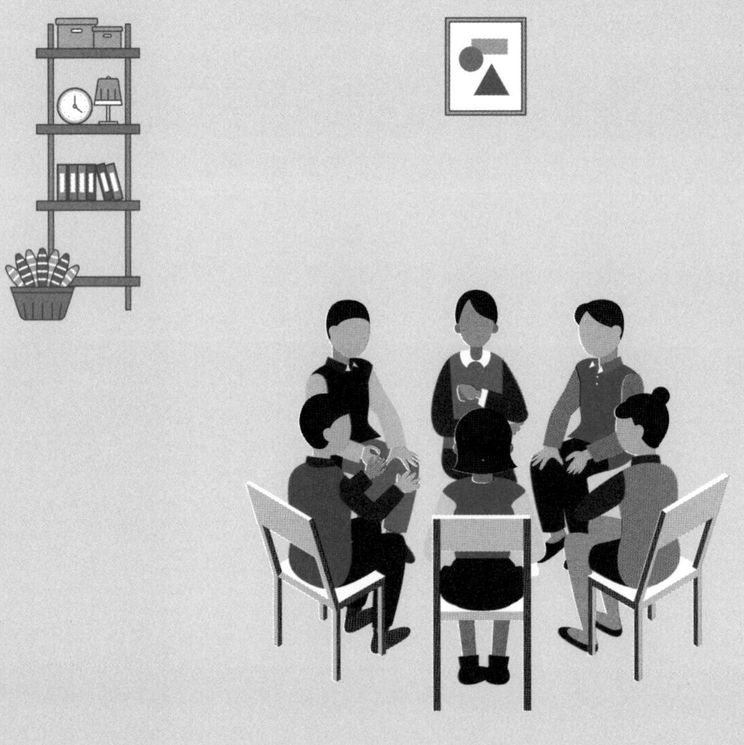

ADOLESCENT COUNSELIN

청소년의 상담을 위해서는, 먼저 다양한 상담이론에서 제시하고 있는 인간을 바라보는 관점과 인간의 심리적 문제해결을 위한 상담적 개입의 원리를 이해할 필요가 있다. 이 장에서는 청소년 상담에 적용되는 주요 이론들을 이해하고, 이를 적용한 상담적 개입방안 등을 살펴볼 것이다. 또한 일반적으로 적용되는 청소년 상담의 과정 및 절차, 청소년 상담에서 고려해야 할 요소들에 대해 다루고자 한다.

학습목표

1. 각각의 상담이론에서 제시한 심리적 문제의 원인과 개입 방안을 이해하고 청소년 상담에 적용할 수 있다.
2. 청소년 상담의 과정과 절차를 이해하고 적용할 수 있다.
3. 청소년 상담에서 고려해야 할 요소들을 이해하고 적용할 수 있다.

DOLESCENT COUNSELING

1. 청소년 상담이론

1) 정신분석적 상담이론

정신분석은 Sigmund Freud에 의해 시작되었다. Freud는 수많은 임상 사례를 통해 내담자가 무의식에 억압한 감정, 생각, 경험들이 다양한 신경 증상으로 표출될 수 있다는 것을 발견하였고, 이를 자유연상 등의 방법을 통해 의식의 세계로 끌어올리는 것이 치료에서 가장 중요한 부분이라 보았다. Freud는 무의식에 기반을 둔 상담이론을 정립하였으며, 어린 시절의 경험이 성격 형성에 미치는 결정론적인 영향에 대해서도 생각해 볼 수 있도록 하였다(Freud, 1915, 1923, 1926).

(1) 심리적 문제의 원인

정신분석에서 언급한 심리적 문제의 원인을 정리해 보면 다음과 같다.

첫째, Freud는 인간의 마음에 무의식, 전의식, 의식의 3가지 영역이 존재한다고 보았다. 의식에는 개인이 인식할 수 있는 사고, 감정, 행동이 존재하는 반면, 무의식에는 억압된 욕구, 감정, 기억 등이 보관되어 있으며, 이들은 의식에 떠오르면 위협이 될 만한 것들(성적 욕구나 공격성 등과 관련)로서 자각하기 어렵다. 전의식에는 기억이나 저장된 지식 등이 존재하며, 이들은 무의식에 있는 것들보다 인출하기 용이하다. Freud는 무의식이 어린 시절의 경험, 특히 부모와의 상호작용 경험에 의해 형성된다고 보았으며, 인간의 행동은 의식적 요인보다 무의식적 요인에 의해 더 많은 영향을 받는다고 하였다. 따라서 정신분석에서는 개인의 증상이나 문제행동은 무의식적 측면과 밀접한 관련이 있다고 가정하고 상담 시 무의식을 의식화하는 작업을 중요하게 여긴다.

둘째, 정신분석 이론에서는 인간의 마음은 세 부분(원초아, 자아, 초자아)으로 나뉘어 있으며 이들 간의 균형이 깨어질 때 심리적 문제가 발생할 수 있다고 보았다. 원초아(id)는 본능적인 욕구를 추구하며 이를 즉각적으로 충족하고자 하는 부분이다. 즉, 원초아는 쾌락의 원리에 의해 지배를 받는다. 이와 반대로 초자아(superego)는 바람직한 것 혹은 이상적인 것을 추구한다. 이와 같이 원초아와 초자아는 추구하는 것이 서로 다르기 때문에 이 둘 사이를 중재할 수 있는 자아(ego)의 역할이 중요하다. 자아는 원초아의 욕구를 고려하면서도 초자아의 압력을 거스르지 않을 수 있는 방법을 찾아내어 적절한 수준에서 둘 간의 갈등을 해결할 수 있는 방법을 찾아내려 한다. 그러나 원초아 또는 초자아로 에너지가 지나치게 쏠리면 자아는 그 역할을 제대로 할 수 없어 심리적 갈등으로부터 자신을 보호하지 못한다.

셋째, 이와 같은 심리적 갈등으로부터 자신을 보호하기 위해 사용하는 여러 방어기제 중 상당수가 오히려 자신의 문제를 제대로 보지 못하게 한다. 원초아 또는 초자아로 에너지가 쏠려 자아가 제대로 역할을 하지 못하게 되면 인간은 정서적으로 불안을 경험하게 된다. 이때 생기는 불안, 즉 원초아가 압도적이거나 초자아가 압도적이어서 생기는 불안은 실제로 존재하는 위협 때문에 생기는 현실적 불안과는 다른 종류의 불안이다. 원초아가 우세하면 자신을 통제하지 못할 것 같은 불안인 신경증적 불안을 경험하고, 초자아가 압도적이면 도덕적 불안을 경험한다. 이런 불안의 정도가 과도해지면 자아는 자신을 지키기 위해 **방어기제**(defense mechanism)를 사용한다. 방어기제에는 억압, 부정, 투사, 반동형성, 백일몽, 동일시, 합리화, 승화 등이 있다. 이들 중 상당수는 자신의 경험을 무의식으로 밀어 넣거나 왜곡시키는 것이다.

넷째, Freud는 발달 단계에 따라 성적 에너지인 **리비도**(libido)를 충족해 주는 신체 부위가 다르다고 보았으며, 이런 리비도의 욕구가 충분히 채워지지 않거나 반대로 과도하게 채워질 경우에는 그 발달 단계에 고착(fixation)된 성격을 갖게 된다고 보았다. 구체적으로, 구강기(출생 직후~18개월)에는 입을 사용하는 여러 행동을 통해 쾌락을 경험하는데, 이 시기에 고착되면 성장해서도 과식이나 과음 등 물질에 대한 지나친 추구, 대인관계에서의 불신 혹은 위축 등이 나타날 수 있다. 항문기(18개월~3세)에는 항문(배변)이 주요한 신체 부위가 되므로, 이 시기에 배변 훈련이 얼마나 엄격하게 진행되는가 하는 것이 이후 성격 형성에 영향을 미친다. 이 시기에 고착되면 통제와 규범을 지나치게 추구하는 강박적 성격이 되거나 반대로 충동적인 성격이 될 수 있다. 남근기(3~6세)에는 성기가 주요 신체 부위가 되고, 성에 대한 관심과 상상이 증가하며, 반대 성(性)의 부모에게는 성적인 관심을, 같은 성의 부모에게는 적대감을 발달시킨다. 같은 성의 부모에 대한 적대감을 들킬 것이 두려워 동일시를 통해 이를 극복하려는 과정에서 초자아 또는 양심이 형성된다. 그러나 부모가 동일시 대상이 될 정도로 매력적이지 못하면 초자아나 양심의 형성이 어려워질 수 있다. 잠복기(6~12세)에는 리비도가 잠복 상태에 들어간다. 이 시기는 학업과 친구에 대한 관심이 증가하고 성적 · 공격적 충동은 줄어들게 된다. 이 시기에는 자아가 성숙하고 초자아가 확립되며, 현실적인 성취와 대인관계를 위한 적응 능력이 발달한다. 생식기(12세~)에는 주요 신체 부위가 남근기와 같으나, 다른 점은 자신만의 쾌락을 추구하기보다 이성과의 관계 안에서 이를 추구하고자 하는 것이다.

(2) 상담적 개입 방안

정신분석 이론에서는 앞서 언급한 바와 같이 심리적 문제의 원인을 파악하고 그것을 해결하기 위한 방법으로 다음과 같은 접근을 제안하였다.

첫째, 심리적 문제의 해결을 위해서는 무의식 속에 억압되어 있는 생각, 감정, 경험 등을 꺼내어 내담자가 그것을 이해하고 수용할 수 있도록 하는 것이 중요하다고 보았다. 이를 위해 상담자는 내담자가 마음속에 떠오르는 것을 자유롭게 말할 수 있도록 하는 자유연상(free association)과 같은 방법을 사용할 수 있다.

둘째, 상담자는 내담자가 꿈이나 자유연상 등을 통해 언급한 무의식의 단서들을 종합적으로 이해한 다음, 적절한 시점에 내담자에게 그 의미를 해석(interpretation)해 줄 필요가 있다. 여기서 적절한 시점이란 상담과정을 통해 내담자가 어렴풋하게라도 자신의 문제를 알게 되는 시점을 의미한다. 그 의미를 전혀 모를 때 상담자가 해석을 해 주면 내담자는 오히려 저항만 보일 수 있다.

셋째, 내담자가 주요 타자와의 관계에서 경험했던 감정이나 생각 등이 상담자와의 관계에서 나타나는 것을 전이(transference)라고 하는데, 상담자는 전이의 분석을 통해 내담자가 주요 타자, 특히 부모와의 관계에서 경험했던 정서적인 갈등과 고통이 무엇이었는지 그리고 그것이 현재의 삶에 어떤 영향을 주고 있는지를 보다 명확히 알게 해 줄 필요가 있다.

넷째, 내담자가 자신의 문제에 대한 통찰을 얻었다 해도 한꺼번에 변화가 이루어지는 것은 아니다. 통찰은 상담과정 동안 반복해서 일어나며 그 깊이를 더해 가는데 이를 훈습(working-through)이라고 한다. 내담자의 변화를 위해서는 지속적인 훈습의 과정이 필요하다.

(3) 청소년 상담에 주는 시사점

정신분석 이론이 청소년 상담에 주는 시사점을 찾아보면 다음과 같다.

첫째, 정신분석 이론에서는 6세까지의 경험이 성격의 대부분을 결정짓는다고 보았다. 어린 시절의 경험이 무의식의 세계 속에 자리를 잡고 성인이 된 이후에도 지속적인 영향을 주는 것이라 본 것이다. 그러므로 청소년 내담자를 만날 때는 어린 시절의 성장 경험이 현재에도 영향을 줄 수 있다는 것을 염두에 둘 필요가 있다.

둘째, 청소년의 문제를 원초아, 자아, 초자아의 균형과 관련하여 이해할 수 있다. 예를 들어, 원초아로 에너지가 쏠려 있다면 청소년은 매우 충동적으로 행동하여 사회적 규범을 어기거나 주변 사람들과 갈등을 일으킬 가능성이 높고, 반대로 초자아로 에너지가 쏠려 있다면 억압되거나 위축된 모습을 보일 가능성이 높다. 이런 경우, 현실적이고 합리적인 판단을 할 수 있는 자아의 힘을 키워 주는 것이 필요하다. 이를 위해 과거의 경험과 관련된 정서나 기억을 떠올리고 표현할 수 있도록 하는 것이 중요하다. 억압된 정서나 기억을 표현하는 데 있어 언어로 충분치 않은 경우 미술, 음악 그리고 그 외 다양한 활동을 활용하여 자신을 표현하게 할 수도 있다.

2) 행동주의적 상담이론

행동주의적 상담이론은 20세기 초 러시아의 심리학자인 Ivan Pavlov가 개의 소화과정 실험으로 고전적 조건형성 원리를 체계적으로 설명하면서 그 근거가 마련되었다. 이후 Pavlov의 연구는 John B. Watson에게 영향을 주어 행동주의를 창시하게 한다. 행동주의의 창시자인 Watson은 눈에 보이지 않는 인간의 의식이나 상상의 세계 등을 다루는 것은 무의미하다고 보고, 오직 관찰 가능한 '행동'만이 의미가 있다고 보았다. 한편, Edward Thorndike가 행동에 따른 보상이 학습을 가능하게 한다는 '조작적 조건형성' 원리를 발견한 이후, B. F. Skinner가 실험 연구를 통해 이를 적용한 학습이 가능하다는 것을 보여 주었다. 이 원리를 근거로 1950년대부터는 행동주의적 접근이 상담 장면에 활발하게 적용되기 시작하였으며, 1960년대에는 Albert Bandura가 관찰학습의 개념을 근거로 사회학습 이론을 만들면서 이 흐름에 합류하였다(Spiegler & Guevremont, 2004).

(1) 심리적 문제의 원인

행동주의에서 언급한 인간의 심리적 문제의 원인을 정리해 보면 다음과 같다.

첫째, 고전적 조건형성 이론에서는 부적응적인 행동이 '조건형성'에 의해 습득된다고 보았다. 고전적 조건형성 이론은 Pavlov의 연구에 그 바탕을 두고 있다. Pavlov는 개에게 음식을 주었을 때 분비되는 침의 양, 종소리와 함께 음식을 주었을 때 분비되는 침의 양 등을 관찰하는 연구를 하였고 이를 통해 고전적 조건형성의 원리를 정립하였다. 고전적 조건형성의 원리란 무조건 반응(예: 침 흘리는 반응)을 가져오는 무조건 자극(예: 맛있는 음식)이 무조건 반응과 전혀 관련이 없던 중성 자극(예: 종소리)과 결합되고, 나중에는 중성 자극만으로 무조건 반응이 야기된다는 것이다. 이에 근거하여 고전적 조건형성 이론에서는 중성 자극이 무조건 자극과 결합하여 조건 자극이 되는 '조건형성'의 원리가 심리적 문제 생성의 원인이 될 수 있다고 본다. 예를 들어, 수업 시간에 교사로부터 늘 꾸중을 듣는 학생이 나중에는 학교 오는 것 자체를 싫어하게 되었다면, 꾸중이 학교와 결합되어 학교에 대한 거부감을 가져오게 된 것이라 볼 수 있다([그림 2-1] 참조).

둘째, 조작적 조건형성 이론에서는 환경으로부터 부적응적인 행동이 '강화'를 받게 될 때 문제행동이 학습될 수 있다고 보았다(Skinner, 1953). 즉, 특정한 행동을 한 다음의 후속 결과로 그 행동에 대한 강화를 경험하면 그 행동은 증가하며, 반대로 강화를 경험하지 못하거나 오히려 혐오 자극을 경험하게 되면 그 행동은 결국 감소

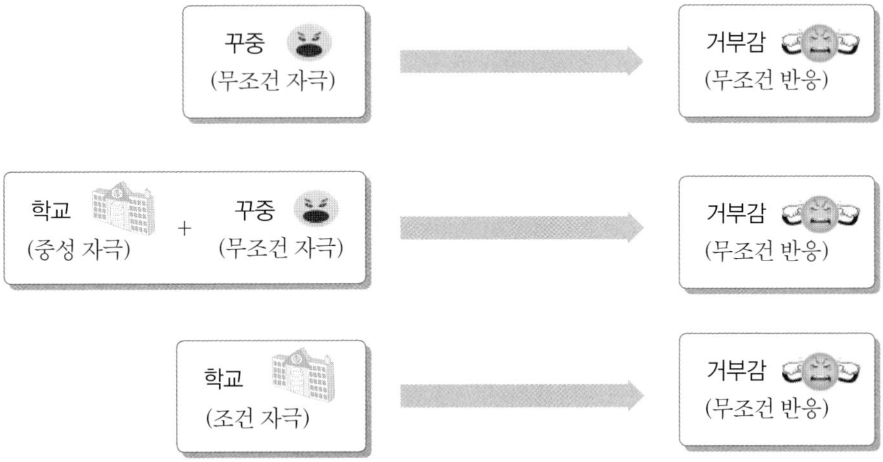

그림 2-1 고전적 조건형성 원리의 예

한다는 것이다. 조작적 조건형성 이론에서 언급하고 있는 후속 결과로는 강화와 벌 등이 있는데, 이를 정리해 보면 다음과 같다.

- 강화: 특정 행동을 증가시키는 후속 결과로, 증가시키고자 하는 특정 행동 후에 제공 혹은 증가시키거나 제거 혹은 감소시키는 것을 의미한다. 강화에는 정적 강화와 부적 강화가 있는데, 정적 강화란 특정 행동의 후속 결과로 긍정적 결과를 경험하게 되면 결과적으로 그 행동이 증가한다는 것이다. 수업 시간에 책을 읽었는데 선생님으로부터 '아주 또랑또랑하게 책을 잘 읽었다.'는 칭찬을 받고 난 다음 이전보다 더 적극적으로 손을 들어 책 읽는 기회를 얻고자 한다면, 이 학생에게는 선생님의 칭찬이 책 읽는 행동에 대한 정적 강화가 된다. 반면, 부적 강화는 특정 행동의 후속 결과로 부정적인 결과를 줄이거나 제거하여 결과적으로 그 행동의 증가를 가져오는 것이다. 체육 시간에 달리기를 해서 선착순 10등 안에 든다면 방과 후 청소 당번을 면제받을 것이라는 이야기를 듣고 더욱 달리기를 열심히 하게 되었다면 '청소 당번 면제'라는 후속 결과가 달리는 행동에 대한 부적 강화로 작용한 것이다.
- 벌: 벌이란 특정 행동의 후속 결과로 부정적인 결과를 경험하도록 하여 그 행동의 감소를 가져오게 하는 것이다. 친구들과 장난치느라 수업 시간에 내준 과제를 못한 학생에게 방과 후에 남아 그 과제를 다 하고 가도록 했다면, 집에 빨리 가서 놀고 싶어 하는 학생에게는 '방과 후 남아서 과제 다 하기'가 벌이 될 것이다.

셋째, 사회학습 이론에서는 인간이 다른 사람의 행동을 보고 관찰하고 그 대상이 어떤 보상을 받는가에 따라 학습이 이루어질 수 있다고 보았다. 이를 '모델링'의 과정이라고 하는데, 부적응적인 행동을 모델링하면 결과적으로 문제행동을 보이게 된다고 보는 것이다. 사회학습 이론에서 행동의 습득과 관련하여 가장 중요한 것은 바로 '자기효능감'이다(Bandura, 2001). 자기효능감은 필요한 것을 수행할 수 있는 능력이 자신에게 있다는 신념이다. 자기효능감이 높으면 습득하는 과정이 다소 어렵더라도 그것을 끝까지 해낼 수 있겠지만, 자기효능감이 낮으면 쉽게 포기할 것이다. 또한 특정 영역에 대한 지식 혹은 기술이 있다 하더라도 그것을 최대로 사용하기 위해서는 자기효능감이 필요하다고 보았다. Bandura(2001)는 자기효능감에 영향을 주는 요소로 특정한 과제해결 및 지식습득에 대한 성공 경험, 타인의 성공 경험 혹은 보상 여부와 같은 대리적 경험, 주위 사람들의 피드백을 포함한 언어적 설득, 주위 사람들의 평가나 인식으로부터 더 큰 영향을 받을 수 있는 각성 상태를 포함한 생리적 · 정서적 상태의 네 가지를 꼽았다.

(2) 상담적 개입 방안

행동주의적 상담이론에서는 앞서 언급한 바와 같이 심리적 문제의 원인을 파악하였고 그 문제의 해결을 위해 다음과 같은 접근 방법을 제안하고 있다.

첫째, 잘못된 '조건형성'에 의해 부적응적인 행동이 습득되었을 때는 '역조건 형성' 또는 '재조건 형성'의 방법을 통해 이를 해결할 수 있다고 보았다. 역조건 형성을 사용한 대표적인 방법이 바로 '체계적 둔감법'이다. '체계적 둔감법'은 Wolpe(1958)에 의한 것으로, 잘못 '조건형성'이 된 불안이나 공포를 이완된 상태와 다시 역조건화 또는 재조건화함으로써 극복할 수 있게 한 것이다. 먼저 충분히 이완된 단계에 도달할 수 있도록 연습을 하고, 불안이나 공포를 느끼는 장면을 위계적으로 구성하여 가장 낮은 단계부터 떠올리며 충분히 이완된 상태가 유지되면 점차 그 수위를 높여 가는 방법이다. 예를 들어, 시험과 관련된 불안의 위계는 〈표 2-1〉과 같이 장면

표 2-1 시험 불안 관련 장면의 위계표

시험 불안 관련 장면	불안의 정도
시험지를 풀다가 모르는 문제를 만난 장면	100
시험지를 받아들고 문제를 푸는 장면	90
시험 시간에 선생님이 시험지를 나누어 주는 장면	80
시험 시간에 선생님이 시험지를 가지고 들어오는 장면	70
시험 당일 아침	60
시험 전날 마무리 공부를 하는 장면	50
시험 보기 1주 전 쫓기면서 시험 공부를 하는 장면	40
시험 보기 2주 전 친구들이 시험 공부를 하는 장면	30
시험 보기 3주 전 선생님이 시험 날짜를 발표하는 장면	20

별로 작성해 볼 수 있을 것이다. 훈련의 효과가 극대화되기 위해서는 상상 속에서의 연습과 더불어 실제 생활에서도 그와 유사한 상황에 노출해 보는 것이 필요하다.

둘째, 고전적 조건형성의 원리와 조작적 조건형성의 원리를 종합하여 문제행동에 대한 구체적인 개입 방안을 계획할 수 있다고 보았다. 즉, 행동주의 상담이론에서는 문제행동의 변화를 위해 이를 관찰 가능한 형태로 정의하고 구체화하여, 행동을 야기하는 선행 조건과 행동을 유지시키는 후속 결과 등을 면밀히 분석한 다음 체계적으로 이에 대한 개입을 시도할 수 있다고 보았다. 예를 들어, 학급에서 수업 시간에 떠드는 행동을 빈번하게 하는 학생이 있다면, 이를 변화시키기 위해서는 떠드는 행동에 영향을 주는 선행 자극과 떠드는 행동을 했을 때 받는 후속 결과가 무엇인지를 먼저 체계적으로 관찰할 필요가 있다. 그 결과, 선생님이 학생들에게 설명하는 시간이 5분 이상 지속되면 옆 친구와 떠드는 행동을 하게 되고, 떠드는 행동을 해도 선생님이 그것을 막지 않기 때문에 옆 친구와 점점 더 많이 떠들게 된다는 것을 알면 그에 따른 개입 전략을 계획할 수 있다. 즉, 선생님이 5분 정도 설명을 하고 난 다음 해당 학생 또는 다른 학생에게 질문을 통해 내용을 확인하도록 선행 사건을 변경하고, 학생이 떠드는 행동을 하면 지금처럼 그대로 두기보다 경고를 명확히 하며, 옆 친구와 고립되어 따로 앉도록 하기, 혼자 방과 후에 남아 반성문 쓰기 등 분명한 통제 행동을 해서 친구들과 떠들 수 있는 기회가 줄어드는 것을 경험하도록 후속 결과를 바꾸는 것이다. 이런 개입이 효과가 있는지 평가를 해 보면 해당 개입 전략이 효과적이어서 지속시킬지 혹은 변경하거나 철회할지 등을 결정할 수 있을 것이다.

셋째, 내담자가 이와 같은 행동주의적 상담 원리를 자신의 행동에 스스로 적용하도록 하면 문제행동을 감소시키거나 바람직한 행동을 증가시키는 것, 즉 '자기관리' 방법의 적용이 가능하다고 보았다(Kanfer, 2004). 자기관리 절차는 크게 세 단계로 나눈다. 첫 번째, '자기관찰'의 단계를 필요로 한다. 특정한 행동을 증가 혹은 감소시키기 이전에 어떤 상황에서 어느 정도나 특정 행동을 보이는지 체계적이고 구체적으로 관찰하여 기록하는 과정이 필요한 것이다. 두 번째는 '자기보상'의 단계로, 스스로 특정 행동의 증가 혹은 감소에 대해 상 또는 벌을 정하는 것이다. 마지막으로 이와 같은 시행과정에 대한 지속적인 동기 부여를 위해 '자기계약'을 시행하도록 한다. 자기계약에는 변화시키고자 하는 특정 행동, 그 실천 여부 혹은 증가 여부에 따른 상과 벌 그리고 시행 방법 등이 포함된다.

넷째, '모델링'의 방법을 사용할 수 있다고 보았다. 특히 모델링은 공포나 불안감에 대한 치료가 필요한 경우나 사회적 기술 훈련이 필요한 경우 등에 효과적이다(Spiegler & Guevremont, 2004). 영화나 비디오, 책 등을 활용하는 경우, 영상이나 자료를 보면서 내담자가 두려워하거나 힘들어하는 상황을 어떻게 다루어 갈지 간접 경험을 할 수 있도록 한다. 또한 상담자가 직접 모델링의 대상이 되어 내담자가 익힐 필요가 있는 모습을 미리 보여 줄 수도 있고 따라 하도록 할 수도 있다. 친구들과 사귀는 것을 힘들어하는 학생에게는 먼저 다가가서 말 거는 방법, 대화를 이어 가는 방법, 불쾌한 요구를 거절하는 방법, 보다 친근한 만남을 위해 여러 가지 함께 할 수 있는 활동을 제안하는 방법 등 다양한 장면에서 필요한 행동이 무엇인지를 상담 장면에서 보여 줄 수 있고, 실제로 따라 해 보도록 하면서 피드백을 제공할 수 있다.

(3) 청소년 상담에 주는 시사점

행동주의적 접근이 청소년 상담에 주는 시사점은 다음과 같다.

첫째, 해당 학생의 문제행동을 관찰 가능한 행동 용어로 정의하고 이를 분석 및 평가한다. 예를 들어, '산만함' 혹은 '집중하지 못함'이라는 증상에 개입하고자 할 때는 이를 '공부할 때 책상에 앉아 10분 이상 책을 보지 못함'과 같이 관찰 가능한 구체적인 용어로 정의한 다음 이를 개입 목표로 설정한다. 이렇게 목표로 설정된 행동은 일정 기간 동안 관찰과 기록 기간을 거쳐 수치화되며, 선행 조건과 후속 결과에 대한 분석을 통해 구체적인 절차가 진행된다. 결과를 평가해 보고 개입의 효과가 별로 없었다고 판단되면 개입 방법을 수정할 수도 있다.

둘째, '모델링'을 통한 학습을 활용하여 상담을 함으로써 사회적 기술의 습득과 필요한 행동 연습을 할 수 있다. 예를 들어, 친구들과의 관계에서 위축되어 있는 학생의 경우 다른 사람들과의 관계에서 자신을 표현할 수 있도록 하기 위해 상담자가 영화, 비디오, 책 등의 자료를 활용할 수도 있고, 상담자와 함께 미리 연습해 볼 수도 있다.

셋째, 청소년의 '자기효능감'은 상담 장면에서도 매우 중요하게 다루어질 수 있다. 청소년 상담자는 상담을 할 때 청소년의 자기효능감을 향상할 수 있는 원리, 즉 ① 성취해야 할 목표와 현재 성취한 것 사이의 간격 극복을 위해 분명하게 향상된 것에 대한 구체적인 피드백을 자주 할 것, ② 장기 목표만을 가지고 있다면 인접한 하위 목표를 갖도록 하여 도전 가능성을 높일 것, ③ 적절한 도전 수준을 유지할 수 있도록 할 것, ④ 실패했을 경우 획득 가능한 지식 또는 인지적 기술의 부족 때문이라고 귀인하는 것을 기억하고 이를 적극 활용할 필요가 있다(Bandura, 2001).

3) 인지치료 상담이론

인지치료(cognitive therapy)는 Aaron Beck의 '우울'에 관한 연구에 그 기반을 두고 있다(Beck, 1963: Corsini & Wedding, 2004에서 재인용). Beck은 인지 처리과정이 '우울'에 미치는 영향을 발견하고 이후 지속적으로 인지가 심리에 미치는 영향에 대해 연구하여 인지치료 이론을 개발하게 된다. Beck은 인지치료 이론을 통하여 정서 및 행동에 영향을 미치는 인지과정의 중요성을 부각시켰으며, 심리적 고통을 가져오는 인지적 왜곡을 합리적 생각으로 변화시키는 데 필요한 인지적 방법을 구체적으로 제시하였다.

(1) 심리적 문제의 원인

인지치료에서는 사건 자체가 심리적 고통을 가져오는 것이 아니라 그에 대한 인지적 과정이 중요한 영향을 미치는 것이라 보았다(Beck, 1967). Beck은 인지과정에서 가장 표면적으로 드러난 것을 '**자동적 사고**'라고 하였다. 자동적 사고란 어떤 상황에 있거나 특정 사건을 떠올릴 때 마음속에 빠르게 떠오르는 생각으로, 구체적인 내용이나 이미지를 담고 있어 비교적 쉽게 인식할 수 있다. 예를 들어, 한 학생이 이전보다 낮은 성적을 받고 '나는 절대 성적을 올릴 수 없을 거야.'라는 생각을 떠올렸다면 몹시 우울한 감정을 경험하게 될 것이다. 이때 '나는 절대 성적을 올릴 수 없을 거야.'와 같이 자신도 모르게 떠올린 생각이 바로 자동적 사고다. 이런 자동적 사고가 상황 자체보다 감정 그리고 더 나아가 행동에까지 영향을 준다는 것이다.

그런데 이런 자동적 사고는 초기 발달과정에서 형성된 '인지 도식'의 영향을 받는다. 인지 도식은 자신이 경험한 세상을 이해하기 위해 만든 조직화된 틀이다(Beck, 1967). 감정과 연결되어 쉽게 떠오르는 자동적 사고와 달리, 인지 도식은 비교적 접근이 어렵다. 그러나 힘든 일이 발생하거나 위협적인 상황에 처하면, 인지 도식은

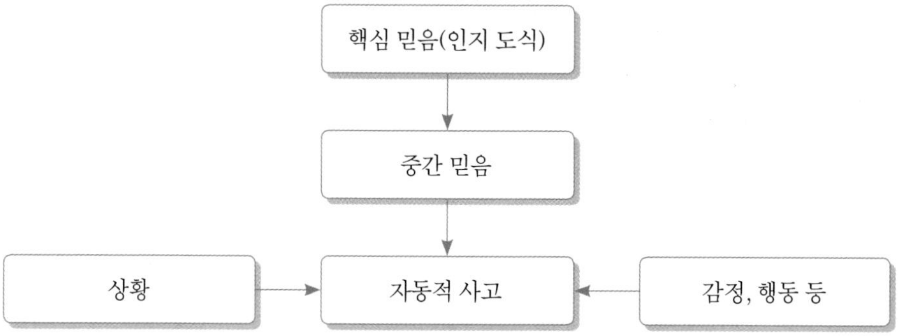

그림 2-2 인지 모델

출처: Beck (1967).

어김없이 작동되어 생각, 감정, 행동에까지 영향을 미친다. 앞서 언급한 청소년은 성적이 내려간 성적표를 받아들고 '나는 절대 성적을 올릴 수 없을 거야.'라는 자동적 사고를 했는데, 그것에 영향을 주는 것은 그의 부정적 인지 도식(예: '나는 무능해.')이라고 볼 수 있다.

인지 도식은 '중간 믿음', 즉 태도, 규칙, 가정들의 형태로 나타난 다음 다시 감정에 직접적인 영향을 주는 자동적 사고의 형태로 더 구체화되는 단계를 거친다([그림 2-2] 참조). 핵심 믿음인 인지 도식이 부정적일 경우('나는 무능하다.' '나는 사랑받지 못하는 존재다.' 등) 그것에 대처하기 위해 내담자들은 '중간 믿음'을 발전시킨다. 예를 들면, '지금부터라도 열심히 공부하면 잘할 수 있을 거야.' '내가 사람들의 말을 거절하면 나를 싫어할 거야.'와 같은 삶에서의 규칙이나 태도와 관련된 생각 등이 이에 해당된다.

Beck은 다양한 내담자와의 상담 경험을 통해 이들의 자동적 사고 및 인지에 오류가 있음을 발견하였고, 이들이 자신에게 일어나는 여러 사건을 해석하는 과정에서 인지적 오류가 발생하여 생활 속에서 일어나는 사건들을 부정적인 방향으로 인식함을 알게 되었다. Beck은 이러한 인지적 왜곡이 이들의 심리적 어려움과 밀접하게 관련되어 있다고 보았다. 인지적 왜곡에는 근거 없는 추론, 선택적 추론, 과잉일반화, 확대와 축소, 이분법적 사고 등이 포함된다.

(2) 상담적 개입 방안

이상과 같은 문제를 해결하기 위해 Beck은 다음과 같은 방안들을 제시하였다

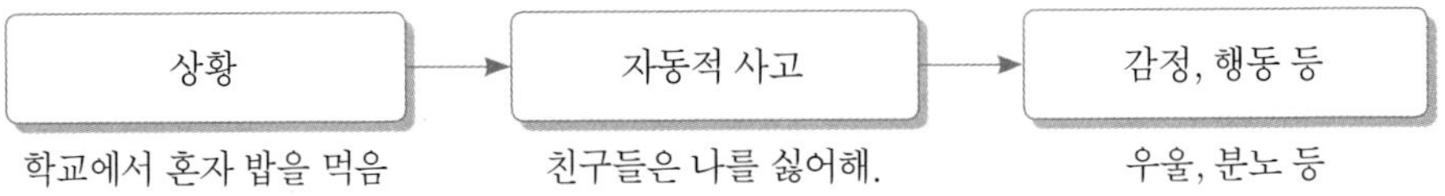

그림 2-3 자동적 사고의 영향

(Beck, 1967).

첫째, 감정과 연결된 자동적 사고를 식별하도록 하는 것이 필요하다. 평상시에는 자동적 사고를 인식하기 어렵다. 예를 들면, 학교에 친한 친구가 없어 점심을 혼자 먹는다는 학생에게 밥 먹을 때 어떤 생각이 들었는지 묻는다면 '그냥 기분이 별로였다.' 정도의 모호한 답을 할 가능성이 높다. 이럴 때는 다시 "밥을 혼자 먹으면서 기분이 별로였구나. 그때 머릿속을 스치는 생각이 있었을 것 같아. 그게 뭐였을까?"처럼 생각을 구체화하는 질문을 해서 자동적 사고를 구분할 수 있도록 할 필요가 있다. 또한 사건 자체보다 이런 생각 때문에 불쾌한 감정이 생긴다는 것([그림 2-3] 참조)을 교육할 필요가 있다. 자동적 사고를 인식하는 것이 그 결과로 야기되는 감정, 행동 등의 변화를 위한 출발점이 된다.

둘째, 자동적 사고를 평가하고 보다 적응적인 사고를 연습하기 위해 역기능적 사고 기록지의 활용을 제안할 수 있다. 〈표 2-2〉는 Beck(1967)이 제안한 역기능적 사고 기록지다. 역기능적 사고 기록지는 기분 나쁜 감정이 일어났던 상황을 구체화하고(첫째 칸) 그때의 감정을 명확히 한 다음(둘째 칸), 감정과 연결된 자동적 사고를 떠올리고(셋째 칸), 대안적 사고과정을 생각해 볼 수 있도록 한 후(넷째 칸), 그 감정이 어떻게 변하는지를 기록(다섯째 칸)하도록 구성되어 있다. 이러한 과정을 통해 특정 상황에서 다른 방식으로 생각을 할 수 있으며, 다른 방식으로 생각할 때 후에 따르는 정서나 행동이 더 나아지게 됨을 알게 된다.

셋째, 중간 믿음을 구별하고 수정함에 있어 ① 중간 믿음의 장점과 단점을 평가하기, ② 소크라테스식 문답법, ③ 행동실험, ④ 인지적 연속성, ⑤ 다른 사람을 준거(reference)로 사용하기의 방법이 도움이 된다. 중간 믿음의 장점과 단점을 평가하는 과정을 통해 그 믿음을 계속 유지하는 것이 이익이 더 클지 혹은 바꾸는 것이 이익이 될지를 내담자 스스로 결정할 수 있다. 소크라테스식 문답법은 특정한 상황에서 내담자가 가지고 있는 생각이 과연 맞다고 볼 수 있겠는지에 대해 문답을 통해 검증하는 방법으로 사건을 해석하는 과정에서 왜곡할 수 있는 부분들을 다시 짚어 보고

표 2-2 역기능적 사고 기록지

영역	내용
상황 1. 기분 나쁜 감정을 일으키게 한 일이나 생각 또는 상황은 무엇이었습니까? 2. (혹시 있었다면) 어떤 기분 나쁜 신체 감각을 느꼈습니까?	
감정 1. 상기 상황에서 발생한 자신의 감정(슬픔, 불안, 분노 등)은 무엇입니까? 2. 그 감정의 정도는 얼마나 심했습니까? (1~100% 내의 점수로 자체 평가)	
자동적 사고(들) 1. 어떤 생각 그리고/또는 장면이 마음속을 스쳐갔습니까? 2. 그것들을 각각 얼마나 믿었습니까?	
대안적 반응 1. (선택적) 어떤 사고의 왜곡을 하였습니까? 2. 이 표의 아래쪽에 있는, 자동적 사고에 반응할 수 있도록 고안된 질문들을 사용하십시오. 3. 각각의 반응들을 얼마나 믿습니까?	
결과 1. 이제 각각의 자동적 사고들을 얼마나 믿고 있습니까? (1~100% 내의 점수로 자체 평가) 2. 지금 어떤 감정(슬픔, 불안, 분노 등)을 느끼며 그 감정의 정도는 얼마나 심합니까? 3. 이제 무엇을 하려 합니까?	

대안적 반응을 작성하는 데 도움이 되는 질문:

1) 증거는 무엇인가? 이러한 생각을 뒷받침할 만한 증거는 무엇인가? 이 생각에 반하는 증거는 무엇인가?

2) 또 다른 설명이 존재하는가?

3) 일어날 수 있는 최악의 일은 무엇인가? 일어날 수 있는 최선의 일은? 가장 현실적인 결과는 무엇인가?

4) 자동적 사고를 믿음으로써 나타나는 효과는 무엇인가? 내 생각의 변화가 미치는 영향은 무엇인가?

5) 내가 그것에 대하여 무엇을 해야만 하는가?

6) 만일 (내 친구) _______가 나와 유사한 상황에 처해 있다면 그에게 내가 해 줄 수 있는 말은 무엇인가?

출처: Beck (1967).

다르게 생각할 수 있는 가능성을 찾아갈 수 있다. 행동실험은 내담자가 가지고 있던 믿음이 과연 맞는지 직접 행동으로 옮겨 보도록 하는 것으로 특정 행동이 어떤 결과를 가져오는지 실험해 보면서 그 신념의 타당성을 검증해 보는 것이다. 인지적 연속성은 이분법적인 사고를 가진 사람에게 자신의 신념을 척도상에 표시하도록 함으로써 상황에 대한 판단에서 양극단이 아닌 여러 중간 단계가 있다는 것을 생각할 수 있게 하는 것이다. 다른 사람을 준거(reference)로 사용하기는 비슷한 신념을 가지고 있는 다른 사람을 찾아내어 내담자로 하여금 그 사람을 설득하는 역할연기를 해 보도록 하는 것이다. 이는 자신의 신념을 보다 객관적으로 인식할 수 있게 하는 방법이다.

넷째, Beck은 인지 도식(핵심 믿음)을 다루는 방법으로 개인력을 통한 인지 도식 검토하기, 초기 기억 재구성하기를 제안했다. 인지 도식은 어린 시절의 경험에서 비롯된 자신과 세상을 보는 관점 혹은 틀이라고 볼 수 있으므로 이에 대한 개입은 보다 근본적인 작업이 필요할 수 있다. 이에 Beck은 개인력을 통해 인지 도식(핵심 믿음)을 검토하기 위해 내담자의 핵심 믿음과 관련된 성장과정에서의 기억을 떠올려 보도록 요청하였다. 어린 시절부터 성장기를 거치는 동안 구체적인 사건과 그에 관련된 내담자의 믿음을 검토하고 긍정적인 믿음을 지지해 줄 수 있는 증거를 찾아내어 믿음을 재구성할 수 있도록 돕는다. 또한 초기 기억을 재구성하기 위해 어린 시절의 외상적 경험을 역할연기 등을 통해 재연하면서 그 당시 내담자가 사용했던 자동적 사고를 구별할 수 있게 하고 그와 다르게 해석할 수 있는 측면을 보도록 돕는다.

(3) 청소년 상담에 주는 시사점

첫째, 인지치료에 의하면 청소년기는 어린 시절의 경험을 통해 형성된 인지 도식이 점차 강화를 받으며 정립되는 시기다. 아동기에 비해 인지과정이 무엇인지 더 잘 구분할 수 있어서 인지치료의 적용이 보다 용이한 시기이기도 하다. 그러나 청소년의 발달 수준에는 차이가 많으므로 상담자가 그에 맞게 감정을 파악하고 이를 인지와 연결할 수 있는 다양한 방법을 알고 있을 필요가 있다. 대화만으로 감정과 사고의 구분을 어려워하는 청소년이 있다면 콜라주(잡지에서 오려 낸 사진들을 붙여서 감정을 표현하도록 하는 것) 만들기, 감정 제스처 게임(여러 감정 단어를 보고 표정과 동작으로 이를 표현하여 상대방이 맞히도록 하는 것) 등의 방법을 활용할 수 있다(Friedberg & McClure, 2007). 사고 기록지도 청소년에게는 보다 간략한 형태로 사용하도록 하는 것이 효과적이다. 즉, 모든 항목을 다 채우도록 하기보다는 상황, 기분, 생각 등을 적는 간략한 형태로라도 꾸준히 연습하도록 하는 것이 효과적일 수 있다(Friedberg & McClure, 2007).

둘째, 인지치료에서는 우울, 불안 그리고 공격성을 가진 청소년들이 그 사고 내용에 어떤 차이가 있는지를 구분하고 그 특성에 맞는 개입을 할 필요가 있다고 보았다(Friedberg & McClure, 2007). 우울한 청소년은 부정적 인지 도식을 가지고 있어서, 부정적인 사건에 대한 경험은 매우 확대하여 생각하면서도 긍정적인 사건은 금방 잊거나 무시하는 경향이 있다고 보았다. 그러면서 '나는 문제를 해결할 수 없어.' '나는 실패할 거야.'와 같은 생각을 많이 하기 때문에 매우 무기력하다. 따라서 우울한 청소년을 상담할 때는 즐거운 기분을 경험하는 때가 언제이고 어떤 활동을 할 때 조금이라도 활기가 생기는지를 파악하고 이를 점차 확대할 수 있는 개입을 찾아볼 필요가 있다. 반면, 불안한 청소년은 뭔가 큰일이 닥칠 것을 예상하고 그런 일이 닥칠 때 자신은 대처할 수 있는 능력이 부족하다고 생각한다. 이로 인해 늘 긴장되어 있으며 두려움을 자주 경험한다. 따라서 체계적 둔감법 등을 적용하여 긴장을 이완시키고, 그다음 단계로 과도하게 불안을 조성하는 인지과정에 대한 적극적 개입 전략을 적용할 필요가 있다. 공격적인 청소년에게 가장 중요한 감정은 '분노'라고 볼 수 있다. 따라서 먼저 분노의 감정을 자각하고 그 강도를 구분할 수 있도록 해야 한다. 다음으로는 분노의 감정과 공격적인 행동을 구분하도록 한다. 상담자는 분노의 감정에 대해서는 공감을 표현하면서도 다른 사람을 공격하는 행동에 대해서는 보다 적절한 표현 방식을 익히도록 제안할 필요가 있다. 또한 다른 사람에 대한 공감 훈련, 상황 인식 연습 등도 할 수 있도록 한다.

4) 인간중심 상담이론

인간중심 상담이론은 Carl Rogers가 주창하였다. Rogers는 1942년 『상담과 심리치료(Counseling and Psychotherapy)』라는 저서에서 상담자와 내담자의 관계를 가장 중요한 치료 요인으로 보았다. Rogers는 내담자를 포함한 모든 인간은 자기실현 경향성을 가지고 있기 때문에 비록 고통이 있더라도 자신을 실현하는 방향으로 성장할 수 있다고 보았다(Rogers, 1977). 특히 상담과 관련하여 상담자와 내담자의 관계에서 내담자가 충분히 수용되고 존중되는 경험을 하면 스스로를 성장시켜 가는 자기실현 경향성을 발휘할 수 있다는 것이다. 인간중심 상담이론은 상담자와 내담자의 관계가 상담 장면에서 얼마나 중요한지를 부각시켰으며, 치료적 관계의 구체적인 특성에 대해서도 제시해 주었다.

(1) 심리적 문제의 원인

Rogers는 유기체가 한 가지의 뚜렷한 경향성, 즉 경험적 유기체를 실현하고 유지하고 증진시키려는 경향성을 가지고 태어난다고 보았다(Rogers, 1951). 또한 인간은 타인, 특히 부모나 교사와 같은 중요 타인으로부터 긍정적 존중을 받고자 하는 욕구도 갖고 있다. 이 때문에 때로 개인은 유기체로서 자신을 실현시키고자 하는 경향성과 무관하게 타인의 존중을 받기 위해 그들이 원하는 가치와 기준을 받아들여 내면화하기도 한다. Rogers는 이 과정에서 타인의 존중을 받기 위해 자신의 유기체적 경험을 무시하거나 왜곡하여 이러한 경험을 자기 구조로 통합하지 못하면 심리적 문제가 발생하게 된다고 보았다.

(2) 상담적 개입 방안

Rogers는 개인이 **자기실현 경향성**이 있으므로 자기 성장과 치유를 위한 충분한 자원을 가지고 있다고 보고, 적절한 심리적 환경만 제공하면 심리적 문제가 해결된다고 주장했다. 이에 Rogers는 관계를 통해 개인에게 적절한 심리적 환경을 제공하는 것이 상담자의 역할이라고 보고 상담자와 내담자의 치료적 관계 형성을 위한 세 가지 조건을 제시하였다. 첫째, 상담자는 내담자에게 일치성을 보여야 한다. 일치성은 상담자가 상담관계에서 경험하는 감정을 부인하지 않고 기꺼이 표현하고 개방하는 것을 의미한다(Rogers & Sanford, 1985: Corsini & Wedding, 2004에서 재인용). 상담자가 마음속에서 경험하는 것과 내담자에게 표현하는 것 사이에 괴리감이 없고 진솔하다는 의미다. 둘째, 상담자는 내담자를 무조건적인 긍정적 존중의 태도로 대해야 한다. 이는 상담자가 내담자의 가치관, 생각, 감정 등에 대해 평가하지 않고 있는 그대로 수용하는 것을 의미한다. 셋째, 상담자는 내담자를 공감적으로 이해해야 한다. 상담자는 내담자가 상담 시간에 나타내는 여러 가지 감정과 생각을 정확하게 이해하고 또 이를 표현해 줄 필요가 있다. 그렇다고 해서 내담자와 같은 감정 상태에 빠지는 것은 아니다. 공감적 이해란 내담자의 감정에 빠져들지 않으면서 상담자가 마치 자신이 내담자의 상황에 처한 것처럼 느끼고 이해하는 것이다.

인간중심 상담이론에서는 상담자가 내담자의 문제를 진단하거나 해결하기 위해 주도적으로 상담과정을 끌어가지 않는다. 오히려 내담자의 세계 속으로 들어가는 것을 더 중요하게 생각한다. 따라서 상담자의 반응은 조언, 충고, 해석보다는 요약, 감정 반영, 개방형 질문, 직면, 자기공개 등이 주가 된다.

(3) 청소년 상담에 주는 시사점

첫째, 청소년들이 유기체로서 갖는 자기실현 경향성을 잘 발휘할 수 있도록 적절한 환경을 제공해 주어야 한다. 우리나라에서는 상급학교로 갈수록 '성적'이 학교와 가정에서 매우 중요한 잣대가 되기 때문에 그에 어긋나는 것처럼 보이는 감정, 생각, 행동 등 많은 경험이 주요 타인들에 의해 존중되거나 수용되기보다 무시되거나 비난받을 수 있다. 학교생활에서의 무기력감, 불안 그리고 여러 반항적인 행동들은 그만큼 우리 교육환경이 청소년으로 하여금 자신을 충분히 수용할 수 있는 여건을 제공하지 못해서 생긴 증상이 아닌지 돌아볼 필요가 있다. 인간중심 상담이론은 청소년들을 교육과 훈육의 대상으로 바라보기보다 '온전히 기능하는 개인'으로 성장할 가능성이 있는 존재로 바라봐야 함을 강조한다. Rogers가 제시하는 일치성, 무조건적인 긍정적 존중 그리고 공감적 이해와 같은 조건은 상담자가 청소년 내담자를 만나는 데 있어서도 가장 중요한 조건일 뿐만 아니라, 부모와 교사 등의 어른들이 청소년을 만나는 데 있어서도 먼저 갖추어야 할 자세일 것이다.

둘째, 인간중심 상담이론은 존중하는 관계 형성을 위해 상담자가 어떤 반응을 사용하는 것이 필요한지에 대한 시사점을 얻을 수 있도록 하였다. 충고나 조언 이전에 관계에서 충분히 존중하고 경청하고 있다는 것을 나타내기 위해 상담자는 요약, 감정 반영, 개방형 질문, 직면, 자기공개 등을 사용해 반응할 수 있다. 또한 구체적인 반응 연습을 통해 관계에서의 존중이 상담자의 언어적 반응으로 어떻게 표현될 수 있는지 그리고 부모 및 교사가 청소년들을 대할 때 어떻게 존중하는 마음으로 표현할 수 있을지에 대한 시사점도 제공하였다.

2. 청소년 상담실제

상담의 과정은 정신분석 이론, 행동주의 이론, 인지치료 이론, 인간중심 이론, 게슈탈트 이론 등 각 이론에 따라서 조금씩 달라질 수 있다. 그러나 이 장에서는 청소년을 대상으로 하는 상담에서 일반적으로 적용될 수 있는 상담의 과정을 살펴보고자 한다.

1) 상담 시작

청소년 상담의 시작 단계에서는 일단 내담자로 온 청소년의 불안감과 저항감을 풀어 주고 라포(rapport)를 형성하는 것이 가장 중요하다. 청소년 내담자들은 대부분 비자발적으로 상담에 오기 때문에 상담자를 만나서 첫 회기에 마음을 여는 것이 매우 어렵다. 〈표 2-3〉은 첫 회 상담에서 청소년 내담자들이 많이 보이는 저항감의 예를 나타낸 것이다.

이러한 예에서 볼 수 있듯이, 첫 회 상담에 참여한 청소년 내담자들은 대부분 상담자에 대한 의심, 자신이 더 이상 앞으로 나아갈 수 없다는 절망감을 가지고 있다. 더 나아가 상담에 대한 기대가 거의 없어서 아무 말도 하지 않으려는 내담자들도 꽤

표 2-3 청소년 내담자가 표현하는 저항의 예

- "선생님, 제가 지금까지 저의 왕따 경험에 대해서 말씀드렸는데요. 혹시 선생님도 왕따를 당한 적이 있으세요? 없으실 것 같아서요."
- "혹시 선생님 이전에 상담해 본 경험이 있으세요? 제가 몇 번째예요?"
- "선생님, 지금까지 제 이야기는 다 한 것 같아요. 이제 저에게 해결책을 좀 주세요."
- "상담 신청을 하기는 했는데 기다리는 동안 상담을 받을지 말지 고민을 많이 했어요. 저 스스로 해결해야 하는 문제가 아닌가 하는 생각이 계속 들어서요."
- "상담이 도움이 될까요?"
- "상담선생님은 상담한 내용을 담임선생님하고 다 얘기하실 거죠?"
- "다 우리 엄마, 아빠가 문제예요. 우리 가족 안에서 태어나서 제가 이렇게 된 거예요."
- 아무 말도 하지 않고 고개 숙이고 앉아 있거나 스마트폰만 만지고 있는 학생

있다. 이러한 내담자들의 마음을 열고 그들과 소통할 수 있는 통로를 만드는 것은 상담의 시작이기도 하면서 가장 중요한 작업 중의 하나라고 볼 수 있다.

(1) 안전감 확보

상담의 시작 단계에서 내담자들의 불신감을 없애 주고 상담에 대한 믿음을 가지도록 하기 위해서는 내담자에게 안전감을 느끼도록 해 주어야 한다. 이를 위해서는 무비판적, 우호적, 공감적, 개방적, 따뜻하지만 전문적 분위기를 형성하며, 낙관적이고 희망적인 태도를 유지하는 것이 매우 중요하다.

또한 안전감 확보를 위해 내담자가 원하는 것이 무엇이고, 상담에서 무엇을 바라고 있는지를 들으려는 자세가 필요하다. 많은 내담자는 자신이 문제아로 찍혀서 상담에 오게 되었다고 생각하기 때문에 자신의 얘기를 꺼내려고 하지 않는다. 따라서 상담자가 부모나 교사의 이야기를 듣고 내담자를 상담하는 것이 아니라 내담자가 원하는 것이 무엇인지 듣고 상담하기를 원한다는 내용을 전달하는 것이 중요하다.

(2) 마음 열기

청소년 내담자의 마음을 열기 위해 각종 도구를 활용하는 것도 도움이 된다. 청소년 상담의 첫 회 상담에서 많이 활용하는 도구의 예로는 다음과 같은 것이 있다.

- 루미큐브: 간단하면서도 머리를 약간 써서 하는 게임이므로 청소년 내담자들이 흥미를 가지고 시작할 수 있다. 경쟁심, 사고력, 문제해결력 등을 살펴볼 수 있다.
- 원숭이 뽑기: 막대에 원숭이를 떨어뜨리는 게임으로, 순발력과 민첩성을 요구하므로 내담자들이 재미있게 할 수 있다.
- 스토리텔링 카드 게임: 내담자와 상담자가 서로 카드를 돌아가며 내면서 얘기를 이어서 지어 나가는 게임이다. 내담자가 고민하고 있는 내용이 스토리텔링 과정에서 나오는 경우가 많으므로, 라포 형성과 함께 호소 문제를 파악하기에 좋다.
- HTP, KFD: 원래는 심리평가 도구이지만, 내담자에게 그림을 그리는 시간을 줄 수 있으면서 이와 함께 내담자의 심리적 상태를 볼 수 있으므로 유용하다. 내

담자가 상담에서 아직 표현하기를 꺼리는 문제까지 살펴볼 수 있다. 심리평가를 위해 사용할 때와 달리 크레파스나 색연필을 사용하여 그려 보게 하는 것도 좋다.

- 인형놀이: 인형에 역할을 부여하여 가지고 놀도록 할 수 있으며, 초등학생들에게 적합하다. 인형놀이를 통해서 자신의 역할이나 부모의 모습을 그대로 드러내는 경우가 많아서 라포 형성과 함께 호소 문제를 파악할 수 있다.

이 외에도 청소년 내담자와 재미있게 할 수 있는 게임이나 도구가 있다면 적극 사용하여 라포를 형성하는 것이 좋다. 이러한 과정은 청소년의 마음을 열 수 있을 뿐만 아니라 그들의 심리적 문제를 다룰 수도 있으므로, 불안이 강해서 방어를 많이 하는 청소년과 상담을 시작하는 데 꼭 필요한 과정이기도 하다.

(3) 상담의 구조화

상담의 시작 단계에서는 상담을 구조화하는 것이 꼭 필요하다. 특히 청소년 내담자들은 상담이 단회로 끝나는 줄 아는 경우가 많다. 또 앞서 언급했듯이 상담교사가 담임교사에게 자신이 한 얘기를 다 전달할지도 모른다는 생각도 할 수 있다. 따라서 상담의 구조화를 통해 상담자가 하는 역할이 무엇이며, 상담이 어떻게 진행되고, 내담자의 권익을 어떻게 보호할 것인지도 전달해야 한다.

구조화의 내용은 가장 먼저 상담 시간에 대한 것이다. 가능한 한 시간을 정하여 규칙적으로 만나며, 상담 시간 외의 개인적인 연락은 허용하지 않는다. 휴대전화 번호 및 집 전화번호는 주지 않는 것이 일반적이다. 또한 전체 회기가 어떻게 진행될 예정인지를 소개한다. 두 번째는 취소 방침에 대한 것이다. 상담을 미루거나 취소할 일이 생기면 어떻게 연락을 해야 하는지, 종결을 하고 싶을 때는 어떻게 표현해야 하는지를 알려 준다. 마지막으로 비밀보장의 원칙에 대해서 설명해 준다. 기본적으로 상담에서 얘기되는 모든 내용은 담임교사나 부모에게도 알려 주지 않으며, 필요에 의해서 알리게 될 경우에는 반드시 내담자와 먼저 상의하고 알릴 것이라는 점을 이야기한다. 그러나 자살이나 타살, 위협의 가능성이 있을 때는 이러한 비밀보장의 원칙이 깨지고, 위험성을 먼저 제거하는 방향으로 진행할 것임을 이야기한다.

청소년 상담 시 구조화는 내담자인 청소년뿐만 아니라 의뢰인 혹은 보호자인 부모나 교사를 대상으로도 이루어져야 한다. 보호자들 중에는 청소년 내담자와의 상담 내용에 대해서 알고 싶어 하거나 상담을 통해 자녀나 학생을 조정하고자 하는 의도를 갖는 경우가 있다. 이들의 의도는 자녀나 학생에 대해 염려하는 마음과 관련되기는 하지만 이들의 의도에 따라 상담자가 행동하게 되면 내담자와의 라포 형성뿐만 아니라 전체 상담에 악영향을 줄 수 있다. 실제로 청소년들 중 위클래스나 청소년 상담기관의 비밀보장에 대한 불신 때문에 상담에 참여하는 것을 거부하거나 참여하더라도 충분히 관여하지 않는 경우가 있다. 따라서 청소년 상담자는 의뢰인이나 보호자에게도 비밀보장의 원칙이 상담 전반에 어떤 영향을 주는지 분명하고도 전문적으로 설명함으로써 내담자의 권익을 보호하고 상담 효과를 경감시키지 않도록 노력해야 한다.

2) 상담 목표 설정

상담의 시작 단계가 지나고 나면 먼저 상담에서 어떤 문제를 다룰 것이며, 어떤 목표를 달성하고자 하는지에 대해 내담자와 합의를 하게 된다. 모든 대상의 상담이 그렇지만, 특히 청소년을 대상으로 하는 경우에는 내담자가 자발적으로 찾아오지 않은 경우가 많다. 그래서 상담자가 내담자에게 질문을 통해 내담자가 원하는 상담 주제가 무엇이며, 내담자가 변화되기를 원하는 부분이 무엇인지에 대해 함께 살펴보고 합의하는 과정이 매우 중요하다.

이 단계에서는 먼저 문제가 무엇인가를 살펴보아야 한다. 여기서 문제가 무엇인가는 교사나 학부모가 호소한 내담자의 문제가 무엇인가도 포함되기는 하나, 그보다 더 중요한 것은 내담자가 호소하는 불편감이나 문제가 무엇인지에 대해서 살펴보는 것이다. "너의 어머니가 너를 상담에 의뢰하신 것은 네가 학교에서 친구들에게 왕따를 당한다는 것 때문이었어. 그런데 나는 어머니가 얘기한 문제 말고 네가 혹시 학교나 집에서 불편한 부분은 없는지, 바뀌었으면 하는 것은 없는지가 더 궁금하단다."와 같은 메시지를 내담자에게 전달하고 들을 준비를 하는 것이 좋다. 또한 내담자가 자신의 문제에 대해서 이야기하기 시작하면 그것을 구체화하고, 축약하고, 초점 맞추는 과정을 진행한다. 이를 위해 다음과 같은 질문들을 할 수 있다.

- 구체적인 예를 들어 설명해 주세요.
- 그 문제가 드러나는 전형적인 상황은 무엇인가요?
- 그때의 인지, 정서, 행동은 무엇인가요?
- 문제가 언제 시작되었나요?
- 문제의 원인, 발달 양상, 지속 · 발전시키는 요인은 무엇인가요?
- 그 문제가 현재 삶에 미치는 영향은 무엇인가요?
- 그것이 왜 지금 문제가 되나요?
- 자기 문제에 대해서 당신은 어떻게 생각하나요?

또한 이렇게 문제를 파악하는 과정에서는 언어적인 내용뿐만 아니라 비언어적인 내용(content뿐만 아니라 process 정보)에도 주의를 기울이면서 탐색한다. 예를 들어, 호감을 주는 유형인지, 라포 형성이 잘 되는지, 상담자에게 불러일으키는 정서는 무엇인지, 눈 맞춤을 잘 하는지, 위생 상태는 어떤지, 말의 조리 및 스타일 등을 파악하는 것이다.

문제가 파악되고 나면, 상담에서 달성하고자 하는 목표가 무엇인지에 대해서 합의하는 과정을 거친다. 상담 목표를 세울 때는 구체적이고 명확하게 세워야 한다. 목표를 구체화하기 위해서 내담자에게 다음과 같은 질문들을 할 수 있다.

- 당신의 문제가 해결되었다면 구체적으로 어떤 변화가 일어날 것 같습니까?
- 당신의 문제가 해결되었다면 무엇을 보고 해결된 것을 알 수 있을까요?
- 고통의 정도를 점수화했을 때 몇 점 정도 되면 해결된 것이라고 볼 수 있을까요?

목표는 구체화되면서도 현실적이어야 한다. 청소년 내담자의 경우 상담에 대한 기대를 가지고 있지 않은 듯 보이면서도 너무 높은 목표를 내세우는 경우가 많다. 이런 경우 내담자와 그 목표를 현실적으로 맞춰 가는 과정이 필요하다. 예를 들어, 학교 성적이 부진한 학생에게 '일류 대학 가기'를 목표로 설정하는 것은 문제가 있다. 이 경우 현실적으로 가능한 수준으로 성적에 대한 목표를 낮추는 것이 좋다.

또한 목표를 세울 때는 문제를 단순화해야 한다. 내담자가 너무 다양하고 많은 문제를 호소하는 경우 그 문제를 모두 해결할 수는 없다. 이때 갖가지 문제의 기저에 있는 공통 요인을 찾아서 그것을 중심으로 문제를 축약하는 것이 바람직하다. 예를 들어, 공포증을 가진 어떤 내담자가 교통 수단에 대한 공포, 엘리베이터를 타는 것에 대한 공포, 노래방에서 노래 부르는 것에 대한 공포, 발표에 대한 공포 등을 호소하고 있다면, 내담자에게 이런 공포를 일으키는 원인을 찾아서 그 원인이 될 수 있는 수치심 극복하기를 상담의 목표로 설정할 수 있다.

3) 상담 중기

상담 목표를 설정한 후에는 본격적으로 내담자의 호소문제를 다루기 시작한다. 이 과정에서 상담자는 자신의 이론적 배경에 따라 내담자의 호소문제에 대한 사례개념화를 하고, 다양한 기법을 사용한다. 구체적인 사례개념화 내용과 기법들은 상담자가 어떤 상담이론을 기반으로 하느냐에 따라 다르므로 이 장에서는 상담 중기에 일반적으로 상담자가 다루게 되는 과제를 중심으로 기술하고자 한다.

(1) 청소년 내담자와 작업하기

상담 중기로 접어들면 청소년 내담자는 이전보다 상담자를 좀 더 편안하게 느끼고 어려운 문제를 들여다볼 만큼 안전하다고 느끼게 된다. 하지만 청소년 내담자들은 자신에게 중요한 문제를 다룰수록 상담에서 한 이야기들이 다른 사람에게 알려질 것에 대한 두려움도 커질 수 있다. 이는 이전에 자신이 한 이야기가 다른 사람에게 노출된 경험이 있거나 상담에 올 때 부모가 자신을 데리고 오고 자신과의 상담 이후에 상담자가 부모와 대화하는 세션을 갖는 것과 관련될 수 있다. 상담자와 내담자 사이에 라포가 형성되고 작업동맹이 맺어졌다고 하더라고 일반적으로 작업동맹은 파괴되었다가 회복되는 과정을 반복하기 마련이므로, 상담자는 초기에 비밀보장의 원칙과 한계에 대한 설명을 하였더라도 중기 단계로 접어들 때 다시 한번 이에 대해 설명하는 기회를 가질 필요가 있다.

또한 청소년과 상담을 진행할 때 상담자는 상담의 속도를 지속적으로 점검해야 한다. 상담자는 성인 내담자에 비해 청소년 내담자와의 상담이 느리게 느껴질 수 있으며, 느린 내담자를 따라 상담을 진행하는 것이 버겁게 느껴질 수 있다. 그럼에도 내담자의 속도를 존중해 주는 것이 중요하며, 내담자의 준비도나 속도에 맞춰 주되

좀 더 깊은 작업이 이루어지도록 촉진하는 시도도 지속적으로 해야 한다. 상담의 속도는 의뢰인이나 보호자인 부모와 교사의 기대와 관련되므로 진행되는 속도와 현실적인 상황에서 적절한 진행 속도가 어떠해야 하는지에 대해 부모나 교사와 상의해야 할 필요도 있다.

마지막으로, 청소년과 상담할 때는 이들의 발달적 측면을 고려하는 것이 중요하다. 청소년은 발달하는 과정 중에 있으며, 이 시기에 신체적 · 심리적 · 정서적 측면 등 다양한 측면에서 급격한 성장이 이루어진다. 따라서 상담자는 내담자의 호소문제를 이해하는 과정이나 문제해결을 위해 변화를 촉진하는 과정에서 청소년기의 발달적 특성을 충분히 고려해야 한다. 또한 상담을 통해 청소년 내담자가 다음 단계로 발달 혹은 성장할 수 있도록 도와야 한다. 이를 위해 우선적으로 내담자가 자신을 이해할 수 있도록 돕고, 자기 자신 혹은 자신이 하는 선택이나 행동을 점검하는 능력을 키워 주며, 자신이 당면한 문제를 효과적으로 다룰 수 있는 대처 기술을 습득하도록 돕는 것이 중요하다.

(2) 부모와 작업하기

청소년 내담자와의 상담에서는 부모와의 상담을 고려해야 한다. 부모는 청소년에게 결정적인 영향을 주는 주요 타자인 동시에 상담에 오게 하거나 혹은 오는 것을 방해하는 요인으로 작용하는 존재다. 상담자는 되도록 부모가 청소년 내담자와의 상담에 도움을 주는 존재가 될 수 있게 부모와도 작업동맹을 맺을 필요가 있다. 하지만 상담의 구조화를 통해 부모와의 상담과정에서 상담자가 어떤 역할을 하며, 부모는 어떤 역할을 하게 되는지 협의가 되었다고 하더라도 회기가 진행됨에 따라 부모의 요구가 달라질 수 있으며, 그 수준이 상담자가 수용하기 어려운 수준이 될 수 있다. 따라서 상담자는 부모의 요구에 대해 지속적으로 점검하면서 상담자가 할 수 있는 것과 할 수 없는 것, 부모의 개입 중 상담에 도움이 되는 부분과 도움이 되지 않은 부분에 대해 부모에게 알리고 조율해야 한다.

또한 부모 역시 청소년 내담자와의 관계에서 훈육하거나 관계 맺는 데 어려움을 겪을 수 있으며, 이러한 어려움이 내담자의 호소문제와 관련이 있을 가능성이 높으므로 상담자는 부모에게 관련 정보를 제공하거나 교육 및 훈련을 할 수 있다. 구체적으로, 상담자는 청소년 내담자의 발달적 특성과 관련된 정보를 부모에게 알리면서 적절한 훈육 방법에 대해 안내하며, 가족 안에서 건강한 관계 맺음을 위한 적절한 경계와 역할에 대해 교육하고, 가족 생애 주기나 분리 개별화 과정에서 그들이 해야 할 적절한 역할이 무엇인지 안내할 필요가 있다.

4) 상담 종결

상담자는 내담자와 합의한 후에 종결하며, 종결 전에 한두 회기 정도 상담에서 변화한 내용과 앞으로 해 나가야 할 내용을 확인하는 회기를 가지는 것이 좋다. 또한 추수상담 회기를 계획하여 진행하는 것도 도움이 된다.

상담 종결은 보통 초기 회기에서 설정한 상담 목표가 달성되었을 때 이루어진다. 목표를 구체적으로 설정했을 경우, 그 목표의 달성 정도를 점수나 퍼센티지로 살펴볼 수 있으며, 이에 대해서 내담자와 함께 이야기할 수 있다. 예를 들어, 강박증이 심한 학생이 상담 초기에 목표를 하루에 손을 다섯 번 씻는 것으로 정했다면, 상담 종결 회기에서 이러한 목표가 얼마나 달성되었는지 평가해 볼 수 있다. 또한 이러한 상담 종결은 문제가 100% 해결되어야만 이루어지는 것이 아니다. 문제가 완전히 해결되지는 않았어도, 상담자와 내담자가 서로 합의했던 목표가 어느 정도 이루어지고 내담자에게 만족할 정도의 적응 능력이 생겼을 때 종결이 이루어진다고 볼 수 있다. 이렇게 온전한 종결을 할 때 상담자와 내담자는 다음과 같은 질문과 답을 함께 해 볼 수 있다.

- 상담을 통해 내가 얻은 것은 무엇인가?
- 상담을 받기 전과 비교해서 나에게 어떤 변화가 일어났는가?
- 상담에서 일어난 변화에 내가 기여한 부분은 무엇인가?
- 상담받기 전의 문제가 몇 % 해결되었는가?
- 앞으로 발생할 수 있는 문제는 무엇이며, 그 문제가 발생했을 때 나는 어떻게 대처해 나갈 것인가?
- 앞으로 문제해결을 해 나갈 때 옆에서 지지해 줄 수 있는 사람들은 누구인가?
- 나는 앞으로 어떤 선택을 해 나가고 싶은가?

그러나 목표가 완전히 이루어지지 않은 상태에서 불완전한 종결을 하게 될 경우도 있다. 청소년 내담자의 경우 졸업, 방학 등의 시간적 제약이 있을 수 있다. 또한 내담자에 대한 상담자의 역전이가 문제가 되어 종결을 해야 할 수도 있으며, 상담이 더 이상 진전이 없다고 느껴질 때 다른 상담자에게 사례를 보내게 될 수도 있다. 이런 경우 상담자는 솔직하게 상담의 결과에 대해서 내담자와 함께 평가하고, 그 안에서 얻은 것과 아직 변화되지 않은 것을 잘 살펴볼 필요가 있다.

요약

여러 상담이론에서는 청소년 상담에 적용할 수 있는 인간문제의 원인과 상담적 개입 방안에 대해 시사점을 제공하고 있다.

정신분석적 상담이론은, 청소년 상담에 있어 어린 시절의 성장과정이 현재에 어떤 영향을 주고 있는지에 관심을 기울일 수 있도록 하였으며 청소년 시기의 중요한 과제로서 원초아와 초자아의 균형을 이룰 수 있도록 자아의 힘을 키워주는 것이 중요하다는 것을 제시하였다.

행동주의적 상담이론은, 현재와 관찰 가능한 행동 변화에 초점을 두고 구체적인 절차를 통해 변화시킬 수 있는 방법을 제시하고 있다. 또한 모델링을 통한 사회적 기술의 습득과 행동 연습의 원리, 그리고 이런 절차적 적용이 궁극적으로 청소년의 자기 효능감 향상을 지향할 수 있도록 하기 위한 방법 등을 제시하고 있다.

인지치료 상담이론은, 감정 및 행동에 영향을 미치는 사고의 영향력을 알 수 있도록 하였으며, 여러 가지 인지적 왜곡이나 과장 등을 구분하고 합리적인 사고 방법을 선택할 수 있도록 하는 여러 가지 방법을 제시하였다.

인간중심 상담이론은, 상담자와 내담자의 관계 형성의 중요성, 그리고 관계 형성의 중요한 원리로서 일치성, 무조건적인 긍정적 존중, 공감적 이해를 제시하고 있다. 또한 요약, 감정 반영, 개방형 질문, 직면, 자기 공개 등 구체적으로 적용될 수 있는 상담 기법도 알 수 있도록 하였다.

청소년 상담의 일반적인 절차는 청소년 내담자와 관계 형성을 위한 작업에서 시작하여, 상담의 구조화, 목표설정, 내담자와의 작업, 부모와의 작업, 종결의 과정을 거친다. 이 과정에서 상담자는 비밀보장의 원칙 등 상담 윤리를 지켜야 하며, 내담자의 발달적 특징, 부모와의 조율 등을 고려해야 한다.

생각해 볼 문제

1. 정신분석적 상담이론에서 제시한 여러 가지 방어기제가 청소년의 상담과정에서 어떻게 나타날 수 있는지 구체적인 예를 들어 보시오.

2. 청소년의 문제행동 중 한 가지를 선택하고 행동주의적 모델을 적용하여 그것을 어떻게 변화시킬 수 있을지 치료적 계획을 작성해 보시오.

3. 인지치료 상담이론의 관점에서 인지의 역할에 대한 상담 구조화를 청소년에게 어떻게 구체적으로 제시할 수 있을지 연습해 보시오.

4. 인간중심 상담이론의 관점에서 제시한 상담자와 내담자의 관계 형성 원리가 청소년 상담에서 어떻게 적용될 수 있을지 구체적으로 설명해 보시오.

5. 청소년 내담자는 비자발적으로 상담에 오는 경우가 많아 라포 형성이 어려운 경우가 많다. 내담자와의 라포 형성을 위해 도움이 되는 상담자의 개입 혹은 활동에는 무엇이 있는지 설명해 보시오.

6. 청소년 내담자와의 상담에서는 부모와도 라포를 형성하는 것이 중요하며, 상담과정 중에 상담의 속도나 비밀보장 등과 같은 이슈에 대해서는 협의해야 할 순간들이 있다. 부모가 청소년 내담자와의 상담에 도움이 되도록 잘 기능하게 하기 위해 상담자는 어떤 노력을 해야 하는지 설명해 보시오.

참고문헌

Bandura, A. (2001). **자기효능감과 삶의 질** (*Self efficacy*). (박영신, 김의철 공역). 경기: 교육과학사. (원저는 1997년에 출판).

Beck, A. T. (1963). Thinking and depression, 2. Theory and therapy. *Archives of General Psychiatry, 9*, 324-333.

Beck, A. T. (1967). *Depression: Clinical, experimental, and theoretical aspects.* New York:

Hoeber. (Republished as depression: Causes and treatment, Philadelphia: University of Pennsylvania Press, 1972).

Freud, S. (1915). *The un conscious.* The standard edition of the complete Psychological Works of Sigmund Freud, volume XIV.

Freud, S. (1923). *The ego and the id.* The Standard Edition of the Complete Psychological Works of Sigmund Freud, volume XIX.

Freud, S. (1926). *Inhibition, symptoms, and anxiety* (Standard Edition, Vol. 20).

Friedberg, R. D., & McClure, J. M. (2007). **아동과 청소년을 위한 인지치료** (*Clinical practice of cognitive therapy with children and adolescents*). (정현희, 김미리혜 공역). 서울: 시그마프레스. (원저는 2002년에 출판).

Kanfer, F. H. (2004). The many faces of self-control, or behavior modification changes its focus. In R. B. Stuart (Ed.), *Behavioral self-management.* New York: Brunner/ Mazel.

Corsini, R. J., & Wedding, D. (2004). **현대심리치료(제6판)** (*Current psychotherapies*). (김정희 역). 서울: 학지사. (원저는 2000년에 출판).

Rogers, C. R. (1951). *Client-centered therapy.* Boston: Houghton Mifflin.

Rogers, C. R. (1977). *Carl Rogers on personal power: Inner strength and its revolutionary impact.* New York: Delacorte Press.

Rogers, C. R., & Sanford, R. C. (1985). Client-centered psychotherapy. In H. I. Kaplan, B. J. Sadock, & A. M. Friedman (Eds.), *Contemporary textbook of psychiatry* (4th ed., pp. 1374-1388). Baltimore: William & Wilkins.

Skinner, B. F. (1953). *Science and human behavior.* New York: Macmillan.

Spiegler, M. D., & Guevremont, D. C. (2004). **행동치료** (*Contemporary Behavior Therapy*). (전윤식, 강영심, 황순영 공역). 서울: 시그마프레스. (원저는 2002년에 출판).

Wolpe, J. (1958). *Psychotherapy by reciprocal inhibition.* Stanford: Stanford University Press.

Wolpe, J. (1969). *The practice of behavior therapy.* New York: Pergamon Press.

Pledge, D. S. (2012). **아동 및 청소년상담** (*Counseling adolescents and children: Developing your clinical style*). (이규미, 이은경, 주영아, 지승희 공역). 서울: Cengage Learning. (원저는 2004년에 출판).

제3장

이상심리

ADOLESCENT COUNSELIN

이상심리는 심리학의 주요 영역 중 하나로서 심리 및 정신 장애를 이해하고 치료하는 방법을 과학적으로 연구하는 분야다. 이상심리는 인간이 나타내는 다양한 정신장애가 어떻게 정의되고, 정상과 비정상의 판별 기준은 무엇이며, 정신장애 유형이 어떻게 분류되고 진단되는지, 각각의 원인 및 치료 방법에 관한 내용을 포함한다. 이 장에서는 이상심리학의 개요, 정신장애의 원인을 설명하는 주요 이론적 접근, 이상 행동 혹은 정신장애에 대한 분류 체계와 유형에 관한 내용을 설명하고 있다.

학습목표

1. 정신장애의 의미를 이해하고 이상과 정상의 판별 기준을 설명할 수 있다.
2. 정신장애의 발생 원인 및 과정에 관한 이론적 접근을 이해할 수 있다.
3. 정신장애의 분류 목적, 분류 방법, 분류 체계에 관해 설명할 수 있다.
4. 『정신장애의 진단 및 통계 편람』의 정신장애 중 주요 17개 하위 유형의 임상적 증상 및 진단 기준에 대해서 설명할 수 있다.

DOLESCENT COUNSELING

이상심리는 이상 행동과 정신장애의 본질, 원인, 치료 등에 관해 연구하는 학문이다. 이상(abnormality) 혹은 정신장애(mental disorder)의 개념에 대한 정확한 경계를 제공할 수 없지만, 『정신장애의 진단 및 통계 편람(Diagnostic and Statistical Manual of Meatal Disorders-Fourth Edition)』은 정상과 정신병리의 경계에 어떤 조건들이 포함되어야 하는지에 관한 유용한 정보를 제공해 준다(Butcher, Mineka, & Hooley, 2010).

DSM(APA, 1994)에 의하면, 정신장애들은 개인에게 발생하고 있는 임상적으로 중요한 행동적 · 심리적 증후군이나 양상으로서, 이러한 증후군이나 양상은 현재의 고통스러운 증상이나 무능력을 동반하거나 고통스러운 죽음이나 통증, 무능력 또는 자유 상실의 위험을 증가시키게 된다. 또한 이러한 심리적 증상 및 행동들은 개인의 사회, 직업 및 여러 주요 영역의 기능장애가 발생할 때 정신장애로 진단할 수 있다.

한편 이상과 정상은 정도의 차이만 존재할 뿐 완전히 구별되는 개념이 아니지만, 이들을 판별하는 몇 가지 기준이 존재한다. 판별 기준을 살펴보면, 첫째 심리적 혹은 개인적 고통을 현저하게 느끼는 것을 이상의 기준으로 고려한다. 둘째, 부적응적인 행동으로, 이는 심리적 안녕감과 일과 관계 등 일상적인 기능을 방해하여 원활한 적응에 지장을 초래한다. 셋째, 통계적 규준의 일탈로서, 평균으로부터 멀리 떨어진 일탈된 특성을 나타내는 경우다. 넷째, 사회문화적 규범 혹은 기준에 어긋나거나 일탈된 행동을 나타내는 경우다. 하지만 이들 역시 이상과 정상을 구분할 수 있는 완벽한 판별 기준과 관련하여 여러 가지 비판점을 가지고 있다.

1. 정신장애 발생에 관한 이론적 설명

이상 행동 혹은 정신장애의 원인을 밝히기 위해 그동안 수많은 과학적 연구가 이루어졌고 이를 통해 다양한 이론적 설명이 시도되었다. 이러한 이론적 설명들은 크게 심리적 원인론, 신체적 원인론, 통합적 원인론의 세 가지 입장으로 나누어 볼 수 있다. 이 중 심리적 원인론은 정신장애의 원인을 심리적 측면에서 설명하는 것으로서, 정신분석 이론, 인본주의 이론, 행동주의 이론, 인지 이론 등이 있다. 신체적 원인론은 정신장애의 원인을 신체적인 측면에서 찾으려는 것으로, 유전, 뇌의 구조 및 기능의 결함, 생화학적 기능 이상 등을 중심으로 설명하고 있다. 끝으로, 통합적 원인론은 신체적 입장과 심리적 입장을 포괄하여 정신장애를 유발하는 원인과 과정을 통합적으로 설명하고 있다. 이 절에서는 이상 행동 및 정신장애 발생 원인과 그 과정에 관한 이론적 조망들을 살펴볼 것이다.

1) 정신분석적 접근

정신분석 이론은 정신장애 전반에 대해 심리학적으로 이해하고 설명하는 최초의 시도로서, Freud는 인간의 모든 행동이 본능적 추동이나 무의식적 동기에 의해 지배되고 결정된다고 가정하였다. 즉, 이 이론에서는 개인이 경험하는 심리적 증상이나 문제가 인간 내부에 존재하는 무의식의 작용에 의한 것이라고 보았다. Freud의 정신분석 이론의 두 번째 가정은 인간이 갈등의 존재라는 것이다. 즉, 삶이 지속되는 한 인간은 원초아, 자아, 초자아 간의 마찰과 갈등을 끊임없이 경험한다는 이러한 마찰과 갈등은 불안과 심리적 증상을 형성하는 등 심리적 문제의 근원이 된다고 한다. 심리적 구조 간의 갈등으로 인해 불안 등 심리적 증상이 형성되었을 때, 자아는 이를 피하고 자신을 보호하기 위해 다양한 방어기제를 사용한다. 즉, 방어기제는 무의식적 욕구나 추동들이 의식적 현실 속에 분출되지 못하도록 제어해 주는 역할을 한다. 정신적으로 건강한 사람들은 성숙한 방어기제를 사용함으로써 자아를 중심으로 세 심리적 구조 간의 갈등을 잘 조절하고 균형을 유지하는 사람들이다. 하지만 방어기제가 무분별하고 충동적으로 사용될 때는 심리적 증상을 형성하여 부적응적 결과들을 초래하게 된다. 주요한 방어기제로는 억압, 부인, 투사, 합리화, 동일시, 치환, 승화, 반동형성 등이 있다.

2) 인간중심적 접근

C. Rogers에 의해 창시된 인간중심적 접근에서는 모든 인간이 선천적으로 가능성과 잠재력을 가지고 태어나며 자신의 잠재력을 실현하고자 하는 경향성을 가지

고 있다고 가정한다. 또한 자기(self)는 인간중심 이론에서 중요한 개념으로서, 자기는 다른 사람과의 상호작용 경험을 통해 자기개념(self-concept)을 형성하며 조직적이고 일관된 형태로 지각하면서 자기개념을 유지하게 된다.

인간의 성장과정에서 부모나 중요한 어른들로부터 긍정적으로 존중받고 사랑받고자 하는 욕구의 충족과 이들의 가치 조건화는 자기개념의 형성에 중요한 영향을 미친다. 즉, 부모나 중요한 어른들로부터 있는 그대로 수용되고 긍정적으로 존중을 받을 때 긍정적인 자기개념이 형성될 수 있지만, 있는 그대로 수용되지 않고 계속해서 부정적인 평가를 받게 된다면 부정적인 자기개념이 형성될 수 있다는 것이다.

가치 조건이란 가치가 있고 없음을 규정짓는 외적인 조건들로서, 조건화된 가치는 개인으로 하여금 사고, 감정, 행동에 솔직하게 반응하는 것을 제한한다. 하지만 부모 등 대부분의 어른은 자신의 판단에 따라 해야 할 것과 하지 말아야 할 것을 정해 놓고 그 기준에 따라 관심을 주기도 하고 철회하기도 한다. 따라서 부모를 포함한 중요한 어른들로부터의 가치 조건과 자기개념 혹은 개인의 실현 경향성이 잘 조화를 이룬다면 자신이 가지고 태어난 가능성과 잠재력을 최대한 실현하며 성장할 수 있지만, 가치 조건이 자기개념과 반대되는 것일 때는 불안 등 심리적인 증상을 형성하게 된다.

인간중심 이론에서 설명하는 정신장애 발생과정에 대해 정리해 보자면, 사람들의 심리적 문제는 스스로 타고난 가능성과 잠재력을 발견하지 못하고 외부에서 부여된 가치 조건들에 맞춰 살려고 할 때 생겨난다. 즉, 외적으로 부여된 가치 조건에 따라 형성된 자기개념이 현상학적 장에서의 경험을 부정하고 왜곡하며, 자신의 긍정적이고 창조적인 성장에의 힘을 위축시키거나 약화시킴으로써 심리적 문제가 발생하게 된다(이장호, 정남운, 조성호, 1999).

3) 인지주의적 접근

인간은 생각하고 느끼고 행동하는 등 여러 측면을 지니지만, 인지주의적 접근은 사람의 인지가 가장 중요하다고 여기며 감정과 행동은 개인이 어떻게 생각하느냐에 영향을 받는다고 한다. 개인의 신념 체계 혹은 인지 도식은 촉발 사건이 긍정적 인지, 부정적인지 혹은 중립적인지를 평가하게 되는데, 이는 개인의 정서적 혹은 행동적 결과를 야기하는 것이라고 하였다. 비합리적인 신념 체계 혹은 역기능적인 사고는 인간의 인지 내용이 부정적인 것으로서, 스트레스 상황에서 활성화되어 부정적인 자동적 사고와 인지적 오류를 유발하게 되고 심리적 증상들을 형성한다. 우리가 일상에서 경험하는 인지적 오류로는 이분법적 사고, 과잉일반화, 선택적 추상화, 의미 확대 및 축소, 임의적 추론 등이 있다.

4) 생물학적 접근

생물학적 접근은 인간의 정신장애를 신체적 혹은 생물학적 측면에서 설명하려는 접근 방법으로서, 인간의 정신장애가 신체 질병과 마찬가지로 신체적 혹은 기질적 원인에 의해서 생겨나는 하나의 질병이라고 보는 것이다. 주요한 생물학적 원인에는 유전적 요인, 뇌의 구조적 결함, 뇌의 생화학적 이상 등이 포함된다. 이 중 뇌의 구조적 결함을 원인으로 보는 시도들은 주로 뇌의 구조적, 기능적 이상과 정신장애의 관계를 규명하고자 한다. 반면 뇌의 생화학적 이상을 원인으로 보는 시도들은 뇌의 신경 정보의 전달과 밀접한 관련이 있는 신경전달물질의 심리적 기능에 대한 영향력을 설명하고자 한다. 신경전달물질은 뇌를 구성하는 신경세포 간의 정보를 전달하는 기능을 하는데, 신경전달물질이 과도하게 많거나 결핍된 상태가 정신장애와 관련이 있다고 한다. 정신장애 유발과 관련하여 주목을 받고 있는 주요 신경전달물질로는 도파민(dopamine), 세로토닌(serotonin), 노르에피네프린(norepinephrine) 등이 있다.

5) 통합적 접근

1970년대 후반부터 특정 이론만으로 정신장애를 온전하게 이해할 수 없다는 인식이 증가하면서 개인과 환경적 요인을 통합하여 정신장애를 이해하기 위한 노력들이 시도되었다. 즉, 통합적 접근은 정신분석적 접근, 인본주의적 접근, 인지적 접근, 행동적 접근, 생물학적 접근, 사회문화적 접근 등 그동안 밝혀진 여러 원인적 요인을 통합하여 정신장애를 설명하고자 하는 접근 방법이다(Oltmans & Emery, 2001). 예컨대, Zubin(1977)의 스트레스-취약성 접근은 정신장애가 신체적 · 심리적 · 사회적 측면의 다양한 요인에 의해 설명될 수 있고 이들 요인에 의해 정신장애의 발생 과정이 다양할 수 있다고 주장하였다. 스트레스-취약성 접근에 의하면, 정신장애의 유발과정을 이해하기 위해서는 크게 환경으로부터 유발되는 심리사회적 스트레스와 이에 대응하는 개인의 특성을 고려해야 한다. 취약성은 정신장애에 걸리기 쉬운 개인적 특성을 의미하는데, 취약성을 지닌 개인에게 실직, 가족의 사망, 질병 등 심리사회적 스트레스가 주어졌을 때 정신장애가 발생한다고 한다.

2. 정신장애의 분류

1) 분류 목적

정신장애는 매우 다양하고 개인마다 독특한 형태를 지닌다. 분류는 복잡하고 독특한 개인의 임상적 증상 및 현상들을 이해하기 쉽게 일목요연하게 단순한 형태로 정리하는 과정이라 할 수 있다. 정신장애의 분류 작업은 다음과 같은 유용성을 지니고 있다. 첫째, 해당 분야의 전문가에게 일관성 있게 공통적으로 사용할 수 있는 용어를 제공함으로써 전문가 간의 의사소통을 원활하게 할 수 있다. 둘째, 연구 결과와 임상적 지식을 축적하고 체계화함으로써 전문가에게 효과적인 정보를 제공할 수 있다. 셋째, 정신장애에 관한 과학적 연구와 이론 개발을 위한 기초를 제공할 수 있다. 넷째, 치료 효과를 예상하고 정신장애의 진행과정을 예측할 수 있다.

하지만 정신장애의 진단 분류는 여러 가지 단점과 위험성을 동시에 지니고 있다. 진단 분류에 대한 비판으로는 개인에 대한 정보를 요약하는 과정에서 정보 상실이 발생함으로써 개인의 독특성이 간과될 수 있다는 것이다. 둘째, 분류는 비연속적인 행동 범주들이 가정되기 때문에 정상 행동과 정신장애 간의 연속성이 고려되지 못할 수 있다는 것이다. 셋째, 진단 분류명들이 고착성을 가지고 있기 때문에 사회적으로 낙인을 찍는 결과를 유발할 수 있다는 것이다. 넷째, 실제적 진단 활동에 대한 비판으로서 신뢰성 있고 타당한 진단 분류가 가능한가에 관한 것이다.

2) 분류 방법

일반적으로 정신장애의 분류 체계는 범주적 분류와 차원적 분류로 나눌 수 있다. **범주적 분류**는 이상 행동과 정상 행동의 분명한 질적 차이가 있다는 가정에 근거하여 유목화해서 진단을 내리는 접근 방식이다. 범주적 분류는 증상이나 행동의 질적인 차이를 강조하며 연속적인 면을 인정하지 않는다. 즉, 이상 행동이나 정신장애는 각각 별개이고 서로 분명히 구별되는 질병 유형으로 범주화되어야 한다고 주장한다.

한편, **차원적 분류**는 증상이나 행동을 정도의 문제, 즉 양적인 차원에서 정도의 문제라는 가정에 근거한 접근 방식이다. 차원적 분류는 심리적 증상이나 행동을 연속선상에서 평가하고 장애의 정도를 양적으로 평가하여 몇 가지 차원에 위치시킬 수 있다.

정신장애를 범주적 방식으로 분류하느냐 또는 차원적 방식으로 분류하느냐의 문제는 간단하지 않다. 왜냐하면 각 분류 방식마다의 장점과 단점이 있기 때문이다. 차원적 분류는 범주적 분류에서 잃어버리기 쉬운 환자의 여러 가지 중요한 정보를 고려할 수 있게 해 주고 다각적으로 평가할 수 있게 한다. 그러나 환자를 이해하는 과정이 복잡하고 전문가 간 진단의 일치가 어려울 수 있다. 반면, 범주적 분류는 환자에 대한 빠른 이해와 전문가 간 진단적 일치도가 높고 의사소통이 쉽기 때문에 실용적 측면에서 유용한 경우가 많다. 다차원적 접근의 결여와 분류 과정에서 임의적 판단이 될 수 있다는 비판에도 불구하고, 범주적 분류 방식이 현재 정신장애 분류 체계에서 널리 사용되고 있다.

3) 분류 체계

(1) 정신장애 분류 체계

19세기 말 독일의 정신의학자인 크레펠린(E. Kraepelin)이 조발성 치매를 비롯한 16개 범주의 정신장애를 소개함으로써 정신장애의 체계적이고 현대적인 분류가 시도되었다. 현재 세계적으로 가장 널리 사용되고 있는 두가지 정신장애 분류 체계로는 세계보건기구(World Health Organization: WHO)에서 제정하여 국제적으로 통용되고 있는 ICD(International Statistical Classification of Disease and Related Health Problems: ICD)와 미국정신의학회(American Psychiatric Association)에 의해 편찬된 DSM(Diagnostic and Statistical Mannual of Mental Disorders)이 있다.

ICD는 WHO에서 공인한 질병 및 건강 관련 문제에 대한 국제통계분류(일명 국제질병분류) 내에 정신 및 행태 장애가 포함되어 있다(차훈진, 2014). 1992년 제 10차 개정판인 ICD-10까지 출시되었으며, 정신 및 행태 장애는 F코드(F01~F99)로 분류되고 각 장애에 대한 임상적 기술과 진단적 지침을 포함하고 있다. 2015년에 ICD-11이 출간될 예정으로 개정 작업이 진행 중이다(차훈진, 2014).

DSM은 미국정신의학회에 의해 편찬된 정신장애 진단 및 통계 편람이다. 1952년 진단 범주에 대한 용어 해설을 갖춘 최초의 공식적인 편람인 DSM-I이 처음 발행한 이후 임상적 유용성과 과학적 연구결과들을 반영하여 DSM-II(1968년), DSM-III(1994년), DSM-IV(1994년), DSM-IV-TR(2000년)이 출간되었고, 현재 DSM-5(2013년)이 출간되어 있는 상태이다. DSM-IV-TR까지는 로마자로 개정 차수를 표시했으나, DSM-5부터는 아라비아 숫자로 표기하기로 했다(권석만, 2013; 차훈진, 2014). DSM-5의 가장 큰 변화는 정신장애의 진단을 좀 더 편리하게 할 수 있도록 구성하였고, DSM-IV와 DSM-IV-TR에서 사용했던 다축 진단 체계가 임상적 유용성과 타당성이 부족하다는 이유로 폐기되었다. 또한 범주적 진단 체계의 한계를 보완하기 위해서 차원적 평가를 도입한 **혼합 모델**(hybrid model)을 적용하여 진단 명칭이 '~spectrum' '~related' 하는 식으로 개정되었다. 예를 들면, Autism Spectrum(ASD)이나 Obsessive-Compulsive and Related Disorder(OCRD)와 같은 '차원'을 염두에 둔 진단명들이 있다. 더 나아가 DSM-5는 환자의 주된 증상과 다양한 공병증상을 심각도 차원에서 평가하도록 하였다(권석만, 2013).

(2) DSM-5

DSM-5는 정신장애를 20개 주요 범주로 구성하였고, 400여 개의 정신장애 하위 유형이 포함되어 있다(오경자 외, 2014). 〈표 3-1〉에 DSM-5에 속하는 20개의 정신장애 유형이 제시되어 있다.

표 3-1 DSM-5에 포함되어 있는 20개 정신장애의 범주

1. 신경발달장애(Neurodevelopmental Disorders)
2. 조현병 스펙트럼 및 기타 정신증적 장애(Schizophrenia Spectrum and Other Psychotic Disorders)
3. 양극성 및 관련장애(Bipolar and Related Disorders)
4. 우울장애(Depressive Disorders)
5. 불안장애(Anxiety Disorders)
6. 강박 및 관련장애(Obsessive-Compulsive and Related Disorders)
7. 외상 및 스트레스 관련장애(Trauma-and Stressor-Related Disorders)
8. 해리장애(Dissociative Disorders)
9. 신체증상 및 관련장애(Somatic Symptom and Related Disorders)
10. 급식 및 섭식장애(Feeding and Eating Disorders)
11. 배설장애(Elimination Disorders)
12. 수면-각성장애(Sleep-Wake Disorders)
13. 성기능장애(Sexual Dysfunctions)
14. 성불편증(Gender Dysphoria)
15. 파괴적, 충동통제 및 품행장애(Disruptive, Impulsive, Control, and Conduct Disorders)
16. 물질관련 중독장애(Substance-Related and Addictive Disorders)
17. 신경인지장애(Neurocognitive Disorders)
18. 성격장애(Personality Disorders)
19. 성도착장애(Paraphilic Disorders)
20. 기타 정신장애(Others Mental Disorders)

여기에서는 DSM-5에 포함된 각 장애의 주요 특징들과 주요 변화 내용을 소개함으로써 각 장애들에 대한 전반적인 이해를 돕고자 한다.

먼저, 신경발달장애는 지적장애, 의사소통장애, 자폐스펙트럼장애, 주의력결핍과잉행동장애(ADHD), 특정학습장애, 운동장애의 여섯 가지 하위 유형을 포함하고 있다. 이 중 DSM-5의 주요 변화 내용으로는 DSM-IV-TR에서 '정신지체'로 명명했던 것이 '지적장애'로 바뀌었고, 진단을 위해서 지능지수뿐만 아니라 적응 기능 수준을 강조하였다(차훈진, 2014). 또한 자폐스펙트럼장애는 DSM-IV-TR의 자폐증, 아스퍼거 증후군, 소아기 붕괴성장애, 달리 분류되지 않은 전반적 발달장애를 포함하였다. 자폐스펙트럼장애는 증상보다는 전반적인 심각도로 구분하고 있고, 진단의 필수조건이었던 '3세 이전'의 증상 발현은 '초기 아동기'로 확대되었다. 또한 주의력

결핍 과잉행동장애는 이전 판의 경우 7세 이전에 증상이 나타났을 경우에만 진단이 가능했지만, 개정판에서는 증상의 발현 나이를 '12세'로 확대하였다.

조현병 스펙트럼 및 기타 정신증적 장애는 증상의 심각도나 지속 기간에 따라 분열형 성격장애, 망상장애, 단기 정신증적 장애, 정신분열형 장애, 정신분열증, 분열정동장애, 기타 약물이나 질환으로 인한 정신증적 장애의 하위 유형을 포함하였다. 분열형 성격장애는 정신분열 스펙트럼의 부분으로 포함될 수 있고 ICD-9과 ICD-10에서 분열형 성격장애로 명명되었기 때문에, DSM-5에서 조현병 스펙트럼 및 기타 정신증적 장애와 성격장애의 하위 유형으로 모두 포함되었다.

양극성 및 관련장애는 기분의 변화가 매우 심하고 기분이 고양된 상태와 침체된 상태가 주기적으로 나타나는 장애로서, DSM-IV-TR의 기분장애의 하위 범주에서 독립된 진단 범주가 되었다. 하위 유형으로는 조증삽화가 특징적인 제1형 양극성장애와 우울증을 포함한 경조증 삽화가 특징적인 제2형 양극성장애를 포함한 양극성장애, 조증상태와 우울증 상태가 경미하게 2년 이상 지속적으로 나타나는 순환감정장애(cyclothymic disorder)가 있다.

우울장애는 이전 판의 기분장애의 하위 유형인 양극성장애와 분리되었고, 하위 유형으로는 주요우울장애, 지속성 우울장애, 월경전기 불쾌장애, 파괴적 기분조절곤란장애가 있다. 파괴적 기분조절곤란장애(disruptive mood dysregulation disorder)는 DSM-5의 우울장애 범주에 새롭게 포함된 진단으로서, 적대적 반항장애(oppositional defiant disorder)와 특징상 유사하다 할 수 있다(고진경, 2013). 하지만 적대적 반항장애보다 증상이 좀 더 심각하고 발달 수준에 적합하지 않게 평균 주 3회 이상 분노표출을 나타내며 분노 표출 사이에 부적절하고 부정적인 정서를 보이는 경우에 진단을 내릴 수 있다. 또한 월경전기 불쾌장애(premenstrual dysphoric disorders)는 DSM-5에서 새로운 진단 범주에 포함된 것으로, 생리가 시작되기 전에 겪는 신체적 및 정서적 증상들(premenstrual syndrome)이 매우 심할 경우 진단될 수 있다.

불안장애는 기존의 DSM-IV-TR에서 강박장애, 외상후 스트레스 장애, 급성 스트레스 장애가 DSM-5에서는 독립된 진단 범주로 분리되어 불안과 공포를 주된 증상으로 하는 불안장애, 공황장애, 공포증을 포함하였다. 불안장애의 하위 유형으로는 범불안장애, 의학적 상태로 인한 불안장애, 물질유발 불안장애가 있고, 공포증의 하위 유형에는 특정공포증, 광장공포증, 사회불안장애가 포함되었다. 또한 애착 대상과 떨어지는 것에 대한 심한 불안을 나타내는 분리불안장애와 특수한 사회적 상황에서 지속적으로 말을 하지 않는 선택적 무언증이 새롭게 불안장애의 진단 범주에 포함되었다.

강박 및 관련장애는 비정상적이고 강박적인 집착을 주된 증상으로 하고, DSM-5에서는 불안장애와는 다른 문제로 간주되어 독립된 진단 범주로 분리되었다(고진경, 2013). 또한 DSM-IV-TR에서 신체형 장애 중 신체이형장애와 충동조절장애의 하위 범주에 포함되었던 모발뽑기장애(trichotillomania)가 DSM-5에서는 강박 및 관련 장애의 하위 범주에 포함되었다. 또한 자신의 피부를 반복적으로 뜯는 피부뜯기장애(excoriation disorder 또는 skin-picking disorder)와 저장장애(hoarding disorder)가 포함되었다. 이 중 저장장애는 DSM-5에 새롭게 등장한 장애로서, 불필요하거나 값어치가 없는 것임에도 버리지 못하고 너무 많이 축적해 놓아 일상적인 삶이 제대로 이루어지지 못하고 때로는 안전에 위협을 가하기도 하는 장애다(APA, 2012; 고진경, 2013에서 재인용).

외상 및 스트레스 관련장애는 이전 판의 불안장애의 하위 범주 중 외상후 스트레스 장애와 급성 스트레스장애에서 독립된 진단 범주로 분리되었다. 하위 유형의 장애로는 외상후 스트레스 장애, 급성 스트레스 장애가 있고, 반응성 애착장애(reactive attachment disorder), 탈억제성 사회적 유대감 장애(disinhibited social engagement disorder), 적응장애(adjustment disorder)가 포함되었다.

해리장애는 의식, 기억, 자기정체감, 환경에 대한 지각 등 통합적인 기능에서 붕괴가 일어나는 증상을 동반한다. 하위 유형으로는 해리성 기억상실증, 해리성 정체감장애, 이인증/비현실감장애가 포함되었다.

신체증상 및 관련장애는 이전 판의 신체화장애, 건강염려증, 감별불능 신체형 장애, 통증장애가 통합된 진단 범주이다(고진경, 2013). 하위 유형으로는 신체증상장애(somatic symptom disorder), 질병불안장애(illness anxiety disorder), 전환장애, 허위성장애(factitious disorder)가 포함되었다. 신체증상장애는 한 개 이상의 신체적 증상에 과도하게 집착함으로써 심각한 고통과 일상생활의 부적응을 초래하는 장애로서(권석만, 2013), DSM-5에 새롭게 포함된 진단 범주이다(오경자 외, 2014). DSM-IV-TR에서 신체화장애는 의학적으로 설명되지 않는 8개 증상이 필요하였다. 하지만 DSM-5의 신체증상장애의 준거는 적어도 6개월 기간 동안 '자신의 증상의 심각도에 대한 불균형적인 생각' '자신의 건강에 대한 높은 수준의 불안' '증상과 건강에 대한 염려에 과도하게 몰입하고 에너지를 쓰는 것' 중 하나를 포함하는 것이다.

급식 및 섭식장애는 DSM-IV-TR의 섭식장애와 유아 및 아동기에 흔히 나타나는 부적응적인 급식장애들이 통합되었다. 하위 유형으로는 신경성 식욕부진증, 신경성 폭식증, 폭식장애(binge eating disorder), 이식증(pica), 반추장애(rumination disorder), 회피적/제한적 음식섭취장애(avoidant/restrictive food intake disorder)가 있다. 이 중, 폭식장애는 DSM-5에 새롭게 포함된 범주인데, 폭식 행동을 나타내지만 보상 행동은 하지 않는다는 점에서 신경성 식욕부진과 구별되며, 흔히 과체중이나 비만을 나타낸다. 또한 DSM-5에서는 신경성 식욕부진의 진단 기준 중 식욕부진으로 인한 생물학적 결과로서 나타나는 '무월경' 준거가 삭제되었다(고진경, 2013).

배설장애는 아동기나 청소년기에 흔히 진단되는 장애로서, 하위 유형으로는 신체적인 이상이 없음에도 5세 이상의 아동이 옷이나 침구에 반복적으로 소변을 보는 유뇨증과 4세 이상의 아동이 적절치 않은 곳에 반복적으로 대변을 보는 유분증이 있다.

수면-각성장애는 수면의 양이나 질의 문제로 인해 나타나는 장애다. 10가지 하위유형으로는 불면장애, 과다수면장애, 수면발작증, 호흡관련 수면장애, 일주기 리듬 수면-각성장애, 비급속안구운동 수면-각성장애, 악몽장애, 급속안구운동 수면 행동장애, 하지불안증후군, 물질/약물 유도성 수면장애가 있다.

성기능장애는 DSM-IV-TR에서는 성적 장애 및 성정체감장애의 하위 범주로 분류되었으나 DSM-5에서는 독립된 범주로 포함되었다(고진경, 2013). 이 장애는 강력하고 반복되는 정서적으로 고통스러운 성적인 충동, 환상, 행동 등으로 특징지어진다. 하위 유형으로는 남성성욕감퇴장애, 발기장애, 조루증, 지루증, 여성 성적관심/흥분장애, 여성절정감장애, 성기-골반통증/삽입장애가 포함된다.

성불편증(Gender Dysphoria)은 이전 판의 '성정체감장애'가 DSM-5에서 새로운 진단 명칭으로 바뀐 경우다. 즉, 이 장애는 자신에게 주어진 생물학적 성과 자신이 경험하고 표현하는 성 행동 간의 현저한 괴리로 인해서 심한 고통과 사회적 적응 곤란을 나타내는 것을 특징으로 한다. 생물학적 성과 개인이 경험하는 성정체감 간의 불일치로 인해 정서적 불편감을 경험할 때 진단 내려진다.

파괴적, 충동통제 및 품행장애는 DSM-IV-TR의 적대적 반항장애, 품행장애, 충동

통제장애, 품행장애가 통합되어 DSM-5에서 독립된 진단 범주로 포함되었다. 이 장애는 정서와 행동에 대한 자기통제의 문제를 주된 증상으로 나타내고, 이전 판에서 통합된 진단 범주들 외에도 DSM-5에서는 간헐적 폭발성장애(intermittent explosive disorder), 도벽증, 방화증이 이 장애의 하위 유형에 포함되었다.

물질관련 및 중독장애는 중독성 물질을 사용하거나 중독성 행위에 몰두함으로써 생겨나는 다양한 부적응적 증상을 포함한다. 남용과 의존을 따로 구분하였던 이전 판과는 달리, DSM-5에서는 중독이 연속선상에 존재하기 때문에 이 장애의 진단은 표준화된 평가척도를 사용하여 심각도를 평가하는 것이 필요한 것으로 보아(고진경, 2013), 남용과 의존의 구분을 삭제하였다. 이 장애는 크게 물질관련장애와 비물질관련장애로 구분된다. 물질관련장애는 물질사용장애(substance use disorders)와 물질유도성장애(substance-induced disorders)로 구분되며, 물질유도성 장애는 물질중독, 물질금단, 물질/약물유도성 정신장애로 구분된다(권석만, 2013). 비물질관련장애는 도박장애를 포함하는데, 이 장애는 행동적 중독 및 과정 중독을 포함하여 정의를 확대하였다.

신경인지장애는 DSM-IV-TR의 섬망, 치매, 기억상실 장애 및 기타 인지장애를 통합하였고, 치매 관련 낙인을 중성화하기 위해 '신경인지'로 명명하였다. 이 장애는 독립적인 기능의 감소를 초래하는 실질적인 인지적 기능 저하가 특징인 주요신경인지장애와 정상적이라고 할 수는 없으나 주요신경인지장애의 기능 저하보다는 경미한 심각도를 나타내는 경도 신경인지장애로 구분하였다.

성격장애는 A, B, C의 세 군집으로 분류되는 10가지 유형의 성격장애를 포함하고 있는데, DSM-IV-TR에서 큰 변화가 없다. 이 장애에 대한 DSM-5에서의 진단 방법도 이전 판과 마찬가지로 범주적 분류를 유지하고 있다(고진경, 2013).

성도착장애는 이전 판의 성적 장애 및 성정체감장애의 하위 범주였으나, DSM-5에서는 독립된 진단 범주가 되었다. 이 장애는 성행위 대상이나 성행위 방식에서 비정상성을 나타내는 것을 특징으로 하는데, 하위 유형으로는 관음장애(voyeuristic disorder), 노출장애(exhibitionistic disorder), 접촉마찰장애(frotteuristic disorder), 성적피학장애(sexual masochism disorder), 성적가학장애(sexual sadism disorder), 소아성애장애(pedophilic disorder), 물품음란장애(fetishistic disorder), 복장도착장애(transvestic disorder)가 있다.

3. 정신장애의 유형

DSM-5는 인간의 다양한 정신장애를 20개의 범주로 분류하여 제시하고 있다. 이 절에서는 정신장애의 주요 증상 및 임상적 특징을 중심으로 소개하고자 한다.

1) 불안장애

일상생활을 하면서 누구나 다양한 불안을 경험하게 되는데, 인구의 약 15%가 평생 동안 한 번 이상의 불안장애(anxiety disorder)를 나타내는 것으로 보고될 만큼 이 장애는 정신장애 중 가장 흔한 장애다. 불안을 주된 증상으로 하는 불안장애는 크게 공황장애, 공포증, 불안장애로 구분된다. 구체적으로 범불안장애, 의학적 상태로 인한 불안장애, 물질유발 불안장애가 있고, 공포증의 하위 유형에 특정공포증, 광장공포증, 사회불안장애가 포함되었다. 또한 애착 대상과 떨어지는 것에 대한 심한 불안을 나타내는 분리불안장애와 특수한 사회적 상황에서 지속적으로 말을 하지 않는 선택적 무언증이 새롭게 불안장애의 진단 범주에 포함되었다.

이 중 공황장애는 갑자기 엄습하는 강렬한 불안과 이에 동반된 다양한 신체 증상이 예고 없이 갑작스럽게 발생하는 경우다. 임상적으로는 갑작스럽고 극심한 염려감, 두려움, 공포감, 죽을 것 같은 느낌이 비정기적으로 일어나는데, 이러한 공황발작이 있는 동안에는 심장이 빠르고 강하게 뛰고, 숨이 가쁘고, 가슴 통증이나 답답함, 질식할 것 같은 느낌 등의 증상이 나타난다.

공포증은 특정한 대상이나 상황에 심한 정도의 불안과 두려움을 경험하게 되어 부적응적인 회피 행동이 나타나는 경우다. 특정 대상(예: 뱀, 거미 등)이나 상황(예: 높은 곳, 천둥 등)에 대한 공포를 지니는 특정공포증, 특정 사회적 상황이나 활동 상황에 노출되는 것에 대한 공포를 지니는 사회공포증, 특정 장소(예: 엘리베이터, 쇼핑센터, 지하철 등)에 대한 공포를 지니는 광장공포증과 같이 공포를 느끼는 대상에 따라 구분될 수 있다.

불안장애는 스스로 조절이 되지 않는 지나친 걱정과 불안 증상이 6개월 이상 지속되는 것이 특징이다. 불안과 걱정으로 인해 안절부절못함, 쉽게 피로해짐, 집중력

저하, 예민함, 근육의 긴장, 수면장애와 같은 여섯 가지 증상 중 적어도 세 가지 이상이 동반되며, 이로 인해 현실 적응 능력과 일상생활 기능이 현저히 저하된다. 이상의 범불안장애와 달리, 일반적인 의학적 상태의 직접적인 생리적 영향으로 판단되는 불안 증상을 특징으로 하는 일반적 의학적 상태로 인한 불안장애와 약물 남용이나 투약 또는 독소 노출로 인해 야기된 불안 증상을 특징으로 하는 물질유발 불안장애가 포함된다.

2) 강박 및 관련장애

강박장애는 스스로 원하지 않는 심한 불안이나 고통을 일으키는 생각이나 행동을 반복하는 것으로, 이러한 증상에 최소한 하루 1시간 이상을 소모하거나 현저한 고통이나 장애를 초래하게 되는 경우다. 성적이거나 불경스러운 생각, 더러운 것에 오염될 것에 대한 반복적 생각, 공격적이거나 두려운 충동, 성적인 심상 등의 강박적 사고와 반복적으로 손 씻기, 점검하기, 정리하기, 숫자 세기 등의 강박적 행동이 주된 임상적 증상에 포함된다. 하위 유형으로는 강박장애, 신체이형장애, 피부뜯기장애, 저장장애가 포함되었다.

신체이형장애의 임상적 특징은 신체적 외모에 대해서 한 개 이상의 주관적 결함에 과도하게 집착하는 것이다. 또한 저장장애(hoarding disorder)는 DSM-5에서 새롭게 등장한 장애로서, 불필요하거나 값어치가 없는 것임에도 버리지 못하고 너무 많이 축적해 놓아 일상적인 삶이 제대로 이루어지지 못하고 때로는 안전에 위협을 가하기도 하는 장애다(APA, 2012; 고진경, 2013에서 재인용). 피부뜯기장애(excoriation disorder 또는 skin-picking disorder)는 반복적으로 피부를 만지거나 문지르거나 혹은 벗기거나 뜯음으로써 피부를 손상시키는 행동을 하는 경우다.

3) 외상 및 스트레스 관련장애

외상 및 스트레스 관련장애는 외상 사건을 비롯한 다양한 스트레스 사건에 대한 직간접적인 경험 후 발생하는 다양한 부적응적 증상들을 나타내는 경우로서, DSM-5에서 독립된 진단 범주로 포함되었다. 하위 유형으로는 외상후 스트레스 장애, 급성 스트레스 장애, 반응성 애착장애, 탈억제성 사회적 유대감 장애, 적응장애가 있다.

외상후 스트레스 장애는 전쟁, 지진, 건물 붕괴, 강간, 납치 등과 같은 심각한 외상 사건에 노출되고 난 후 외상 사건의 재경험, 과각성 상태(예: 수면 곤란, 집중 곤란, 과잉 경계, 과장된 놀람 반응 등), 외상과 연관되는 자극의 지속적인 회피와 일반적인 반응의 마비 증상이 나타나는 경우다.

급성 스트레스 장애는 극심한 충격적 사건을 직접 경험했거나 목격하고 난 직후 외상후 스트레스 장애와 유사한 증상이 나타나는 것을 특징으로 한다. 이와 같은 부적응적 증상들이 3일 이상 1개월 이내의 단기간 동안 지속된다는 점에서 외상후 스트레스 장애와 구분된다.

반응성 애착장애는 생애 초기 양육자로부터 애착 외상을 경험한 후 부모를 비롯하여 타인과의 접촉을 두려워하고 회피하며 사회성 발달에 어려움을 나타내는 경우를 말한다. 이와는 반대로 탈억제성 사회적 유대감 장애(disinhibited social engagement disorder)는 아동이 처음 본 어른에게 과도한 친밀함을 나타내거나 낯선 사람을 아무런 주저 없이 따라가려 하는 경우를 말한다.

적응장애(adjustment disorder)는 분명하게 확인 가능한 심리사회적 스트레스 사건에 대한 반응으로 나타나는 임상적으로 심각한 정서적 또는 행동적 증상이 생기는 경우다. 심리사회적 스트레스는 생활 속에서 발생하는 사건들로서, 예컨대 실연, 사업상 위기나 곤란, 부부 문제, 결혼, 실직이나 퇴직 등이 있다. 진단을 위해서는 스트레스로 인한 주요 임상 증상들이 스트레스 발생 후 3개월 이내에 나타나고, 통상적으로 기대되는 정도보다 훨씬 고통이 심하고 사회적 · 직업적 및 학업 기능에서 심각한 장애가 나타나야 한다. 또한 스트레스 사건이 종결된 후 6개월 이내에 증상이 사라지는 것이 일반적이다.

4) 우울장애와 양극성 및 관련장애

현실과 맞지 않게 지나치게 기분이 저조하거나 들뜬 상태가 지속되어 사회, 직업 또는 일상생활의 적응에 심각한 손상을 나타내는 경우를 기분장애(mood disorder)라 한다. 기분이 저조한 경우를 우울증이라 하고, 지나치게 기분이 들뜬 상태는 조증이라 한다. 우울증과 조증이 나타나는 양상에 따라 우울장애와 양극성 및 관련장애로 구분된다. 우울장애에는 주요우울장애, 지속성 우울장애, 월경전기 불쾌장애, 순환감정장애가 하위 유형으로 포함되었다. 양극성관련장애는 조증 상태를 특징적으로 나타내는 제1형 양극성장애, 한 번 이상의 주요우울증과 한 번 이상의 경조증 삽화가 동반되는 제2형 양극성장애, 경미한 우울증과 경조증 삽화가 2년 이상 장기적으로 순환되어 나타나는 순환감정장애가 있다.

그동안 수많은 연구가 우울증의 원인과 발생과정을 설명하고자 노력해 왔다. 연구 결과에 의하면, 상실감과 좌절감을 주는 충격적인 주요 생활 사건들, 일상생활 속에서 자주 경험하는 사소한 부정적 미세 생활 사건들의 누적, 사회적 지지의 결여 등이 우울증을 촉발하는 주요 환경 요인으로 보고되었다(권석만, 2010). 그러나 이들 환경 요인만으로는 우울증을 설명할 수 없기 때문에 개인의 심리 내적인 요인들이 고려되어야 한다. 우울증을 설명하는 심리적 이론으로는 정신분석이론, 행동주의이론, Seligman의 학습무기력이론, 귀인이론, 인지이론 등이 있다.

5) 신체증상 및 관련장애

신체증상 및 관련장애는 원인이 불분명한 신체 증상을 호소하거나 그에 대한 과도한 염려를 나타내는 부적응적인 증상들을 포함한다. 이 장애는 개인의 기질적 원인이 아닌 심리적 원인에 의해서 일반적인 의학적 상태를 시사하는 다양한 신체적 증상을 호소하는 경우다. 따라서 신체적 증상으로 고통을 경험하지만 기저에 심리적 이유를 지니기 때문에 신체적인 검진이나 의학적인 검사에서 아무런 신체적 결함이 발견되지 않는다. 하위 유형으로는 신체증상장애, 질병불안장애, 전환장애, 허위성장애가 포함되었다.

신체증상장애(somatic symptom disorder)는 수년에 걸쳐 의학적으로 원인을 알기 어려운 한 개 이상의 신체적 증상을 고통스럽게 호소하거나 그로 인해 일상생활이 현저하게 방해받는 것을 특징으로 한다. 이 장애를 가진 사람들이 호소하는 가장 흔한 증상은 통증이다.

전환장애(conversion disorder)는 운동 기능이나 감각 기능에서의 결함 또는 이와 관련된 신체적 증상들을 나타낸다. 다양한 신체적 증상을 호소하는 신체화장애와는 달리 한두 가지의 비교적 분명한 신체적 증상을 나타낸다. DSM-5의 진단 기준으로는, 첫째, 신경학적 상태나 다른 신체적 손상을 암시하는 한 가지 이상의 수의적 운동 기능이나 감각 기능의 결함 또는 손상을 나타낸다. 둘째, 증상이나 결함이 나타나거나 악화되기 전 증상과 연관되는 것으로 보이는 심리적 요인들이 발견된다. 셋째, 증상이나 결함이 꾀병처럼 의도적으로 만들어지거나 꾸며지지 않는 실제로 존재하는 것이다. 넷째, 다만 증상이나 결함들이 의학적 상태, 약물의 직접적인 영향으로 충분히 설명될 수 없다.

질병불안장애(illness anxiety disorder)는 개인의 신체적 증상이나 기능에 대한 잘못된 해석을 근거로 하여 개인이 심각한 질병에 걸렸다는 두려움이나 생각에 집착하는 것을 특징으로 한다.

허위성장애(factitious disorder)는 환자 역할을 하기 위하여 신체적 증상이나 심리적 증상을 의도적으로 만들거나 조작하는 경우다. 진단을 내리기 위해서는 신체적 혹은 심리적 증상이 의도적으로 만들어졌다는 직접적인 증거가 있거나 증상의 다른 원인들이 배제되어야 한다. 허위성장애는 꾀병과는 구분된다. 꾀병은 자신이 처한 상황(예: 군대 징집, 재판 등)을 피하기 위해 의도적으로 증상을 만들거나 과장하는 경우인 반면, 허위성장애는 그 동기가 환자 역할을 하려는 심리적 욕구이며, 그런 행동을 하도록 하는 외적 자극이 존재하지 않고 환자 역할을 하는 것 외에는 어떠한 현실적인 이득이나 목적이 발견되지 않는 경우다.

6) 해리장애

해리장애(dissociative disorder)는 의식, 기억, 정체감, 환경에 대한 지각 등 통합적인 기능에서 붕괴가 일어나는 증상을 동반한다. 이러한 증상들은 갑작스럽거나 점진적일 수도 있고, 일시적이거나 만성적일 수도 있다. 하위 유형으로는 해리성 기억상실, 해리성 정체감장애, 이인증/비현실감장애 등이 있다.

해리성 기억상실(dissociative amnesia)은 중요한 개인적 정보를 회상하는 능력을 상실하는 것으로서, 중요한 과거 경험을 갑작스럽게 기억하지 못하는 증상이 몇 시간 혹은 몇 년 동안 지속적으로 나타난다. 이는 일상적인 망각으로 설명하기에는 너무 광범위하고, 통상적으로 심리적 고통을 야기하는 외상이나 스트레스와 관련된 경우가 많다. 그러나 개인적인 정보가 아닌 일반적인 상식이나 지식과 같은 정보의 기억에 손상이 없고 언어 및 학습 능력과 같은 일반적인 적응 기능은 유지되는 경우가 대부분이다. DSM-5에서는 해리성 기억상실증을 해리성 둔주와 함께 나타나는 유형과 그렇지 않은 유형으로 구분하고 있다. 해리성 둔주(dissociative fugue)는 집이나 평소 다니던 직장에서 벗어나 갑자기 예기치 않은 여행을 하는 것으로, 의도적인 도망이 아니라 해리 상태에서 이리저리 떠도는 양상을 나타낸다. 또한 개인의 과거에 대한 회상 능력이 결여되어 있고 정체감 혼돈이 일어나거나 부분적 혹은 완전히 새로운 정체감이 형성된다.

해리성 정체감장애(dissociative identity disorder)는 다중인격 혹은 다중성격장애라고도 하는데, 한 사람 안에 둘 혹은 그 이상의 각기 구별되는 정체감이나 성격 상태가 반복적으로 개인의 행동을 통제하는 경우다. 두 가지 이상의 정체감은 서로 독립되어 있고 그중 어느 한 정체감이 활동할 때 다른 정체감은 이를 인식하지 못한다. 가장 간단한 형태가 이중인격으로 두 개의 정체감이 교체되어 나타나는 것이고, 더 복잡하게 되면 교체 정체감이 여러 개 번갈아 나타나며 각기 다른 이름, 목소리, 인격, 성별을 갖고 있는 것처럼 행동한다.

이인증/비현실감장애(depersonalization/derealization disorder)는 이인증이나 비현실감을 지속적으로 또는 반복적으로 경험하는 것을 특징으로 한다. 이인증이란 자신의 생각, 감정, 감각, 신체 또는 행위에 관해서 생생한 현실로 느끼지 못하고 그것과 분리되거나 외부 관찰자가 되는 경험을 의미한다. 또한 비현실감은 주변 환경이 비현실적인 것으로 느껴지거나 그것과 분리된 듯한 느낌을 갖게 되는 경험을 뜻한다.

7) 조현병 스펙트럼 및 기타 정신증적 장애

조현병 스펙트럼 및 기타 정신증적 장애는 망상이나 환각, 와해된 행동이나 언어 등 현실 왜곡이 뚜렷한 정신증적 증상을 특징으로 하며 증상의 심각도에 따라서 스펙트럼상에 배열할 수 있다. 조현병 스펙트럼장애는 망상이나 환각 등 여러 부적응적 증상을 나타내는 매우 심각한 정신장애다. 주요한 임상 증상으로는 망상(delusion), 환각(hallucination), 지리멸렬 등의 와해된 언어(disorganized speech), 와

해되거나 긴장된 행동, 정서적 둔마(affective flattening), 무언어증 또는 무욕증이 있고, 이들 중 두 가지 이상의 증상이 각각 1개월 동안 상당한 정도로 나타나는 경우다. 또한 조현병의 임상 증상은 양성 증상과 음성 증상으로 구분된다. 양성 증상은 일반인들에게는 나타나지 않지만 조현병 환자에게만 나타나는 증상으로 망상, 환각, 와해된 언어 및 행동이 포함된다. 반면 음성 증상은 적응적 기능이 결여된 상태에서 나타나는 증상으로서 일반인에게도 관찰이 가능할 수 있고, 정서적 둔마, 의욕없음, 무논리증과 같은 언어 빈곤 증상이 포함된다. 조현병의 하위 유형으로는 편집형, 와해형, 긴장형, 감별불능형, 잔류형이 있다.

다른 장애들과 마찬가지로 생물학적 이론과 여러 심리사회적 이론이 조현병 발생의 원인과 과정을 설명하고 있다. 그 가운데 생물학적 이론 중 도파민 가설(Carlsson & Lindquist, 1963)과 심리사회적 이론 중 이중구속 가설(Bateson, Jackson, Haley, & Weakland, 1956)과 취약성-스트레스 모델(Zubin & Spring, 1977)이 있다. 그 밖에도 이 장애의 하위 유형으로 DSM-5에서는 분열정동장애, 정신분열형장애, 단기정신증적 장애, 망상장애 그리고 분열형 성격장애, 기타 약물이나 질환으로 인한 정신증적 장애가 포함된다.

8) 성기능장애 및 성도착장애

인간에게 성(性)은 매우 기본적이고 중요한 삶의 영역이다. 인간의 성적 욕구나 행동이 매우 다양하지만, 성적 활동에서 곤란을 겪거나 비정상적인 성적 취향으로 인해 자신과 타인에게 고통과 부적응을 가져올 때 장애로 진단된다.

성기능장애는 성적 욕구의 장애와 성반응 주기상의 변화에 기능적 문제가 있는 경우로, 원활한 성행위를 방해하는 기능적 문제들로 인해 심한 고통과 대인관계의 어려움을 일으킨다. 성행위를 하는 과정에서 일반적으로 나타나는 4단계의 변화를 성반응 주기라 하는데, 성기능장애를 이해하기 위해 성반응 주기를 살펴볼 필요가 있다. 성반응 주기는 성욕구 단계(성행위를 하고자 하는 욕구를 느끼고 성적인 흥분이 시작됨) 고조 단계(성적인 쾌감이 증가하고 신체생리적인 변화가 나타남), 절정 단계(성적인 쾌감이 절정에 달하는 극치감을 경험) 해소 단계(성행동과 관련된 생리적 반응이 사라지면서 전신이 평상시 상태로 돌아가게 됨)의 4단계로 이루어져 있다. 성기능장애의 하위 유형으로 성반응 주기와 관련된 것으로서, 남성성욕감퇴장애, 발기장애, 조루증, 지루증, 여성 성적관심/흥분장애, 여성절정감장애, 성기-골반통증/삽입장애가 DSM-5에 포함되었다.

성도착장애는 변태성욕증이라고도 하는데, 성적 관심 대상, 상황, 성행위나 방식이 비정상성을 나타내는 경우다. 이러한 증상이 6개월 이상 지속되고 이로 인해 사회, 직업 또는 기타 중요한 기능 영역에서 심각한 고통을 받거나 부적응을 나타낼 때 진단된다. 성도착증의 하위 유형으로는 관음장애(voyeuristic disorder), 노출장애(exhibitionistic disorder), 접촉마찰장애(frotteuristic disorder), 성적피학장애(sexual masochism disorder), 성적가학장애(sexual sadism disorder), 소아성애장애(pedophilic disorder), 물품음란장애(fetishistic disorder), 복장도착장애(transvestic disorder)가 있다.

9) 성불편증

성불편증은 반대 성(性)과 성역할에 대해 강하고 지속적인 동일시를 나타내거나 반대 성이 되기를 소망하는 경우로서, 성정체감장애를 의미한다. 또한 이 장애는 자신의 생물학적 성과 성역할에 대한 지속적인 고통이 동반된다. 아동의 경우 다음 증상 중 네 가지 이상이 나타날 때 진단된다.

① 반복적으로 반대 성이 되기를 소망한다.
② 소년은 옷 바꿔 입기 또는 여성 복장 흉내 내기를 좋아하는 반면, 소녀는 오로지 인습적인 남성 복장만을 고집한다.
③ 놀이에서 강력하고 지속적인 반대 성역할에 대한 선호 혹은 반대 성이라고 믿는 지속적인 환상을 지닌다.
④ 반대 성의 인습적인 놀이와 오락에 참여하기를 간절히 원한다.
⑤ 반대 성의 놀이 친구에 대한 강한 편애를 지닌다. 청소년과 성인의 경우에는 반대 성이 되고 싶다는 욕구의 표현, 빈번히 반대 성으로 행세하는 것, 반대 성으로 살거나 취급받고자 하는 소망, 그리고 반대 성의 전형적인 느낌과 반응을 자신이 갖고 있다는 확신과 같은 증상들이 나타난다.

10) 물질관련 및 중독장애

물질관련 및 중독장애(substance-related and addictive disorders)는 중추신경계에 영향을 미치는 중독성을 지닌 다양한 물질의 병리적 사용과 관련된 장애다. 이 장애는 크게 물질관련장애와 비물질관련장애로 구분된다. 물질관련 및 중독장애는 중독성 물질을 사용하거나 중독성 행위에 몰두함으로써 생겨나는 다양한 부적응적 증상을 포함한다. 남용과 의존을 따로 구분하였던 이전 판과는 달리, DSM-5에서는 중독이 연속선상에 존재하기 때문에 이 장애의 진단은 표준화된 평가척도를 사용하여 심각도를 평가하는 것이 필요한 것으로 보아(고진경, 2013), 남용과 의존의 구분을 삭제하였다. 물질관련장애는 물질사용장애(substance use disorders)와 물질유도성장애(substance-induced disorders)로 구분되며, 물질유도성장애는 물질중독, 물질금단, 물질/약물유도성 정신장애로 구분된다(권석만, 2013). 비물질관련장애는 도박장애를 포함하는데, 이 장애는 행동적 중독 및 과정 중독을 포함하여 정의를 확대하였다. DSM-5에 포함된 물질관련 및 중독장애의 하위 유형은 〈표 3-2〉에 제시되어 있다.

물질로 유발된 장애는 특정한 물질의 사용으로 인해 파생되는 여러 가지 부정적인 심리적 증상을 뜻하는데, 물질중독, 물질금단, 물질로 유발된 여러 정신장애(섬망, 치매, 기억상실장애, 정신증적 장애, 기분장애, 불안장애, 성기능장애, 수면장애)가 포함된다. 물질중독(substance intoxication)은 물질의 섭취나 노출에 의해 물질 특정적 증후군이 나타나는 경우로, 지각, 각성, 주의력, 사고력, 판단력, 정신운동성 행동 및 대인관계 장애를 나타낸다. 물질금단(substance withdrawal)은 과도하게 장기간 사용해 온 물질의 중단이나 감소로 인해 생리적·인지적 장애와 더불어 물질 특유

표 3-2 물질관련 및 중독장애의 하위 유형

물질관련장애	물질사용장애	
	물질유도성장애	물질중독
		물질금단
		물질/약물유도성 정신장애
비물질관련장애	도박장애	

의 부적응적 행동 변화가 나타나는 경우를 말한다. 이러한 물질 특유의 증후군은 사회적 · 직업적 및 다른 중요한 기능 영역에서 임상적으로 심각한 고통이나 장애를 초래한다. DSM-5는 다양한 중독성 물질에 따른 장애를 포함하고 있는데 알코올, 암페타민, 카페인, 대마초, 코카인, 환각제, 흡입제, 니코틴, 아편류, 펜사이클리딘, 수면제, 진정제 또는 항불안제 등이 있다.

11) 급식 및 섭식장애

급식 및 섭식장애(feeding and eating disorder)는 개인의 건강과 심리사회적 기능을 방해할 정도로 섭식 및 섭식 관련 행동과 관련하여 심각한 부적응적인 문제를 나타내는 경우가 해당된다. DSM-5에서는 이전의 섭식장애와 유아 및 아동기에 흔히 나타나는 부적응적인 급식장애들이 통합되어 신경성 식욕부진증, 신경성 폭식증, 폭식장애, 이식증, 반추장애, 회피적/제한적 음식섭취장애의 6가지 하위 유형을 포함하고 있다.

표 3-3 급식 및 섭식장애의 하위 유형

1. 신경성 식욕부진증	2. 신경성 폭식증
3. 폭식장애	4. 이식증
5. 반추장애	6. 회피적/제한적 음식섭취장애

신경성 식욕부진증은 체중이 비정상적으로 저하되어 있음에도 불구하고 체중 증가와 비만에 대한 극심한 두려움을 지니고 있어 음식 섭취를 현저하게 감소시키거나 거부하는 경우다. 이 경우 현저한 체중 저하로 인해 건강에 심각한 문제가 나타남에도 이를 인정하지 않고 음식 섭취를 거부하고, 영양 부족 상태가 심각할 경우 죽음에 이르게 할 수도 있다. DSM-5의 진단 기준으로는, 첫째, 연령과 신장에 비하여 체중을 최소한의 정상 수준이나 그 이상으로 유지하기를 거부한다. 둘째, 저체중임에도 불구하고 체중 증가와 비만에 대한 극심한 두려움이 있다. 셋째, 체중과 체형이 체험되는 방식이 왜곡되고, 체중과 체형이 자기평가에 지나친 영향을 미치며, 현재의 저체중의 심각성을 부인한다. 넷째, 월경이 시작된 여성에 있어서 월경 주기

가 없는 무월경 증상이 적어도 3회 연속적으로 나타난다. 이 다섯 가지 진단 기준을 만족하면서 지난 3개월간 폭식이나 구토 유발 행동이 반복적으로 있는 폭식/구토행동 유형과 지난 3개월간 그러한 행동이 없는 제한적 유형으로 구분된다.

신경성 폭식증은 짧은 시간 내에 많은 양의 음식을 섭취하는 폭식 행동 후 체중 증가를 막기 위해 구토 등의 부적절한 보상 행동이 반복되는 경우다. 이는 체중 증가와 비만에 대한 두려움 증상은 신경성 식욕부진과 비슷하지만, 신경성 식욕부진은 음식 자체를 섭취하는 것을 거부하는 반면 신경성 폭식증은 음식 섭취를 거부하는 것보다는 폭식 후 구토 등의 보상 행동을 통해 섭취한 음식을 신체 밖으로 보내는 것이 특징이다. 이 장애의 진단 기준은, 첫째, 반복적인 폭식 행동이 나타나야 한다. 이러한 폭식 행동은 일정한 시간 동안(예: 2시간 이내) 대부분의 사람이 유사한 상황에서 동일한 시간 동안 먹는 것보다 분명하게 많은 양의 음식을 먹고, 폭식 행동을 하는 동안 먹는 데 대한 조절 능력의 상실감(예: 먹는 것을 멈출 수 없으며, 무엇을 또는 얼마나 많이 먹어야 할 것인지를 조절할 수 없다는 느낌)에 대한 느낌을 특징으로 한다. 둘째, 스스로 유도한 구토, 또는 하제나 이뇨제, 관장약, 기타 약물의 남용, 또는 금식이나 과도한 운동과 같은 체중 증가를 억제하기 위한 반복적이고 부적절한 보상 행동을 한다. 셋째, 폭식과 부적절한 보상 행동 모두 평균적으로 적어도 주 1회 이상 3개월 동안 일어나야 한다. 넷째, 체형과 체중이 자기 평가에 과도한 영향을 미친다.

한편, 폭식장애는 지나친 양의 음식을 섭취하고 조절력이 없는 것처럼 식사를 멈추지 못하는 폭식행위를 나타내고, 신경성 폭식증과는 달리 폭식 후 음식을 토하는 등의 부적절한 보상행동을 나타내지 않는다. DSM-5의 진단 기준으로는, 첫째, 반복적인 폭식행동이 일반 성인이 약 2시간 동안 섭취하는 것보다 많은 양의 음식을 섭취하고 식사를 멈추지 못하거나 지나친 양의 음식을 섭취하는 등 먹는 것에 대한 조절능력에 대한 상실감을 느낀다. 둘째, 폭식행동이 다음 중 3가지 이상과 관련되어야 한다. ① 정상보다 상당히 빨리 식사를 하고, ② 불편한 정도의 포만감을 느낄 때까지 식사를 하고, ③ 배고픈 느낌이 없는데도 많은 양의 음식을 섭취하며, ④ 섭식 행동 후 자신에 대해 혐오감을 느끼고 우울과 죄책감을 가진다. 셋째, 폭식 행동에 대해 심한 심리적 불편감을 가지고, 넷째, 3개월간 적어도 일주일에 1회 이상 폭식행동을 하며, 다섯째, 폭식행동 후 신경성 폭식증에서 보이는 부적절한 제거 행동을 보이지 않는다.

이식증은 1개월 이상 지속적으로 영양분이 없거나 먹을 수 없는 물질(예: 종이, 천, 흙, 머리카락 등)을 먹는 경우를 특징으로 한다. 섭취하는 물질은 나이에 따라 다양하지만, 전형적으로 종이, 헝겊, 머리카락, 끈, 회반죽, 흙, 동물의 배설물, 곤충, 모래 등을 먹는다. 반추장애는 음식을 반복적으로 토해 내거나 되씹는 행동을 1개월 이상 나타내는 경우를 특징으로 한다. 반복적인 음식 역류가 핵심증상으로 위장장애나 뚜렷한 구역질 반응이 없는 상태에서 부분적으로 소화된 음식을 쉽게 토해 내거나 되씹은 후 삼키는 행동을 보인다. 회피적/제한적 음식섭취장애는 6세 이하의 아동이 지속적으로 먹지 않아 1개월 이상 심각한 체중 감소가 나타나는 경우를 특징으로 한다.

12) 수면-각성장애

수면은 낮 동안에 누적된 육체적 피로를 풀어 주고 뇌의 기능을 회복시켜 주며 불쾌한 감정을 정화시키는 기능이 있는 것으로 알려져 있다. 따라서 신체적 및 정신적 건강을 위해서 잠을 잘 자는 것은 매우 중요하다. 수면장애(sleep disorder)는 수면에 곤란이나 이상이 있는 경우로서, DSM-5는 10개의 수면-각성장애의 하위 유형을 포함한다(〈표 3-4〉참조).

표 3-4 수면-각성장애의 하위 유형

1. 불면장애	2. 과다수면장애
3. 기면증	4. 호흡관련 수면장애
5. 일주기 리듬 수면-각성장애	6. 비급속안구운동(NREM) 수면-각성장애
7. 악몽장애	8. 급속안구운동(REM) 수면행동장애
9. 하지불안 증후군	10. 물질/치료약물로 유발된 수면장애

제시된 수면-각성장애를 가진 사람들은 전형적으로 수면의 질과 시간대와 양에 대한 불만족감을 호소한다. 불면장애는 수면을 시작하거나 유지하는 데 어려움을 호소하고 수면의 양 또는 질에 대한 현저한 불만을 호소하는 경우를 특징으로 한다.

수면의 어려움은 사회적 · 직업적 또는 다른 중요한 기능이 손상되거나 현저한 고통을 호소한다. 이러한 불면증의 양상은 잠자리에 들 때 수면을 시작하는 것이 어려운 수면개시 불면증, 밤 시간 동안 자주 깨거나 다시 잠들기 어려워 지속적으로 각성되는 수면유지 불면증, 예상한 기상 시간보다 아침에 일찍 잠에서 깨어 잠을 이루지 못하는 수면종료 불면증으로 나타난다.

기면증은 주간졸림증, 탈력발작, 입면환각과 수면마비 등을 특징으로 하고 과다수면장애는 불면장애와 반대로 과도한 수면으로 인해 일상생활에 어려움을 경험하는 것을 특징으로 한다.

과다수면장애는 주요 수면 시간이 7시간 이상임에도 불구하고 과다수면을 보고하며 다음 중 한 가지 이상의 증상을 호소한다. 첫째, 동일한 날에 반복적인 수면기를 보이거나 혹은 반복적으로 깜박 잠드는 일이 발생한다. 둘째, 하루에 주요 수면 시간이 9시간 이상이지만 피로 해소가 되지 않는다. 셋째, 갑자기 깬 후 완전히 각성 상태를 유지하기 어렵다. 이러한 과다수면이 일주일에 3회 이상 적어도 3개월 이상 지속되어 일상생활에 현저한 고통이나 손상을 동반한다.

호흡관련 수면장애는 수면 중 호흡장애로 인하여 과도한 졸음이나 불면증이 유발되는 경우로서, 폐쇄성 수면무호흡증, 중추성 수면무호흡증, 수면관련 환기저하의 세 가지의 유형으로 분류된다. 특히 이 중 폐쇄성 수면무호흡저호흡증은 수면 도중 기도가 막혀 무호흡 혹은 호흡저하증이 반복적으로 나타나는 경우로서, 지속적인 코골이, 무호흡, 불안한 수면과 야간 발한 등이 주요 증상이다.

일주기 리듬 수면-각성장애는 수면-각성을 조절하는 내적인 신체 리듬의 변화로 인해 과도한 졸음이나 불면이 반복되는 것을 특징으로 한다. 이는 정상적인 수면 구조를 보인다 하더라도 적절하지 않은 시간에 수면-각성이 이루어지는 수면 문제로서, 일상생활에서 현저한 고통을 느끼거나 사회적 · 직업적 기능이 손상되어 나타날 수 있다.

13) 신경발달장애

DSM-5의 신경발달장애는 중추신경계의 손상, 뇌의 발달 지연, 뇌손상과 관련된 것으로 알려진 정신장애를 포함하고 있다. 주로 아동 및 청소년기의 정신장애를 포

표 3-5 신경발달장애의 하위유형

1. 지적장애	2. 의사소통장애
3. 자폐스펙트럼장애	4. 운동장애
5. 특정학습장애	6. 주의력결핍 및 과잉행동장애

함하고 있으며, 하위 유형으로 지적장애, 의사소통장애, 자폐스펙트럼장애, 주의력결핍/과잉행동장애, 특정학습장애, 운동장애가 있다.

(1) 지적장애

지적장애 혹은 지적발달장애는 표준화된 지능검사에서 70 이하의 지능지수(IQ)를 나타내고, 전반적인 지적 능력이 떨어져 학업을 비롯한 일상적인 생활 적응 기능에 현저한 결함이나 장애를 나타낸다. DSM-5에서 지적장애는 지적 기능과 적응적 기능에서의 손상으로 정의하고 있다. 지적 기능은 추리, 문제해결, 계획, 추상적 사고, 판단, 학교에서의 학습 및 경험을 통한 학습을 의미한다. 적응 기능은 가정, 학교, 직장, 지역사회와 같은 다양한 환경에서의 의사소통, 사회적 참여, 독립적인 생활과 같은 일상생활을 영위할 수 있는 능력을 의미한다. 지적장애는 심각도에 따라 4가지 수준인 경도(mild), 중등도(moderate), 중도(severe), 고도(profound) 지적장애로 구분된다.

(2) 의사소통장애

의사소통장애(communication disorder)는 말이나 언어의 사용에 결함이 있는 경우로서, 언어장애, 발화음장애, 아동기-발병 유창성장애, 사회적 의사소통장애의 하위 유형을 포함하고 있다. 언어장애는 어휘의 부족, 문장 구조의 빈곤, 대화능력의 장해를 비롯한 언어 이해나 표현 능력이 손상되어 나이에 비해 언어능력이 현저히 저하된 경우다. 이로 인해 효과적인 의사소통, 사회적 참여, 학업적 성취, 직업적 수행에서 기능적 저하를 초해할 때 진단되며, 초기 아동기에 시작된다. 발화음장애(speech sound disorder)는 연령이나 교육수준에 적합하고 발달적으로 기대되는 언어음을 발음하지 못하거나 생략하는 등의 문제를 나타낸다. 혀짧은 소리를 내는 경우가 가장 흔하며, 이러한 발음문제로 인해 학업적 · 직업적 성취나 사회적 의사소통에 현저한 어려움을 겪게 될 때 진단된다. 아동기 발생 유창성장애는 언어의 유창성에 장해가 있는 경우로서, 주로 말을 더듬는 증상을 나타낸다. 말더듬(stuttering)은 말을 시작할 때 첫음이나 음절을 반복하여 사용하거나 특정한 발음을 길게 하거나 말을 하는 도중에 부적절하게 머뭇거리거나 갑자기 큰 소리로 발음하는 등의 다양한 형태로 나타나며, 초기 아동기에 증상들이 시작된다. 사회적 의사소통장애는 언어적·비언어적 의사소통 기술의 사회적 사용에 지속적인 어려움을 나타내는 경우를 말한다.

(3) 자폐스펙트럼장애

자폐스펙트럼장애는 사회적 상호작용과 의사소통에서 장애를 나타낼 뿐 아니라 제한된 관심과 흥미를 지니며 상동적인 행동을 반복적으로 나타내는 장애를 포함한다. 또한 이 장애는 여러 발달 영역에서 심한 결함이나 광범위한 장애를 나타내는 경우로서, DSM-IV-TR의 자폐증, 아스퍼거 증후군, 소아기 붕괴성장애, 달리 분류되지 않은 전반적 발달장애를 포함하였다. 가장 대표적인 장애는 자폐증이며, 이 외에도 소아기 붕괴성장애, 아스퍼거장애, 기타의 전반적인 발달장애 등이 포함된다. 자폐스펙트럼장애는 핵심적인 두 가지 임상적 특징을 나타내는데, 첫째, 사회적 상호작용과 의사소통 혹은 언어발달의 심각하고 광범위한 결함으로 인해 대인관계에 필요한 눈 맞춤, 얼굴표정, 몸짓 등이 매우 부적절하여 부모나 친구와 친밀한 관계를 형성하지 못하는 것이다. 다른 핵심 특징은 제한된 반복적 행동 패턴으로서 특정한 패턴의 기이한 행동을 똑같이 반복하게 되며 특정한 대상이나 일에 비정상적으로 고집스럽게 집착하는 행동을 나타내는 것이다. DSM-5에서는 이 두 가지 핵심 증상의 심각도에 따라 각각 세 수준으로 자폐스펙트럼 장애가 평가된다.

(4) 운동장애

운동장애(motor disorders)는 개인의 생활연령이나 지능 수준에 비해 기대되는 수준보다 움직임 및 근육운동 조정 기술이 현저하게 미숙한 경우를 뜻한다. 운동장애의 하위 유형으로는 틱장애, 정형적 동작장애, 발달성 운동조절장애가 있다.

틱장애(tic disorder)는 얼굴 근육이나 신체 일부를 갑작스럽게 움직이거나 갑자기 이상한 소리를 내는 등 갑작스럽고 재빨리 일어나는 불수의적인 이상 행동을 반복적으로 나타내는 경우다. 크게 다발성 운동틱과 음성틱이 있으며 나타나는 증상에 따라 투렛장애, 지속성 운동 또는 음성 틱장애, 일과성 틱장애 등이 있다. 즉, 투렛장애는 다발성 운동틱과 한 가지 이상의 음성틱이 1년 이상 지속적으로 나타나는 경우이다. 1년 내 틱이 없는 기간이 3개월 이상 지속되지 않는 틱장애 중 가장 심각한 유형에 속하며, 18세 이전에 발병된다. 지속성 운동 또는 음성 틱장애는 단일 또는 다발성 운동틱 또는 음성틱을 나타내는 경우로, 틱 증상에 따라 운동틱장애 혹은 음성틱장애로 분류된다. 일과성 틱장애는 단일 혹은 다발성 운동틱 또는 음성틱이 일시적으로 나타나는 경우로서, 적어도 4주 이상 거의 매일 하루에 몇 차례씩 증상을 나타내지만 1년 이상 지속되지 않는 경우에 해당된다. 발달성 운동조절장애는 걷기, 앉기 등 운동 근육 발달의 중요한 과제의 현저한 지연, 물건 떨어뜨리기, 공놀이 등 낮은 수준의 스포츠나 글씨 쓰기 등에서 어려움을 나타내는 것을 특징으로 한다. 끝으로, 정형적 동작장애는 특정한 패턴의 행동을 아무런 목적 없이 반복적으로 지속하여 정상적인 적응에 문제를 야기하는 것을 특징으로 한다.

(5) 특정학습장애

학습장애(learning disorder)는 개인의 생활연령, 지능, 나이에 비해서 실제적인 학업 기능이 낮은 경우를 뜻한다. 즉, 정상적인 지능을 갖추고 있고, 심리사회적 배경과 생리적 결함이 없으며 심리적 및 정서적 문제가 없음에도 불구하고 읽기, 쓰기, 산수 등 한 개 이상의 기초학습 영역에서 저조한 수행을 나타내는 것이 특징이다. 학습장애는 결함이 나타나는 학습 기능에 따라서 읽기 손상, 쓰기 손상, 산술 손상으로 구분하며, 증상의 심각도에 따라 세 수준으로 평가된다.

(6) 주의력결핍 및 과잉행동장애

주의력결핍 및 과잉행동장애(attention-deficit and hyperactivity disorder: ADHD)는 일반적으로 어떤 일에 주의를 집중하지 못하고 산만하며, 충동적이고 과잉 행동을 하는 등의 다양한 문제행동을 나타내는 경우다. ADHD의 주요 핵심 증상으로 심한 부주의와 과잉행동–충동성을 포함하고, 이러한 증상들이 12세 이전에 나타날 경우 진단된다. 증상에 따라 주의력결핍형, 과잉행동–충동형, 복합형으로 나뉘며, 증상의 심각도에 따라 세 수준으로 평가되고 있다.

14) 배설장애

대부분의 아동은 4~5세가 되면 대소변을 스스로 조절할 수 있게 되는데, 배설장애(elimination disorder)는 대소변을 조절하는 충분한 나이가 되었음에도 불구하고 조절하지 못하고 옷이나 바닥 등 적절치 못한 곳에 반복적으로 불수의적 혹은 의도적으로 배설하는 경우다. 주로 아동기나 청소년기에 진단되는 장애로서, 하위 유형으로 유뇨증과 유분증이 포함된다.

유뇨증(enuresis)는 배변 훈련이 끝나게 되는 5세 이상의 아동이 신체적인 이상이 없음에도 옷이나 침구에 반복적으로 소변을 보는 것을 특징으로 한다. 부적절하게 소변을 보는 이러한 증상이 연속적으로 3개월 이상 매주 2회 이상 나타날 때 진단된다. 이 장애는 밤에만 나타나는 야간형 유뇨증, 낮에만 나타나는 주간형 유뇨증, 그리고 밤과 낮 구분 없이 나타나는 주야간형 유뇨증이 있다. 유분증(encopresis)은 4세 이상의 아동이 옷이나 마루 등 적절치 않은 곳에 대변을 반복적으로 배설하는 행동이 3개월 이상 매주 1회 이상 나타날 경우 진단된다.

15) 파괴적, 충동통제 및 품행장애

DSM-5에서 파괴적, 충동통제 및 품행장애(disruptive, impulse-control and conduct disorder)라는 범주가 새로이 추가되었다. DSM-IV-TR의 품행장애, 반사회적 장애, 병적 도벽, 병적 방화가 통합되었는데, 그 공통점은 타인의 권익을 침해하고 사회에 갈등과 분열을 조장한다는 것이다. DSM-5는 파괴적, 충동통제 및 품행장애를 정서와 행동의 자기통제에 문제가 있는 장애로 정의하고 있고, 적대적 반항장애, 간헐적 폭발장애, 품행장애, 반사회성 성격장애, 병적 방화, 병적 도벽, 달리 명시된/명시되지 않은 파괴적, 충동조절 및 품행 장애의 일곱 가지 하위 유형을 포함하고 있다. 이들은 모두 문제들이 행동으로 드러나게 되는데, 구체적으로 신체적 · 언어적 공격성을 드러내거나 재산 파괴 등 타인의 권리를 위반하는 행동이거나 사회적 규범 혹은 권한에 위배되는 행동으로 나타난다.

적대적 반항장애(oppositional defiant disorder)는 부모 등 권위적인 어른들에게 화를 내고 짜증을 내는 등 적대적이고 반항적인 행동을 지속적이고 반복적으로 나타

표 3-6 파괴적, 충동통제 및 품행장애의 하위 유형

1. 적대적 반항장애	2. 간헐적 폭발장애
3. 품행장애	4. 반사회성 성격장애
5. 병적 방화	6. 병적 도벽
7. 달리 명시된/명시되지 않은 파괴적, 충동조절 및 품행 장애	

내는 것이 특징이다. 장애가 없는 대부분의 아동도 때때로 적대적이고 공격적인 행동을 어느 정도 나타낼 수 있다. 그러나 지난 6개월 이내에 4개의 반항적 행동이 아동이 속한 또래들에 비해 빈도가 초과되어 지속적으로 나타나 가정이나 학교 등에서 많은 문제가 있으면서 품행장애 기준에 해당되지 않을 경우 적대적 반항장애로 진단된다.

간헐적 폭발장애(intermittent explosive disorder)는 공격적 충동이 조절되지 않아서 가끔씩 심각한 파괴적 행동을 나타내는 경우를 말한다. 이러한 공격적 행동은 주로 가까운 사람들의 사소한 자극이나 혹은 분노 폭발을 일으키지 않을 정도의 작은 심리사회적 스트레스에 의해서 일어난다. 이 장애에서 보이는 공격성은 기본적으로 충동적이고 분노를 기반으로 한다는 특징을 가지고 있으며, 미리 계획되어 나타나는 경우는 드물다. 더 나아가 심각한 공격적 행위 또는 재산이나 기물을 파괴하는 충동을 통제하지 못한 난폭한 행동이 발작적이고 간헐적으로 반복되는 특징이 있다. 폭발 시간은 수 분 혹은 수십 분간 돌발적으로 일어나고 전형적으로 30분 이내로 지속되다 빠르게 소멸된다.

병적 방화(pyromania)는 목적을 가지고 고의로 불을 지르고 싶은 충동이나 행동을 억제할 수 있는 능력이 반복적으로 상실되는 충동조절장애다. 불을 지르기 전에 긴장이나 정서적 흥분을 경험하기도 하고, 불타는 것을 봄으로써 기쁨을 느끼고 안도를 느끼며 강한 황홀감을 느낀다.

병적 도벽(kleptomania)은 남의 물건을 훔치고 싶은 충동을 참지 못해 반복적으로 물건을 훔치는 경우다. 훔치는 행동은 개인적으로 쓸모가 없거나 금전적인 이득을 위한 것이 아님에도 불구하고 훔치려고 하는 충동을 억누르지 못해서 일어난다. 훔치는 행동이 잘못된 것이라는 것을 알고 두려워하기도 한다. 또한 훔치는 행동을 하기 전에 긴장감이 커지고 행동을 한 후에는 긴장감이 줄어들고 쾌감과 만족감을 느낀다. 훔친 물건들은 종종 다른 사람들에게 나누어 주기도 하고 몰래 돌려주기도 하며, 혹은 계속 가지고 있기도 한다.

품행장애(conduct disorder)는 반복적으로 타인의 권리를 침해하고 나이에 맞는 사회적 규범 및 규칙을 위반하는 행동을 나타내는 것이 특징이다. 이들은 사람이나 동물에 대해서 거칠고 잔인하게 대하고, 폭력, 방화, 도둑질, 거짓말, 가출, 무단결석 등 난폭하거나 무책임한 행동을 한다(권석만, 2013; 육기환, 1998). 극단적인 증오와 적대감을 지속적으로 보인다면 적대적 반항장애나 품행장애로 진단하게 된다. DSM 분류 체계에 의하면, 적대적 반항장애보다 더 심하고 진행된 경우 품행장애로 진단하게 된다(강제욱 외, 2012).

16) 신경인지장애

DSM-IV-TR의 섬망, 치매, 기억상실장애 및 기타 인지장애를 통합하여, DSM-5에서는 신경인지장애라는 새로운 진단범주가 포함되었다. 이 장애의 하위유형에는 주요신경인지장애와 경도 신경인지장애, 섬망이 포함된다.

주요신경인지장애(major neurocognitive disorder)는 한 가지 이상의 인지적 영역에서 과거의 수행 수준에 비해 실질적이고 심각한 인지적 기능 저하와 이로 인해 일상생활 영역에서 독립적인 기능이 감소될 때 진단된다. 인지적 영역의 예로는 복합주의, 실행 기능, 학습 및 기억, 지각-운동기능 또는 사회적 인지 등이 있다. 경도 신경인지장애(minor neurocognitive disorder)는 정상적이라고 할 수는 없으나 주요 신경인지장애의 기능 저하보다는 경미한 심각도를 나타낼 때 진단된다. 이 장애는 과거 수행수준에 비해 상당히 인지 기능의 저하가 나타나지만, 이로 인해 일상생활 영역에서 독립적인 기능 감소가 나타나지 않을 때 진단된다. 섬망(delirium)은 단기간에 발생하는 의식장애와 인지 변화를 핵심 증상으로 하는 장애다. 즉, 의식이 혼미해지고 주의집중 및 전환 능력이 현저하게 감소할 뿐만 아니라 기억, 언어, 현실 판단 등의 인지기능에 일시적인 장애가 나타날 때 진단된다.

17) 성격장애

성격장애(personality disorder)는 개인이 속한 사회 및 문화적 기대에서 현저히 벗어난 개인의 내적 경험과 행동 양식을 나타내는 것으로서, 이러한 특징이 인지(예: 자기, 타인, 그리고 사건의 지각과 해석 방식), 정서(예: 정서 반응의 범위, 강도, 가변성, 적절성), 대인관계 기능, 충동 조절 중 2개 이상의 영역에서 나타나야 한다. 이 외에도 DSM-5에 포함된 진단 기준으로는 부적응적인 개인의 행동 양식이 개인 및 사회적 상황 전반에 걸쳐 넓게 퍼져 있고, 적어도 청소년기나 성인 초기에 시작되어 시간이 지나도 변하지 않고 오랜 시간 지속되어 왔으며, 사회, 직업 또는 다른 중요한 기능 영역에서 임상적으로 심각한 고통과 장애를 나타내는 경우가 포함된다. DSM-5는 열 가지 다양한 성격장애 유형을 A, B, C의 3개 군집으로 구분하여 분류하고 있다(〈표 3-7〉 참조).

표 3-7 성격장애의 하위 유형

〈A군 성격장애〉
- 편집성 성격장애(paranoid personality disorder)
- 조현성 성격장애(schizoid personality disorder)
- 조현형 성격장애(schizotypal personality disorder)

〈B군 성격장애〉
- 반사회성 성격장애(antisocial personality disorder)
- 연극성 성격장애(histrionic personality disorder)
- 경계선 성격장애(borderline personality disorder)
- 자기애성 성격장애(narcissistic personality disorder)

〈C군 성격장애〉
- 회피성 성격장애(avoidant personality disorder)
- 의존성 성격장애(dependent personality disorder)
- 강박성 성격장애(obsessive-compulsive personality disorder)

(1) A군 성격장애

A군 성격장애는 사회적으로 고립되어 있고 기이하고 괴상한 행동 특성을 나타내는 성격장애로서, 편집성 성격장애, 조현성 성격장애, 조현형 성격장애가 해당된다.

편집성 성격장애는 장기간 타인의 행동에 대한 의심과 불신을 주된 특징으로 하며 다음의 일곱 가지 증상 중 네 가지 이상의 증상이 다양한 상황에서 나타난다.

① 충분한 근거 없이 타인들이 자신을 착취, 상해하거나 속인다고 의심한다.
② 친구나 동료의 성실성이나 신용에 대한 부당한 의심을 한다.
③ 정보가 자신에게 악의적으로 사용될 것이라는 부당한 공포 때문에 터놓고 얘기하기를 꺼린다.
④ 타인의 말이나 사건 속에서 자신을 비하하거나 위협하는 숨겨진 의미를 찾으려 한다.
⑤ 원한을 오랫동안 풀지 않는다. 예컨대, 자신에 대한 모욕, 손상, 경멸을 용서하지 않는다.
⑥ 타인은 그렇게 생각하지 않지만 자신의 인격이나 명성이 공격당했다고 인식하고 즉시 화를 내거나 반격한다.
⑦ 이유 없이 배우자나 성적 상대자의 정절에 대해 반복적으로 의심한다.

조현성 성격장애는 사회적 관계 형성에 관심이 없고 제한된 정서 표현 특성이 성인 초기부터 생활 전반에 걸쳐 광범위하게 나타난다. 다음의 특성 중 네 가지 이상의 항목을 충족해야 한다.

① 가족의 일원이 되는 것을 포함하여 친밀한 관계를 원하지도 않는다.
② 거의 항상 혼자서 하는 활동을 선택한다.
③ 다른 사람과 성 경험을 갖는 일에 거의 흥미가 없다.
④ 만약 있다 하더라도 소수의 활동에서만 즐거움을 얻는다.
⑤ 직계가족 이외에는 가까운 친구나 마음을 털어놓는 친구가 없다.
⑥ 타인의 칭찬이나 비평에 무관심해 보인다.
⑦ 정서적인 냉담, 이탈 또는 단조로운 정동을 보인다.

조현형 성격장애는 사회성 및 대인관계 결핍과 같은 조현성 성격장애와 유사한 특징을 나타내지만, 인지 또는 지각적 왜곡과 기이한 행동을 나타낸다는 점에서는 차이가 있다. 즉, 조현형 성격장애는 사회적으로 고립되어 있고, 기이한 생각이나 행동을 나타냄으로써 사회적 부적응을 초래하는 경우다. 초기 성인기에 시작되어 다양한 상황에서 다음 중 다섯 가지 이상의 항목이 나타날 때 진단된다.

① 관계망상과 유사한 사고(분명한 관계망상은 제외)
② 행동에 영향을 미치는 괴이한 믿음이나 마술적 사고(예: 미신, 천리안에 대한 믿음, 텔레파시나 육감, 아동이나 청소년의 경우 기괴한 환상이나 집착)
③ 유별난 지각 경험, 신체적 착각 포함
④ 괴이한 사고와 언어(예: 모호한, 우회적, 은유적, 지나치게 자세한 묘사 또는 상동증적인 사고와 언어)
⑤ 의심 또는 편집증적 사고
⑥ 부적절하거나 억눌린 행동
⑦ 괴이하거나, 엉뚱하거나, 특이한 행동 또는 외모
⑧ 직계가족 외에는 가까운 친구나 마음을 털어놓을 수 있는 사람이 없다.
⑨ 친밀해져도 줄어들지 않는 과도한 사회적 불안이 자신에 대한 부정적인 판단 때문이라기보다는 편집증적인 두려움과 연관되는 경향이 있다.

(2) B군 성격장애

B군 성격장애는 극적이고 감정적이며 변화가 많은 행동 특성을 나타내는 성격장애로서, 반사회성 성격장애, 연극성 성격장애, 경계선 성격장애, 자기애성 성격장애가 포함된다.

반사회성 성격장애는 사회적 규범이나 법을 무시하고 무책임하고 폭력적인 행동을 반복적으로 나타내어 사회 부적응을 초래하는 경우다. 만 15세 이전에 발생한 품행장애의 증거가 있고, 적어도 만 18세 이상이어야 한다. 다음에 제시된 타인의 권리 무시 또는 침해의 행동 양식들 중 세 가지 이상의 항목이 충족될 때 진단된다.

① 합법적 행동에 관한 사회규범을 지키지 못하고, 구속당할 수 있는 행동이 반복

적으로 나타난다.

② 개인의 이익이나 즐거움을 위한 반복적 거짓말, 가명 사용, 속임수와 같은 사기 행각

③ 충동성 또는 사전 계획을 못한다.

④ 자극 과민성과 공격성, 빈번한 신체적 싸움이나 폭력으로 드러난다.

⑤ 자신이나 타인의 안전을 무시하는 무모성

⑥ 지속적 무책임성이 일정한 직업을 갖지 못하거나 재정적 책무를 다하지 못하는 행동으로 나타난다.

⑦ 자책의 결여가 상해, 학대, 절도 행위를 하고도 무관심하거나 합리화하는 양상으로 드러난다.

연극성 성격장애는 타인의 관심과 애정을 끌기 위한 과도한 노력과 감정 표현이 주요 특징이다. 이러한 특징들이 생활 전반에 걸쳐 나타나며, 다음 중 다섯 가지 이상의 항목이 나타날 때 진단된다.

① 자신이 관심의 초점이 되지 못하는 상황에서는 불편감을 느낀다.

② 타인과의 상호작용이 흔히 부적절하게 성적으로 유혹적이거나 자극적인 행동과 같은 특징으로 나타난다.

③ 빠른 감정 변화가 나타나고, 감정 표현이 피상적이다.

④ 자신에게 관심을 끌기 위해 지속적으로 육체적 외모를 사용한다.

⑤ 지나치게 인상적으로 말하면서도 내용은 없는 대화 양식을 갖고 있다.

⑥ 자기 연극화, 연극조 그리고 과장된 감정 표현을 한다.

⑦ 피암시성이 높다(예: 타인 또는 환경에 의해 쉽게 영향을 받음).

⑧ 대인관계를 실제보다 더 친밀한 것으로 생각한다.

경계선 성격장애는 신경증과 정신증적 양상을 모두 보이며, 기분, 대인관계, 자기상, 정동에서의 불안정성과 심한 충동성이 특징이다. 이 장애를 가진 이들이 가장 두려워하는 것은 버림받는 것이며, 이러한 상황이 예상되면 사고, 감정, 행동에 심한 동요가 일어난다. 다음 중 다섯 가지 이상의 항목이 충족될 때 진단된다.

① 실제적 또는 가상적 유기를 피하기 위한 필사적인 노력
② 극단적 이상화와 평가절하 사이를 오가는 특징으로 드러나는 불안정하고 강한 대인관계 패턴
③ 정체감장애: 자기상이나 자기지각의 불안정성이 심하고 지속적이다.
④ 자신에게 손상을 줄 수 있는 충동성이 적어도 두 가지 영역에서 나타난다(예: 낭비, 성관계, 물질남용, 무모한 운전, 폭식).
⑤ 반복적인 자살 행동, 자살 시늉, 자살 위협 또는 자해 행위
⑥ 현저한 기분 변화에 따른 정서의 불안정성(예: 강한 일화성 불쾌감, 자극 과민성, 또는 불안이 보통 몇 시간 정도 지속되고 며칠 이상 지속되는 경우가 매우 드물게 나타남).
⑦ 만성적 공허감
⑧ 부적절하고 심한 분노를 느끼거나 분노를 조절하기 어렵다(예: 자주 울화통을 터뜨림, 지속적인 분노, 반복되는 몸싸움)
⑨ 스트레스와 관련된 망상적 사고와 심한 해리 증상을 일시적으로 나타낸다.

자기애성 성격장애는 자신에 대한 과대평가로 인해 자신이 매우 중요하고 특별한 사람이라는 고양된 자신감을 지니고 타인을 무시하며 자기중심적인 행동을 하는 특징을 가진다. 지나치게 과장된 자존감, 칭찬에 대한 욕구, 감정이입의 결여가 생활 전반에 걸쳐 광범위하게 나타나며, 다음 중 다섯 가지 이상의 항목이 나타날 때 진단된다.

① 자신의 중요성에 대한 과장된 지각을 갖고 있다(예: 자신의 성취나 재능을 과장함, 뒷받침할 만한 성취도 없으면서 최고로 인정되기를 기대함).
② 끝이 없는 성공에 대한 공상과 권력, 탁월함, 아름다움, 또는 이상적인 사랑에 대한 공상에 자주 사로잡힌다.
③ 자신이 특별하고 독특한 존재라고 믿으며, 특별하거나 상류층의 사람들만이 자신을 이해할 수 있고 또한 그런 자신이 사람들(혹은 기관)하고만 어울려야 한다고 믿는다.
④ 과도한 찬사를 요구한다.

⑤ 특권의식을 가진다. 예를 들면, 특별 대우를 받을 만한 이유가 없는데도 특별 대우나 복종을 바라는 불합리한 기대감을 가진다.
⑥ 대인관계가 착취적이다. 예를 들면, 자기 자신의 목적을 달성하기 위해 타인들을 이용한다.
⑦ 감정이입 능력이 결여되어 있다. 타인의 감정이나 요구를 인정하거나 확인하려 하지 않는다.
⑧ 자주 타인을 질투하거나 타인이 자신에 대해 질투하고 있다고 믿는다.
⑨ 거만하고 방자한 행동이나 태도를 보인다.

(3) C군 성격장애

C군 성격장애는 불안하고 두려움을 지속적으로 경험하는 특성을 나타내는 성격장애로서, 회피성 성격장애, 의존성 성격장애, 강박성 성격장애가 이에 속한다.

회피성 성격장애는 타인과 친밀하고 안전한 관계를 맺기를 원하지만 거절에 대한 불안과 두려움 때문에 대인관계를 회피함으로써 적응에 어려움을 나타내는 경우다. 사회 활동의 제한, 부적절감, 부정적 평가에 대한 과민성이 다양한 상황에서 나타나며, 다음 중 네 가지 이상의 항목을 나타낼 때 진단된다.

① 비난, 꾸중 또는 거절이 두려워서 대인관계가 요구되는 직업 활동을 회피한다.
② 호감을 주고 있다고 확신이 서지 않으면 상대방과의 만남을 피한다.
③ 창피와 조롱을 당할까 두려워서 친밀한 관계를 제한한다.
④ 사회적 상황에서 비난이나 버림받을 것이라는 생각에 사로잡혀 있다.
⑤ 자신이 부적절하다고 느끼기 때문에 새로운 사람과 만날 때 위축된다.
⑥ 스스로를 사회적으로 무능하고, 개인적인 매력이 없으며, 열등하다고 생각한다.
⑦ 쩔쩔매는 모습을 들킬까 두려워서 새로운 일이나 활동을 시작하기 꺼린다.

의존성 성격장애는 보살핌을 받고자 하는 욕구가 크고 다른 사람에게 지나치게 의존하거나 복종하는 행동이 생활 전반의 다양한 상황에서 나타나는 것이 특징이다. 복종적이고 매달리는 행동과 이별의 두려움으로 이어지는 보호받고 싶어 하는 특성을 나타내는 다음의 증상들 중 다섯 가지 이상의 항목을 나타낼 때 진단된다.

① 타인의 많은 충고와 보장이 없이는 일상적인 일도 결정을 내리지 못한다.
② 자기 인생의 매우 중요한 영역까지도 떠맡길 수 있는 타인을 필요로 한다.
③ 지지와 칭찬을 상실하는 것에 대한 두려움 때문에 타인, 특히 의지하고 있는 사람에게 반대 의견을 말하기가 어렵다.
④ 자신의 일을 혼자 시작하거나 수행하기가 어렵다(동기나 활력이 부족해서라기보다는 판단과 능력에 대한 자신감이 부족하기 때문이다).
⑤ 타인의 보살핌과 지지를 얻기 위해 무슨 행동이든 할 수 있다. 심지어는 불쾌한 일도 그 행동을 하여 보호만 얻어 낼 수 있다면 자원해서 한다.
⑥ 혼자 있으면 불편하고 무기력해지는데, 그 이유는 혼자서 해 나가다가 잘못될 것 같은 심한 두려움을 느끼기 때문이다.
⑦ 친밀한 관계가 끝났을 때 필요한 지지와 보호를 얻기 위해 또 다른 사람을 즉시 찾는다.
⑧ 스스로를 돌봐야 하는 상황에 처하게 되는 것에 대한 두려움에 비현실적으로 집착한다.

강박성 성격장애는 감정의 억제와 질서의 준수, 인내심과 고집스러움, 우유부단함, 완벽주의와 경직성이 특징이다. 이러한 특징으로 인해 효율적으로 일을 처리하지 못하고 자신과 주변 사람들을 고통스럽게 하는 경우가 많다. 다음의 증상들 중 네 가지 이상의 항목을 충족할 때 진단된다.

① 사소한 세부 사항, 규칙, 목록, 순서, 시간 계획이나 형식에 집착하여 일의 큰 흐름을 잃게 된다.
② 일의 완수를 방해하는 완벽주의를 보인다(예: 지나치게 엄격한 자신의 기준에 맞지 않기 때문에 계획을 완수할 수 없다).
③ 여가 활동과 우정을 나눌 시간도 희생하고 지나치게 일과 생산성에만 몰두한다(분명하게 경제적 필요성 때문이 아니다).
④ 도덕, 윤리 또는 가치 문제에서 지나치게 양심적이고 고지식하며 융통성이 없다(문화적 또는 종교적 배경에 의해서 설명되지 않음).
⑤ 닳아빠지고 무가치한 물건을 감상적인 가치조차 없을 때라도 버리지 못한다.

⑥ 타인이 자신의 방식을 그대로 따르지 않으면 타인에게 일을 맡기거나 같이 일하기를 꺼린다.
⑦ 자신과 타인 모두에게 인색하다. 돈은 미래의 재난에 대비해서 저축해 두어야 하는 것으로 생각한다.
⑧ 경직성과 완고함을 보인다.

18) 기타 정신장애

지금까지 소개된 정신장애 외에 임상적으로 중요성이 떨어지는 4개 범주의 정신장애, 즉 적응장애, 허위성장애, 다른 곳에 분류되지 않는 일반적인 의학적 상태로 인한 정신장애(이하 일반적인 의학적 상태로 인한 정신장애), 임상적 관심이 필요한 기타 정신장애가 있다.

일반적인 의학적 상태로 인한 정신장애(mental disorders due to a general medical condition)는 다양한 신체적 질병으로 인해 유발될 수 있는 정신장애 및 성격 변화를 포함한다. 세 가지 하위 유형으로는 일반적인 의학적 상태로 인한 긴장형장애, 일반적인 의학적 상태로 인한 성격 변화, 일반적인 의학적 상태로 인한 달리 분류되지 않는 정신장애가 있다.

끝으로, 임상적 관심이 필요한 기타 정신장애(additional conditions that may be a focus of clinical attention)는 다른 정신장애 범주에 포함되지는 않지만 임상적 관심과 보살핌이 필요한 다양한 심리적 문제가 포함된다(권석만, 2010). 치료 불순종, 꾀병, 사별 반응 등 다양한 문제가 포함되었다.

4. 상담의 적용

상담의 주요 기능은 전문적 지식을 활용하여 다양한 심리적 증상 및 장애를 나타내는 내담자를 도와주는 것이다. 다양한 정신장애 유형과 분류 등 이상심리에 관한 지식은 상담자의 전문성을 확보하기 위해 갖추어야 할 기본 지식이라 할 수 있다. 여기에서는 이상심리에 관한 지식이 상담 장면에서 어떻게 적용되고 활용될 수 있는지에 대해 소개하고자 한다.

첫째, 이상심리는 심리 및 정신 장애를 이해하고 치료하는 학문이다. 이상심리의 일차적 기능은 인간을 불행하게 만들고 부적응 상태에 빠지게 하는 다양한 행동을 관찰하고 발견하는 것이다. 우리가 상담 장면에서 만나는 내담자들도 대부분은 심리적 고통을 경험하고 이를 해결하기 위해 상담 전문가를 찾는다. 상담자로서 내담자의 문제 및 고통을 해결해 주기 위해 요구되는 능력 중 내담자의 심리적 증상과 장애가 구체적으로 어떤 유형인지 파악하는 능력과 증상 및 장애의 발생 원인과 배경 등을 포함한 내담자 문제의 전반적인 이해 능력은 매우 중요하다.

둘째, 내담자의 문제를 도와주기 위해서 상담자뿐 아니라 다른 분야의 전문가들과의 협력이 필요한 경우가 많다. 전문가들 간의 협력적 관계를 위해서 원활한 의사소통과 상호 협조적 노력이 요구된다. 예를 들어, 상담자는 내담자 문제의 파악을 위해서 심리평가를 실시해야 할 필요가 있다. 이때 심리평가 실시를 의뢰받은 임상심리학자는 평가 결과를 상담자에게 알리는 등 내담자 정보를 공유해야 하는데 정신장애 분류 및 유형에 관해 알고 있어야 서로 원활한 의사소통이 가능할 것이다. 즉, 심리 및 상담 혹은 관련 분야 전문가들과의 협조적 치료관계를 맺고 유지하기 위해서는 정신장애에 관한 분류 및 유형에 관한 지식을 갖추는 것이 매우 중요하다.

요약

이 장은 심리학의 주요 영역 중 하나인 이상심리에 관한 주요 내용을 포함하고 있다. 즉, 이상심리의 연구 대상인 정신장애의 정의, 발생 원인, 정신장애 유형의 분류 및 분류 방법, 그리고 DSM에 의해 분류·제시된 다양한 정신장애 유형에 대해서 살펴보았다.

정신장애를 정의하는 것은 쉽지 않지만, DSM에서는 개인에게 발생하고 있는 임상적으로 중요한 행동적·심리적 증후군이나 양상으로 심리적 증상 및 행동이 개인의 사회, 직업 및 여러 주요 영역에서 부적응적일 때 정신장애로 진단하고 있다.

한편, 다양한 이론적 접근은 정신장애의 발생 원인에 대한 설명을 제공한다. 크게 신체적 원인론, 심리적 원인론 그리고 통합적 원인론으로 나누어 볼 수 있다. 신체적 원인론은 인간의 정신장애를 신체적 혹은 생물학적 측면에서 설명하려는 접근 방법으로서, 생물학적 접근 방법이 해당된다. 이에 반해 심리적 원인론은 정신장애 전반에 대해 심리학적으로 이해하고 설명하려는 접근 방법으로서, 정신분석학적 접근, 인본주의적 접근, 인지주의 접근, 행동적 접근 등이 포함된다. 통합적 원인론은 신체적 원인론과 심리적 원인론을 통합하여 설명함으로써 인간의 정신장애를 이해하고자 하는 접근 방법이다.

끝으로, 인간의 정신장애는 매우 다양하고 개인마다 독특한 형태를 지닌다. 이처럼 다양하고 복잡한 정신장애를 이해하기 쉽게 일목요연하게 단순한 형태로 정리하는 과정을 분류라 한다. 분류는 범주적 분류와 차원적 분류로 나눌 수 있다. 현재 국제적으로 통용되고 있는 정신장애 분류 체계는 DSM-5와 ICD-11이 있다. 이 장에서는 DSM-5에 포함되어 있는 20개의 정신장애 범주를 설명하였다.

생각해 볼 문제

1. 다음의 K씨의 사례에 적용될 수 있는 정신장애는?

> 매사에 잔걱정이 많은 40대 회사원인 K씨는 요즘 자신의 신체적 건강에 대한 과도한 걱정과 불안감으로 인해 업무에 집중할 수가 없다. 3개월 전 상사와 심한 말다툼을 하고 기분이 몹시 상하여 폭음을 하고 집에 들어와 잠자리에 들었을 때 자신의 심장이 평소와 달리 매우 강하고 불규칙적으로 뛰고 있음을 지각하였다. 자신의 심장 박동에 주의를 기울여 보니 심장이 점점 더 강하고 불규칙하게 뛰었으며 가슴에 뻐근한 증상이 느껴져 심장마비 증세로 생각되었다. 극도로 불안해진 K씨는 가족을 깨워 119 구급차를 불러 병원응급실로 달려갔다. 신체검사 결과, 심장에는 특별한 이상이 없다는 것을 확인하고 다소 불안이 가라앉았다. 그러나 그 후 거의 매일 밤 심장 박동이 비정상적으로 느껴져서 잠들기가 어려우며 회사에서도 가끔씩 심장에 이상감각이 느껴져서 불안하였다. 며칠 전에는 집으로 돌아가는 버스 안에서 호흡이 곤란해지고 심장에 통증을 느끼게 되었으며 이러다가 죽는 것이 아닌지 하는 극심한 불안을 경험하였다. 그 후로 K씨는 여러 병원을 방문하여 신체검사를 하였으나 특별한 이상소견이 발견되지 않았다.
>
> (권석만, 2010, p. 176에서 발췌)

① 외상후 스트레스 장애
② 수면장애
③ 해리장애
④ 공황장애
⑤ 적응장애

2. 다음은 성격장애 중 한 유형을 설명한 것이다. 성격장애 유형과 군집이 옳게 제시된 것은?

> • 신경증과 정신증적 양상을 모두 보인다.
> • 기분, 대인관계, 자기상, 정서의 불안정성과 심한 충동성이 주요 특징이다.
> • 버림받는 것에 대한 강한 두려움이 있다.

① 자기애성 성격장애-A군 성격장애
② 경계선 성격장애-B군 성격장애
③ 분열형 성격장애-C군 성격장애
④ 히스테리성 성격장애-C군 성격장애
⑤ 편집성 성격장애-A군 성격장애

3. 지적장애에 관한 설명으로 옳지 않은 것은?

① 표준화된 지능검사에서 IQ 70 이하일 때 진단될 수 있다.
② 일상생활 기능에 현저한 결함을 나타낸다.
③ DSM-5에 의하면 지적장애는 지적기능과 적응적 기능에서의 손상으로 정의된다.
④ IQ 50~55에서 70까지는 중도 지적장애에 해당된다.
⑤ 심각도에 따라 경도(mild), 중등도(moderate), 중도(severe), 고도(profound)로 구분된다.

4. 다음 신경발달장애에 관한 설명으로 옳지 않은 것은?

① 주의력결핍 및 과잉행동장애로 진단되기 위해서는 만 6세 이전에 임상적 증상이 나타나야 한다.
② 학습장애는 개인의 생활연령, 지능, 나이에 비해 실제적인 학업 기능이 낮은 것을 특징으로 한다.
③ 자폐스펙트럼장애는 DSM-IV-TR의 자폐증, 아스퍼거 증후군, 소아기 붕괴성장애, 달리 분류되지 않은 전반적 발달장애를 포함한다.
④ 자폐스펙트럼장애의 증상 발현이 3세 이전에서 '초기 아동기'로 변경되었다.
⑤ 틱장애는 운동장애의 하위 진단 범주로 변경되었다.

정답 1. ④ 2. ② 3. ④ 4. ①

참고문헌

강제욱, 박은진, 김성찬, 신의진, 신윤미, 정재석, 천근아, 육기환(2012). 주의력 결핍 과잉행동장애에서 파탄적 행동장애의 공존과 약물치료. 소아청소년정신의학, 23, s55-s65.

고진경(2013). DSM-5의 변화와 문제에 대한 개관. 한국심리치료학회지, 5(2), 1-11.

권석만(2010). 현대이상심리학. 서울: 학지사.

권석만(2013). 현대이상심리학(제2판). 서울: 학지사.

김중술, 원호택 공역(1995). 임상심리학. 서울: 법문사.

안창일, 고영건, 김지혜, 김진영, 박경, 서혜희, 안귀여루, 오상우, 육성필, 이경희, 이명선, 이은영, 이임순, 이현수, 이형초, 정진복, 조선미(2008). 이상심리학. 서울: 학지사.

이장호, 정남운, 조성호(1999). 상담심리학의 기초. 서울: 학문사.

차훈진(2014). 정신장애 진단 및 통계편람(DSM)의 변화과정 고찰. 한국범죄심리연구, 10(3), 129-144.

청소년대화의 광장(1997). 청소년 이상 행동. 서울: 청소년대화의 광장.

최정윤, 박경, 서혜희(2010). 이상심리학(제9판). 서울: 학지사.

American Psychiatric Association. (1994). *Diagnostic and statistical manual of mental disorders-4th edition (DSM-IV)*. Washington, DC: Author.

Bateson, G., Jackson, D. D., Haley, J., & Weakland, J. (1956). Toward a theory of schizophrenia. *Behavioral Science, 1*, 251-264.

Butcher, J. M., Mineka, S., & Hooley, J. M. (2010). *Abnormal psychology* (14th ed.). New York: Allyn & Bacon.

Carlsson, A., & Lindquist, M. (1963). Effect of chlorpromazine or haloperidol on the formation of 3-methoxy tyramine and normetanephrine in mouse brain. *Acta Pharmacologica et Toxicologica, 20,* 140-144.

Comer, R. J.(2014). 이상심리학 (*Fundamentals of Abnormal Psychology*). (오경자, 정경미, 송현주, 양윤란, 송원영, 김현수 공역) 서울: 시그마프레스. (원저는 2013년에 출판).

Oltmans, T. F., & Emery, R. E. (2001). *Abnormal psychology*. New Jersey: Prentice-Hall.

Zubin, J. (1977). Tests, construction and methodology. In R. E. Harris, J. G. Miller, G. A. Muench, L. J. Stone, H. L. Teuber, & J. Zubin (Eds.), *Recent advances in diagnostic psychological testing*. Springfield, IL: Charles C. Thomas.

Zubin, J., & Spring, B. (1977). Vulnerability: A new view off schizophrenia. *Journal of Abnormal Psychology, 86*, 103-126.

제4장

진로상담

ADOLESCENT COUNSELIN

이 장에서는 청소년 진로상담의 기초적 개념과 청소년 진로상담의 필요성 및 목표에 대해 살펴볼 것이다. 또한 청소년 진로상담 시 상담자가 알아야 할 기초적 진로발달 이론과 전반적인 진로상담과정을 살펴볼 것이다. 아울러 청소년 진로상담 현장에서의 적용이라는 측면에서 심리검사에 대한 간략한 이해, 진로 정보의 중요성 그리고 사이버상담에 관해 소개하고자 한다.

학습목표

1. 진로상담의 개념 및 필요성을 이해하고 설명할 수 있다.
2. 청소년 진로상담의 목표를 이해하고 설명할 수 있다.
3. 청소년 진로상담이론들을 이해하고 설명할 수 있다.
4. 진로상담의 과정에서 심리검사, 진로 정보, 사이버상담 등을 적절히 활용할 수 있다.

DOLESCENT COUNSELING

1. 진로상담의 개요

진로 및 진로상담의 정의와 주요 개념들을 살펴보고, 청소년 진로상담이 왜 필요하며 그 특성은 무엇인지 살펴보자.

1) 개념의 이해

진로상담과 관련된 용어는 대상 및 적용 장면에 따라 다양하게 사용되고 있다. 청소년 진로상담을 이해하는 데 필요한 몇 가지 주요 용어는 진로, 직업, 진로상담, 진로지도, 진로교육, 진학상담, 경력개발 등이 있을 수 있는데, 각각의 의미는 다음과 같다(김봉환, 정철영, 김병석, 2006; 이제경, 2017a).

첫째, **진로**(career)라는 말은 한 개인이 생애 동안 일과 관련해서 경험하고 거쳐 가는 모든 체험으로서(김계현, 1995), 일을 통해 무엇인가를 축적해 놓은 직업적 경력을 의미한다. 이는 과거뿐 아니라 앞으로 생애의 모든 단계에서 쌓아 가야 할 '행로'라는 미래 지향적 용어를 의미한다.

둘째, **직업**(vocation)은 보수를 받는 것을 전제로 한 일을 말하는데, 개인이 계속적으로 수행하는 경제 및 사회 활동의 종류로서 매일 · 매주 · 매월 주기적으로 행하고 있는 경우다.

셋째, **진로발달**(career development)은 청소년 진로지도의 목표 중 하나로서 각 개인이 자기가 설정한 진로 목표에 접근해 가고 그 목표를 달성해 가는 과정을 의미한다.

넷째, **진로상담**(career counseling)은 개인의 진로발달을 촉진시키거나 진로 계획, 진로 · 직업의 선택과 결정, 실천, 직업 적응, 진로 변경 등의 과정을 돕기 위한 활동으로 "상담자와 내담자가 서로 만나 대화를 통해 이루어지는 상호작용"(Swanson, 1995) 혹은 "일이나 직업과 관련된 내용에 초점을 두거나 직업인으로서의 역할이 다른 역할들과 어떻게 상호작용하는지를 중심으로 생애 진로의 발달과정상에 있는 개인을 도와주는 과정"(NCDA, 1997)을 의미한다. 또한 우리나라 「진로교육법」(2015.

12. 23. 공포)에서는 진로상담을 "학생들에게 진로정보를 제공하고 진로에 관한 조언과 지도 등을 하는 활동(온라인으로 하는 활동을 포함)"이라 정의하고 있다.

다섯째, **진로지도**(career guidance)는 사람들이 활동하는 생애 동안 그들의 진로발달을 자극하고 촉진하기 위해서 전문 상담자나 교사 등과 같은 전문인이 여러 다양한 장면에서 수행하는 활동들로서 진로 계획, 의사결정, 적응 문제 등을 조력하는 것을 의미한다.

여섯째, **진로교육**(career education)이란 국가 및 지방자치단체 등이 학생에게 자신의 소질과 적성을 바탕으로 직업 세계를 이해하고 자신의 진로를 탐색·설계할 수 있도록 학교와 지역사회의 협력을 통하여 진로 수업, 진로 심리검사, 진로상담, 진로정보 제공, 진로 체험, 취업 지원 등을 제공하는 활동을 말한다(이제경, 2017a).

일곱째, **진학상담**(admission counseling)이다. '진학'이란 교육과정을 이수하고 더 배우기 위하여 상급학교에 입학하기 위한 일체의 준비 행위를 말하며, '진학상담'이란 상급학교에 입학하여 학문적 성취와 직업적 기능을 고양시킬 수 있도록 조력하는 활동으로 정보수집, 준비 행동의 지도와 독려, 의사결정조력 등이 포함된다(김봉환 외, 2013).

여덟째, **경력 개발**(career developing)이란 한 개인의 전 생애에 걸쳐 일의 성질과 의미에 영향을 미치는 심리적·사회적·교육적·경제적 요소를 모두 포함하는 활동을 의미한다(Super & Hall, 1978). 영어의 'career development'는 청소년 및 대학생을 대상으로 한 영역에서는 '진로발달'로 번역되어 왔으나, 성인 대상의 영역에서는 '경력 개발'로 번역되는 경우가 더 많으며, 보다 능동적이고 적극적으로 자신의 일과 관련된 계획을 하고 이를 실천하는 행위를 의미한다(이제경, 2007).

「청소년보호법」에 따르면 청소년이란 만 19세 미만인 자를 말한다. 따라서 청소년 진로상담이라고 할 때는 학교 안과 밖의 모든 청소년을 대상으로 하여야 한다. 청소년 진로상담을 주로 학교에서 교사를 중심으로 행해지는 진학 위주의 상담으로만 이해하고 적용하는 것은 좁은 의미의 해석이 될 것이다. 이에 청소년 진로상담에서는 청소년이 자신과 세상의 연결고리로서 일에 대한 인식을 성숙하게 하고 자신의 미래를 잘 준비해 나가도록 도와야 할 것이다.

2) 진로상담의 필요성

진로상담의 대가인 Savickas는 그간 우리가 안정적인 조직에서 진로를 개발(develop)해 왔다면 디지털 혁명 이후 우리는 각자의 진로를 잘 관리(manage)해야 하고, 경력 관리의 책임이 조직에서 개인으로 옮겨지면서 개인이 어떻게 생애 동안 일자리 변화에 잘 대처해야 할지에 대한 새로운 질문을 갖게 된다고 하였다(Savickas, 2010). 이렇듯 21세기의 진로 변화는 현장에서의 진로상담 및 진로교육이 어떻게 이루어져야 하는가에 대한 새로운 요구를 하고 있다. 이러한 요구는 청소년의 진로상담에서도 당연히 적용되어야 할 것이다.

많은 진로발달 이론가는 관심의 초점을 청소년기에 둔다. 왜냐하면 청소년기에 진로 선택을 위한 교육적 수행이 이루어지기 때문이다. 생애단계 이론가들은 진로 선택과정에서 개인에게 중요한 발달 과업을 확인하는 데 도움을 준다(Sharf, 2008). 특히 우리나라의 청소년은 그간 치열한 입시 스트레스 속에서 전 생애적 관점에서 삶의 가장 핵심적 주제라고 할 수 있는 진로에 대한 고민으로부터 소외되어 있었다. 입시 위주의 학업과 진학 중심의 진로교육에서는 학업이나 진학이 '내가 어떻게 살아야 할 것인가' 혹은 '내 삶 속에서 일이 주는 의미는 무엇인가'와 같은 진정한 진로교육의 주제와 분리되어 있었기 때문이다.

우리나라 청소년의 대표적인 고민은 주로 진로와 성적이 1, 2위를 차지하고 있다. 사실 이러한 경향은 많은 대학생을 대상으로 한 연구 결과에서도 크게 다르지 않다. 대학생 역시 여전히 구체적 진로 대안이 없거나, 전공과 적성의 불일치, 취업 걱정, 직업 선택 및 구직 방법, 진로 결정에 대한 부모와의 갈등, 진로 계획 실천의 어려움 등(이제경, 선혜연, 김선경, 2012)으로 고민하고 있다. 즉, 대학 진학을 했음에도 불구하고 진로 문제는 사라지는 것이 아니라 구체적인 내용과 의미가 달라졌을 뿐이다. 따라서 우리는 청소년 진로상담을 이해하는 과정에서 대학 진학 위주의 접근이나 대학 진학 후 취업을 목표로 하는 단기적 관점에서 이제는 벗어나야 할 것이다. 지난 2015년 공포된「진로교육법」에서는 "학생에게 다양한 진로교육 기회를 제공함으로써 변화하는 직업 세계에 능동적으로 대처하고 학생의 소질과 적성을 최대한 실현하여 국민의 행복한 삶과 경제 사회 발전에 기여함을 목적으로 한다."라고 밝힘으로써 그 중요성을 강조하고 있다.

지금까지 청소년 상담에서 진로와 관련된 문제를 다루고 지도하는 것이 왜 중요한지 살펴보았다. 그렇다면 청소년 진로상담은 왜 하는가를 살펴봄으로써 진로상담의 목적을 이해하고, 그래서 어떻게 해야 하는가에 대한 답으로서 진로상담의 목표를 살펴보고자 한다.

3) 진로상담 및 진로지도의 목표

모든 상담에서 그렇듯이 상담의 목표를 명확히 이해하는 것은 상담의 성과를 무엇으로 볼 것인가를 이해하는 데 매우 중요하다. 마찬가지로 교사 및 전문 상담자 역시 청소년 진로상담을 할 때 진로지도 및 상담을 하는 이유와 궁극적으로 지향하는 목표가 무엇인지에 대한 인식이 필요하다. 또한 상담 장면에서는 학생과 상담자 간의 상담 목표에 대한 합의와 명확한 이해가 우선되어야 할 것이다. 따라서 여기서는 청소년을 대상으로 한 진로상담 및 지도의 목표가 무엇인지를 살펴보고자 한다.

Sharf(2008)는 진로상담의 주요 목표를 두 가지로 보았는데, 하나는 직업 선택이고 다른 하나는 직업 적응이다. 즉, 진로 선택이 보통 14세 이전에 이루어지는 것으로 언급되나 대부분은 고등학교, 대학교 과정 중에 이루어진다는 것이다. 이는 우리나라 청소년의 경우도 마찬가지로, 초등학교와 중학교에서는 특별히 진로나 직업 선택이 이루어진다고 볼 수는 없다. 그렇기 때문에 초등학교와 중학교 청소년의 경우는 진로 문제의 중요성을 인식하지 못하고 진학이나 학업 문제에 더 큰 비중을 두게 된다. 이러한 특성은 직업 적응은 직업 선택 이후의 성인에 해당하는 문제라 하더라도 직업 선택이 그야말로 직업을 결정해야 하는 그 순간, 즉 고등학교를 졸업한 후 취업을 통해 일을 시작하거나 대학을 졸업한 후 일을 시작해야 하는 경우에만 해당된다고 생각하기 쉽다. 그 순간에서야 특정의 직업을 선택하는 것이라고 생각한다는 것이다. 하지만 직업 선택을 포함하는 진로 문제는 보다 장기적으로 발달적으로 이루어지고 또 평생을 거쳐 이루어지는 주제다. 따라서 청소년 진로상담에서는 언제나 크게 직업 선택과 직업 적응이 성공적으로 이루어질 수 있도록 하기 위해 학생 때부터 진로에 대한 인식을 확장하고 실질적인 능력을 갖추도록 돕는 것이 필요하다.

미국은 상담자로 하여금 발달적으로 적합한 진로 발달 목표를 이해하고 전 생애에 걸쳐 개입이 이루어질 수 있도록 돕기 위해 국가 차원에서의 지침(National Career Development Guideline)을 개발하였다(NOICC, 1992). 여기서 제시하고 있는 초등학생, 중·고등학생 시기에 이루어져야 하는 진로발달 역량은 〈표 4-1〉과 같다(Niles & Bowlsbey, 2005).

표 4-1 국가 차원의 대상별 진로발달 역량

구분	자기에 대한 이해	교육 및 직업에 대한 탐색	진로 계획
초등학교	• 자아개념(self-concept)의 중요성에 대한 이해 • 다른 사람과 상호작용하는 기술 • 성장과 변화의 중요성에 대한 인식	• 교육적 성취의 장점에 대한 인식 • 일과 학습의 관계에 대한 인식 • 진로 정보를 이해하고 활용하는 기술 • 개인의 책임감과 좋은 일 습관의 중요성에 대한 인식 • 어떻게 일이 사회적 요구와 기능에 관련되는지에 대한 인식	• 어떻게 의사결정을 하는지에 대한 이해 • 생애 역할 간의 관계에 대한 인식 • 다른 직업과 남녀 역할 변화에 대한 인식 • 진로 계획과정에 대한 인식
중학교	• 긍정적인 자아개념의 영향에 대한 이해 • 다른 사람과 상호작용하는 기술 • 성장과 변화의 중요성에 대한 이해	• 교육적 성취가 진로 기회에 주는 이점에 대한 이해 • 일과 학습의 관계에 대한 이해 • 진로 정보를 이해하고 활용하는 기술, 구직 기술에 대한 이해 • 일이 사회와 경제의 요구 및 기능에 어떻게 관계되는지에 대한 이해	• 의사결정 기술 • 생애 역할 간의 상호관계에 대한 지식 • 다른 직업들과 변화하는 남녀 성역할에 대한 지식 • 진로 설계과정에 대한 이해
고등학교	• 긍정적 자아개념의 영향에 대한 이해 • 다른 사람과의 긍정적 상호작용 기술 • 성장과 발달의 영향에 대한 이해	• 교육적 성취와 진로 계획의 관계에 대한 이해 • 일과 학습에 대한 긍정적 태도의 필요성에 대한 이해 • 진로 정보를 평가·해석하는 기술 • 유지·변경에 필요한 기술 • 일의 특성과 구조에 영향을 주는 사회적 요구와 기능에 대한 이해	• 의사결정 기술 • 생애 역할 간의 상호작용에 대한 이해 • 남녀로서의 역할이 지속적으로 변화하는 데 대한 이해 • 진로 설계에 대한 기술

출처: Niles & Bowlsbey (2005)에서 발췌·재구성.

김봉환 등(2006)은 우리나라 진로상담에서의 주요 목표를 다섯 가지로 제시하고 있는데 이를 살펴보면 다음과 같다. 첫째, **자신에 관한 보다 정확한 이해 증진**이다. 각 개인이 적절한 일과 직업을 선택하기 위해서는 무엇보다도 개인의 가치관, 능력, 성격, 적성, 흥미, 신체적 특성 및 주변 환경에 대한 올바른 이해가 필수적이다.

둘째, **직업 세계에 대한 이해 증진**이다. 복잡한 현대 사회에서 올바른 진로발달을 촉진하기 위해서는 무엇보다도 다양한 일의 종류, 직업 세계의 구조, 직업 세계의 특성, 변화하는 직업의 요구 조건과 필요한 기술, 고용 기회 및 경향, 피고용자와 고용자의 관계 등에 대한 객관적 이해와 정확한 정보수집이 필요하다.

셋째, **합리적인 의사결정 능력의 증진**이다. 진로상담에서는 자신에 대한 이해와 직업 세계에 대한 이해를 토대로 의사결정을 내리는 것이 무엇보다도 중요하다. 즉, 진로 및 직업 결정에 대한 능력이 필요한데, Gelatt(1962)은 진로지도의 중요한 목적 중의 하나가 학생들로 하여금 훌륭한 결정을 내릴 수 있도록 돕는 것이라고 가정하면서도 결정은 결과만 가지고 평가할 것이 아니라 결정을 내리게 되는 과정에 의해 평가하는 것이 중요하다고 하였다. 즉, 청소년을 위한 진로상담에서는 청소년의 진로에 관한 의사결정 '과정'에 초점을 두고 의사결정 기술을 훈련·학습하도록 조력하는 것이 주요 목표다.

넷째, **정보 탐색 및 활용 능력의 함양**이다. 올바른 진로 선택과 결정은 객관적이고 정확한 정보 탐색 및 활용 능력이 필요하다. 많은 경우, 제한적인 정보나 왜곡된 정보를 가지고 자신의 진로를 결정하여 좀 더 나은 선택의 기회를 제약받는 경우가 많다. 상담자는 내담자가 정확한 정보를 알고 선택(informed choice)할 수 있도록 도와야 할 것이다. 특히 내담자가 스스로 자신에게 필요한 정보를 판단하고 그에 따라 정보를 탐색하고 수집·활용하는 능력을 갖추도록 할 필요가 있다.

다섯째, **일과 직업 세계에 대한 올바른 가치관 및 태도 형성**이다. 이재창(1997)은 청소년이 올바른 직업관과 직업의식을 형성하도록 하기 위해서는 ① 일 자체를 목적보다는 수단으로 여기는 생각에서 벗어나도록 해야 하며, ② 직업 자체에 대한 편견을 버리도록 해야 하고, ③ 성역할에 대한 고정관념에서 벗어나도록 해야 한다고 보았다. 따라서 일과 직업에 대한 잘못된 견해를 수정하여 올바른 직업관과 직업의식을 갖도록 돕는 것이 중요한 진로 상담 및 지도의 목표 중 하나라고 할 수 있다.

앞에서 살펴본 바와 같이, 진로상담을 통한 합리적 의사결정을 위해서는 자기이해는 물론, 직업 세계에 대한 이해가 무엇보다 중요하다. 특히 4차 산업혁명 등의 영향으로 직업환경이 매우 급속도로 달라지고 있다는 점에서 '변화하는' 직업 세계를 잘 이해함으로써 사회 변화에 따라 직업이 다양하게 변화한다는 점(중학교 진로와 직업 교과 내용)이나 직업 세계의 변화가 자신의 진로에 영향을 미칠 수 있다는 점(고등학교 진로와 직업 교과 내용)을 이해하고 역량을 갖추는 것이 매우 중요하다(이제경, 2017a).

2. 진로상담의 이론

청소년 진로상담과 관련된 대표적 이론을 살펴보기 전에, 우선 진로상담의 대상이 청소년이라는 점에서 ① 주요 청소년 발달 이론이 진로상담에 시사하는 바를 살펴보고, 이어서 ② 주요 청소년 진로상담이론을 소개하고자 한다(김봉환 외, 2006, 2010; Nieles & Bowlesbey, 2005; Sharf, 2008; 이제경, 2017b).

1) 발달 이론

청소년 진로상담에서 기본적으로 고려되어야 하는 발달적 특성이 있다. 즉, 대상이 청소년이라는 점에서 Piaget의 인지발달 이론, Erikson(1963)의 발달 이론과 Havighurst(1972)의 발달 이론을 토대로, 진로상담 장면에 적용해야 할 점을 살펴보자.

(1) Piaget의 인지발달 이론

추상적 사고는 진로 계획을 매우 촉진시킨다. Piaget(1977)에 의하면, 문제해결 능력과 계획 능력이 발달하는 단계는 청소년기에 시작된다. 나이에 따라 청소년들은 다양한 상황에서 자기를 들여다보고 자신에 대해 생각하면서 계획도 정리해 간다. 이 시기에 청소년은 몇 년 전보다 자신들이 일할 직업에 대해 더 정확한 그림을 그릴 수 있다. Piaget의 인지발달 단계 마지막에 일어나는 이 능력을 형식적 사고라고 부른다. 청소년이 추상적으로 사고하는 능력을 발달시키는 시기는 개인차가 있다. 또한 추상적 사고에 대한 요구가 상반되는 과목도 있다.

(2) Erikson의 발달 이론

Piaget가 청소년기를 혼란의 시기라고 했듯이, Erikson(1963)은 심리사회적 발달 관점에서 청소년기를 정체성과 역할혼미의 시기라고 믿었다. Erikson의 초기 단계가 근면성과 성취에 초점을 맞추고 있는 것처럼, 청소년들은 더 이상 규칙을 따르거나 생산적인 것에는 관심이 없이 자신들의 세계에 의문을 가진다. 신체적인 발달과 함께 자신들의 나머지 삶에 영향을 줄 수 있는 진로 결정을 해야 한다. 중학교 초기에 청소년은 '직업과 진로' '대학', 그 외 다른 것들을 결정해야 한다. 이런 결정을 다루는 능력은 청소년 사이에도 매우 다양하다. 진로 이론가들은 흥미, 능력, 가치처럼 진로 선택과 관련 있는 청소년 발달의 영역을 연구하였다.

초등학교에 입학하기 이전의 아동들은 Erikson 발달 단계의 8단계 중 첫 두 단계에 해당된다(Nieles & Bowlesbey, 2005). 이 두 단계에서 성공적으로 과업을 달성하면 신뢰와 자율성이 발달한다. 따라서 아이들은 학교에 입학하고부터 세상에서 만나는 어른들을 신뢰하게 되며, 그들이 어려움을 겪더라도 잘 대처할 수 있다고 믿는다. 신뢰와 자기효능감의 관점에서 기능하는 아이들은 학교에서 주어지는 과제에 대해서도 긍정적이고 열정적인 태도로 임하게 된다. 그러나 이때 신뢰와 자율성이 제대로 이루어지지 못하면 태도 면에서 다른 입장으로 임하게 되고, 그들이 부딪히는 과업을 수행해 내는 능력에 대해서도 확신이 없게 된다.

Erikson(1963)은 초등학교 시기에 아이들은 주도성과 근면성을 기르게 되는데 이러한 발달의 질적인 측면이 진로 발달과정에서 핵심적이라고 보았다. 이 특성이 발달되지 않으면 아이들은 죄의식과 열등감을 경험하게 된다. 이러한 부정적인 결과들은 결국 자신의 진로발달을 이끌어 나가는 데 필요한 능동적이고 폭넓은 탐색을 하지 못하게 한다. 주도성과 근면성이 발달하면 아이들은 자신과 세상에 대한 정보를 탐색하고 수집하는 것에 대한 자극체로서 호기심을 갖는다. 더욱이 아이들은 자신의 힘으로 무언가를 하기 시작하고 자기주도적인 활동을 통해서 긍정적인 성과를 낼 때 효능감(feeling of personal effectiveness)을 갖게 된다.

이어서 중・고등학생이 되면 초등학교 때보다 어려운 발달 과업들을 겪게 된다. Erikson(1963)은 12세에서 18세까지의 청소년 시기에는 자신의 정체감을 형성해야 한다고 보았다. 정체감 형성이 제대로 이루어지지 않으면 청소년들은 주어지는 과제를 다루는 데 혼란을 겪게 된다.

(3) Havighurst의 발달 이론

Havighurst(1972)는 청소년들이 다음의 발달 과업을 잘 수행해야 한다고 보았다. 첫째, 또래 친구들과 새로운 관계를 맺거나 혹은 더 잘 지내기, 둘째, 부모나 다른 어른들로부터 정서적으로 독립하기, 셋째, 직업적 목표를 세우기, 넷째, 결혼이나 가족생활을 준비하기, 다섯째, 시민으로서의 역량을 갖추기 위한 기술 개발하기, 여섯째, 자신의 행동에 지침이 되어 줄 수 있도록 자신의 가치관과 윤리적 체계를 갖추기, 일곱째, 이러한 목표들에 대해서 현실적인 목표를 세우고 계획을 세우기. 하지만 이러한 과제들은 아동기에서 청소년 혹은 초기 성인기로 옮겨 가는 과정에서 매우 어려운 과제가 된다. 생리적 · 사회적 발달을 통해서 청소년은 독립해 나가는데, 이렇게 독립해 나가는 과정에서 많은 청소년이 불안정이나 갈등, 두려움, 불안한 감정을 갖게 된다.

Havighurst(1972)는 6~11세에 해당하는 아동 시기에 일련의 발달 과업을 이루는데, 이러한 과업들이 정서적 발달, 자신과 타인에 대한 입장과 관련된다고 보았다. 특히 이 단계에서 아동은 다음과 같은 측면에서 발달하게 된다. 첫째, 놀이에 참여하기 위한 신체적 발달, 둘째, 자신에 대한 긍정적 태도 키우기, 셋째, 대인관계 기술 키우기, 넷째, 인내심 기르기, 다섯째, 사회적 성역할 배우기, 여섯째, 읽기, 쓰기, 수학에서의 학업 기술 키우기, 일곱째, 독립성 기르기, 여덟째, 단체나 기관에 대한 태도가 발달한다(Niles & Bowlsbey, 2005).

2) 진로발달 이론

일반적으로 진로상담이론을 구분하는 데 있어서는 진로가 어떻게 결정되고 발달되는가에 초점을 두어 설명하는 이론과 진로상담을 어떻게 할 것인가를 설명하는 이론으로 나누어 볼 수 있다. 전자는 진로 현상 자체를 파악하는 데 지도와 같은 역할을 하여 학생이나 교사가 진로를 결정하고 준비하도록 하는 데 기초가 되며, 후자는 전자와 같은 진로에 대한 인식을 토대로 진로상담 장면에서 어떠한 상담적 입장을 취할 것인가를 결정하는 데 기초가 된다. 여기서는 전자에 해당하는 이론들을 중심으로 간략히 살펴보고자 한다(김계현 외, 2020; 김봉환 외, 2006, 2010).

(1) Parsons의 특성–요인 이론

특성–요인 이론은 개인적 흥미나 능력이 바로 직업의 특성과 일치하기 때문에 직업을 선택한다는 이론이다. 이 이론은 개인차 심리학과 응용심리학에 근거를 두고 있으며, 개인이 인생의 특정한 시기에 직업 선택과 관련된 의사결정을 할 때 도움을 줄 수 있는 이론이다. 대표적인 학자로는 Parsons, Williamson, Hull 등이 있다.

Parsons는 **개인 분석**, **직업 분석**, **과학적 조언** 등을 통한 매칭을 주장하였는데, 이는 자신의 강점과 약점을 포함한 개인적 성향을 충분히 이해하고, 주어진 직업에서의 성공 조건 및 보상과 승진에 관한 정보를 알아야 하며, 입수한 정보를 바탕으로 선택과정에서 '진실한 추론'을 해 나가야 한다는 것이다.

이러한 특성–요인 이론의 가장 큰 공헌은 진로지도나 진로상담 장면에서 개인의 여러 가지 특성을 고려하도록 한 것이라고 볼 수 있다. 또한 특성–요인 이론에 의해서 강조된 표준화 검사 도구와 직업 세계의 분석과정은 진로상담에 매우 유용하다. 그러나 이 이론은 다음의 몇 가지 측면에서 제한점을 갖는다. 첫째, 심리검사를 통해서 개인의 특성을 타당하고 신뢰성 있게 측정할 수 있다고 가정하였는데, 이러한 검사 도구에서 밝혀진 결과가 어떤 직업에서의 성공 여부를 정확하게 예언해 주지 못한다는 예언타당도 문제가 있다(Chiselli, 1977). 둘째, 직업 선택을 일회적인 행위로 간주하여 장기간에 걸친 직업적 발달 측면과 개인의 제 특성 간의 역동성은 고려하지 못하였다. 셋째, 개인의 특성이 어떻게 발달하였는지, 왜 그러한 특성을 가지게 되었는지에 대한 설명이 부족하다. 넷째, 이론이 자체적으로는 효율적 진로상담을 위한 지침을 제공하지 못하고 있다.

(2) Roe의 욕구 이론

Roe는 Maslow의 8단계 욕구 위계설을 바탕으로 초기 아동기, 특히 12세 이전에 부모가 보여 준 자녀 양육 방식이 자녀의 진로 선택에 영향을 줄 수 있다고 보고 이를 검증하고자 하였다. 즉, 부모의 태도 유형에 따라 자녀의 성격 형성, 특히 사람을 지향하거나 회피하는 태도가 형성되고, 이는 사람 지향적인 직업이나 사람 회피적인 직업과 관련된다는 것이다. 사람을 지향하는 것과 관련된 **사람 지향적**(person-oriented) 직업인 서비스직, 비즈니스직, 행정직, 문화직, 예능직, 사람을 회피하는 것과 관련된 **비인간 지향적**(nonperson-oriented) 직업인 기술직, 옥외활동직, 과학직의 서로 다른 여덟 가지 직업군과 관련된다(Roe, 1957).

Roe는 직업에서의 곤란도와 책무성을 고려하여 8개의 단계(level)를 설정하여 8×8의 분류 체계를 완성했는데, 두 가지 단계를 탈락시키고 결국 8×6의 구조를 만들었다. 즉, 각 직업군의 책임 · 능력 · 기술의 정도를 기준으로 하여 전문적이며 관리적인 단계 I, 전문적이며 관리적인 단계 II, 준전문적인 소규모의 사업 단계, 숙련직 단계, 반숙련직 단계, 비숙련직 단계의 여섯 가지로 구분하였다.

Roe의 이론은 성격과 직업 분류를 통합하는 업적을 남겼고, 독특한 방식으로 직업을 분류하는 모델을 제시하였으며, 부모-자녀 관계 질문지(Parent-Child Relations Questionnaire: PCR I)를 개발하기도 하였다. 그러나 이 이론은 실증적 근거가 결여되어 있다는 점, 검증하기가 매우 어렵다는 점, 그리고 실제 진로상담을 위한 구체적인 절차를 제공하지 못한다는 점에서 한계가 있다.

(3) Holland의 성격 이론

우리가 **RIASEC 이론** 혹은 **Holland 이론**이라고 부르는 성격 이론은 Holland에 의해 주창된 것으로서 지금까지 진로상담에 가장 큰 영향을 미친 이론으로 평가된다. Holland 이론의 핵심은 네 가지 주요 가정과 다섯 가지 부가적 가정이라고 할 수 있다. 우선 주요 가정을 살펴보면, 첫째, 대부분의 사람은 여섯 가지의 성격 유형(현실적, 탐구적, 예술적, 사회적, 기업적, 관습적 유형) 중의 하나로 분류될 수 있다. 둘째, 환경에도 여섯 가지 직업환경 유형(현실적, 탐구적, 예술적, 사회적, 기업적, 관습적 유형)이 있다. 셋째, 사람들은 자신의 기술과 능력을 발휘하고 태도와 가치를 표현하며 이런 특징들에 부합되는 문제와 역할을 수행할 수 있는 환경을 찾는다. 넷째, 행동은 성격과 환경의 상호작용에 의해 결정된다. 그리고 다섯 가지 부가적 가정은 일관성, 변별성, 정체성, 일치성, 계측성을 말한다. 첫째, 일관성은 유형과 유형 간의 거리를 말하는 것으로, 가까이 있는 유형일수록 일관성이 높다고 볼 수 있다. 둘째, 변별성은 사람이나 환경이 얼마나 잘 구별되는지를 의미한다. 즉, 직업적 흥미 유형이 얼마나 뚜렷하게 나타나는가를 말한다. 셋째, 정체성은 개인의 목표, 흥미, 재능에 대한 명확하고 견고한 청사진을 말한다. 넷째, 일치성은 개인과 직업환경 간의 적합성 정도에 대한 것으로, 직업적 흥미가 직업환경과 어느 정도 맞는지를 의미한다. 끝으로, 계측성은 흥미 유형과 환경 유형 간의 관계가 육각 모형에 따라 결정될

표 4-2 Holland의 여섯 가지 직업적 성격 특성

유형	자아개념과 가치	잠재적 능력	유형에 맞는 일과 활동과 환경
현실적	• 정서적으로 안정된, 신뢰할 만한, 실용적이고 검소하며 인내력 있는 • 수줍어하고, 소박한 • 자신에 대해 이야기하는 것을 불편해하는 • 전통적인 가치들	• 체계화하는 능력과 정교함 • 연장과 도구를 가지고 문제 해결을 하는 신체적 기술들 • 물리적인 힘	• 현실적인 결과가 있는 일 • 중장비를 조작하는 일 • 연장을 사용하는 일 • 물리적인 활동이 필요한 일 • 고치고, 만들고, 수리하는 일
탐구적	• 독립적이고 스스로 동기가 부여된 • 과묵하고 내향적인 • 분석적이고, 탐구심이 많은 • 과제 지향적인 • 독창적이고, 창조적이며, 비관습적인	• 과학적 능력 • 분석적 능력(기술) • 수학적 능력(기술) • 글 쓰는 기술 • 인내심	• 불명확하고 추상적인 과제들 • 사고를 통해 문제를 해결하는 일 • 독립적으로 일하는 것 • 과학적인 또는 연구실 상황에서 일하는 것 • 정보를 수집하고 조직화하는 일
예술적	• 독립적, 비관습적 • 자기표현을 하는 • 직관적인, 민감한, 정서적인 • 충동적인 • 심미적인 일에 끌리는	• 창조성, 상상력 • 언어 구사력 • 음악적 능력 • 예술적 능력	• 창작 및 예술 활동 • 독립적으로 일하는 것 • 비구조화되어, 융통성 있는 환경에서 자기를 표현하는 일
사회적	• 인간주의적, 이상적, 윤리적인 • 다른 사람의 복지에 대한 • 재치 있고, 협조적이며, 관대한 • 친절하고 쾌활한 • 남을 이해하며, 통찰력 있는 • 지위에 관심이 있는	• 대인관계 기술 • 말로 표현하는 능력 • 가르치는 기술 • 다른 사람을 이해하고 공감하는 능력	• 가르치고 설명하고 지도해 주는 일 • 문제를 해결하고 토론을 이끄는 것 • 교육기관, 사회복지기관, 정신보건기관
기업적	• 야망이 있는, 경쟁적인 • 사교적인, 말이 많은 • 낙관적인, 열성적인, 인기 있는 • 적극적인, 모험을 좋아하는	• 말하고 설득하고 판매하는 일에 관련된 언어 기술 • 지도력 • 심리적 탄성, 높은 에너지, 낙관성 • 대인관계 기술	• 판매하고 구매하는 일 • 사람들과 프로젝트를 관리하는 일 • 연설하고 프레젠테이션을 하는 일 • 금융, 정부기관, 정치 조직에서 일
관습적	• 진지하고, 인내심 있는 • 실용적인, 보수적인 • 질서정연한, 체계적인, 꼼꼼한, 정확한 • 조심스러운, 절제하는	• 효율성, 조직력 • 체제와 자료를 관리하는 일 • 수학적 기술 • 세부적인 것에 주의를 기울이는, 완벽주의 • 사무기기 작동	• 사무적인 절차를 조직하는 일 • 기록을 관리하고 체계를 구축하는 일 • 보고서를 작성하고 차트를 만드는 일 • 위계질서가 있는 구조화된 조직에서 하는 일

출처: Holland (1992).

수 있으며 육각 모형 안에서 흥미 또는 환경 유형 간의 거리가 그들의 이론적 관계와 반비례한다는 것을 시사한다.

이러한 Holland의 성격 이론은 오늘날 거의 모든 흥미검사에 영향을 미쳐 왔으며, 여섯 가지 성격 유형을 나타내는 육각 모형은 복잡한 직업 세계를 단순화하고 해석하는 데 매우 유용한 방식으로 평가할 수 있지만, 일치성, 일관성, 변별성 등의 가정을 상담 현장에서 전적으로 적용하기에는 신중한 접근이 필요하다.

여섯 가지 유형의 특성을 요약하여 제시하면 〈표 4-2〉와 같다(Holland, 1992).

(4) Krumboltz의 사회학습 이론

Krumboltz는 진로 결정에 영향을 주는 **요인을 유전적 요인과 특별한 능력**, **환경적 조건과 사건**, **학습 경험**, 그리고 **과제접근 기술**의 네 가지로 분류하였다. 첫째, 유전적 요인과 특별한 능력은 개인의 진로 기회를 제한하는 타고난 특질을 말하는 것으로, 인종, 성별, 신체적 특징, 지능, 예술적 재능, 근육의 기능 등이 포함된다. 둘째, 환경적 조건과 사건에서는 환경에서의 특정한 사건이 기술 개발, 활동, 진로 선호 등에 영향을 미친다는 것이다. 셋째, 학습 경험은 개인이 과거에 학습한 경험이 현재 또는 미래의 교육적 · 직업적 의사결정에 영향을 미친다고 보고 도구적 학습 경험과 연상적 학습 경험으로 나누어 설명하고 있다. 넷째, 과제접근 기술은 개인이 환경을 이해하고 대처하며 미래를 예견하는 능력이나 경향으로, 문제해결 기술, 일하는 습관, 정보수집 능력, 감성적 반응, 인지적 과정 등이 포함된다.

이러한 진로 결정 요인들은 상호작용하여 다음과 같은 유형의 결과로 나타난다. 첫 번째 결과는 **자기관찰 일반화**(self-observation generalization)로서, 자기 자신의 직접적 · 간접적인 수행이나 자신의 흥미나 가치를 평가하는 외현적 · 내면적인 자기 진술을 의미한다. 두 번째 결과는 세계관 일반화(world-view generalization)로서, 사람들은 자기가 살고 있는 환경을 관찰하고 이러한 일반화를 또 다른 환경에서 어떤 일이 일어날 것인가를 예측하는 데 이용하게 된다. 세 번째 결과는 과제접근 기술(task-approach skills)로서, 중요한 의사결정 상황의 인식, 과제에 대한 현실적인 파악, 자기관찰 일반화와 세계관 일반화에 대한 검토 및 평가, 다양한 대안의 도출, 대안에 관한 필요한 정보의 수집, 매력적이지 못한 대안의 제거 능력 등이 포함된다. 네 번째 결과는 행위의 산출(action outcomes)로서, 의사결정과 관련된 특수한 행위로 특정 직무에 지원하거나 전공 변경과 같은 행위 등이 속한다.

(5) 진로발달 이론

주요 진로발달 이론으로는 Ginzberg의 발달 이론, Super의 발달 이론, Tiedeman과 O'Hara의 발달 이론, Tuckman의 발달 이론을 들 수 있다. 여기서는 가장 대표적인 발달 이론이라 할 수 있는 Super의 이론을 중심으로 살펴보고자 한다.

Super 이론의 기저를 이루고 있는 것은 자아개념이다. Super에 따르면, 인간은 자아 이미지와 일치하는 직업을 선택한다. 즉, '나는 이런 사람이다.' 하고 느끼고 생각하던 바를 살릴 수 있는 직업을 택한다는 것이다. 직업 발달에서 자아개념은 유아기부터 형성(formation), 전환(translation), 실천(imlpementation)의 과정을 거쳐서 사망에 이르기까지 계속 발달 · 보완된다고 보았다.

또한 Super는 개인의 전 생애라는 공간 속에서 통합적이고 포괄적인 접근 방식으로 아동 · 학생 · 여가인 · 일반시민 · 근로자 · 가정관리자와 같은 생애 역할과 진로 성숙(career maturity)의 경로와 성장기 · 탐색기 · 확립기 · 유지기 · 쇠퇴기를 통합하여 생애진로무지개(The Life-Career Rainbow)를 제시하였다. 〈표 4-3〉은 Super의 진로발달 단계와 특징을 보여 주고 있으며, [그림 4-1]은 Super의 진로발달 아치웨이 모형을 보여 주고 있다.

Super의 초기 진로발달 이론에서는 성장기-탐색기-확립기-유지기-쇠퇴기의 5단계의 대순환 모형을 중심으로 하지만, 후기 진로발달 이론에서는 탐색기, 확립

표 4-3 Super의 진로발달 단계와 특징

발달 단계	청소년기 (14~25세)	성인초기 단계 (25~45세)	중년 단계 (45~65세)	장년 단계 (65세 이상)
쇠퇴기	적은 취미 시간 투자	체육 참여의 감소	핵심적 활동에 초점	노동 시간의 감소
유지기	직업 선택의 확증	직위의 안정	경쟁의 반대적 입장	즐기는 것의 유지
확립기	선택 영역에서의 시작	안정된 지위로의 확립	새로운 기술의 개발	원하던 일의 수행
탐색기	많은 기회에 관한 학습	원하는 일을 위한 기회 탐색	일과 관련된 새로운 문제의 파악	정년 후의 일 선택
성장기	현실적인 자아개념의 개발	연관된 사람을 통한 연습	개인의 한계 인정	직업과 관련없는 역할의 개발

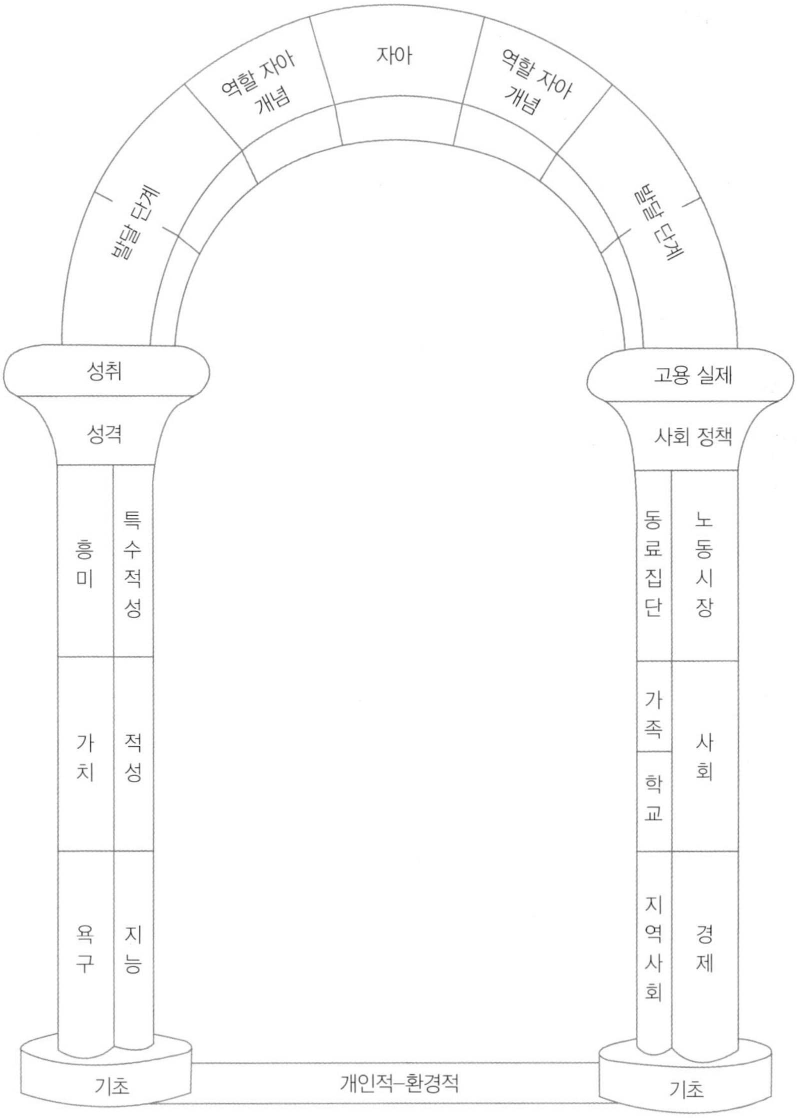

그림 4-1 **Super의 진로발달 아치웨이 모형**

기, 유지기에 이르는 성인기 진로발달 이론이 연령과 거의 관련이 없다거나 혹은 진로발달 단계에서 성취된 심리적 변화가 영속적인 것은 아니라는 측면에서 상당히 수정되었다.

3) 진로 이론의 최근 경향

1990년대에 이르러 새롭게 부상하고 있는 진로 이론들이 있는데 인지적 정보처리 이론(cognitive information processing: CIP), 가치중심적 접근 모델, 자기효능감 이론을 들 수 있다.

첫째, **인지적 정보처리 이론**은 Peterson, Sampson과 Reardon(1991)에 의해 개발된 것으로, 개인이 어떻게 진로 결정을 내리고 진로 문제해결과 의사결정을 할 때 정보를 어떻게 이용하는지의 측면에서 인지적 정보처리 이론을 적용한 것이다. 주로 문제해결은 일차적으로 인지적 과정이며, 일련의 절차, 즉 CASVE를 통해 증진시킬 수 있다고 보았다. 여기서 CASVE는 의사소통(communication), 분석(analysis), 통합(synthesis), 평가(valuing), 실행(execution)을 의미한다. 둘째, Brown(1996)이 제안한 진로발달에 관한 **가치중심적 접근 모델**은 인간 행동이 개인의 가치에 의해 상당 부분 영향을 받는다는 가정에서 출발한다. Brown에 따르면 가치는 물려받은 특성과 경험의 상호작용을 통해 형성되며, 아동들이 부모, 형제, 친구 및 여러 어른에게서 받은 '가치를 담은 신호(value-laden message)'에 수없이 노출됨에 따라 가치가 '단편적으로' 발전되며, 이것이 나중에 개인의 인지적 · 정의적 행동 패턴을 형성하는 핵심이 된다고 보았다. 셋째, Hackett과 Betz(1981)의 **자기효능감 이론**은 Bandura(1986)의 사회학습 이론을 토대로 하고 있다. 자기효능감은 개인 노력의 강도를 결정한다. 높은 효능감을 가진 사람은 성공 시나리오를 시각화한다. 낮은 효능감을 가진 사람은 실패 시나리오를 시각화하는 경향이 있다. 이러한 비효능적인 사고는 동기를 약화시키고 중요한 것은 수행을 저하시킨다는 데 있다.

그 밖에도 최근에는 진로상담 분야의 대안 이론으로서 기존 진로상담이론이 가진 문제점을 지적하면서, 계획되고 합리적인 진로 계획이 갖는 제한점이 있듯이 삶 속에서 일어나는 예상하지 못했던 사건이나 우연, 불확실성이 갖는 긍정성에 대해 이해하고 진로상담 장면에서도 보다 유연한 사고와 상담적 접근을 통해 다양한 기회를 활용하는 것이 타당하다는 접근도 이루어지고 있다. 또한, Savickas의 구성주의 진로 이론에 대해서도 관심을 가질 필요가 있다. 구성주의는 수퍼의 진로발달이론을 토대로 개인이 자신의 진로 관련 행동과 직업적 경험에 의미를 부여하면서 스스로의 진로를 구성해 나간다고 본다. 이는 청소년 진로상담이 보다 미래 지향적으로 이루어져야 하며, 진로 및 직업 수행의 주체가 청소년 자신이라는 점에서 그 활용도가 높으며 그 의의가 크다고 하겠다(이제경, 2017b).

3. 진로상담의 과정과 적용

1) 진로상담의 과정

진로상담의 과정에 대해 가장 초기에 언급한 학자는 Williamson(1939)이다(김봉환 외, 2013). 그는 상담자가 내담자에 대한 여러 가지 자료를 분석하고, 이를 요약하는 단계를 거쳐, 문제 진단과 가능성 예측, 실제 상담과 추수지도를 하는 여섯 가지 단계로 진로상담의 기본적인 단계를 제시한 바 있다. 김봉환 등(2013)에 따르면, 일반적인 심리상담의 과정은 내담자와 라포(rapport)를 형성한 이후에 내담자가 제시한 문제를 듣고, 그 문제를 구체적으로 정의한 후, 문제를 해결하기 위한 목표를 수립하여 상담자와 함께 그에 대한 행동 전략을 수립하고, 실행하는 과정을 거친다. 그런데 진로 문제를 호소하는 내담자 문제는 다양하지만, 실제 진로상담의 과정도 접수면접, 관계 수립 및 내담자 분류, 문제 평가 및 목표 설정, 행동 계획 수립 및 행동 실행을 위한 조력, 종결 및 추수지도의 다섯 단계로 진행된다.

김봉환 등(2006)도 진로상담의 전개과정은 일반 상담이 전개되는 방식과 전혀 다르지 않다고 보았다. 즉, 진로상담에서도 상담에 일반적인 여섯 가지 과정을 생각해 볼 수 있다면서 진로상담의 과정을 관계 수립 및 문제의 평가, 목표의 설정, 문제의 해결을 위한 개입과정, 훈습 그리고 종결 및 추수지도의 다섯 가지 요소로 나누어 제시하고 있다. 이러한 진로상담과정에서 고려되어야 할 요인은 두 가지인데, 전 생애 발달의 측면에서 진로상담의 기본 절차 및 과정을 논의하는 일과 내담자의 진로 결정의 정도에 따른 차별적인 진로상담을 논의하는 일이다.

앞에서 제시된 진로상담과정을 청소년 진로상담에서도 적용할 수 있다. 다만 학교에서 이루어지는 진로상담이라면 이미 교사가 학생들과 형성한 관계를 토대로 내담자 분류나 상담에서 제시되는 주 호소 문제에 초점을 맞추어 진행할 수 있다. 또한 일반적으로 접수면접을 학교 현장에서는 제대로 운영하기 어려울 수도 있을 것이다.

2) 진로상담의 적용: 심리검사, 진로 정보, 사이버상담

(1) 검사의 활용 및 주의사항

진로상담에서는 자기 자신과 일의 세계에 대한 이해가 가장 우선시된다. 따라서 개인상담, 집단상담, 면대면상담, 사이버상담 모두에서 주요한 진로상담에서의 활동은 이를 중심으로 이루어진다. 우선 자기 자신을 이해하는 데 있어서는 관찰법, 면접법, 자서전법, 질문지법 등 여러 가지가 있지만 진로지도에서는 특히 검사를 통한 객관적인 이해가 필요하다. 일반적으로 검사를 실시하는 목적은 예측, 선발, 분류와 배치, 평가 등인데 이들은 모두 진로지도에서 관심을 두어야 할 영역이다. 진로지도의 과정에서 학생 이해를 위하여 검사를 실시한다고 할 때 중요하게 다루어야 할 내용은 가치관의 탐색, 흥미의 이해, 성격의 파악, 적성 탐색, 그 밖의 진로성숙도검사, 진로의식 발달검사, 의사결정 유형검사, 진로결정 수준검사, 진로탐색 행동검사, 불안검사 등이 있다(김계현 외, 2020; 한국청소년 대화의 광장, 1996).

청소년 진로상담 장면에서 심리검사를 활용할 때는 심리검사가 가지는 기본적 가정과 난점을 명확히 이해하고 신중하게 이루어져야 한다. 따라서 한국상담학회나 한국심리학회와 같은 상담 및 심리 관련 전문가 집단에서는 심리검사의 사용과 개발에 관한 규범을 정하고 반드시 일정한 자격을 갖춘 전문가만이 심리검사를 사용할 수 있도록 제한하고 있다(김봉환 외, 2013).

(2) 진로 정보의 활용 및 관련 사이트

진로상담이 잘 이루어지기 위해서는 객관적이고 정확한 정보의 활용이 매우 중요하다. 김계현 등(2020)은 진로 정보를 개인의 진로 선택 및 적응을 위해 필요한 모든 지식과 이해에 관련된 정보로 보고, 학교교육에서 행해지고 있는 모든 교과활동이나 생활지도의 대부분이 진로 정보와 관련된다고 하였다. 하지만 이 모든 것을 진로 정보라고 생각한다면 오히려 진로 정보의 독자적인 영역을 모호하게 만들 가능성이 있다. 그러므로 일반적으로 학교 현장에서 진로 정보라고 할 때는 크게 상급학교 선택과 관련된 자료와 취업을 위한 고용 정보를 중심으로 생각하는 것이 적절하다.

중등학교에서 학생들의 진로 선택에 관한 정보는, 첫째, 학생 자신의 개성 및 가정환경에 대한 이해 자료, 둘째, 변천하는 직업 세계에 대한 이해 자료, 셋째, 상급 학교 선택에 관한 자료, 넷째, 구체적으로 취업이나 진학을 준비하는 데 필요한 지식, 다섯째, 장래의 자아실현에 필요한 사전 지식으로 요약해 볼 수 있다(이정근, 1988).

이러한 진로 정보는 주로 출판 자료나 컴퓨터 기반 정보 시스템, 시청각 자료, 직업인이나 전문가와의 인터뷰, 직접적인 경험에 의한 자료로 나누어 볼 수 있다(김봉환 외, 2013). 대표적인 진로상담 관련 사이트로는 교육부의 꿈길(www.ggoomgil.go.kr), 한국청소년 상담복지개발원(http://www.kyci.or.kr), 고용노동부(http://work.go.kr), 진로정보망 커리어넷(http://www.career.go.kr) 등을 들 수 있다. 이러한 컴퓨터 기반 정보 시스템은 진로상담 장면에서 수시로 변화하는 정보를 쉽고도 빠르게 활용하는 데 매우 유용할 것이다. 다만 정보의 출처 및 업데이트 시기에 따라 부정확하거나 혹은 낡은 정보일 가능성도 있다는 점에서 주의할 필요가 있다.

(3) 사이버상담 및 절차

전통적으로 청소년 상담에서 활용되었던 방식으로는 교과학습을 통한 진로지도와 학급 관리를 통한 진로지도, 학교 행사를 통한 진로지도 등이 있다(김봉환 외, 2006). 이러한 교과학습 및 학급 관리, 학교 행사 등을 활용하는 전통적 진로상담 장면에서도 컴퓨터나 인터넷을 활용하는 매체상담(이현림, 김현미, 이길구, 2012) 역시 매우 유용하게 활용 가능하다. 최근에는 인터넷과 스마트 기기가 일상화되면서 진로상담 장면에서도 그것이 매우 유용하고 다양하게 활용되고 있다. 물론 우리의 일상생활에서 인터넷이 오늘날처럼 친숙해진 것은 그리 오래되지 않았다. 불과 지난 1990년대에 인터넷이 대중화되었고, 1990년대 말 급속도로 그 수요가 증가하면서 상담 분야에서도 인터넷의 이용이 활발해졌다. 보이지 않는 가상의 세계를 의미하는 '사이버(cyber)'와 내담자와 상담자 간의 대화를 의미하는 '상담(counseling)'이 합쳐진 사이버상담 역시 컴퓨터와 인터넷을 빼고는 생각하기 어렵게 된 것이다. 컴퓨터와 인터넷 환경을 떠나서는 일상이 불가능한 N세대, 즉 요즘 청소년들이 자신의 진로 · 진학 · 직업 관련 고민을 사이버상에 내놓는 일은 너무나 당연하고 자연스럽다. 이제 상담자는 보이지 않는 가상의 세계에서 비록 들리지 않고 보이지 않더라도 문자화된 메시지를 통해 얼마나 그들의 목소리에 귀 기울이며 마음을 공감해 주는

가에 따라 그들이 선택한 사이버상담에 대한 만족도와 그 효과성이 달라질 것이다(이제경, 2008).

일반적으로 사이버상담에서 갖추어야 할 형식 또는 절차는 다음의 순서를 원칙으로 하고 있다. 즉, 이메일 상담에 대한 답변 편지는 상담자가 ① 내담자에게 인사하기, ② 호소 문제 명료화하기, ③ 공감해 주기, ④ 구체적인 상담 목표 설정하기, ⑤ 필요한 정보 제공하기, ⑥ 추가 정보 탐색이 필요한 경우 안내하기, ⑦ 결론 혹은 마무리하기, ⑧ 끝인사하기의 순서로 작성한다. 이러한 절차는 상담자의 답변 내용이 내담자에게 체계적으로 잘 전달되도록 하기 위해서다. 같은 내용이라도 내담자에게 밝게 인사함으로써 상담의 분위기를 긍정적으로 이끌 수 있으며, 무엇보다 내담자의 주 호소 문제가 무엇인지를 명료화하는 것이 상담의 목표와 방향을 이해하게 하는 데 꼭 필요한 요소다.

요약

'청소년 진로상담'은 '청소년'을 대상으로 하고, '진로'를 주제로 한다는 점에서 일반적인 진로상담이나 청소년 상담의 타 영역과 구분되며, 동시에 연계해서 접근해야 한다. 즉, 진로상담이 개인의 진로 발달을 촉진시키거나 진로 계획, 진로·직업의 선택과 결정, 실천, 직업적응, 진로 변경 등의 과정을 돕는 포괄적 활동이라고 볼 때, 청소년 진로상담에서는 청소년의 발달적 특성에 대한 이해와 더불어 진로지도 및 진로교육, 진학상담 역시 중요하게 다루어지는 가운데 진로에 대한 확장된 인식과 실질적 능력이 구비되도록 도와야 할 것이다.

무엇보다 청소년 진로상담의 목표를 올바로 이해하는 것이 중요하며, 청소년의 인지나 성격 발달 이론이 청소년 진로상담에서 어떻게 연계되는지 이해하는 것도 중요하다. 또한 기존의 Parsons, Holland, Super 등의 전통적 진로 이론 외에도 최근 이론이나 대안적 접근에 대한 다양한 진로 이론을 이해함으로써 진로상담자로서의 역량을 높이는 것이 필요하다.

끝으로, 청소년 진로상담의 과정에서는 검사의 선택과 활용, 진로 정보 및 관련 사이트 제공이 적절하고 타당하게 이루어졌는지 신중히 검토해야 하며, 전통적인 면대면상담 방식 외에도 인터넷과 스마트기기 등을 활용한 사이버상담도 가능하도록 해야 할 것이다.

생각해 볼 문제

1. 청소년 진로상담의 주요 대상은 누구이며, 진로상담과 관련된 주요 개념들은 무엇인지 생각해 보시오.

2. 우리나라 청소년들에게 진로상담이 중요한 이유는 무엇이며, 바람직한 진로 상담 및 지도의 목표는 무엇이 되어야 할지 생각해 보시오.

3. 청소년 진로상담에서 주된 전통적 이론과 최근 이론적 경향은 무엇인지를 알아보고, 각 이론의 특징과 강점, 한계는 무엇인지 생각해 보시오.

4. 진로상담과정은 일반적인 상담과정과 달리 어떠한 점을 더 고려해야 할지 생각해 보시오.

5. 청소년 진로상담에서 중요하게 다루어야 할 진로 정보는 무엇이며, 진로 정보의 활용과정에서 상담자가 유의해야 할 사항은 무엇일지 생각해 보시오.

참고문헌

교육과학부(2010). **중학교 진로교육매뉴얼**.

김계현(1995). **상담심리학**. 서울: 학지사.

김계현, 김동일, 김봉환, 김창대, 김혜숙, 남상인, 천성문(2020). **학교상담과 생활지도**(3판). 서울: 학지사.

김봉환, 강은희, 강혜영, 공윤정, 김영빈, 김희수, 선혜연, 손은령, 송재홍, 유현실, 이제경, 임은미, 황매향(2013). **진로상담**. 서울: 학지사.

김봉환, 이제경, 유현실, 황매향, 공윤정, 손진희, 강혜영, 김지현, 유정이, 임은미, 손은령(2010). **진로상담이론: 한국내담자에 대한 적용**. 서울: 학지사.

김봉환, 정철영, 김병석(2006). **학교진로상담**. 서울: 학지사.

이재창(1997). 한국청소년 진로상담의 문제점과 개선방안. **청소년 진로상담 모형 구상**, 1-28. 서울: 청소년대화의 광장.

이제경(2007). 성인경력개발상담활성화를 위한 이론적 고찰. **한국기술교육대학교 논문집, 13(2).**

이제경(2017a). 청소년 진로발달과 진로교육. **진로진학지도 프로그램의 기획 및 운영.** 진로진학상담총서, 05. 한국생애개발상담학회. 서울: 사회평론아카데미.

이제경(2017.b). 구성주의 진로상담이론의 기법. **진로진학상담기법의 이론과 실제.** 진로진학상담총서, 03. 서울: 사회평론아카데미.

이정근(1988). **진로지도의 실제.** 서울: 성원사.

이제경, 선혜연, 김선경(2012). 대학생의 효율적 진로상담체계구축을 위한 진로문제 유형분류와 개입방안. 한국기술교육대학교. KOREATECH-HRD연구센터.

이현림, 김현미, 이길구(2012). **매체를 활용한 진로상담.** 서울: 신아출판사.

장석민(1988). 진로교육의 실천방향과 과제. **청소년진로상담모형 기본구상**, 29-62. 서울: 청소년대화의 광장.

한국청소년대화의 광장(1996). **청소년진로상담.** 서울: 청소년대화의 광장.

Baudura, A. (1986). *Social foundations of thought and action: A social cognitive theory.* NJ: Prentice Hall.

Brown, D. (1996). Brown's values-based, holistic model of career and life-role choices and satisfaction. In D. Brown, L. Brooks, & Associates (Eds.), *Career choice and development* (3rd ed., pp. 337-338). San Francisco: Jossey-Bass.

Chiselli, E. E. (1977). The validity of aptitude tests in personnel selection. *Personnel Psychology, 26,* 461-477.

Erikson, E. H. (1963). *Childhood and society* (2nd ed.). New York: Norton.

Gelatt, H. B. (1962). Decision making: A conceptual frame of reference for counseling. *Journal of Counseling, 9,* 240-245.

Hackett, N. E., & Betz, N. (1981). A self-efficacy approach to the career development of women. *Journal of Vocational Behavior, 18,* 326-339.

Havighurst, R. J. (1972). *Developmental tastks and education* (3rd ed.). New York: D. Mckay.

Holland, J. L. (1992). *Making Vocational Choices: A Theory of vocational personalities and work environments* (2nd ed.). Odessa, FL: Psychological Assessment Resources.

National Career Development Association(1997). *Career Counseling Competencies.* Columbus, OH: Author.

Niles, S. G., & Bowlsbey, J. H. (2005). *Career development intervention in the 21st century* (2nd ed.). New Jersey: Pearson Education.

National Occupational Information Coordinating Committee (NOICC). (1992). *The national career development guidelines project.* Washington, DC: U.S. Government Printing Office.

Piaget, J. (1977). *The development of thought: Equilibration of cognitive structres.* New York: Viking Press.

Roe, A. (1957). *The Psychology of occupations.* New York: Wiley.

Savickas, M. L. (2010). *Career counseling.* Washington, DC: American Psychological Association.

Sharf, R. S. (2008). **진로발달 이론을 적용한 진로상담**(제4판) (*Applying career development theory to counseling*, 4th ed.). (이재창, 조봉환, 안희정 외 6인 공역). 서울: 아카데미프레스. (원저는 2006년에 출판).

Super, D. E., & Hall, D. T. (1978). Career development: Exploration and Planning. *Annual Review of Psychology, 29,* 333-372.

Swanson, J. H. (1995). The process and outcome of career counseling. In W. B. Walsh & S. H. Osipow (Eds.), *Handbook of vocational psychology* (2nd ed., pp. 217-259). NJ: Lawrence Erlbaum Associates.

Williamson, E. G. (1939). *How to counsel students.* New York: McGraw-Hill.

제5장

집단상담

ADOLESCENT COUNSELIN

청소년 상담에서 집단상담은 친구와의 관계가 중요한 시기인 청소년들에게 개인상담을 통해 얻을 수 있는 상담의 효과뿐만 아니라 또래들과의 상호작용을 통한 보편성, 집단 응집력, 이타주의와 같은 또 다른 치료적 요인을 경험할 수 있도록 해 준다. 효과적인 집단상담 운영을 위해 이 장에서는 먼저 집단상담이 무엇인지 그 개념과 의미를 설명하고, 집단상담의 치료적 요인을 확인할 것이다. 다음으로 사전준비 단계에서부터 초기 단계, 과도기 단계, 작업 단계를 거쳐 종결 단계 및 추후작업 단계에 이르기까지의 집단상담의 발달과정을 살펴볼 것이다. 마지막으로 청소년을 대상으로 집단상담을 운영할 때 고려해야 할 사항 및 FAQ를 통해 집단상담의 실제에 대한 내용을 다루기로 한다.

학습목표

1. 집단상담의 개념과 의미를 설명할 수 있다.
2. 집단상담의 치료적 요인을 이해하고 설명할 수 있다.
3. 집단상담의 과정을 이해하고 설명할 수 있다.
4. 청소년 집단상담의 실제 운영에서 고려해야 할 점을 이해할 수 있다.

DOLESCENT COUNSELING

1. 집단상담의 기초

1) 집단상담의 정의

집단상담(集團相談, group counseling)에 대한 관심이 높아지고 연구가 실시된 이후로 여러 학자가 집단상담에 대해 정의를 내린 바 있다. 집단상담의 정의에 대한 여러 학자의 의견을 살펴보면 다음과 같다. 먼저, 이형득, 김성회, 설기문, 김창대, 김정희(2002)는 "작은 수의 비교적 정상인들이 한두 사람의 전문가 지도 아래 집단 혹은 상호 관계성의 역동을 토대로 하여 신뢰할 만하고 수용적인 분위기 속에서 개인의 태도와 행동의 변화 혹은 한층 높은 수준의 개인의 성장 · 발달 및 인간관계 발달의 능력을 촉진하려는 의도에서 이루어지는 하나의 역동적인 대인관계의 과정"이라 설명하였다. 또한 윤관현, 이장호, 최송미(2006)는 "생활과정의 문제를 해결하고 보다 바람직한 성장 · 발달을 위하여, 전문적으로 훈련된 상담자의 지도와 집단원들과의 역동적인 상호 교류를 통해 각자의 감정, 태도, 생각 및 행동 양식 등을 탐색 · 이해하고 보다 성숙된 수준으로 향상시키는 과정"이라 설명하였다. 그리고 노안영(2011)은 "전문적 훈련을 받는 집단 지도자로서 상담자(들)와 조력을 필요로 하는 2명 이상의 집단 구성원들이 집단상담 활동의 공동 주체로서 집단 역동의 이해 및 적용을 바탕으로 집단 구성원들이 자기자각 확장을 통해 문제 예방, 발달과 성장, 문제해결을 달성함으로써 그들의 삶의 질을 향상시키기 위해 함께 노력하는 집단과정"이라 하였다. 또한 『상담학 사전』(김춘경, 이수연, 이윤주, 정종진, 최웅용, 2016)에서는 윤관현 등(2006)의 정의에 기초하여 집단상담을 정의하고 있다.

이상과 같이, 집단상담의 정의는 학자마다 서로 다른 용어로 서술하였으나 집단상담의 정의에는 몇 가지 공통적인 요소가 담겨 있다.

첫째, 집단에 참여하는 사람들을 돕는 **조력자**로서 집단상담자, 집단 리더, 집단 지도자라 불리는 전문가가 있다. 이들은 '전문적으로 훈련된' 사람들로 표현되며 '한두 사람의 전문가'라고 표현된다. 둘째, 집단에 참여하여 자신의 성장과 발달을 도모하는 **집단원**이 있다. 이들은 '비교적 적은 수의 정상인' '동료들' '조력을 필요로

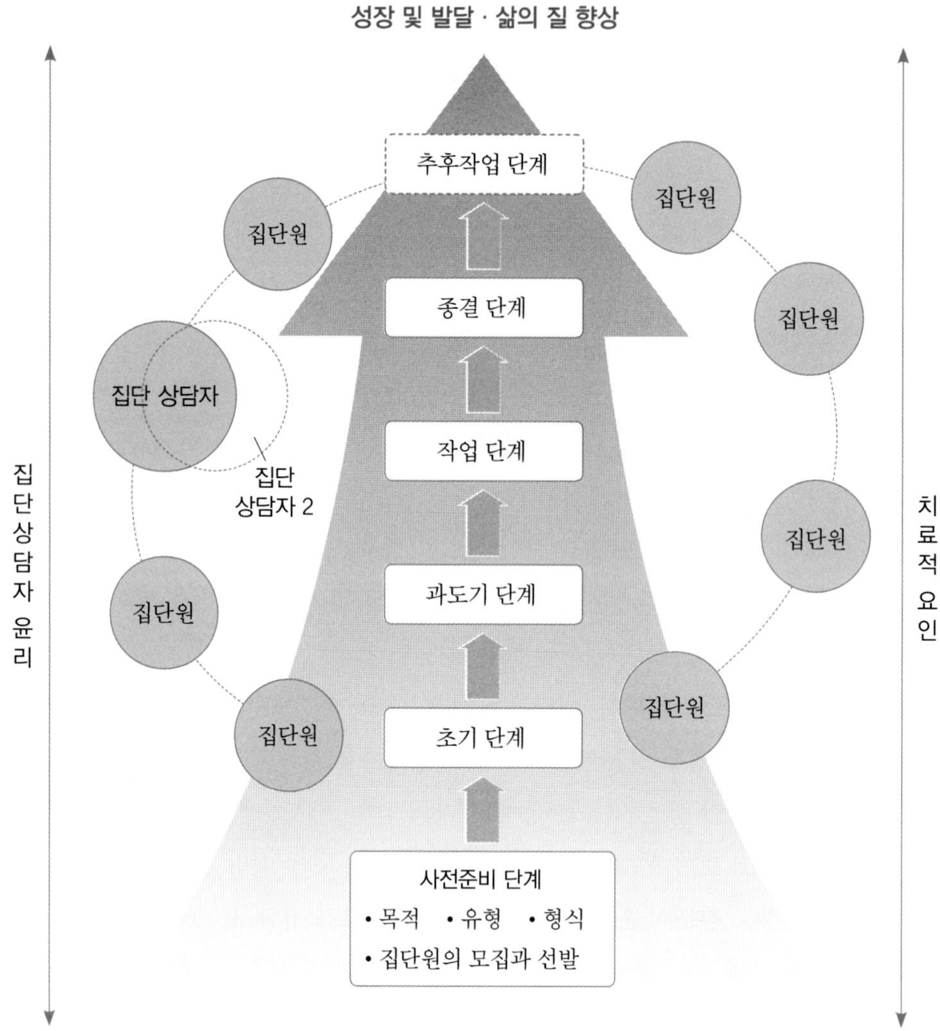

그림 5-1 집단상담의 개관

하는 2명 이상의 집단원'의 방식으로 표현되기도 한다. 이들은 단순히 전문가의 도움을 받는 사람이 아닌 집단상담의 주체로서 집단에 참여하며, 서로 간의 상호작용을 통해 개개인의 자각과 통찰을 촉진하고 이를 바탕으로 변화를 추구해 나간다. 셋째, '집단상담자와 집단원은 무엇을 **목적**으로 모이는가'에 대한 답으로 '문제 예방' '발달과 성장' '문제해결' '의사결정' '인간적 성장' '각자의 감정, 태도, 생각 및 행동양식 탐색과 이해' '보다 성숙한 수준으로의 향상' 등의 내용이 언급된다. 이를 종합하면 개인의 태도와 행동의 변화, 한층 높은 수준으로의 성장 및 발달, 인간관계 능력 촉진 등으로 정리할 수 있으며, 궁극적으로 그 목적이 삶의 질을 향상하려는 것임을 알 수 있다. 넷째, 집단에서의 **변화**는 어떻게 이루어지는가의 관점에서는 '자기자각의 확장을 통해' '함께 노력해서' '집단 기법과 전략을 적용하여' '구성원들 사이에 발생하는 역동적인 상호 교류과정을 통해' '집단 혹은 상호 관계성의 역동을 토대로 하여 신뢰할 만하고 수용적인 분위기 속에서'라고 언급되었다.

2) 집단의 유형

집단의 유형은 집단의 목적, 집단에서 사용되는 기법, 리더의 역할, 훈련의 필요조건 및 이와 관련된 사람의 유형 등 여러 기준에 따라 구분할 수 있다(Corey, Corey, & Corey, 2016). 따라서 집단의 유형을 구분하는 것은 어느 한 가지 기준으로 정리하기 어렵고, 〈표 5-1〉에서 볼 수 있는 것과 같이 각 학자의 의견에 따라 다른 분류가 가능하다.

집단의 유형을 구분한 것 중에서 특히 집단상담전문가협회(ASGW, 2000)는 과제/활동집단, 심리교육, 상담, 심리치료의 네 가지 유형으로 구분하고 각 집단의 리더를 양성하기 위한 훈련 기준을 함께 제시하기도 하였다. 여기에서는 주로 **정신건강과 인간적 성장을 도모하는 대표적인 집단 유형**에 대해 구체적으로 살펴보고자 한다.

표 5-1 학자/단체별 집단의 유형 구분

학자명/단체명	연도	집단의 유형
Association for Specialists in Group Work (ASGW)	2000	• 과제/활동집단 • 심리교육 집단 • 상담집단 • 심리치료 집단
Toseland & Rivas	2001	• 처치집단 –지지집단 –교육집단 –성장집단 –치료집단 –사회화 집단 • 과업집단

Trotzfey	2006	• 생활지도 · 생활기술 집단 • 상담집단 • 심리치료 집단 • 지지 · 자조집단 • 자문집단 • 성장집단
Gladding	2012	• 생활지도 집단 • 상담집단 • 심리치료 집단
Jacob, Schimmel, Masson, & Harvill	2016	• 교육집단 • 토론집단 • 과제집단 • 성장과 경험 집단

출처: 강진령(2011)에서 일부 재인용.

(1) 교육집단

교육집단(educational groups)은 주로 **정의적 · 인지적 측면**의 정신건강 교육과 이와 관련된 다양한 주제에 대한 정보를 제공할 목적으로 구성되는 집단을 말한다. 예를 들면, 인터넷 중독 예방, 스트레스 관리, 자기주장 훈련, 진로 탐색, 수험생 학부모 교육 등과 같은 주제 분야에서 이루어지며, 주로 리더가 먼저 강의 형식으로 참여자들에게 필요한 정보를 제공하고, 질의응답 및 토의 후 소감을 나누는 방식으로 진행된다. 특정한 주제에 초점을 맞추어 일정한 주제, 구조, 내용을 가지고 진행되는 이러한 구조화 집단(structured group)은 정부기관, 학교, 대학상담센터 등에서 활용되는 경우가 많다. 집단에서 논의되는 특정 주제는 집단을 계획하는 단계에서 사전에 결정되거나, 예비 참여자 또는 참여자 모집단의 요구를 반영하여 결정되기도 하며, 집단의 필요를 고려하여 주제에 적합한 집단 프로그램을 개발 및 활용하기도 한다. 또한 실제 운영하는 집단에서 리더의 관심과 집단 구성원의 요구에 따라 집단의 주제가 달라질 수도 있다. 이러한 교육집단은 집단원들에게 인생의 어떤 문제를 더 잘 인식하게 하고, 그에 더 잘 대처할 수 있는 수단을 제공한다는 공통의 목표를 갖는다.

(2) 성장집단

성장집단(growth groups)은 **자신과 타인의 보다 의미 있는 만남과 접촉**을 통해 집단원들의 **성장과 발달을 촉진**하기 위해 구성되는 집단을 말한다. 예를 들면, 참만남집단,[1] T그룹[2] 등이 포함된다. 성장집단의 기본 가정은 구성원이 안전한 분위기 속에서 집단의 치료적 요소를 경험하게 되면 자기 자신을 정직하게 평가하여 자신의 참모습을 깨달을 수 있다는 것이다. 또한 집단원이 사고, 감정, 행동의 변화를 꾀하게 되면서 궁극적으로 인간적 성장을 실현한다는 것이다(강진령, 2011). 따라서 성장집단에서는 특정한 구조나 프로그램 없이 집단원들이 솔직한 현재의 느낌을 자유롭게 표현하는 과정이 강조되며, 허용적이고 수용적인 자세로 격려하는 촉진자, 함께하는 참여자의 역할이 강조된다(김계현 외, 2020).

(3) 상담집단

상담집단(counseling groups)은 집단원들의 **치료적 · 예방적 · 교육적 목표**를 위해 집단 역동과 과정을 활용하여 **일상의 문제들을 해결하도록 돕고자** 구성되는 집단을 말한다. 예를 들면, 상담집단에서는 대인관계 문제해결, 자기이해 증진, 부적응 행동의 극복 등 개인 · 사회 · 발달적 관심을 주로 다루는 등 특정 유형의 문제에 관심을 두는 경우가 많다. 상담집단은 비교적 건강한 사람들이 대인관계 수준에서 더 잘 기능하도록 돕는 것을 목적으로 집중적인 경험을 제공한다. 이를 통해 참여자는 자신의 문제에 대한 해결 능력을 개발시켜 미래에 닥칠 유사한 성격의 문제들에 보다 잘 대처할 수 있는 역량을 기를 수 있다. 이러한 상담집단은 학교, 대학상담센터, 지역사

---

1) 참만남집단(encounter groups)은 인간중심치료의 창시자인 Carl Rogers가 주도한 집단의 형태로, '친밀한 상호작용을 통해 각 구성원으로 하여금 자기 자신 그리고 타인과의 관계 맺는 방법에 관해 더 많은 것을 발견하게끔 하는 소집단'이다(노안영, 2011). 이 집단의 일반적인 목표는 이미 정상적으로 잘 기능하는 사람들의 역량을 강화하여 더 잘 지내게 하기 위한 것으로 주로 일치성과 진정성의 신장에 관심을 둔다(강진령, 2011).

2) T그룹(training groups: T-groups)은 1947년 미국에서 지역사회 지도자 훈련을 위한 훈련 기법으로 보급되기 시작하였다. 현재는 다양한 계층의 사람들이 참여하는 집단으로, 집단을 통해 자신을 성장시킬 수 있는 교육과정으로 인정받고 있다(김계현 외, 2020). 이 집단은 집단에 참여하는 사람들이 대인관계에서의 감수성을 높이고, 인간관계 기술을 향상하려는 목적으로 이루어지는 집단으로 감수성 훈련집단(sensitiveness training group)이라고도 한다.

회의 정신건강센터 및 진료소와 같은 기관에서 종종 실시된다. 이 유형의 집단은 성격적 변화를 목표로 하거나 보다 심각한 심리적 · 행동적 장애의 치료에 관심을 두고 있는 치료집단과 달리 의식적인 문제를 다루고 보통 구체적인 단기 문제해결에 관심을 두고 있다.

(4) 치료집단

치료집단(therapy groups)은 상담집단에 비해 보다 심각한 정도의 **정서 · 행동 문제**나 **정신장애**를 치료하기 위한 목적으로 구성되어 각 집단원의 **심층심리적 문제들의 재조정**을 돕는 집단을 말한다. 치료집단에 참여하는 사람들은 일반적으로 우울, 분노, 불안, 공포, 성격 장애 및 정신 · 신체장애와 같은 특정한 증상이나 심리적 문제들을 완화시키기 위해 치료집단에 참여한다. 치료집단에서는 심리적 어려움과 정신장애의 심각성과 범위를 고려하여 성격의 주요 차원을 재구성하는 데에 관심을 두고 각 개인을 조력하는 것이 목표이다.

(5) 자조집단

자조집단(self-help groups)은 **공통의 문제나 관심**을 가지고 있는 사람들이 모여, 자신의 문제로 인한 스트레스를 해결하고 생활양식을 바꾸거나 어려움에 효율적으로 대처해 나갈 수 있는 동기를 갖게 하는 등의 **지지 체계를 형성**하려는 집단을 의미한다(김계현 외, 2020). 대표적인 자조집단의 예로는 비만, 음주, 흡연의 통제를 위한 집단, 가족 내에 알코올, 도박 중독자가 있는 사람들을 위한 집단, 암 환자 가족 집단 등을 들 수 있다. 이러한 자조집단은 전문가보다는 특정 문제를 이미 겪었거나 극복한 사람, 또는 구성원들이 차례로 돌아가면서 집단의 리더 역할을 맡는 등 집단원들의 기능을 활용하는 경우가 많은 편이다.

이상의 유형은 집단을 구분하는 여러 기준 중 집단이 어떠한 기능을 하느냐에 중점을 두어 분류한 것이라고 할 수 있다. 이와 같은 집단의 유형 분류 이외에 집단의 구조화 정도, 개방성, 시간적 연속성, 집단원의 동질성 여부 등에 따른 유형 분류가 가능하다. 이 중 구조화 정도에 따라서는 집단의 과정을 촉진시키기 위해 구조화되고 체계를 갖춘 프로그램을 사용하는 구조화 집단(structured groups), 사전에 계획된 활동 내용이 없이 집단이 이루어지는 바로 그 상황에서의 역동에 집중하는 비구조화 집단(unstructured groups)으로 구분할 수 있다. 또한 이러한 구조화 정도를 유동적으로 활용하는 반구조화 집단(semi-structured groups)의 유형도 함께 활용할 수 있다. 그리고 개방성에 따라서는 집단원의 종결 및 새로운 집단원에 대한 개방도에 따라 개방집단(open groups)과 폐쇄집단(closed groups)으로 구분할 수 있다. 결론적으로 다양한 집단의 유형 중 어떠한 유형으로 집단을 운영하느냐의 문제는 집단이 운영되는 다양한 맥락에 대한 충분한 고려를 통해 사전에 결정되는 것이 이상적이며 집단의 운영 과정에서 필요에 따라 수정해 나갈 수 있다.

3) 치료적 요인

'치료적 요인(therapeutic factor)'이란 **내담자의 성장과 변화를 촉진시키는 제 요인**으로서 집단상담자, 집단원, 또는 집단 활동의 상호작용을 통하여 집단원이 어려움을 겪고 있는 현재 상태 개선과 변화 및 성장을 촉진하는 기제라 할 수 있다(권경인, 2001). 이러한 치료적 요인이 집단 내에서 얼마나 작용하느냐에 따라 집단의 성과가 달라질 수 있다(이윤주, 2015). 대표적인 학자별 치료적 요인을 정리하면 〈표 5-2〉

표 5-2 대표적 학자별 치료적 요인

Bloch et al. (1979)	Kottler (2001)	Yalom & Leszcz (2005)	Corey, Corey, & Corey (2016)
• 희망의 고취 • 보편성 • 수용 • 이타주의 • 대리학습 • 대인관계를 통한 학습 • 카타르시스 • 자기이해 • 자기노출 • 지도	• 지지 • 소속감 • 정화 • 대리학습 • 인식 • 가족 재연 • 공정 책무 • 과업 촉진 • 모험 시도 • 시연 • 직면, 피드백 • 마법	• 희망 고취 • 보편성 • 정보 공유 • 이타주의 • 일차 가족 집단의 교정적 재현 • 사회화 기법 발달 • 모방 행동 • 대인관계 학습 • 집단 응집력 • 정화 • 실존적 요인	• 자기개방 • 피드백 • 직면 • 응집력 • 보편성 • 희망 • 모험과 신뢰 • 관심과 이해 • 정화 • 인지적 요인 • 변화의 의지 • 시도의 자유 • 유머

와 같다.

또한 집단상담의 치료적 요인에 대한 최근 연구는 집단의 유형, 집단의 발달 단계, 집단원의 특성에 따라 중요하게 부각되는 치료적 요인을 파악하는 방식(구승영, 김영근, 2019)으로 세분화되거나, 상담자 또는 집단원의 치료적 요인에 대한 인식을 탐색적으로 살펴보는 등 관련 연구가 다각적으로 이루어지고 있다.

집단상담의 치료적 요인은 학자나 임상가들의 이론적 접근이나 치료적 관점, 누구의 인식을 살펴보느냐에 따라 조금씩 다를 수 있지만, 여기에서는 공통적으로 논의되는 변화 촉진 요인들을 중심으로 살펴보고자 한다.

(1) 희망의 고취

'희망'은 **변화가 가능하다는 믿음**이다(Corey et al., 2016). 집단상담에서 희망의 고취(instillation of hope)는 삶에 대한 희망감이다(Yalom & Leszcz, 2005). 이는 집단원 개개인이 과거의 희생물이 아니라 변화를 위해 기꺼이 새로운 결정을 내릴 수 있는 힘과 능력이 있는 존재임을 믿게 되는 것이다(강진령, 2011). 심한 좌절감에 빠져 스스로 할 수 있는 것이 아무것도 없다고 느끼는 집단원들은 집단에서 고군분투한 끝에 삶을 효과적으로 통제할 수 있게 된 사람들을 만나게 되고, 그런 사람들과 함께 경험을 나누다 보면 그들 자신의 삶도 달라질 수 있다는 희망을 가질 수 있게 된다.

(2) 보편성

보편성(universality)이란 자신의 문제가 자신만 경험하는 것이 아니라 **다른 사람도 비슷한 문제를 겪고 있다는 것**을 깨닫게 되는 것을 의미한다. 집단원들은 집단상담에서 상호 교류를 통해 자신의 고민거리가 다른 사람의 것과 너무도 비슷하다는 사실을 경험하면서 서로를 더 이해하게 된다. 집단에서 보편성을 경험하기 위해서는 집단원들이 서로 간에 공통점이 있다고 느끼는 과정이 필요하다. 따라서 보편성은 개인상담에서 경험하기 어려운 변화 요인이다. 특히 이 요인은 가정에서 또는 학교에서 어려움을 겪고 있는 청소년, 자살이나 자해의 경험을 가진 청소년이 함께하는 집단 등에서 매우 중요한 치료적 요인이라고 할 수 있다.

(3) 이타주의

이타주의(altruism)는 **다른 사람을 기꺼이 도와주는 경험을 함으로써 변화가 촉진**되는 현상이다. 집단상담이 진행되면 각 집단원은 다른 사람에게 도움이 되는 자신을 발견하는데, 이러한 경험은 개인의 자긍심을 고양시키는 데 도움이 된다(김계현 외, 2020). 집단상담에 참여함으로써 이러한 이타적 행동을 할 수 있는 실제적인 기회를 찾고 이타적 행동의 결과로 자긍심이 향상되는 경험을 하는 것은 개인상담에서 경험하기 어려운 집단상담의 치료적 요인이다. 특히 수동적이고 의존적인 위치와 능동적이고 독립적인 위치의 중간에 있으면서 자신의 정체성에 대해 갈등하고 있는 청소년들의 경우, 집단의 경험을 통해 자신이 다른 누군가에게 도움이 될 수 있는 사람이라고 인식하는 것은 발달적 어려움을 이겨 내고 성숙한 성인으로 성장해 나가는 좋은 밑거름이 될 수 있다(김창대, 2009).

(4) 모방학습

모방학습(modeling, imitative behavior)은 **다른 사람의 행동을 관찰하여 습득**하게 되는 것을 의미한다. 집단원들은 서로에 대한 관찰과 상호작용을 통해 다른 집단원이나 집단상담자의 행동 중에서 받아들일 만한 것을 모방함으로써 바람직한 행동을 습득하게 된다. 특히 집단상담에서 다른 청소년들이 자기개방을 하거나 다른 사람에게 도움을 주는 특정한 행동을 관찰하는 것은 서로 간에 본보기가 될 수 있으며 집단상담자의 행동 역시 모방의 대상이 될 수 있다. 또한 집단상담에서 자신의 문제를 개방하지 않더라도 다른 사람이 문제를 개방하고 해결해 나가는 과정을 지켜보는 것만으로도 대리학습(vicarious learning)의 효과를 얻을 수 있다.

(5) 대인관계 학습

대인관계 학습(interpersonal learning)은 집단 내에서 **집단원들 간의 상호작용을 통해 새로운 지식을 습득하거나 새로운 경험**을 하는 것을 의미한다. 이 개념은 개인상담에서 나타나는 통찰, 전이의 해결, 교정적 정서 체험과 같은 중요한 치료적 요인들을 집단상담에 적용시킨 것이다(Yalom & Leszcz, 2005). 집단상담에서 배움을 얻을 수 있는 방법 중의 하나는 집단원들 간의 상호작용을 통해서다. 집단원은 다른 집단원이 제공하는 정보를 습득하거나 다른 집단원으로부터 받는 피드백, 다른 집단원들

간의 상호작용에 대한 관찰 등을 통해 학습하게 된다. 특히 대인관계에서 경험하는 피드백은 다양한 치료적 요인들의 발달에 영향을 미치며 집단원들의 성장을 촉진하는 역할을 한다(Corey et al., 2016).

(6) 정화

정화(catharsis, 카타르시스)란 **억눌렸던 자신의 여러 가지 감정과 생각을 표현함으로써 억압된 정서를 해소**하는 것을 말한다. 집단원들은 이를 통해 마음의 안정을 찾으며 현실에 대해 한결 객관적인 시각을 가지게 된다. 억압된 감정의 표출은 그 자체만으로도 치료적 효과가 있는데, 그것은 위협적인 감정을 억누르는 데 쓰였던 에너지가 분출되기 때문이다. 오랜 기간 쌓여 있던 고통과 나타내지 않았던 감정들을 표현하고 나면, 대부분의 사람은 신체적 · 정신적 해방감을 느낀다. 이러한 감정 표출은 신뢰와 응집력을 촉진시킨다는 면에서 집단 역동에도 촉진적인 역할을 한다.

(7) 응집력

응집력(cohesiveness)은 **다른 사람들과 서로 연결되어 있다는 느낌**이다(Yalom & Leszcz, 2005). 다른 말로 표현하자면, 집단원들이 '우리'라는 의식을 가지고 집단 내에서 적극적으로 일체화하려는 정도를 말한다(강진령, 2011). 이러한 응집력은 집단에 대한 소속감 또는 집단에 대한 매력과 연관되는 것으로(Lieberman, Yalom, & Miles, 1973), Yalom과 Leszcz(2005)는 응집력이 집단의 긍정적인 특성들과 많은 연관성이 있다고 하였다. 즉, 집단에서 응집력은 집단원들로 하여금 집단을 더 신뢰하게 하고 참여를 독려하며 위험을 감수하고서라도 자신을 더 많이 개방하게 하는 등 성공적인 집단과정에 영향을 미친다. 응집력이 있는 집단의 특성은 지지하는 분위기, 유대감, 경험 공유, 집단 내에서의 소속감, 온기, 친밀함, 배려와 수용을 포함하고 있다(Corey et al., 2016). 집단상담에서 응집력이 없을 경우 집단 구성 자체가 어려워질 수 있고, 집단원들은 집단에 대한 매력을 느끼지 못하게 된다. 따라서 응집력은 어떤 치료적 요인보다 기초적이고 중요한 요인이라고 볼 수 있다.

(8) 초기 가족의 교정적 재현

초기 가족의 교정적 재현(corrective recapitulation of the primary family group)은 집

단에서 **초년기 가족 내 갈등**이 다시 살아나고 이러한 **갈등이 교정적으로 재현되는 것을 통해 학습할 기회**를 갖는 것을 일컫는다. 집단상담에서 집단원들은 원하든 그렇지 않든 각자 원가족, 즉 자신을 낳아 준 부모와 형제자매들과 함께 지내면서 대인관계에서 왜곡의 원인을 제공했던 시절에 대한 재현을 경험한다(강진령, 2012). 예컨대, 집단원들은 의식적·무의식적으로 집단상담자나 보조상담자를 아버지나 어머니로 간주하고 집단원들을 형제자매로 보는 경우가 있다. 집단상담자는 이러한 현상이 일어날 때 가족관계에서 일어나는 대인관계 패턴이 집단 속에서 반복되지는 않는지 잘 관찰할 필요가 있다(김계현 외, 2020). 집단원들은 집단원들 간의 상호작용을 통해 그동안 자신이 깨닫지 못했던 가족 내에서의 자기 고유의 역할을 깨닫게 되고, 집단 작업을 통해 새로운 행동을 실험해 봄으로써 그동안 의식하지 못했던 역기능적 대인관계 패턴을 변화시킬 수 있는 계기를 마련하게 된다.

이러한 치료적 요인 중 집단원의 발달적 관점에 따라 더 효과적이거나 덜 효과적인 요인을 살펴보면 다음과 같다. 정성란 등(2013)은 치료적 요인에 대한 선행 연구 분석 결과, 전체적인 맥락에서 중요한 치료적 요인은 '자기이해' 및 '대인관계 학습'이었던 것과 달리 **청소년 집단 맥락**에서 유익하다고 평가되는 요인은 '**정화**' 및 '**대인관계 학습**'이라고 하였다. 즉, 집단 참여 경험이 대인관계를 통한 학습의 경험이 된다는 면에서는 공통적이나, 청소년 집단에서 자기를 이해하고 통찰하는 경험을 통해 도움을 받는 것은 상대적으로 그리 쉬운 과정이 아님을 알 수 있다. 따라서 청소년 집단을 운영하는 집단상담자는 어떠한 치료적 요인을 활용하는 것이 해당 집단에 유익한 결과를 가져올 수 있을지에 대해 깊이 고민해 보는 과정이 필요하다.

2. 집단상담의 과정

집단상담의 과정과 관련해서는 실제 집단을 준비하여 마치기까지의 시간적 흐름에 따라 고려할 사항 및 특징을 살펴보고자 한다. 집단의 과정을 단계적 개념에서 명명하는 것에는 차이가 있을 수 있지만, 이 장에서는 ① 사전준비 단계, ② 초기 단계, ③ 과도기 단계, ④ 작업 단계, ⑤ 종결 단계, ⑥ 추후작업 단계의 6단계로 나누어 설명한다. 이러한 설명에서 '작업 단계(working stage)'를 집단이 생산 단계나 친밀 단계에 이르기 이전의 단계로서 여전히 저항하고 불안해하는 단계 또는 집단상담자에 대한 도전이 나타나는 단계로 설명하는 경우가 있으나(Earley, 2004), 여기에서는 실제적인 치료적 과정이 이루어지는 단계의 의미(Corey, Corey, & Haynes, 2012)로 설명하기로 한다.

1) 사전준비 단계

사전준비 단계는 집단상담을 시작하기에 앞서 집단상담자가 **집단상담을 계획**하는 것에서부터 집단상담이 실제로 시작되기 전까지 **집단의 목적과 내용, 운영 방식** 등을 미리 준비하고 **집단 구성원을 선발**하는 과정을 포함한다. 집단을 시작하기 전에 체계적이고 계획적으로 집단을 준비하는 것은 성공적인 집단 운영에 직접적인 영향을 미친다. 이 단계에서는 집단상담의 목적에 따라 집단상담의 유형을 결정하고, 실제적인 고려사항을 철저하게 검토하여, 집단 회기 수, 시간, 장소, 집단 구성에 필요한 인원, 홍보 내용과 방법, 집단 구성원 선발 방법, 사전 오리엔테이션 등을 구체적으로 준비해야 한다. 여기에서는 집단을 계획할 때 중요하게 고려해야 할 몇 가지 사항에 대해 이야기해 보고자 한다.

(1) 집단원의 모집과 선발

집단의 사전준비 단계에서는 어떤 잠재적 집단원들을 대상으로 어떻게 홍보할 것인가를 고려하는 것이 우선적으로 필요하다. 이 과정에서 홍보 대상, 홍보 방법, 홍보물 제작에 대한 아이디어를 구체적으로 구상해야 한다. 예를 들어, 집단 구성을 동질 집단으로 할 것인가 또는 이질 집단으로 할 것인가는 집단 목표에 따라 달라질 수 있다. 알코올 치료집단, 재활집단, 체중조절 집단, 학교 밖 청소년 집단, 중도 입국 자녀 집단 등 어떤 일정한 요구가 있는 특정한 대상이 정해져 있는 경우에는 집단의 결속력에 도움이 되는 동질성을 갖는 것이 적합하다(Corey et al., 2016). 집단의 동질성은 집단의 응집력을 높이고 그들의 삶의 위기에 대한 개방적이고 깊이 있는 탐색을 촉진할 수 있게 한다. 집단원들은 사적인 부분으로 감춰 왔던 그들의 감정을 표현할 수 있게 되고, 집단이라는 상황은 그들에게 다른 사람들과 하나 되는 경험을 제공한다. 이와 다르게, 집단원이 경험하는 실제적인 사회 구조를 경험하게 할 '축소판'이 필요할 때도 있는데, 이때에는 이질적인 집단을 구성하는 것이 좋다. 이질 집단과 관련하여 자기성장 집단과 특정 치료집단의 경우를 예로 들 수 있는데, 이러한 집단의 집단원들은 현실 사회와 유사한 환경을 경험하면서 다양한 사람으로부터 주어지는 피드백을 통해 새로운 행동을 실험하거나 대인관계 기술을 개발할 수 있다.

일단 집단의 대상이 결정되고 모집이 이루어지면, 집단 구성에 필요한 적정 인원에 대한 고려와 집단원의 준비도를 바탕으로 지원한 모든 사람을 참여시킬 것인가, 아니면 일정한 선발 절차에 따라 일부 집단원을 선발할 것인가를 결정해야 한다. 이상적으로는 집단에 참여하고자 하는 잠재적 집단원과의 사전 개별면담을 통해 지원자가 현재 계획하는 집단에 적합한지를 살펴보는 것이 필요하다. 집단에 참여하고자 하는 사람의 관점에서도 집단의 절차와 기본적인 목적 그리고 집단의 다른 측면에 대해서 사전에 질문할 기회를 갖는 것은 집단에 대한 정보를 얻을 수 있을 뿐만 아니라 생산적인 작업을 위해 꼭 필요한 과정이다. 이를 통해 집단상담 및 집단상담자에 대한 신뢰를 높일 수 있다.

그러나 사전 개별면담을 통해 집단원을 파악할 현실적 여건이 허락되지 않는다면 충분한 안내를 통해 집단에 대한 정보를 제공하고, 기본적인 스크리닝 절차를 통해 집단에 적합하지 않은 집단원을 선별하는 장치를 마련해야 한다. 이러한 과정을 통해 적대적인 사람이나 독점하려는 사람, 극도로 공격적인 사람 그리고 과잉 행동을 보이는 사람들과 같이 개별적인 특성을 변별해 낼 수 있다면 집단 운영의 안정성은 더욱 높아질 수 있다(Corey et al., 2016). 집단상담자는 이러한 사람들이 집단에 참여함으로써 얻게 되는 유익과 집단 전체가 감수해야 할지도 모르는 손실을 견주어 보아야 한다. 자살 가능성이 있는 사람, 극도로 혼란스러운 정서를 가진 사람, 지나치게 예민하고 정신병적인 사람, 반사회적인 사람, 아주 위험한 위기를 맞은 사람, 심한 편집증 환자, 심하게 자기중심적인 사람들은 대체로 집단상담에 적합하지 않다. 이런 사람들에게는 집단상담보다는 개인상담을 권유하도록 한다.

(2) 집단의 형식

① 장소

집단은 좋은 분위기를 형성할 수 있는 장소에서 이루어져야 한다. 집단원들에게 편안하고 사생활이 존중되는 느낌을 제공함으로써 그들이 집단을 일상의 사회적 상호작용과는 다른 '신성한 공간'으로 경험할 수 있도록 해야 한다(Earley, 2004). 예를 들어, 여러 사람이 편안하게 원형으로 둘러앉을 수 있는 공간 배치와 방음이 가능한 쾌적한 공간이면 적당하다. 또한 공동리더가 함께하는 경우에 집단 진행 시의 상황 및 역동을 파악하기 위해 리더가 서로 반대편에 위치하는 등 장소 내에서의 공간 배치에도 신경을 써야 한다.

② 집단의 크기

집단은 구성원들의 나이, 성숙 정도, 프로그램 내용, 집단 특성 등에 따라서 그 크기가 달라질 수 있다. 따라서 획일적으로 집단의 크기를 결정하기가 어렵다. 다만, 집단의 크기에 대한 참고자료를 제시하자면, 집단상담은 7~8명으로 이루어지는 것이 이상적이라는 의견이 있다(Salvendy, 1993, p. 79; Yalom, 1995, p. 276; Earley, 2004에서 재인용). 특히 청소년 집단을 구성할 때 그 크기의 결정에서 고려할 점을 살펴보면, 첫째, 집단원의 발달 단계(연령)에 따라 연령이 어린 경우에는 소수로 운영하고 연령이 높은 경우에는 조금 더 많은 인원이 참여하는 것이 적정하다. 다만 학교에서 학급 단위로 이루어지는 경우에는 20~30명의 참여도 가능하다. 둘째, 심리교육 집단으로 운영하는 경우에는 12명 이하가 적당하며, 성장, 지지, 상담 및 치료 집단으로 운영하는 경우에는 8명 이하 정도로 그 인원을 더 적게 운영하도록 한다(천성문, 함경애, 박명숙, 김미옥, 2017). 다만 집단이 너무 크면 각 사람을 위한 시간이 충분하지 않고 집단원 간의 친밀한 상호작용이 어려워질 수 있다는 것에 유의해야 한다. 반대로 집단이 너무 작으면 다양성이 결여될 수 있다. 따라서 집단에서 집단의 크기를 결정할 때에는 집단원들의 다양하고 원만한 상호작용이 가능하면서 모든 집단원이 집단에 소속되어 있는 느낌을 갖고 활동할 수 있는 규모를 고려해야 한다.

③ 집단 회기의 빈도와 시간

얼마나 자주 만나야 하는가? 그리고 얼마만큼의 기간 동안 회기를 지속해야 하는가? 매 회기 1시간씩 일주일에 2번 만나야 하는가? 아니면 일주일에 1시간 반에서 2시간씩 1회가 더 적절한가? 아동과 청소년을 대상으로 한 집단의 경우에는 짧은 시간 동안 자주 만나도록 하는 것이 주의집중에 더 효과적일 수 있다. 학교에서 집단 프로그램을 진행할 경우에는 학교급의 정규 수업 시간 기준에 맞춰서 운영할 수도 있다. 대학생이나 비교적 참여를 잘 하는 성인의 경우에는 매주 1회기 2시간이 적절하다. 자발성이 있는 대학생이나 성인에게 한 회기 2시간은 집중적인 작업이 가능할 만큼 충분하며, 지루하지는 않을 정도의 적당한 시간이다. 또한 이러한 빈도와 시간의 결정은 앞서 설정한 집단이 이루어지는 장소, 집단의 크기에 대한 고려와 함께 집단상담자의 집단 운영 스타일과 집단에 참여하는 사람들의 유형에 따라 달라질 수 있다.

④ 전체 집단 회기의 길이

전체 집단 회기는 어느 정도 지속되어야 하는가? 집단상담의 종결 일시를 정해 두는 것이 현명한가? 대부분의 집단 프로그램이 시작할 때부터 종결 일시를 명시하기 때문에 집단원들은 자신이 참여하고 있는 프로그램의 시간적 구조에 대하여 명확히 알 수 있다. 집단이 진행되는 회기의 기준을 결정하는 것 역시 집단의 특성을 고려해야 하지만, 일례로 청소년을 대상으로 하는 경우에 8~12회기 정도가 적당하며, 8회기보다 적은 회기로 진행하는 경우 집단과정에서 역동을 충분히 다루기 어렵다(김춘경 외, 2015). 또한 청소년의 범위를 대학생까지 확장하는 경우, 대학생 집단은 15주(한 학기)나 학기 중 4~6주, 또는 방학의 기간을 활용하여 집중적인 형태로 이루어지기도 한다. 결론적으로 집단 회기의 길이를 결정할 때는 집단원들이 신뢰감을 쌓고, 행동적인 변화를 일으키기에 충분하고, 지루할 만큼 길지는 않은 기간으로 설정되어야 한다.

2) 초기 단계

집단의 초기 단계는 집단의 **첫 2~3회기**까지를 일컫는다(노안영, 2011). 초기 단계에서 핵심적인 과정은 **오리엔테이션, 관계 형성** 그리고 **탐색**이다. 이를 통해 집단원들이 집단의 안전에 대해 탐색할 수 있도록 돕고, 집단 운영 전체에 대한 구조화가 함께 이루어지도록 해야 한다(김계현 외, 2020). 이 단계에서는 집단원들이 서로 알아가는 작업을 실시해야 하는데, 이 과정에서 집단원들이 사전에 서로 알고 있는 사이인지 또는 집단에서 처음 만난 사이인지에 대한 파악과 이들이 집단에 대해 어느 정도의 기대를 가지고 있는지에 대한 파악도 함께 이루어져야 한다.

(1) 집단의 첫 회기

집단의 초기 단계 중에서 집단의 첫 회기는 특히 중요하다. 청소년의 경우, 첫 회기에서의 집단 경험이 어떠했느냐가 이후의 참여 여부를 결정하거나 또는 집단에서의 내적인 행동 목표를 결정하기도 한다. 또한 집단의 첫 회기는 집단상담자에게도 설렘과 두려움이 공존할 수 있기에 예상하지 못한 작은 변수가 생길 때 쉽게 당황할 수 있다. 따라서 청소년과 함께 하는 집단상담의 첫 회기에서는 〈표 5-3〉에 제시된 사항을 고려할 필요가 있다.

표 5-3 집단상담의 첫 회기에서 고려할 21가지

항목
1. 집단 시작하기
2. 집단원들 소개시키기
3. 긍정적인 분위기 형성하기
4. 목적을 명확하게 하기
5. 집단상담자의 역할 설명하기
6. 집단활동의 내용 설명하기
7. 집단원들이 집단에 대한 자신의 기대를 이야기하도록 돕기
8. 참여 유도하기
9. 첫 회기에서 활동(activity) 활용하기
10. 집단원들이 어느 정도로 편안함을 느끼는지 확인하기
11. 집단 규칙 설명하기
12. 집단에서 활용되는 용어 설명하기
13. 집단원의 상호작용 유형 평가하기
14. 다문화와 다양성 문제 및 지금-여기(here-now)에서의 역동성에 민감하기

15. 내용에 초점을 맞추기
16. (필요한 경우) 집단원 제지하기
17. 질문에 대해 적절히 응답하기
18. 다른 집단원들을 바라보며 이야기하기
19. 첫 회기에서 고려해야 할 사항들 재확인하기
20. 첫 회기를 끝내기
21. 첫 회기 평가하기

출처: Jacob, Schimmel, Masson, & Harvill (2016).

(2) 집단의 초기 단계에서 다루어야 할 과제

Weiner(1984)는 초기 단계에서 다루어야 할 다섯 가지 과제로 '걱정 다루기' '집단 구성원의 목표와 계약 검토하기' '집단 규칙을 보다 명료하게 구체화하기' '한계 설정하기' '집단 구성원들 간의 긍정적 교류 촉진하기'를 제시하였다(노안영, 2011에서 재인용). 이러한 초기 단계의 다섯 가지 과제를 좀 더 자세히 살펴보면 다음과 같다.

① 걱정 다루기

초기 단계에서 집단원들은 집단 경험을 통해서 무엇을 얻고 싶은지가 불확실하고 모호하다. 집단원들은 처음에 서로 서먹해하거나 자기의 이야기를 터놓는 것에 대해 불안감을 느끼고 주저하는 것이 일반적이다. 집단상담자는 집단 초기에 이러한 불안에 대해 이야기할 수 있도록 하고, 표현되거나 표현되지 않은 불안을 충분히 다루는 것이 필요하다.

이 시기에 집단원은 '집단에 속할 것인가, 속하지 않을 것인가?'와 '이 집단이 얼마나 안전하고 신뢰할 만한가?'의 두 가지 주제에 대해 고군분투한다. 이 단계에서 집단상담자는 집단 참여자로서의 모델을 제시하고 집단원들이 집단의 목표와 개인의 목표를 결정해 가며 자신의 걱정을 다루어 갈 수 있도록 조력해야 한다. 또한 집단원들이 집단상담자에게 지나치게 의존하지 않고 스스로 이 과정을 책임감 있게 진행할 수 있도록 안내해야 한다.

② 집단 구성원의 목표와 계약 검토하기

초기 단계에서 이루어야 할 중요한 과제 중 하나는 집단의 목표와 개인의 목표를 세우는 것이다. 집단의 목표를 설정하는 것은 사전준비 단계에서 집단을 계획하는 것과 연관성이 있지만, 집단 회기의 길이, 집단 구성원의 요구나 준비도 등에 따라 질적으로 달라질 수 있다. 집단원들이 집단의 목표에 대해 이해하지 못하거나 의미 없는 목표를 세운 상태에서 집단에 참여한다면 집단원들에게 집단의 목표를 상기시키고 자신의 개인 목표를 세우도록 독려할 필요가 있다. 집단원들은 자신이 집단을 선택한 이유에 대해 내면화하고 자신의 목표를 달성하기 위해 현재 소속한 집단을 활용할 수 있다는 것에 대해 충분히 인식하기 전에는 집단에 적극적으로 참여하기가 매우 어렵다. 일반적인 집단에서 집단원들이 세우는 목표로는 개인의 성장과 발달을 통한 삶의 질 향상이라는 이상적인 목표 아래 장기 집단의 경우 성격의 변화, 단기 집단의 경우는 의사소통 방식의 학습, 감정 인식, 자신의 어려움에 대한 이해 등을 예로 들 수 있다. 또한 현재 속하게 된 집단에서 어떻게 참여할 것인가라는 구체적인 주제하에 신뢰와 수용의 분위기 형성하기, 의미 있는 방식으로 자기노출하게 하기, 위험을 무릅쓰도록 격려하기 등을 목표로 할 수 있다. 집단 초기에 이러한 목표가 명백하게 이야기되고 이해되며 집단원들에게 수용되는 것은 꼭 필요하다. 그렇지 않으면 이후의 단계에서 많은 논쟁과 혼란이 발생할 수 있다.

다만 집단의 목표는 집단이 진행되면서 차차 명료화되는 것일 수 있고, 결코 단 한 번에 정리되기 어려울 수 있다. 따라서 집단의 전체 과정을 경험하면서 집단원들이 자신의 개인적 목표가 어느 정도 달성되고 있는지를 스스로 평가하도록 돕고, 집단 참여과정에서 자신의 목표를 적절하게 수정해 나갈 수 있도록 조력할 필요가 있다.

③ 집단 규칙을 보다 명료하게 구체화하기

집단의 초기 단계에서는 집단 목표에 도달하기 위한 규범과 규칙들이 형성된다. 집단 규범(group norms)이란 집단을 효과적으로 기능하게 하는 데 필요한 행동에 대해 집단원들이 공통적으로 가지고 있는 신념 체계이다(Corey et al., 2016). 예를 들어, 집단에 책임감을 갖는 것, 자신을 탐색해 가는 것, 다른 집단원과 상호작용을 하는 것과 같이 명백하거나 또는 암묵적으로 형성된 것이다. 이러한 규범은 일반적인 행동 지침으로 이해될 수 있고 무엇을 지향해야 하거나 금해야 한다는 방향성을 포함할 수 있다. 예를 들어, 집단원들은 '집단은 사적인 비밀을 하나도 가져서는 안 되는 장소, 곧 모든 것을 말해야 되는 장소'라고 가정할 수 있다. 집단상담자가 집단원들에게 자기노출을 하면서 동시에 사적인 비밀을 가질 수 있는 가능성에 대해 주의를 환기시키지 않으면, 집단원들은 개방성과 솔직성을 '비밀이란 하나도 가질 수 없는 완벽한 노출 같은 것'으로 오해할 수 있다(Corey et al., 2016).

많은 집단에 공통적으로 적용할 수 있는 집단 규범으로는 ① 집단원은 집단에 정기적으로 참여하고 시간을 지켜야 한다는 것, ② 나 자신의 이야기를 진솔하게 표현한다는 것, ③ 집단원에 대해 관심을 갖고, 다른 사람의 이야기를 평가하고 판단하기보다는 경청과 수용의 태도를 가져야 한다는 것, ④ 집단에서 '지금-여기(here-now)'의 상호작용에 초점을 맞추고 '생각'보다는 '감정'을 표현한다는 것 등을 들 수 있다. 이러한 규범은 집단의 운영과정 속에서 자연스럽게 이야기되거나 수정되는 등 유연성을 지닌다.

집단 규범과 다르게 집단 규칙(group rules)은 보다 더 구체적이고 명확하게 정해져야 하며 집단원들이 준수해야 할 내용을 포함하고 있다. 때로는 집단 규칙이 집단 규범 중에서 더 구체화되거나 명시적으로 안내되어야 할 내용을 포함하기도 한다. 청소년 집단의 경우, 예를 들어 비밀보장, 집단 참석과 결석에 대한 사항, 시간 엄수 등 집단원들이 함께 지킬 내용을 문서화하여 제시할 필요가 있다.

④ 한계 설정하기

집단 규칙과 함께 집단상담자는 집단원들이 자신의 권리를 유지하고 주장하기 위한 전제 조건으로서 일정한 한계 내에서 행동할 것을 알려 줄 필요가 있다(노안영, 2011). 집단원이 집단 규칙을 위반할 경우에 어느 정도까지는 허용이 되지만 그 이상이 될 경우에는 집단을 떠나도록 한계를 설정하는 것이다. 예를 들어, 정기적으로 몇 회기 동안 진행되는 집단의 경우 '3번 이상 지각하면 결석으로 간주하고, 2번 이상의 무단결석은 집단을 더 이상 참여하지 않는 것으로 간주한다.'와 같은 한계를 설정하는 것이다. 이러한 명확한 한계를 설정하는 것은 집단에 대한 소속감과 안정감을 강화시킬 수 있다.

⑤ 집단 구성원들 간의 긍정적 교류 촉진하기

집단상담자는 첫 회기에서 집단원들 서로가 자기소개를 통해 친숙해지도록 하고, 서로 신뢰하는 분위기를 바탕으로 집단원들 간에 긍정적인 상호작용이 이루어지도록 촉진하는 것이 필요하다. 이를 위해 집단상담자가 먼저 편안하고 진솔한 태도로 임하며, 집단의 목적과 탐색할 수 있는 주제에 대해서 개괄적으로 설명해 주는 것이 좋다. 이러한 소개 시간은 집단의 초기 단계에서 집단에 참여하고는 있지만 앞으로 이 집단에 참여해야 할지 말지를 잘 결정하지 못하는 사람들에게 큰 도움이 된다.

3) 과도기 단계

집단이 작업 단계로 진행되기 전, 집단은 일반적으로 과도기를 경험한다. 이 단계에서 집단은 보통 불안, 방어, 저항, 통제와 관련되는 문제들, 집단원 사이의 갈등, 상담자에 대한 도전이나 상담자와의 갈등, 그 밖에 다양한 형태의 문제행동이 나타나는 특징을 보인다(Corey et al., 2016). 이 단계에서 집단상담자는 집단원이 자신의 **불안감을 표현**하도록 하고, **갈등 자체를 건강한 것으로 인식하는 긍정적이고 개방적인 태도를 가질 수 있도록 조력**해야 한다. 또한 이렇게 표현된 어려움을 집단원들이 **건설적으로 해결**해 나갈 수 있도록 도와야 한다. 이를 위해 집단상담자는 집단원들이 자신에게 하는 도전과 저항에 대해 **솔직하고 개방적인 태도로 접근하는 모범**을 보여 주어야 한다(김계현 외, 2009). 이러한 과도기 단계가 충분하고 적절하게 다루어져야만 작업 단계로 나아가는 것이 가능하다. 여기서는 과도기 단계의 대표적인 특징에 대해 살펴보기로 한다.

(1) 방어와 저항

집단원들은 과도기 단계에서 작업 단계로 나아가기 전, 상담자와 다른 집단원들을 시험해 보곤 한다. 집단원들은 안전한 상태에 안주하려는 마음과 그것을 극복하고 위험을 감수하여 집단에 더 적극적으로 참여하려는 마음 사이에서 갈등한다. 이때 상담자는 집단원들이 자신들의 주저하는 태도나 불안에 대해 털어놓을 수 있도록 격려해야 한다. 집단원들은 저항을 하게 마련이며 청소년들은 더욱 그러하다.

더욱이 그러한 저항은 집단원들의 입장에서는 지혜로운 반응이라고 볼 수도 있다. 정신분석 이론의 관점에서 보면 저항이란 이전에 억압하고 부인했던 위협적인 무의식적 요소들이 의식을 통해 자각되는 것을 꺼리는 것으로 정의할 수 있다(Corey, 2015). 더 넓은 의미로 저항은 자신이나 다른 사람들이 개인적인 문제나 고통스러운 감정을 탐색하지 못하게 방해하는 행동으로 볼 수 있다.

저항은 존중되어야 한다. 저항을 존중하지 않는다는 것은 집단상담자가 집단원 자체를 존중하지 않는 것과 마찬가지다. 따라서 상담자는 집단원들의 저항을 잘 다루어 감으로써 그들이 치료적 경험을 할 수 있도록 조력해야 한다. 여기서 저항을 잘 다룬다는 것은 저항적인 집단원을 벌하기보다 그러한 저항의 근원을 탐색하도록 돕는 것이다. 집단원들이 저항하거나 뒤로 물러나 있는 데는 그럴 만한 이유가 있는 경우가 많다. 집단상담자는 집단원의 저항을 이해하고 생산적으로 탐색함으로써 집단 작업에 활용해야 한다. 저항을 다루는 가장 좋은 방법은 집단원의 저항적 행동에서 상담자가 관찰하고 있는 것을 집단원에게 있는 그대로 기술하고, 집단원의 저항적 행동 때문에 상담자가 어떤 영향을 받고 있는지 알려 주는 것이다. 이런 방식을 사용함으로써 상담자는 집단원의 행동이 원래 자신이 성취하려고 했던 목적을 달성하는 데 어떠한 영향을 미치고 있는지 깨닫게 하는 기회를 줄 수 있다.

(2) 갈등

한 집단 내에서 갈등이 발생할 때, 상담자나 집단원들은 그 갈등을 해결하기 위해 충분한 시간을 가지기보다 그것을 피하고 싶어 한다. 그러나 갈등이란 집단을 포함한 모든 관계에서 피할 수 없는 것이고, 오히려 그것을 피하려는 태도 자체가 잘못된 결과를 초래하는 경우가 많다. 갈등이 충분히 탐색되지 않았을 때 집단원들은 방어적인 행동, 적개심, 우회적으로 말하기, 신뢰감의 결여 등의 반응을 보인다. 집단의 과도기에서는 갈등이 효과적으로 다루어지는 것이 매우 중요한데, 갈등이 효과적으로 다루어짐으로써 집단 내 신뢰감 수준이 상승하기 때문이다. 따라서 집단상담자가 해야 할 가장 우선적인 과제는 집단 내에서 갈등이 발생했을 때 그것을 건설적으로 다루는 것이 중요하다는 것을 집단원에게 가르치는 것이다. 상담자는 갈등을 표현하는 것을 가로막지 않고 그것을 통해서 집단원들이 가진 생각과 감정을 좀 더 직접적으로 표현하도록 돕는 것이 중요하다. 집단의 응집력은 집단원들이 그들

간의 갈등이나 분노 감정을 알아차리고 표현한 후에 더욱 강해진다. 왜냐하면 그러한 감정을 표현함으로써 집단 내에서 느낄 수 있는 자유로움이나 신뢰감을 가늠해볼 수 있기 때문이다. 갈등이 건설적으로 다루어지면 집단원들은 그들의 관계가 강력해서 서로 솔직한 상호작용이 오가도 괜찮을 정도라는 것을 알게 된다.

4) 작업 단계

작업 단계란 집단원들이 자신에 대한 탐색을 통해 자신이 다루어야 할 문제에 대해 실제적인 작업(working)을 수행하는 단계다. 작업을 수행하는 것은 앞선 초기 단계의 불안정함과 과도기 단계의 어려움을 거친 후에 가능하며, 집단원들이 작업 단계에 이르렀다는 것은 그들이 **자신의 중요한 문제들을 꺼내어 놓고 집중적으로 탐색하려는 동기**가 있으며 **집단의 흐름(역동, dynamic)에 주의를 기울이고 있는 단계**에 있다고 이해할 수 있다. 작업 단계는 집단상담의 응집력이 생기고 생산적인 활동이 활발하게 이루어지는 단계로, 집단원들이 집단에 대해 신뢰감을 느끼고 각별한 애착을 느끼게 된다. 집단원들이 자신의 이야기를 털어놓기 시작함에 따라 감정의 정화 작용이 일어난다. 그리고 보다 더 깊은 수준에서 자기표출과 더불어 자신의 문제에 대한 통찰력을 가지게 된다. 그리하여 집단원은 **새로운 행동을 시도하고 피드백이 교환되는 가운데 성장을 경험**한다.

이 단계에서 집단원들은 지금-여기(here-now)에 초점을 맞추게 되고, 집단에 강한 소속감을 느끼며, 집단에 대해 반복적으로 만족감을 표현하는 특성을 보인다. 집단원들은 자신들의 문제나 목표를 쉽게 개방하고, 자신이 주도적이고 독립적으로 해야 할 부분과 집단상담자에게 의존할 부분을 분명히 알게 된다. 이 단계의 집단원들은 집단에서 발생하는 모든 작업에 대해 높은 책임감을 갖게 되므로 일종의 집단 지도력이 형성된다. 그것은 집단원들이 공동의 상담자가 된다는 뜻이 아니라, 그들이 좀 더 수월하게 작업을 시작하고 상담자가 물어볼 때까지 기다리지 않고도 스스로 다른 사람들의 작업에 동참하여 개인적인 피드백을 제공한다는 뜻이다. 집단원들은 이야기하는 것과 타인의 이야기를 듣는 것을 조화롭게 수행하며, 집단에 대해 만족감을 표현하고, 행동의 변화를 위해 집단 안에서 연습한 것을 집단 밖에서도 시도하기도 한다. 이 단계에서 집단상담자는 집단의 응집력을 강화하고, 공감과 직면

같은 적절한 반응에 대해 모범을 보이며, 집단 전체와 개인이 보이는 패턴에도 관심을 가지고 자신이 관찰한 것을 개방한다(김계현 외, 2020). 효과적인 작업 단계의 특징을 요약하면 다음과 같다(Corey, 2015).

- 지금-여기(here-now)에 초점을 맞춘다.
- 집단원들은 자신들의 목표와 관심사를 자연스럽게 알아차리고 그에 대해 책임감을 갖는다.
- 집단원들은 향후 집단 밖에서의 행동적인 변화를 위해 미리 작업하고 연습한다.
- 대부분의 집단원은 자신이 집단에 속해 있음을 느낀다.
- 집단은 서로 개인적인 이야기를 들어주고 함께 생산적인 작업을 한다는 점에서 오케스트라처럼 작동한다.
- 집단원들은 집단에서의 만족감을 계속 확인하고 회기의 변화가 필요하다고 판단하며 변화하려고 한다.

5) 종결 단계

종결 단계는 지금까지 했던 작업을 다지고 집단상담과정을 마무리하는 시기다. 종결 단계에서 집단원들은 집단상담에서 **자신이 경험한 것의 의미를 명확히** 하고, 자신들이 얻은 **깨달음을 더욱 공고히** 하며, 일상생활에 적용하고 싶은 **새로운 행동**이 무엇인지 결정한다. 이 단계에서는 주로 종결과 헤어짐에 대한 감정을 다루고, 지금까지 집단이 집단원 각자에게 주었던 영향을 평가하며, 서로에 대한 피드백과 해결되지 않은 주제를 마무리하고, 앞으로 개인의 성장을 위해 어떻게 살 것인가를 전망하는 활동이 전개된다(김계현 외, 2020). 여기서는 종결 단계에서 이루어지는 주요 과제들을 중심으로 설명하고자 한다.

(1) 이별에 따른 감정 다루기

집단원들은 집단이 곧 분리될 것이라는 사실에 우선적으로 슬퍼하고 있을 수 있다. 따라서 이 단계는 어떤 집단원에게는 정서적으로 무척 힘든 시간일 것이다. 상담자는 이러한 상실감에 초점을 맞춰 탐색하고 정리하는 시간을 마련해야 한다. 집단원들은 상담이 끝난다는 현실을 직면하고 작별하는 법을 배워야 한다. 그러면 집단 밖의 세상에서 슬픔과 상실감을 느끼는 가운데에서도 더 많은 것을 배워 나갈 것이다. 집단상담자는 종결의 시기가 임박하기 전에, 얼마 지나지 않아 상담이 끝날 것이라는 사실을 미리 언급해 주어야 한다. 이를 통해 남은 시간 동안에 각자의 작업을 돌아보고 정리하면서 상담을 마칠 시간적 여유를 주고, 집단 밖 현실 세계로 돌아갈 준비를 할 수 있도록 해야 한다. 또한 집단의 후반기로 갈수록 작업의 강도가 떨어지기도 하는데, 이는 집단원들이 남은 시간을 고려하여 새로운 문제의 탐색을 꺼리기 때문에 발생하는 자연스러운 현상이다.

(2) 미해결 문제 다루기

상담의 후반기에는 집단원들 간의 관계나 집단의 과정 및 목표에 관련된 미해결 문제를 표현하고 작업하는 데 시간을 할애해야 한다. 아직 자신의 문제가 완전히 해결되지 못한 집단원들에게는 그 문제를 다룰 수 있도록 격려해 주어야 한다. 미해결 문제를 꺼내 놓지 않은 것은 집단원 자신의 책임이지만 상담자는 집단원이 그 문제를 털어놓을 수 있도록 도와주는 것이 필요하다. 현실적으로 생각해 볼 때 탐색을 시도한 문제들이 모두 해결될 수는 없다. 그러나 집단상담을 통해 상담이 끝난 이후에도 계속 작업해야 할 다양한 문제를 발견하고 또 다른 상담에서 계속 탐색할 준비를 하도록 독려할 수 있다. 성공적인 집단의 지표 가운데 하나는 집단원들이 이번 상담에만 만족하지 않고 이런 종류의 도움(혹은 다른 의미의 개인적 성장)을 다른 곳에서도 구한다는 것이다.

(3) 집단에 대한 평가 및 추수모임의 예고

종결 단계에서는 집단원들 각자가 이번 상담을 통해 배운 것이 무엇이고 어떻게 그런 교훈을 얻게 되었는지 돌아보는 시간이 필요하다. 또한 집단원들은 각자가 개인적 목표를 어느 정도로 달성했는가를 평가해 보는 시간을 가져야 한다. 집단상담을 마무리할 때 사용하는 방법 중의 하나는 집단원들과 이번 상담에서 배운 것, 가장 좋았던 점과 아쉬웠던 점, 전체적인 소감에 대해 나누도록 하는 것이다. 의미 있는 평가 작업을 위해서는 집단원들 각자에게 구체적으로 진술해 보도록 요청해야 한다. 마지막으로 후속 모임을 계획할 때는 일시와 장소를 협의하여 공고할 수 있다. 또한 상담이 끝난 후에도 비밀보장에 대한 약속을 지켜 나갈 것을 다시 한번 강조하는 것이 필요하다.

6) 추후작업 단계

추후작업은 지금까지 해 온 집단의 효과를 재검토하고 집단으로 인한 어떤 부정적 영향은 없었는지, 일상생활에 어떤 긍정적 영향을 끼치고 있는지, 집단의 효과가 지속되고 있는지 등을 돌아보는 단계다. 이것은 정규 집단상담이 끝나고 일정 기간이 지난 후에 개인적으로든 집단 전체로든 여건이 허락되면 가질 수 있는 회기다. 그리고 집단상담자는 집단원과 집단에 대해 평가하고 다른 상담기관/상담자에게 의뢰가 필요한 경우에는 그에 대한 정보를 제공하기도 한다(김계현 외, 2020).

3. 청소년 집단상담의 실제

1) 청소년 집단상담 운영 시 고려사항

청소년들을 대상으로 집단상담을 운영할 때에는 청소년의 발달 단계와 또래와의 상호작용을 고려하여 주의를 기울여야 한다. 여기서는 집단상담과 관련하여 청소년들이 보이는 주요 특징 중 하나로 상담에 참여하려는 동기와 자발성이 낮다는 점을 들어, 청소년 집단상담 운영 시 사전에 고려할 사항을 간략히 설명하고자 한다.

(1) 집단상담이 유용하지 않은 청소년을 선별하라

모든 청소년에게 집단상담이 유용한 것은 아니다. Meeks와 Bernet(1990)은 집단상담이 유용하지 않은 청소년의 세 가지 유형을 제시하였다(김창대, 2009에서 재인용). 첫째, 자아가 고갈되거나 와해되어 상담자에게 극도로 의존적인 청소년은 집단상담이 유용하지 않다. 왜냐하면 상담자에게 극도로 의존적일 때 개인상담에서는 개인의 자아를 점차적으로 강화하는 작업을 개별적으로 할 수 있으나, 여러 사람이 참여한 집단상담에서는 이러한 작업을 하기가 현실적으로 어렵기 때문이다. 둘째,

다른 사람이나 친구들의 의견 및 지지에 가치를 두지 않는 청소년이다. 집단상담에서 여러 가지 변화 요인이 가능하지만 그중에서도 타인으로부터 받는 피드백은 강력한 도구다. 그런데 특정 이유로 타인이나 친구들의 의견 및 지지에 가치를 두지 않는 경우는 집단상담의 이러한 변화 요인이 작용하기 어려워진다. 따라서 그러한 청소년은 집단상담에 적합하지 않다. 셋째, 극도로 비사회적이거나 충동적인 행동을 하는 청소년이다. 이런 유형에는 반사회적 성향을 지닌 청소년이 많은데, 적절한 대상관계나 애정이 있는 대상관계의 형성 능력이 없는 경우에 집단의 압력이나 기대에 적응하지 못한다. 따라서 이러한 청소년에게는 집단상담보다는 개인상담을 제공하는 것이 효과적이다.

(2) 집단상담에 대한 충분한 오리엔테이션 시간을 할애하라

청소년 집단에서 중요한 특징 중 하나는 그들이 상담에 참여하려는 동기와 자발성이 낮다는 점이다. 이러한 낮은 동기와 비자발성의 원인으로는, ① 집단에 대한 이해 부족, ② 집단 내 흥미로운 요소의 부족, ③ 부모나 교사의 강압에 의한 비자발적 참여 등을 들 수 있다. 따라서 청소년을 대상으로 할 경우 그들에게 집단에 대해 충분히 소개하는 시간을 미리 가지는 것이 무엇보다 중요하다(김창대, 2009).

(3) 구체적인 목표를 설정하라

집단상담에서의 목표는 집단상담 운영 목적에 따라 다양할 수 있지만, 어떤 목적의 집단상담이든 간에 참여하는 학생 개개인의 목표를 현실적인 수준에서 달성 가능하도록 구체적으로 생각해 보게 해야 한다. 예를 들어, 초기 청소년은 아직 성격 형성이 완전히 이루어지지 않은 시기이기 때문에 이 시기에 이루어지는 집단상담에서 성격 패턴을 발견한다는 것은 논리적으로 타당하지 않다. 따라서 성격 패턴의 발견이나 치료 또는 수정을 목표로 하기보다 자기이해와 상호 교류를 통한 자긍심의 형성, 진정성의 지속적 경험, 타인의 피드백이나 보편성의 경험을 통한 현실 검증, 합리적 신념과 비합리적 신념의 구별, 감정과 사고의 변별과 분화만으로도 청소년들에게 큰 도움이 될 수 있다(김창대, 2009).

(4) 재미있는 활동들로 구조화된 프로그램을 활용하라

청소년기는 자신의 생각을 언어로 조직하고 적절하게 표현하는 능력, 자신의 정서에 대한 통찰력, 집단에서 일어나는 역동을 활용하여 다른 사람들과 원활하게 관계하는 능력 등이 부족하므로 프로그램이 없는 비구조화된 집단상담을 운영하는 것이 상당히 어렵다(홍경자, 2009). 특히 초기부터 전이의 유발이나 해석, 정서적인 측면에 대해 논의하는 것은 청소년들이 매우 받아들이기 어려운 작업이다. 따라서 초기에는 오히려 추상적인 논의보다는 체험과 경험을 통한 학습, 인지적인 작업, 흥미를 북돋는 작업 등으로 이루어진 구조화된 프로그램을 활용하는 것이 좋다. 청소년 집단상담에서 치료적 요인을 촉진하는 대표적인 활동으로는 '장점세례' '인생 그래프' '피드백 주기' '나의 장단점' '나에게 영향을 준 사람들' '역할놀이' '빈 의자 기법' '심리극(드라마) 만들기' 등을 들 수 있다(이숙영, 권경인, 2003). 청소년들은 이러한 구조화된 프로그램에 참여하는 가운데 제한된 시간 내에 상담자와 집단원들이 원하는 바람직한 행동의 변화를 이루어 가고, 현재의 발달적 어려움을 극복하는 데 도움을 받을 수 있다.

2) 청소년 집단상담 실전 FAQ

청소년 대상의 집단상담을 운영할 때 자주 제기되는 질문과 답변을 제시하면 다음과 같다.

Q 1. 학교나 기관을 방문하여 집단상담을 진행하게 될 때 처음 시작은 어떻게 하는 것이 효과적일까요?

A. 학교나 기관을 방문하여 집단상담을 진행하게 될 때는 사전에 집단 구성원의 특징과 성격을 검토하여 집단의 분위기를 예상하고 미리 준비하는 것이 필요합니다. 집단원들이 서로 전혀 안면이 없는 사람들인지, 아니면 어떤 이해관계가 있는 사람들인지에 따라 운영의 방향이 달라질 수 있습니다. 또한 낯선 곳에서 집단을 시작할 때는 어느 모임과 마찬가지로 반드시 친밀감을 형성하는 시간이 필요합니다. 이때 자신의 이름과 관심사 등에 대해서 간단하게 소개하면서, 집단상담자 또한 참가자들과 동질감을 느낄 수 있도록 시간을 할애하는 것이 좋습니다.

Q 2. 중학교에 가서 집단상담 프로그램을 할 때마다 학생들은 전혀 반응이 없습니다. 질문을 해도 "몰라요." "그냥요." "싫어요."라고 답하는 것이 대부분입니다. 어떻게 하면 좋을까요?

A. 참여 동기가 없는 학생들이 강제적으로 집단에 참여하는 경우, 특히 학급 단위의 프로그램을 위탁받은 학교에 가서 실시하는 경우에는 사전 준비에 신경을 많이 써야 합니다. 무엇보다 집단상담에 참여하는 마음이 어떤지 자유롭게 표현할 수 있는 활동을 계획하는 것이 좋습니다. 예를 들어, 조별로 도화지에 그림을 그려서 발표하게 한다든지, 주제가를 함께 만들어 본다든지 하는 방식으로 참여를 독려할 수 있습니다. 또한 주제와 관련된 만화 또는 영상 자료의 한 장면이나 이야기 또는 연극의 대사 등을 활용해 역할극을 해 보는 것도 좋습니다.

Q 3. 침묵하는 집단원에게 어떻게 개입해야 할까요?

A. 침묵하는 집단원이 있을 때 중요한 것은 그 집단원을 공격하지 않고 참여하도록 초대하는 것입니다. 침묵하는 집단원은 침묵 이면에 숨겨진 의미가 무엇인지 탐색하는 자리로 초대될 수 있습니다. 예컨대, 그들이 집단 밖에서도 역시 이런 식으로 침묵하곤 하는지, 이 집단에 속한 느낌은 어떤지, 적극적으로 말하는 집단원이 되기 위해 뭔가 하고 싶은 것이 있는지 등의 질문을 할 수 있습니다. 청소년 집단의 집단원들은 이야기를 별로 하고 싶어 하지 않을 수 있습니다. 비밀보장에 대한 걱정을 가진 집단원이 있다면 그들의 감정을 표현하는 것을 주저하는 것이 당연하다고 타당화하는 것이 필요합니다. 특히 비자발적으로 참여한 청소년의 경우라면, 억지로 집단에 참여하게 된 것에 대한 불만을 표현하도록 북돋아 줌으로써 집단에 기꺼이 참여하도록 할 수도 있습니다.

또한 상담자는 침묵하는 집단원이 계속해서 반복적으로 침묵하지 않도록 조심해야 합니다. 그렇게 하면 오히려 그 집단원은 스스로 집단에 참여해야 한다는 책임감에서 벗어나기 때문입니다. 상담자는 모든 회기에 적어도 한 번씩은 이야기하도록 하는 계약을 맺자고 요구할 수도 있고, 집단 회기 중 적절한 시기에 그들의 참여 정도에 대해 다른 집단원들과 함께 이야기를 나누는 시간을 가질 수도 있습니다. 비교적 침묵을 많이 하는 집단원을 다루는 또 다른 방법으로 그 회기에 그들이 원하는 것을 얻었는지에 대해 회기가 끝날 무렵에 질문할 수도 있습니다. 만약 그들이 뭔가 말하고 싶은 것이 있지만 시간이 부족해 이야기할 기회를 가지지 못했다면 다음 회기에는 그들이 가장 먼저 이야기를 시작하기로 계약을 맺을 수도 있습니다.

Q 4. 독점하는 집단원의 경우 어떻게 개입해야 할까요?

A. 독점하는 집단원이 있을 경우, 독점하는 집단원의 행동이 집단 전체에 어떤 영향을 미치는지에 대해 부드럽게 직면해야 합니다. 집단 초기에는 상담자도 집단원들도 누군가 먼저 말을 시작하면 안도감을 느끼기 때문에 집단을 독점하는 것에 대해 막으려고 하지 않지만, 시간이 지날수록 집단을 독점하는 사람에 대해 점점 더 수용하기 어려워집니다. 이런 집단원에 대한 불편감이 집단의 초기에 다루어지지 않으면 이런 감정은 집단원들의 마음속에 쌓이다가 나중에 강한 강도로 표현될 수도 있습니다. 집단원이 끝없이 이야기를 늘어놓는다면, 지금 자신이 하려는 이야기를 한마디로 요약한다면 어떻게 말할 수 있는지 질문하는 식으로 하고자 하는 이야기의 초점 및 의도를 생각해 보도록 안내할 수 있습니다. 또한 다른 집단원들은 독점하는 집단원의 이야기를 어떻게 듣고 있는지에 대해 이야기를 나누어 봄으로써 이야기의 내용이 아닌 집단의 역동을 알아차릴 수 있도록 합니다.

Q 5. 징계받은 학생들만 모아 놓고 집단상담을 운영해 달라고 요청받을 때, 이런 집단을 성공적으로 마친 경험이 없기 때문에 좌절감을 느낍니다. 어떻게 해야 할까요?

A. 징계받은 학생들은 상담자보다 더 많은 실패 경험을 가지고 있을 수 있고 자신에 대한 좌절 경험을 가지고 있을 것입니다. 상담자가 느끼는 좌절감을 통해 우선 이런 학생들의 마음을 이해하고 알아줄 수 있으면 좋겠습니다. 또한 이런 학생들은 집단상담을 시작하기 전에 일대일의 개인면담을 통해 학생 개개인에게 관심과 호의를 보여 주면서 유대관계를 형성하는 것이 필요합니다. 개인면담 또한 일반적인 상담을 진행하기보다는 학생이 좋아하는 게임을 함께 한다든지, 맛있는 것을 함께 먹으면서 친밀감을 가지려고 노력하는 등 흥미 있는 주제거리로 학생과 대화를 시도해 볼 수 있을 것입니다. 다른 사람들과 달리 상담자가 징계받은 나에게 진심으로 관심을 가져 주고 이해하는 사람이라는 생각이 들면, 학생들은

조금씩 마음을 열게 되겠지요. 그런 다음 집단상담에서 비슷한 또래들 간의 상호작용을 통해 서로가 공감하고 이해할 수 있도록 촉진하는 것이 필요합니다.

4. 집단상담자 윤리

집단상담자는 일반적인 상담자의 윤리와 함께 집단상담자의 윤리에 대해 인식해야 한다. 우선, 청소년 상담사의 경우 한국청소년상담복지개발원에서 안내하는 '청소년 상담사 윤리강령'을 숙지해야 한다. 또한 전문상담자들이 양성되는 국내의 대표적인 학회의 윤리규정을 살펴보고, 이해하는 기회를 통해 윤리적 민감성을 유지하기 위해 노력해야 한다. 또한 윤리적인 문제 발생의 소지가 있는 경우라면, 소속 기관의 수퍼바이저, 교육 및 훈련 기관의 담당자, 전문가 집단, 관련 학회 등과의 협의를 통해 해결책을 모색하고 윤리적 민감성을 놓치지 않도록 유의해야 한다. 국내의 한국상담학회 및 한국상담심리학회의 윤리 규정 중에서 집단상담에 관련된 윤리강령을 제시하면 다음과 같다.

표 5-4 한국상담학회 집단상담학회 윤리강령

전문

집단상담학회는 집단상담 전문 상담자들의 교육적 · 과학적 · 전문적 조직체다. 집단상담자는 집단상담 이론 및 기법의 연구, 개발 · 보급을 통해 지역사회 상담 수혜자의 정신건강복지와 지역사회 공익을 위해 최선을 다한다. 이러한 역할 수행과정에 있어서 집단상담자는 상담 수혜자의 인격을 존중하며 그들의 성장과 잠재력 개발을 최우선 과제로 한다. 집단상담자는 다양한 상담 활동과 기법을 적용하되, 이에 대한 윤리적 책임을 신중하게 받아들여야 한다. 따라서 집단상담자는 집단상담 서비스의 전반적인 활동에 관한 구체적 지침을 명시하고 있는 다음의 윤리 조항과 실천 강령을 준수한다.

1. 사회적 관계

(1) 집단상담자는 자신이 속한 기관의 목적 및 방침에 모순되지 않는 활동을 할 책임이 있다. 만일 소속 기관의 방침이 상담 수혜자의 성장 및 복지에 큰 위협이 된다면, 소속 기관 내에서는 상담자로서의 활동을 중단한다.

(2) 집단상담자는 자신이 속한 지역사회의 도덕적 기준과 윤리를 존중하고, 전체 지역사회의 공익과 상담 전문직의 발전을 위해 최선을 다한다.

(3) 집단상담자는 자신이 실제로 갖추고 있는 자격 및 경험에 벗어나는 활동이나 업무를 수행해서는 안 되며, 실제 사실과 다르게 오도되었을 때는 시정해야 할 의무가 있다.

2. 전문적 태도

(1) 집단상담자는 전문상담자로서 갖추어야 할 이론적 지식, 임상 경험 및 연구 능력을 유지 · 향상시키기 위해 지속적으로 노력한다.

(2) 집단상담자는 집단역동에 대한 전문적 바탕으로 상담 수혜자의 정신건강 향상에 노력한다.

(3) 집단상담자는 자신의 능력 및 기법의 한계를 잘 인식하고, 상담 수혜자에게 도움을 줄 수 없다고 판단될 경우에는 다른 전문가 및 관련기관으로 의뢰한다.

3. 비밀보장

(1) 집단상담자는 비밀보장과 그 한계를 규정함으로써 상담 수혜자를 보호할 조치를 취한다. 단, 상담 수혜자 개인 및 사회에 심각한 위협을 줄 수 있다고 판단될 경우에는 충분히 고려한 후, 상담 수혜자에 관한 정보를 가족, 보호자, 적정한 전문인, 사회기관, 정부기관에 공개한다.

(2) 집단상담자는 집단의 특성상 집단 내에서는 비밀 유지가 완벽하게 보장될 수 없다는 사실을 집단구성원들에게 분명히 전달한다.

(3) 집단상담자는 상담 수혜자에 대한 정보를 상담 사례 발표, 상담교육, 연구의 목적으로 사용할 경우에는 상담 수혜자의 동의를 받아야 하며, 동의를 받았다 하더라도 구체적 신분에 대해 익명성이 보장되도록 한다.

(4) 집단상담자는 상담 수혜자에 관한 정보를 보관 혹은 처분할 경우 소속 기관의 방침에 따르도록 한다.

4. 상담 수혜자의 복지

(1) 집단상담자는 상담 활동 과정에서 소속 기관 및 비전문인과 갈등이 있을 경우, 상담 수혜자의 복지를 최우선으로 고려하고 자신의 전문적인 활동 및 집단의 이익은 부차적인 것으로 간주한다.

(2) 집단상담자는 상담 환경, 기간 및 기타 여건으로 인해 상담 수혜자에게 적절한 전문적인 도움을 주기 어렵다고 판단될 경우 상담 관계를 시작하지 말아야 하며, 이미 시작된 상담 관계는 즉시 종결해야 한다. 이 경우 집단상담자는 상담 수혜자에게 적절한 대안을 제시해 주어야 한다.

(3) 집단상담자는 상담 수혜자에게 도움이 된다고 판단되는 경우에 한하여 상담 수혜자의 동의를 얻은 후, 검사를 실시하거나 가족 및 관련 인물을 면접한다.

5. 상담 관계

(1) 집단상담자는 상담 수혜자와 성적인 친밀 관계를 맺어서는 안 된다.

(2) 집단상담자는 교육과정의 일부로서 학점에 큰 영향을 미칠 수 있는 상담 수혜자와는 상담 관계를 형성하지 않는다.

(3) 집단상담자는 상담 시작 때 상담 수혜자에게 상담 서비스의 목적, 목표, 기법, 절차 및 한계점 등을 알려 준다.
(4) 집단상담자는 집단 장면에서 상담 수혜자들이 신체적 혹은 심리적 외상을 겪지 않도록 적절히 예방하고 신중을 기한다.

6. 심리검사

(1) 심리검사를 실시할 때는 자격이 있는 검사 실시자가 표준화된 절차에 따라 실시하도록 하며, 소속 기관에서 부적격자로 하여금 심리검사를 실시하게 할 경우에는 이를 시정하도록 노력한다.
(2) 심리검사 및 해석은 충분한 교육 및 훈련을 받은 사람이 실시하며, 단순 수치만 통보하거나 상담 수혜자의 동의 없이 검사 결과를 제삼자에게 통보하는 행위를 하지 않도록 한다.

7. 상담 연구

(1) 집단상담자는 연구 실시 전에 상담 연구 피험자에게 연구의 필요성을 포함하여 연구에 관한 전반적인 사항에 대해 충분히 설명하고 피험자의 동의를 얻는다.
(2) 집단상담자는 연구 결과를 발표할 때 상담 수혜자의 신상 정보가 노출되지 않도록 한다.

출처: 한국상담학회 집단상담학회 윤리강령.

표 5-5 한국상담심리학회 윤리강령 중 집단상담 관련 내용 발췌

4. 상담관계

라. 집단상담

(1) 상담심리사는 집단 목표에 부합하는 집단원들을 모집하여 집단상담이 원활히 진행되도록 한다.
(2) 상담심리사는 집단참여자를 물리적 피해나 심리적 외상으로부터 보호하기 위해 충분한 주의를 기울인다.
(3) 집단 리더는 지위를 이용하여 집단원의 권리와 복지를 훼손하지 않는다. 또한 집단 과정에서 집단원의 선택의 자유를 존중하고, 이들이 집단 압력으로부터 보호받을 권리가 있음을 유념한다.
(4) 집단 리더는 다중관계가 될 수 있는 가까운 친구나 친인척, 지인 등을 집단원으로 받아들이지 않는다. 또한 집단상담이 끝난 후 집단원과 사적인 관계를 맺거나 유지하지 않는다.

5. 정보의 보호 및 관리

라. 집단상담과 가족상담

(1) 집단상담을 할 경우, 상담심리사는 그 특정 집단에 대한 비밀보장의 중요성과 한계를 명백히 설명한다.

(2) 가족상담에서 상담심리사는 각 가족 구성원의 사생활 보호에 대한 권리를 존중한다. 한 가족 구성원에 대한 정보는, 해당 구성원의 허락 없이는 다른 구성원에게 공개될 수 없다. 단, 미성년자 혹은 심신미약자가 포함된 경우, 이들에 대한 비밀보장은 위임된 보호자에 의해 제한될 수 있다.

출처: 한국상담심리학회 윤리강령.

요약

집단상담은 전문적 훈련을 받은 집단 지도자로서의 상담자(들)와 조력을 필요로 하는 2명 이상의 집단 구성원이 집단상담 활동의 공동 주체로서 집단 역동의 이해 및 적용을 바탕으로 집단 구성원들의 자기지각 확장을 통해 문제 예방, 발달과 성장, 문제해결을 달성함으로써 그들의 삶의 질을 향상하기 위해 함께 노력하는 집단과정이다. 집단은 그 목표, 사용된 기법, 리더의 역할, 훈련의 필요조건 및 관련된 사람의 유형에 따라 교육집단, 성장집단, 상담집단, 치료집단, 자조집단 등으로 구분할 수 있다. 한편, 집단상담자, 집단원, 또는 집단 활동의 상호작용을 통하여 집단원의 현재 상태의 개선과 변화 및 성장을 촉진하는 대표적인 집단상담의 치료적 요인으로는 희망의 고취, 보편성, 이타주의, 모방 행동, 대인관계 학습, 정화, 응집력, 사회적 가족관계 재현을 들 수 있다.

집단상담의 과정은 크게 집단원의 모집과 선발부터 집단 시간과 장소, 기간 등을 결정하는 사전준비 단계, 오리엔테이션과 탐색이 이루어지는 초기 단계, 불안, 방어와 저항, 갈등이 나타나는 과도기 단계, 응집력이 생기고 생산적인 활동이 이루어지는 작업 단계를 거쳐 집단상담 과정을 마무리하는 종결 단계에 이르게 되고, 지금까지 해 온 집단의 효과를 재검토하는 추후작업 단계를 가지기도 한다.

청소년을 대상으로 하는 집단상담을 운영할 때 특히 고려해야 할 사항은 다음과 같다. 첫째, 집단상담이 유용하지 않은 청소년을 선별한다. 둘째, 집단상담에 대한 충분한 오리엔테이션 시간을 할애한다. 셋째, 구체적인 목표를 설정한다. 넷째, 재미있는 활동들로 구조화된 프로그램을 활용한다.

청소년을 대상으로 집단상담을 운영하는 상담자는 윤리강령을 인지하고 준수하여야 한다.

생각해 볼 문제

1. 다음 중 집단 유형에 대한 내용으로 옳은 것은?
   ① 자조집단은 비전문가들에 의해 구성 및 유지될 수 있다.
   ② 성장집단은 집단원들의 병리적 현상을 치료하는 데 역점을 둔다.
   ③ 치료집단은 집단원들의 교육 및 성장, 사회화를 위해 구성된 집단이다.
   ④ 상담집단은 심각한 문제나 어려움을 가진 사람들의 모임을 기본으로 한다.
   ⑤ 교육집단은 집단원들 간의 상호작용에 의해 자기개방 정도가 비교적 높은 편이다.

2. 다음은 어느 집단원이 자신이 속해 있는 집단에 관해 이야기하는 내용이다. 이에 해당하는 집단의 유형은 무엇인가?

   > 저는 스트레스 관리 프로그램에 참여하고 있어요. 매 회기에 상담선생님이 스트레스에 대한 이론적 설명과 스트레스를 줄일 수 있는 구체적인 활동을 제시하면 집단원들과 함께 그 활동을 하고 소감을 나누는 시간을 갖고 있어요. 이러한 집단과정이 저에게 많은 도움이 되고 있어요.

   ① 자조집단 ② 상담집단 ③ 치료집단 ④ 성장집단 ⑤ 교육집단

3. 다음 내용은 집단상담의 치료적 요인 중 무엇에 대한 설명인가?

   > 집단의 치료적 요인 중 대표적인 요인으로, '다른 사람과 서로 연결되어 있다는 느낌'이라고 정의할 수 있다. 이 요인은 집단원들로 하여금 집단을 더 신뢰하게 하고 참여를 독려하며 자신을 더 개방하게 하는 역할을 할 수 있다.

   ① 정화 ② 응집력 ③ 모방학습 ④ 대인관계 학습 ⑤ 초기 가족의 교정적 재현

4. 다음 중 집단상담의 형식에 대한 설명으로 옳지 않은 것은?
   ① 집단의 크기는 여러 가지 변수에 따라 변화 가능하나 7~8명 정도가 적당하다.
   ② 아동을 대상으로 하는 집단의 경우, 짧은 시간 단위로 운영하고 자주 만나는 것이 좋다.
   ③ 집단이 이루어지는 장소는 집단원들이 함께 모일 수 있는 장소이면 어느 곳이건 좋다.
   ④ 집단 전체의 회기 수는 사전에 미리 결정하여 집단원이 구조를 알 수 있도록 하는 것이 좋다.
   ⑤ 집단 회기의 길이는 행동적인 변화를 일으키기에 충분한 시간으로 계획하는 것이 좋다.

5. 다음 중 집단상담의 긍정적 효과에 해당하지 않는 것은?
   ① 외적인 비난이나 징벌에 대한 두려움 없이 새로운 행동에 대해 현실 검증을 해 볼 수 있는 기회를 제공한다.
   ② 집단에 계속 참여하면서 다른 한편으로는 잠시 물러서서 자신 및 타인을 조망하는 기회를 가질 수도 있다.
   ③ 다양한 구성원이 참여하므로 학습 경험이 풍부해질 수 있다.
   ④ 집단적인 힘을 이용하므로 심각한 성격 구조의 변화에 효과적이다.
   ⑤ 자신에 대한 타인의 지각을 집단원들과의 관계 속에서 확인할 수 있다.

6. 다음은 집단상담의 과정을 설명하는 단계 중 어느 단계에 해당하는 설명인가?

- 집단원들은 집단 참여에 대해 불안감을 느끼고 주저한다.
- 상담자는 집단원들 간에 긍정적인 상호작용이 이루어지도록 촉진한다.
- 집단의 목표와 개인의 목표를 확인한다.
- 집단의 규칙과 규범이 형성된다.

① 사전준비 단계 ② 초기 단계 ③ 과도기 단계 ④ 작업 단계 ⑤ 종결 단계

7. 다음은 집단상담의 과정을 설명하는 단계 중 어느 단계에 해당하는 설명인가?

- 집단원들은 상담자와 다른 집단원들을 시험해 보곤 한다.
- 집단원들의 저항을 잘 다루어 저항의 근원을 탐색하도록 도와야 한다.
- 집단 내에서 갈등이 발생할 수 있으며, 이를 건설적으로 다루어야 한다.

① 사전준비 단계 ② 초기 단계 ③ 과도기 단계 ④ 작업 단계 ⑤ 종결 단계

정답 1. ① 2. ⑤ 3. ② 4. ③ 5. ④ 6. ② 7. ③

참고문헌

강진령(2011). **집단상담의 실제(제2판)**. 서울: 학지사.

강진령(2012). **집단상담과 치료**. 서울: 학지사.

권경인(2001). 집단상담활동의 유형화 연구: 치료적 요인을 중심으로. 서울대학교 대학원 석사학위논문.

구승영, 김영근(2019). 집단상담의 치료적 요인에 관한 집단원의 지각 차원. **상담학연구, 20**(1), 165-190.

김계현, 김동일, 김봉환, 김창대, 김혜숙, 남상인, 천성문(2020). **학교상담과 생활지도(3판)**. 서울: 학지사.

김창대(2009). 청소년 집단상담의 이론(2장). 홍경자, 김창대, 박경애, 장미경, **청소년 집단상담**. 한국청소년상담원.

김춘경, 박지현, 손은희, 송현정, 안은민, 유지영, 이세나, 전은주, 조민규, 한은수(2015). **청소년 집단상담 프로그램**. 서울: 학지사.

김춘경, 이수연, 이윤주, 정종진, 최웅용(2016). **상담학 사전**. 서울: 학지사.

노안영(2011). **집단상담 이론과 실제**. 서울: 학지사.

윤관현, 이장호, 최송미(2006). **집단상담: 원리와 실제(제2판)**. 경기: 법문사.

이숙영, 권경인(2003). 집단상담활동의 치료적 요인에 대한 청소년 상담자의 평가. **청소년상담연구, 11**(1), 68-83.

이윤주(2015). 집단상담의 치료적 요인에 관한 연구 동향: 1994-2013년 국내 · 국제 학술지 논문 비교. **상담학연구, 16**(1), 51-71.

이형득, 김성회, 설기문, 김창대, 김정희 (2002). **집단상담**. 서울: 중앙적성출판사.

정성란, 고기홍, 김정희, 권경인, 이윤주, 이지연, 천성문(2013). **집단상담**. 서울: 학지사.

천성문, 함경애, 박명숙, 김미옥(2017). **집단상담 이론과 실제**. 서울: 학지사.

한국상담학회 집단상담학회(2017. 6. 8. 게시자료). 집단상담학회 윤리강령.

한국상담심리학회(게시자료). 상담심리사 윤리강령.

홍경자(2009). 청소년 집단상담의 운영(4장). 홍경자, 김창대, 박경애, 장미경, **청소년 집단상담**. 한국청소년상담원.

Association for Specialists in Group Work (ASGW). (2000). ASGW professional standards for the training of group workers. *Journal for Specialists in Group Work, 25*, 327-342.

Bloch, S., Reibstein, J., Crouch, E., Holroyd, P., & Themen, J. (1979). A method for the therapeutic factors in group psychotherapy. *British journal of psychiatry, 134,* 257-263.

Corey, G. (2015). **집단상담의 이론과 실제** (*Theory and practice of group counseling,* 8th ed.). (김명권, 김창대, 방기연, 이동훈, 이영순, 전종국, 천성문 공역). 서울: 학지사. (원저는 2006년에 출판).

Corey, G., Corey, M. S., & Haynes, R. (2012). **집단상담의 실제 진행과 도전** (*Groups in action: Evolution and Challenges DVD/Workbook*, 1st ed.). (이은경, 이지연 공역). 서울: Cengage Learning. (원저는 2006년에 출판).

Corey, M.S., Corey, G., & Corey, C. (2016). **집단상담 과정과 실제** (Groups process and practice, 9th ed). (김진숙, 유동수, 전종국, 한기백, 이동훈, 권경인 공역). 서울: Cengage Learning. (원저는 2014년에 출판).

Earley, J. (2004). **상호작용중심의 집단상담** (*Interactive group therapy: Interacting, interpersonal, action-orientated, and psychodynamic approaches*). (김창대 외 9인 공역). 서울: 시그마프레스. (원저는 2009년에 출판).

Jacob, E. E., Schimmel, C. J., Masson, R. L., & Harvill, R. L. (2016). **집단상담 전략과 기술** (*Group counseling: Strategies and skills*, 8th ed). (김춘경 역). 서울: Cengage Learning. (원저는 2016년에 출판).

Kottler, J. A. (2001). *Learning group leadership: An experiential approach.* Boston, MA: Allyn and Bacon.

Lieberman, M., Yalom, I., & Miles, M. (1973). *Encounter groups: First facts.* New York: Basic Books.

Wilson et al. (2000). ASGW Professional Standards for the Training of Group Workers. ASGW. https://docs.wixstatic.com/ugd/513c96_af51b0b₩-1fa894b19a9f62bd8826e71c3.pdf

Yalom, I., & Leszcz, M. (2005). *The theory and practice of group psychotherapy* (5th ed.). New York: Basic Books.

제6장

가족상담

ADOLESCENT COUNSELIN

청소년 상담에 있어서 가족은 반드시 고려해야 할 중요한 맥락이자 개입의 대상이다. 상담실에 오는 청소년 내담자들의 문제는 대부분 청소년 단독의 요인보다는 부모를 포함한 가족과의 상호작용 속에서의 문제를 반영하거나, 역기능적 가족체계로 인해 발생하는 경우가 많기 때문이다. 이에 이 장에서는 청소년 내담자를 상담할 때 고려해야 할 가족 관련 요인들에 대한 이해와 더불어, 가족의 패러다임에서 청소년의 문제를 이해하고 개입하는 방안에 대해 살펴보기로 한다.

학습목표

1. 청소년 상담에 있어 가족을 반드시 고려해야 하는 이유를 설명할 수 있다.
2. 개인상담과 가족상담의 유사점과 차이점을 설명할 수 있다.
3. 청소년 가족상담에서 고려해야 할 가족 요인들에 대해 이해하고 설명할 수 있다.
4. 가족상담이론들의 주요 강조점에 대해 이해하고 설명할 수 있다.
5. 가족상담 맥락에서 청소년 상담을 수행하는 방안에 대해 숙지하고 상담 실제에 적용할 수 있다.

OOLESCENT COUNSELING

1. 가족상담의 의미

가족상담은 청소년을 가족원들 간의 관계 속에서, 그리고 그 가족을 둘러싼 사회·문화적 맥락 속에서 이해하고, 청소년 문제의 원인이 될 수 있는 역기능적 가족체계를 건강하게 기능하는 가족체계로 변화하도록 도움으로써, 결과적으로 가족원 전체의 치유 및 청소년 문제의 해결을 돕는 상담 접근이다. 가족상담에서는 개인보다는 가족체계를 변화시키는 데 초점이 맞추어지고, 가족체계가 변하면 각각의 가족 구성원의 삶도 이에 따라 변화한다고 본다(Nichols, 2011).

가족상담의 정의는 **개인상담 패러다임**과 **가족상담 패러다임**의 차이를 검토해 보면 보다 쉽게 이해할 수 있다. Freud 이래로 발전된 개인상담의 맥락에서 볼 때, 가장 효율적인 치료는 상담사와 내담자 사이의 객관적이고 일대일적인 관계에서만 가능한 것으로 여겨져 왔다. 또한 내담자가 두려움을 이기고 자신의 문제를 직면하여 좀 더 온전한 자기 자신이 되어 가도록 돕는 것에 초점을 둔다. 개인상담에서는 한 개인의 성격 형성에 가족이 미치는 영향이 매우 중요하다고 생각하였으나, 이러한 영향이 개인 안에서 어떻게 내재화되고 심리 내적 역동이 개인의 행동을 어떻게 지배하게 되는지를 이해하는 것이 중요하다고 보았다. 따라서 이러한 맥락으로 볼 때 개인상담의 초점은 한 개인의 기질 또는 성격에 둘 수밖에 없으며(Nichols, 2011), 문제의 원인이 개인에게 있다고 보는 '선형적 원인론'의 입장을 취하게 된다. 한편, 가족상담에서는 가족을 하나의 체계로 보며, 그 체계 속에 있는 한 개인과 가족 구성원 간의 관계의 패턴과 상호작용을 중요하게 여긴다. 개인이 겪고 있는 문제의 원인은 개인에게 있다기보다는 가족관계의 맥락 속에서 발생하며, 상호작용을 통하여 가족 서로 간에 영향을 줌으로써 문제가 심각해진다고 보는 '순환적 원인론'의 입장을 취한다. 그리고 가족원들 간의 이 상호작용에 상담자가 개입함으로써, 개인의 증상이나 행동에 변화를 가져오도록 추구한다. 따라서 청소년 내담자를 가족상담 패러다임에 기반하여 상담할 때, 상담자에게는 청소년과 가족 간의 관계와 가족체계론적 입장에서 청소년의 문제를 보고 이해할 수 있는 시각이 필요하다.

이처럼 가족상담의 맥락에서 볼 때, 가족의 변화가 곧 각 구성원의 삶의 변화로 이어진다는 핵심은 매우 중요하다. 가족상담사는 단순히 가족이라는 맥락 안에서 한 개인을 변화시키는 것이 아닌 가족 전체의 변화를 이루기 위해 애쓴다. 따라서 가족치료를 통한 변화는 꾸준히 지속될 수 있는데, 이것은 각 구성원이 변화할 뿐만 아니라 이러한 변화가 서로에게 동시에 영향을 끼치기 때문이다. 가족치료 이론의 기반이 된 **사이버네틱스 이론**[1]에서는 개인을 고정된 성격이나 고정된 특성으로 보지 않고 맥락적 단서에 따라 작용하고 반작용하는 주체로 본다. 체계적 사고에 따라 체계의 구성원에게 영향을 미치는 사건과 상황은 전체 체계 속에 반향을 가진다. 따라서 이러한 맥락에서 개인을 이해하려면 항상 그가 속해 있는 맥락과 체계 안에서의 역할과 기능의 관계를 고려해야 하는 것이다. 그러므로 가족체계의 모든 구성원 역시 작용과 반작용의 끊임없이 반복되는 패턴을 가진 순환적 과정의 상호관계를 가진다(Nichols, 2011).

아동기부터 청소년기에 이르기까지 한 개인에게 미치는 가족, 특히 부모의 영향력은 엄청나다. 따라서 아동 또는 청소년 내담자는 가족의 맥락 안에서 기능할 수밖에 없다. 그러므로 성공적인 상담은 아동, 청소년과 그들의 가족, 가족 구성원 간의 관계와 상호작용 그리고 지역사회와 문화의 영향까지 이해할 수 있는 상담자의 능력에 달려 있다(Pledge, 2005). 가족 내에서 발생하는 수많은 영향은 아동, 청소년뿐만 아니라 가족 구성원 개개인의 기능에 영향을 미친다. **가족 상호작용**의 역동은 아동의 행동과 활동에 나타난다. 내담자가 아동이나 청소년일 경우, 어떤 부모들

1) 사이버네틱스(cybernetics)라는 용어는 배의 조타수를 의미하는 그리스어인 'kybernetes'에서 유래되었으며, 현대적 의미의 사이버네틱스는 제2차 세계대전이 한창이던 1940년대에 뉴욕시에서 열린 메이시 회의를 통해 개념 틀이 수립되었다(정문자, 정혜정, 이선혜, 전영주, 2018). 이 회의에는 수학자, 공학자, 신경과학자로 이루어진 집단과 인문학 분야의 학자들이 참석하였는데, 자기조절 체계 안에 있는 의사소통, 제어, 피드백 기제에 관한 연구를 통해 형성된 이론이다. 사이버네틱스의 핵심에는 피드백 고리가 있는데, 이것은 체계가 안정을 유지하기 위해 필요한 정보를 얻는 과정이다. 이 피드백은 체계 내 부분들 사이의 관계뿐 아니라 외부 환경과 관련된 체계의 실행에 관한 정보를 포함한다. 피드백 고리는 긍정적일 수도 있고 부정적일 수도 있다. 부정적 피드백은 체계가 기준이 되는 곳으로부터 얼마나 멀리 이탈했는지, 그리고 다시 돌아오기 위해서 어떤 교정이 필요한지를 알려 준다. 이것은 체계에 항상성의 상태를 회복하라는 신호를 보낸다. 부정적 피드백은 부정적인 의미가 아니며, 잘못을 수정하는 정보로서 매일의 일상 속에서 자동화된 기제, 신체와 두뇌, 사람에게 명령을 내리고 자기절제를 하도록 하는 것이다. 긍정적 피드백은 체계가 흘러가야 하는 방향을 확인하고 강화하는 정보다. 이러한 사이버네틱스 이론은 특히 가족이 어떻게 안정성을 유지하는가를 설명할 때 적절한 은유로 사용되었다(Jackson, 1959).

은 상담에 대해서 저항을 보이기도 하지만 전체 가족 구성원은 상담을 통해서 혜택을 받을 수 있다. 상담의 효율성 측면에서 볼 때 가족의 참여는 상담의 효과를 향상시킬 수 있으며, 반대로 가족의 참여가 저조한 경우에는 상담 효과를 감소시킬 수도 있다.

2. 가족상담에서 중요하게 고려하는 가족 요인

가족 내에서 발생하는 많은 요인이 아동 및 청소년에게 직접적으로 영향을 줄 수 있는데, 대표적인 요인으로 가족생활주기, 가족형태, 가족구조와 기능, 가족신념, 문화적 요인을 꼽을 수 있다. 이들 요인을 하나씩 살펴보기로 한다.

1) 가족생활주기

가족생활주기는 가족의 발달과 가족 구성원의 발달을 이해하는 데 있어 매우 중요하다. Nichols(2011)는 건강한 가족은 가족생활주기에 따라 가족 구성원들의 성장과 변화에 적응하기 위한 재조직을 하고, 발달이 가족 구성원 중 어느 세대에서 일어나든 그 구성원들 중 한 명 또는 전체에게 영향을 준다고 설명한다. 예컨대, 자녀가 유치원을 가거나 사춘기가 되었을 때 새로운 환경에 대처하는 것을 배우는 것은 매우 중요하며, 전체 가족도 그에 따라 재적응을 해야 한다는 것이다. 한 세대의 변화가 다른 세대의 적응을 복잡하게 만들 수도 있는데, 예컨대 부모들이 가장 힘들어하는 사춘기 청소년 자녀와의 갈등은 부모와 자녀 간의 갈등뿐만 아니라 양육 태도에 있어서 부부간에 갈등을 야기할 수도 있다. 이처럼 가족생활주기 관점에서 보면, 가족원 중 어느 한 사람에게 나타나는 문제는 그 가족에게 새로운 단계로 나아가는 발달 과업이 자녀에게 도래했음을 의미하며, 그에 따라 가족 전체가 함께 재적응 과정을 거쳐야 할 때가 왔음을 의미한다고 볼 수 있다. 따라서 상담자는 청소년 내담자가 처해 있는 가족생활주기상의 상황과 그에 대응하는 부모의 태도 및 부모-자녀의 상호작용 양상을 면밀히 탐색하고 개입할 필요가 있다. 실제 상담에서 유용하게 활용될 수 있는 자료로서, Carter와 McGoldrick(1980, 1999)은 다세대 관점과 문화적 다양성 그리고 이혼과 재혼의 단계까지 고려하여 가족생활주기 단계(〈표 6-1〉 참조)를 제안하였다.

우리나라의 경우, 가족들은 생애주기별로 어떤 문제에 직면하는가? 정문자 등(2018)은 기존의 연구 결과를 통합하여 가족생활주기에 따른 문제를 특징적 가족문

표 6-1 가족생활주기의 단계

가족생활주기의 단계	전환기의 정서적 과정: 주요 원칙	발달적으로 수행되어야 할 가족 지위의 이차적인 변화
가정을 떠남: 미혼의 젊은 성인	자신에 대한 정서적 · 경제적 책임을 받아들임	• 관계에서 자신을 분화 • 친밀한 동료관계의 발전 • 일과 경제적인 독립 측면에서 자기확립
결혼으로 가족을 이룸: 새로운 부부	새로운 체계에 헌신	• 부부체계의 형성 • 배우자에 의해 생긴 대가족과 친구관계의 재조정
어린 자녀가 있는 가족	체계에 새 구성원을 수용	• 부부체계 안에 자녀를 받아들이기 위해 적응 • 자녀 양육, 경제, 가사 업무를 위해 연합 • 부모와 조부모 역할을 위해 대가족과의 관계를 재조정
청소년 자녀를 둔 가족	자녀의 독립과 조부모의 노약함을 지지하기 위해 가족 경계의 융통성을 증가시킴	• 청소년 자녀가 체계 안과 밖으로 출입할 것을 허용하는 부모-자녀 관계로 변화 • 중년 부부와 직업 문제에 다시 초점을 둠 노인 세대를 돌보는 변화를 시작
자녀를 떠나보내기	가족체계로부터 나가고 들어오는 것을 수용	• 부부가 중심이 된 가족체계로 재타협 • 성인 자녀와의 관계를 성인 대 성인의 관계로 발전시킴 • 사돈과 손주로 인해 생긴 관계의 재조정 • 부모/조부모의 장애와 사망에 대처
노년의 가족	세대 간의 역할 변화를 수용	• 생리적으로 약해지는 단계에서 자신/부부의 기능과 관심의 유지: 가족과 사회 내의 새로운 역할을 탐색 • 중간 세대가 좀 더 중심적인 역할을 하도록 지지 • 노인의 지혜와 경험을 존중: 지나치게 관여하지 않으면서 노인 세대를 지지 • 배우자, 형제, 친구의 죽음을 다루며 자신의 죽음을 준비

출처: Carter & McGoldrick (1980, 1999).

제와 공통적 가족문제로 구분하여 제시하였다(〈표 6-2〉 참조). 〈표 6-2〉는 자녀가 아동기일 때와 청소년기일 때 가족 전체에 영향을 주는 심각한 문제가 집중적으로 발생한다는 것을 보여 주고 있다. 부부간에 자녀 양육 태도에 관한 합의와 협력이 제대로 이루어지지 않고, 남편의 음주나 외도, 폭력 등으로 인해 부부관계에서 서로의 신뢰가 깨지며, 그 영향으로 아버지나 어머니 중 어느 한쪽이 자녀에게 밀착되어 삼각관계가 형성되는 등 역기능적 가족관계의 양상이 나타날 가능성이 아동기와 청소년기에 높음을 알 수 있다. 이처럼 청소년기에 특징적으로 나타나는 부적응과 다양한 문제의 원인은 가족생활주기 측면으로 보았을 때, 가족의 유대감이 약화되기 쉬운 시점에 놓여 있는 가족의 특성과 사춘기에 접어든 청소년 개인의 발달적 특성과

표 6-2 생활주기에 따른 한국의 가족문제

가족생활주기	특징적 가족문제	공통적 가족문제
결혼 전기	• 부부간 지나친 밀착, 경직 • 아버지와 자녀 간 불화 • 어머니의 지나친 자녀 간섭	• 가족 간 갈등 • 대화 단절 • 부부 갈등, 불화, 폭력이혼 • 경제적 문제
결혼 적응기	• 인척과의 갈등 • 불안정한 생활 패턴 • 불성실한 가정생활	
자녀 아동기	• 가족 유대감 약화 • 부정적인 양육 태도 • 부모-자녀 간 삼각관계 • 자녀의 컴퓨터 게임	
자녀 청소년기	• 아버지의 외도, 음주, 폭력 • 자녀에 대한 아버지의 무관심 • 자녀에 대한 어머니의 간섭 • 부모-자녀 간 삼각관계	
자녀 독립기	• 친척, 원가족 갈등 • 성인 자녀에 대한 간섭 • 남편의 무관심, 부인의 의존성	
노년기	• 가족 내에서의 소외감 • 결혼한 자녀와의 밀착 • 남편의 불성실, 음주, 외도	

출처: 정문자 외(2018).

맞물려 있다. 따라서 청소년 내담자를 상담할 때는 현재의 가족생활주기상 이 가족이 어떠한 문제에 직면해 있는지를 탐색하고, 그에 맞추어 청소년 개인에게, 또 가족에게 어떤 개입을 할 것인지에 대해 충분히 고려하고 상담 계획을 수립해야 한다.

2) 가족형태

가족의 형태에 따라 가족 구성원이 겪게 되는 문제의 양상은 매우 다양하다. 우리나라의 경우, 2000년대에 접어들면서부터 저출산과 고령화 및 결혼 인구의 감소와 이혼 인구의 증가 양상이 계속되고 있다. 가족환경의 변화는 개인과 가족의 생활주기를 변화시킬 뿐만 아니라 다양한 가족형태의 등장과 함께 가족원 각각에 독특한 영향을 끼치고 있다. 5년 주기로 인구주택총조사를 실시하고 있는 통계청에서는 가족형태를 핵가족(부부만 사는 가족, 부부와 미혼 자녀가 사는 가족, 한부모와 미혼 자녀가 사는 가족 포함), 직계가족(부부와 그 부모 2대가 함께 사는 가족, 부부와 그 부모와 자녀 3대가 함께 사는 가족 포함), 기타 가족으로 구분하여 자료를 수집 · 분석하고 있는데, 현실적으로 우리 사회의 맥락상 핵가족과 확대가족 이외에 더욱 다양한 가족의 형태가 나타나고 있는 것이 사실이며, 행정상의 자료에 반영되지 않은 동거 커플이나 장기분거(기러기) 가족 등 제도의 틀에서 벗어난 비규범적 가족형태 역시 증가하고 있는 추세다(정문자 외, 2018).

다양한 형태의 가족들은 가족체계로서의 특징과 적응 방식, 가족의 기능 측면에서 독특한 특징을 갖고 있을 것으로 예상되므로, 가족형태별 가족원들의 적응상의 특징에 대한 보다 심도 깊은 연구와 더불어 가족형태별 상담 모델의 개발이 필요할 것으로 보인다. 예컨대, 이혼과 재혼은 가족생활주기의 변형을 가져오게 하는 중요한 사건이며, 이혼과 재혼으로 인해 가족원들은 달라진 가족형태 안에서 그 나름의 적응을 해야 하는 과제에 직면할 수 있다. 그러므로 이혼 가정의 청소년 내담자를 상담할 때는 부모의 이혼 전후에 경험하였던 심리적 상처와 압박감, 이혼 과정에서 경험한 정서적 스트레스 등에 대한 충분한 고려가 이루어져야 한다. 또한 내담자가 현재 경험하고 있는 어려움과 표출된 문제, 그럼에도 불구하고 잘 기능하는 부분 등을 면밀하게 살피면서 상담을 진행하는 것이 필요하다. 재혼 가정의 경우는 재혼하는 부모 각자가 모두 자녀와 함께 살게 되는지, 한쪽 부모만이 자녀와 함께 동거하게 되는지 등 여러 가지 상황이 발생하고, 그에 따른 가족원 전체의 재적응 주제가 등장한다. 이 경우 역시 청소년 내담자가 경험할 수 있는 현재 가족 맥락상의 특징들을 충분히 고려하여 상담에 임해야 할 것이다. 또한 다양한 형태의 가족이 어떤 사회·문화적 환경에 주거하는지도 고려해야 할 요인이므로(박정윤, 강기정, 2011), 주거 지역의 맥락적 변수 또한 실제 상담에서 고려하는 것이 필요하다.

3) 가족 구조와 기능

가족구조는 Minuchin의 가족치료 이론에서 특히 강조하는 개념으로, 가족 구성원의 조직화된 상호작용 방식이자 보이지 않는 요구로 정의된다(Minuchin, 1988). 가족구조는 하위 체계와 경계선 개념을 가지고 더 쉽게 이해할 수 있다. 하위 체계는 세대, 성별, 기능 등으로 결정되는 것으로서, 조부모 세대, 부모 세대, 자녀 세대 등은 가족 안에 있는 각각의 하위 체계라 볼 수 있다. 성별 역시 하위 체계를 구성하는 기준이 되며, 가족 내에서의 역할과 기능 역시 하위 체계를 구성하는 요소가 된다. 경계선은 하위 체계 간에 또는 가족 구성원 간에 접촉의 양을 조절하는 보이지 않는 장벽이라 할 수 있다. 예컨대, 자녀가 결혼하기 전에는 부모가 특정한 부분에 대해 관여하거나 간섭하지만, 결혼을 하고 따로 세대를 이루게 되면 상당 부분의 의사결정에 부모 세대의 관여가 줄어드는 것이 그 예라 할 수 있다. Minuchin(1988)은 각 하위 체계가 분명한 경계선을 가지고 상호작용할 때 건강하게 기능할 수 있는 것으로 보았다. 가족 내에서 존재하는 적절한 경계선은 매우 중요한데, 가족 구성원들의 정체감이나 생활 목표, 심지어 매일의 활동에서도 구분이 거의 없는 상태로 서로 밀착된 상태(융합, enmeshment)가 되면 건강한 개인의 발달을 도모할 수 없다. 이러한 가정에서는 가족 구성원들이 불안과 우울 같은 내면화된 장애를 발전시킬 수 있다. 개인적 공간을 얻는 유일한 방법이 자신의 내면으로 들어가는 것이라고 느끼며, 가족 내에서 불편하게 밀착되어 있는 관계에 대응하기 위해 경계를 강조한다. 연속선상의 또 다른 극단을 살펴보면 방임(disengagement)적인 가정을 관찰할 수 있다. 이 경우에는 가족 구성원 간의 어떤 접촉도 이루어지지 않으며 가족 사이에 개인차가 아주 크다. 가족 구성원들은 어쩔 수 없는 경우를 제외하고는 물리적, 심리적으로 단절감을 느끼며, 가족 외의 사람들로부터 지지와 관심을 얻거나 보상을 받기 위해서 공격적 행동 같은 외현화된 장애를 발전시키기 쉽다.

4) 가족신념

가족신념은 가족의 정체성을 이루는 데 토대가 된다. **가족신념**은 일반적으로 '가훈(family motto)'을 통해서 쉽게 알 수 있다. 가훈은 문화, 지역사회, 종교적 가치에 의해서 강화된다(McGoldrick, 1993; McGoldrick, Pearce, & Giordano, 1982). 이러한 신념들은 가족의 응집력에 공헌할 수 있지만 개개의 가족 구성원들을 가족 내 역할에 구속시키는 경향도 있다. 이런 제한점으로 인해 가족과 가족 구성원의 건강한 발달이 저지될 수 있다.

변화과정을 방해하는 가족 요인은, 예컨대 "궁지에 빠져서도 동요하지 말며 가족의 명예에 누가 되지 않아야 하며 도움을 절대 청하지 말 것(Jackson, 1965)"과 같은 무언의 가족의 기대가 포함될 수 있다. 어떤 가정에서는 부정적인 사건에 대한 이야기는 하지 않는 것이 해결 방안으로 간주되고, 이러한 행동과 신념은 가족의 규준과 지침이 되어 가족 구성원들 간의 반복되는 관계 패턴을 형성하게 하며(Constantine, 1986; Rolland, 1988), 규준이 가족의 대처 전략이며, 부분적으로는 가족이 이 규준에 의해 적응 유연성을 갖기도 한다. 만약 이런 기제로 규준이 가족에게 작용하고 있다면 상담자들은 새로운 규준으로 대치하기 전에 가족들의 이러한 반응을 제거하는 데 신중한 접근을 할 필요가 있다.

상담자가 가족신념을 평가할 때는, 첫째, 건강한 신념체계의 확립을 통해 개인과 가족이 생산적이지 않은 일에 서로 얽히지 않고, 그들이 무엇을 해야 하며, 강점을 어떻게 확립해 나갈지에 대해서 주의를 기울여야 한다(Kramer, 1980). 둘째, 가족의 건강하지 못한 반응 형태가 모든 상황에서 일관성 있게 나타나는지, 아니면 성, 죽음, 경제적인 부분과 같은 특정 문제에서만 민감하게 나타나는지 탐색하는 것도 중요하다. 마지막으로, 가족의 신념체계, 행동 유형, 개인의 역할과는 별개로 개인과 가족에 영향을 미치고 있는 문화적 요인이 있는지 확인해야 한다.

가족의 신념체계는 개인의 자아상과 마찬가지로 가족체계의 효율적인 변화를 도모하는 데 있어서 아주 중요한 역할을 한다. 가족이 스스로 효율적이라고 여긴다면 비교적 환경을 잘 통제할 것이며, 또한 낙관적으로 상황을 보게 되어 회복력

(resilience)이 생기고 효율적으로 과제에 도전할 것이다. 회복력이 생긴 가족은 도전에 직면하여 잘 이겨 나가고, 스트레스의 영향도 완화시켜 효율적으로 그것에 대처하며 전진해 나갈 수 있다.

5) 문화적 요인

각 가정은 고유의 **가족문화**를 발전시킨다. 이러한 가족문화는 대표적으로 '가훈'을 통해 나타나기도 하고, 전통적인 윤리규범에 근거하거나 또는 기존의 것과는 전혀 다른 새로운 체계를 형성하기도 한다. 기존의 문화에서 벗어나려는 시도는 하나의 '이주'과정이기도 하고, '융화'하려는 노력이기도 하다. 주로 청소년들이 이런 반응을 보인다. 이와 비슷하게, 내담자를 상담과정에 사회화시키는 노력 또한 갈등을 야기할 수 있다. 예를 들면, 상담자는 내담자가 자신의 생각과 감정을 표현하는 것이 건강하고 긍정적이라고 가정하지만, 이런 생각은 내담자의 가족의 신념체계와 다를 수 있다. 내담자의 가족은 내담자가 가족의 안 좋은 면은 절대 이야기하지 않을 것이라 믿고, 또 그렇게 해서는 안 된다고 생각할 수 있다. 이런 내담자에게 이야기하도록 격려하거나 부드럽게 압박하거나 직접적으로 직면하면 내담자는 불편감을 느끼며 이미 형성된 관계마저도 영향을 받을 수 있다. 일반적으로 사람들은 남녀노소를 불문하고 자신의 가족 규준과 불일치하는 방식으로 행동해야 할 때 갈등을 경험하게 된다. 이런 갈등은 내담자가 불편한 감정을 표현하지는 않지만 불안이나 위축감, 분노 등의 형태로 나타나게 된다. 내담자는 상담을 받으면서 가족의 신념체계와 반대되는 문화적 기대로 인해 불편함을 느낄 수 있다.

3. 가족상담의 이론

이 절에서는 가족상담 분야의 대표적 치료이론 6가지를 각 이론의 주요 개념과 특징을 중심으로 간략하게 개관하기로 한다.

1) Bowen의 세대 간 가족치료

Bowen에 의해서 발전된 **세대 간 가족치료**(transgenerational family therapy) 모델은 핵가족의 영역을 넘어서서 확대가족의 영역까지를 다루고 있다. 이 이론은 인간의 합리성을 가장 중요한 특성으로 여긴다(Bowen, 1990). Bowen은 인간이 경험하는 심리적 불안은 가족관계라는 체계 속에서 자신이 되고자 할 때 생기는 현상이라고 설명한다. 청소년이 자신의 정체감을 형성할 때 생기는 불안도 결국 관계 속에서 자신을 찾으려는 노력 때문에 생긴다는 것이다. 이에 Bowen의 가족상담 모델은 가족 내에서 발생하는 청소년 문제의 기저에 심리적 불안이 있다고 보고, 이를 해결하는 데 있어서 유용한 모델로 생각된다(이옥주, 김유숙, 김용태, 1996).

Bowen(1988)은 인간에게는 두 가지 생물학적 힘이 존재한다고 믿었다(Bowen, 1988). 이 두 가지 힘에 대해 Kerr와 Bowen(1988)은 다음과 같이 설명하였다. 두 가지 생물학적 힘은 자신이 되고자 하는 힘과 다른 사람들과 함께하고자 하는 힘을 말한다. 자신이 되고자 하는 힘은 한 개인을 다른 사람과 구별되고 독립된 존재로 만들어 나가며 이를 개별성(individuality)이라고 한다. 타인과 함께하고자 하는 힘은 한 개인을 다른 사람들과 연결되고 의존적이 되며 구분되지 않는 존재로 만들어 나가며 이를 관련성(togetherness)이라고 한다. 이 두 가지 힘은 생물학적 근거를 가지고 있지만 살아가는 동안에 학습에 의해서 많은 영향을 받게 된다. 다시 말해, 인간의 관계는 개별성과 관련성의 두 생명 에너지(life energy)에 의해서 만들어지는 정서적 균형 상태를 의미한다고 볼 수 있다.

(1) 주요 개념

Bowen 이론의 주요 개념으로는 자아분화, 삼각관계, 핵가족 감정체제, 가족투사과정, 다세대 전수과정, 출생순위에 의한 지위, 정서적 단절, 사회적 정서과정 등이 있다.

- 자아분화(differentiation of self): Bowen은 가족을 정서적 체제를 가진 하나의 단위로 이해하였다. 가족은 정서적으로 연결된 체제를 가지고 있으며 이를 분화되지 않은 **정서적 자아덩어리**(undifferentiated ego mass)라고 불렀다. 그리고 자아

의 분화란 정서적 단위인 가족으로부터 자신을 분리해 내는 과정으로 이해하였다.

자아는 가족의 정서적 덩어리로부터 자신을 분리해 내는 과정에서 개별성의 힘에 의해 발달된 자유롭고 독립된 인간의 심리적 실체를 말한다. 자아는 견실한 자아(solid self: 개별성의 에너지가 관련성의 에너지보다 더 많은 비율을 가지고 있어서 자유롭게 자신의 독립된 생각과 의견을 가짐)와 가짜 자아(pseudo self: 관련성의 에너지가 개별성의 에너지보다 더 많은 비율을 가지고 있어서 자신의 독립된 의견과 생각에 따라서 움직이지 못함)로 구별된다. 분화의 정도는 두 자아의 비율에 의해서도 나타난다. 분화의 정도가 높은 사람들은 견실한 자아의 부분이 가짜 자아의 부분보다 많은 비율을 갖는다. Bowen은 자아의 분화는 불안과 밀접한 관련을 가지고 있다고 보았다. 분화의 수준이 낮은 사람들은 불안을 야기하는 스트레스에 아주 약하고, 다른 사람들과 융해되는(fuse) 경향을 가지고 있으며, 자신의 생각과 의견을 주장하거나 표현하기 어려워한다. 이들은 외부로부터의 자극에 대해서 정서적 반작용(emotional reactivity)을 보이게 된다. 즉, 독립성과 자율성이 떨어지며 의존적이 된다. 반면, 분화의 수준이 높은 사람들은 목표지향적 활동을 보인다. 분명한 가치관과 믿음을 가지고 있으며 유연한 대처 방식을 가진다. 이들은 불안을 야기하는 상황 속에서도 자신의 생각과 믿음을 잃지 않고 일관성을 가지고 목표를 향해 간다.

- **삼각관계(triangling)**: 삼각관계 개념을 이해하기 위해서는 Bowen이 설명하는 불안 개념에 대해 먼저 이해할 필요가 있다. **불안**이란 상상 혹은 실제의 위협에 대해서 생기는 유기체의 반응을 말한다(Kerr & Bowen, 1988). 모든 살아 있는 생명체는 불안에 대한 반응을 가지고 있다. 복잡한 체제를 가지고 있는 유기체일수록 불안에 대해 더 민감하게 반응한다. 급성적으로 나타나는 불안은 실체로 제기되는 위험에 의해서 일어나며 시간상으로 볼 때 제한적이다. 만성적 불안은 상상에 의한 위협에 의해서 일어나며 시간상으로 볼 때 제한적이지 않다. 분화와 불안의 관계를 보면, 분화의 수준이 낮을수록 만성적 불안을 가지고 있으며 또한 만성적 불안에 계속 노출될수록 개인의 불안에 대해서 대처하는 능력은 떨어지게 된다.

가족들은 한 가족 구성원이 분화를 해 나갈 때 여러 가지 상상의 위협을 가하게 된다. 가족들에 의한 만성적 불안의 상황은 한 개인이 자신의 분화 수준을 높이는 데 방해되는 역할을 한다. 가족 구성원 중에 만성적 질병을 가지고 있거나 부부간에 만성적 갈등을 가지고 있거나 혹은 가족 구성원 중에 심각한 문제를 일으키는 사람은 가족 구성원들에게 만성적 불안을 야기한다. 만성적 불안에 지속적으로 노출되면 개인은 적응력이 떨어지고 분화의 수준은 낮아진다. 두 사람의 관계에서 불안과 긴장이 생기면 관계가 불안정해지고, 이때 두 사람은 다른 사람을 관계에 끌어들임으로써 삼각관계가 발생한다. 삼각관계는 관계 속에서 생기는 불안을 낮추기 위해서 발생한 정서적 체제를 의미한다(Papero, 1990). 삼각관계의 대표적인 예로는 핵가족 체제 내에서 부부간에 만성적 갈등을 가지고 있거나 부부 중에 한 사람이 제대로 기능을 하지 못하는 경우를 들 수 있다. 이때 부부 사이에는 불안하고 긴장된 상태가 상존한다. 이때 부부는 자녀들 중 한 명과 삼각관계를 형성하게 된다. 삼각관계가 형성되면 원래 두 사람 사이에 있었던 갈등은 삼각관계를 통해서 제삼자와의 관계로 전이되어 부부 중 어느 한쪽과 자녀가 갈등하는 쪽으로 발전하게 된다.

- 핵가족 감정체제(neuclear family emotional system): 핵가족은 가족 내에서 발생하는 긴장과 불안정성을 다루기 위해서 체제를 만들게 되는데, 이를 핵가족 감정체제라고 부른다(Papero, 1990). 역기능적 가족체제는 감정적 거리를 두거나 융해되는 체제를 형성한다.
- 가족 투사과정(family projection process): 가족들은 불안에 대처하기 위해서 정서체계를 형성하고 있으며 이러한 정서체계는 불안에 대처하는 기제로 사용된다. 부부가 분화의 수준이 낮으면 낮을수록 불안한 정서체계 속에 불안이 생길 때마다 투사현상이 일어난다. 이를 가족 투사과정이라고 하는데, 부모가 가지고 있던 문제들은 가족투사과정을 통해서 한 아이 혹은 아이들에게 전가된다(Papero, 1990). 이러한 경우에 부모는 서로에게 정서적으로 민감해지기보다는 삼각관계를 형성하고 있는 자녀에게 더욱 민감해진다. 만일 남편이 분화의 수준이 낮다면 부인이 가지고 있는 불안에 대해서 민감해지며 아이들 중 한 사람과 정서적으로 밀착되는 현상을 지지하는 마음을 갖게 된다. 부인이 아이와 정서적으로 밀착되어서 자신과 불안이나 갈등을 야기하지 않기를 바라는 마음으로 부부관계를 형성하게 된다.

- **다세대 전수과정**(multigenerational transmission process): 핵가족의 투사과정은 여러 세대를 거쳐서 일어나는데, 이를 다세대 전수과정이라고 부른다(Papero, 1990). 핵가족 내에서 투사과정에 의해 부모와 삼각관계를 형성하여 분화의 수준이 낮아진 자녀는 자신과 비슷한 분화의 수준을 가진 사람과 결혼하는 경향이 있다(Papero, 1990). 비슷한 수준의 분화를 가지고 있는 사람들끼리 결혼하면 그 부부의 핵가족 내에서 또 다른 삼각관계가 형성된다. 부부의 윗세대에서 가지고 있던 문제들은 투사과정과 선택과정에 의해 다음 세대 그리고 그다음 세대로 반복 재생산을 하게 된다. 현재 핵가족에서 보이는 문제들은 적어도 3세대의 전수과정을 이해할 때 제대로 해결할 수 있다.
- **출생순위에 의한 지위**(sibling position): 이것은 자녀들이 가족 내에서 가지고 있는 기능적 입장을 말한다. 출생순위에 따라서 부부가 가지고 있는 갈등의 양상도 다르며 부부가 편안하게 느끼며 삼각관계를 형성하는 대상도 다르다. 예를 들면, 장남과 장녀가 결혼한 경우에는 서로 주도권을 가지려 하기 때문에 발생하는 불안이 많으며, 이러한 불안을 해결하기 위해 의존적 성향을 보이는 자녀들과 삼각관계를 형성하는 경향이 있다.
- **정서적 단절**(emotional cutoff): 원가족으로부터의 정서적 단절은 투사과정에 많이 개입된 자녀에게 주로 일어나는 현상으로, 원가족을 접촉함으로써 생기는 불안을 줄이기 위해 부모의 집에서 먼 지역으로 이주하거나 부모와 말을 하지 않는 등 부모와의 접촉을 끊는 행위를 의미한다. 다시 말해, 정서적 연결을 단절하는 것이다. 정서적 단절은 주로 정서적으로 아주 밀착된 중요한 사람들과의 관계에서 발생하는데, 물리적 · 정서적으로 단절된 상태를 가지고 있다 할지라도 이러한 개인들은 여전히 관계에 빠지는 양상을 가지고 살게 된다. 즉, 이들은 다른 사람들과 아주 밀착된 관계를 형성하려는 경향을 나타낸다. 또는 여러 사람들과 정서적으로 밀착하고 단절하는 관계의 양상을 반복적으로 보이기도 한다.
- **사회적 정서과정**(societal emotional process): Bowen은 분화의 수준에 영향을 미치는 여러 가지 요인을 처음에는 핵가족 내에서만 생각하였으나, 이후에 분화의 수준에 영향을 미치는 여러 사회적 요인을 생각하고 이를 개념화하였다. 사회 내에서의 정서적 과정들은 핵가족 내에서 일어나는 방식과 비슷하다. 특히

불안을 야기하는 청소년 자녀의 부모들은 사회 변화 속에서 발생하는 여러 가지 믿음과 가치관을 제대로 갖고 있지 않아서 청소년들의 사회적 변화에 제대로 대처하지 못하는 경향이 있다.

(2) 상담 전략

Bowen 가족상담의 목표는 가족 구성원의 자아분화의 수준을 높이는 것이다. 상담의 전략으로 **치료적 삼각관계**(therapeutic triangling)와 **코칭**(coaching)의 방법을 사용한다. 일반적으로 상담은 세 단계로 진행된다. 첫 번째 단계는 평가의 단계이고 두 번째 단계는 가족들을 변화시키는 상담자의 변화 개입의 단계이며, 세 번째 단계는 내담자들이 적극적으로 자신의 가족을 변화시키는 단계다. 평가의 단계에서는 호소 문제를 다세대라는 맥락의 관점에서 이해하게 된다. 적어도 3세대를 통해서 호소 문제가 갖는 관계적 맥락을 삼각관계와 가족 투사과정, 다세대 전수과정 등 세대 간 가족치료의 주된 개념들을 통해서 이해하는 작업을 한다. 내담자가 가지고 온 증상을 중심으로 발생하는 주된 삼각관계를 발견하는 일이 이 단계의 가장 중요한 일이 되며, 가족들이 문제를 정의하는 방식을 바꾸는 일도 중요한 과제가 된다. 문제를 정의하는 방식을 바꾸기 위해서 가계도는 중요한 도구로 활용된다. 가계도를 그린 다음 구조적 측면에서 가족들의 관계를 분석하고 관계 양상이라는 측면에서 가족들의 관계를 분석하게 된다. 가계도를 통한 분석이 끝나면 상담자는 가계도에 나타난 관계를 이해시키기 위해 세대 간 가족치료의 여러 가지 개념을 가족들에게 교육한다. 이는 가족들이 여러 가지 개념을 이해하고 그에 기반하여 문제를 이해하고 정의하도록 돕는 과정 중의 하나다.

두 번째 단계는 가족들의 관계적 맥락을 적극적으로 변화시키는 단계다. 증상을 중심으로 해서 발생하는 가족들의 주제를 적극적으로 찾아내며 이를 변화시키는 활동을 하게 된다. 이때 상담자는 가족들의 자아에 초점을 맞춘다. 분화의 수준으로 이해되는 가족들의 자아를 변화시키고 분화의 수준을 높이기 위해 최선을 다한다. 현재의 삼각관계에서 일어나는 여러 가지 일에 대해서 정서적으로 반응을 하는 것이 아니라 지적으로 계획된 방식으로 반응하도록 돕는 훈련을 한다.

세 번째 단계에서는 가족들이 상담자의 훈련을 받지 않고 그들 스스로의 힘에 의해 가족관계 속에서 자신을 바라보는 훈련을 한다. 상담자의 역할은 변화를 시키는 사람의 입장에서 가족 구성원의 변화에 대해 코칭하는 입장으로 변화된다. 가족 구성원은 스스로 자신들의 상담과정을 결정하고 진행시킨다. 그리고 이러한 과정이 제대로 이루어지고 있다고 판단될 때 상담을 종결한다.

2) 전략적 가족치료

전략적 가족치료(strategic family therapy) 모델은 가족의 반복적인 역기능적 행동에 직접적으로 개입하여 변화를 유도하는 접근으로, 간결한 기법과 단기적이며 효율적인 개입이 특징이다. 주요 이론적 바탕은 사이버네틱스 모델, Bateson의 순환적 인식론에 영향을 받았으며, 짧은 시간에 효율적이며 구체적이고 치밀한 치료 계획을 수립하여 개입한다. 문제의 원인에 대한 통찰이나 이해에는 관심이 적으며, 가족 내 역기능적인 연쇄과정을 끊는 것이 주목표다. 전략적 모델은 일반적으로 MRI(Mental Research Institute) 상호작용 모델과 Haley의 전략적 구조주의 모델 그리고 Milan 연구팀의 체계적 모델로 분류된다.

(1) 주요 개념

- **의사소통(communication)**: 의사소통은 MRI 상호작용 모델의 핵심 개념으로서, 의사소통의 다중적 측면을 다음과 같이 강조한다. 첫째, 모든 행동은 어느 수준에서 의사소통이다. 둘째, 모든 의사소통은 내용과 관계의 측면을 포함한다. 셋째, 의사소통이 이루어지는 관계는 대칭적이거나 보완적인 관계다. 넷째, 구두점(punctuation)은 의사소통의 중요한 측면으로, 상호작용의 흐름 속에서 무엇이 자극이고 무엇이 반응인가를 나타낸다. 다섯째, 메타커뮤니케이션(의사소통에 대한 의사소통)이 중요하다. 즉, 현재 가족 간에 진행되는 의사소통의 여러 측면을 바라보고 그에 대해 의사소통하는 것이다.
- **이중구속(double-bind)**: 이 개념은 발신자, 특히 권력을 가진 자가 의사전달을 할 때 의사소통의 수준이 일치되지 않는 모순된 메시지를 보내는 역기능적 의사소통 형태를 의미한다. 예컨대, 권위자로부터 '이 지시를 무시하라.'라는 메시지를 받았을 때, 수신자는 둘 이상의 상반된 메시지를 받고 어느 것에 반응해야 할지 몰라 결국 정서적 혼란에 빠지게 된다. 왜냐하면 어느 쪽으로 반응하

더라도 결국 지시를 어기는 상황이 되기 때문이다. MRI 팀은 부모-자녀 관계에서의 지속적인 이중구속 상황은 자녀를 갈등과 불안에 빠지게 하며, 궁극적으로 사회적 판별 능력을 마비시켜 정신분열과 같은 역기능을 일으킨다고 하였다.

- 피드백 고리(feedback loop): 이 개념은 MRI 연구팀의 가장 중요한 개념 중 하나다. 가족은 피드백을 통해 서로 정보를 교환하면서 서로의 행동을 통제하거나 확장한다. 피드백은 정적 피드백과 부적 피드백으로 구분되는데, 많은 역기능적 가족은 문제를 해결하기 위해 새로운 시도(정적 피드백)를 하지만, 문제가 악화되는 것을 보고 당황하여 기존의 의사소통 방식(부적 피드백)으로 돌아간다. 이는 문제를 더욱 악화시키며 결과적으로 부정적 순환을 가져온다.
- 가족 항상성(family homeostasis): 항상성은 원래 유기체가 일정한 상태로 균형을 유지하려는 작용 또는 성질을 의미한다(정문자 외, 2018). 전략적 가족치료 모델에서는 가족체계 역시 다른 생명체와 마찬가지로 끊임없이 변화하는 가족 내외의 환경에 적응하면서 일관성을 유지하고자 하는 기능을 갖는다고 본다. 가족은 안정을 유지하고자 하는 기능뿐만 아니라 변화하고자 하는 기능을 동시에 갖는다(Jackson, 1965). 그런데 병리적인 가족일수록 변화보다 안정성을 위해 가족의 엄격한 역기능적 연쇄과정을 유지하며, 기존 방식에 완고하게 집착한 나머지 변화를 성장의 기회로 보기보다는 가족에 대한 위협으로 지각한다. 그래서 전략적 가족치료 모델에서는 증상이 관계에서 불이익을 가져다주는 것임을 가족이 깨닫게 될 때 그 증상이 사라질 것으로 보고, 어떤 연쇄과정이 가족에게 부정적 결과를 가져오는지에 대해 가족원들이 지각할 수 있도록 개입한다.
- 권력과 위계(power and hierarchy): 이 개념은 Haley의 전략적 구조주의 모델에서 강조되었다. Haley는 증상이 가족 항상성을 유지하기 위해 존재한다고 보았으며, 동시에 내담자가 증상을 통해 가족원을 통제한다고 믿었다. 가족원이 자신의 위치에 맞는 권력과 통제를 가질 때 위계질서가 유지되며, 힘의 균형이 깨지면 위계질서에 문제가 발생한다는 것이다. 따라서 전략적 구조주의 모델에서는 증상을 해결하기 위해 상담자가 관계 이면의 권력과 통제관계를 파악해야 하며, 권력투쟁에 관한 가족관계를 파악함으로써 명확한 치료목표를 설정하고 설정과 구체적인 개입 방식을 계획할 수 있다고 보았다. 예컨대, 상호

적대적이며 심한 갈등으로 힘든 결혼관계에 있는 부부에게는 그들의 자녀에게 문제가 발생하는 것이 위기 상태인 부모관계가 해체되지 않도록 하는 기제가 된다는 것이다. Haley는 또한 위계질서가 제대로 서 있는 가족일수록 기능적인 가족이라고 보았다. 부모가 부모로서의 위치를 제대로 지키고, 윗세대가 아래 세대보다 위계적으로 상위에 있어야 하며, 가족이 세대 간 구조와 경계를 분명히 갖고 서로 침범하지 말아야 한다고 보았다.

- 가족게임(family game): 이는 Milan 연구팀에 의해 제안된 개념으로, 역기능적 가족이 서로 힘을 얻기 위해 가족게임을 한다고 보았다. 가족규칙이란 가족이 암암리에 오랫동안 발전시켜 온 일련의 의사소통 규칙과 관계 규칙들을 유지하기 위해 하는 복잡한 가족 상호작용을 말한다. Milan 연구팀에서는 증상을 일종의 가족게임이라 보고, 상담자가 이 게임을 멈추기 위해서 역설적 또는 협동적 개입을 하는 것이 효과적이라고 보았다.

(2) 상담 전략

전략적 가족치료에서는 가족의 변화를 볼 때 가족원의 행동이 바뀌는 일차 질서 변화(first order change)와 가족체계의 규칙이 바뀌는 이차 질서 변화(second order change)로 나누어 본다. 진정한 변화는 가족규칙이 변화됨으로써 가족의 행동뿐만 아니라 가족규칙과 신념이 바뀌는 수준이 되어야 한다. 예를 들어, 늦게 귀가한 자녀에게 야단을 치는 부모는 자녀의 행동을 야단침으로써 변화시켜 기존 가족규칙(늦게 귀가하면 안 된다)을 유지하고자 한다는 측면에서 일차 질서 변화를 시도하는 것이라고 할 수 있다. 한편, 같은 상황에서 부모가 자녀에게 "우리가 귀가 시간을 너무 엄격하게 정했니?" 또는 "무슨 일이 있었니?"와 같이 질문하는 것은 부모와 자녀 모두가 속한 가족체계의 규칙을 검토하는 것이 되므로 이차 질서 변화라 할 수 있다. 전략적 가족치료에서는 가족 상호작용 안에서 이처럼 일차 질서 변화보다는 이차 질서 변화가 일어날 수 있도록 적극적으로 개입하여 돕는다.

상담 목표의 설정은 매우 구체적으로 이루어진다. 목표가 분명할수록 개입도 구체적이고 치료 효과도 크다는 것이다. 전략적 가족치료 접근의 핵심 목표는 제시된 문제의 해결이지만, 증상이라는 것이 사회적 맥락에서 일어나기도 하므로 내담자 가족을 둘러싸고 있는 사회 관계망까지 치료과정에 포함시키기도 한다. 청소년 내담자의 상담에서 학교 교사, 지역의 사회복지사, 친구 등의 관계망을 활용하는 것이 그 예다. 전략적 가족치료 모델에서의 상담과정은 일반적으로 ① 현재의 문제 정의, ② 구체적인 문제를 제거하기 위한 목표 설정, ③ 목표달성을 위한 치료적 개입의 세 단계를 거쳐 진행된다.

전략적 가족치료 접근에서 상담자의 역할은 한마디로 '전략가'라 할 수 있다(정문자 외, 2012). 상담자는 다른 가족상담 모델에 비해 변화에 대해 직접적인 책임을 진다. 따라서 전략적 가족치료 모델에 입각하여 개입을 하는 상담자에게는 전략적 기술, 활동성과 강한 책임감, 통제와 권위의 유지, 팀 접근(Milan 연구팀의 경우), 치료자의 중립성이 요구된다. 상담 전략으로 MRI에서 강조되는 방법은 반복되는 역기능적 피드백 고리 확인, 역기능적 상호작용을 유지하는 가족규칙 파악, 가족규칙을 변화시킬 수 있는 전략 찾기 등이 있다. 전략적 구조주의 모델에서는 이중구속 개념의 치료적 활용을 강조한다. Milan 연구팀에서는 증상을 가진 IP(identified patient) 가족이 게임규칙에서 벗어나도록 돕는 것을 주된 목표로 하며, 순환적 질문, 긍정적 의미부여, 의식(ritual), 불변의 처방 등 독특한 기법들을 발전시켰다.

3) 구조주의 가족치료

구조주의 가족치료(structural family therapy) 이론은 Salvadore Minuchin에 의해 창시되었다. 이 이론에서는 가족이 가족 구성원 사이의 의사거래를 규제하는 어떤 일정한 패턴에 의해 서로를 대한다고 본다. 이 패턴을 구조라 하고, 이 구조가 잘못되었을 때 문제가 발생한다고 보며, 이것을 진단하고 변화를 돕는 치료 방법을 제안하였다. 구조주의 가족치료 이론에서는 사회적 환경 속에 있는 개인에게 관심을 두며, 구조의 재구조화를 통해 치료가 일어날 수 있다고 본다(Minuchin, 1979). 구조주의 가족치료의 4가지 기본 개념으로는 가족구조, 하위 체계, 경계선, 위계구조를 들 수 있다.

(1) 주요 개념

- **가족구조**(family structure): 가족구조는 가족 구성원이 상호작용하는 방식을 조직화하는 하나의 보이지 않는 기능적 요구를 말한다(Minuchin, 1988). 가족구조는

반복적이고 체계화되어 있어서 예측할 수 있는 가족의 행동 양식이라 할 수 있다. Nichols(2011)는 전체 가족구조를 생각하지 못하고 단지 하나의 하위 체계에만 개입하는 치료사는 지속적인 변화를 거두지 못한다고 보았다. 이처럼 구조주의 가족치료에서는 가족 이해에 있어 가족구조를 매우 중요하게 여긴다.

- 하위 체계(subsystem): 가족을 하나의 체계로 볼 때 가족 안에는 다양한 하위 체계가 존재한다. 대표적인 하위 체계로는 부부 하위 체계, 형제 하위 체계, 성 하위 체계, 흥미 및 기능별 하위 체계가 있다. 하위 체계에 따라 개인은 그들이 하위 체계에서 수행해야 하는 어떤 역할과 기능을 가진다. 모든 가족 구성원은 여러 개의 하위 체계 안에서 많은 역할을 한다. 부부 하위 체계에서는 상보성과 상호 적응의 기술이 중요하다. 즉, 부부는 서로 다른 분야에서 상대방이 가지고 있는 장점이나 잠재력 향상에 중점을 두고 지원할 때 부부 하위 체계의 기능을 성공적으로 발전시킬 수 있다. 부부 하위 체계는 다른 하위 체계의 간섭을 방지할 수 있도록 경계선을 만들어야 한다. 자녀의 출생과 함께 가족구조도 변형되는데, 부모-자녀 하위 체계에서는 부모와 자녀 간 상호작용 패턴이 잘 수행되어야 하며 변화하는 환경에 맞도록 수정되어야 한다. 형제 하위 체계는 자녀가 그들의 또래집단과의 관계를 배울 수 있는 사회화의 장이다. 가족원 개인은 각 하위 체계 안에서 각기 다른 권력과 역할을 갖게 되며, 고유의 기능을 수행하면서 상보적인 관계를 맺는다.
- 경계선(boundary): 경계선은 가족원 개인과 하위 체계의 안팎을 구분하는 보이지 않는 선을 말하며, 가족원 사이에 허용되는 접촉의 양과 종류를 규정하는 개념이며(Becvar & Becvar, 2001), 누가 어떻게 참여하는가를 규정하는 규칙(Minuchin, 1988)이기도 하다. 경계선은 다양한 하위 체계를 분리하고 각 구성원과 전체 가족을 둘러싸기도 한다. 경계선은 가족원 간 접촉의 양을 조절하고 개별성과 자율성을 규정한다. 경직된 경계선을 가진 가족 구성원은 서로 간에 또는 외부 체계와 거의 접촉이 없고 유리되어 있다. 산만한 경계선은 가족 간의 관계가 밀착되어 있다. 밀착된 하위 체계는 서로 간에 높은 상호 지원을 제공해 주지만 독립과 자율성이 부족하다. 부모와 밀착된 아이는 부모와의 경계선이 미분화되어 있고 거리감이 없으며, 강한 소속감으로 부모에게 의존하려는 경향이 있다. 명확한 경계선을 가진 가족에게서는 대인관계의 접촉과 자율

성에 융통성이 있다.

- **위계구조**(hierarchy): 가족의 위계구조는 집이라는 물리적 구조의 '층'을 비유로 들어 설명할 수 있다(정문자 외, 2018). 여러 층으로 이루어진 건물의 아래에 위치한 층이 위층을 지탱할 수 있도록 지어져야 하는 것처럼 가족이 적절히 기능하기 위해서는 효율적인 위계구조가 확립됨으로써 구성원이 각자 적합한 위치에 있어야 한다. 하위 체계의 기능 및 경계선과 연결 지어 보면, 가족이 기능적이기 위해서는 부모와 자녀가 분화된 권위를 가져야 하며, 자녀의 성장과 발달에 책임을 지는 부모 하위 체계가 자녀 하위 체계보다 위계구조의 위에 위치해야 한다.

(2) 상담 전략

구조주의 가족치료의 목표는 가족구조의 변화와 효과적인 위계질서의 창조다. 가족원 중 IP의 증상을 바꾸는 데 가장 효율적인 방법은 그들이 지켜 온 가족구조의 패턴을 바꾸어 가족 구성원의 효과적인 기능을 지지해 주는 것이다. 이를 위해 상담자는 가족구조, 하위 체계, 경계선, 위계구조에 대해 가족평가를 한다. 이 과정에서 상담자는 동시에 가족과 함께 신뢰적 관계를 쌓아 간다. 이 과정을 Minuchin은 **합류**(joining)라 불렀다(Minuchin & Nichols, 2013). 합류는 상담자가 가족의 상호 교류 유형을 있는 그대로 수용하고 가족의 강점을 직접 경험함으로써 가족체계와 관계를 맺는 행동이다. 치료자가 가족에 합류한다는 것은 가족 상호작용의 일원이 됨을 의미한다. 합류를 위한 기법으로는 유지(maintenance), 추적(tracking), 모방(mimesis)이 사용된다. 다음 단계로, 상담자는 **구조적 지도**(structural map)를 통해 가족의 상호작용 구조를 간략히 나타냄으로써 변화과정을 평가하거나 치료 목표를 설정하는 데 사용한다. 가족구조를 구성하는 패턴과 각 하위 체계의 역할을 인식할 때까지 표출되는 문제와 일상적인 일을 기술하는 것에 가족을 참여시킨다. 그다음 단계는 가족 재구조화 단계다. 상담자는 관계와 상호작용에 관해 사고할 수 있도록 적극적인 질문을 할 수 있다. 또한 상담자는 가족이 구조, 경계선, 계층 조직에서 변화할 수 있도록 돕기 위해, 또 새로운 하위 체계를 세우기 위해 적극적 개입과 전략을 이용한다. 가족을 재구조화하기 위해 상담자는 긴장 고조, 증상 활용, 과제 부과 등의 기법을 사용한다(Minuchin, 1988).

4) 경험주의 가족치료

Satir로 대표되는 **경험주의 가족치료**(experiential family therapy) 이론은 즉각적이고 지금-여기에서의 경험을 중시하는 인본주의 심리학에 뿌리를 두고 있으며, 게슈탈트 치료, 현상학, 참만남 집단, 예술치료, 심리극 등 다양한 치료 방법의 영향을 받았다. Satir는 상호작용의 역동성을 고려하면서도 정서적 경험을 강조한다. 개인과 개인의 정서적 경험을 강조하는 점은 체계와 행동을 주로 다루는 다른 가족상담 접근법과는 차이가 있다. 경험주의 가족치료가 강조하는 주요 개념으로는 자아존중감, 의사소통 및 대처 유형, 가족규칙이 있다.

(1) 주요 개념

- **자아존중감**: 자아존중감의 형성에는 가족구조 및 부모와의 관계가 중요한데, 특히 생애 초기에 자녀가 부모와 어떤 관계를 경험했는가가 매우 중요하다. Satir는 자아존중감을 인간의 기본 욕구로 간주하고, 부모와의 관계의 기능성이 높거나 낮은 개인의 자아존중감에 영향을 미친다고 보았다. Satir는 자아존중감에 대한 개념을 자기, 타인, 상황의 세 요소로 기술하면서, 이 요소들이 어떻게 상호작용하느냐에 따라 서로 다른 의사소통 유형이 나타난다고 하였다. 낮은 자존감의 역기능적 유형으로 Satir는 위로자, 비난자, 계산자, 혼란자를 들었다.
- **의사소통 및 대처 유형**: Satir는 가족 구성원 간의 의사소통 및 대처 유형이 일종의 생존 유형으로서, 자아존중감이 낮으며 불균형 상태에 있을 때 주로 나타난다고 보았다. 특히 자아존중감의 3대 요소인 자기, 타인, 상황 중 어떤 것이라도 온전치 못할 때 낮은 자아존중감이 역기능적 의사소통의 형태로 나타난다고 보았다. Satir는 역기능적 대처 방식으로 회유형, 비난형, 초이성형, 산만형을, 기능적 대처 방식으로는 일치형을 제안하였다. 이를 정문자 등(2018)이 정리한 바에 근거하여 간략히 소개하면 다음과 같다.

  회유형(placating)은 자신의 내적 감정이나 생각을 무시하고 타인의 비위에 맞추려는 성향을 말한다. 다른 사람의 의견에 무조건 동조하고 비굴한 자세를 취하며, 사죄와 변명을 하는 등 지나치게 착한 행동을 보인다. **비난형**(blaming)

은 회유형과는 정반대로 타인을 무시하는 성향을 보인다. 타인의 말이나 행동을 비난하고 통제하며 명령하는데, 외적으로 보이는 행동은 공격적이나 내적으로는 소외감을 느끼며 자신이 외로운 실패자라고 생각한다. **초이성형**(super-reasonable)은 자신과 타인을 모두 무시하고 상황만을 중시한다. 규칙과 옳은 것만을 절대시하는 극단적인 객관성을 보인다. 매우 완고하고 냉담한 자세를 취하고 독재적인 행동을 하지만 내적으로는 쉽게 상처받으며 소외감을 느낀다. **산만형**(irrelevant)은 초이성형의 반대로 자신, 타인, 상황을 모두 무시한다. 따라서 상담에서 심리적으로 접촉하기가 가장 어려운 유형이다. 주제나 상황에 맞지 않는 말을 하며 산만하게 행동한다. 정서적으로 혼란된 심리 상태를 보인다. **일치형**(congruent)은 앞의 네 유형과 달리 기능적인 유형으로, 의사소통의 내용과 내적 감정이 일치한다. 의사소통이 매우 진실하며 자기 감정을 잘 알아차리고 이를 적절하게 표현한다. 이들은 높은 자아존중감 상태를 나타낸다.

- **가족규칙**: Satir는 가족규칙을 일종의 명령(injunction)으로 보았다. 가족규칙은 행동이나 반응으로 나타나며 인간의 대처 방식의 일부가 된다. Satir에 따르면 대부분의 사람은 비합리적인 규칙에 얽매여 비인간적인 삶을 살고 있으며, 이러한 규칙이 자아존중감에 부정적인 영향을 미친다고 보았다. 비합리적인 가족규칙 또한 가족원의 낮은 자아존중감에 영향을 미친다.

(2) 상담 전략

Satir는 내담자의 억눌린 정서를 표출시키는 데 강조점을 두었다. 또한 가족 구성원이 더 솔직하고 진실하며, 효과적으로 의사소통하는 것을 배울 수 있다고 믿었다. 가족문제의 기본 역시 정서적 억압에 있는데, 부모는 자녀들의 자유로운 감정 표현을 통제하려 하고 이러한 가족 상호작용의 결과로 자녀들은 자신의 정서적 경험을 묻어 버리고 문제행동을 나타내게 된다는 것이다. 따라서 경험주의 가족치료 이론에서는 가족의 성공적인 변화를 위한 첫 단계로, 가족 구성원이 각자의 진정한 정서와 접촉하는 것을 들었다. 이 정서 속에는 부정적인 정서부터 긍정적인 정서까지 매우 다양한 정서가 포함되어 있다. 상담자는 가족 구성원으로 하여금 그 개인의 정직한 감정을 드러내게 하고 가족 간의 진솔한 결속력을 이끌어 내고자 한다. 그리고 각 가족 구성원이 서로의 욕구와 감정에 더 관심을 갖게 하며, 가족 내에서 감정을 나누도록 하는 것이다. 이 과정은 개인의 빙산 치료[2] 작업을 통해 이루어진다. 또한 상담사는 가족이 기능하는 것을 방해하는 이전의 묵시적인 규칙을 가족 구성원이 변화시키거나 인식하도록 돕기 위해서 역할놀이, 생활 연대기, 가족조각 등의 상담 기법을 사용한다.

5) 해결중심 가족치료

해결중심 가족치료(solution focused therapy) 이론은 Steve de Shazer, 김인수 부부와 동료들이 1978년 미국 밀워키에 단기가족치료센터를 설립하면서 발전하게 되었다. 이 접근은 내담자가 갖고 있는 자원을 최대한 활용하며, 문제의 원인을 파악하기보다는 문제를 해결할 수 있는 내담자가 갖고 있는 힘을 믿는다. 또한 문제를 해결할 수 있는 현재 또는 미래의 상황에 초점을 둔다. 내담자가 언어를 사용하여 자신의 현실을 구성한다고 보기 때문에 해결지향적인 다양한 질문을 개발하고, 이를 통해 내담자와 함께 긍정적인 목표를 세우고 협력적으로 작업한다. 내담자에 대한 무조건적 수용과 존중은 상담자의 매우 중요한 기본 태도다.

(1) 주요 강조점

해결중심 가족치료에서 강조하는 주요 원리는, 첫째, 병리적인 것 대신에 긍정적인 것에 초점 두기, 둘째, 내담자의 강점은 물론 증상까지도 발견하여 치료에 활용하기, 셋째, 탈이론적이고 비규범적이며, 내담자의 변화를 존중하기, 넷째, 간단하고 단순한 방법을 일차적으로 사용하기, 다섯째, 누구에게나 변화는 삶의 일부이기 때문에 항상 일어난다는 점을 인식하기, 여섯째, 현재에 초점을 맞추며 미래지향적 관점을 갖기, 일곱째, 목표 설정과 문제해결 과정에 있어 치료자와 내담자 간의 협

---

2) 개인의 내면을 빙산에 비유하여, Satir는 겉으로 보이는 사랑의 행동은 마치 수면 위에 있는 빙산의 일부처럼 표면적이거나 그 개인 문제의 극히 일부분인 경우가 많다고 보았다. 그러나 우리 경험의 대부분은 가라앉아 있는 빙산처럼 '수면 아래'에서 경험되고 있다는 것이다. Satir 모델에서는 1차 수준, 즉 문제행동의 변화에 초점을 두는 것에서 더 나아가, 2차 수준(감정, 지각, 기대, 열망)의 경험과 변화, 그리고 3차 수준(자기, self)까지의 변화를 목표로 한다(Banmen, 2001).

력관계를 중요시하기로 요약된다.

(2) 상담 전략

해결중심 가족치료의 첫 번째 단계는 '내담자가 원하는 것에 주의를 기울이기'부터 시작된다. 상담 초기에 내담자의 장점, 자원, 성공적 경험을 파악하는 것은 치료적 관계를 빨리 형성하는 데 도움이 된다. 해결중심 가족치료 이론에서는 내담자와의 관계 유형에 따라 상담과정 진행에 대한 계획 수립 및 향후 제공할 과제에 대한 계획 수립이 달라진다. 상담자–내담자 관계 유형은 다음의 세 유형이 있으며, 이 중 어느 일면만을 보이는 내담자 중에서 상담과정을 통해 고객형으로 바뀌는 경우도 있다.

- 방문형: 비자발적 내담자 유형으로, 자신의 의사와는 무관하게 상담을 받으러 온 내담자일 가능성이 높다. 부모나 교사에 의해 의뢰되는 청소년 내담자는 대표적인 방문형 내담자의 예다. 내담자와 상담자 간의 방문형 관계에서는 내담자가 상담자와 함께 해결하고자 하는 문제를 인식하고 있지 않거나, 문제가 오히려 타인에게 있다고 생각한다. 따라서 함께 문제 인식을 하거나 상담 목표를 발전시키기가 어려울 수 있다.
- 불평형: 내담자와 상담자 간의 대화 속에서 계속 불평을 하거나, 해결해야 할 문제는 확인하였지만 해결책을 구축해 나가는 데 있어서는 내담자 스스로가 자신의 역할을 확인하지 못하는 경우다. 이 유형의 내담자는 대체로 문제해결이 다른 사람(배우자, 부모, 자녀, 상사, 친구, 동료 등)의 변화를 통해 이루어질 수 있다고 생각한다.
- 고객형: 내담자와 상담자가 문제와 도달하고자 하는 해결책을 '공동으로' 확인하고, 자신을 문제해결의 일부로 생각하고 문제해결을 위해 무엇인가를 할 의지를 보이는 경우다. 이 유형은 자발적인 상담 요청 내담자에게 나타나는 유형으로서, 상담자와 협력하여 문제를 비교적 수월하게 해결해 나갈 가능성이 가장 높은 유형이라 할 수 있다.

해결중심적 가족상담자는 해결중심의 입장을 지지하기 때문에 상담 목표설정 과

정부터 매우 구체적이고 작은 것에서 시작한다. 문제가 어떻게 발생하였느냐 하는 원인에 관해서는 거의 관심을 가지지 않고, 문제의 해결 방안과 새로운 행동 유형에 초점을 둔다. 이들은 가족에게 왜 상담에 왔는지에 대한 다양한 정보를 요구하기보다는 가족이 적용할 수 있는 해결 방안을 모색해 보도록 하는 데 초점을 맞춘다. 그러므로 해결중심적 가족치료는 가족과 상담자가 함께 해결 방안을 발견하고 구축하는 과정을 중요시한다. 따라서 상담에서 대화의 시작은 '문제중심적 대화'를 '해결중심적 대화'로 바꾸는 쪽으로 진행된다. **해결중심적 대화**를 위해 다양한 질문이 개발되었는데, 예와 함께 소개하면 다음과 같다.

- 첫 면담 공식 과제: "오늘부터 다음 주까지 네가 계속되기를 원하는 것이 무엇이니?"
- 예외 질문: "당신에게 문제가 없었던 때가 있었다면 언제였나요? 그때 당신은 무엇을 하였나요?"
- 기적 질문: "당신이 잠자리에 든 후 기적이 일어났고, 당신이 깨었을 때 당신의 문제가 해결되었다고 가정해 보면, 무엇이 달라져 있을까요?"
- 척도 질문: "1에서 10까지의 척도에서 1은 문제가 가장 심각할 때이고 10은 문제가 다 해결된 상태라고 하면, 지금은 몇 점인가요?"
- 대처 질문: "그 어려운 상황에서 어떻게 지금까지 견딜 수 있었나요?"
- 관계성 질문: "네 엄마가 지금 이 자리에 계시다고 가정하고, 내가 엄마에게 문제가 해결되면 무엇이 달라지겠냐고 묻는다면 엄마는 뭐라고 말씀하실까?"
- 악몽 질문: "네가 잠자리에 든 후 악몽을 꾸었고, 아침에 진짜로 모든 문제가 갑자기 더 나빠졌다고 가정하면, 무엇이 가장 악몽 같은 것일까?
- 간접적 칭찬: "어머님은 그렇게 하는 것이 자녀에게 좋다는 것을 어떻게 알게 되셨나요?"

이 외에 치료적 피드백인 메시지를 잘 활용하는 것도 해결중심 상담이론에서 강조하는 방법이다. 칭찬은 내담자가 중요하게 생각하는 것, 내담자가 성공적으로 하고 있는 것과 이러한 성공을 통해 나타나는 내담자의 강점을 강조하는 것이다. 연결문은 칭찬 다음에 나오는 제안이나 과제와 연결시켜 주는 것으로, 치료자가 제안을 하게 된 근거를 제공한다. 과제는 내담자와 상담자 간의 관계 유형에 따라 다르게 제시될 수 있다. 방문형에게는 상담을 찾아온 것 자체에 대해 칭찬하고 다음 상담에 오도록 격려한다. 불평형인 경우에는 관찰 또는 생각하도록 하는 과제를 주고, 고객형에게는 실제로 실천할 수 있는 행동과제를 주는 것이 적절하다.

6) 이야기치료

이야기치료(narrative therapy)는 White와 Epston이 개발하고 호주 Dulwich 센터를 주축으로 발전된 가족치료 접근이다. 사회구성주의, 후기구조주의, 페미니즘 등의 영향을 받았으며, 인간 삶의 문제를 언어, 의미, 맥락의 차원에서 새롭게 조명하고 그에 따른 해결 방안을 모색하는 데 초점을 둔다. 해체적 대화를 통해 문제 이야기와 거기에 담긴 정체성을 지속적으로 더해 나감으로써 내담자의 자기 이야기를 풍부하게 하는 데 목표를 둔다(White, 2010).

(1) 주요 강조점

이야기치료는 내담자의 문제와 그 해결에 대해 일곱 가지의 기본 전제를 갖는다(Mann & Russell, 2004). 첫째, 인간은 능동적 행위자다. 둘째, 삶의 이야기는 삶 자체를 반영하는 도구이자 개인의 정체성을 이룬다. 셋째, 개인의 경험은 사회문화적 산물이다. 넷째, 개인의 정체성은 사회적으로 구성된다. 다섯째, 삶은 다양한 목적을 가진 복합적 이야기다. 여섯째, 문제가 되는 것은 문제를 갖고 있는 개인이 아닌 문제 그 자체다. 일곱째, 개인이 자신의 삶에서 지향하는 바는 그 개인의 의도, 목적, 희망, 가치, 꿈, 헌신의 대상을 살펴봄으로써 알 수 있다.

(2) 상담 전략

이야기치료의 목표는 단기적으로는 가족이 호소하는 문제를 감소시키는 데 있지만, 궁극적 목표는 가족 스스로가 자신들이 선호하는 방향으로 자기 가족의 이야기를 써 나갈 수 있게 하는 데 있다(정문자 외, 2018). 상담자의 역할은 질문과 반영을 통해 가족이 대안적 인생 이야기를 좀 더 풍부하게 이야기하고, 그간 삶에서 간과되었던 영역으로 발을 들여놓고 탐색하며, 새롭게 발견한 삶의 지식과 기술 가

표 6-3 대표적 가족상담이론의 상호 비교

	Bowen 가족치료 이론	전략적 가족치료 이론	구조주의 가족치료 이론
기원 및 주요 인물	Murray Bowen	MRI(Mental Research Institute) Haley의 전략적 구조주의 Milan 연구팀	Salvador Minuchin
이론의 기초	• 진화 모델 • 연속 모델 • 감정 모델 –가족: 분화되지 않은 자아의 덩어리 (undifferentiated family ego mass)	• Gregory Bateson의 순환적 인식론에 영향받음 • 가족의 상호작용에 치료의 초점을 둠 • 전략 모델 • 사이버네틱스 모델	• 사회성 모델 • 구조 모델 • 발생 모델 • 변화 모델
주요 개념 및 원리들	• 분화 • 삼각관계 • 핵가족 감정체제 • 가족투사과정 • 다세대 전이과정 • 출생순위에 의한 지위 • 정서적 단절 • 사회적 정서과정	• MRI: 피드백 고리, 일차 질서 변화와 이차 질서 변화 • 전략적 구조주의: 위계질서(hierarchy) • Milan 연구팀: 게임, 변화, 역설, 이해	• 가족구조 • 하위 체계(자녀/부모/부부) • 경계선 • 위계구조
역기능	• 불안 • 융해된 삼각관계	• MRI: 가족 의사소통의 내용이 문제가 아니라, 잘못된 의사소통 '과정'이 문제를 악화시킴 • 전략적 구조주의: 해결이 문제가 되는 역기능 3가지 • Milan 연구팀: 역기능적 가족 게임	• 경계선과 가족의 역기능 • 격리된 관계의 역기능과 밀착된 관계의 역기능 • 현상: 경계선의 침범, 안정된 연합, 우회연합, 삼각관계, 세대 간 안정 연합, 역기능의 위계질서, 발달 저해
치료의 목표 및 방법	• 목표: 가족의 분화 수준을 올리기 • 방법: 치료 삼각관계/교육/질문/코칭 • 단계: ① 호소 문제 이해 및 정의 ② 가족 변화 돕기 ③ 가족 구성원이 치료자 역할하기	• 목표: 가족의 반복되는 역기능적 행동을 기능적 행동으로 변화시킴 • 방법 –MRI: 반복되는 역기능적 피드백 고리 확인, 역기능적 상호작용을 유지하는 가족규칙 파악, 가족규칙을 변화시킬 수 있는 전략 찾기 –전략적 구조주의: 이중구속 개념의 치료적 활용 –Milan 연구팀: 증상을 가진 가족이 '게임규칙'에서 벗어나도록 도움, 장시간 단기치료(long brief therapy)	• 목표: 증상이 반영하는 역기능의 구조를 바로잡음 • 방법 ① 합류(joining): 유지, 추적, 모방 ② 구조적 지도(structural map) ③ 실연화(enacting)를 통한 가족 이해 ④ 가족 재구조화: 긴장 고조, 증상 활용, 과제 부과

	경험주의 가족상담이론	해결중심 가족상담이론	이야기치료
기원 및 주요 인물	Virginia Satir, Carl Whitaker	Steve de Shazer, Insoo Kim Berg	Michael White, David Epston
이론의 기초	• 실존주의/게슈탈트 이론/현상학의 영향받음 • 치료과정에서 내담자의 체험 중시 • 지금-여기에서 치료자와 가족 사이에서 매 순간의 경험 중시 • 경험을 통해 성장	• 관계 본능 • 발달하는 존재로서의 인간 • 무의식 속의 자아 • 인간과 환경의 상호작용 • 돌보는 사람의 자아에 대한 영향 • 완전한 엄마노릇 • 형상으로서의 자아 • 내면화의 과정	• 후기 구조주의 • 사회적 구성주의 • 페미니즘
주요 개념 및 원리들	• 자기/상황/타인의 3요소와 자아존중감 • 의사소통 및 대처 유형: 회유형/비난형/초이성형/산만형/일치형 • 가족규칙	• 병리적인 부분보다 건강한 부분에 초점 • 내담자의 강점, 자원, 증상마저도 치료에 활용 • 탈이론적, 비규범적, 내담자 존중 • 간단하고 단순한 방법을 일차적으로 사용 • 치료 방법의 경제성 추구 • 변화를 긍정적인 방향으로 이끎 • 현재에 초점을 두며 미래지향적 • 내담자와의 협력을 중요시	• 인간은 능동적 행위자다. • 이야기는 그 사람의 삶 자체다. • 경험은 사회문화적 산물이다. • 정체성은 사회적으로 구성된다. • 삶은 복합적인 이야기다. • '개인'과 '문제'는 별개다. • 개인은 목적 의식을 따라 행동하며, 그 과정에서 자신의 정체성을 형성한다.
역기능	• 낮은 자존감의 역기능: 위로자, 비난자, 계산자, 혼란자	• 문제 중심의 대화	• 역기능이란 문제에 매여 있거나 수동적으로 함몰되어 있음을 나타냄
치료의 목표 및 방법	• 목표: 자존감 향상, 인생의 선택권 갖기, 가족규칙을 합리적, 현실적으로 만들기, 의사소통 유형을 일치형으로 만들기 • 방법 –개인의 빙산 작업 –역기능적인 원가족 삼인군(부, 모, 자녀)에서 유래된 문제를 현재 상황에서 이해하고 현재 삶에서 긍정적인 것으로 부각시킴 –생활 연대기, 영향권 이해, 가족조각 기법 활용, 역할놀이 –공동 치료자 적극 활용(Whitaker)	• 목표: 내담자가 원하는 변화와 문제의 해결 • 내담자와의 관계: 방문형/불평형/고객형 • 상담자 역할: 해결중심적 대화/알지 못함의 자세 • 치료 기법 –해결지향적 질문(변화 질문/예외 질문/기적 질문/척도 질문/대처 질문/관계성 질문/악몽 질문/간접적 칭찬) –치료적 피드백: 칭찬, 연결문, 과제	• 목표: 자신의 삶을 새로운 이야기로 구성, 자신의 삶에 대한 새로운 인식의 변화('문제가 지배한 나의 삶'을 '문제가 더 이상 지배하지 않는 나의 삶'으로 재구성) • 방법 –문제의 경청과 해체: 경청, 사람과 문제의 분리, 문제의 영향력 탐색 및 평가 –독특한 결과 해체: 외재화 –대안적 이야기 구축: 재저작과 스캐폴딩(scaffolding), 지금껏 살아온 이야기와 앞으로 살아갈 이야기 • 호의적 지지자, 외부 증인과 함께 '다시 말하기'

운데 현재의 문제를 다루는 데 적절하도록 가족을 돕는 것에 있다. White(2001)는 상담을 '자문'이라고 부를 정도로 가족 스스로가 자신의 문제를 다룰 수 있도록 돕는 상담자의 역할을 강조하였다. 주요 상담과정은 크게 경청(listening), 외재화(externalization), 재저작(reauthoring)으로 구분된다. 이를 통해 내담자와 가족이 그간의 문제에 얽매여 있는 자신의 삶의 이야기가 아닌 대안적인 이야기의 주인공으로 자신들을 바라보고 나아갈 수 있도록 함으로써 보다 새롭고 의미 있는 정체성을 만들어 나가도록 돕는다.

〈표 6-3〉은 지금까지 설명한 가족상담이론들을 상호 비교하여 요약한 것이다.

4. 상담의 적용

1) 상담 형식으로서의 가족상담의 적용 범위

개인상담 또는 가족상담을 막론하고 청소년 내담자 자신이 비자발적인 경우가 많기 때문에, 청소년 내담자와 상담을 진행할 때는 먼저 현실적 변수들을 고려해야 한다. 상담 참여 대상 측면에서는 내담자 개인만을 대상으로 상담이 가능한 경우인지, 가족상담이 가능한 경우인지를 평가하고 판단하는 것이 필요하다. 가족 중에서도 가족 모두가 상담에 매주 올 수 있는지, 부모가 모두 매주 상담에 참여할 수 있는지, 또는 부모 중 한쪽이 매주 참여할 수 있는지에 따라 조금씩 다른 형식으로 상담이 진행될 수 있다. 일반적으로 가장 흔하게 진행되는 형식으로는 부모 중 한쪽(주로 어머니)이 매주 청소년 자녀와 함께 상담에 참여하는 경우다. 이 경우에도 첫 회기부터 청소년 자녀와 부모가 계속 상담실 안에 들어와 참여할 수 있는지, 또는 1시간 상담의 경우 자녀 회기와 부모 회기를 따로 나누어 진행해야 할지에 대한 평가가 필요하다.

실제로 매우 응급한 상황이 아니라면, 가족원 모두가 상담에 참여하는 것은 현실적으로 쉽지 않은 일이다. 특히 우리나라의 경우는 아버지들이 상담에 오는 것을 꺼리는 경우가 많다. Nichols와 Everett(1986)은 임상 경험을 통해서 볼 때 가족 구성원 중에 가장 참여 동기가 낮지만 일단 참여하였을 때 치료 효과가 가장 높은 가족원은

'아버지'라고 하였다. 아버지들이 상담에 오는 것을 꺼리는 이유로 유성경(2000)은 아내가 자녀들의 상세한 부분을 알아서 처리해 주기를 바라고, 심리적인 측면에서 가족의 문제에 직면하기를 원치 않으며, 가족 외의 사람인 상담자에게 개인적인 이야기를 하면서 의지한다는 것이 남자답지 못한 행동이라 생각하는 경향이 있기 때문이라고 하였다. 그럼에도 불구하고 청소년 가족의 이슈 중에서 특히 부부관계 문제를 다루어야 하는 경우에는 아버지가 상담에 오도록 강력하게 권유하는 것도 필요하다. 이때 상담자는 아버지와 전화 등으로 접촉하여 상담 참여를 꺼리는 아버지의 심정을 공감함과 동시에, 무엇 때문에 아버지가 상담에 와야 하는지를 전문적이고 구체적인 근거와 함께 설명할 필요가 있다. 특히 가족의 역기능이 자녀의 주된 호소 문제와 연관될 경우, 내담자가 나타내는 증상이 역기능에 빠진 가족관계 체제 속에 얽혀 있다고 보았을 경우, 청소년 내담자의 호소가 청소년 개인의 문제이기보다는 가족관계 개선을 통하여 분명하게 호전될 가능성이 큰 경우, 가족 내에서 분화와 독립의 이슈가 주된 문제인 경우에는 더더욱 부모가 모두 상담에 참여하도록 독려하는 것이 좋다.

한편, 가족상담이 처음부터 어려운 경우도 현실적으로 존재한다. 예컨대 가족원의 동기가 없고 물리적으로 떨어져 있는 경우(원가족이 지방에 거주하고 내담자가 대도시로 유학 온 경우), 상담자가 가족상담에 관하여 적절한 훈련이 아직 되어 있지 않은 경우, 이혼 등 복잡한 가정 내 문제로 가족이 상담실에 모이는 것이 반복적으로 지연되어 청소년 내담자 개인에 대한 상담이 현실적으로 더 수월한 경우 등이 그 예다.

2) 청소년 상담에서 유용하게 활용할 수 있는 가족상담 기법

앞서 고찰한 가족상담의 다양한 접근과 기법은 가족상담이론에 대한 충분한 숙지 및 임상 경험을 토대로 적용하였을 때 가장 큰 효과를 기대할 수 있다. 상담자의 경력과 훈련 정도에 따라 달라질 수 있겠으나, 가족상담의 관계 패러다임은 청소년 내담자를 입체적으로 이해하고 상담하는 데 매우 필요하다. 청소년 상담에서 유용하게 활용할 수 있는 가족상담의 대표적 기법 몇 가지를 소개하고자 한다.

(1) 가계도

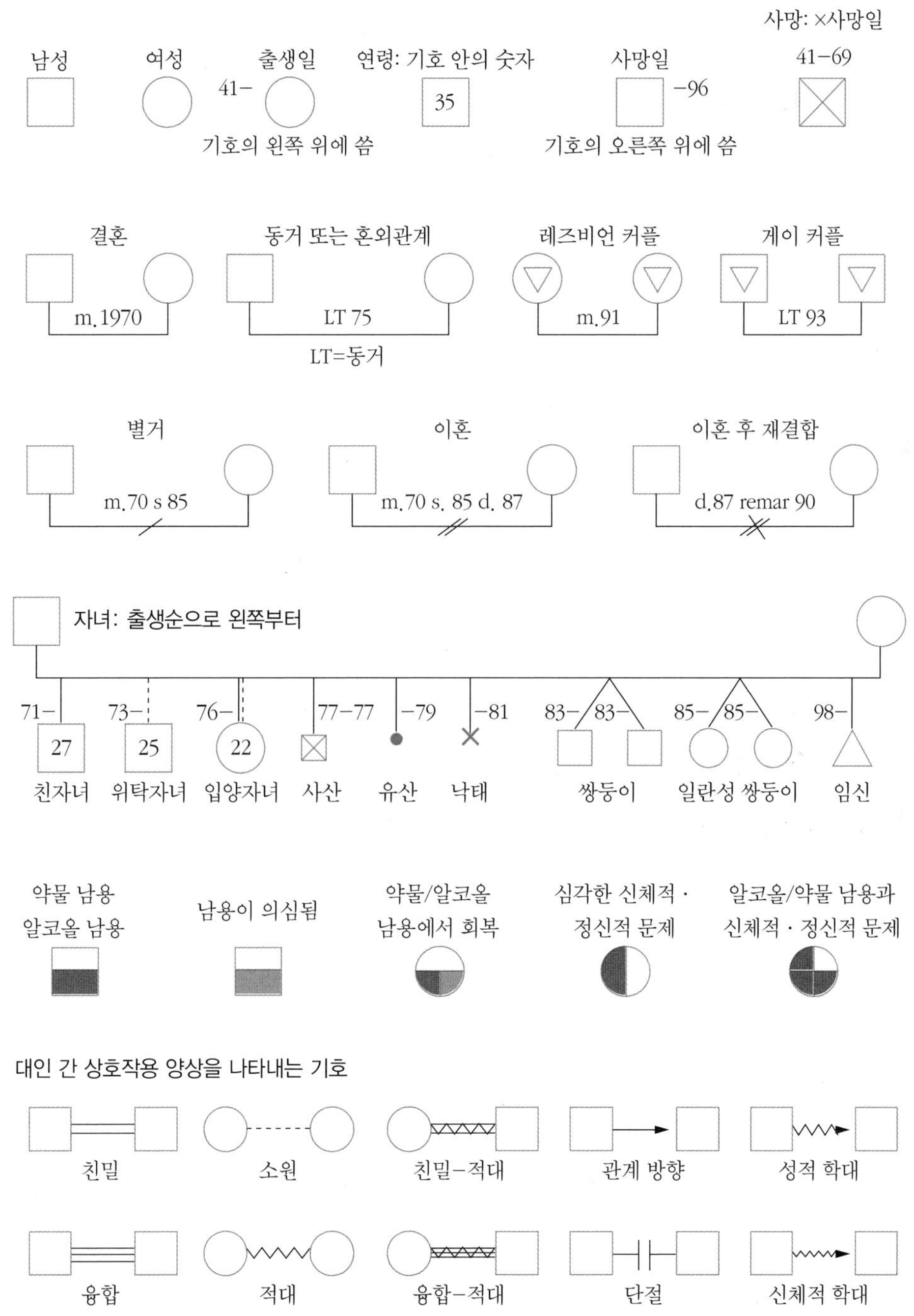

그림 6-1 가계도 표준 기호

출처: McGoldrick, Gerson, & Shellenberger (2005), p. 249에서 발췌

가계도(genogram)는 3세대 이상에 걸친 가족 구성원에 관한 정보와 그들 간의 관계를 도표로 기록하는 작성 방법이다. 가계도의 목적은 가족관계 양상을 기호로 시각화함으로써 짧은 시간 안에 내담자로 하여금 자신의 가족에 대해 이해하도록 돕는 데 있다. 가계도를 통해 가족의 세대 간 전수 양상, 가족의 관계 패턴과 역동을 확인할 수 있다. 가계도 작성 절차는 다음과 같다.

① 가계도 기호를 사용하여 가족 구성원의 관계와 위치뿐만 아니라 가족과 관련된 자료를 도표와 함께 기록한다.
② 이름, 나이, 결혼한 날짜, 이혼, 생일, 거주지, 접촉 유형과 빈도, 정서적 단절, 갈등, 불안을 유발하는 문제나 사건, 개방과 폐쇄 정도를 표시한다.
③ 가족의 문제를 지닌 사람, 문제가 나타난 시기, 상담 경력에 대해 먼저 살펴본다.
④ 부부가 처음 만난 나이, 직업, 결혼, 첫 자녀 출생 전까지의 기간, 아이들의 출생이 가족에게 미친 영향, 학력, 직업 경력 등의 정보를 수집한다.

(2) 집과 가족구조 그리기

구조주의 가족치료 접근에서 활용하는 방법으로, 집의 물리적 구조를 나타내는 평면도는 가족의 기능적 구조에 대한 중요한 정보를 제공하는 도구다. 집의 이미지 안에 가족 구성원들의 정서, 소속감과 소외, 편안함과 긴장, 즐거움과 고통, 친밀과 소원, 잠재된 가족규칙, 경계와 얽힘 등을 탐색할 수 있다. 구체적인 절차는 다음과 같다.

① 각 가족원에게 큰 종이와 굵은 펜을 주고 현재 가족(부모의 경우에는 원가족)과 함께 사는(또는 살았던) 집의 평면도를 그리게 한다.
② 한 집에서만 살지 않았다면 그중에서 집 하나를 선택하여 그린다.
③ 그림을 그리는 동안 상담자는 중간중간 다음과 같은 질문과 지시를 한다.
－집을 그리면서 각 방에서 느꼈던 분위기를 적으십시오.
－집안의 냄새, 소리, 색 그리고 사람들을 기억해 보십시오.
－특별히 가족들이 모였던 방이 있습니까?
－친척들이 놀러 오면 어디로 갔습니까?
－들어가면 안 되는 방이 있었습니까?

–집안에 당신에게 특별한 장소가 있었습니까?
–가족들과 가까웠는지 혹은 멀었는지 기억해 보십시오. 이 집에는 사생활의 자유가 있었습니까? 아니면 그 반대였습니까?
–동네 어느 부분에 집이 있었으며 이웃과 비슷한 형편이었습니까? 혹은 잘 맞지 않았습니까?
–이 집에서 일어났던 대표적인 사건을 기억해 보십시오.
–가족들이 습관처럼 자주 사용했던 말들을 떠올려 보십시오.

④ 자녀가 먼저 그리고 부모가 나중에 그리거나, 순서를 바꾸어 할 수도 있다.
⑤ 다 그린 후 내담자가 알게 된 것을 말하게 한다.
⑥ 상담자가 파악한 것을 알려 주고 내담자의 반응을 알아본다.

(3) 가족조각 기법

Satir의 경험주의 가족치료 접근에서 활용하는 방법으로, 가족 구성원들에게 행동과 감정을 표현하는 자세를 취하게 하고 심리적 공간을 나타내는 위치에 가족원들이나 가족에 해당하는 물건을 대치시켜 살아 있는 가족조각을 구성하게 한다. 구체적인 절차는 다음과 같다.

① 내담자 가족에게 가족조각 기법의 사용 목적을 설명하고 안내한다.
“여러분이 가족 내에 한 구성원으로 살아가는 경험이 어떤 것인지 시각적으로 알아보기 위한 활동입니다. 가족 모두가 함께 참여할 수 있습니다.”
② 가족원 중 조각가 역할을 할 사람을 정하고, 다음 세 가지를 지시한다.
지시1: “자, 식구들이 마치 찰흙으로 만들어졌다고 생각하고 찰흙 조각을 하듯이 가족들을 움직여 보세요. 공간 배열, 생동감, 가족 구성원 간의 원근감을 표현할 수 있습니다.”
지시2: “나머지 가족분은 조각가의 요구를 순순히 들어주셔야 합니다. 여러분도 차례가 되면 똑같이 조각가 역할을 해 볼 수 있는 시간을 가지게 될 것입니다.”
지시3: “조각가는 조각이 마음에 들 때까지 가족 구성원의 위치나 자세의 변화를 줄 수도 있습니다.”

③ 가족 조각이 끝난 후 다음과 같은 질문을 할 수 있다.
(가족 각자에게) "가족 내 자신의 위치에 대해서 어떤 느낌이 드십니까?"
(가족에게) "조각하는 구성원이 가족을 그렇게 지각한다는 것을 알고 있으셨나요?"
(각자에게) "조각하는 구성원이 당신을 그렇게 지각하는 것을 알고 있었습니까?"
(조각한 구성원에게) "가족이 어떤 것이 바뀌면 좋겠습니까?"
(다른 토론에 들어가기 전에 조각한 구성원에게) "이 장면에 제목을 붙여보시겠습니까?"

5. 청소년 부모 교육 및 상담

앞서 살펴본 바와 같이 대부분의 청소년 문제의 해결에 있어서는 가족 요인이 매우 큰 영향을 줄 수 있다. 필자의 상담 경험으로 보았을 때도 청소년 내담자의 부모들은 어떻게든 자녀가 더 이상 문제행동을 안 하기를 원하거나 못하게 하는 것에 관심이 많다. 때문에 상담실에 오기 전의 부모들은 회유, 달래기, 협박, 비난 등 온갖 나름대로의 방법을 동원하여 자녀에게 개입한 전적(?)을 갖고 있다. 그러나 이 방법들은 일시적으로는 효과가 있을지 모르나, 결국 자녀는 문제행동을 되풀이하거나 부모-자녀 관계가 악화되는 쪽으로 가게 된다. 왜냐하면 자녀는 부모가 자신을 정서적으로 전혀 이해해 주지 않고 부모가 원하는 방향으로 몰아가고 있다고 느껴서 이미 정서적으로 단절을 시작하였기 때문이다. 이는 결국 부모의 채근과 압력 → 자녀가 듣지 않는 것에 대한 좌절과 분노 → 무력감 → 자녀에 대해 감정 폭발 또는 무관심 또는 방치로 이어진다. 이처럼 부모-자녀 관계의 악순환이 심화된 상태에서 부모가 자녀를 거의 강제로 데리고 상담실을 찾는 경우가 많다. 따라서 상담이 성공하기 위해서는 청소년이 현재 나타내고 있는 문제와 직간접적으로 연결되어 있는 부모-자녀 관계를 잘 살피고 다루어 주는 것이 무엇보다도 필요하다.

부모 상담은 청소년 상담과 병행하여 이루어질 수도 있고, 부모 자신의 개인적인 문제를 다루는 상담으로 이루어질 수도 있다. 여기에서는 부모 자신의 개인적인 문제에 일차적인 목표를 두기보다는 자녀 문제해결의 조력자로서의 부모를 대상으로 한 상담에 초점을 두어 살펴보기로 한다. 청소년 내담자의 부모는 자녀의 문제행동과 관련하여 상당 기간 갈등과 좌절을 경험한 상태에서 오기 때문에, 어떻게든 자녀가 더 이상 문제행동을 하지 않게 해 달라고 상담자에게 강하게 요구하는 경우가 많다. 그러나 강제적으로, 혹은 회유적으로 자녀가 문제행동을 안 하는 것은 궁극적인 해결책이 될 수 없으며, 부모가 갖고 있는 일종의 비합리적 소망이 될 수도 있다. 가족상담 패러다임에서는 가족 구성원의 상호 변화가 일어날 때 지속적인 변화를 기대할 수 있기 때문이다. 따라서 부모 상담을 할 때 상담자는 부모가 자녀의 문제행동 중단을 비현실적으로 소망하기보다는 함께 협력하여 가족원 전체가 변화하도록 하는 협력자이자 변화의 공동 참여자 역할을 하도록 안내할 필요가 있다. 그러나 많은 초심상담자들은 자녀 상담에는 열정을 보이며 잘 진행하는 반면, 부모 상담에서는 실패하는 경우가 많다. 왜냐하면 많은 경우 자녀의 문제가 부모의 양육 태도와 밀접한 관계가 있다는 사실을 상담실 안에서의 부모-자녀 역동을 통해 확인하기 때문이다. 이때 상담자는 무의식적으로 자녀에게 더 공감을 하게 되면서 부모에게 바람직한 부모로서의 역할과 태도를 가르치려 할 수 있다. 그러나 이럴 때 상담자가 잊기 쉬운 부분이 있다. 바로 상담자의 역할과 태도인데, 상담자는 어느 한쪽의 편을 들거나 심판자의 역할을 하는 것이 아니라, 자녀와 부모 양자의 입장을 모두 고려하고 수용하며, 관계 회복에 있어 가장 바람직한 방향을 함께 잡아 가는 역할을 해야 한다. 부모 입장에서는 자신의 문제가 아닌 자녀의 문제로 상담을 의뢰하였는데 자꾸 부모의 문제에 초점이 주어질 경우 '누가 상담의 대상인가'에 대해 혼란스러워할 뿐만 아니라, 자녀 문제에 대한 책임을 부모에게 묻거나 비난하는 것처럼 인식하여 아이를 보내지 않거나 심한 저항을 할 수 있다. 또는 상담자와 부모 간에 경쟁관계가 형성될 수 있으며, 이는 상담자-자녀-부모 간의 삼각관계로 이어져 결국 상담의 실패로 나타날 수 있다.

따라서 청소년 상담을 할 때에는 상담 초기의 치료적 관계 형성에 있어 자녀뿐만 아니라 부모와의 라포 형성에도 충분히 공을 들이는 것이 중요하다. 다시 말해, 상담자가 자녀에게 관심과 주의를 기울이는 것도 중요하지만, 부모가 자녀의 변화를 위해 어쨌든 최선을 다해 왔음을 알아주고, 부모의 힘든 마음과 상태에 대해 충분히 공감해 주고 이해하고 수용하는 것이 필요하다. 이러한 과정을 거쳐 부모가 자녀의 문제를 상담자와 편한 마음으로 내어놓고 의논할 수 있도록 상담자와 부모 간에 협력관계가 형성이 되면, 부모는 자연스럽게 지금까지의 자녀를 대했던 태도와 방법을 돌이켜 보고, 지금대로 한다면 자녀의 변화를 이끌 수 없음을 보다 수월하게 자각할 수 있을 것이다.

부모 상담 시 상담자가 갖고 있어야 할 또 하나의 중요한 태도는 교육자 및 자문가로서의 태도다. 부모들은 상담 기간 동안 자녀의 문제행동으로 인하여 심리적으로 예민해져 있을 뿐만 아니라, 이런 식으로 자녀가 계속 문제행동을 나타낼 경우 앞으로 자녀의 장래가 어떻게 될지에 대해 불안해하는 경우가 대부분이다. 이때 상담자는 현재 자녀가 나타내고 있는 문제의 특성과 영향 요인 그리고 변화과정에 대한 설명을 통해 부모의 불안과 조급한 마음을 누그러뜨리도록 돕는 것이 필요하다. 이와 동시에 자녀의 본래 모습, 즉 선한 존재에 대한 믿음을 갖고 기다리는 것이 필요함을 설명한다. 뿐만 아니라 자녀의 변화를 위해서는 자녀를 둘러싼 모든 사람들의 협력이 필요함을 설명하고, 부모가 자녀의 변화를 위해 무엇을 할 수 있을지에 대해 논의하는 것이 필요하다.

요약

청소년 문제와 가족은 밀접한 관련이 있다. 가족상담 패러다임에서는 가족을 하나의 체계로 보고, 청소년이 나타내는 문제 이면에 가족의 역기능과 부적응적 구조 등이 깔려 있다고 본다. 청소년의 문제를 가족상담의 맥락으로 접근하는 데 있어서 가족생활주기, 가족형태, 가족 구조와 기능, 가족신념, 문화적 요인의 고려가 필요하다. 이 장에서는 가족원 간의 건강한 상호관계 회복을 돕고 가족원의 행동과 태도 향상을 돕는 것을 목표로 하는 가족상담 치료이론 중에 6가지 모델을 제시하였다. Bowen의 세대 간 가족치료 모델에서는 분화와 가족 경계선에 초점을 둔다. 이 이론에서는 가족 구성원이 분화가 건강하게 이루어질수록 가족은 더욱 건강해진다고 보고 있다. 전략적 가족치료 모델은 가족의 반복되는 역기능적 행동을 기능적 행동으로 변화시키는 것을 목표로 한다. 치밀한 계획과 전략 수립으로 단기간에 치료적 효과를 거두는 것을 지향한다. Minuchin의 구조주의 가족치료 모델은 가족의 하위 체계와 경계선을 가족이 기능하는 척도로 본다. 또한 그는 가족의 환경과 생활주기에 따라 변화하는 하위 체계 사이에 적절하면서도 융통성 있는 경계선을 가진 가족을 건강한 가족으로 보았다. Satir의 경험주의 가족치료 모델에서는 건강한 가족 구성원은 다른 가족 구성원에 대해 두려움 없이 진솔하게 그들이 느끼고 생각하는 것을 말할 수 있는 일치된 의사소통의 특징을 지닌다고 주장하였다. 그리고 이러한 일치된 의사소통의 분위기 안에서 가족 구성원의 건강한 자아존중감이 회복된다고 보았다. 해결중심 가족치료 모델에서는 모든 가족이 일상생활에서 성공했던 여러 가지 경험이 있으며, 가족 안에 그러한 힘이 있다고 믿는다. 해결중심적 가족상담자는 문제보다는 해결중심의 입장을 지지하기 때문에 문제의 해결 방안과 새로운 행동 유형에 초점을 둔다. 이야기치료 가족상담 모델에서는 능동적 행위자로서의 인간 존재에 대한 신뢰를 가진다. 또한 자신의 지금까지의 삶을 문제적 이야기로 보던 것에서 보다 발전적이고 새로운 이야기로 써 나갈 수 있도록 돕는 것을 목표로 한다. 청소년 내담자의 부모 상담에서는 부모의 힘들고 어려운 마음에 대한 공감과 더불어, 부모가 자녀의 문제해결에 대한 비합리적 소망을 내려놓고 자녀의 문제가 가족의 문제의 반영이라는 점을 수용하고 이를 함께 해결해 나가는 협력자로서 기능할 수 있도록 안내하고 돕는 것이 필요하다.

생각해 볼 문제

1. 개인상담 패러다임과 가족상담 패러다임의 유사점과 차이점을 설명하시오.

2. 청소년 가족상담에서 고려해야 할 가족 요인들을 검토할 때, 현재 우리의 사회문화적 맥락 관점에서 특별히 중요한 사항은 무엇인가?

3. 가족상담이론들의 주요 강조점을 비교하고, 청소년 상담에 어떻게 적용할 수 있을지 설명하시오.

참고문헌

박정윤, 강기정(2011). 건강가정지원센터 표준화 모델 개발을 위한 기초연구. **한국가정관리학회지, 29**(4), 147-160.

유성경(2000). 가족상담의 준비 및 시작. 홍경자, 김혜숙, 김광수, 유성경, **청소년 가족 · 부모상담**(pp. 3-58). 서울: 한국청소년상담원.

이옥주, 김유숙, 김용태(1996). **청소년 가족상담**. 서울: 청소년대화의광장.

정문자, 정혜정, 이선혜, 전영주(2018). **가족치료의 이해**(제3판). 서울: 학지사.

Banmen, J. (2001). *Satir model workshop booklet*. Unpublished manuscript, Seoul, Korea.

Becvar, D. S., & Becvar, J. (2001). **가족치료: 체계론적 통합**. 정혜정, 이형실 공역. 서울: 하우출판사. (원저는 1988년에 출판).

Bowen, M. (1990). *Family Therapy In Clinical Practice*. Northvale and London: Jason Aronson Inc.

Carter, B., & McGoldrick, M. (1980). *The family life cycle: A framework for family therapy*. New york: Gardner Press.

Carter, B., & McGoldrick, M. (1999). *The expanded family life cycle* (3rd ed.). Boston: Allyn & Bacon.

Constantine, L. L. (1986). *Family Paradigms: The Practice of Theory in Family Therapy*. The Guilford Press.

Hall, C. M. (1991). *The Bowen Family Theory and Its Uses*. Northvale and London: Jason Aronson Inc.

Jackson, D. D. (1959). Family interaction family homeostasis, and some implications for conjoint family therapy. In J. masserman (Ed.), *Individual and family dynamics*. New York: Grune & Gratton.

Jackson, D. D. (1965). Family rules: The marital quid pro quo. *Archives of General Psychiatry, 12*, 589-594.

Kerr, M. E., & Bowen, M. (1988). *Family Evaluation: The Role of the Familyas an Emotional Unit That Governs Individual Behavior and Development*. New York and London: W. W. Norton & Company.

Kramer, C. H. (1980). *Becoming a Family Therapist*. New York: Human Sciences Press.

Mann, S., & Russell, M. (2004). *Narrative Inquiry*. 한림대학교 사회복지대학원 워크숍 자료집.

McGoldrick, M. (1993). Ethnicity, cultural diversity and normality. In A. S. Gurman & D. P. Kniskern (Eds.), *Handbook of family therapy*, Vol. II. New York: Brunner/Mazel.

McGoldrick, M., Gerson, R., & Shellenberger, S. (2005). **가계도: 과정과 개입** (*Genograms: assessment and intervention*). 이영분, 김유숙, 정혜정 공역. 서울: 학지사. (원저는 1988년에 출판).

McGoldrick, M., Pearce, J. K., & Giordano, J. (Eds.). (1982). *Ethnicity and family therapy*. New York: Guilford Press

Minuchin, S. (1979). *Families & Family Therapy*. Cambridge, MA: Harvard University Press.

Minuchin, S. (1988). **가족과 가족치료**. 김종옥 역. 서울: 법문사. (원저는 1974년에 출판).

Minuchin, S., & Nichols, M. P. (2013). **가족치유**. 오제은 역. 서울: 학지사 [원전은 1993년 출간].

Nichols, M. P. (2011). **가족치료: 개념과 방법(제9판)** (*Family Therapy: Concepts and Methods*, 9th ed.). Pearson Education. (김영애, 김정택, 송성자, 심혜숙, 정문자, 제석봉 공역). 서울: 시그마프레스. (원저는 2010년에 출판).

Nichols, W. C., & Everett, C. A. (1986). *Systemic family therapy: An integrative approach*. New York: Guilford Press.

Papero, D. V. (1990). *Bowen Family Systems Theory*. Boston and London: Allyn and Bacon.

Pledge, D. (2005). **아동 및 청소년상담** (*Counseling adolescents and children: Developing your clinical style*). (이규미, 이은경, 주영아, 지승희 공역). 서울: 시그마프레스. (원저는 2004년에 출판).

Rolland, J. (1988). Family systems and chronic illness: a typological model. In F. Walsh & C. Anderson (Eds), *Chronic Disorders and the Family*. New York: Haworth Press.

Toman, W. (1993). *Family Therapy & Sibling Position*. Northvale & London: Jason Aronson Inc.

White, M. (2010). 이야기치료. **한림대학교 사회복지대학원 제31회 워크숍 자료집**.

White, M. (2010). **이야기치료의 지도**. 이선혜, 정슬기, 허남순 공역. 서울: 학지사. (원저는 2007년에 출판).

제7장

학습상담

ADOLESCENT COUNSELIN

청소년 상담에 있어 학습상담은 매우 큰 비중을 차지한다. 청소년의 대부분은 학생의 역할을 수행하고 있고, 학생에게는 학업이라는 책무가 주어지기 때문이다. 자신에게 주어진 학생으로서의 역할과 책임을 받아들이고 그에 적응적으로 반응하는 청소년의 경우 발달 및 인지 수준에 부합하는 학업 행동과 성취도를 나타내지만, 그렇지 못한 경우 다양한 학습 문제를 드러내게 된다. 따라서 이 장에서는 학업 성취에 영향을 미치는 요인을 인지적 요인과 정서적 요인으로 나누어 제시하여, 학습 문제의 원인 분석을 토대로 학습상담의 목표 및 전략 수립과정을 돕고자 한다. 그리고 실제 학습상담 장면에서 상담자가 숙지해야 할 사항을 상담 단계별로 제시하여 상담 현장에서의 적용을 돕고자 한다.

학습목표

1. 학업 성취에 영향을 미치는 인지적 · 정서적 요인을 이해하고 상담에 활용할 수 있다.
2. 학습상담의 과정과 상담자 역할을 이해한다.
3. 학습상담에서 활용도가 높은 심리검사를 파악한다.

1. 학습상담의 개요

학습상담은 '학습'을 어떻게 개념화하느냐에 따라 그 범위와 대상이 달라진다. 좁은 의미에서 학습은 국가나 학교와 같은 제도 교육 체제가 제공하는 학업을 일정 수준 이상으로 성취하는 것(이재규 외, 2013)으로 정의될 수 있는데, 이 경우 학습상담은 국가나 학교 단위의 각종 시험이나 성취도 평가에서 원하는 만큼의 성취를 이루도록 돕는 과정이라 할 수 있다. 그리고 학습상담의 대상도 제도권 교육기관에 재학 중인 학생이거나 특정 시험을 준비 중인 수험생 등으로 제한된다. 좁은 의미의 학습상담은 학습자의 인지 능력 및 정서적 상태를 객관적으로 평가하여 도달 가능한 학업 성취 수준을 상담 목표로 설정한 후 학업 성취도 향상을 위한 시간 계획 및 관리 방법, 교과목별 학습 전략 등을 가르치고 실천할 수 있게 돕는 과정으로 한정되며, 이 경우 학습상담은 '학업상담' 등의 용어로 구분되어 사용되기도 한다(황매향, 2016).

보다 넓은 의미에서 학습은 과거 경험의 결과로서 비교적 영속적인 행동의 변화가 일어난 상태(김춘경, 이수연, 이윤주, 정종진, 최웅용, 2016) 혹은 개인이 생존과 번영을 위해 무엇인가를 배우고 익히는 모든 과정(이재규 외, 2013)으로 정의될 수 있는데, 이 경우 학습상담은 단순히 시험 점수나 등수를 올리는 것을 목표로 하지 않는다. 학령기 청소년에게 있어 학업 행동과 그 결과로 나타나는 학업 성취도는 학생이라는 자신의 역할과 책임에 대한 수용 및 적응 지표일 수 있다. 때문에 넓은 의미에서의 학습상담은 단순히 성적 향상을 도와주는 상담이 아니라 학업이라는 과업을 성취하는 과정에서 자신의 인지, 정서, 행동을 관리하고 조절하는 방법, 효율적인 학습 전략 등을 배우고 그것을 실제 학습 장면에서 자기주도적으로 적용하는 과정을 돕는 것이라 할 수 있다.

2. 학업 성취에 영향을 미치는 변인

1) 인지적 요인

(1) 지능

지능은 학업 성취를 예언하는 매우 중요한 변인으로 간주되어 비중 있게 연구되어 왔다. 연구에 따라 차이가 있지만, 일반적으로 지능이 학업 성취를 설명하는 비율은 15~36% 정도로 추정된다. 이는 지능이 학업 성취에 미치는 영향을 과소할 수도 절대시할 수도 없는 정도라 할 수 있다(김동일, 신을진, 이명경, 김형수, 2011; 이성진, 1996). 그래서 학습상담을 위해서는 내담자의 지적 능력과 특성을 평가하여 지능이 학업 성취도에 미친 정도를 객관화할 필요가 있다.

지능을 평가하는 가장 신뢰할 수 있고 타당한 방법 중 하나는 개인용 지능검사를 실시하는 것이다. 학습상담자는 직접 **개인용 지능검사**를 실시 · 해석할 수 있는 자격과 능력을 갖추는 것이 바람직하지만, 그럴 수 없는 상황이라면 다른 전문가에게 의뢰하여 검사 결과를 인계받더라도 지능검사를 하는 것이 좋다(황매향, 2008).

지능검사 결과를 분석할 때는 전체 지능지수만이 아니라 지표지수, 소검사별 수행 점수를 확인해야 하며, 각각이 규준 집단 내에서 어떤 위치에 있는지를 확인해야 한다. 또한 이를 근거로 내담자의 인지적 강약점을 분석할 수 있어야 한다. 예를 들어, 총 16개의 소검사로 구성되어 있는 한국 웩슬러 아동지능검사 5판의 경우 전체 IQ 이외에도 언어 이해(공통성, 어휘, 이해, 상식), 시지각(토막짜기, 퍼즐), 유동추론(행렬추리, 무게비교, 공통그림찾기, 산수), 작업 기억(숫자, 그림기억, 순차연결), 처리속도(기호쓰기, 동형찾기, 선택) 각각의 지표 지수별 점수와 백분위값을 산출할 수 있는데, 상담자는 프로파일 분석을 통해 해당 능력이 동일 연령의 또래 학습자에 비해 우수한지 혹은 열등한지를 가늠하여 예상되는 학습 문제에 대한 가설을 세울 수 있어야 한다.

한편, 기존의 지능 이론이 지적 활동을 언어나 수리 분야의 정보처리 체계로만 지나치게 한정시켜 개념화한 것을 비판하며 등장한 다중지능 이론에도 주목할 필요가 있다. 다중지능 이론은 언어와 수리를 중요시하는 학교 학습 장면에서는 높은 성

표 7-1 한국 웩슬러 아동지능검사 제5판(K-WISC-V)의 5요인 구분

요인	소검사
언어이해	공통성, 어휘, (상식), (이해)
시공간	토막짜기, 퍼즐
유동추론	행렬추리, 무게비교, (공통그림찾기), (산수)
작업기억	숫자, 그림기억, (순차연결)
처리속도	기호쓰기, 동형찾기, (선택)

표 7-2 한국 웩슬러 아동지능검사 제5판(K-WISC-V) 점수별 구분 및 정상 분포 시 포함 비율

합산 점수	분류	포함 비율(%)
130 이상	매우 우수	2.2
120~129	우수	6.7
110~119	평균상	16.1
90~109	평균	50
80~89	평균하	16.1
70~79	경계선	6.7
69 이하	매우 낮음	2.2

취를 기대하기 어려우나 일상생활이나 다른 학습 장면에서는 유용하게 활용될 수 있는 능력에 초점을 맞춤으로써 지능의 개념을 확대하였다(〈표 7-3〉 참조).

다중지능 이론은 상호 독립적인 여러 지능을 개념화하였기 때문에 학습상담 장면에서 학업에 대한 자아개념을 변화시키거나 진로 탐색의 자료로 활용할 경우 학습 동기를 높이는 데 기여할 수 있다. 학교 성적이 낮은 학생들은 자신은 공부를 못하기 때문에 아무것도 잘하지 못할 것이라는 인식을 가지고 있고, 그로 인해 진로 탐색도 적극적으로 하지 않는 경향이 있다. 이들과의 상담과정에서는 대인관계 지능, 자기이해 지능, 신체-운동 지능, 시각-공간 지능, 자연주의 지능, 음악지능 등 개인이 가진 재능을 긍정적으로 인식하도록 하고 자신의 재능이 요구되는 직업 분야를 탐색하는 과정을 도와 학습 동기를 향상시키는 것이 바람직하다.

표 7-3 다중지능별 특성 및 추천 직업

구분	특성	추천 직업
언어 지능	언어지능은 단어의 소리, 리듬, 의미 등에 대한 높은 민감성과 말과 글을 적절히 활용할 수 있는 능력이다. 언어지능이 높은 사람은 우리말뿐만 아니라 외국어를 쉽게 배우고 활용한다. 언어지능이 높은 아이들은 다양한 어휘를 세련되게 활용할 수 있고 말을 조리 있게 잘한다. 다른 사람의 말이나 글 속에 담긴 여러 가지 다른 의미를 민감하게 파악할 수 있어 언어를 통한 의사 전달이 분명하고 쉽다. 학교에서의 수업과 학습이 대부분 글이나 말로 이루어지기 때문에 국어, 영어 등의 언어 관련 교과는 물론 사회나 도덕 등 대부분의 교과에서 우수한 성적을 받기 쉽다.	번역가, 통역사, 작가, 아나운서, 기자, 외교관, 기업이나 기관의 홍보 전문가, 정치인, 문학평론가, 변호사, 교사, 리포터, 방송작가 등
논리-수학 지능	논리-수학 지능은 논리적이고 체계적인 사고를 통해 과학적이고 수학적인 문제해결을 하는 능력이다. 논리-수학 지능이 높은 사람은 호기심이 많고 추상적인 개념을 잘 이해하기 때문에 과학과 수학에서 주로 사용되는 기호와 상징을 쉽게 터득하고 그것을 이용해서 논리를 만들어 낼 수 있다. 눈에 보이거나 손으로 만질 수 있는 도구가 없더라도 머릿속으로 가설을 만들고 추론을 하여 결론을 이끌어 낼 수 있다. 그래서 과학 이론이나 수학의 공식 도출과정 등 규칙이나 법칙에 대한 이해를 쉽게 한다.	과학자, 엔지니어, 정보검색사, 영양사, 증권 전문가, 회계사, 과학 교사, 수학 교사, 생활설계사, 컨설턴트, 임상병리사 등
자연주의 지능	자연주의 지능은 동물과 식물, 그리고 그들의 성장에 영향을 미치는 요소들(날씨, 환경 등) 간의 생태관계를 이해하고 체계적으로 분류하는 능력이다. 자연계의 자원을 이용하는 지식과 능력이 뛰어나며 환경 보존에 많은 관심을 갖기도 한다. 동물과 식물을 좋아하며 실제로 잘 키운다. 동물, 식물의 분류 체계도 잘 파악한다. 실내 활동보다는 자연을 접할 수 있는 외부 활동을 선호하고, 생물이나 지구과학 과목에 흥미를 보인다.	생명공학자, 유전공학자, 생물학자, 식물학자, 수의사, 천문학자, 조류학자, 환경운동가, 농장 운영자, 동물 조련사, 생물 교사, 지구과학 교사 등
시각-공간 지능	시각-공간 지능은 입체적인 공간에 대한 이해 및 인식 능력이다. 시각-공간 지능이 높은 사람은 사물의 색깔, 모양, 공간, 형태 등의 관계를 분석하고 차이를 변별하는 능력이 높기 때문에 기계 조작을 잘하고 입체적인 물건들을 잘 다룬다. 시각적이고 입체적인 자료를 이해하고 기억하는 능력이 높아 글자만으로 된 자료보다는 도표나 그림 자료를 통한 공부를 더 재미있고 쉽게 할 수 있다. 만들기와 그리기 능력을 요구하는 교과에서 우수한 능력을 발휘하고 도형이나 기하학 영역에서 특히 높은 흥미를 보인다.	사진가, 건축가, 무대감독, 엔지니어, 인테리어 디자이너, 여행 전문가, 디자이너, 일러스트레이터, 화가, 큐레이터, 영화감독 등

신체-운동 지능	신체-운동 지능은 자신의 몸에 대한 감각과 조절 능력이다. 신체-운동 지능이 높은 사람은 운동 감각이 뛰어나 몸의 균형을 잘 잡는다. 몸의 근육이 잘 발달하여 튼튼하고 재빠르며 유연성 또한 뛰어나다. 실내에서 움직임이 적은 활동을 할 때보다는 실외에서 몸을 많이 움직여서 하는 활동을 할 때 더 집중을 잘하고, 몸을 움직여 따라 하거나 직접 해 보는 활동을 통한 학습을 좋아한다. 대부분의 운동을 잘하며 체육 교과에서 우수한 성적을 받는다. 손재주가 많아 만들기도 잘하고, 마술과 같이 재빠르고 섬세한 운동 감각을 요구하는 활동도 잘한다.	운동선수, 모델, 무용가, 군인, 치어리더, 운동 트레이너, 체육 교사, 스포츠 강사, 경찰, 스포츠 기자, 액션 연기자, 마술사 등
음악 지능	음악지능은 소리, 리듬, 박자, 멜로디 등을 민감하게 감지하고 활용하는 능력이다. 음악지능이 높은 사람은 다양한 소리를 변별할 수 있고 미세한 변화도 감지할 수 있다. 노래를 잘 부를 뿐만 아니라 피아노나 바이올린 같은 악기를 쉽게 빨리 배우고 악보도 잘 읽는다. 청음이 발달하여 다른 사람이 만들어 내는 소리도 잘 구분하고 자연이 만들어 내는 소리에도 민감하다. 그래서 음악을 감상하거나 평가하는 일을 잘하고 한두 번 들은 소리도 정확히 기억할 수 있다. 음악을 활용하여 마음을 안정시키거나 집중을 유도하는 활동을 할 수 있고, 암기를 할 때도 리듬과 음을 넣어서 외우면 더 쉽게 접근할 수 있다.	음악가, 가수, 작곡가, 연주가, 음악치료사, 음향 전문가, 음악 교사, 문화예술 기획자, 음반 기획자, 음악 프로듀서 등
대인관계 지능	대인관계 지능은 다른 사람의 기분이나 느낌을 잘 이해하고 배려하는 능력이다. 대인관계 지능이 높은 사람은 다른 사람과 친밀한 관계를 잘 맺고 다른 사람을 편안하게 해 주는 능력을 가지고 있다. 다른 사람의 작은 표정 변화, 말의 떨림, 몸짓 등을 통해서 그 사람의 마음과 생각을 잘 파악하여 세심하고 민감하게 반응할 수 있다. 또 사람들이 원하는 것, 필요로 하는 것을 잘 파악하기 때문에 타협과 화해를 잘 이끌어 낸다. 대인관계 지능이 발달한 사람 중에 외향적이고 적극적인 성격을 지닌 사람은 높은 리더십을 발휘한다.	정치인, 경영인, 기업의 홍보 담당자, 방송 진행자, 각종 로비스트, 심리상담자, 사회복지사, 호스피스, 코디네이터, 영업 혹은 외판 전문가 등
자기이해 지능	자기이해 지능은 자신의 생각과 느낌, 욕구에 대한 높은 이해 능력이다. 자기이해 지능이 높은 사람은 자신이 원하는 것, 잘하는 것, 자신을 기분 좋게 하는 것 등을 잘 알고 있고, 자신의 스트레스 원인, 인생의 목표 등에 대한 인식도 발달해서 자기관리 능력이 뛰어나다. 자신의 마음속에서 일어나는 작은 변화도 민감하게 감지할 수 있고, 다양한 정서 간의 차이를 변별할 수 있다. 따라서 정서를 조절하는 힘이 크다. 또 자신에 대한 성찰 능력이 높아 위기 상황에서도 자신에게 가장 적합한 최선의 해결책을 찾기 쉽다.	철학자, 성직자, 심리상담자, 작가 등

(2) 학습 전략

학습 전략은 정보의 획득, 저장, 활용을 촉진할 수 있는 일련의 과정 또는 단계(Dansereau, 1985), 학습을 촉진시키기 위하여 학습자가 사용하는 여러 가지 정신적 조작 활동(Jones, 1983) 등으로 정의되는 목표 지향적 행동이다. 학습 전략은 정보처리과정에 따라 감각기억 정보 중 특정 정보에만 선택적으로 주의를 기울여 단기기억으로 이동시키는 데 필요한 정서 및 동기 관리 전략, 단기기억으로 이동한 정보를 장기기억으로 이동시키는 데 필요한 시연, 조직화, 정교화 등의 인지 전략, 정보처리의 전 과정을 모니터링하며 조정하는 메타인지 전략 등으로 구분할 수 있다.

정보처리이론에 따르면, 학습은 새로운 정보가 감각기억과 단기기억을 거쳐 장기기억 되는 과정이다. 새로운 정보는 눈, 귀, 코 등과 같은 감각기관을 통해 입력되어 감각기억에 매우 짧은 시간 동안 머물렀다가 망각되는데, 주의를 기울인 정보만이 단기기억으로 이동된다. 단기기억은 제한된 정보를 짧은 시간 동안 보관하는 임시 저장고 역할을 하기 때문에 단기기억에 머문 정보 역시 시간이 지나면 망각된다. 단기기억에 머문 정보를 장기기억화하기 위해서는 특별한 정신 활동이 요구되는데 이를 작업기억이라 한다. 작업기억은 감각기억에서 전이된 정보와 장기기억에서 인출된 정보를 연합하기 위한 시연과 부호화 과정을 거쳐 장기기억에 저장하는 역할을 한다([그림 7-1] 참조).

주의(attention)란 어떤 정보에 어느 정도의 초점을 맞출지에 대한 개인의 선택을 의미한다. 감각기억이 단기기억으로 이동하기 위해서는 감각기관에 들어온 수많은 정보 중 중요한 정보에만 주의를 기울이고 다른 중요하지 않은 정보는 의식적으로

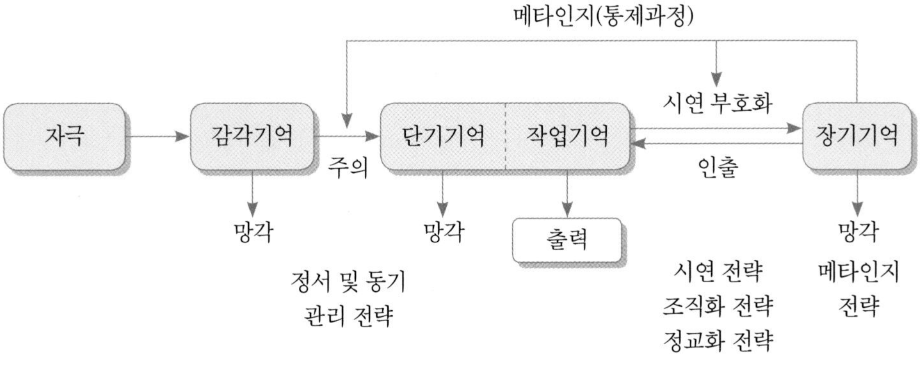

그림 7-1 **정보처리과정에 따른 학습 전략 구분**

무시하는 선택적 주의력이 요구된다. 이는 학습환경이 구조화되어 있고, 정서적 각성 상태와 학습 동기가 높을수록 향상되기 때문에 정서 및 동기 관리 전략이 요구된다.

시연(rehearsal)은 단기기억의 용량을 늘리거나 단기기억 정보를 장기기억으로 이동시키기 위해 요구되는 정신 활동으로 암송(暗誦)이라고도 불린다. 영어 단어나 수학 공식을 암기하기 위해 소리 내어 읽거나 반복적으로 쓰는 것과 같이 정보를 원래 형태 그대로 소리 내거나 반복하는 전략이 시연 전략에 해당한다. 시연 전략은 정보를 가장 피상적으로 처리하는 낮은 단계의 인지 전략이라 할 수 있다.

부호화(encoding)는 새로운 정보를 기억하기 위해 그 정보를 유의미하게 만들거나 장기기억 정보와 관련짓는 것을 의미하며, 약호화로도 불린다. 부호화를 위해서는 조직화 전략과 정교화 전략을 활용해야 한다. 조직화(organization) 전략은 정보를 유의미한 범주로 묶어 체계적으로 기억하는 전략이다. 개념도나 다이어그램 등을 통해 정보를 위계화하고 유목화하여 정보를 보다 체계적으로 저장하는 것이다.

정교화(elaboration) 전략은 정보에 새로운 의미를 추가하거나 기존 정보와의 연결고리를 만들어서 정보의 의미를 심화하고 확장하는 전략이다. 정보의 의미를 해석하고 구체적인 특성을 분석하고 추론하여 그 정보와 다른 정보의 관계를 분석하는 것이 정교화 전략의 예라 할 수 있다. 다양한 조직화, 정교화 전략을 활용하여 정보를 저장할 경우 저장이 용이할 뿐만 아니라 인출의 단서도 풍부해지므로 학습 효율이 높아질 수 있다.

인출(retrieval)은 장기기억에 저장되어 있는 정보를 꺼내는 과정이다. 정보처리과정에서 인출은 두 가지 중요한 기능을 하는데, 하나는 장기기억에 저장되어 있는 정보를 출력하는 것이다.낙동강 중상류 지역의 지형적 특징을 묻는 질문에서 분지를 떠올려 대답하는 것이 그 예다. 인출의 또 다른 기능은 단기기억 정보를 장기기억에 저장하기 위해서 이미 저장되어 있는 관련 장기기억 정보를 연결시키는 것이다. '낙동강 중상류 지역=분지'라는 새로운 지식을 학습하는 장면에서 분지라는 단어의 뜻, 즉 넓은 면적이 침식되어 움푹 들어간 모양을 이루고 그 부위가 산지로 둘러싸여 있는 지형이라는 것을 알고 있거나 낙동강 중상류 지역을 여행해 본 경험이 있는 경우에는 그 정보를 활성화해 '낙동강 중상류 지역=분지'라는 새로운 지식을 더 잘 저장할 수 있기 때문에, 장기 저장된 정보를 인출하는 것은 단기기억 정보를 장기 기억화하는 데 필요하다. 만일 장기기억에 저장되어 있는 정보가 빈약하거나 기존 정보와 새로운 정보 간의 연결고리를 잘 만들지 못하는 등의 이유로 인출이 용이하지 않은 경우 새로운 정보를 학습하는 과정은 비효율적일 수밖에 없다.

메타인지(meta-cognition) 전략은 정보처리 전 과정에 관여를 하며 조정하는 전략이다. 메타인지란 인지에 대한 인지(cognition about cognition), 즉 자신의 인지과정을 인식하고 통제하는 정신 상태를 의미하며 계획 전략, 점검 전략, 조정 전략이 포함된다. 메타인지 전략을 효과적으로 사용하는 학습자는 학습 과제와 자신의 인지 수준을 고려하여 필요한 전략을 도출할 수 있다. 예를 들어, 메타인지가 발달한 학습자는 자신이 가장 집중을 잘 할 수 있는 시간과 공간, 집중 유지 시간 등을 알기 때문에 학습 계획을 수립할 때 이러한 사항을 고려하여 현실적인 계획을 세울 수 있다. 또 자신이 충분히 이해하고 암기한 내용과 그렇지 않은 내용을 구분하여 부족한 부분을 보충할 수 있는 방법을 찾고 학습 속도를 조정할 수 있다.

이러한 학습 전략은 다양한 학습 경험을 통해 자연스럽게 체득되기도 하지만, 일부 전략만 부분적으로 활용하거나 아예 활용하지 못하는 학습자도 많다. 특히 인지능력이 낮은 학습자나 학습 경험이 부족한 학습자일수록 효과적인 학습 전략을 활용하지 못하는 경향이 있으므로, 이들과의 학습상담 장면에서는 학습 전략을 적극적으로 가르치고 적용하는 과정을 도울 필요가 있다.

(3) 주의집중능력

주의집중능력은 인지와 학습의 전 과정에 영향을 미치는 중요한 능력이다. 주의집중능력은 매우 포괄적이고 다차원적인 개념이기 때문에 주의력(attention)과 집중력(concentration)을 구분하여 개념화하는 것이 바람직하다.

주의력은 초점적 주의력, 선택적 반응 능력 등과 유사한 개념으로, 정보처리의 초반 단계에서 요구되는 능력이다. 인간은 시각, 청각, 미각, 후각, 촉각 등의 감각기관을 통해 환경 내의 무수히 많은 정보를 시시각각으로 접하게 되는데, 이 모든 정보를 모두 저장할 수가 없기 때문에 선택적으로 특정 정보에만 주의를 기울이게 된다. 이 과정에서 무수히 많은 정보 중 더 중요하고 핵심적인 정보에만 주의를 기울이고 나머지 정보는 무시하는 능력이 요구된다.

학습 전략 부분에서도 기술된 것처럼, 정보처리의 관점에서 보면 주의력은 감각

기억과 단기기억 사이에서 가장 크게 요구된다. 감각기억에 머문 무수히 많은 정보 중 주의의 대상이 된 특정 정보만 단기기억에 저장되고 선택받지 못한 대부분의 정보는 망각된다. 어떤 정보에 어느 정도의 주의를 기울일 것인가는 개인의 선택에 달려 있다. 주의력이 낮은 학습자는 제대로 된 선택을 통해 중요한 정보에만 초점을 맞추고 방해 자극은 무시하는 능력이 낮기 때문에 학습 환경을 구조화하는 것이 매우 중요하다. 이런 학습자의 경우 소음이 많은 곳에서 학습을 해야 하거나, 불필요한 물건이 책상 위에 있거나, 휴대폰 문자를 계속 확인하며 공부하거나, 공부방에 다른 사람이 수시로 드나드는 등 주의를 분산시킬 만한 요소가 환경 내에 존재하지 않도록 환경 관리에 특히 힘써야 한다.

집중력은 선택된 단기기억 정보를 장기기억시키는 데 필요한 능력으로, 작업기억 용량의 영향을 받는다(Bleckley, Durso, Crufchfield, Engle, & Khanna, 2003; Kane, Bleckley, Conway, & Engle, 2001). 작업기억 용량이 클수록 새로 받아들인 정보와 기존에 알고 있던 정보 각각에 필요한 만큼 주의를 분할할 수 있기 때문에 이 능력을 분할 주의력 혹은 학습 집중력으로 명명하기도 한다(이명경, 김아름, 2011; Zomeren & Brouwer, 1994).

작업기억 용량은 단기기억 정보와 장기기억 정보 간의 연계성이 클수록 증가한다. 선수 학습량이 많아 장기기억된 정보가 많은 학습자는 정보 간의 연결고리가 다양하기 때문에 분할 주의력 혹은 학습 집중력을 더 잘 발휘할 수 있는 반면, 선수 학습량이 적은 학습자는 배경지식의 부족으로 인해 새로운 정보를 장기 정보로 이동시키지 못하는 문제를 경험하게 된다. 분할 주의력 혹은 학습 집중력이 높은 학습자는 더 많은 정보를 처리하여 장기기억의 양이 증가하는 선순환 과정을 겪는 반면, 반대의 경우 처리할 수 있는 정보의 양이 제한되어 있어 높은 집중력을 발휘할 수 없고 결과적으로 인지 능력 발달이 지체되는 악순환을 겪게 된다. 따라서 집중력을 높이기 위해서는 내담자의 학습 결손 정도와 인지적 능력을 고려하여 과제 난이도와 과제 제시 방법을 차별화해야 한다. 즉, 내담자가 이해할 수 있는 수준의 과제를 체계적으로 제시하여 장기기억에 많은 정보가 저장되어야 높은 집중력이 발휘될 수 있는 것이다.

또한 집중력은 지루함, 피곤함, 좌절감, 불안감 등을 극복하고 과제에 지속하는 힘을 포함한다. 이러한 힘은 지속적 집중력 혹은 지속적 주의력으로 불리는데, 자

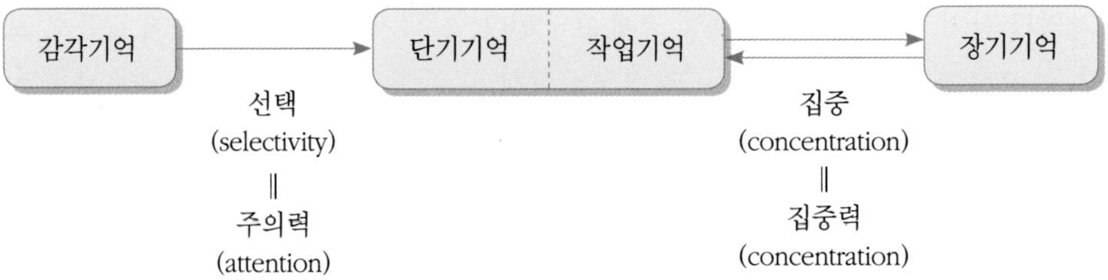

그림 7-2 정보처리과정에 따른 주의집중 능력의 구분

신의 정서를 조절하는 능력을 반영한다. 지속적 집중력은 개개인마다의 반응 속도와 반응 정확도 등의 영향을 받는데, 특히 자극이 제한되어 있는 장면, 자극이 단조로운 장면, 과제 완수까지 오랜 시간이 걸리는 장면, 도전적 과제를 수행하는 장면 등에서 더 많이 요구된다(Cohen, Malloy, Jenkins, & Paul, 2006; Zomeren & Brouwer, 1994). 만일 (과제가 너무 단조롭거나 쉬운 장면에서) 지루함과 피곤함을 이기지 못하거나 (과제가 너무 어렵거나 오랜 시간 노력해야 하는 장면에서) 좌절감이나 불안감을 관리하지 못하면 아무리 높은 인지 능력이 있어도 계속해서 과제에 집중하는 것은 불가능하다. 그렇기에 지속적 집중력이 낮은 내담자는 학습 단위를 잘게 나누어 제시하고 심리상담이나 스트레스 관리 등을 통해 심리적 불편감을 줄일 수 있게 도와주는 것이 바람직하다.

(4) 선행 학습량

정해진 교육과정을 집단에게 교수하고 일괄적으로 평가하는 학교 학습과 같은 장면에서는 또래 평균에 못 미치는 누적 선행 학습량이 학습 결손을 유발하기도 한다. 앞서 살펴본 바와 같이 장기기억은 집중력과 학습 전략의 활용에 많은 영향을 미치기 때문에, 선행 학습량이 부족한 경우 학교 학습에서는 이해력 부족이나 집중력 저하와 같은 문제가 나타나고 결과적으로 학습 결손의 폭이 커지게 된다. 특히 읽기, 쓰기, 셈하기와 같은 기초학습 기능이 자동화되어 있지 않는 경우, 이후 요구되는 보다 복잡한 문제해결 상황에서 필요한 능력을 발휘하지 못하는 문제로 이어질 수 있다. 이러한 경우 기초학습 기능을 강화하고 부족한 선행 학습 영역을 보완하는 학습 프로그램을 구성하여 지속적으로 운영하는 것이 바람직하다.

반대로 선행 학습이 지나친 경우도 학습 문제는 나타날 수 있다. 지나친 경쟁과 조기교육으로 자신의 인지 발달 수준보다 높은 수준의 학습을 과도하게 요구받으면서 좌절감과 열등감을 반복적으로 경험할 경우, 학업 소진(보통의 또래들에 비해 뒤처지는 능력으로 같은 수준을 유지하려다 보니 과도한 학습을 하게 됨으로써 나타나는 정신적 스트레스와 신체적 피로가 심해져 나타나는 현상), 학업 무의미(공부 자체에 대한 의문이나 회의, 공부에 대한 반감을 나타내는 현상), 낮은 학업 자아개념(공부를 해야겠다는 마음은 서는데 남들이 모두 나보다 더 잘할 것 같다는 생각들로 인해 자신감이 없거나, 잘하는 친구들 또는 어려운 과목들과 같은 난관에 맞서기만 하면 포기해 버리는 현상) 등의 학습 문제가 나타나기 쉽다.

이는 인지적 능력 부족에서 기인하는 학습 문제가 아니라 학습에 대한 부담감이나 거부감과 같은 정서적 문제에서 기인하는 학습 문제라 할 수 있다. 그러므로 학습과 관련된 좌절 경험을 경청하고 공감적으로 다루면서 우울, 불안, 분노와 같은 현재의 심리적 상태를 타당화해 주는 상담과정이 요구된다. 또한 과거의 좌절 경험이 자신의 무능에서 기인한 것이 아니었음을 인식하도록 도와 귀인 성향과 학습 동기를 변화시키는 것도 필요하다.

2) 정서적 요인

(1) 학습 동기

동기(motivation)는 행동을 시작하거나 지속시키는 근원이다. 학습 행동을 시작하게 하거나 지속시키기 위해서는 학습 동기가 반드시 요구된다. 동기는 크게 내재적 동기와 외재적 동기로 구분된다. 내재적(intrinsic) 동기는 행동을 하는 근원적인 목적이 그 행동의 내부에 있는 것을 의미하고, 외재적(extrinsic) 동기는 행동을 하는 목적이 행동의 외부에 있는 것을 의미한다. 즉, 행동 자체를 통해 얻는 만족감, 성취감, 즐거움 등으로 인해 행동을 하는 것이 내재적 동기가 되고, 행동을 통해 얻는 인정, 돈, 보상 등을 위해 행동하는 것은 외재적 동기가 된다.

경쟁적인 상황에서 지속적인 평가와 차별적인 보상을 제공하는 학교 학습 장면에서는 학년이 올라갈수록 공부를 통해 경험하는 성취감과 유능감, 즉 내재적 동기보다는 높은 성적과 그에 연결되는 인정, 돈, 기회 등의 외재적 동기가 학습 행동을 더욱 강화하는 경향을 보인다. 외재적 동기에 비해 내재적 동기는 자발성과 지속성이 높기 때문에 내재적 동기가 높은 것이 바람직하지만, 외재적 동기도 학습 행동을 촉진하기 때문에 외재적 동기가 전혀 없는 것보다는 있는 것이 낫다. 하지만 외재적 동기에 의한 학습 행동은 외적 보상이 주어지지 않거나 주어지지 않을 거라 예상되는 상황에서는 학습 행동이 쉽게 단절되는 문제가 발생할 수 있다. 높은 성적을 기대하고 공부를 했는데 기대만큼 좋은 성적이 나오지 않으면 더 이상 공부를 하지 않거나, 시험이 없으면 공부를 하지 않는 것 등이 그 예라 할 수 있다.

그리하여 학습 장면에서의 크고 작은 실패 상황을 극복하면서 계속해서 학습 행동을 하게 하려면 내재적 동기와 외재적 동기 모두를 강화하는 것이 필요하다. 내재적 동기와 외재적 동기는 상반된 것이 아니라 독립적이므로 내재적 동기가 높다고 해서 외재적 동기가 낮은 것이 아니며 그 역 또한 아니다(Pintrich & Schunk, 2002). 학습 동기가 낮거나 초기 단계의 학습자에게는 외적 보상을 통해 외재적 동기를 높이되, 점차 유능감과 지식 수준이 향상되면 내재적 동기를 강화하는 것이 바람직하다(권대훈, 2006).

(2) 성취 동기

성취 동기(achievement motivation)는 도전적이고 어려운 과제를 성취함으로써 만족감을 얻으려고 하는 욕구다. 성취 동기가 높은 사람은 자신감과 책임감이 높으며, 과업 지향적이며, 자신의 능력을 평가받을 수 있는 도전적이고 모험적인 과제를 선호한다. 그들은 자신의 능력을 인정받으려는 욕구가 강하기 때문에 학업 성취도를 높일 수 있는 학습 행동을 더 많이 하고 실패 상황에서도 더 지속적인 노력을 한다(McClelland, 1985).

성취 동기는 성공 확률과 성공 유인가가 클수록 향상된다. 성공 가능성이 높으면서 동시에 성공을 통해 얻는 것이 자신에게 의미 있을 때 성취 동기가 향상되는 것이다. 만일 너무 어려운 과제이기 때문에 실패 가능성이 높거나, 너무 쉬운 과제이기 때문에 그 과제를 성공적으로 수행해도 별다른 성취감을 느낄 수 없다면 성취 동기는 낮아질 수밖에 없다. 따라서 성공 가능성이 높은 도전적인 과제를 찾는 것이 성취 동기를 높이는 가장 중요한 열쇠라 할 수 있다.

성취 동기는 **성공 추구 동기**와 **실패 회피 동기**로 구분된다(Atkinson, 1964). 성공을 하고자 하는 욕구뿐만 아니라 실패를 피하고자 하는 욕구도 성취 동기에 영향을 미친다. 이 때문에 특정한 상황에서 성공을 추구하고자 하는 욕구보다 실패를 회피하고자 하는 욕구가 더 크게 나타나면 도전적인 상황에 맞서기보다는 회피하려는 경향을 보이게 된다. 실패 회피 동기가 높은 개인은 공부를 해서 성공할 가능성보다 실패할 가능성을 더 크게 지각하고, 실패 상황에서 경험하게 될 좌절감과 수치심을 피하기 위해 의식적 혹은 무의식적으로 공부 이외의 활동에 몰두하는 경향을 보인다. 또한 실패 회피 동기가 높은 사람은 아주 쉬운 과제나 지나치게 어려운 과제를 선호함으로써 성공을 통한 성취감은 물론 실패에 따른 절망감으로부터도 자유롭고자 하는 경향을 보인다. 그들은 과제를 수행할 때 꾸물거리거나 늑장을 부리며 최선을 다하지 않는 태도를 보이고, 성공을 위해서는 거짓말이나 속임수를 사용하기도 한다. 또한 직업을 선택할 때도 현실 가능성이 낮은 직업을 선택하며 목표를 이루기 위한 노력을 게을리하는 경향을 보인다(Mahone, 1960: 정종진, 1996에서 재인용). 이로 인해 그들은 학업에서의 성취감을 경험할 기회 자체를 갖지 못해 실패 회피 동기가 강화되는 악순환에 이르기 쉽다.

따라서 상담 장면에서는 도달 가능성이 높은 작은 목표를 설정하고 노력을 독려하여 실제 학업에서의 성공을 경험시키는 것이 필요하다. 이때 달성한 작은 목표가 성취감으로 이어지게 하기 위해서는 달성한 목표에 높은 의미를 부여하여야 한다. 특히 실패 회피 동기가 높은 사람들은 부모나 의미 있는 타인들로부터 매우 높은 수준의 성취만을 인정받아 온 경향이 있기 때문에 상담자는 단계별로 하나씩 이루어 나가는 작은 성취를 격려하고 지지할 필요가 있다.

(3) 성취 목표

성취 목표(achievement goal)는 개인이 어떤 과업을 수행할 때 달성하고자 하는 목적(Maehr, 1984)으로, 성취 행동과 관련된 이유와 의도에 초점을 맞춘 개념이다. 즉, 성취하려고 하는 욕구가 '어느 정도'인지가 아닌 '왜'인지를 개념화한 것이다.

성취 목표는 크게 숙달 목표와 수행 목표로 나뉘며, 성취 목표의 차이는 학습의 선택, 학습의 노력과 시간, 학습 태도 등에 영향을 미친다. **숙달 목표**는 학습 목표(learning goal)나 과제 성취 목표(task-achievement goal)와도 유사한 개념이다. 성취 목표가 높은 사람은 행동의 목적이 자신의 유능성을 발달시키는 것이기 때문에 내재적 동기가 높고 자신의 수행에 대한 올바른 평가와 학습의 기능을 제공받을 수 있는 정보를 선호한다. **수행 목표**는 능력 목표(ability goal)나 자아 성취 목표(ego-achievement goal)와 유사한 개념이다. 수행 목표가 높은 사람은 자신의 유능성을 증명하거나 다른 사람보다 더 잘 하는 것이 목적이기 때문에 외재적 동기가 높고 타인과의 비교를 가능케 하는 정보를 선호하는 경향이 있다(Ames, 1984; Butler, 1993).

숙달 목표와 수행 목표는 성취 동기에서 구분되었던 성공 접근과 수행 회피의 개념과 접목되어 숙달 접근 목표, 숙달 회피 목표, 수행 접근 목표, 수행 회피 목표 등으로 세부적으로 구분되는데, 이 중 숙달 회피 목표는 개념화의 한계가 있고 소수의 개인에게서만 나타나기 때문에(Pintrich, 2000), 성취 목표는 숙달 목표, 수행 접근 목표, 수행 회피 목표로 구분하여 연구되고 있다.

성취 목표는 성취 동기 수준과 과제에 대한 개인의 인식에 영향을 받는다. 숙달 목표는 성취 동기가 높고 과제에 대한 자신감이 높을수록 지향되는 반면, 수행 접근 목표는 성취 동기와 자신감이 높은 것에 더해 실패에 대한 두려움이 높을수록, 수행 회피 목표는 과제에 대한 자신감이 낮고 실패에 대한 두려움이 높을수록 지향되는 경향이 있다. 숙달 목표와 수행 목표의 차이는 인간의 지적인 능력에 대한 지각에서도 차이를 보인다. 즉, 숙달 목표가 높은 학습자는 지능을 변화 가능한 것으로 지각하는 반면, 수행 목표가 높은 학습자는 지능이 고정되어 있어 변화 불가능하다고 지각하는 경향이 있다(Leggett, 1985). 또한 실패 상황에서 숙달 목표가 높은 학습자는 그 원인을 노력에서 찾는 반면, 수행 목표가 높은 학습자는 능력에서 찾는 차이를 보인다.

숙달 목표가 높은 학습자는 자신이 기대했던 것보다 낮은 성적을 받았을 때 자신의 능력이 아닌 노력의 정도나 방법으로 귀인하여 성적을 높이기 위한 더 많은 노력을 할 수 있고 이를 통해 능력도 향상시킬 수 있다. 또한 과제와 관련된 긍정적 정서를 유지하고 불안도 덜 느낀다. 반면, 수행 목표가 높은 학습자는 성적이 떨어진 이유를 능력에서 찾고, 능력은 변화 불가능한 것이라고 믿기 때문에 자존감이 위협받고 수치심을 경험하면서 실패 상황에 대해 더 많은 불안을 느끼게 된다. 이런 상황에서 수행 접근 목표가 높은 학습자는 실패를 반복하지 않기 위해 더 많은 학업 행동을 하는 경향이 있지만, 실패가 반복되거나 자존감에 치명적인 상처를 입게 된 경우에는 실패의 이유가 자신의 능력 때문이 아님을 입증하기 위해 오히려 학업 행동을 회피하는 수행 회피 경향을 나타내게 된다. 열심히 노력을 해도 또다시 실패할

표 7-4 숙달 목표와 수행 목표의 차이

구분	숙달 목표	수행 목표	
		수행 접근	수행 회피
목적	자신의 유능성 발달	자신의 유능성 입증	
과제에 대한 자신감	높음	높음	낮음
지능에 대한 지각	변화 가능	변화 불가능	
실패 귀인	노력	능력	
선호 정보	자기 수행에 대한 정보(점수)	타인과의 비교에 필요한 정보(등수)	
내재적 동기	증진	무관	저하
성적과의 관계	무관	증진	저하

경우 자신의 무능함이 더욱 분명해지기 때문에 노력을 하지 않는 것으로 자존감을 지키면서 더욱 낮은 능력을 갖게 되는 모순에 빠지게 되는 것이다.

학습 장면에서는 자신의 능력을 과시하거나 누군가를 이기기 위해 공부를 하는 것보다는 자신의 능력이 발전하는 것에 대한 성취감 때문에 공부를 하는 것이 보다 바람직한 것으로 간주되어 왔기 때문에 수행 목표보다는 숙달 목표를 중요시하였다. 하지만 수행 목표가 높은 학습자가 숙달 목표가 높은 학습자에 비해 오히려 더 높은 성적을 받는 것과 같은 교육적 이익이 증명되고(Elliot & Church, 1997) 여러 목표를 동시에 갖는 것이 가능함이 주장되면서, 숙달 목표만을 강조하기보다는 각각의 목표별로 긍정적인 부분을 활성화해야 한다는 주장이 힘을 얻고 있다.

(4) 귀인 양식

귀인(attribution)은 특정 행동이나 결과를 유발한 원인을 추리하는 정신과정이다. 자신에게 일어난 어떠한 일이 어떤 이유로 일어난 것인지를 추리하는 양상은 동기에 큰 영향을 미친다. Weiner(1984)는 학생들이 성적과 관련된 성공과 실패를 능력, 노력, 과제 곤란도, 운의 네 가지로 설명함에 주목하여, 이 원인들을 원인의 소재(locus of causality), 안정성(stability), 통제 가능성(controllability)의 세 가지로 분류하였다.

원인의 소재는 원인을 자기 자신 안에서 찾느냐 혹은 자기 밖에서 찾느냐를 의미하며 내적 귀인과 외적 귀인으로 구분된다. 능력과 노력은 자기 안에서 발생하는 것이기 때문에 내적 요인으로, 운과 과제 곤란도는 자기 밖에서 발생하는 것이기 때문에 외적 요인으로 분류된다.

안정성은 원인이 시간이나 상황에 따른 변화가 적은 것이냐 혹은 수시로 변화할 수 있는 것이냐에 따라 안정과 불안정으로 구분된다. 노력은 때와 장소에 따라 자주 변화하기 때문에 불안정한 원인으로 분류되는 반면, 능력은 변화가 오랜 시간에 걸쳐 점진적으로 일어나기 때문에 안정적인 원인으로 분류된다. 운은 수시로 바뀔 수 있어서 불안정한 원인이지만, 과제 곤란도는 중요한 시험일수록 곤란도의 기준이 미리 공표되고 크게 변화하지 않기 때문에 안정적 원인으로 분류된다.

통제 가능성은 원인이 자신의 의지로 통제될 수 있느냐 그렇지 않느냐를 기준으로 구분하는 것이다. 네 가지 원인 중 노력만이 통제 가능한 원인인 반면, 능력, 운, 과제 곤란도는 통제 불가능한 원인에 해당한다.

귀인 성향은 성공과 실패 상황에서 각기 다른 정서적 반응을 유발한다. 자기 안에 존재하지만 안정되어 있어 변화가 잘 안 일어나며 통제도 어려운 능력으로 귀인을 하는 경우, 성공 상황에서는 강한 자부심과 유능감을 느껴 긍정적 자아개념을 형성하게 되지만, 실패 상황에서는 수치심과 무능감에 사로잡혀 강한 절망에 빠지게 된다. 능력은 자기 안에 있는 원인이기 때문에 누구를 탓할 수도 없는데다 변화나 통제가 불가능하다고 지각되기 때문에 부정적 자아개념을 형성하고 무력해지기 쉽다. 이는 특히 수행 목표가 강한 사람에게서 뚜렷이 나타난다.

노력으로 귀인하는 경우 성공 상황에서 강한 자부심과 열의를 느껴 더 많은 에너지를 창출할 수 있고 상황에 흔들림이 적은 평온한 상태를 유지할 수 있다. 반면, 실패 상황에서는 수치심과 죄책감을 느끼게 된다. 하지만 이때 경험하는 수치심과 죄

표 7-5 귀인과 귀인 차원의 관계

귀인	원인의 소재	안정성	통제 가능성
능력	내적	안정	통제 불가
노력	내적	불안정	통제 가능
운	외적	불안정	통제 불가
과제 곤란도	외적	안정	통제 불가

책감은 능력 귀인으로 인한 부정적 감정에 비해서는 가볍다 할 수 있다. 왜냐하면 노력은 자신의 의지로 변화시킬 수 있는 통제 가능한 요인이기 때문에 자기 전체에 대한 부정적 개념을 형성하거나 헤어 나올 수 없는 절망감에 빠지지는 않기 때문이다.

운이나 과제 곤란도와 같은 외부의 통제 불가능한 요인으로 귀인을 하는 경우 성공 상황에서는 기쁨, 감사함, 놀라움 등을 느끼며 앞으로도 같은 행운이 일어나기를 고대하게 되고, 실패 상황에서는 분노, 놀라움 등을 느끼며 상황 탓을 하게 된다.

이러한 정서적 반응을 종합해 보면, 통제와 변화가 가능한 내부 요인인 노력에 귀인을 하는 것이 이전 학습에서의 성공 혹은 실패에 관계없이 추후의 학습 행동을 증가시키는 데 가장 도움이 된다. 하지만 적절한 자부심과 유능감을 경험하게 하기 위해서는 성공 상황에서는 능력이나 노력과 같은 내부의 요인에 귀인하는 것이 바람직하다는 주장도 설득력이 있다. 따라서 학습상담과정의 경우 성공 상황에서는 내담자의 정서적 특성을 고려하여 능력과 노력에 귀인하는 정도를 달리하되, 실패 상황에서는 반드시 노력으로 귀인하는 것이 요구된다. 특히 노력 귀인을 제대로 하기 위해서 상담자는 내담자의 학습 시간, 학습량, 교재, 공부 방법 등을 내담자와 함께 검토하여 노력의 정도나 방법에서의 문제점을 구체화하여야 한다. 이러한 과정을 통해 내담자는 학습과 관련된 자신의 문제를 인식하고 능력, 운, 과제 곤란도 등의 노력 이외의 다른 요인으로 귀인하는 것을 줄일 수 있게 된다.

표 7-6 귀인 양식에 따른 정서 반응

귀인	성공 상황	실패 상황
능력	자신감, 유능감, 기대감	무능감, 죄책감, 굴욕감, 의기소침
노력	자부심, 열의, 평온	수치심, 죄책감
운, 과제 곤란도	기쁨, 감사함, 놀라움	분노, 놀라움

3. 학습상담의 과정

학습상담은 일반적인 심리상담과정과 크게 다르지 않다. 하지만 학습이라는 특수한 문제를 다루기 때문에 일반 심리상담과 구분되는 특징이 있다.

1) 상담관계 형성 및 상담 구조화

여타의 상담관계처럼 학습상담에서도 상담자와 내담자 간의 신뢰감 형성은 매우 중요하다. 특히 학습상담은 청소년 자신의 선택에 의해 시작되기보다는 부모나 교사에 의해 비자발적으로 시작되는 경우가 많고, 학습 문제에 대해 부모나 교사는 심각하게 지각하는 데 반해 오히려 당사자는 문제가 없는 것으로 인식하는 경우가 많기 때문에 청소년 내담자의 상담 동기는 높지 않은 것이 일반적이다. 그래서 상담관계가 제대로 형성되지 못할 경우 상담자는 부모나 교사를 대리하여 공부에 대한 잔소리를 하는 또 다른 사람으로 인식되기 쉽다.

상담자는 청소년 내담자와의 신뢰 있는 관계를 형성하기 위해 상담 자체에 대한 내담자의 불만을 수용해 주고, 학습과 관련하여 겪었던 갈등과 부당한 대우에 공감적으로 반응하면서 내담자의 인정받고 사랑받고 싶은 욕구를 읽어 줄 필요가 있다. 또 상담자와 함께 협력적으로 노력할 경우 원하는 바를 이룰 수 있을 것이라는 기대감을 고무하여 상담에 대한 자발성을 높일 필요가 있다.

대부분의 학습상담은 학부모에 의해 의뢰되고 청소년 내담자에게 학부모가 미치는 영향이 크기 때문에 학부모와의 관계 형성도 매우 중요하다. 상담에 대해 소극적인 청소년과는 달리, 학부모는 성적 향상이라는 분명한 목표를 가지고 상담에 임하는 경향이 있다. 그렇기에 상담에 대한 구조화가 제대로 이루어지지 않을 경우 상담자를 자녀의 성적을 책임지고 높여 줄 의무가 있는 사람이나 과외선생님으로 오인하는 문제가 생기기 쉽다. 따라서 청소년 내담자는 물론 학부모와 함께 상담을 구조화하여 상담자의 역할, 내담자의 역할, 관계의 성격 등을 명확히 할 필요가 있다.

2) 학습 문제의 진단

학습 문제의 원인은 매우 다양하다. 학령기 청소년에게 학습 행동은 매우 중요한 역할이자 책임이기 때문에 이와 관련된 문제는 다른 문제에 비해 쉽게 드러나고 관심을 끌게 된다. 동시에 학습 문제는 개인적 요인뿐만 아니라 가족, 또래, 학교와 같은 환경적 요인에 의해서도 유발되며, 우울이나 불안과 같은 정서적 요인의 영향도 많이 받기 때문에 정확한 진단을 통해 학습 문제의 원인과 심각도를 객관화할 수 있어야 한다.

학습 문제를 진단하기 위해서는 관찰과 면접에 기초한 정보의 수집과 함께 다양한 심리검사를 활용하여야 한다. 관찰과 면접을 통해 수집해야 하는 정보는 다음과 같다.

- 학습과 관련된 호소 문제
- 학습상담을 통해 변화하기를 기대하는 것
- 최근 시험에서의 과목별 성적 및 석차
- 성적 및 석차의 변화 추이
- 현재의 공부 방법(학원, 과외, 학습지 등을 포함)
- 형제들의 학습 태도 및 성적
- 학교나 교사에 대한 태도
- 교우관계

이러한 정보는 청소년 내담자뿐만 아니라 부모나 교사로부터 폭넓게 수집하는 것이 유용하다. 특히 내담자의 연령이 어리거나 발달이 지체되어 있는 경우 혹은 상담에 대한 기대나 자발성이 낮은 경우에는 신뢰할 수 있는 정보를 얻기 어려우므로 부모나 교사 면접을 통해 정보를 보충하거나 수정할 필요가 있다. 학부모 역시 상담자에 대한 신뢰가 충분히 형성되지 않은 상태에서 자녀의 성적을 포함한 학습 문제를 솔직하게 털어놓지 않는 경향이 있고, 객관적 사실보다는 주관적 의견을 피력하는 경우가 많다. 이 때문에 일회성 면접을 통해 모든 정보를 얻으려 하기보다는 지속적으로 정보를 수집 · 수정하는 것이 필요하다. 학부모 면접에서는 다음과 같은 질문을 추가하여 학습 문제에 대한 부모의 생각과 역사(history), 가족환경 등을 탐색하는 것이 바람직하다(김동일 외, 2011).

- 학습 문제가 무엇이라고 생각하는가?
- 학습 문제의 원인은 무엇이라고 생각하는가?
- 학습 문제는 언제부터 나타나기 시작했는가?
- 지금 상담을 시작하는 계기나 이유는 무엇인가?

- 학습 문제를 해결하기 위해 지금까지 시도한 방법은 무엇인가?
- 그 방법들이 성공하지 못했다면 그 이유는 무엇이라고 보는가?
- 상담을 받으러 오는 것에 대해 다른 가족은 어떻게 생각하는가?
- 자녀의 학습 문제에 영향을 미치는 또 다른 요인이 있는가?

심리검사 역시 학습 문제를 진단하는 데 유용하다. 심리검사는 청소년의 인지적 및 정서적 특성을 객관적으로 평가하는 데 목적이 있다. 여타의 상담에 비해 학습상담은 특히 인지적 특성을 평가하는 심리검사를 비중 있게 활용하고 있다. 이는 개인의 인지적 특성이 현재의 학습 문제뿐만 아니라 학습과 관련된 역사를 파악하는 데 도움이 되며, 상담의 목표 및 방향을 설정하는 정보로 활용될 수 있기 때문이다.

검사를 통해 객관화할 수 있는 대표적인 인지적 특성으로는 지능과 주의집중능력이 있다. 지능의 경우 지필 형태로 실시되는 단체용 검사보다는 개인용 검사를 활용하는 것이 바람직하다. 가장 활발하게 활용되고 있는 개인용 지능검사는 웩슬러 지능검사와 카우프만 지능검사다(〈표 7-7〉 참조).

주의집중 능력은 자기보고나 타인 평정에 근거한 검사와 능력을 객관화하는 검사로 구분되는데, 자기보고나 타인 평정 방식의 검사는 실제 능력이 아닌 주관적 인식에 근거한 것이기 때문에 타당도가 떨어진다. 그래서 능력검사를 실시하는 것이 바람직한데, 이에 해당하는 대표적인 주의집중 능력 검사는 〈표 7-8〉과 같다.

학습 전략 및 학습 동기를 평가하는 검사도 활용 가능하다(〈표 7-9〉 참조). 단, 학습 전략 검사는 자기보고식 검사이기 때문에 학습 전략의 활용 능력을 측정하지는 못한다는 한계를 인식하고 활용할 필요가 있다. 또한 학습 전략 및 학습 동기를 측정하는 검사들의 경우, 문항의 의도가 쉽게 짐작되기 때문에 피검자의 사회적 바람직성을 포함한 타당도 척도 점수를 고려하여 해석해야 한다.

내담자의 우울, 불안 등의 정서적 특성이 학습에 미친 영향을 평가하기 위해서는 심리적 건강성이나 기질적 특성을 파악하는 것도 요구된다. 이를 위해서는 표준화 검사뿐만 아니라 투사검사도 활용하는 것이 바람직하다(〈표 7-10〉 참조).

표 7-7 개인용 지능검사

검사명 (출판사, 출판연도)	대상	검사 구성 및 활용
한국 웩슬러 아동 지능검사 제5판 K-WISC-V (인싸이트, 2019)	만 6~16세	• 언어이해 4개, 시공간 2개, 유동추론 4개, 작업기억 3개, 처리속도 3개 • 언어이해: 공통성, 어휘, (상식), (이해) • 시공간: 토막짜기, 퍼즐 • 유동추론: 행렬추리, 무게비교, (공통그림), (산수) • 작업기억: 숫자, 그림기억, (순차연결) • 처리속도: 기호쓰기, 동형찾기, (선택)
한국 웩슬러 아동 지능검사 제4판 K-WISC-IV (인싸이트, 2011)	만 6~16세	• 언어이해 5개, 지각추론 4개, 작업기억 3개, 처리속도 3개 • 언어이해: 공통성, 어휘, 이해, (상식), (단어추리) • 지각추론: 토막짜기, 공통그림, 행렬추리, (빠진곳찾기) • 작업기억: 숫자, 순차연결, (산수) • 처리속도: 기호쓰기, 동형찾기, (선택)
카우프만 아동용 지능검사K-ABC-II (인싸이트, 2014)	만 3세~ 18세	• 순차처리 3개, 동시처리 8개, 계획력 2개, 학습력 4개, 지식 3개 • 순차처리: 수회생, 단어배열 • 동시처리: 블록세기, 관계유추, 얼굴기억, 형태추리, 빠른길찾기, 이야기완성, 삼각형, 그림통합, • 계획력: 형태추리, 이야기완성 • 학습력: 이름기억, 암호해독, 이름기억-지연, 암호해독-지연 • 지식: 표현어휘, 수수께끼, 언어지식

표 7-8 주의집중 능력 측정용 검사

검사명(출판사, 출판연도)	대상	검사 구성 및 활용
주의집중능력 검사ACAT (한국집중력센터, 2015)	만 6세 7개월~ 대학생	• 시각주의력, 청각주의력, 학습집중력, 지속적 집중력, (정보처리속도) • 주의집중능력의 각 하위 영역별 능력 및 문제점을 세부적으로 분석
아동 충동성 검사 K-MFFT (한국가이던스, 2004)	만 7세~12세	• 수행 속도, 정확도 • 사려성을 요구하는 과제를 수행하는 동안 얼마나 정확하면서도 빠르게 문제를 해결할 수 있는지 평가
종합주의력검사 CAT (해피마인드, 2008)	만 5세~15세	• 단순선택주의력(시각, 청각), 억제지속주의력, 간섭선택주의력, 분할주의력, 작업기억력 • 단순 시청각 자극에 대한 누락 오류, 오경보 오류, 반응 속도, 반응 일관성 정도 등 평가

표 7-9 학습 전략 및 동기 관련 검사

검사명(출판사, 출판연도)	대상	검사 구성 및 활용
ALSA 청소년학습 전략검사 (인싸이트, 2007)	초등 4~ 고등학생	• 학습동기, 자기효능감, 학습기술(인지 · 초인지 전략), 학습시간 · 환경관리(자원관리전략) • 자기조절학습 하위 능력을 측정하고, 도움이 필요한 영역에 해당하는 학습전략 프로그램을 연결하여 활용할 수 있음
MLST-II 학습전략검사 (인싸이트, 2014)	초등용, 청소년용, 대학생용	• 성격 특성(효능감, 결과기대, 성실성), 정서 특성(우울, 짜증, 불안), 동기 특성(학습, 경쟁, 회피), 행동 특성(시간관리, 공부환경, 수업듣기, 노트필기, 집중전략, 읽기전략, 기억전략, 시험전략) • 주도형, 성실형, 잠재형, 정체형으로 학습유형 구분
학습 동기 및 학습 전략 검사 (인싸이트, 2011)	초 · 중 · 고등학생	• 학업 동기, 학습 전략, 학업 스트레스의 세 가지 요인 • 학업동기(학습 동기, 학습 효능감), 학습전략(수업 참여 기술, 노트 정리 기술, 읽기 기술, 쓰기 기술, 시험 치기 기술, 자원 관리 기술, 과제해결 기술, 정보처리기술), 정서(시험 불안, 주의집중의 어려움), 타당도 척도별 측정
AMT 학업 동기 검사 (인싸이트, 2003)	초 · 중 · 고 · 대학생	• 학습자의 동기에 대한 세분화된 정보 제공 • 학업적 자기효능감(자신감, 자기조절 효능감, 과제수준 선호)과 학업적 실패 내성(감정, 행동, 과제 난이도 선호)로 구분
학습 흥미 검사 (한국가이던스, 2004)	초등 4~ 고등학생	• 학습 유형별 흥미, 교과별 학습 흥미에 대한 정보 제공 • 학습 유형별 흥미(창의형, 사고형, 탐구형, 활동형), 교과별 학습 흥미(국어, 수학, 영어, 사회, 과학, 체육, 음악, 미술, 실과), 타당도 척도(바람직성 척도, 검사 수행 신뢰도)로 구분

표 7-10 정서적 특성 평가용 검사

검사명(출판사, 출판연도)	대상	검사 구성 및 활용
청소년용 다면적 인성검사 MMPI-A (마음사랑, 2005)	중1~고3	• 5개의 타당도 척도와 10개의 임상 척도 • 타당도 척도는 무응답, 부인, 비전형, 방어성, 무선반응 비일관성 평가를 통한 피검자 반응의 신뢰도 평가 • 임상 척도는 건강염려증, 우울증, 히스테리, 반사회성, 남성성-여성성, 편집증, 강박증, 정신분열증, 경조증, 내향성 등 심리적 건강 상태 평가
기질 및 성격 검사 TCI (마음사랑, 2004)	유아~성인	• 4개의 기질 척도와 3개의 성격 척도 • 기질은 자극추구, 위험회피, 사회적 민감성, 인내력 등 선천적 성향 평가 • 성격은 자율성, 연대감, 자기초월 등에 대한 후천적 발달 정도 평가
집-나무-사람 그림 검사(HTP)	유아~성인	• 집, 나무, 사람 그림과 그것에 대한 진술에 근거하여 과거의 경험과 현재의 욕구 파악 • 무의식 속에 잠재되어 있는 감정, 욕구, 생활양식 표현
동적 가족화 검사 (KFD)	유아~성인	• 가족 그림과 그것에 대한 진술에 근거하여 가족 역동 및 가족 관련 욕구 파악
문장완성검사 (SCT)	초등~성인	• 미완성 문장을 완성시킨 것에 근거하여 내담자의 경험 세계에 접근 • 접수면접 단계에서 활용할 경우 체계적인 정보 탐색 용이
주제통각검사 (CAT, TAT)	유아~성인	• 모호한 그림에 대한 내담자의 이야기에 근거하여 내적 욕구 파악 • 유아 및 초등학생의 경우 CAT, 중학생 이상은 TAT 활용

3) 상담 목표의 설정

학습상담에서의 상담 목표 설정은 매우 중요하고도 어렵다. 이상적인 학습상담 목표는 학업과 관련된 적응적 행동의 증가라 할 수 있다. 하지만 대부분의 학부모는 물론 청소년 내담자도 성적 향상을 상담 목표로 설정하고 짧은 시간 안에 그 목표가 이루어지기를 희망한다. 그래서 상담 목표를 설정할 때 학습상담자는 학업과 관련된 적응적 행동을 향상하기 위해 우선적으로 다루어야 할 내담자의 인지적, 정서적 특성이나 환경적 문제를 객관화하여, 이를 근거로 상담 목표를 설정할 수 있게 내담자와 학부모를 설득할 수 있어야 한다.

또한 성공적인 상담을 위해서는 구체적인 상담 목표를 설정할 수 있어야 한다. 공부를 '재미있게 하고 싶다' '집중력을 높이고 싶다'와 같은 두루뭉술한 목표를 '매일 아침 1교시 전에 하루의 공부 계획을 세우고 저녁 9시에 실천 정도를 평가한다' '수업 시간에 선생님 설명의 80% 정도를 이해할 수 있게 집중한다'와 같은 구체적이면서도 도달 가능한 목표로 바꾸어 주는 것이 필요하다. 그리고 그러한 목표에 도달하기 위해 증가시켜야 할 행동과 감소시켜야 할 행동을 목록화하여 상담 목표를 단계적으로 설정하는 것이 바람직하다.

하지만 구체적 목표라 하더라도 석차나 점수와 같은 결과를 수치화하는 것은 경계해야 한다. '반에서 5등 안에 들기' '국영수 90점 이상 받기' 등을 상담 목표로 정하게 되면 상담자는 그 목표를 달성시켜야 한다는 부담감으로 인해 과외선생님이나 학부모처럼 공부를 봐 주며 잔소리하는 역할을 맡게 되기 쉽다. 내담자가 개인적으로 이러한 목표를 설정하고 노력하는 것을 문제시할 필요는 없지만, 상담자에게 성적은 학업과 관련된 적응적 행동의 증가를 통해 나타나는 여러 가지 결과물 중 하나이어야 한다. 구체적인 석차나 점수보다는 희망하는 석차나 점수에 도달하기 위해 요구되는 구체적인 행동을 상담 목표로 명시할 경우, 상담자는 성적에 대한 압박감으로부터 자유로운 상태에서 학업과 관련된 적응적 행동을 높여 줄 수 있다.

4) 개입 전략 설정 및 개입

학습 문제의 원인 및 심각도에 따라 개입 전략은 차이가 난다. 개입 전략을 설정할 때 학습 문제가 개인 내적 문제에 의한 것인지 혹은 가족이나 또래, 학교와 같은 환경적 요인에 의한 것인지를 구분해야 한다. 학습 문제의 대부분은 개인 내적 요인뿐만 아니라 환경적 요인의 영향을 받지만, 만일 환경적 요인의 비중이 크다면 환경적 변화를 함께 다루어야 한다. 이 경우 가족상담이나 부모교육을 우선 추천하거나 전학이나 담임선생님 면담 등을 개입 전략에 포함시킬 수 있다.

개인 내적 문제에서 기인하는 학습 문제의 경우, 인지 · 정서 · 행동적 요인으로 다시 구분하여 개입 전략을 설정할 수 있다. 낮은 지능이나 주의집중 능력과 같은 인지적 요인에 의해 유발된 학습 문제의 경우, 학습 결손 정도를 파악하여 결손을 메워 나갈 수 있는 체계적 학습 프로그램을 구성하여 실행할 수 있어야 한다. 이러한 학습자들은 일반적인 학습자들이 자연스럽게 습득하여 적용하고 있는 학습 전략을 모른 채 학습하고 있을 가능성이 높기 때문에 중심 내용 파악 전략이나 암기 전략과 같은 기초적인 학습 전략을 가르칠 필요도 있다. 그리고 지능이나 주의집중 능력과 같은 인지적 능력은 안정적인 속성이 있어 단시간에 변화시키기 어렵다는 것을 고려하여 현실적인 목표를 수립하여야 한다.

정서적 요인으로 인한 학습 문제의 경우 학습으로 인해 경험했던 수치심, 좌절감, 분노 등에 공감적으로 반응하되, 원하는 만큼의 성적을 얻지 못한 것이 자신이 무능해서 혹은 다른 누군가 때문이 아닌 노력의 정도나 방법 때문이었음을 깨닫도록 하는 것이 중요하다. 특히 자신의 인지적 무능을 감추기 위해 더 이상 공부를 하지 않으며 회피적으로 반응하는 학습자의 경우는 과거 절망적인 성적을 받았던 때의 구체적인 공부 방법을 탐색하여 방법에서의 문제점을 찾아 나가는 것이 필요하다. 이를 통해 능력 귀인을 노력 귀인으로 바꾸고 지능은 변화 가능한 것이라는 인식을 만들어 줄 경우 적절한 숙달 목표와 수행 접근 목표를 형성할 수 있다.

학습상담에서의 성공은 행동의 변화를 통해 나타난다. 인지적 능력이나 학습 동기는 직접적으로 학업 성취도에 영향을 미치는 것이 아니라 학업 행동을 매개로 하여 영향을 미친다. 그러므로 개입의 최종 성과는 행동으로 나타나야 한다. 따라서 목표뿐만 아니라 개입 전략을 설정할 때도 학습 행동에 초점을 두는 것이 바람직하다.

5) 사례 관리

청소년에게 학습은 지속적으로 반복되는 활동이다. 그리고 시간이 지날수록 더 어려운 내용을 더 많이 학습해야 한다.

상담 목표가 달성되어 종결을 고려할 때는 곧바로 종결하기보다는 상담 간격을 늘려 변화 추이를 관찰하는 것이 바람직하다. 주 1회 진행되던 상담을 월 1회로 전환하거나 새 학기 시작 시점, 주요 시험의 한 달 전 시점 등에 상담을 다시 할 수 있게 계획해서 이전 상담을 통한 변화가 지속되도록 하는 것이 필요하다.

요약

청소년에게 학습 행동과 학업 성취도는 현재의 적응 지표이자 미래의 성공 지표라 할 수 있다. 따라서 학습상담은 학업과 관련된 적응적 행동의 증가를 통한 성취도 향상을 주요 목표로 한다. 학업과 관련된 적응적 행동을 증가시키기 위해서는 내담자의 인지적·정서적 특성은 물론 내담자를 둘러싸고 있는 가족, 또래, 학교 환경 등을 고려하여 학습 문제의 원인과 심각도를 분석할 수 있어야 한다. 학습상담은 내담자와의 신뢰할 수 있는 관계를 바탕으로 성취 가능한 작은 학습 목표를 설정하고, 행동 계획을 수립하여 학습 행동을 증가시키는 과정으로 이루어진다. 학습은 일회적으로 나타나는 문제가 아니라 청소년기 내내 지속적으로 요구받는 과업이기 때문에 꾸준한 사례 관리도 요구된다.

생각해 볼 문제

1. 학업 성취에 영향을 미치는 인지적 요인 중 변화 가능성이 높은 요인과 그렇지 않은 요인을 구분해 보시오.

2. 실패 회피 동기가 높은 학습자의 심리적 특성을 고려하여 상담 계획을 수립해 보시오.

3. 학습자의 특성을 객관화하는 데 도움이 되는 심리검사를 열거해 보시오.

참고문헌

김춘경, 이수연, 이윤주, 정종진, 최웅용(2016). **상담학 사전**. 서울: 학지사.

권대훈(2006). **교육심리학의 이론과 실제**. 서울: 학지사.

김동일, 신을진, 이명경, 김형수(2011). **학습상담**. 서울: 학지사.

이명경(2015). **주의집중능력검사(ACAT) 실시 요강**. 서울: 한국집중력센터.

이명경, 김아름(2011). 아동 · 청소년 대상 주의 집중 능력 검사 개발 및 타당화. **상담학연구, 12**(4), 1391-1411.

이재규, 김종운, 김현진, 박혜숙, 백미숙, 송재홍, 신을진, 유형근, 이명경, 이자영, 전명남 (2013). **학습상담**. 서울: 학지사.

이성진(2005). **교육심리학서설**. 경기: 교육과학사.

정종진(1996). **학교 학습과 동기**. 서울: 교육과학사.

황매향(2008). **학업 상담**. 서울: 학지사.

황매향(2016). **사례에서 배우는 학업상담의 실제**. 서울: 사회평론.

Ames, C. (1984). Achievement attributions and self-instructions under competitive and individualistic goal structions. *Journal of Education Psychology, 76*, 478-487.

Atkinson, J. W. (1964). *An introduction to motivation*. Princeton, MJ: Van Nostrand.

Bleckley, M. K., Durso, F. T., Crutchfield, J. M., Engle, R. W., & Khanna, M. H. (2003). Individual differences in working memory capacity predict visual attention allocation. *Psychonomic Bulletin and Review, 10*, 884-889.

Butler, R. (1993). Effects of task and ego achievement goals on information seeking during task engagement. *Journal of Personality and Social Psychology, 65*, 18-31.

Cohen, R. A., Malloy, P. F., Jenkins, M. A., & Paul, R. H. (2006). Disorders of Attention. In P. J. Snyder, P. D. Nussbaum & D. L. Robins (Eds.), *Clinical neuropsychology* (pp. 573-606). Washington, DC: American Psychological Association.

Dansereau, D. F. (1985). Learning strategy research. In J. W. Segal, S. F. Chimpan & R. Glaser (Eds.), *Thinking and learning skills*. Vol. I. NY: Lawrence Erlbaum Associates Inc.

Elliot, A. J., & Church, M. A. (1997). A hierarchical model of approach and avoidance achievement motivation. *Journal of Personality and Social Psychology, 72*, 218-232.

Jones, B. F. (1983). Intergration learning strategies and text research to teach high order thinking skills in schools. Paper presented at annual meeting of the American

Educational Research Association, Montreal, Canada.

Kane, M. J., Bleckley, M. K., Conway, A. R. A., & Engle, R. W. (2001). A controlled-attention view of WM capacity. *Journal of Experimental Psychology: General, 130*, 169-183.

Leggett, E. L. (1985). Children's entity and incremental theories of intelligence: Relationships to achievement behavior. Paper presented at the annual meeting of the Eastern Psychological Association, Boston.

Maehr, M. L. (1984). Meaning and motivation: Toward a theory of personal investment. In R. E. Ames & Ames (Eds.), *Research on Motivation in education,* Vol. 1 (pp. 115-144). New York: Academic Press.

Mahone, C. H. (1960). Fear of failure and unrealistic vocational aspiration. *Journal of Abnormal and Social Psychology, 60*, 253-261.

McClelland, D. (1985). *Human motivation.* Glenview, IL: Scott, Foresman.

Pintrich, P. R. (2000). An achievement goal theory perspective on issues in motivation terminology, theory, and research. *Contemporary Educational Psychology, 25*(1), 92-104.

Pintrich, P. R., & Schunk, D. H. (2002). *Motivation in education: Theory, research, and application* (2nd ed.). Upper Saddle River, NJ: Prentice Hall.

Weiner, B. (1984). Principles for a theory of student motivation and their implication within an attributional framework. In R. Ames & C. Ames (Eds.), *Research on motivation in education,* Vol 1: Student motivation. New York: Academic Press.

Zomeren, A. H., & Brouwer, W. H. (1994). Assessment of Attention. In J. R. Crawford, D. M. Parker, & W. W. McKinlay (Eds.), *A handbook of neuropsychological assessment* (pp. 241-266). Hove: Lawrence Erlbaum Associates Ltd. Publishers.

제8장

발달심리

ADOLESCENT COUNSELIN

발달심리학은 변화하는 존재로서의 인간 특성, 즉 출생에서부터 죽음에 이르기까지 상승적·하강적 변화를 끊임없이 거듭하는 인간의 내외적 행동 및 그와 관련된 여러 주제에 관하여 연구하는 학문이다. 그 속에서 다양한 심리과정이 어떻게 유기체의 개별적 역사 속에서 출현하게 되는지를 밝혀내려고 한다. 이 장에서는 주요 발달 이론의 내용과 특성을 이해하고 각 발달 단계의 주요 현상과 특징, 그리고 발달에 대한 심리학적 이해의 상담 적용에 대해 다루어 보기로 한다.

학습목표

1. 주요 발달 이론의 내용과 특성을 이해한다.
2. 각 발달 단계별 주요 현상과 특징을 이해한다.
3. 발달에 대한 심리학적 이해를 상담과 연결 지어 본다.

ADOLESCENT COUNSELING

심리학에서 인간의 여러 현상을 다루려는 시도는 크게 세 가지로 나눠 볼 수 있다. 첫째는 기제에 관심을 갖는 것이다. 즉, **작동하는 원리**를 이해하려고 노력하는 접근 방식이다. 둘째는 **기능**에 초점을 맞추는 것으로, 무엇을 위해서 그것이 존재하는지를 설명하려고 노력하는 것이다. 그리고 세 번째는 바로 **발달**에 초점을 두고 설명하려는 것으로, 개인 일생의 지적 · 정서적 · 행동적 · 사회적 과정의 전개와 변화에 대해서 밝히려고 노력하는 것이다.

19세기 초엽에 유럽과 북미 대륙의 사회경제적 구조를 변혁시킨 산업혁명이 일어났다. 이러한 변화는 사회 발달의 기저 패턴, 즉 진보를 시사하였다(Bury, 1932). 같은 배경하에서 많은 과학자는 발달이 관찰되는 곳이면 어디에든 관심을 가지게 되었다. 지식사회의 이러한 변화의 한 부분에서는 배아(embroy)로부터 시작하여 성숙할 때까지 지속적으로 이루어지는 개별 유기체의 발달사에 대한 관심이 증가하였다. 비록 Wundt나 그다음 세대의 연구자들에게 의식의 구조적 분석 외에 의식이나 행동의 기원은 주요 연구 문제가 아니었지만, 발달적인 면에 대한 아이디어는 실험심리학에서 다뤄지는 이론적 주제와 연구 주제 확립에도 중요한 역할을 하였다(Hearst, 1978).

발달심리학에서 다루는 소위 '발달적 질문이란 무엇인가?' 하는 개념 논의에서 세 가지 핵심적인 연구가 과거와 현재에 계속 되풀이되고 있다. 아주 상이한 배경과 이론적 지향점을 지닌 학자들은 발달에 대한 지식 영역의 중심 과제가 크게 세 가지로 구성된다고 보았다(Kessen, 1965). 즉, 발달적 질문은 개별 유기체의 일생사에서 활동이나 **활동 패턴의 기원**, 활동들의 **유지 방법** 그리고 활동들의 **변화**와 관련된다. 따라서 아동심리학자들은 발달의 시작, 발달을 통한 변화 기제를 제시해야 한다고 보았다. 또한 발달적 설명은 유기체의 일생사에서 유도(확립), 유지 및 촉진에 관한 문제들을 고려해야 한다는 것을 제안해 왔다(Gottlieb, 1976). 결국 발달심리학은 이러한 전통 위에서 그 학문적 영역을 정하고 내용을 채워 오고 있다.

1. 발달심리학의 특성

발달의 개념, 관점, 목표, 특성, 내용, 연구 역사를 개관하면 다음과 같다.

우선, 발달이란 수정에서 사망까지 한 개인에게 일어나는 규칙적이고 체계적인 연속성과 변화다. 발달은 생물학적 성숙(신체, 행동에서 나타나는 발달적 변화)과 학습(경험이나 연습에 의해 만들어진 행동의 비교적 연속적인 변화)의 영향을 반영하여 한 개인의 자궁에서 무덤까지를 알아보는 것이다.

이때 발달을 바라보는 우리의 관점은 크게 두 가지로 나뉜다. 즉, 현상에 대한 기술적 접근인 개별적 발달 탐구와 진단적 접근에 기초한 규준적 발달 탐구를 포함한다. 개별적 발달은 발달 속도, 정도 또는 방향에서의 개인적 변화에 초점을 둔다. 반면, 규준적 발달은 종의 대부분의 구성원을 특징짓는 발달적 변화, 전형적 발달 패턴에 대한 것이다.

발달심리학의 목표는 이러한 발달의 현상과 변화 기제에 대한 내용들을 기술, 설명 및 최적화하는 것이다. 인간의 발달을 관찰하며 얻게 된 발달의 특성은 크게 네 가지를 포함한다. 첫째, 발달은 **연속적**이며 누적적이다. 즉, 시간의 흐름에 따라 연속적이며 이전 시기의 변화가 현재와 이후 단계에 축적되어 가는 과정이다. 둘째, 발달은 **총체적** 과정이다. 신체적 · 정신적 · 사회적 · 정서적 측면이 서로 상호 관련성을 지닌다. 셋째, 발달은 **가소성**이 있다. 사람은 변화를 만들어 낼 수 있는 역량이 있으며, 경험에 의해서 만들어지는 변화 잠재력을 지닌다. 넷째, 발달은 **역사적 · 문화적 맥락**을 지닌다. 이와 같은 네 가지 특성으로 대상의 발달과정을 살펴보고 있다.

발달심리학의 내용은 크게 세 가지로 나눠 볼 수 있다. 첫째는 **성장 시기 또는 연령별**로 발달 단계를 구분하고 각 단계의 발달적 특징을 살펴보는 것이다. 둘째는 **심리적 특성별**로 발달의 영역을 나누어 진술하는 것이다. 셋째는 발달의 **영역별 내용**들을 살펴보는 것이다.

발달과 관련된 여러 측면이 공유하는 세 가지 보편적 특징, 즉 분화, 성숙 그리고 질서정연한 진보는 특히 배아의 신체적 발달과 아동기 행동에서 나타나는 분화를 고찰하는 것에서 그 논의가 시작되었다. 그 이유는 19세기 초반 발달이 기술될 수 있는 원리로 제시되었던 내용들을 통해 이해할 수 있다. 즉, 구체적인 세부 특징보다 광범한 집단의 동물들이 지니는 일반 세부 특징들이 배아기에서 더 일찍 나타난다고 보았다. 덜 일반적인 특징들은 가장 일반적인 특징들로부터 발달되고, 이것이 종국적으로 가장 분화된 것이 출현할 때까지 반복된다는 점은 당시 신체 발달의 본질에 관한 주요 법칙이었다(Hearst, 1978). 이것은 **개체 발생**이 **계통 발생**의 짧고 신속한 **반복**이라는 관점을 담고 있다.

발달심리학의 역사는 초기 아동 연구에 대한 몇 가지 관점과 그에 따른 연구 전통과 함께 쓰이기 시작했다. 아동에 대한 철학적 관점은 아동이 태어날 때 이미 성인과 같은 특성을 지니고 있다는 **전성설적 관점**, 그리고 아동이 태어날 때 선천적으로 결정된 어떤 특성도 소유하지 않는 백지 상태라는 **경험주의적 관점**과 이에 따른 **환경결정론적 발달관**, 즉 아동은 그들이 속한 환경 내에서의 경험의 내용에 따라 서로 다른 사고와 감정을 가진 개체로 성장하게 된다는 관점들을 거쳤다. 이후 아동은 태어날 때 각기 독특한 발달적 잠재력을 갖고 있으며, 따라서 의도적이고 계획적으로 통제되거나 억압받지 않을 때 자연스럽게 최상의 발달을 기대할 수 있다는 **자연주의적 관점**이 있었다. Darwin의 진화론을 발달에 적용하여 아동 발달이 발생적 심리학이어야 한다고 한 주장과 함께 20세기 초에는 아동 연구에 **발생학적 모델**을 적용하게 되었다. 발달 연구는 이후 아동기에 국한되지 않고 청소년, 성인 그리고 노인 발달에 대한 공통성과 차이에 대한 연구들이 진행되었다(현성용 외, 2015).

2. 발달 이론

인간의 발달을 설명하기 위해 많은 과학자는 현상을 잘 설명해 내는 이론들을 제시해 왔다. 인간 발달을 이해하기 위해 제시된 주요 이론은 크게 정신분석적 관점, 학습적 관점, 인지 발달적 관점, 동물학적 관점, 생태학적 관점의 다섯 가지가 있다.

1) 정신분석적 관점

정신분석적 관점을 지닌 모든 이론은 '행동과 대인관계를 하도록 하는 인간 내부의 **의식되지 않는 힘**'을 강조한다. 18세기와 19세기의 물리학적 · 생물학적 발견에 따른 지적 풍토에 기반하여 Freud 역시 심리적 삶도 보편적 힘이 이끈다고 생각하였으며 그 요체는 욕구, 즉 인간의 마음에 있는 타고난 힘이라고 보았다. 따라서 인간은 자신의 생존에 필요한 기본적 욕구를 충족하려는 **생득적 경향성**을 가지고 있으며, 이러한 내재적 욕구로 아동이 성장함에 따라 성격이 달라져 간다고 보았다. Freud에 의해 제시된 이 관점의 기본 전제는 성욕이나 공격욕이 인간의 본능이며, 무의식에 근간을 둔 이 욕구들의 인식, 통제 그리고 표출 과정을 거치면 인간의 됨됨이가 결정된다는 것이다.

정신분석 이론을 구성하는 몇 가지 기본적 가정은 **초심리학**이라고 불린다(Rapaport & Gill, 1959). 초심리학은 개인의 정신적 사건을 완전히 이해하기 위해서 필요한 여섯 가지 관점을 제시한다. Freud는 이 가운데 세 가지 초심리학적 관점, 즉, **지형학적**, **역동적**, 그리고 **경제적 관점**에 대해서 분명한 설명을 남겼다. 유전적 관점은 당연한 것으로 여긴 것으로 보이며, 구조적 관점은 지형학적 관점을 대체할 수 있는 것으로 제안하였다. 여기에 덧붙여 적응적 관점 또한 정신분석적 사고에서 중요하고 필수적이다(Hartmann, 1939). 정신분석의 성격발달 이론에서 주로 언급되는 의식적 현상과 무의식적 현상의 운영 양식 그리고 정신 구조물을 원초아, 자아, 초자아로 나눠 지속적인 기능 단위로 구분하는 관점은 각각 지형학적 관점과 구조적 관점에 포함되는 것이다. 특히 자아의 세 측면은 각자의 기능 방식에 따라 서로 상호작용하며 일정한 결과물들을 산출하게 되는데, 이에 대한 설명은 역동적 관점에서 비롯된다. 역동적 관점은 목적을 가진 여러 의도가 동시에 작동되는 것을 통해서 산출되는 것들, 즉 추동, 방어, 자아의 관심, 갈등 같은 것에 관한 모든 가설의 기초가 된다. 예를 들어, 정신분석적 관점의 하나인 자아심리학에서는 성격의 발달, 즉 사람의 됨됨이 형성을 특정한 방어로 조직화되는 것으로 설명한다.

구조적 관점에서 볼 때, Freud는 성격이 세 구성 요소인 원초아, 자아, 초자아 간의 역동과 발달에 따라 점차적으로 연속된 심리성적 발달의 5단계 안에서 통합되며, 이에 따른 심리성적 발달의 5단계는 생물학적 성숙이 지시하는 구강기, 항문기, 남근기, 잠복기, 생식기를 거친다고 보았다. 이 가운데 Freud는 남근기 이전 시기까지에 주목하였다. 〈표 8-1〉은 Freud의 심리성적 발달 단계의 주요 내용을 제시한 것이다.

반면, Erikson은 정신분석적 전통 내에서 심리사회적 접근을 강조하며 8단계의

표 8-1 Freud의 심리성적 발달 단계와 성격 특징

연령	단계	성격 특징
0~1	구강기	요구하는, 참을성이 없는, 질투심이 강한, 불신하는, 비관적인, 우울한, 분개하는
1~3	항문기	경직된, 힘과 통제성을 열망하는, 당위성에 집착하는, 소유하려는, 통제 상실과 낭비에 대한 불안, 순종과 반항 선택에 대한 몰두
3~5	남근기	남성의 경우 과시적, 경쟁적, 성공에 집착하는 여성의 경우 순박한, 유혹하는, 과시적인, 경박한

전 생애적 과정을 제시하였다. 그는 욕구를 충족하거나 억압하는 사회적 요인의 역할에 보다 비중을 두었으며, 변화하는 내재적 욕구와 환경적 경험 간의 갈등인 위

표 8-2 Erikson의 심리사회적 발달 단계

구분		심리사회적 위기	중요한 관계	심리사회적 양식	심리사회적 미덕	부적응
단계	연령					
1. 영아기	0~1	신뢰 대 불신감	어머니	주고받기	희망과 믿음	감각 왜곡, 철수
2. 유아기	2~3	자율 대 수치심/의심	부모	취하고 보내기	의지와 결정	충동성, 강박
3. 학령전기	3~6	주도성 대 죄책감	가족	쫓기와 놀기	제안과 용기	무정함, 억제
4. 학령기	7~12	근면성 대 열등감	이웃과 학교	완성하기와 합치기	능력	협소한 취향, 무력감
5. 청소년기	12~19	자아정체 대 역할혼미	또래 집단과 역할 모델	자신이 되기와 자기를 나누기	충실과 충성	광신(fanaticism), 단절
6. 성인 초기	20대	친밀감 대 고립감	파트너와 친구	서로 간에 자신을 잃고 다시 발견하기	사랑	난잡함(promiscuity), 배타성
7. 성인 중기	20대 후반~50대	생산 대 침체	가족과 직장 동료	새로운 존재를 만들고 돌보기	돌봄	과도한 확장(overextension), 거절
8. 성인 후기	50대 후반 이후	자아통합 대 절망	인류와 나의 무리	실존하기와 죽음에 대비하기	지혜	거만함(presumption), 절망

출처: Erikson (1959)에서 재인용.

기를 어떻게 극복하느냐에 따라 발달의 양상이 달라진다고 보았다. 〈표 8-2〉는 Erikson의 심리사회적 발달 단계의 주요 내용을 제시한 것이다.

2) 행동주의적 관점

학습을 강조하는 행동주의적 입장은 기본적으로 생래적인 조건보다는 출생 이후의 경험을 강조한다. 즉, 인간은 백지 상태로 태어나며 자극과 반응 간의 잘 학습된 연합으로서 개인 성격의 안정된 측면을 형성해 간다고 본다. 따라서 아동의 발달과정에 선천적으로 부여된 소인이나 개인차를 인정하지 않았다. 반면, 연속적인 개인의 발달과정에서 그 방향은 환경이 결정한다고 본다. 학습의 관점에서 발달을 설명하는 접근은 크게 보면 다음 세 가지 요건을 충족하는 행동에서의 변화로 여긴다. 첫째, 한 개인이 주변 **환경**에 대하여 새로운 방식으로 **생각, 지각 또는 반응**을 하게 된다. 둘째, 이 변화는 분명히 한 개인의 **경험의 산물**이다. 즉, 이는 개인이 직접 실행한 반복, 연구, 실행 또는 관찰에 의한 것이지, 유전이나 성숙에 의한 과정이라든가 상해를 입은 결과로 생긴 생리학적 충격에 의한 것이 아니다. 셋째, 이 변화는 **비교적 영구적**이다. 획득된 후 즉시 망각되는 사실, 생각, 행동은 실제로 학습된 것이 아니다. 또한 피로, 질병, 약물에 의해 발생한 일시적인 변화도 학습된 반응으로 볼 수 없다. 발달을 구성하는 학습은 크게 네 가지 근본적인 방법, 즉 **습관화**, **고전적 조건형성**, **조작적 조건형성** 그리고 **관찰학습**에 의해 이루어진다(Shaffer, 2006).

우선, 습관화는 아주 단순하지만 때로는 간과되는 학습의 한 형태를 말한다. 습관은 반복되는 자극에 더 이상 주의를 기울이지 않거나 반응하지 않게 되는 과정이며, 흥미롭지 않은 일과 자극에 대해서 무관심해지는 법을 학습하는 것으로 볼 수 있다. 즉, 학습자의 불필요한 행동을 없애는 학습의 한 형태로 여겨지며, 성숙이나 주기적 순환에 따라 감소된 반응과는 다른 것이다. 습관화는 생후 첫해에 급격히 향상되며, 습관화가 되기 위해서는 특정 자극에 오랫동안 노출되어야 한다. 어떤 행동이 습관화가 될 경우, 학습자는 일정 기간 자극이 주어지지 않다가 그 자극이 가해져도 자극에 대한 이전의 반응을 다시 보여 주지 않는다. 또 자극을 다시 받음으로써 정상적인 반응이 나타난다 해도 그 반응은 전보다 훨씬 빨리 약화된다. 이 경우 반복해서 자극을 주었다 그쳤다 하면 반응은 더 빨리 감소하고 결국 자극을 주어도 아무런 반응을 보이지 않게 된다. 다만 반복적인 자극이 만일 생명의 위협에 관한 것일 경우에는 그에 대한 반응이 일시적으로 약해지기는 하지만 실제로 습관화되지는 않는다. 생활에서 습관화와 관련된 것의 예로는 우리가 옷을 입으면 옷감이 피부에 닿는 느낌이 약화되거나, 어느 정도 짜거나 쓴 음식을 계속 먹으면 짠맛이나 쓴맛이 잘 안 느껴지는 경우, 그리고 신발을 신어도 걷다 보면 신발을 신은 느낌이 나지 않는 경우와 같은 것이 있다.

둘째, **고전적 조건형성**은 초기에는 중립 자극이 유의미한 비중립 자극과 반복적으로 짝지어 제시됨으로써 원래는 비중립 자극에 대해서만 나타나는 반응이 중립 자극에 의해서도 도출되는 학습의 형태다. 이는 개의 소화기 계통의 생리적 반응 형성을 연구하여, 자극과 반응 간의 연합이 습관을 형성한다는 실험 결과를 제시한 Pavlov에 의해 제시되었다. Watson은 행동의 학습뿐만 아니라 호의적인 태도나 정서 반응 등이 습득되는 과정도 고전적 조건형성을 통해 습득될 수 있다는 실험 결과를 제시하였다. 이러한 결과를 통해서 공포증과 같은 정서적인 문제도 소거의 과정을 거치는 역조건화를 통해서 치료할 수 있는 것으로 보았다. 정보처리과정이 느린 신생아나 영아의 경우도 고전적 조건형성은 특정 사건들이 주변에서 함께 발생하는 것을 인식하고 우유병이나 젖에서는 우유가 나온다든가, 주변 사람들이 따뜻함과 편안함을 의미한다는 것과 같은 다른 중요한 교훈을 학습하는 방법 중의 하나라고 볼 수 있다.

셋째, **조작적 조건형성**은 자유로운 또는 자발적인 행동의 경우 그 행동의 결과에 빈도나 강도가 영향을 받게 되는 학습의 형태다. 이러한 형태의 조건형성을 널리 알린 학자는 Skinner다. 선행 행동이 이후에 지속될 것인지를 결정하게 되는 행동의 결과는 크게 강화와 처벌의 두 가지로 나눠 볼 수 있다. 여기서 강화는 행동이 일어날 가능성을 증가시키는 그 행동의 어떠한 결과이고, 처벌은 행동을 억제하거나 행동이 일어날 가능성을 억제하는 그 행동의 어떤 결과다. 강화나 처벌 모두 수여성인가 또는 제거인가에 따라 정적 또는 부적인 것으로 구별된다. 즉, 행동 발생 이후에 유쾌한 무언가를 제시하는 강화는 정적 강화가 되며, 반면 불쾌한 무언가를 제시하는 처벌은 정적 처벌이 된다. 마찬가지로 행동 발생 이후에 유쾌한 무언가를 제거하는 처벌은 부적 처벌이 되며, 반면 불쾌한 무언가를 제거하는 강화는 부적 강화가 된다. Skinner(1953)는 바람직한 습관을 고무시키기 위해서는 정적 강화의 효과가 중요하다고 보았다. 처벌은 행동을 억제하며 해서는 안 될 것에만 초점을 두는 반면, 강화는 더 해야 할 행동이 무엇인지 알려 주는 기능이 있어 바람직한 방향으로 행동을 변화시키는 좋은 방법이 될 수 있기 때문이다.

넷째, **관찰학습**은 다른 사람의 행동과 그 결과에 대한 관찰로 학습이 이루어진다고 보는 이론이다. Bandura는 인간을 사회적인 동물로 보았다. 직접적인 보상이나 벌의 결과 외에도, 다른 사람의 행동과 그 결과를 관찰하는 것만으로 학습이 이루어질 수 있다고 보았다. 이것을 관찰학습이라고 하는데, 관찰학습에는 관찰을 통한 고전적 조건형성과 관찰을 통한 조작적 조건형성의 두 가지 유형이 있다. 우선 관찰을 통한 고전적 조건형성은 어떤 유기체가 특정 조건 자극에 대해 공포 반응을 느끼는 장면을 보면 다른 유기체는 그 조건 자극에 대한 공포 반응을 학습하게 된다는 것이다. 예를 들면, 개를 보고 깜짝 놀라는 형을 본 동생이 다음부터 개를 보면 놀라게 되는 것과 같은 것이다. 다음으로, 관찰을 통한 조작적 조건형성은 어떤 유기체가 어떤 행동을 했을 때 강화를 받는 것을 봤다면, 다른 유기체도 그 행동을 하기 원하게 된다는 것이다. 예를 들면, 형이 야채를 먹은 뒤 부모님께 칭찬을 받은 것을 보면 동생도 야채를 먹고자 한다는 것이다. 반면, 어떤 유기체가 어떤 행동을 했을 때 처벌이 제공되는 것을 목격한다면 다른 유기체도 그 행동을 하지 않으려 할 것이다. 예를 들어, 학교 현장에서 떠드는 아이에게 벌을 주면 주변의 다른 아이들이 함께 조용해지는 것과 같다.

관찰학습은 **주의집중**, **파지**, **재생**, **동기화**의 네 단계 과정을 거친다. 첫 번째, 주의집중 단계는 모델로부터 무엇을 학습하기 전에 먼저 모델에 주의를 집중하는 것을 의미한다. 사람들이 어떤 모델에 주의를 집중할 확률은 그들의 의존성, 자존심, 자신의 능력에 대한 지각 등의 성격적 특성에 영향을 받는다. 관찰학습의 모델은 관찰학습을 경험하는 관찰자의 주의를 이끄는 힘이 있어야 한다. 인간은 유능하고 호감이 가며 인격이 훌륭한 모델에게 주의를 더 잘 기울이는 경향이 있다. 두 번째, 파지 단계는 관찰된 내용이 기억되는 단계다. 관찰에서 얻은 정보가 유용하기 위해서는 그것이 파지되어야 한다. 파지 대상 정보는 심상적 방법과 언어적 방법의 두 가지 방법으로 상징적 기호의 형태로 저장된다. 일단 정보를 인지적으로 저장한 다음에는 오랜 시간이 경과하여도 그것을 인출하고 재현할 수 있다. 세 번째, 재생 단계는 학습된 것이 어느 정도 수행으로 전환되느냐를 결정하는 단계다. 관찰자가 모델의 행동을 소화하여 재현할 수 있기 위해서는 일정 기간의 인지적 시연(cognitive rehearsal)이 필요하다. 마지막으로, 동기화 단계는 강화를 통해서 행동의 동기를 높여 주는 단계다. 관찰을 통해서 학습된 행동은 그 행동이 강화를 받을 때에는 지속적으로 일어날 것이나, 그 행동이 처벌을 수반할 때에는 더 이상 일어나지 않을 것이다.

관찰학습의 전형은 크게 **직접모방**, **동일시**, **무시행 학습**, **동시학습** 그리고 **고전적 대리조건형성**의 다섯 가지가 있다. 첫째, 직접모방 전형은 가장 간단한 모형으로서 관찰자가 모델의 행위를 관찰하고, 모델이 한 행동을 그대로 시행함으로써 보상받는 것을 그 기본 전제로 한다. 둘째, 동일시 전형은 관찰자가 모델의 비도구적인 독특한 행동 유형을 습득하는 것을 말한다. 모델의 일반적인 행동 스타일을 모방하는 것이 동일시 학습의 핵심이다. 셋째, 무시행 학습 전형은 행동을 미리 해 볼 기회가 없거나 모방에 대한 강화가 없음에도 불구하고 관찰자가 학습을 하는 것이다. 무시행 학습이 동일시 학습과 다른 점은 모방된 행동이 도구적인 반응이라는 것과 모델 자신이 흔히 보상을 받는다는 점이다. 넷째, 동시학습 전형은 모델과 관찰자가 동시에 동일한 과제의 학습을 하는 상황에서, 관찰자가 모델의 행동을 보고 그대로 행동하는 기회를 가지게 되는 경우다. 관찰자의 행동과 같은 행동을 하는 모델이 있을 때 행동이 촉진되는 현상을 동시학습이라고 한다. 마지막으로, 고전적 대리조건형성 전형은 타인이 정서적으로 경험한 것을 관찰하고 그와 비슷한 정서적 반응을 학습하는 것이다. 어떤 정서적 반응이 주변에 있는 다른 사람의 반응에 대한 관찰을 통해 조건 형성되고, 그런 반응이 나중에 점차 강화되는 경우가 많다(Shaffer, 2006).

3) 인지 발달적 관점

1950년대 후반기에 실험심리학과 아동 발달 분야에서 연구에 기반을 둔 진지한 변화가 일어났다. 기계적인 학습 이론에 반대하게 되면서 인지적 변인에 대한 관심이 증가하게 되었고, 유기체에 의해서 통제되는 **인지과정**의 중요성이 개념의 사용, 기억 및 주의 같은 영역에 대해 관심을 갖게 하였다. 이러한 영역들과 컴퓨터 시뮬레이션 및 언어심리학에서의 발견들이 인지심리학의 출현에 기여하였고, 유기체는 인지의 모든 단계에서 정보처리의 구성적 주체로 여겨지게 되었다. Piaget의 인지발달 이론이 널리 수용되면서 미국을 중심으로 사람의 지각, 언어 및 개념 행동의 발달에 대한 관심이 일어났고, 더불어 아동의 깊이 지각, 형태 지각과 지각 항상성의 발달에 대한 관심이 생기게 되었다(Gibson, 1979). Piaget는 학습을 발달을 설명하는 데 도움이 될 수 있는 과정으로 보기보다는 발달의 결과로 간주하였다. Piaget 이론 체계의 중심부에는 조직화와 적응의 개념이 있는데, 이는 생물학에서 도출된 것이다. Piaget는 반사 패턴에 미친 경험의 영향을 반영하는 심리적 구조의 중요성을 강조하였다. 그리고 고차적인 체계로 그 구조를 통합하는 경향을 지칭하기 위해 **조직화**라는 용어를 사용하였다. 조직화는 세상이 어떻게 작동하는지를 이해하기 위해 도식을 형성하고 이해하는 과정이며, **동화**와 **조절**로 구성된 적응은 유기체가 환경에 적응하고자 노력한다는 개념을 반영한 것이다. 이때 Piaget는 개인의 세상에 대한 이해와 경험 간의 인지적 균형 상태, 즉 **평형화**의 개념을 제시하였다. 평형화는 인간의 선천적 욕구이며, 따라서 인지적 불평형을 극복하고 평형을 찾으려는 시도가 발달의 주요 원동력이 된다고 주장하였다. 평형화 과정을 거치면서 발달하는 인지적 주체는 **도식**(schemes)이다. Piaget는 아동이 질적으로 서로 다른 일련의 과정, 즉 감각운동, 전조작, 구체적 조작, 형식적 조작의 네 단계를 거치면서 도식이 발달하며, 그 과정은 평형화라는 선천적 욕구에 따른 동화와 조절의 적응과정이라고 하였다. 동화는 새로운 경험이 기존의 도식에 통합되는 적응과정이며, 조절은 새로운 경험에 대한 반응으로 기존의 도식이 변경되고 새로운 도식이 만들어지는 적응과정이다.

이러한 Piaget의 입장에서 벗어나 지적인 적응이 문화권에서 사용하는 언어에 따라 다르며, 인지적 발달을 위해 문화권마다 갖는 도구가 사고에 영향을 미친다는 입장을 취하고 있는 것이 Vygotsky의 입장이다. 이러한 Vygotsky의 입장은 인지 발달을 사회문화적 관점에서 보고 있다. 인지발달 이론을 제시한 Piaget와 Vygotsky의 입장을 간략히 비교하자면, 아동에 대해 Piaget는 지식을 구성하고 세계를 이해하기 위해 자신의 인지 구조를 변화시키는 적극적 행위자로 간주한 반면, Vygotsky는 타인과의 협동적 대화에서 문화에 적합한 사고 수단을 습득하는 적극적 참여자로 간주하였다. 그러나 이들 접근이 가진 단점으로 인해 사람의 인지에 대한 새로운 시각이 필요하게 되었다. 이때 디지털 컴퓨터가 출현하게 되었으며 컴퓨터의 작동이 어떤 점에서 인간 마음의 작용과 비슷하다는 생각을 하게 되었다. 이것이 인지 발달을 설명하려는 최근 접근인 정보처리적 관점이다. 이 접근은 모든 인지 행위가 정보를 다루는 방식, 즉 처리과정에 해당한다고 여기며, 지각하고 기억하며 사고할 때마다 사람들이 정보를 획득하고 인출하며 변형시킨다고 본다. 따라서 어른이 아동과는 다르게 사고한다면, 그것은 아마도 정보처리를 다르게 수행한다는 사실 때문일 것이다. 즉, 정신적 성장은 부분적으로 보다 크고 우수한 청크(덩어리, 묶음)를 획득하는 것 그리고 사고와 기억을 위한 다양한 책략을 획득하는 것에 기대게 된다. 이러한 책략의 획득 여부는 **메타인지**(metacognition) 발달에 근거한다. 메타인지는 책략을 사용하는 것에 대한 책략, 즉 자신의 사고과정에 대해 들여다보는 것이다. 도로망을 기억하는 것이나 12개의 뇌신경 이름을 기억하는 것은 둘 다 똑같은 기억 과제이며, 따라서 이 정보들을 기억에 넣으려는 시도는 특정한 심적 활동, 예를 들면 되뇌기, 각운 및 의미적 집단화를 요구하게 된다. 모든 기억 과제에는 공통적인 것이 있으며, 따라서 서로 다른 과제에서도 유사한 책략을 사용하겠다는 것은 상위 인지과정의 한 예가 되는데, 이것이 바로 메타인지다. 인지가 발달할수록 지식을 획득하게 되는 인지적 조작에 대해 사고할 수 있으며, 자신이 아는 것과 모르는 것을 구분하고 모르는 것은 어떻게 알 수 있는지를 판단해 낼 수 있게 된다.

4) 동물행동학적 관점

동물행동학적 관점은 인간이 공통적으로 갖는 발달의 생물학적 뿌리를 탐색하는 이론이며, 인간이 자연선택을 통해 진화되어 온 적응적 특성을 가지고 태어난다고 본다. 고전적 동물행동학자들은 모든 동물은 생물학적으로 프로그램된 행동을 여러 개 가지고 태어나며, 이러한 행동들이 생존에 기여한다(적응적)고 보고 있다. 생물학적으로 프로그램된 특성은 자연도태의 과정으로 진화된다고 여긴다. 인간 동물행동학자들은 사람이 환경의 영향에 특히 민감한 **민감기**가 있고 이 시기에 특정 능력이나 행동이 잘 나타난다고 생각한다. 민감기는 특정 능력이나 행동이 발달하는 데 최적기를 의미한다. 민감기에 대한 이론은 Lorenz의 **각인 이론**에 기초한다. Lorenz는 환경 속의 특정 자극이 종 특유의 행동을 유발한다는 것을 청둥오리들의 각인 사례를 통해 밝혀냈다. 즉, 실험과정에서 Lorenz가 부화시킨 청둥오리 새끼들은 그를 어미 따르듯 따라다니는 행동을 보였으며, 이러한 그는 추종 행동을 각인(imprinting)이라 명명하였다. 각인이란 어떤 동물이 생후 초기의 특정한 시기 동안 어떤 대상에게 노출되어 그 대상에 애착하게 되는 것으로 새끼들의 추종 행동이 이에 해당된다. Lorenz는 각인 현상이 출생 후 일정 기간 내의 **결정적 시기**(critical period)에만 일어나며 각인된 행동은 나머지 생애 동안 지속된다는 것을 밝혀냈다. 만약 이 기간 동안에 각인이 되지 않으면 이후에는 그 행동을 습득할 수 없다고 보았다. 후에 인간의 발달에 동물행동학적 이론을 적용한 학자들은 이를 발전시켜 모든 행동에는 행동학습의 최적기가 있다고 주장하게 되었다. 이 시기에 사람은 이러한 속성들을 길러 주는 환경의 영향에 특히 민감하게 된다. 동물행동학자들은 인간이 생래적으로 생물학적 존재이며, 종 특유의 행동이 실제로는 환경 내의 특정 유발자극에 대한 반응이며, 선천적인 특성들이 학습 경험의 종류에 영향을 준다고 강조한다. 현대 진화론자들은 개체의 행동과 발달의 진화의 방향은 개별 유전자의 생존과 확산을 보장하는 쪽으로 이루어진다고 주장한다. 한 예로, 인간은 다른 동물에 비해 생후 초기 단계에 장기간의 미숙함이 있는데, 생존하기 위해서는 더 많은 지혜를 사용해야 하므로 뇌가 진화하고 도구를 사용한다는 것이다. 동물학적 접근은 일상생활 환경 속에서 나타나는 인간의 행동을 있는 그대로 관찰하여 이해하고자 하는 자연관찰 방법의 중요성을 각성시켜 주는 계기가 되었다(Shaffer, 2006).

5) 생태학적 관점

생태학적 접근은 인간의 발달을 개인이 몸담고 있는 실제 삶의 맥락 내에서 이해하고 연구하고자 하는 접근이다. Bronfenbrenner는 발달을 항상 변화하고 있는 환경 간의 상호작용의 산물로 보았다. 그는 자연환경이 실제로 상호작용 맥락이나 체계를 구성한다고 제안한다. Bronfenbrenner의 생태학적 모델은 생활환경을 미시체계, 중간체계, 외체계, 거시체계, 시간체계의 다섯 가지 체계로 나누었다. 이들 체계는 사람을 둘러싼 직접적 환경으로부터 보다 광범위한 제도, 법 그리고 문화적 환경까지를 모두 포함한다. 이를 통해 그는 개인과 환경 간의 상호작용뿐만 아니라 환경체계 간의 상호작용을 강조하고 있다.

미시체계(microsystem)는 발달하는 개인이 독특한 물리적 · 물질적인 특성을 가진 환경 내에서 경험하는 활동, 역할 및 대인관계의 유형이다. 예를 들면, 아동과 직접적인 관계를 갖는 환경으로 부모, 친구, 교사, 가족의 정서적 분위기, 가족 구조, 부적절한 부모 역할(아동의 발달 욕구에 무지하거나 아동을 학대하거나 방치, 권위주의적 · 강압적 양육 태도) 등이 아이들에게 영향을 미친다. **중간체계**(mesosystem)는 발달하는 개인이 적극적으로 참여하는 둘 이상의 환경 간의 상호관계(interaction)로 이루어진다. 그 예로는 아동의 경우는 가정, 학교와 이웃, 또래 집단 사이의 관계이며, 성인의 경우는 가족, 직장, 사회생활 사이의 관계를 들 수 있다. **외체계**(exosystem)는 발달하는 개인이 적극적인 참여자로 관여하지는 않으나 그 개인이 속한 환경에서 일어나는 일에 영향을 주거나 영향을 받는 사건이 발생하는 하나 또는 그 이상의 환경을 의미한다. 이러한 것들은 직접적인 영향을 받는 양육자에 의해서 그 영향이 전달되어 아동에게 간접적인 영향을 미칠 수 있다. 예를 들면, 부모의 일과 관련된 스트레스가 가정에서 부모와 자녀의 상호작용에 영향을 미칠 수 있다. 요소는 무척 다양하며 부모의 친구, 이웃, 고용주, 오락시설, 지원 체계 등이 될 수 있다. **거시체계**(macrosystem)는 기본적인 신념 체계가 이념과 함께 하위 체계들의 형태와 내용에서 나타나는 일관성으로서, 하위 문화 수준이나 문화 전반의 수준에 존재하거나 존재할 수 있다. 예를 들면, 아동에게서 가장 먼 사회적 맥락으로 사회의 태도, 관습, 법 등을 들 수 있다. 아동에게 장애를 일으킬 수 있는 요소로는 문화적 · 사회적 재앙, 정치적 격변, 만성적 가난, 가족 구조의 변화를 들 수 있다. **시간체계**(chronosystem)는 시간의 흐름에 따라 전 생애에 걸쳐 일어나는 변화와 사회역사적인 환경을 포함한다. 이 체계는 아동이 성장함에 따라 겪게 되는 외적인 사건(부모의 죽음)이나 내적인 사건(심리적 변화)이 구성 요소가 된다. 예를 들어, 부모의 이혼 등은 아동에게 부정적인 영향을 미칠 수 있다. Bronfenbrenner에 따르면, 발달에서 가장 중요한 상호작용 대상자는 아동의 경우 부모가 된다. 그런데 이 관계에서 한 사람이 발달과정에 있다면 다른 사람도 발달과정에 있음이 나타난다. 그의 이러한 관점은 그가 발달을 전 생애적 발달(lifespan development)의 개념으로 파악하고 있음을 보여 준다. 생태학적 관점은 생태적인 생활환경을 보다 체계적으로 구조화하고 이들 환경 체계와 개인 간의 관계를 이해하는 관점을 제공해 준다(Shaffer, 2006).

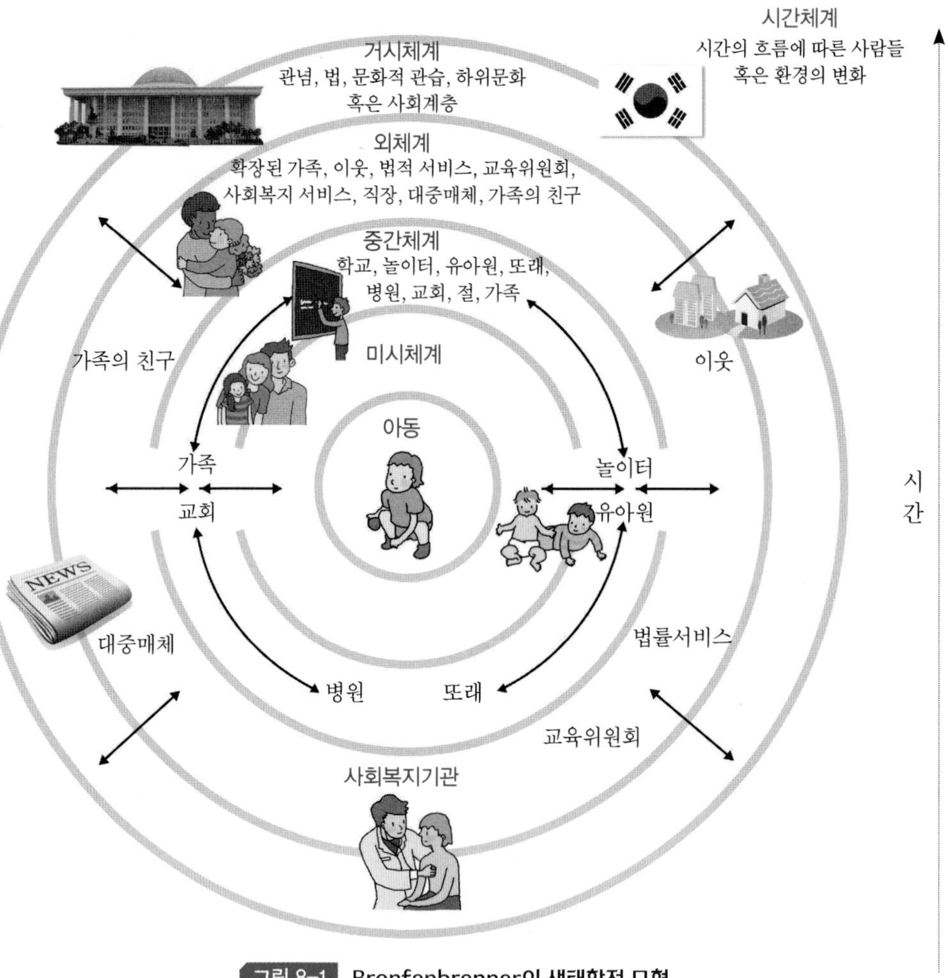

그림 8-1 Bronfenbrenner의 생태학적 모형

3. 발달 내용

발달심리학의 목표를 간단히 요약하면 발달을 기술하고 설명하며 최적화하는 것이라고 볼 수 있다. 인간 발달을 기술하는 목표를 수행하는 데 있어 시간의 흐름에 따른 인간의 변화를 파악하려면 서로 다른 연령대의 인간 행동을 주의 깊게 관찰해야 한다. 비록 모든 사람이 전형적인 발달의 궤적을 밟게 되더라도 거기에는 개인차가 존재한다. 동일한 환경에서 양육된 형제자매 간에도 개인적 관심, 가치, 능력, 행동 등에서 서로 차이를 보이기 마련이다. 따라서 인간의 발달을 포괄하기 위해서는

발달적 변화의 전형성과 개인차 모두에 초점을 두어야 한다. 발달심리학은 궁극적으로는 관찰된 것들이 어떻게 변화해 가는지를 살펴봄으로써 왜 인간이 전형적인 과정을 따라 발달하고 왜 어떤 사람들은 다른 사람들과 다른지를 밝히고자 한다. 이를 위해서 발달에 대한 정보는 단계별 특징들에 대한 사실을 포함한다. 여기에서는 발달의 주요 관심 대상별로 그 내용을 살펴보도록 하겠다.

1) 태내 및 신체 발달

우리가 목격하는 신장과 체중의 성장은 근육과 뼈 그리고 중추신경계에서의 많은 중요한 내적 발달과 함께 이루어진다. 내적 발달은 아동이 다른 연령에서 요구되는 수행을 준비하게 한다. 신체적 성장의 외적 측면은 이면의 내적 변화의 토대가 되며 둘 사이에는 밀접한 관계가 있다.

(1) 성장과 성숙

신체는 영아기와 청소년기 동안 계속해서 변화한다. 신장과 체중은 생후 2년 사이에 급격히 증가한다. 이후 점진적인 과정을 밟다가 청소년기 초기에 이르러 **성장 급등**(growth spurt)이 다시 이루어진다. 여러 신체 부분은 형태가 다르고 성장 비율 또한 다르다. 신체 발달은 위쪽과 중심 부분의 구조가 아래쪽과 바깥쪽 부분의 구조보다 먼저 **성숙**한다는 두미 발달 및 근원(proximodistal) 발달의 원칙을 따른다. 골격과 근육 발달은 신장과 체중에서의 변화와 병행하게 되며, 10대까지 성장하다가 10대 후반에 완료된다. 골연령은 신체 성숙을 가늠하는 좋은 기준이 된다. 근육은 특히 청소년 초기 성장 급등기에 더 단단하고 커진다. 뇌, 생식기계 그리고 림프 조직 역시 서로 다른 비율로 성장하며, 이에 따라 개인차가 발생할 뿐 아니라 성장의 개인 외적 배경이 되는 문화적 차이 또한 영향을 받는다.

(2) 뇌 발달

심리학적으로 갖고 있는 모든 잠정적인 사고가 결국은 기질적인 문제에 기초를 두고 있음이 언젠가는 밝혀질 것으로 예상해야만 한다고 얘기한 Freud의 언급은 인간의 의식적 · 무의식적 행동이 뇌의 신경구조에 의해 조직화되고 저장된다는 점과 이어진 것이다. 정신적 삶과 물리적 세계의 통합은 결국 우리 신체(몸)에서 이루어지며 그 핵심은 뇌가 된다.

뇌 역시 급격한 성장 시점이 있다. 태내기의 마지막 3개월과 생후 2년 시기가 그에 해당한다. 신경세포는 다른 신경세포들과 함께 신경자극전달부, 즉 시냅스를 구성한다. 신경교는 신경세포에 영양분을 공급하고 신경전달물질인 수초로 신경세포의 축색들을 둘러싸기 위해 만들어진다. 수초는 신경 충격 전달 속도를 높여 주는 밀랍 같은 물질이다. 신경세포와 시냅스는 필요한 것보다 많이 만들어지며, 추후에 사용되는 것만이 유지되고 나머지는 가지치기를 당하게 된다. 상대적으로 덜 자극받는 신경세포들은 종종 죽거나 시냅스를 소실하며 뇌의 손상된 부분을 보충하기 위해 남겨진다. 사춘기가 되기 전까지 뇌는 많은 가소성을 보인다. 가소성 때문에 뇌가 경험에 대한 반응을 변화시킬 수 있으면 많은 손상으로부터 회복될 수 있다. 최상부 뇌중추인 대뇌는 뇌량으로 좌반구와 우반구가 연결되어 있다. 각각의 뇌반구들은 대뇌피질로 덮여 있다. 뇌는 출생 시 **편재화**되어서 뇌 기능이 분화된다.

Paul McLean(1990)은 인간의 뇌 구조를 3개로 구분하여 제시하였다. 즉, 파충류 뇌(reptilian complex), 포유류 뇌(paleomammalian complex) 그리고 인간 뇌(neomammalian complex)가 그에 해당한다. 파충류의 뇌는 뇌간 부위로 생존을 담당하며, 포유류의 뇌는 변연계 부위로 학습, 기억, 감정의 중심이다. 그리고 인간의 뇌는 신피질 부위로 의식적 사고, 문제해결, 자기인식을 담당한다. 이들 간의 관계에 대한 몇 가지 명제가 있다. 우선, 세 가지 뇌가 반드시 의사소통이나 협력을 잘하지는 않는다. 그리고 서로 각기 다른 '사고방식'을 가지고 있으며, 이 가운데 인간의 뇌만이 의식과 언어적 의사소통을 한다는 점이다. 뇌의 관점에서 발달은 서로 다르지만 가까이 위치한 뇌들 사이의 통합과 조화의 결과로 볼 수 있다.

(3) 운동 발달

운동 발달도 성장과 성숙의 원칙을 따르기 때문에 두미 발달 및 근원 발달 과정을 따른다. 그 결과, 운동 기술은 정해진 순서로 발달한다. 영아들은 머리와 목, 팔의 윗부분을 먼저 통제하다가 점차 다리, 발, 손을 능숙하게 사용하게 된다. 단, 이러한 발달은 적절한 연습 기회를 거칠 때 가능해진다. **역동적 체계이론**(dynamical systems theory)에서는 각각의 새로운 운동 기술을 영아들이 중요한 목적을 달성하기 위해 여러 개의 기존 능력을 재구조화한 것으로 설명한다. 청소년기 성장 급등기에 접어들면서 남아와 여아 간의 신체 및 운동 기능 발달에 차이가 발생한다. 여아는 키가 커지면서 몸무게가 남아에 비해 더 무거워지며 어른스러운 외모를 갖게 된다. 성적 성숙은 청소년기의 성장 급등과 함께 시작된다. 현대로 와서는 향상된 영양과 건강관리 때문에 과거보다 더 일찍 성적 성숙에 도달하고 있다.

(4) 신체 발달의 원인과 관련 요인

신체 발달은 생물학적 힘과 환경적 힘 사이의 상호작용에 의해 이루어진다. 생물학적 측면에서 볼 때, 신체 발달은 유전에 영향을 받는다. 개인의 유전형은 신장, 형태 그리고 성장 속도에 영향을 준다. 성장은 또한 뇌하수체에 의해 조절되는 내분비선이 방출하는 호르몬의 영향을 크게 받는다. 성장 호르몬과 티록신은 아동기 동안 성장을 조절한다. 청소년기에 다른 내분비선들이 호르몬을 배출시키는데, 가장 잘 알려진 에스트로겐은 난소에서 배출되며 소녀의 성적 발달을 촉진시킨다. 고환에서 배출되는 테스토스테론은 소년의 성적 발달을 촉진시킨다. 신체 발달을 위해서는 적절한 영양 공급이 필수적이다. 총 칼로리, 단백질, 비타민과 무기질 등의 영양소는 아이들의 성장 잠재성을 구현하는 데 필수적이다. 영양 부족은 성장 지체 질병을 유발할 수 있으며, 영양 과다 섭취는 비만이나 이로 인한 신체·심리적 결과를 유발할 수 있다. 신체 발달에 영향을 주는 또 다른 요소에는 질병이나 양육환경이 있다. 만성 감염질환은 나쁜 영양 상태와 결합해서 신체적 및 지적 성장을 저해할 수 있다. 비기질적 성장 실패와 박탈 왜소증은 애정과 민감하고 반응적인 보살핌이 정상적 성장에 필요하다는 것을 보여 준다.

2) 언어 및 인지 발달

언어와 인지 발달은 감각·지각·학습의 발달과정을 전제로 한다. 이것을 서로 관련지어 살펴보는 이유는 이러한 과정이 인간 기능의 핵심이기 때문이다. 실제로 우리는 일상생활에서 입력된 감각 정보와 그에 대한 해석 그리고 반응에 의존하며 살아간다. 따라서 감각·지각·학습 능력에 대한 이해를 거쳐 우리는 언어 및 인지 발달과정을 이해할 수 있게 된다.

(1) 초기 인지 형성의 기초

감각은 감각 자극의 단순한 알아차림인 반면, 지각은 감지한 대상에 대한 해석이다. 발달학자들은 감각 능력이 타고나는 것인지 혹은 학습된 것인지, 그리고 지각이 입력된 감각 정보의 세부 특징을 파악하는 것인지(**분화 이론**) 또는 감각의 인지적 확장인지(**정교화 이론**)에 대해 논쟁해 왔다. 현재는 감각 정보의 탐지와 확장이 상호작용하여 지각 발달에 기여한다고 보고 있다. 영아는 시각, 청각을 포함한 통합적 감각 능력이 있으며 이들 능력이 상당히 민감한 것으로 알려지고 있다. 시각적으로는 신생아들도 색과 명암의 차이를 구분하며 생후 6개월 이후 급격한 시각력을 획득하게 된다. 청각의 경우 소리의 크기, 방향, 지속 시간, 빈도에 따른 차이를 구별할 수 있다. 따라서 엄마의 목소리를 구별하여 보다 선호하며 자신이 듣는 음운 간 대비에 상당히 민감하다. 미각의 경우는 선호 미각이 있어서 신맛, 쓴맛 그리고 짠맛에 비해 단맛을 좋아한다. 후각의 경우 불쾌한 냄새를 피하며, 모유를 먹은 영아의 경우 냄새만으로 모유를 구분하고 엄마를 찾을 수 있다. 이 밖에도 촉각 · 온도 · 통각에도 상당히 민감한 것으로 밝혀졌다. 신생아는 크기 항상성을 지닌 듯하지만 입체시가 결여되어 있고 깊이에 대한 그림 단서에도 다소 둔감하다. 생후 1개월이 되면 운동 단서에 민감해지며 접근해 오는 물체에도 반응한다. 영아기가 조금 지나면 높이에 대한 두려움을 지니게 되며 크기 항상성 및 공간관계에 대해 보다 정확한 판단을 내릴 수 있게 된다. 발달 초기의 이와 같은 인지 능력의 기초는 문화에 영향을 받는다. 즉, 사회문화적으로 그다지 중요하지 않은 감각 입력을 관찰하고 탐지하는 능력은 점차 상실될 수 있다.

(2) 인지 발달

인지 발달은 인간이 지식을 사용하는 정신과정인 인지와 그 발달과정을 다룬다. 앞서 발달에 대한 인지 이론적 관점을 다루면서 인지발달에 대한 Piaget의 이론과 정보처리 관점을 기술하였다. 여기서는 Piaget의 인지발달 이론을 조금 더 구체적으로 기술하고, 더불어 Vygotsky의 사회문화적 접근을 간략히 소개하기로 한다.

Piaget는 인지적 성장이 불변하는 순서를 따라 진행된다고 보았다. 그리고 지적 수행 능력으로부터 기본적인 능력들을 추론하려고 하였다. 그 일련의 단계는 감각운동기, 전조작기, 구체적 조작기 그리고 형식적 조작기다. 첫째, **감각운동기**는 생후부터 2세 전까지의 신생아 단계다. 이 시기에는 기본적인 반사 활동부터 시작하여 물체와 사건에 직접 반응함으로써 대상을 파악하게 되고, 1 · 2 · 3차 순환 반응을 순서대로 구성하게 된다. Piaget가 제시한 감각운동 단계의 일반적인 순서가 지금까지 확인되어 왔으나, 최근 연구에서는 지연모방, 즉 현재 옆에 없는 사람의 행동을 모방하는 능력이나 대상영속성과 같은 기본적인 능력들이 더 이른 시기에 습득된다는 사실이 입증되었다. 둘째, **전조작기**는 2세부터 7세 이전까지의 시기로, 상징적 기능에 의존하고 표상적 통찰을 할 수 있게 됨으로써 상징적 추론이 증가하는 시기다. 이 시기의 아동은 이중표상 능력을 습득함으로써 상징이 더욱 정교화된다. Piaget는 이 시기의 아동이 물활론적이고 자기중심적이며 상황의 한 측면만을 고려하게 되는 중심화의 특징을 갖고 있다고 보았다. 그러나 최근 연구 결과에서는 이 시기의 아동이 제시 자극의 단순성에 따라 더 논리적이고 상대적으로 덜 자기중심적으로 사고한다는 사실을 발견하였다. 즉, 이 시기의 아동들도 논리적 추론 능력을 초기부터 보유하고 있다는 것이다. Piaget는 이에 대해서 간과하고 있다. 셋째, **구체적 조작기**는 7세에서 12세 이전까지의 시기로, 탈중심화와 가역성 같은 인지적 조작을 습득함으로써 유형 물체, 사건 및 경험에 대해 논리적이고 체계적으로 사고할 수 있게 되는 시기다. 조작적 사고가 가능해지면서 보존과 서열을 가늠할 수 있게 되고 이행 개념도 습득하게 된다. 그러나 이 시기의 아동은 실제 만질 수 있는 물체에 대해서만 논리적으로 사고할 수 있으며 추상적 추론은 어렵다고 보았다. 넷째, **형식적 조작기**는 12세 이후 시기를 포괄한다. 형식적 조작기의 아동은 이성적이고 추상적으로 추론하며 가설 연역적 사고를 하게 된다. 다만 이러한 추론을 발달시킬 수 있는 교육 경험이 필요하며, 이 시기의 아동들 간에 사고 수행 능력은 일관성이 크지 않고 적용 분야에 따라 개인 내 차이도 보이게 된다.

이상의 Piaget 관점과는 달리 Vygotsky는 지적 발달에 끼치는 사회문화적 영향을 강조하였다. 아동의 환경과 상호작용하는 네 가지 상호 연관된 시각, 즉 개체발생학, 미시발생학, 계통발생학 그리고 사회역사학적 관점으로 발달을 평가할 것을 주장하였다. 각 문화는 신념, 가치 및 그 문화에서 우세한 사고방식이나 문제해결 방식을 차후 세대에 전수한다. 따라서 문화는 아동에게 무엇을 생각할 것인가와 어떻게 행동할 것인가를 가르친다고 보았다. 이 과정에서 Vygotsky는 **근접발달영역**과 **발판**이라는 개념을 제시하였다. **근접발달영역**(Zone of Proximal Development: ZPD)은 학습자가 혼자 성취하기에는 어렵지만 능숙한 사람의 도움을 통해 성취해 낼 수 있는 영역을 뜻한다. 이 영역에서 조력자가 어떤 도움이 학습자에게 적절할지를 신중하게 결정하여 제공하는 것이 발판이 된다. 학습은 보다 능숙한 조력자가 적절한 발판을 제공할 때 최적화된다. Vygotsky는 아동이 새로운 지식을 구성하는 과정에서 자기중심적 언어, 즉 자기말을 사용하게 된다고 보았으며, Piaget와는 달리 이것이 일종의 자기조절 행위이고 언어적인 사고로 내재화되는 인지적 자기안내 체계를 만드는 과정이라고 여겼다.

3) 지능 발달

인간의 인지적 잠재력의 범위는 방대하다. 앞선 인지 발달의 내용은 인지 발달의 공통성에 초점을 두고 있다. Piaget는 사고가 구조화되거나 조직화되는 보편적 단계를 제시하고 있으며, 정보처리 역시 학습, 기억, 문제해결에 사람들이 사용하는 기본적인 인지과정을 제시하고 있다. 그러나 인지적 영역에서는 개인차를 드러내는 부분 역시 존재하며 이러한 부분을 밝히려는 노력으로 인해 심리측정적 접근이 이루어졌다. 인지적 능력에 대한 심리측정적 접근의 주요 대상은 바로 지능이다. 지능은 개인의 학습 능력과 수행 능력 그리고 직업적 성공과 관련이 있는 것으로 밝혀졌다.

(1) 지능의 개념

지능은 보다 효과적으로 생각하고 문제를 해결할 수 있는 특질로 정의된다. 최초로 성공적인 지능검사를 개발한 Binet는 지능을 **일반적 정신 능력**으로 보았다. 이후 요인분석을 이용한 연구자들은 지능이 복합적인 특질이라고 보았다. Spearman은 지능이 일반적 정신 능력과 각각 특수검사가 필요한 **특수 능력**으로 구성된다고 보았다. Thurstone은 지능이 7개의 일차적 정신 능력으로 구성된다고 보았다. Cattell과 Horn은 지능이 타고난 **유동성 지능**과 학습을 통해 형성되는 **결정성 지능**으로 구성된다고 보았다. 지능에 대한 점차 확대된 관점 가운데, Sternberg는 지능이 지적 행위가 발휘되는 **맥락**, 검사 항목에 대한 **경험**, 사고 또는 문제해결 시 사람들이 의존하는 **정보처리 책략**을 포괄해야 한다는 삼원지능이론을 제시하였다. 반면, Gardner는 다중지능 이론을 제시하였다. 창의성과 특수 재능 연구에 영향을 주고 있는 이 이론은 인간이 서로 다른 종류의 지능을 가지고 있으며 그 가운데 일부는 전통적인 지능검사에서 측정되지 못하고 있다는 점을 지적하였다. 이들 이론과는 달리 Guilford는 지능의 구조 모델을 통해 지능이 180개의 정신 능력으로 구성된다고 하였는데, 이 이론은 지능보다는 창의성을 이해하는 데 적합한 이론으로 간주된다.

(2) 지능의 측정

오늘날 지능 측정 도구는 수백 개에 이른다. 그 가운데 가장 널리 활용되는 검사는 스탠퍼드-비네 지능검사와 웩슬러 지능검사다. 두 검사 모두 피검자의 수행을 또래 규준과 비교하고, 평균 100점을 중심으로 좌우 정상으로 분포되고 있는 지능지수를 산출한다. 지능검사에 대한 새로운 접근 중에는 정보처리 이론에 근거한 카우프만 지능검사(K-ABC)와 Vygotsky 이론과 Sternberg의 삼원지능이론을 반영하는 역동적 평가가 있다. 역동적 평가는 검사자가 학습에 도움이 되는 지시를 줄 때 피검자들이 새로운 자료를 얼마나 잘 학습하는가를 평가하는 지능 측정 방식이다. 연령에 따라 지능 측정이 곤란한 경우도 있다. 예를 들어, 영아의 경우는 자기보고식 측정이 곤란하다. 따라서 영아 대상의 지능검사는 주변 사람들을 통해 아동의 지각적 능력과 운동 기술을 측정하여 발달지수를 산출하게 된다. 그러나 이러한 방식의 지능검사는 아동기 지능지수를 잘 예언하지 못한다.

(3) 지능 발달의 원인과 관련 요인

지능의 발달에는 매우 복합적인 요소가 관여하며, 지적 수행에는 유전과 환경이 모두 영향을 끼친다. 쌍생아와 입양아 연구에서는 유전적인 요인이 지능지수에서 보이는 개인차의 절반 정도를 설명하는 것으로 나타났다. 그러나 **플린 효과**(Flynn effect), 즉 20세기 동안 관찰된 지능지수의 체계적인 증가에서 볼 수 있듯이 지능의 증가는 유전적인 소인보다는 환경적인 원인이 주가 되는 것으로 여겨졌다. 따라서 박탈적인 지적 환경은 인지적 성장을 억제할 수 있으며, 반면 풍요로운 환경은 그것을 촉진한다고 여겨지고 있다. 지적 능력의 문화적 차이나 이에 대한 유전학적 가설, 즉 민족이나 인종 간 집단 차이가 유전적으로 기인한다는 것에 대해서는 결정적인 증거가 없다. 현재로서는 지적 능력의 집단 간 차이를 가장 잘 설명하는 것은 환경적 가설이다. 즉, 환경적 지원에 따라 지적 성장이 보다 크게 영향을 받는다는 것이다.

4) 정서 및 사회성 발달

사람은 정서적 존재다. 태어나면서부터 우리는 흥미, 고통, 혐오, 만족감을 보이며, 분노, 슬픔, 놀람, 공포와 같은 일차 정서가 나타난다. 영아들이 자기인식을 해내는 인지적 단계에 도달하여 자신의 행동을 평가하는 기준을 획득하게 되면 당황, 자부심, 죄책감, 수치심 같은 이차 정서를 생후 2~3년부터 경험하게 된다. 자기 정서의 인식과 조절력은 타인의 정서를 인식하고 해석하는 능력과 이어져 있으며, 이를 통해 사회적 참조가 가능해지고 사회성을 획득하는 데 기여하게 된다. 여기에서는 사회적 발달에 기초가 되는 정서 발달과 자기인식 및 사회성 발달에 대해 살펴보겠다.

(1) 정서 발달

정서 발달의 초기에 부각되는 주제는 애착이다. 생후 1년 동안 영아는 주요한 타자와의 애정적 결속을 형성하게 되는데 이것을 애착이라고 부른다. **애착의 형성**은 아동의 기질, 즉 활동 수준, 자극 민감성, 사교성, 행동적 억제력 등이 종합된 특질과 부모 양육 간의 조화에 영향을 받게 된다. 영아와 주 애착 대상인 부모는 정상적인 관계인 경우 호혜적이다. 즉, 부모는 영아의 사회적 신호에 맞춰 민감하게 반응해 주며 신체적 접촉과 생리적 필요를 충족해 주는 활동을 한다. 이런 정교한 상호작용은 영아와 부모 모두에게 유쾌하며 안정적으로 강한 정서적 유대를 맺게 해 준다. Ainsworth는 낯선 상황 실험을 통해 영아가 형성하는 애착의 유형을 안전 애착, 저항 애착, 회피 애착 그리고 해체/혼란 애착의 네 가지로 구분하였다. 형성된 애착은 아동기의 지적 호기심과 사회적 능력을 예측할 수 있게 하는데, 애착을 통해 형성된 내적 작동 모델이 미래에 만나게 될 사람과 도전에 대한 일관된 대응을 결정하게 된다는 점 때문이다(Ainsworth, Bleher, Waters, & Wall, 1978).

(2) 자기개념 발달

자기는 사회적 상호작용으로부터 유래하고 우리에 대한 타인들의 반응을 반영한다. 사회 인지의 발달은 자기와 다른 사람들에 대한 아동의 이해가 나이가 들면서 변화해 가는 과정이다. 영아들은 자기개념이 생후 2~6개월 사이에 생겨나는데, 이것은 개인적 작용감에 대해서 알게 되고 거울 앞에서의 경험을 통해 자기와 타인의 얼굴을 변별하게 됨으로써 가능해진다고 보았다. 생후 2년이 되면서 아동들은 자기인식을 보이며, 이것은 인지 발달과 또래와의 사회적 경험에서 기인한다. 3~5세 아동의 자기묘사는 자신의 신체적 특징, 소유물, 수행 가능한 활동에 전형적으로 초점을 맞추고 있으며 상당히 구체적이다. 마음 이론에서는 3~4세 아동들이 타인의 기대를 이해하고 관점을 취할 수 있게 되며 점차 **사적 자기**와 **공적 자기**를 구분하고 타인의 행동에 관한 의미 있는 심리적 추론을 잘하게 된다는 점을 설명하고 있다.

(3) 자존감 및 사회성 발달

자기가치감에 대한 평가인 **자존감**은 양육자와의 상호작용을 통해 아동이 자기에 대한 긍정적 혹은 부정적 작동 모델을 형성하면서 만들어지기 시작한다. 8세가 되면 아동들은 자신에 대한 타인들의 행동적 · 사회적 능력 평가를 정확히 반영하여 자기평가를 할 수 있게 된다. 청소년기에 들어서면, 관계적 자기가치감, 낭만적 호소력, 우정관계의 질 등이 전반적인 자존감 형성에 영향을 끼친다. 자존감은 시간의 흐름에 따라서 상당히 안정적이며, 청소년기에 들어서면 여아에 비해 남아의 자존감이 상대적으로 더 증가한다. 따뜻하고 민감한 민주적 양육 방식은 자존감을 잘 발달시키도록 도우며, 학령기의 또래 간 비교는 자존감 형성에 나쁜 영향을 끼친다. 청소년의 자기가치감에 가장 영향을 주는 요소는 친밀한 이성 및 동성 간 또래 관계의 질이다. 자기가치감과 더불어 청소년기의 도전적인 과제는 정체성 과제를 해결하는 것이다. 안정적인 **정체감 형성**은 청소년기에 책임감을 갖고 삶을 살도록 하는 것에 영향을 끼친다. 정체성은 **정체성 혼미**와 **정체성 폐쇄**를 거쳐서 **정체성 유예**와 궁극적으로 **정체성 성취**로 진전한다. 정체성 형성은 성인기로 가는 불규칙한 과정이다.

사회성 발달에서는 인지 발달, 특히 역할 맡기 기술이 생겨나면서 사회 인지적 능력이 성장하게 된다. 타인을 알기 위해서는 타인의 관점을 취하여 그들의 생각, 감정, 동기, 의도를 가정하고 이해할 수 있어야 한다. 무엇보다도 **사회적 상호작용**, 특히 친구나 또래와의 대등한 접촉은 사회 인지 발달에 결정적으로 기여한다.

5) 성차와 성역할

아기가 생겼을 때 사람들이 가장 처음 관심을 갖게 되는 정보는 태아의 성이다. 태아의 발생과 함께 신속하고 직접적으로 명명되는 성의 문제는 생물학적일 뿐만 아니라 사회문화적이고 개인의 발달에서 크고 작은 관련성을 지니게 된다. 예를 들어, 성 유형화는 아동들이 사회가 해당 성에 속하는 구성원들에게 적합하다고 여기는 동기, 가치, 행동뿐 아니라 성 정체성을 습득하는 과정이 된다.

(1) 성 유형화

아동이 2~3세가 되면 스스로 남아나 여아로 확고하게 명명하게 되는데 이때가 성 정체성 발달의 첫 단계다. 5~7세가 되면 아동은 자신의 성이 변하지 않는 속성이라는 것을 알게 된다. 아동은 성 정체성을 나타내는 시점에서 **성역할 고정관념**을 학습하기 시작한다. 이러한 고정관념은 초기에는 의무처럼 여겨지다가 아동 중기에 유연해지고, 이후 청소년기에 성에 대한 의식이 강화되면서 다소 경직된다. 아동기에 남아는 여아보다 더 강한 성 유형화 압력에 직면하는 것으로 보이며, 더 빨리 성 유형화된 장난감과 활동을 선호하게 된다.

(2) 성역할 발달

생물사회학적으로는 성 유형화와 성역할 발달의 생물학적 측면을 강조한다. 여성 호르몬인 안드로겐 수준이 놀이 양식의 성차에 기여하고 남성 호르몬인 테스토스테론은 많이 분비될 경우 공격성 차이를 만들어 낼 수 있다고 보았다. 정신분석적으로는 남근기 동안 오이디푸스 콤플렉스를 해결하기 위해 동성 부모와 동일시함으로써 성 유형화된다고 보았다. 그러나 일련의 연구는 Freud 이론을 지지하지 않고 있다. 행동주의 이론에서는 직접지도와 차별강화를 통해 아동들이 성 유형화된 장난감을 선호하게 된다고 보았다. 인지 이론에서는 선택적으로 **동성 모델**에 주목하고 성 유형화되는 성 일관성에 도달하기 전에 아동들이 기본적인 성 정체성과 성 안전성을 경험한다고 보았다. 그러나 **성 일관성**이 **성 유형화 강도**를 예측하지 못한다는 점에서 이러한 입장은 지지되지 않고 있다. 성 도식 이론은 성과 관련된 정보를 처리하고 스스로를 성역할로 사회화하는 각본이 된다. 이 이론은 기본적 성 정체성을 형성한 아동은 자신의 성 도식을 구성한다고 본다. 즉, 성 도식과 일치하는 정보는 수집되어 기억되고 그렇지 않은 정보는 무시 또는 왜곡된다는 것이며, 따라서 실제로 근거가 없는 성 고정관념들이 영속화되는 경우를 설명하고 있다.

심리적 속성인 남성성과 여성성은 일반적으로 **단일 차원의 양극**으로 여겨졌다. 그러나 성역할에 대한 새로운 시각은 이 둘이 서로 분리된 차원이며 두 특성을 다 지니고 있는 양성적인 사람이 사회적으로 인기 있고 더 적응적이라는 점을 강조하고 있다. 즉, 전통적으로 성 유형화된 경우에 비해 환경적 요구에 더 적응적이라는 것이다. 이러한 발견은 성이 생식을 위한 구분을 벗어날 경우 동성 활동과 이성 활동

표 8-3 성 유형화 통합 이론

발달 시기	사건과 결과	관련 이론
태내기	태아는 남성이나 여성 생식기가 발달하고, 아기가 태어나면 그것에 반응함	생물사회적/ 심리생물학적
출생~3세	부모와 다른 동반자들은 아동을 남아나 여아로 명명하고 빈번하게 아동에게 성을 상기시키며, 성에 일치하는 행동은 격려하고, 이성의 활동은 포기하게 함. 이러한 사회적 경험, 신경발달 및 기본적인 분류 기술의 발달 결과로서, 어린 아동은 몇 가지 성 유형화된 행동 선호와 자신이 여아인지, 남아인지에 대한 지식을 획득함	사회학습 (차별강화) 심리생물사회적
3~6세	아동들이 기본적 성 정체성을 획득하면 성차에 대한 정보를 찾고, 성 도식을 형성하고, 내재적으로 자신의 성에 '적절한' 것으로 여겨지는 행위를 수행하려는 동기를 가짐. 성 도식을 획득하면 아동은 남성과 여성 모델 모두에게 주목함. 성 도식이 잘 형성되면 아동은 모델의 성과 상관없이 자신의 성에 적절하다고 생각되는 행동을 모방함	성 도식
7세~사춘기	아동은 성 일관성을 획득함. 아동은 남성 혹은 여성으로서의 자기범주화와 일치하는 매너리즘과 속성들을 획득하기 위해 도식에 전적으로 덜 의존하기 시작하고 동성 모델의 행동을 보기 시작함	인지 발달
사춘기 이후	새로운 사회적 기대(성 강화)와 일치하여, 청소년기의 생물학적 격변은 10대들에게 성인으로서의 성 정체성을 형성하는 자기개념을 재검토하게 함	생물사회적/ 심리생물사회적 사회학습 성 도식 인지 발달

모두 격려되어야 바람직하다는 점을 함의한다. 〈표 8-3〉에서는 **성 유형화**에 대한 통합 이론을 소개하고 있다. 발달 시기별로 해당 단계를 잘 설명해 내기 위해서는 여러 관점을 통합적으로 가져야 한다(Shaffer, 2006).

6) 도덕성 발달

사회성 발달의 세 측면, 즉 **공격성**의 출현과 통제, **이타성** 그리고 내면화된 **도덕성**은 아동의 도덕적 성격에 대해 판단할 때 고려된다. 도덕성은 옳고 그름에 대한 인식을 의미하며, 도덕성 발달은 사람이 사회화된다고 할 때 궁극적 목표가 되는 개인적 가치나 윤리적 원리를 습득하는 일련의 과정을 의미한다. 도덕성에 대한 정의가 자명한 듯한 인상을 주지만, 한 개인이 어떤 규칙도 존중하지 않는 듯한 방종한 존재에서 자신과 타인의 행동을 평가할 윤리적 원칙을 내면화한 도덕적 존재로 발달하는 과정은 도덕 정서, 도덕 추론, 도덕 행동을 거치는 일련의 단계를 요구한다.

도덕성 발달에 대한 언급은 정신분석적 관점에서부터 비롯된다. 정신분석적 관점에서는 도덕성이 정서를 기반으로 발달한다고 보았다. Freud는 도덕성 발달이 오이디푸스 콤플렉스를 해결하고 양심이나 초자아를 형성하는 과정이며, 남근기에 동성 부모의 도덕 기준을 내면화하는 과정을 통해서 획득된다고 보았다. Freud는 동성 부모에 대한 동일시가 일어나는 것은 기본적으로 불안과 두려움 때문이라고 보았다. 그러나 양심이 따뜻하고 상호 반응적인 관계 맥락에서 걸음마기에 형성된다는 발달적 발견을 통해 그의 이론은 회의적으로 여겨지게 되었다. 인지발달 이론에서는 도덕 추론에 초점을 둠으로써 도덕성의 인지적 측면을 강조한다. Piaget는 아동의 도덕성이 규칙을 존중하지 않는 **전도덕기**로부터 규칙을 절대적으로 여기는 **이타적 도덕기**를 거쳐, 규칙을 상대적이며 융통성 있게 사고하는 **자율적 도덕기**로 발달한다고 보았다. Kohlberg는 Piaget의 견해를 폭넓게 개정하였다. Kohlberg는 도덕 추론이 **전인습**, **인습**, **후인습**의 세 수준을 거쳐 불변의 순서로 발달한다고 여겼다(〈표 8-4〉 참조). 각 수준은 두 가지 독특한 단계로 구성되어 있다. Kohlberg는 개인의 권리와 공정성이라는 도덕성의 일면에 초점을 맞춰 도덕적 정의를 기술하고 있다.

Kohlberg의 이론은 Piaget의 입장을 수용한 탓에 어린 아동의 도덕 추론 능력을 과소평가하고 있으며, 도덕 발달 양상을 진단해 줄 수 있는 틀로서나 도덕적 퇴행 현

표 8-4 Kohlberg의 도덕성 발달 단계

수준	단계	특징
전인습적 도덕성	1단계 처벌과 복종 지향	행위의 물리적 결과로 옳고 그름을 결정. 무조건 복종이 도덕적 가치를 가짐
	2단계 도구적 상대주의 지향	욕구를 도구적으로 충족. 공정성, 상보성, 분배의 평등성에 대한 인식이 시작되나 자신에게 돌아오는 이익을 생각하는 수단적인 호혜성의 수준에 그침
인습적 도덕성	3단계 대인 간 조화	타인에게 인정받는 것이 옳은 행동. 고정관념에 동조함. 타인의 반응이 도덕성 판단의 기준이 되지만 심리적 인정 여부에 관심
	4단계 법과 질서 지향	권위, 고정된 규칙, 사회적 질서를 지향. 의무를 다하고 사회적 질서를 유지
후인습적 도덕성	5단계 사회적 계약과 합의성 지향	도덕적 융통성을 가짐. 개인의 권리 존중. 법은 자유의 극대화를 위해 합의로 제정된 것으로 인식
	6단계 보편적인 윤리적 원리 지향	옳은 행동은 윤리적 원리와 일치하는 양심에 의해 결정, 인간의 존엄성, 정의, 사랑, 공정성에 근거를 둔 추상적 · 보편적 행동 지침

상을 설명하는 데 한계를 지니고 있다. 무엇보다 인간관계 속에서 타인을 배려하고 타인과의 관련성을 중시하는 관계적 측면을 간과한다는 점에서 비판을 받고 있다.

앞의 흐름과 달리 책임, 인간관계, 동정심, 애착 등과 같은 여성성이 깃든 **배려**의 윤리적 가치를 적극적으로 주장한 Gilligan(1982)은 이를 도덕성의 기준으로 삼을 것을 주장하였다.

4. 상담의 적용

발달에 관한 지식이 상담자에게 주는 이득은 크게 두 가지로 나눠 볼 수 있다. 첫째는, 내담자와 내담자의 삶에 대한 총체적 이해의 중요성을 일깨운다는 점이다. 발달심리는 인간에 대한 총체적인 이해를 돕기 위한 영역이다. 7개월 된 영아가 자신의 양육자에게 애착하기 시작한다는 사실은 다만 사회 발달의 이정표만을 뜻하는 것이 아니다. 영아는 친숙한 또래 얼굴에 대한 인지 도식을 발달시킨 후 그들을 다른 타인과 구분하며 애착 대상을 향해 운동 기능을 발휘하여 이동하는 운동 능력을 발달시키게 된다. 영아의 대상영속성은 가까운 사람과 물리적으로 분리되는 경험 속에서도 대상이 계속 존재한다는 것을 알게 하며, 대상에 대한 애착과 유대는 안정적인 사회적 관계 기술을 제공함으로써 세상에 대한 탐색과 문제해결력을 기르도록 도와준다. 발달적 지식이 상담에 기여하는 부분은 발달적 과정에서의 연속성을 이해하도록 돕고 내담자에 관한 총체적 이해를 가져야 한다는 점을 일깨우는 측면이다. 발달적 지식이 정상적 발달 경로에 대한 지식을 기초로 이상 발달을 구분할 수 있도록 해 준다는 점이다. 또한 이상 발달이 발생하고 유지되며 결과적으로 보이게 되는 증상을 설명하는 지식을 제공해 준다. 그에 따라 정신병리 분류 체계에서 볼 수 있는 발달장애 분류는 발달적 일탈에 기초한 심리적 장애들을 기술하고 있다.

요약

사람은 신체적·인지적·정서적·사회적 존재다. 이 모든 발달적 사실은 발달하고 있는 총체적인 사람 안에 섞여 있다. 따라서 인간 발달은 총체적이다. 초기의 발달 이론은 인간이 스스로의 통제 범위를 넘어서 주어지는 영향에 의해 수동적으로 만들어지는 측면에 초점을 둔 경향이 있다. 정신분석에서는 생물학적 힘과 생래적인 추동에 의해서 의식적 삶이 좌우되는 것으로 인간을 보았으며, 행동주의자는 긍정적이거나 부정적인 방향으로 발달하는 백지 상태로 발달을 묘사하였다. 인지 이론가들은 세상에 대한 이해를 적극적으로 구축하는 인간의 구성력에 초점을 두었다. 행동유전학자들은 환경의 적절한 요소가 우리의 유전적 성향에 부합하기 때문에 우리는 자신에게 알맞은 차별적 환경을 선택한다고 보았다. 최근까지의 인간 발달에 관한 입장을 요약하면, 인간은 수동적이거나 능동적이기만 한 것이 아니라 우리 자신의 발달에 대해서 능동적으로 기여한다고 보는 입장인 것이다. 발달에는 연속성과 비연속성이 모두 존재한다. 단계 간 질적 차이를 가정하는 인지 발달, 도덕성 발달, 성 정체성 발달 등은 발달의 계열적 불변성이나 단계별 특징들에 대한 새로운 설명을 통해 부분적으로 비판받고 있다. 발달과 관련한 새로운 발견들은 인간 발달에 많은 가소성이 있으며, 천성과 육성의 대결로 특징지어지는 발달에 대한 이분법적 관점이 잘못된 것이라는 점을 일깨우고 있다.

생각해 볼 문제

1. 보기에 주어진 설명에 해당하는 용어들을 순서대로 나열한 것은?

> ㄱ. 유전적 요인에 기초한 발달적 변화 성장
>
> ㄴ. 신체의 크기나 능력의 변화 성숙
>
> ㄷ. 경험을 통한 변화, 의도적인 조치에 의한 행동 변화 학습

① 성장-성숙-학습

② 성숙-학습-성장

③ 성숙-성장-학습

④ 학습-성장-성숙

2. 다음 발달 관점들과 학자를 바르게 연결하면?

> a. 도덕성 발달 이론　　b. 심리성적 이론　　c. 생태학적 관점
>
> d. 사회학습 이론　　e. 성 유형화 단계

① 콜버그(Kohlberg)-b

② 브론펜브레너(Bronfenbrenner)-a

③ 프로이트(Freud)-e

④ 밴듀라(Bandura)-d

3. 청소년 시기에 나타나는 자기 자신에 대한 규정과 이를 둘러싼 만족, 불만족 또는 긍정, 부정의 감성 상태나 태도를 무엇이라 하는가?

① 자아정체감　　② 자아중심성

③ 중간인　　④ 질풍노도의 시기

4. Piaget의 형식적 조작사고를 설명한 것이다. 잘못 설명한 것은?

① 여러 가설을 생성하고, 모든 가능성을 체계적으로 검증할 수 있는 조합적인 분석이 가능하며 가설 연역적으로 사고하게 된다.

② 현실 지향에서 가능성 지향의 사고를 갖게 된다.

③ 부분적 분석에서 조합적 분석을 하게 된다.

④ 1차적 추상화 수준에서 2차적 추상화 수준으로 된다.

5. 청소년기에 있어서 신체적 발달을 설명한 것으로 잘못된 것은?

① 체중의 성장은 청소년 초기에는 여자가 남자보다, 청소년 후기에는 남자가 여자보다 비교적 빠른 성장을 보인다.

② 오늘날의 청소년은 신체 성장이 과거에 비해 빨라지고 또 성장률도 더 커진다.

③ 청소년기의 신체의 각 부분은 같은 비율로 성장한다.

④ 운동 능력은 현저하게 발달한다.

정답 1. ③ 2. ④ 3. ① 4. ④ 5. ③

참고문헌

현성용, 김교헌, 김미리혜, 김아영, 김현택, 박동건, 성한기, 유태용, 윤병수, 이봉건, 이순묵, 이영호, 이재호, 이주일, 진영선, 채규만, 한광희, 황상민(2015). **현대 심리학의 이해**(3판). 서울: 학지사.

Ainsworth, M. D., Blehar, M. C., Waters, E., & Wall, S. (1978). *Patterns of attachment*. Hillsdale, NJ: Erlbaum.

Bury, J. B. (1932). *The idea of progress*. New York: Macmillan.

Erikson, E. H. (1959). *Identity and the life cycle. Psychological Issues, 1*(1), 1-171.

Gibson, J. J. (1979). *The ecological approach to visual perception*. Boston: Houghton Mifflin.

Gilligan, C. (1982). *In a different voice: psychological theory and women's development*. Cambridge, MA: Harvard University Press.

Gleitman, H. (1999). **심리학** (*Basic psychology*, 4th ed.). (장현갑, 안신호, 이진환, 신현정, 정봉교, 이광오, 도경수 공역). 서울: 시그마프레스. (원저는 1995년에 출판).

Gottlieb, G. (1976). The foles of experience in the development of behavior and the nervous system. In G. Gottlieb (Ed.), *Neural and behavioral specificity*. New York: Academic Press.

Hartmann, H. (1939). *Ego psychology and the problem of adaptation*. New York: International Universities Press, Inc.

Hearst, E. (1978). *The first century of experimental psychology*. Mahwah, NJ: L. Erlbaum

Associates.

Kessen, W. (1965). *The child*. New York: Wiley.

MacLean, P. D. (1990). *The triune brain in evolution: Role in paleocerebral functions*. New York: Plenum Press.

Rapaport, D., & Gill, M. M. (1959). The points of view and assumptions of metapsychology. *International Journal of Psychoanalysis, 40,* 153-62.

Shaffer, D. R. (2006). **발달심리학** (*Child & Adolescence*, 6th ed.). (송길연, 장유경, 이지연, 정윤경 공역). 서울: 시그마프레스. (원저는 2002년에 출판).

Skinner, B. F. (1953). *Science and human behavior*. New York: Macmillan.

제9장

비행 및 약물중독 상담

ADOLESCENT COUNSELIN

청소년들의 발달과 성장을 돕기 위해 진로상담이나 학습상담과 같은 분야의 지식을 알아야 한다면, 실제로 심리적 어려움을 비행이나 약물 사용 행동으로 표현하는 청소년들을 돕기 위해서는 비행 및 약물을 포함한 중독상담에 대하여 알아야 한다. 최근 비행의 유형이 변화하고 약물 사용보다는 인터넷 중독이 청소년에게 흔한 문제가 되었지만 비행 및 약물 중독 상담에 관한 기본적인 상담 원리와 방법을 익혀 두면 청소년들을 돕는 데 유용하게 사용할 수 있다.

이 장에서는 비행 및 약물중독 청소년의 평가와 유형을 살펴보고, 상담이론과 실제 상담 과정 및 여러 가지 상담 접근법을 살펴볼 것이다.

학습목표

1. 청소년의 비행 및 약물 사용의 유형을 구분하고, 상담 진행을 위해 평가할 수 있다.
2. 비행 및 약물중독을 설명하는 주요 이론과 실제적 방법을 설명할 수 있다.
3. 비행 및 약물중독 예방상담에 대한 기본적 지식을 익히고, 기타 상담적 접근 방법을 익힌다.

청소년의 문제행동에 대한 상담을 효과적으로 진행하려면 청소년의 문제행동을 분명하고 바르게 이해하여야 한다. 가정 부적응, 학교 부적응, 가출, 집단따돌림, 학교 중퇴 등은 청소년 비행으로 이어지는 초기 단계에서 일어나는 문제로서 절도와 폭력, 성폭력 등의 심각한 수준의 비행 행동과는 구분되어야 한다. 또한 심각한 수준의 비행 행동을 보이는 품행장애 청소년들이 거짓말, 등교 거부, 폭력, 폭주 등의 하위 유형으로 나타내는 약물 사용과 순수한 약물 사용 청소년들의 약물 사용 행동 역시 구분해서 이해해야 할 것이다. 즉, 품행장애의 기준에 해당되는 심각한 수준의 비행청소년들과 아직 이 단계까지는 도달하지 않은 청소년들은 서로 다르며, 품행장애의 하나의 증상으로 약물을 사용하는 청소년과 약물만을 사용하는 청소년은 각각 다른 특징을 나타낸다. 따라서 비행청소년과 약물 사용 청소년들을 서로 다르게 이해하여 각각에 맞는 상담적 개입을 적용해야 한다(최은영, 양종국, 2005).[1]

1. 청소년 비행 및 약물중독의 유형과 평가

1) 청소년 비행의 유형과 평가

(1) 재산 비행

재산 비행은 절도, 특수절도, 장물(절도범이 훔친 물건이라는 것을 알면서 산 경우, 건네받은 경우, 운반 등), 사기, 횡령, 배임(타인의 사무를 처리하는 사람이 그 임무에 위배하는 행위로서 재산상의 이익을 취득하거나 제삼자로 하여금 이를 취득하게 하여 손해를 가하는 죄), 손괴(타인의 재물이나 문서, 전자 기록 등 특수매체 기록을 부서지게 하거나 은닉, 기타 방법으로 효용을 해함으로써 성립하는 비행)에 해당되는 범죄 행위를 말한다.

비행청소년들의 재비행의 특징을 살펴보면 일반 사회의 경제적인 상황에 따라 민감하게 반응하는데, 다음과 같은 특징이 있다.

1) 이 장은 최은영과 양종국의 『청소년비행 및 약물중독상담』(학지사, 2005)의 내용을 발췌 · 요약한 것이다.

- 재산범 등은 처음에 공범에 의한 비행에서 점차 단독 비행으로 옮겨 간다. 처음 재산 비행을 할 때는 2~5명 정도가 공동으로 비행을 하다가 점차 혼자서 하는 단독 비행으로 변화된다.
- 사회의 경제적인 상황 여건에 따라 비행 발생 건수가 다르다. 특히 향락적인 서비스업의 경제적인 상황에 영향을 많이 받으며, 생계형에 의한 비행보다는 유희형에 속하는 비행이 많다.
- 재산 비행에서 절도보다는 인터넷을 통한 사기 비행이 점차 늘어나는 추세다.
- 재산 비행청소년들은 쉽게 돈을 얻으려는 비합리적인 사고와 함께, 돈을 통해서 자아존중감을 회복하려는 방법으로 친구들이나 주위 사람에게 과시적인 소비 성향을 나타낸다.

(2) 폭력 비행

폭력 비행의 개념을 살펴보면, 협의로는 자기나 타인에게 해를 입히기 위해 힘이나 무력을 사용하는 것이며, 광의로는 자기나 타인에게 해를 입히기 위해 무력, 언어적 공격 혹은 집단적 소외(따돌림) 등의 다양한 수단을 사용하여 정신적 · 신체적 피해를 입히는 것이다.

청소년 전문가들에 의해 공통적으로 지적되는 청소년 폭력 비행의 특징은 다음과 같다.

- 청소년 폭력이 단순한 탈선의 차원을 넘어서 심각한 범죄의 단계에 이르고 있다는 것이다. 청소년 폭력의 잔인성이 단순 비행이나 탈선의 차원을 넘어 심각한 상황에까지 이르는 사례가 점점 많아지고 있다.
- 급격한 산업화 과정에서 야기된 가치관의 혼란으로 청소년이 폭력 행위에 대해 죄의식이나 책임감을 크게 느끼지 못하는 경우가 증가하고 있다. 그리고 과거에는 청소년 폭력이 보복성 폭력이거나 약물이나 음주를 동반한 폭력이 많았으나, 뚜렷한 목적이나 동기 없이 장난 삼아 저지르는 충동적 폭력의 양상이 나타나기도 한다.
- 폭력 행위가 비행청소년에 의해서만 자행되는 것이 아니라 보통의 모든 청소년에게 쉽게 발견될 수 있는 일반화된 비행 유형이 되고 있다.

- 청소년 폭력이 집단화되는 경향이 있다. 최근의 청소년 폭력은 단독 범행보다 2인 이상 집단적으로 이루어지는 것이 일반적이다. 청소년의 폭력 집단으로는 단순한 패거리 집단, 조직적인 규율을 갖고 움직이는 불량 서클, 성인 폭력 조직과 연계된 하부 폭력 조직 등이 있다.
- 여학생의 폭력 비행이 급속하게 증가하고 있다.
- 일반적인 폭력 행사나 금품 갈취 이외에도 집단 따돌림이나 놀림, 시험지 보여주기를 강요하기, 숙제나 심부름 시키기 등의 새로운 형태의 심리 폭력이 출현하고 있으며, 특히 최근에는 일회성 단순 폭력보다 지속적으로 가해지는 소위 학대적 폭력이 문제되고 있다.

(3) 성 비행

청소년의 성 비행은 성폭력 등 물리적 행위를 동반하는 비행과 포르노물 접촉, 성관계 등 학교나 사회에서 금지하는 성과 관련된 비행을 뜻한다. 성 비행은 범위가 넓고 성과 관련된 포괄적인 비행을 모두 뜻할 수 있는데, 특히 사회적으로 청소년 시기에 가해자나 피해자 모두에게 더 크게 문제가 될 수 있는 성 비행으로 성폭력을 들 수 있다. 우리나라에서 성폭력은 강간과 성추행으로 나누어 이해된다. 강간에는 일반강간, 특수강간, 특수강도강간, 강간치상 등이 포함되며, 성추행에는 강간미수, 언어추행, 통신매체를 이용한 음란 등이 포함된다. 성폭력은 강간, 추행, 근친강간, 성적 희롱, 성기 노출, 음란 행위 등이 포함되는 모든 신체적 · 언어적 · 정신적 폭력을 포괄하는 광범위한 개념이다. 대한가족계획협회에서 분류한 성 비행 유형은 다음과 같다.

- **음란물탐닉 비행**: 음란 만화 · 소설 · 잡지 탐닉, 음란 비디오나 영화 시청, 음란 물건 사용 장난
- **대체물품 비행**: 성기 대체물 비행, 여성 물건 접촉, 이성 복장 착용
- **이성 희롱 비행**: 부녀자 희롱, 노골적 음담, 음란전화, 편지, 통신, 성기 노출, 훔쳐보기, 남성 접대, 유혹
- **강제추행 비행**: 강제추행, 부녀자 기습추행, 남성 성기 구강 · 항문 삽입, 여성 성기 이물질 투입

- **동의성교 비행:** 미혼성교, 윤락가출 성교, 매춘, 윤락, 혼외성교, 근친상간
- **강제성교 비행:** 강간, 어린이 강간, 집단윤간, 강도강간, 가정파괴 강간
- **변태성교 비행:** 가학성교, 피학성교

2) 청소년 약물 사용의 유형과 평가

청소년들이 주로 사용하는 약물의 유형은 약물 사용의 단계, 동기, 방법 및 사용 약물에 따라 구분할 수 있다.

(1) 청소년 약물 사용의 단계별 유형

약물 사용의 단계는 위기 단계, 남용 단계, 의존 단계로 구분할 수 있다(Lorion, Bussell, & Goldberg, 1991; 금명자, 이향림, 권해수, 1995에서 재인용). 약물 사용의 첫 단계라 할 수 있는 **위기 단계**는 호기심 충족이나 또래와의 동질감 형성을 위한 사회적 수단으로 약물을 사용하는 단계다. 이 단계는 약물 사용 자체가 목적인 일차적 약물 사용보다는 다른 활동의 과정에서 부차적으로 약물을 경험하는 이차적 약물 사용이 나타난다. 이 단계의 청소년은 겉으로 드러나는 심각한 사회 적응상의 문제를 가지고 있지는 않지만 청소년기에 경험하는 다양한 위험에 노출되어 있다.

약물 사용의 두 번째 단계는 **남용 단계**다. 남용 단계에는 이차적 약물 사용이 일차적 약물 사용으로 전환되기 시작하며, 일상생활에서의 스트레스 및 부정적 경험을 회피하기 위한 수단으로 약물이 이용되기 시작한다. 이 단계부터 약물의 역기능적 조짐이 나타나기 시작하지만 아직 의존적이지 않으며, 상황에 따라 필요를 느껴 약물을 찾게 되는 단계다.

약물 사용의 마지막 단계인 **의존 단계**는 약물 사용이 일차적 약물 사용으로 굳어지고 강박적으로 약물에 의존하게 되는 단계다. 의존 단계의 청소년은 심리적 문제의 근원이 아동기 이전에 있을 가능성이 높고, 연령의 변화에도 불구하고 비행이 지속되기 때문에 심리 · 환경적 개입이 통합적으로 이루어져야 한다.

(2) 청소년 약물 사용의 동기별 유형

청소년 약물 사용의 동기는 실험적, 사회 도구적, 상황적, 심화된 강박적 동기로

구분할 수 있다. 실험적 동기는 호기심이나 모험심에서 약물을 사용하는 것을 말한다. 이런 유형은 아주 적은 양의 약물을 단기간 복용하는 특징이 있다.

사회 도구적 동기는 또래관계에서 동질감과 소속감을 경험하기 위해 약물을 사용하는 것이다. 특정 하위 집단 구성원들끼리 같이 약물을 사용하면서 즐거움과 소속감을 경험하게 되는 것이다.

상황적 동기는 특정한 상황에서 정서적 혹은 정신적 자극이 필요해서 약물을 사용하는 경우다. 흔히 밤을 새워 공부하기 위해 각성제를 복용하거나 잠을 청하기 위해 수면제를 복용하는 경우가 이에 해당한다.

심화된 **강박적 동기**는 일상적인 문제와 스트레스에서 벗어나기 위해 약물을 장기간 남용하는 경우로, 약물 사용이 생활의 한 부분을 차지하게 된다. 따라서 이 상태의 청소년들은 약물 복용으로 나타나는 다양한 효과나 즐거운 심리적 상태를 유지하기 위해서 다량의 약물을 자주 그리고 장시간 사용하게 되므로 약물이 없으면 삶 자체가 공허해지고 우울해지는 것을 경험하게 된다.

(3) 사용 약물별 유형

약물 사용 청소년의 유형을 구분하는 또 하나의 기준은 그들이 사용하는 약물의 종류와 관련된다. 이런 청소년들은 다양한 종류의 약물을 사용한다. 그들이 어떤 종류의 약물을 사용하는지는 우선 청소년들의 약물 사용 정도와 자아 강도, 체질의 영향으로 설명할 수 있고, 이 외에도 각 약물의 종류에 따라서 약물남용의 동기와 환경, 경험하는 바, 약물 사용 청소년들의 성격 등에서 차이를 발견할 수 있다.

약물을 분류하는 또 다른 방식으로는 약한 약(soft-core drug)과 강한 약(hard-core drug)이 있다. 약한 약이란 약물의 작용이 그다지 세지 않은 약으로 대마초, 암페타민, 알코올 등이 포함된다. 강한 약이란 약물의 작용이 비교적 센 약으로 헤로인, 코카인, LSD 같은 약물이 포함된다.

약물 사용자가 사용하는 약물의 종류가 약한 약이냐 또는 강한 약이냐에 따라 약물 사용 이유에 차이가 나타나며, 그들의 상담 방식에도 사용 약물의 종류에 따라서 차이를 두는 것이 좋다. 흔히 약한 약을 사용하는 사람들은 집단상담으로 다루어질 때 가장 효과를 본다고 알려져 있다. 반면, 강한 약을 사용하는 사람들은 개별상담을 하는 것이 더욱 효과적인 것으로 알려져 있다. 또한 강한 약을 사용하는 집단이 일반적으로 부드러운 약을 사용하는 집단보다 더 큰 심리사회적 어려움을 가지고 있다. 하지만 강한 약을 사용하는 사람의 경우에도 그것을 단순히 즐거움이나 호기심을 채우기 위한 목적으로 사용했다면 그들은 상담에서 비교적 다루기 쉬운 대상이다. 따라서 상담자는 청소년들이 사용한다고 얘기하는 약물의 종류에 유의할 필요가 있다.

우리나라 상황에서는 가스, 벤졸 등에 비하면 지놀타, 러미나, 대마초, 히로뽕 등은 비교적 강한 약에 가깝다. 강한 약물의 사용이 청소년들의 자아발달과 사회생활 패턴에 막대한 부정적 영향을 미친다는 점에서 상담자는 주의를 기울여야 한다. 더욱이 약한 자아 강도, 부적절한 위기 극복 기술, 약한 가족 연대감, 부정적인 환경을 가진 청소년들은 강한 약의 실험적 사용 경험을 자신의 고통, 권태로움, 부적절감 등을 완화시키는 데 습관적 방법으로 사용할 수 있다는 점에 유의해야 한다.

(4) 약물 사용 방법별 유형

약물 사용 청소년들은 약물을 사용하는 방법에 따라 서로 다른 상담적 접근 방법을 사용해야 한다. 약물 사용 방법을 구분하는 방식은 약물을 '여럿이 함께' 사용하는가, 아니면 '혼자' 사용하는가에 따라 분류해 보는 것이다. 일반적으로 청소년 약물 사용자의 경우 약물을 혼자 사용하는 경우보다는 여럿이 함께 사용하는 경우가 흔하며, 상담의 예후도 좋은 편이다.

그러나 혼자 약물을 사용하는 경우는 주로 개인 내적인 욕구 때문에 약물을 사용하는 경우로, 비행청소년 집단과 구분되는 순수한 약물 사용 청소년의 경우 혼자 약물을 사용하는 방식을 더 많이 취하는 것을 볼 수 있다. 그들은 약물 사용에 대한 집단의 압력, 예를 들면 약물을 사용하지 않으면 우리 편이 아니라든가, 그 정도 약물도 사용할 줄 모르면 수준이 낮은 아이라든가 하는 등 소속감이나 강한 정도의 약물 사용을 강요하는 집단의 역동 때문이 아니다. 이들은 본드를 불고 취한 기분으로 자신의 상실감을 극복하고 싶다거나, 부탄가스를 불고 난 이후 나타나는 돌아가신 어머니의 환상을 보고 싶다거나 하는 개인적인 욕구와 바람으로 약물을 사용하게 된다.

따라서 혼자 약물을 사용하는 청소년들은 혹 약물 사용 집단에 함께 소속되어 있더라도 그 집단 내에서의 사용 약물과 상관없이 개인적으로 시간과 장소를 마련하여 약물을 사용한다. 그에 따라 중독으로 진행될 확률도 여럿이 함께 약물을 사용하는 집단과 비교해서 상당히 높은 편이다. 반면, 여럿이 함께 약물을 사용하는 청소년들은 대부분 약물 사용의 권유를 받게 되면 함께 약물을 사용하는 집단에 소속되지 못하고 혼자 떨어져 나갈 것 같은 두려움 때문에, 함께 약물을 하는 친구들과 느끼는 집단의식 때문에 또는 집단에서 약물도 함께 사용한다는 과시욕 때문에 약물을 사용하게 된다.

(5) 청소년 남용 약물의 종류

정신 기능에 영향을 미치는 약물, 즉 사용했을 때 정신에 영향을 미치는 약물을 향정신성 약물이라고 하는데, 이 약물들은 중추신경계에 작용하게 된다. 중추신경에 작용하는 약물은 크게 중추신경을 억제시키거나 흥분시키거나 또는 두 가지 작용이 한꺼번에 나타나거나에 따라 세 종류로 나뉜다. 즉, 중추신경을 흥분시키는 약물을 중추신경 흥분제, 억제시키는 것을 중추신경 억제제, 두 가지 작용이 한꺼번에 일어나는 것을 환각제라고 한다.

- **중추신경 흥분제:** 담배, 카페인(각성제 등), 암페타민류(필로폰 등), 코카인 등
- **중추신경 억제제:** 술, 흡입제(본드, 가스, 가솔린, 아세톤 등), 마약류, 수면제, 신경안정제, 진해제, 항히스타민제 등
- **환각제:** 대마초, 환각제 등
- **기타:** 진통제, 누바인 등

2. 청소년 비행 및 약물중독 상담의 이론

1) 청소년 비행 및 약물중독을 설명하는 여러 가지 이론

(1) Weiner의 접근 방법

① 사회적 비행

사회적 비행이란 반사회적 행동 기준을 부과하는 하위 문화의 구성원으로서 비

행을 저지르는 것, 즉 집단 문화에 동조하기 위한 수단으로 비행을 하는 것을 말한다. 사회적 비행청소년들은 유아기나 아동기에 적절한 양육환경에서 적절한 판단 능력, 자아조절 능력, 대인관계 능력 등을 배우며 기능한다. 하지만 초등학교나 청소년기에 적절한 부모의 보호와 훈육 및 감독을 받지 못하고 반사회적인 또래의 영향을 받아 비행 문화를 접하게 된다. 사회적으로 합의된 목표와 수단에 의해 자신의 자존감, 소속감을 획득할 수 없는 경우 이를 획득할 수 있는 새로운 하위 집단을 형성하게 되는 것이다.

사회적 비행청소년에 대한 주요 상담 과제는 비행 집단 이외에서 재미와 이득을 얻을 수 있도록 안내하는 것이다. 상담자는 구체적으로 다음과 같은 문제들을 다루어 주어야 한다. 첫째, 비행청소년의 현재 행동이 자신의 재능과 에너지를 소모한다는 인식을 갖게 한다. 둘째, 학교나 직업 세계에서 비행이 아닌 다른 방법으로 욕구와 바람을 성취할 수 있다는 확신을 갖게 하고 그 방법을 습득하도록 돕는다. 셋째, 비행 집단의 압력에 대처하는 방법을 알게 해 준다. 넷째, 비행 집단 대신 소속감과 정체감을 제공하는 새로운 지지 체계를 형성하도록 돕는다. 다섯째, 이웃시민위원회 조직, 직업증진계획, 또래대화집단, 운동집단 등과 같은 사회적 행동 프로그램을 적용한다. 즉, 현실생활에서 청소년으로서 합당한 지위를 새롭게 획득할 기회가 있음을 인식하고 경험하도록 하는 것이 필요하다.

② 성격적 비행

성격적 비행이란 청소년의 비사회적 또는 반사회적 성격 구조에서 비롯된 비행이다. 성격적 비행을 저지르는 청소년들은 타인에 대한 공감 능력 및 동일시 능력이 부족하고 충동을 통제하는 능력이 부족하다. 기본적으로 양심이 발달하지 않아서 타인의 권리나 감정을 무시하는 행동에도 전혀 죄의식을 느끼지 못한다. 그들은 많은 경우 어린 시절 부모나 의미 있는 타인으로부터 거절당하거나 애정과 관심을 충분히 받지 못해서 타인을 공감하는 능력이나 대인관계에서 온정을 느낄 수 있는 정서적 능력이 개발되지 못하였다. 또한 그 비행이 아동 후기나 청소년기에 부적절하거나 비일관된 부모의 훈육과 감독에서 비롯되기도 한다.

성격적 비행청소년들의 주요 상담 과제는 개인적인 충성심과 타인에 대한 관심을 증진시키는 것이다. 상담자는 아동 초기의 감정적 유대 박탈을 보상할 수 있는 허용적인 분위기를 제공하는 것이 중요하며, 신체적 상해를 방지하기 위한 제한, 공격성을 억제하기 위한 놀이를 하면서 지속적으로 대화에 임한다. 또한 미성숙하거나 피상적인 도덕적 판단 수준에 머물러 있거나 자기중심적인 사고 구조를 지니고 있어, 사회적 맥락에서 적절하게 판단하지 못하고 욕구 충족을 위한 비행을 저지르는 경우가 많다. 따라서 사회적 조망을 획득할 수 있는 기회를 충분히 제공하여 도덕적 판단 능력의 향상에 도움을 주어야 한다.

③ 신경증적 비행

신경증적 비행이란 자신의 욕구를 표현하고 충족하기 위한 방법으로 행해지는 비행이다. 이러한 비행은 주로 단독으로, 급작스럽게, 우발적으로 일어난다. 비행의 시발은 개인의 긴장, 분노, 낙담과 관련된 경우가 많으며, 신경증적 비행청소년들은 비행 전에는 동조적이고 잘 통제되는 청소년이었을 경우가 많다. 누군가에게 직접 말하기 두렵고 당혹스러운 문제를 경험한 청소년은 자신의 필요나 욕구를 전달하기 위한 방편으로 비행을 저지르는 경우가 많다. 가장 핵심적 욕구는 타인의 인정, 찬탄, 조력받고 싶은 마음 등이다. 어린 시절이 안정적이고 상호 애정적이며 법을 준수하는 분위기였을 수도 있지만, 성장과정에서 가족 구성원이나 가족환경의 변화로 인하여 애정과 관심이 변질되어 신경증적 비행을 일으키게 되는 경우도 있다.

신경증적 비행청소년들은 심리적 갈등이나 좌절을 겪게 하는 환경적 스트레스 요인을 가지고 있다. 반면에 이러한 스트레스나 좌절, 불안에 적절히 대응하거나 표출하는 사회적 기술이 부족한 경우가 대부분이다. 따라서 상담자는 비행청소년이 자신의 내면적 갈등이나 불안의 원인을 인식할 수 있도록 도와야 한다. 또한 그들이 자신의 부적절감에 대한 적절한 표현 방식이나 해결을 돕는 사회적 기술들을 학습하도록 도울 수 있다. Weiner는 신경증적 비행청소년들의 상담 과제로 인정과 존경을 경험할 수 있는 상담관계의 형성, 비행을 저지르게 된 동기의 자각, 비행이 궁극적으로 자기패배적인 결과를 낳을 수 있다는 인식, 문제해결을 위한 긍정적 방안의 강구를 제안하였다(최은영, 양종국, 2005에서 재인용).

④ 정신병적 · 기질적 비행

정신병적 비행은 환경에 대한 비현실적인 지각, 행동 결과에 대한 손상된 판단 능력 및 행동 통제 능력의 부족을 보이는 조현증 청소년들에게서 찾을 수 있다. 또한 미소뇌장애, 주의집중장애, 충동조절장애, 낮은 자아존중감 등의 특징을 보이는 청소년에게도 나타나며 갑작스럽게 분노를 폭발하는 경향을 보인다. 그러므로 상담자는 우선 그들에게 의학적 처치와 함께 매우 지지적인 심리치료를 병행하여 자아의 기능을 회복하도록 도와야 한다. 상담자는 정신병적 비행청소년이 현실을 올바로 지각할 수 있도록 돕고, 현재의 기능 상태를 고려하여 적절한 사회적 과업을 성취할 수 있게 구체적으로 지도할 수 있다.

(2) 비행 위험 요인 및 보호 요인

① 비행 위험 요인

청소년의 발달에서 부적응을 초래하고 비행을 일으키는 위험 요인 가운데 선행연구자들이 공통적으로 언급하고 있는 재비행과 관련된 요인으로는 개인적 위험 요인, 가족적 위험 요인, 학교 및 지역사회 위험 요인이 있다.

- 개인적 위험 요인

청소년 비행에 영향을 주는 개인적 요인은 보통 지능이나 기질과 같은 선천적인 내부 특질인 유전적 요인과 성장 · 발달 과정에서 갖게 되는 성격적 요인 그리고 내적 갈등, 불만 등을 들 수 있다. 특히 심리적 불만과 갈등은 주로 부모나 주위 사람 또는 학교나 가정생활에 대한 것이다. 하지만 이러한 불만은 비행과 직결되지 않을 수도 있고 개인별 성격과 관련이 많으므로 비행의 원인을 개인적인 성격 차원에서 접근하려는 연구들이 지속적으로 이루어진 원인이 되었다. 비행과 관련된 성격으로는 자아 통제력 결여, 자주성 결여, 깊은 열등감, 공격성, 배타적인 불신감, 부정적 자아개념, 지나친 외향성, 반사회성, 신경증적 경향 등이 주로 논의되었다. 그중 반사회적 성격장애자들은 공격적이고 충동적이며 안전성보다는 쾌락과 변화, 흥분을 추구한다. 충동적인 성향을 나타내는 대부분의 사람은 미리 계획됨이 없이 순간적으로 행동을 하며 그 행동 또한 무목적적인 경우가 많다. 이와 같이 청소년들이 비행을 일으키는 개인적 위험 요인 중 대표적인 성향으로는 충동성, 반사회적 성향, 불안, 공격성, 우울 등을 들 수 있다.

• 가족적 위험 요인

현대 사회는 고도의 산업화와 도시화를 이루는 동시에 전통적 미덕과 이웃사촌의 정을 단절시켰다. 이는 개인 중심적 사고의 팽배와 함께 가정의 형태, 역할, 결속력 등에 변화를 가져왔고, 청소년들에게는 핵가족화에 따른 가정의 고립화, 자녀교육에 대한 가정의 상대적 무관심, 결손 및 빈곤 가정의 증가 등으로 발달과정에 부정적 영향을 끼치게 되었다. 가정에 결함 또는 장애가 있을 경우 가정이 가지고 있는 범죄 억제 기능을 제대로 수행할 수 없을뿐더러 청소년의 인격 형성에 부정적인 영향을 미치게 되어 종국에는 청소년 범죄 증가의 주요 요인으로 작용하게 된다. 이와 밀접한 관계가 있는 가정의 결함 유형으로는 결손가정, 빈곤가정, 부모의 억압, 가족 간의 유대감 부족, 부모 간의 불화(김준호, 박정선, 1994) 등이 있다.

• 학교 위험 요인

청소년들은 학교에서 기술과 지식의 습득과 함께 개인의 가치관과 태도 확립, 정서적 문제 조절의 정의적 교육도 받는다. 하지만 우리나라의 교육을 살펴보면 그 양과 질에서 불균형을 이룸을 볼 수 있다. 입시 위주의 교육과 교육 내용의 사회적 부적합성, 교육 관련 분야 간의 부조화, 사회정의 실현 및 사회 문제에 대한 교육의 소극성 등 많은 부분에서 학교교육의 문제가 지적되고 있는 것이 사실이다. 이러한 형식화되고 관료화된 학교교육에서 파생되는 여러 가지 병리 현상은 청소년 범죄 및 비행을 야기한다. 입시 위주의 교육, 성공의 수단이 되는 이기적 교육, 사제관계의 붕괴 등, 이러한 교육으로는 비행화되는 청소년들을 막기에는 힘이 부족할 따름이다.

• 지역사회 위험 요인

인간의 행동은 사회적인 환경과의 상호작용을 통해 형성된다. 오늘날의 사회는 물질주의적인 성향과 과학문명의 발달로 점차 다양화 · 전문화되면서 통제가 어렵게 되고, 특히 청소년의 일탈과 비행을 억제할 수 있는 사회적 지지 세력이 없어지게 되었다. 이러한 현대 지역사회의 환경은 비행으로부터 청소년을 보호하지 못하고 오히려 비행의 원인으로 작용하게 되었다. 급격한 사회적 변화는 사회적 갈등과 더불어 인간성의 변질을 가져왔고, 사회적 문화로서의 관습과 종교의 변화는 도덕적 해이와 이념적 충돌을 초래했다. 이러한 문화적 갈등은 청소년 범죄 발생과 상관성을 가지는데, 곧 도시화에 의한 사회 구성원 간의 지지 미비, 교육적 · 사회적 통제의 소홀, 유해환경과 상업주의 측면 등이 그것이다. 그러나 청소년 비행에 영향을 미치는 사회환경적 요인은 매우 다양하여 이를 모두 언급하는 것은 무리가 있다.

② 비행 보호 요인

앞서 살펴본 비행 유발 요인의 부재나 유발 요인의 반대 양상을 나타내는 것이 곧 보호 요인이라고 할 수 있다. 즉, 보호 요인은 청소년의 발달에 긍정적 영향을 주는 것이나 발달상의 과정에 알맞은 바른 행동을 적극적으로 증진시키는 기능을 함으로써 위험 요인의 영향을 감소시키는 작용을 하는 것이다. 논리적으로 볼 때 보호 요인은 반드시 위험 요인이 존재할 때 가시화된다.

- 개인적인 보호 요인: 자아존중감, 내 · 외적 통제성, 계획성, 책임감 등
- 가족적인 보호 요인: 부모 애착, 부모-자녀 친밀도, 부모에의 통합 및 일치, 부모 훈육, 부모의 감독, 부모의 통제
- 학교 관련 보호 요인: 학업 성적, 동료들 간의 관계, 교사의 지지 등
- 친구 관련 보호 요인: 또래 집단의 동조성

2) 주요 이론의 비행 및 약물중독 상담에의 적용

(1) 정신분석 이론

① 비행

일반적으로 청소년은 두 가지 이유 때문에 정신분석적 치료에 적합하지 않은 것으로 보인다. 즉, 청소년기는 위기 상황에의 전환이 빠르기 때문에 안정성이 없을 뿐만 아니라, 치료에서 협력관계를 갖는 것에 종종 심한 저항감을 보이기 때문이다. 게다가 정신분석은 높은 지적 수준을 전제로 하기 때문에 청소년 상담의 경우 제한적일 수밖에 없다. 하지만 이러한 정신분석적 접근은 초기 무의식적 갈등을 드러내는 다음과 같은 비행청소년의 경우에는 유용하다.

첫째, 정신분석은 적절한 지적 수준을 가지고 있음에도 자아 기능에서 억제를 보

이는 청소년에게 적절하다. 이러한 청소년은 종종 사회생활에 적응하기 힘들어하는 자들로서 관심사가 매우 좁고, 특히 또래와 함께 하지 않는 작업에 한정된다.

둘째, 변태적 성행동 또는 성 정체성 혼란을 겪는 청소년의 경우, 특히 이러한 성행동이 사춘기 이전의 성적 특질의 표현일 경우라면 정신분석이 유용하다.

셋째, 과도한 죄책감에서 비롯된 처벌에의 무의식적 요구로 인해 반사회적 행동을 보이는 청소년의 경우가 적절하다.

넷째, 오랜 기간 지속된 증상을 보이고 그 기원이 심리성적 발달의 초기에 있는 경우, 특히 오이디푸스 시기 이전 심리적 병리 증상이 신경증적 증상이나 융통성 없는 자아구조를 형성하여 문제행동을 일으키는 청소년들에게 적용 가능하다.

② 약물

정신분석 이론에서는 약물중독에 대해 두 가지로 설명하고 있다. 하나는 개인이 약물 사용을 통해 약물의 쾌감을 경험한다는 것이고, 다른 하나는 중독의 고통스러운 결과를 피하는 능력이 모자라서 점점 더 약물에 빠진다는 것이다. 약물로부터 쾌감을 경험한 사람은 그 결과가 파괴적이더라도 남용을 하게 된다. 알코올의 경우 직접적인 감각적 만족보다는 불안과 갈등으로부터 해방되었다는 쾌감을 느끼게 된다. 또한 약물을 남용하게 되면 능력 상실 등의 부작용을 가져오는데, 이런 부작용을 피하는 능력이 개인에게 없을 때는 중독으로 가게 된다.

정신분석 이론에 따르면 적응적 행동을 하기 위해서는 자아의 세 요소, 즉 원초아, 자아, 초자아가 조화롭게 기능해야 한다. 이 요소들의 기능은 심리성적 발달 단계를 거치면서 발전하게 된다. 이 이론에서는 약물중독 및 기타 정신병적 행동이, 이 발달 단계의 장애로서 자아의 세 요소가 파괴적인 상호작용을 하는 데 있다고 본다. 정신분석 이론에서는 중독에 기여하는 부적응적인 행동의 원인을, ① 감각적 만족의 추구, ② 자아 요소 간의 갈등, ③ 유아기에의 고착으로 보고 있다.

(2) 인간중심-경험주의 이론

① 비행

대인관계 훈련에 대한 요구가 큰 내담자, 부모-자녀 관계 문제를 다루고 싶어 하는 내담자, 또는 다양한 문화적 배경을 가진 내담자의 경우 인간중심 접근이 유용하다. 특히 비행청소년들 중에서 대인관계에 의한 비행을 하는 청소년이나 부모 또는 권위적인 대상으로부터 관심을 받기 원하는 비행청소년들에게 적용하는 것이 효과적이다.

② 약물

이 접근 방법으로 상담을 이끌어 나갈 때 가장 중요한 점은 약물 사용 청소년이 자신의 감정 전체를 경험할 수 있도록 편안하고 안전한 환경을 제공하는 것이다. 이런 점들이 청소년 내담자들에게는 약물을 사용하는 것 이외의 새로운 경험에 자신을 열고 그 방법들을 시험해 볼 수 있는 자신감을 발달시켜 준다. 상담자는 상담 장면에서 의사소통을 방해하는 요소들이 무엇인지에 대하여 자유롭게 이야기할 수 있도록 내담자를 격려한다. 이 과정에서는 긍정적 관심, 존중 그리고 완전한 공감적 이해가 필요하다.

약물남용 청소년들은 자신의 행동에 관한 처벌 여부나 자신에 대한 상담자의 평가 등에 매우 민감하며, 이런 점이 상담과정이 제대로 진행되지 못하게 방해하는 요소가 되기도 한다. 그러므로 이러한 접근 방법으로 청소년들의 마음을 여는 것은 필수적이다. 약물을 사용하게 된 경험이나 자신이 느끼는 약물의 가치에 대하여 존중해 주고 적극적으로 들어 주며 이해해 나가면 청소년 스스로 상담 장면에서 자유롭게 말하고, 그 말한 바를 현실에서 실행해 보는 과정에서 자신이 약물을 사용하는 행동과 가치에 관한 평가를 스스로 변화시켜 나갈 수 있다.

(3) 인지-행동주의 상담

① 비행

인지-행동주의 상담은 절도, 성폭력, 성행동장애, 우울, 자기표현 훈련 등 다양한 청소년 문제에 적용 가능하다. 단, 인지적으로 성숙한 내담자일수록 효과적이라는 한계가 있으므로 아동에 대한 치료 개발은 미흡한 편이다. 이는 자신이 명품을 가지고 있지 않거나 유흥비를 내지 않으면 또래들이 자신을 무시하고 사람 취급도 하지 않는다는 비합리적 신념 때문에 절도나 갈취 등의 행동을 서슴없이 하는 비행

청소년들에게 적용하면 효과적이다.

② 약물

약물상담에 대한 Beck의 전통을 따르는 인지치료적 접근을 좀 더 자세히 알아보면 다음과 같다(Liese & Franz, 1996: 최은영, 양종국, 2005에서 재인용).

• 활성화 자극

활성화 자극(activating stimuli)은 약물 관련 신념과 자동적 사고를 일으키는 단서나 방아쇠 역할을 하는 자극을 말한다. 이것은 곧 갈망감이나 충동으로 이어진다. 여기서 주목할 점은 중요한 활성화 자극이 부정적 정서라는 것이다. 중독자들이 추구하는 약효는 즉각적으로 정서 상태를 조절해 주는 것(immediate regulation of mood states)이다. 지루함, 불안, 분노, 긴장, 좌절, 우울 등의 불쾌한 정서를 없애기 위해 약을 찾고, 즐거운 기분을 더 즐겁게 하기 위해 약을 써서 축하한다. 따라서 인지치료의 목표 중 하나는 정서 조절을 위한 대안적인 인지 전략을 제공하는 것이다.

• 활성화된 신념

활성화 자극이 일으키는 약물 관련 신념은 두 가지다. 보통은 두 가지 종류의 신념을 모두 가지고 있다. 하나는 기대 신념(anticipatory belief)으로, 약을 사용함으로써 만족감, 효율감, 사회성이 증가한다는 예감이다. 다른 하나는 위안 지향적인 신념(relief-oriented belief)으로, 불쾌한 몸 상태나 감정 상태가 약으로 인해 덜어지리라는 기대다.

• 자동적 사고

자동적 사고는 짧고 자발적인 인지적 과정으로 생각의 형태를 띨 수도 있고 이미지의 모습을 띨 수도 있다. '피워!' '마셔!' '해 버려!' 등 주로 실행문의 형태를 취한다. 예컨대, 헤로인을 정맥에 꽂은 후 따스한 기운이 올라오는 장면에 대한 심상이 이에 해당한다.

• 충동과 갈망감

배고픔이나 목마름 같은 신체적 감각의 형태를 취한다. 예컨대, '한 번 하고 싶다.' '담배를 피우고 싶어서 미치겠다.' 같은 것이다.

• 촉진적 신념

이를 허용이라고도 한다. 약물 사용의 부정적 결과를 무시하도록 하는 인지적 왜곡으로, 자격 부여(entitlement, '나는 한 잔 마실 자격이 있다.'), 결과의 최소화(minimization of consequences, '한 번 하는 것인데 뭐 해로울까?'), 합리화(justification, '인생이 본래 그런 것인데 한 대 피운다고 뭐가 달라지겠냐!') 등이 있다. 특히 약을 줄이거나 끊으려는 사람에게는 '딱 한 번만 더.' '나중에는 꼭 끊을 거야.' '담배 한 대 핀다고 죽은 사람 여태껏 못 보았다.' 등이 촉진적 신념이 될 수 있다. 촉진적 신념이 강할수록 충동이나 갈망감에 쉽게 굴복한다.

• 도구적 전략에 집중하는 것

이 단계는 약을 획득하는 데 필요한 계획을 수립하는 과정이다. 약물중독자들은 대부분 나름대로 정교한 계획을 가지고 있다. 한 예로, 멀리 떨어진 특정 주유소에서만 기름을 넣는 버릇을 가진 내담자가 있었다. 자세히 탐색해 봤더니, 그 주유소 편의점에서는 담배를 보루로 판매한다는 것을 알 수 있었다. 그 주유소에서만 기름을 넣겠다는 결정은 겉보기에는 담배와 무관해 보이나, 알고 보면 고위험 상황으로 이끄는 우연 일치의 행동의 연속이었던 셈이다. 이렇듯 내담자들은 자신만의 도구적 전략을 가지고 있다.

• 지속적 사용 혹은 재발

한 번의 실수(lapse)는 지속적인 사용과 재발(relapse)의 활성화 자극이 된다. 즉, 한 번의 실수는 부정적 정서 상태를 유발하고, 다시 완전한 재발로 이어지는 악순환을 형성한다. 이 배경에는 이분법적 사고가 작용한다. '한 잔 하면 곧 완전히 취하게 된다.' '이제 다 틀려 버렸고 재기할 수 없다.' 등이 그러한 예다. 이를 겨냥한 치료적 슬로건이 '한 번의 실수가 곧 재발은 아니다.'다.

3. 청소년 비행 및 약물중독 상담의 실제

1) 청소년 비행상담의 과정

(1) 상담 초기

비행청소년들과 상담을 진행할 때는 초기 단계부터 어려움을 겪게 된다. 가장 먼저 당면하는 문제는 상담자가 비행청소년에 대한 정보를 가질 때 생기는 편견과 선입견이다. 상담자가 절도나 약물 비행에 대해 가지는 편견이나 선입견에 비해 폭력이나 강력 비행에 대해 가지는 편견이나 선입견이 상담자와 비행청소년 간의 친밀관계 형성을 더 방해한다. 상담자는 비행청소년들에 대한 편견과 선입견을 버리고, 인간 존재 자체에 본질적 의미를 두고 사랑하는 마음을 갖는 것이 중요하다. 또한 비행청소년들은 자신의 감정의 확인, 명료화, 감정의 표현 방식에 대해서 어려움을 갖는 것도 문제이지만, 자신의 감정조차 제대로 인식하지 못하고 모호한 반응을 하는 경우가 많으므로 자신의 감정을 표현하는 학습을 시행해야 한다.

비행청소년들과 초기상담을 진행할 때는 상담 목표를 설정하는 데 어려움을 많이 겪게 된다. 그들은 다양한 경험과 잘못된 학습으로 인해서 방어기제가 잘 발달되어 있다. 초기상담에서는 비행청소년들의 다양한 방어기제를 잘 파악하고 청소년의 요구를 반영한 상담 목표를 합의하는 것이 가장 중요하다.

(2) 상담 중기

① 관계 형성

이 과정에서는 청소년이 비행 행동을 통해서 충족하려는 욕구와 달성하려는 목적이 무엇인지를 살펴봄으로써 비행 행동의 기능을 이해할 필요가 있다. 특히 비행청소년들과 원만한 관계를 형성하기 위해서는 그들이 사용하는 언어를 많이 사용하여 친근감을 갖도록 하는 것도 좋은 방법이다. 관계를 맺고 상호작용하는 방식은 개입 전략의 성공에 중요한 영향을 미친다. 비행청소년과 관계를 맺을 수 있는 일반적인 전략은 다음과 같다.

- 혼란된 상태를 그대로 받아들이기: 이해가 잘 되지 않거나 정보가 필요한 경우 내담자에게 직접 설명을 요구하고 구체적으로 묻는다.
- 위기 상황을 예측하고 준비하기: 징계, 체포, 가출 등의 위기 상황이 일어날 수 있다.
- 유사한 상황에서 변화한 다른 비행청소년의 이야기를 들려주기
- 회기를 통해 어떤 것을 알게 되었는지를 이야기해 주기: 구체적으로 상담과정을 통해 상담자가 무엇을 알게 되었는지 내담자에게 알려 주어 성인도 청소년에게 배울 수 있음을 전달한다.
- 청소년의 입장에 서기
- 다른 상담자와 라포 형성이 더 잘 되면 그 상담자에게 의뢰하기
- 짧게 이야기하기: 비행청소년들은 교육적인 긴 설명을 못 견디니 짧게 효과적으로 메시지를 전달한다.
- 자기개방의 한계를 인식하기: 상담자는 내적으로 해결되지 않은 문제에 대한 자기개방을 피하는 것이 좋고, 내담자와 관련 없는 사적인 문제에 대한 자기개방도 피한다.
- 공감을 방해하는 지나친 보살핌을 피하기: 공감과 보살핌은 다르다. 비행청소년의 비극적 이야기에 대해 정서적으로 깊이 관여하게 되면 분노, 동정, 보호, 반감의 정서에 휩싸이게 된다. 이는 비행청소년의 입장에서 세상을 바라보는 공감 능력을 방해하고 상담과정에서 이를 알아차리지 못하면 장애가 될 수 있다.
- 죽음, 소외, 무의미, 자유 등의 실존 문제에서 물러서지 않기: 많은 이가 이러한 문제에 적극적으로 매달리고 때로 강한 정서로 반응한다.
- 희생양 확인하기: 부모나 다른 권위자의 희생양인지를 확인하고, 비행청소년들의 불공평하고 해로운 행동들을 정확히 확인한다.
- 성차별 확인하기: 내담자가 여자라는 이유로 차별, 피해를 받지는 않았는지 확인하고 이를 진실하게 공감한다.
- 성욕 과소평가하지 않기: 많은 청소년이 성욕을 가지고 있으므로, 여성 상담자가 안아 주거나 기타 신체적 접촉을 하는 것은 남학생들에게 성적 충동을 일으킬 수 있음을 유의해야 한다. 여학생의 경우 옷차림이나 여성으로서의 인정을

요구하며 남성 상담자들을 유혹할 수 있다. 이러한 행동들을 무시하지 말고 직접적으로 다루어 나가야 한다.

- 주목받고 싶어 하는 청소년에게 주목하기: 주목받고 싶은 욕구로 행동을 하는 경우, 주목을 받지 못한 결핍된 욕구로 인한 것이므로 무시하기보다 오히려 주목해 주는 것이 좋다.
- 자연스럽게 직면하기: 친밀하고 공감적으로 유머와 보살핌과 함께 직면하고, 진실함 속에서 재개념화한다.
- 비행청소년의 중요 방어기제인 무심함 알아차리기: 비행청소년들은 책임의 짐이나 학대의 아픔을 느끼기보다 그것에 무심해진다. 많은 경우 고통에 너무 예민하기 때문에 미리 피하는 것이다. 따라서 무심함은 상처나 어려움을 회피하기 위한 것이라고 재개념화해 주는 것이 필요하다.

② 변화에 대한 비자발성 문제

부모나 학교로부터 강제로 보내지거나 끌려오는 경우, 청소년은 의식적 · 무의식적으로 변화나 도움을 원하고 있을지라도 변화에 대한 저항을 경험한다. 다음은 비자발적 내담자를 상담할 때 상담자가 갖추어야 할 자세를 정리한 것이다.

- 상담을 통해 모든 것을 해결할 수 있다는 신념을 갖지 않는다. 상담자로서 무엇을 할 수 있고 무엇을 할 수 없는지 스스로 이해하고 현실적으로 가능한 기준과 한계를 설정한다. 상담을 통해 내담자의 모든 어려움을 해결할 수 있다는 과도한 기대를 갖게 되면, 청소년들이 상담에 대해 지니고 있는 기대를 간과할 수 있다.
- 비자발적인 내담자도 사실은 변화를 간절히 원하고 있음을 기억해야 한다. 그래야 상담자는 내담자가 변화하도록 동기화할 수 있고, 숨겨진 변화의 동기와 동맹을 맺을 수 있다.
- 융통성을 길러야 한다. 내담자의 저항을 상담자 개인에 대한 거부로 받아들이지 않아야 한다. 이는 초심 상담자의 경우 많이 나타나게 된다. 내담자의 저항을 개인적인 거부로 해석하게 되면 상담자는 화가 나거나 무력해지며, 내담자에게 잘 보이려고 과다한 노력을 하게 되어 상담을 효과적으로 진행할 수 없다.

(3) 상담 종결기

비행청소년 상담의 종결기에서는 상담에서 배웠던 새로운 기술과 태도의 문제를 어떻게 실제 사회 상황에 적용할 수 있도록 하느냐의 문제가 가장 큰 과제다. 사회의 다양한 유혹으로부터 자신을 지키며 홀로서기를 할 수 있느냐를 파악하기 위해서 비행청소년들에게 아주 구체적인 행동 계획을 세우도록 하며, 그들이 잘 실천하고 있는가를 같이 나누기 위해서 몇 번 더 만날 수 있어야 한다. 특히 상담을 종결한 후에도 지속적인 사후 점검이 꼭 필요하다. 비행청소년의 상담은 복합적인 요인으로 인해서 문제의 해결부터 많은 어려움이 있으므로 복지적인 접근도 같이 병행해야 할 것이다.

2) 청소년 약물중독상담의 과정

(1) 상담 초기

① 평가

평가에서 가장 먼저 할 일은 약물남용의 수준이 어느 정도인지를 확인하는 것이다. 따라서 이때는 의학적인 검사도 실시해야 하며, 현재 사용하고 있는 약물에 대해서 대체 중독물질이 있는지, 그것을 어느 정도 사용하고 있는지 등을 파악해야 한다. 약물중독이 되어 있는 청소년의 경우 알코올, 담배 등 다른 물질중독을 함께 가지고 있는 경우가 많기 때문이다.

또한 과거의 치료 경험들을 알아보는 작업이 필요하다. 예전에도 치료를 받은 경험이 있는가, 어떤 종류의 치료를 어떤 치료자에게서 받았는가, 어느 정도 수준까지 치료가 이루어졌는가, 행동이나 성격 면에서 중독을 일으킬 수 있는 다른 요소들로는 무엇이 있는가 등을 확인해야 한다. 다음으로, 약물을 사용할 돈은 어떻게 구했는가, 잠재적인 반사회적 성격은 어느 정도 가지고 있는가, 얼마나 자기파괴적이며 그 위험 수치가 높은가, 약물 사용에 관한 가족력은 어떻게 되는가, 동료들은 어떠한가 등 약물남용과 관련된 주변 환경들에 대한 조사도 필요하다.

② 절제와 상담을 위한 동기화

약물 사용 절제를 동기화하기 위한 전략에는 점진적인 설득, 직면, 실험실 등의 기법들이 있다. 또한 내담자 주변의 가족, 친구, 교사와 같은 주변 환경들은 약물 사용 절제에 큰 도움을 줄 수 있다. 가족은 내담자가 약물 사용을 중단하고 앞으로 계속 치료를 받을 수 있도록 지지 · 격려해 주며, 강력하게 내담자에게 뒷받침이 되어 주도록 한다.

③ 해독

약물상담에서는 상담과정 가운데 기존에 사용한 약물의 잔재를 해독하는 작업이 필요하다. 이때 상담자는 의학적인 방법을 함께 사용하여 해독 작업을 한다.

④ 절제와 상담 계획 세우기

여러 가지 평가와 면접을 통해서 청소년의 상태가 파악된 후에는 앞으로의 치료 절차를 계획한다. 이때 먼저 입원치료를 할 것인지 혹은 외래치료를 할 것인지를 결정해야 한다. 이는 내담자의 약물남용 상태, 약물 의존도, 자아 강도 그리고 주변 환경의 지지 수준을 파악하여 결정할 필요가 있다. 또한 치료 방법으로 앞으로 어떤 것을 사용할지를 결정하도록 한다. AA(Alcoholics Anonymous, 단주집단)와 같은 집단을 통한 상담과 치료를 할 것인지, 약물 요법을 사용할 것인지, 또는 그 외의 치료 방법들을 사용할 것인지 결정한다. 이런 치료 방법들은 내담자의 심리적 문제와 인지적 문제를 함께 고려해야 한다. 그 후 내담자와 앞으로의 치료에 대해서 상세하게 계약을 체결하도록 한다.

(2) 상담 중기

이 시기에 상담자는 초기에 설정된 상담 계획에 따라 청소년들이 약물 사용을 절제하며 재발에 대처할 수 있도록 구체적인 사고와 행동의 변화를 촉진시킨다. 또한 청소년이 약물 사용을 중단하고 효과적으로 자신의 삶을 다루어 갈 수 있도록 건설적인 대안(예: 공부 방법, 새로운 친구 사귀기, 가족과 관계 맺기 등)을 제시하고 이에 익숙해지도록 돕는다.

약물상담에서 치료를 통해 약물 사용을 절제하기 위한 필수적 단계는 다음과 같다.

① 약물남용의 재발을 일으키는 요소들에 대해 교육한다.
② 약물을 이용하도록 자극하는 외적 요소와 내적 감정을 확인한다.
③ 약물 사용과 관련된 활동들을 대체할 수 있는 지지 체계와 일상 구조를 확립한다.
④ 위기 상황과 약물을 사용하고 싶은 욕망을 다루는 행동 계획을 세운다.
⑤ 치료를 받다가 초기에 그만두지 않도록 계획을 세운다.

(3) 상담 종결기

약물중독 청소년을 상담하는 상담자는 상담 후반부에 친밀성과 자율성을 높여주는 상담을 한다. 이 시기에 다루어지는 주제로는 슬픔과 손실, 초기에 경험한 충격으로 가기, 전이와 역전이, 자아도취적 행동을 탈피하기, 여전히 남아 있는 역기능적 영향을 고려하기, 건강한 자아개념 형성하기, 친밀성을 획득하기 등이 있다. 이때 상담자는 다음의 여러 가지 상담 기법을 활용하는 것이 좋다.

- 감정 처리 기술
- 의사결정 기술
- 긍정적 행동을 확립하는 기술
- 기분 유지 기술
- 의사소통 기술
- 거절 기술

4. 청소년 비행 및 약물중독의 예방과 기타 상담

1) 비행 예방 및 사후 조치(탈비행화)

대부분의 연구 결과는 청소년 비행을 다루는 데 종합적인 전략이 필요하다고 지적한다. 즉, 지금까지 사회의 각 영역에서 이루어지고 있는 비행청소년을 돕기 위한 다양한 기관과 체제가 서로 통합·협력해야 한다는 것이다. 청소년 비행은 끊임없이 재생산되고 있는 데 비해 비행청소년의 예방, 교정, 재활을 위한 노력은 아직 공동의 목표를 향하지 못하고 있다.

또 하나의 연구 경향은 청소년 비행에 대해 위험 요소에 초점을 둔 접근과 보호 요소에 초점을 둔 접근으로 구분하여, 위험 요소를 감소시키고 보호 요소를 증진시키는 전략을 중요시하는 것이다. 위험 요소에 초점을 둔 접근은 문제의 위험 가능성을 증가시키는 과정을 밝혀내고 이를 제거함으로써 문제를 예방할 수 있다는 관점이다. 또한 보호 요소의 강화를 통해 청소년의 비행 예방 효과를 증진시킬 수 있다.

그 가운데 적응 유연성의 개념은 매우 중요하다. 적응 유연성의 사전적 의미는 '다시 되돌아오는 경향' '회복력' '탄성'으로서, 절대적으로 '상처받지 않음'과 같이 고정 불변의 성격 특성을 의미하는 것이 아니다. 이는 역경이나 어려움 속에서 그 기능 수행을 다시 회복한다는 의미를 지닌다. 즉, 역경을 겪으면서 개인이 자신의 힘과 능력을 잃었지만 이전의 적응 수준으로 다시 돌아오고 회복할 수 있는 능력을 의미한다(박현선, 1998).

2) 청소년 약물 사용의 예방

예방이란 약물남용의 발생 또는 확산을 줄이거나 안정시키는 제반 활동을 의미한다. 예방도 광의와 협의의 두 가지 차원에서 살펴볼 수 있다. 먼저, 광의의 약물남용 예방은 교육, 훈련, 치료, 연구를 모두 포함하는 과정이다. 즉, 약물의 공급·수요 과정을 포괄하는 법률적 시행과 실제 통제에 관한 사회 정책의 상대적 개념을 의미하는 것이다. 협의의 예방은 약물남용 교육 프로그램이나 약물에 관한 정보제공 프로그램으로 정의된다. 이 개념은 예방을 위한 교육, 정보 제공 활동과 치료, 재활 활동을 구분할 때 사용된다(최은영, 양종국, 2005에서 재인용). 세계보건기구나 미국 국립약물남용연구소(National Institute of Drug Abuse: NIDA) 및 국립알코올남용 및 알코올중독연구소(National Institute on Alcohol Abuse and Alcoholism: NIAAA) 등은 광의의 개념에 의한 예방 전략을 구축하고 있다.

- **1차 예방–사용 예방:** 약물 문제가 발생하기 전의 예방이다. 약물남용의 발생을 감소시키고 새로운 약물남용자가 생기지 않도록 예방하는 접근으로서, 선행

위험 요소의 감소, 취약성 감소, 보호 요소의 증가를 목표로 한다. 약물남용 문제의 발생을 가능하게 할 수 있는 요소들을 사전에 규명하고, 약물 사용을 피할 수 있도록 약물과 개인과 환경에 변화를 시도한다. 약물남용의 문제점을 이해하며 약물 사용 행위를 억제하고 거부할 수 있도록 도와주는 약물교육 프로그램, 남용되는 약물의 구입을 법적으로 억제하는 법적 제재의 강화, 대중매체를 이용한 홍보, 그 밖의 약물남용 유발 요인의 제거 등이 포함된다.

- 2차 예방–조기 개입: 2차 예방이란 문제를 조기에 규명하고 해로운 영향을 감소시키며 그 이상의 발전을 막을 수 있는 적절한 교정적 반응을 하는 것이다. 이미 약물을 사용하고 있으나 아직은 심각한 부정적 영향이 나타나지 않고 있는 대상자들을 위한 조기 개입 활동이다. 약물남용의 원인이 되는 약물의 차단이 중요하며, 스트레스를 감소시키고 대처 능력과 생활을 조절할 수 있는 능력을 얻도록 도와야 한다. 자아개념의 개발, 가족관계의 개선 등을 위한 개별상담, 가족상담, 집단상담과 같은 상담치료를 통해 약물 사용으로 인한 피해를 줄이고자 한다.
- 3차 예방–치료, 재활 및 재발 예방: 약물남용이나 강박적 사용의 문제 유형에 이미 연루되어 있는 대상자들의 문제 파급을 감소시켜 악화를 예방하고 재발을 예방하는 것이다. 3차 예방은 전형적으로 적극적인 의료적 · 심리사회적 치료를 포함한다. 입원치료 및 재발예방 재활 프로그램을 포함하며, 약물치료, 심리치료, 가족치료, 사회기술 훈련, 자조집단, 치료적 공동체 등의 개입이 이루어진다. 실제 상황에 대한 사정을 통해 동료, 이웃, 친구, 친척 등의 긍정적이거나 부정적인 비공식적 사회망을 파악하고 새로운 관계망을 개발하도록 원조한다.

예방 활동이 이루어지는 대표적인 기관인 학교에서의 예방 활동은 일반적으로 1차 예방과 2차 예방에 초점을 맞추어 이루어지고 있다. 3차 예방이 이루어지는 경우에도 일반적으로 직접적인 치료적 개입은 하지 않으며, 지역사회 전문상담기관이나 병원과의 연결을 통해 관여한다.

3) 청소년 비행 및 약물중독 상담의 기타 전략

청소년 비행 및 약물중독 상담에서 취할 수 있는 기타 전략으로는 '**치료 공동체**'라는 전략이 있는데, 이 아이디어는 역사적으로 계속해서 발전되어 왔다. 기존의 옥스퍼드 그룹, AA 등 자조적으로 회복하고자 하는 중독자들의 모임이 있었다. 이들은 치유와 변화의 능력이 개인 안에 있다는 믿음을 가지고 비슷한 상황에 처한 사람들끼리 정기적인 모임을 가진 프로그램이다.

이러한 비거주형 모임이 24시간 거주형 모임으로 가면서 '시나넌(Synanon)'이라는 치료 공동체가 탄생하게 되었다. 오늘날 시나넌에 다양한 조직, 철학, 실천 방법 등의 요인이 개입하면서 많은 치료 공동체가 생기고 있다. 치료 공동체는 고립 때문에 생긴 고통 그리고 그로 인한 부적응 행동들을 견고한 대인관계를 통해서 함께 해결해 나가고, 고립에서 벗어나 다른 사람들과 공동체 안에서 한 형제임을 느끼도록 도와줄 수 있는 사람들이 중독자들과 함께 모여서 사는 집단이다.

이 공동체는 개인 발전에 대한 기대를 심어 주고 자신의 수치심, 경계, 자책감 등을 추방하고 발전할 수 있도록 해 주는 기능을 할 수 있는 곳이다. 중독자들은 이 공동체 안에서 신뢰, 관심, 책임감, 정직, 적절한 자기노출, 보살핌 등을 얻을 수 있다. 치료 공동체에 입소하는 거주자들은 약물 사용, 범죄, 성행위 등에 대해서 통제력을 상실한 상태이며, 약물 과다 복용으로 인한 자살 위험이 있는 경우가 빈번하다. 또한 그들은 폭력이나 수감, 사망에 대해서 매우 불안해하고 두려워하며, 이러한 두려움은 약물로 인해 그동안 겪어 온 직업이나 가족, 친구 등의 관계 상실을 통해 더욱 높아진 상태다. 그들은 스스로 약물을 절제할 수 있는 능력이 거의 없으며, 이전의 치료 경험이 많으나 치료 이후 다시 약물을 사용하여 반복적인 주기를 가지고 있다. 사회적으로나 대인관계에서 책임감이 없으며, 생활방식 자체가 약물을 할 수밖에 없는 실정으로 그러한 삶을 전체적으로 수정하지 않으면 안 되는 상태에 있다.

치료 공동체에서는 입소한 거주자들이 정상적인 생활을 놓쳐 버린 이전의 발달단계를 짚어 주고 사회적인 능력을 살려 줄 필요가 있다. 그들은 대부분 부모, 배우자, 친구들과 역기능적인 관계를 맺고 있다. 또한 전과, 수감 경력 등을 가지고 있는 경우가 많으며, 약물과 매우 밀접한 관계가 있는 갈취, 학대, 폭력, 반사회적 행동, 친사회적 가치의 거부 등을 보인다.

치료 공동체는 치료 프로그램에서 변화의 대상이 되는 거주자와 이를 도와주는 직원으로 나누어진다. 또한 직원은 프로그램 운영 직원과 프로그램 지원 직원이 있다. 프로그램 운영 직원은 책임자, 부책임자, 시설관리자, 선임상담원, 일반 상담원 등으로 구성되어 있다. 이들은 보통 치료 공동체 졸업자들이거나 회복 경험이 있는 사람들로 구성되며, 치료 공동체 시설 운영과 임상적인 부분에 대해서 전체적으로 책임을 진다. 프로그램 지원 직원에는 임상 지원 직원이 있는데, 이들은 의사, 간호사, 교사, 직업상담사, 사회복지사, 심리학자 등이다. 또 시설 지원 직원은 급식 서비스, 시설 유지 · 관리 기술자 등이다. 치료 공동체는 다음과 같이 입소 전 단계 및 세 가지 연속적 단계로 구성된다.

(1) 치료 공동체 입소 전 단계: 입소 평가 단계

치료 공동체에 부적절한 사람들을 가려내고 적합한 사람에게는 장기 거주치료를 준비하도록 하는 단계다. 보통 프로그램을 졸업한 준전문가들이 면접을 하게 되며, 60분 정도의 1차 면접을 가진다. 그 후 신청자와 중요한 관계에 있는 사람들과 함께 한 자리에서 법률, 의료, 정신 문제, 약물치료 경험 등에 대한 기록을 검토하는 2차 면접을 한다. 이러한 면접을 거쳐 공동체에 위험을 줄 수 있다고 판단되는 사람은 입소 대상에서 제외된다. 또 향정신성 약물을 정기적으로 투약하는 환자들은 정신장애와 관련되기 때문에 치료 공동체보다는 병원 쪽으로 이끌어 준다. 이 단계에서 대부분의 입소자는 에이즈나 간염 관리에 대한 지침을 듣고, 다음의 유도 단계에 대한 여러 가지 오리엔테이션을 받는다. 그리고 프로그램 방침, 입소 기간, 직무, 공개적인 생활 등에 대한 정보를 제공받는다.

(2) 1단계: 유도 단계

입소 후 첫 30일 동안을 말하는데, 이 단계에서는 개인을 공동체에 동화시킨다. 동료들은 신입 거주자들에게 자신을 소개하고, 신입 거주자들은 직무, 미팅, 세미나, 집단상담, 식사, 레크리에이션 등에 참여하게 된다. 신입 거주자들은 시설 밖의 타인들과의 접촉을 최소화하며 상대적 고립을 한다. 또 절박한 문제들이 생겼을 때 해결하는 위기 개입을 배우며 집중적인 오리엔테이션을 받는다. 그리고 불안을 낮추고 공동체에 더욱 잘 동화될 수 있도록 지지적인 상담을 진행하게 된다.

(3) 2단계: 1차 치료 단계

2단계는 10개월간 진행되며 사회화, 개인 성장, 심리적 자각 등을 추구한다. 모임, 세미나, 집단 프로그램 등이 동일하게 진행되지만, 상담의 강도가 증가하고 공동체의 기대 또한 늘어난다. 직업 및 교육 서비스가 많아지며, 각 개인의 다양한 문제와 욕구에 따라 개인적인 치료 방법들을 고안하게 된다. 이는 동료들이 서로를 돕는 자조적인 치료 공동체의 특징을 넘어서지 않는 선에서 이루어진다.

(4) 3단계: 재진입 단계

재진입 단계에서는 거주자들이 공동체를 떠나 사회에 복귀하여 정상적인 생활을 영위할 수 있도록 도와준다. 13~18개월 정도에는 거주자들이 공동체에서 잘 분리될 수 있도록 도와주며, 그 후 18~24개월에는 치료 공동체 외부에서 잘 적응할 수 있도록 도와준다. 공동체 거주자들은 외부 세계에 더욱 많이 노출시키면서 배운 것을 바깥세상에서 적용할 수 있게 된다. 그리고 후반으로 갈수록 사회에 긍정적으로 대응하고 일상생활 기술을 익히며 시설 밖에서도 약물 없이 생활을 유지해 나가게 된다. 치료 공동체에서 벗어나 AA와 같은 모임에 참여하도록 유도되기도 한다.

요약

청소년의 심리적 상태에 따라 비행과 약물중독 문제가 한 명의 청소년에게 함께 드러나기도 하고, 특정한 하나의 문제만 드러나기도 한다. 그러므로 청소년 상담에서는 초기에 그들에 대한 정확한 이해와 평가가 무엇보다 중요하다. 청소년들이 드러내는 행동을 면밀히 관찰하고, 그 행동의 의미를 심리적으로 이해하여 상담 전략을 수립하는 것이 필요하다. 비행이나 약물 사용으로 드러나는 청소년의 마음을 이해하였다면 그들의 긍정적 변화를 설명하는 기존의 상담이론의 틀을 사용하여 상담의 개입 방향을 생각해 보아야 한다. 이 점에서 정신분석, 인간중심, 인지상담 등 상담의 중요한 접근 방식을 비행과 약물 사용 청소년에게 어떻게 적용해 볼 수 있는지에 대하여 간략히 기술하였다. 청소년의 비행 및 약물 사용 문제에 대한 이론적 이해와 함께, 실제적으로 그들을 어떤 과정을 거쳐 어떤 방법으로 상담할 것인지에 대한 이해도 필요하다. 이에 청소년 비행 및 약물중독 상담의 과정적 절차와 몇 가지 실제적 기법 및 예방 전략, 치료 공동체 전략 등을 습득해 두면 상담에 도움이 될 것이다.

생각해 볼 문제

1. 여성의 물건에 접촉하거나 이성의 옷을 입는 행동은 다음 중 어떠한 유형의 비행에 해당하는가?
   ① 음란물탐닉 비행
   ② 강제추행 비행
   ③ 대체물품 비행
   ④ 변태성교 비행

2. 다음 중 Weiner의 비행 유형 가운데 신경증적 비행에 관한 설명이 아닌 것을 고르시오.
   ① 자신의 욕구를 표현하고 충족하기 위한 방법으로 행해지는 비행이다.
   ② 주로 단독으로, 급작스럽게, 우발적으로 일어난다.
   ③ 핵심적 욕구는 타인의 인정, 찬탄, 도움받고 싶은 마음 등이다.
   ④ 사회적으로 합의된 목표와 수단에 의해 자신의 자존감, 소속감을 획득할 수 없는 경우, 이를 획득할 수 있는 새로운 하위 집단을 형성하며 행해진다.

3. 다음 약물 가운데 중추신경 흥분제에 해당되는 약물은 무엇인가?
   ① 암페타민
   ② 알코올
   ③ 본드
   ④ 코데인

4. 다음 설명 가운데 중독상담 초기 과정에서 진행시켜야 하는 과제로 볼 수 없는 것은 무엇인가?
   ① 중독 현상에 대한 정확한 평가
   ② 중독 현상을 대체하기 위한 대안의 합의
   ③ 과거 어린 시절 상처에 대한 치료
   ④ 상담에 대한 동기화

5. 다음 중 약물중독의 3차 예방과 관련하여 적절한 설명을 고르시오.
   ① 약물남용의 발생 감소와 새로운 약물남용자가 생기지 않도록 예방하는 접근으로서, 선행 위험 요소의 감소, 취약성 감소, 보호 요소의 증가를 목표로 한다.
   ② 조기 개입이라고도 불리는데, 문제를 조기에 규명하고 해로운 영향을 감소시키며, 그 이상의 발전을 막을 수 있는 적절한 교정적 반응을 하는 것이다.
   ③ 입원치료 및 재발예방 재활 프로그램을 포함하며, 약물치료, 심리치료, 가족치료, 사회기술 훈련, 자조집단, 치료적 공동체 등의 개입이 이루어진다.
   ④ 약물남용의 원인이 되는 약물의 차단이 중요하며, 스트레스를 감소시키고 대처 능력과 생활을 조절할 수 있는 능력을 얻도록 도와야 한다.

6. 비자발적인 비행청소년을 상담할 때 상담자가 취해야 할 태도에 대하여 생각해 보시오.

7. 약물중독 청소년 상담의 중기 과제에 대하여 기술해 보시오.

정답 1. ③ 2. ④ 3. ① 4. ③ 5. ③

참고문헌

금명자, 이향림, 권해수(1995). 약물남용 청소년 상담프로그램 I. **청소년상담연구**, 1226-1432 KCI. 한국청소년상담복지개발원.

김준호, 박정선(1994). 청소년의 약물남용 실태에 관한 연구-술, 담배를 중심으로-. **형사정책연구**, 7호, 1225-7559 KCI. 한국형사정책연구원.

박현선(1998). 빈곤 청소년의 학교 적응유연성. 서울대학교 대학원 박사학위논문.

최은영, 양종국(2005). **청소년비행 및 약물중독상담**. 서울: 학지사.

Lorion, R. P., Bussell, D., & Goldberg R. (1991). Identification of youth at high for alcohol or other drug problems. In E. N. Goplerud (Ed.), *Preventing adolescent drug use: From therapy to practice*. U.S. Department of Health and Human Services, Public Health Service, Alcohol Drug Abuse, and Mental Health Administration.

제10장

성상담

ADOLESCENT COUNSELIN

청소년의 정신건강과 정서적 성숙을 위한 청소년 상담에 대한 관심이 높아지고 있다. 청소년 상담은 청소년의 발달적 특성에 따라 특화되고, 보다 전문성을 요구하는 중요한 영역으로 자리매김하고 있다. 그중 성상담은 청소년 상담에서 빼놓을 수 없는 분야이며, 때때로 응급 상황을 다루어야 하는 전문성이 요구되는 분야다. 따라서 이 장에서는 성상담의 목적과 필요성을 이해하고, 청소년 성상담자의 자질, 각 영역에서 갖추어야 할 전문 지식 및 상담 기법을 습득하도록 한다.

학습목표

1. 청소년 성상담의 개념과 목적을 이해하고 설명할 수 있다.
2. 청소년 성상담자의 역할과 전문가로서 필요한 역량은 무엇인지 이해하고 설명할 수 있다.
3. 성상담에서 다루어야 할 구체적인 내용과 관련 지식을 숙지할 수 있다.

DOLESCENT COUNSELING

1. 성상담의 정의와 목적

성상담이란 성에 대한 생각, 경험 등의 인식을 점검하고, 새로운 가치관을 확립하도록 하는 과정이다. 더 나아가 성적 의사결정 능력을 향상시키고 성적으로 인격적인 주체로서 당당하고 책임감 있는 존재로 성장해 나가는 데 도움을 주는 과정이다. 이는 성이란 주제만 다루는 상담이 아니라 다른 정서적 문제로 기인하여 발생된 성 관련 사건을 해결하는 과정이기도 하며, 가족문제 상담의 출발점이 되기도 한다. 즉, 청소년 성상담은 성 관련 주제에서 시작하여 내담자의 정서적 불안정, 더 나아가 청소년 한 개인의 진로 문제까지 연결되는 중요한 상담 영역인 것이다.

이러한 **청소년 성상담의 목적**은 사춘기를 지나는 일반 청소년, 성 관련 고민을 하는 청소년, 피해 또는 가해 청소년을 포함한 모든 청소년이 하나의 인격체로서 자신의 몸과 존재의 소중함을 자각하는 과정에 함께하는 것이다. 이 과정에서 청소년들은 상담자의 수용을 통해 자신의 몸과 인격의 소중함을 깨닫는다. 뿐만 아니라 다른 청소년의 소중함을 새로이 인식하게 되고 자기 자신과 인생에 대한 책임감을 갖게 될 것이다. 청소년들은 대개 친구로부터 또는 인터넷 등을 통하여 성 지식을 습득한다. 그런데 이런 경로로 소개되는 성 지식은 현실과 달리 지나치게 과장되어 있거나 어떤 한 부분만 강조되어 있는 등 왜곡된 지식인 경우가 많다.

따라서 청소년 성상담자는 청소년들의 성 지식이 정확한 것인지 파악해야 하며, 왜곡된 지식을 보유하고 있는 경우 이를 바로잡아 주어야 한다. 성 인지 수준을 탐색하다 보면 과거에 성적으로 입은 상처, 부모에게 말하지 못한 어린 시절의 가족이나 이웃에게 당한 성추행, 성폭행 등 성폭력 피해 또는 가해 경험이 드러나는 경우가 있다. 이때 상담자는 이러한 진술을 통해 드러난 사건을 그냥 덮어 버려서는 안 된다. 이를 통해 성에 대한 감정과 느낌을 다루도록 하며, 진술이 시작된 시점에서부터라도 과거의 사건이 해당 청소년의 마음속에서부터 충분히 처리될 수 있도록 개입해야 한다. 아동 또는 청소년을 상대로 행해진 친족, 이웃 등에 의한 성폭력 사건을 침묵으로 처리해 버리는 경우, 이에 대한 그들의 분노는 세상에 대한 불신으로 이어질 가능성이 높기 때문이다.

성과 관련한 진지한 대화는 발생할 수 있는 다양한 문제와 사건에 대한 예방 차원의 개입도 가능하게 한다. 청소년들은 이러한 목적과 기능을 가진 성상담을 통해 다양한 성 문제 발생 가능성과 이에 대처하는 자세에 대해 미리 고민할 기회를 얻게 된다. 예컨대, 성적 행위는 행위가 끝남으로써 끝나는 것이 아니라 그 이후의 삶에 지속적인 영향을 미치게 되는, 생각보다 감당하기 힘든 결과를 가져오는 행위다. 그런데 성상담을 통해 성적 행위가 일으킬 파장, 관련 사건의 발생 가능성에 대해서 미리 생각해 본다면 보다 주체적인 성적 존재로서 한걸음 더 성장하는 기회를 얻게 될 것이다. 즉, 청소년 성상담은 청소년의 성적 의사결정 훈련과정이며, 상담을 통해 청소년이 성에 대한 자아개념을 확립하도록 돕는 데에 궁극적인 목적이 있다.

2. 성상담자의 자세

청소년과 성상담을 하게 되면 청소년과의 문화적인 차이뿐 아니라 가치관의 차이를 느끼게 된다. 뿐만 아니라 부모와의 가치관 차이로 인해 개입 지연, 2차 가해, 상담자 배제 또는 상담자에게로의 책임 전가 등의 부차적인 문제에 추가로 직면할 수 있다. 청소년 성상담자가 이러한 가치관 혼돈 및 판단 기준의 불일치 등의 상황이 전개됨에도 불구하고 가장 먼저 취해야 할 입장은 **청소년 내담자의 입장**이다. 이미 청소년기를 거쳐 성인이 된 상담자와 부모는 청소년의 행위에만 초점을 두고 성 관련 문제에 접근하기가 쉽다. 이때 어른들의 일방적인 태도 또는 성인 중심의 사건 처리 방식은 청소년들의 마음의 문을 닫아 버리게 만든다. 성 관련 문제는 정서적인 문제의 결과로 나타나는 경우가 많기 때문에 상담자는 자기 자신의 입장에서 사례를 바라보기보다는 내담자의 입장에서 문제를 재조명해 보는 자세가 몸에 배어 있어야 한다.

성상담자가 청소년과 단회상담 또는 단기상담으로 만나게 되더라도 청소년 내담자에게는 일생에 걸쳐 발휘될 수도 있을 만한 영향을 미칠 수도 있다. 성 관련 문제에 대한 시의 적절한 개입은 한 청소년의 성 관련 습관, 성관계 등의 처리 행동 등에 영향을 미치고, 자존감의 상승과 진로 준비 행동의 유발 등 놀라운 성장 동력을 끌어낼 수도 있다. 청소년 성상담자는 결국 청소년들이 건강한 성적 주체로서 성적 의사결정 능력을 갖춘 성인으로 자라도록 상담을 통해, 때로는 사건 처리와 예방 교육을 통해 함께하는 멘토인 것이다. 따라서 청소년의 성 문제를 다루는 멘토이자 사건 해결 담당자로서, 그리고 정서 및 진로 문제를 다루게 될 성상담자로서 상담에 앞서 다음의 사항들이 준비되었는지 점검해 보아야 한다.

1) 성 관련 용어에 대해 명확히 숙지하기

'성' 하면 무엇이 먼저 떠오르는가? 신체적인 것, 육체적인 행위 등을 먼저 떠올리는 경우가 많다. 오늘날의 **성의 개념**은 신체적 · 생리적 개념에 대한 이해뿐 아니라 심리적 차원(본성, 욕구, 성격)과 사회적 차원까지도 포함한다. 사회적 차원을 포함하게 된 성에 대한 개념은 성 관련 용어의 정의뿐 아니라 이러한 정의를 내리게 된 사회적 맥락 속에서의 이해가 동반되어야 한다.

(1) 성(sex)

섹스(sex)라는 용어는 '자른다' '나눈다'의 의미를 가진 seco(cut)라는 동사에서 파생한 sexus에 그 기원이 있다고 한다. 한자로 성(性)은 마음 心(심)과 몸 生(생)으로 이루어진 것으로서 몸과 마음의 양 측면을 다 포괄하는 것이다. 가끔 성이라는 단어가 색(色)을 포함하는 성 행동, 성적 쾌락을 의미하는 경우가 있으나, 성의 어원대로 원 의미를 따라가 보면 성이란 전체적인 인간 자체를 뜻하는 것이다. 청소년들이 주로 알고 사용하는 성에 대한 개념은 성에 대한 한 가지 측면이 지나치게 강조된 바른 활용이 아닌 경우가 많다(강동효, 2001).

(2) 성(gender)

젠더는 성(性)에 대한 영문표기다. 1995년 9월 5일 북경 제4차 여성대회 GO(정부기구)회의에서 섹스(Sex) 대신 새로 쓰기로 결정했다. 젠더와 섹스는 우리말로 보통 '성'이라고 표기되지만 원어인 영어로 사용할 때는 미묘한 어감의 차이가 발생한다. 젠더는 사회적인 의미의 성이고, 섹스는 생물학적인 의미의 성을 뜻한다. 유럽연합(EU)과 미국 등 다수 국가에서 사용하는 젠더라는 용어는 남녀차별적인 섹스보다 대등한 남녀 간의 관계를 내포한다. 평등에 있어서도 모든 사회적인 동등함을 실현시켜야 한다는 의미가 함축되어 있다(2019, 두산백과).

(3) 섹슈얼리티(sexuality)

현시대에 살고 있는 우리의 성에 대한 태도나 행동도 대부분 이 시대에 학습된 사회적이고 문화적인 현상들이다. 즉, 섹슈얼리티란 사회문화적인 맥락 속에서 학습된 성에 대한 태도나 개념, 행동 등을 일컫는다. 섹슈얼리티를 성욕이나 성애(性愛)라고 번역하는 경우가 있는데, 이는 섹슈얼리티의 의미를 충분히 반영한 번역이라고 보기 어렵다. 섹슈얼리티는 단순한 성적 행위에만 국한되는 것이 아니라 정체성, 욕망, 성적 감정과 관계 등을 포괄하는 개념으로, 사회 속에서 성적인 욕망이 구현되는 방식 또는 완성되는 과정을 의미한다. 이 과정 속에서 본인의 성적 감수성, 지향성, 정체성이 드러나며, 또 이러한 요소들은 사회적 맥락 속에서 형성되어 가는 것이다(강동효, 2001).

(4) 성역할

성역할에 대한 영어 단어는 sex role, gender role로 표기된다. 이 두 개념은 어떻게 다른지 살펴보자. 먼저, 두산백과(2013)에 따르면 성역할(sex role)은 인간의 행위나 태도와 관련하여 남녀별로 적절한 것으로 규정된 문화적 기대치로서 사회화 과정에서 학습되는 것이다. 성역할의 사회화 과정은 태어나서 죽을 때까지 평생 동안 지속되는 과정으로서, 성에 따라 자아정체감이나 사회에서의 위치 또는 타인과의 관계가 다르게 규정된다. 유아기 때부터 여아와 남아는 성별에 따른 선별적 양육을 받게 되며, 성장과정에서 성역할에 따른 사회적 기대의 차이도 증가하게 된다. 이런 사회적 배경에서 성장한 아동들은 이미 사춘기에 도달하기 전에 남녀 간 행동 양식의 차이를 확실하게 드러낸다(두산백과, 2013). 사회학 사전에서 성역할(gender role)은 성별에 따른 말하는 형식, 언행의 버릇, 품행, 의복과 동작 등을 포함하여 성과 여러 가지 행동적 표현을 둘러싼 개념으로부터 발생한 사회적 기대를 말한다. 남성다움과 여성다움의 관념은 종종 상호 배타적인 것으로 생각되고, 어떤 사회에서는 역할 행동이 양극화되고 있다(예: 수동적인 여성적 역할, 활동적인 남성적 역할). 성역할에 관한 구분은 노동에 있어서 성별에 따른 분업과 여성의 직업, 직장 내 역할에서 잘 드러난다(고영복, 2000).

(5) 성역할의 고정화(성역할 고정관념, sexrole stereotyping)

교육학 용어사전에서는 성역할의 고정화에 대해 다음과 같이 정의하고 있다.

> 부모, 교사, 형제, 친구 등과의 관계에서 형성된 성적 역할. 사람은 한 사회에서 볼 수 있는 여러 가지 성적 역할 중에서 그 하나를 선택하여 자신의 성적 역할을 고정시킨다. 대체로 남성은 독립적이고, 활동적이고, 경쟁적이고, 논리적이고, 모험심이 강하고, 자신감이 있고, 야망 있는 존재로, 그리고 여성은 부드럽고, 다른 사람의 느낌에 민감하며, 깨끗하고 사랑스러운 느낌을 표현할 수 있는 존재로 성역할을 고정시킨다(서울대학교 교육연구소, 1995).

즉, 성역할의 고정화란 남녀 각각의 정해진 역할에 대해 사회적으로 동의된 신념으로서, 개인의 특성이나 다양성을 존중한 신념이라기보다는 성별에 따른 역할 수행에 대한 사회적 기대라고 할 수 있다.

(6) 성 주체성

성 주체성은 성적 의사결정 시 돈, 폭력, 또래의 압력 없이 상대의 동의하에 주체적으로 결정하는 것, 그리고 자신의 결정에 따른 행동의 결과에 대해 미리 예측 가능하며, 그에 대한 책임을 지는 것이다(홍봉선, 2002).

(7) 성적 자기결정권

성적 자기결정권은 이성과의 관계 속에서 평등하고 주체적으로 관계를 만들어 갈 수 있는 능력을 말한다. 다른 사람의 강요, 지배 때문이 아니라 자신의 의지나 판단에 따라 자율적으로, 책임감 있게 자신의 성적인 행동을 결정하고 선택할 수 있는 권리다(남미애, 2002). 성적인 욕구를 스스로 조절하고, 파트너와의 의사소통을 할 수 있으며, 합의를 도출해 낼 수 있는 능력이자 권리를 뜻한다. 따라서 성적인 행복과 즐거움을 누릴 권리가 있는 청소년은 반드시 그에 따른 책임도 져야 하는 존재다. **성적 의사결정 시** 청소년 자신이 주체가 되어 분위기나 상황에 압도당하지 말아야 한다. 따라서 상담자 및 교사는 청소년으로 하여금 성적인 한계, 욕구 조절, 상대에 대한 배려 및 미래에 대한 조망 등이 가능하도록 훈련해야 한다(박현이, 이명화, 박수선, 2005).

2) 자신의 성 정체성(성에 대한 가치관 등)에 대해 되돌아보기

성상담자는 '성에 대해 자연스럽게 이야기할 수 있는가?' '자신의 성적 발달과정, 성적 감정, 가치관, 정체성, 경험, 지식 등이 잘 정리되어 있는가?' '성적으로 관련한 것에 저항을 느끼는가?' '해결되지 않은 문제가 있는가?'에 대해 스스로 되돌아보도록 한다.

3) 내담자에 대한 진심 어린 이해

성상담자는 '성상담이라는 세팅에 대한 내담자의 어려움, 불편감 등에 대한 이해가 있는가?' '성 관련 문제로 내방한 내담자에게 다른 문제가 연결되어 있거나 보다 더 핵심적으로 다룰 다른 문제가 있을 수 있다는 것을 파악해 낼 수 있는가?' '성적 다양성, 청소년기의 동성 간 발생하는 문제 등에 대한 지식과 입장이 있는가?' 등 전문가로서 내담자에 대한 충분한 이해를 하고 있는지 점검해 본다.

4) 상담자로서의 전문적인 지식 및 자격 요건을 갖추기

문제에 대한 정확한 진단 및 개입을 할 수 있는가는 성상담자로의 전문성을 보유하고 있는지에 대한 기본적 전제가 될 것이다. '어떤 순서로 개입할 것인가? 사건 처리에 있어 문제의 핵심은 무엇인가? 가해자와 피해자, 일반 내담자와의 상담에서 다룰 주요 주제는 무엇인가? 사건 관련 기관(학교 등) 관계자 대처는 얼마나 빠르게, 어떤 수순으로 진행해야 하는가? 예방교육, 가해자 교육, 부모/보호자 교육은 어떻게 실시할 것인가? 우리 사회의 성 문화, 동료, 세대별, 성별에 따른 성 정체성(성에 대한 가치관)의 차이에 대해 파악하고 있는가? 관련 도움을 청할 수 있는 네트워킹 시스템을 구축하고 있는가? 의료적 개입, 가족 등과의 중재, 법적 개입, 상담, 자원 활용, 응급 지원: 원스톱 서비스센터와의 연계' 등의 사안에 대한 전문가적 판단과 처리 능력을 갖추고 있어야 한다.

3. 성상담의 실제

1) 성 매체 접촉 관련 상담

(1) 상담 방향

성 관련 매체들에서 대개 여성은 성적 대상으로서 남성들을 위한 상업적 목적으로 제작 · 소비되고 있다. 성 관련 매체들은 성적인 행위 자체만을 반복적으로 보여 줌으로써 성관계에 이르는 친밀감과 신뢰, 교감과 합의 등의 중요성을 전달하기보다는 성적 욕구를 공격적으로 해소하는 데 초점을 두고 있다. 성폭력 또는 소아강간 등의 내용은 성폭력에 대한 합리화 및 피해자의 고통에 대해서 둔감하고 무책임해도 된다는 합리화의 근거가 되기도 한다. 상담자는 성 관련 매체가 주는 악영향, 유해 등에 대한 강력한 경고 형식보다는 스스로 포르노 등 성 관련 매체에 대한 인식과 주관을 가질 수 있도록 상담과정을 진행해 나가야 한다. 관련 문제로 여러 청소년을 내담자로 맞이하게 되었다면 다 함께 토론을 통해 각자의 의견을 정리해 나가는 것도 많은 도움이 된다.

(2) 상담 지침

노골적인 노출, 성관계 표현이 민망하기 때문에 문제되는 것이 아니고, 이성을 성적 대상으로 가치를 전락시키며 폭력적 · 가학적 성 인식에 영향을 미치는 게 문제라는 것을 인식하도록 도와준다. 성 관련 매체는 성 인지를 왜곡시켜서 배우자 등 파트너에 대해서도 왜곡된 인식을 갖게 하며, 자신도 이성과 인격적인 교감보다는 성행위 자체를 유능하게 해내야 하는 성적 대상으로 다루게 된다는 점 등 미래에 미칠 영향에 대해서도 충분히 이야기를 나누도록 한다.

실제로 성 관련 매체인 포르노 등에서는 남성을 큰 성기와 발기력으로 여자를 흥분시킬 수 있는 성적 강자로 묘사하며, 여성은 가슴이 크고 성욕이 가득한, 늘 남자를 기다리며 성관계 시 흥분하는 존재로 묘사하고 있다. 이런 왜곡된 주인공들이 어떤 사랑의 동기나 맥락이 없는 성관계 행위를 하며, 매체는 이 행위를 반복해서 보여 준다. 성관계 행위의 배경은 강간 장면인 경우가 많은데, 여기서 등장하는 여주인공은 강간이라는 설정 안에서도 성관계를 거부하는 듯 시작하다가 결국 흥분하며 기다렸다는 듯 즐기는 것으로 묘사되기도 한다. 이때 여성의 성기, 가슴, 엉덩이 등을 자극적인 분위기를 일으키는 앵글 속에서 비추어 주고, 남주인공은 여성을 구타, 포박 등의 가학을 하는 성적 대상으로 묘사한다.

이러한 성 관련 매체를 즐겨 보는 청소년들은 왜곡된 정보를 가지게 될 수밖에 없다. 가령 '부모님 등의 성인들은 매체에서처럼 성관계를 한다.' '여자가 성관계를 거부하는 것은 내숭일 뿐, 폭력에 의해서라도 막상 관계를 가지게 되면 다 좋아한다.' '성기가 클수록 파트너를 더 흥분하게 만들 수 있다.' '여성은 성관계를 좋아하여 소리를 잘 내고, 쉽게 흥분한다.' 등으로 알게 되는 것이다.

따라서 성 관련 매체에 대한 상담을 할 때에는 우선 청소년들이 갖고 있는 왜곡된 정보는 어떤 것인지를 파악하고, 성 관련 매체를 접한 경로와 얼마나 자주 접하고 있는지, 그리고 관련 매체를 접한 후 달라진 점은 무엇이며, 마지막으로 성 관련 매체를 접한 후의 감정(흥분, 수치심, 성 충동, 자위행위의 증가, 여성의 몸에 대한 관심 증가 등)은 어떤지를 살펴봐야 한다. 특히 이 부분은 상담자가 상담적 태도로 내담자에게 다가서기보다는 교육자로서 다가서려는 경향이 발생하는 부분이므로 상담자는 성인으로서의 입장만을 강요해서는 안 된다. 내담자의 현재의 생각과 입장에 대해서 충분히 들어 주고, 자신의 의견을 표현해 나가는 가운데 성 인지적 측면이 잘 발달되도록 도움을 주어야 한다.

2) 자위행위 상담

(1) 상담 방향

자위행위란 자신의 성기 등 신체를 자극하여 성적인 쾌감을 얻는 행위다. 자신의 욕구를 스스로 해결한다는 점에서 청소년의 관심과 호기심이 많은 행위이며, 그런 만큼 청소년들 사이에는 자위에 관한 잘못된 인식도 많다. 예를 들면, '자위를 많이 하면 키가 안 자란다.' '머리가 나빠지거나 머리가 빠진다.' '성기가 커진다 혹은 휘어진다.' '정액이 고갈되거나 묽어져서 2세를 갖는 데 문제가 된다.' 등이다. 또한 자위행위는 단순한 성적 호기심에서 시작되기도 하지만, 불안과 스트레스를 해소하는 수단으로 활용되어 지나치게 몰입하거나 집착하게 만들 수도 있다. 또한 이러한 행위를 하고 싶은 욕구에 대해서 공유하는 일이 많지 않기 때문에 혼자서 죄책감이나 수치심으로 괴로워하기도 하며, 세균 감염, 도구 활용 등으로 인한 성기 손상이 있을 수 있다. 그리고 행위에 집중하는 과정에서 일어나는 상대에 대한 과대한 상상, 상대의 신체나 반응에 대한 왜곡된 지각, 자위행위 중의 불안으로 인해 발생하게 된 습관 등이 실제 상대와의 성관계를 갖게 될 때 부정적인 영향을 미칠 수도 있다.

(2) 상담 지침

상담자는 자위행위에 대한 내담자의 지식 등을 탐색하여 잘못된 정보를 갖고 있거나 위생 관리 등에서 문제가 되는 행위를 지속하는 경우 바로잡을 수 있도록 도와준다. 예를 들어, 자위행위 방법—횟수, 지속 시간, 연령—등에 대한 구체적인 문제에 대해 지식을 제공받거나 도움을 받기 원할 경우 객관적인 정보를 제공할 뿐만 아니라 고민의 핵심이 무엇인지, 자위행위로 인해 파생되고 있는 다른 문제는 없는지를 탐색해야 한다. 또한 자위행위에 자꾸 몰입하게 하는 다른 정서적 스트레스나 불안 요인은 없는지도 탐색해야 한다. 만일 자위행위와 관련한 불안, 수치심을 갖고 있다면 그에 대해서 이야기를 나눈다. 자위행위를 일으키는 자극 등이 죄책감이나 일상생활에 지장이 없는지도 탐색해 보아야 할 것이다. 또한 상식적인 차원에서의 조언을 제공해야 할 수도 있다. 예를 들어, 자위행위를 할 경우 손을 반드시 깨끗이 하도록 하며, 성기에 이상이 있을 만한 도구 등의 사용은 금하고, 다치지 않도록 주의하는 것 등이다. 또한 이 행위가 일상생활에 지장이 될 경우에는 상담자와 상의하도록 조언하는 것도 잊지 않도록 한다.

3) 성관계에 대한 상담

(1) 상담 방향

성관계(sexual intercourse)란 남녀가 성기를 통해 육체적으로 관계를 맺는 것을 말한다. 성행위(sexual activity)란 모든 신체적 접촉을 포괄하는 개념으로서 성관계를 포함하는 더 큰 개념이다. 성관계는 사랑하는 남녀의 서로에 대한 신뢰와 합의를 바탕으로 이루어지며, 그 합의 안에는 성관계 이후로 발생할 파급 효과, 서로의 정서에 미칠 영향, 임신 등 모든 것에 대한 책임의 약속도 포함된다. 따라서 성관계란 단순한 육체적 관계 그 이상으로서 사회적 관계, 문화, 개인의 과거와 미래 등이 연결되어 있다. 성관계를 갖기 전에 성관계로 인해 뒤따를 여러 가지 변화나 문제를 생각해 봐야 할 뿐 아니라 성관계를 갖고자 하는 나의 동기 그리고 상대방의 의사를 존중하며, 상대방의 동의 여부에 대해서도 분명히 해야 한다. 성관계에 대해서 고민하는 내담자에게는 성관계의 주체는 바로 나 자신이며, 그것을 선택하는 것도 나이고, 책임도 내가 져야 함을 가르친다. 내가 마음을 얻고자 하는 파트너의 성적 욕구가 나의 성관계의 주체가 되어서는 안 되며, 바로 나 자신이 성적 의사결정의 주체가 되어야 하는 성적 자기결정권에 대해서 이야기를 나누도록 한다.

(2) 상담 지침

성관계를 하면 안 된다 또는 해도 된다의 허가를 내리는 것이 상담자의 역할은 아니다. 내담자가 스스로 자신의 욕구가 무엇인지를 통찰하고 고민할 수 있도록, 성관계에 관한 판단과 선택을 하는 데 자신이 주체가 될 수 있게 도와주어야 한다. 우선, 성관계에 대한 내담자 자신의 욕구가 어떤 동기에서 비롯되고 있는지를 탐색하는 과정이 선행되어야 한다. 성관계 욕구는 성관계에 대한 호기심인지, 나의 욕구인지 또는 이성친구의 욕구인지, 성관계를 가졌다는 경험을 과시하고 싶은 것인지, 친밀감이 깨질 것 같은 불안 때문인지 등 어디에서 기인하는지에 대한 자발적 탐색이 이루어져야 한다.

성관계를 가진다는 것을 가정할 경우 미리 고려해야 할 사항들을 함께 찾아보는 과정이 뒤따른다. '관계를 했을 때와 하지 않았을 때의 차이, 장단점 대조해 보기' '성관계를 하기로 했을 때 고려해야 할 문제, 우려점(예: 임신, 성병, 학업에 미치는 문제, 주위의 선입견 등)' '성관계에 대한 책임 소재(합의에 의한 것이라면 서로 책임을 지지 않아도 되는 것이 아니라 서로에게 책임이 있다는 것)'을 인식시키도록 한다. 성관계를 잘 모르는 후배에게 성관계를 유도 · 협박하는 것은 아닌지 등에 대한 탐색도 이루어질 수 있다. 이때 '상대는 어떤 마음으로 성관계를 가지려고 할까에 대해 생각해 보기'를 통해 상대의 입장이 되어 보고, 상대는 어떤 부담과 어려움이 있을지도 고려해 보는 계기를 갖게 된다.

4) 임신에 대한 상담

(1) 상담 방향

청소년의 임신이라면 예상치 못한 임신인 경우가 대부분일 것이다. 임신한 내담자를 상담할 때, 또는 관련 주제로 내방한 내담자에 대해 상담자는 성적 행동에 대한 훈계, 비난, 편견을 갖지 않도록 한다. 상황에 대한 객관적 이해를 증진시키고자 불안감을 고조시킨다거나, 장래 계획 및 진로 성숙 태도에 대한 비관적 관점을 제공하고, 후유증 등에 대한 공포감을 조성하지 않도록 주의해야 한다. 준비되지 않은 임신으로 인한 충격과 불안 등의 정서적 고통을 다루어 주는 것으로부터 상담이 시작되어야 한다.

상담자는 내담자에 대한 객관적 이해와 현실적인 대처를 위해 노력하는 한편 생명에 대한 존중의 입장을 늘 지니고 있어야 한다. 또한 자녀의 임신으로 인해 큰 충격에 빠져 있을 내담자의 보호자를 공감하고, 내담자에 대해 비난, 선입견, 절망 및 포기 등의 심정을 갖지 않도록 돕는다. 남자 청소년 부모에게도 여자 청소년 및 부모의 심정에 공감하며, 똑같은 책임감을 가지고 상황에 대처하도록 안내한다. 또한 사후에 임신이 반복되지 않도록 하며, 건강상의 문제가 발생하지 않도록 교육하여야 한다.

(2) 상담 지침

내담자를 만나면 먼저 내담자의 몸 상태를 살펴보아야 한다. 상처나 질병이 생기지 않았는지를 확인한 다음 누구와 성관계를 언제, 어디서, 어떻게 한 것인지, 성관계가 합의된 것이었는지 또는 데이트 강간 등 일방적인 성관계를 맺은 것이었는지에 대해 확인한다. 임신한 내담자와의 상담을 진행하는 동안 지속적으로 챙겨야 할 것은 내담자의 정서적인 문제 다루기다. 내담자는 불안, 죄의식, 우울, 주위 편견에 대한 위축, 고립감 등을 감당하기에는 아직 미숙하다. 내담자가 보고하는 임신에 대해서는 테스트기 등으로 임신 확인이 된 것인지, 임신일 것 같은지를 확인하고, 성관계 시 피임을 하였는지, 피임을 했다면 어떤 방법으로 하였는지를 물어본다. 그리고 현재의 마음 상태는 어떠한지 파악하고, 불안, 공포 등 청소년으로서 감당하기 어려운 정서에 대해 다루도록 한다. 파트너는 임신 사실을 알고 있는지, 파트너의 반응은 어떠한지, 파트너 반응에 대한 내 기분, 입장은 어떠한지에 대해 이야기하도록 한다.

그리고 현실적인 처리 방안을 모색하기 위해 의논을 하거나 도움을 줄 사람이 있는지와 만일 보호자인 부모님과 임신을 모르고 있을지 모르는 파트너에게 임신 사실을 알린다면 어떻게 될지에 대한 내담자의 이야기를 듣고, 구체적인 대처 방안을 모색해 나간다. 부모의 충격 또한 적지 않을 것이기 때문에 내담자와 어떤 방식으로 부모에게 알릴 것인지에 대해 합의하여, 온 가족이 이 문제를 한마음으로 대처해 나갈 수 있도록 준비시킨다.

구체적인 대처 방안을 모색하면서 결정해야 할 중요한 문제는 출산을 할 것인지에 대한 문제다. 또 다른 가능성으로 임신중절 수술을 할 것인지에 대해서도 생각해 보아야 한다. 임신중절 수술을 할 경우 따라올 신체적인 손상 문제—자궁 천공, 장기 손상, 자궁내막 유착증, 감염, 재임신이 어려울 가능성 등—에 대해 알려 주도록 한다. 만일 내담자와 가족이 출산을 선택할 경우에도 출산 후 아이를 본인 또는 가족이 직접 양육할지 또는 입양 보낼지에 대한 문제를 논의해 보아야 한다. 출산 후 양육할 경우 출산한 청소년의 학업 지속의 문제, 경제적인 문제, 양육 방법, 진로 및 미래 계획 등에 대해 충분히 이야기를 나누도록 한다. 출산 후 입양 보내기로 결정할 경우, 그 뒤에 따를 정서적인 문제, 출산까지의 과정, 학업, 출산까지의 거취 등의 문제를 논의하도록 한다.

만일 강간 등의 폭력에 의한 성관계 및 임신이 의심된다면 원스톱지원센터와 연결하여 바로 상처 치료, 정액 채취 등을 실시하도록 한다. 이때 상담자 또는 교사, 보호자가 동행하도록 한다. 이곳에는 여성 경찰관과 전문 상담원이 24시간 근무하고, 응급(야간) 의료진이 대기하고 있으며, 의료, 상담, 수사, 법률 지원이 이루어진다. 아직 센터가 많지는 않지만 서울 두 곳을 비롯한 전국 곳곳에 설립되어 있다.

상황에 대한 현실적 대처를 함과 동시에 반복적인 임신이 발생하지 않도록 내담자의 상황에 대한 탐색 및 성교육, 지속 상담을 실시한다. 또한 상담자나 보호자 모르게 음성적 시설 및 루트를 통한 낙태로 몸이 상하지 않도록 안내한다. 이 모든 과정에 파트너를 참여시켜 이 일에 반드시 책임이 있음을 주지시킨다. 만일 내담자가 응급피임약을 복용했으므로 문제가 없을 것 같다고 주장할 경우, 응급피임약 복용은 월경 주기 중 1회의 성교에 한해서만 효과가 있음을 알려 주도록 한다. 매 성교

시마다 응급피임약을 쓴다고 효과가 나타나는 것이 아니며, 사전피임약에 비해 그것의 성공률도 낮다. 응급피임약은 복통, 다리통증, 시력이상 등의 부작용이 있을 수 있으며, AIDS나 성병을 예방하는 약이 아님도 주지시킨다.

〈임신 출산 관련〉

• 상담

한국미혼모지원네트워크 02-734-5007 http: //www.kumsn.org

서울시 한부모가족지원센터 02-861-3020 www.seoulhanbumo.or.kr

건강가정지원센터_미혼모부자가족지원 1577-9337 https: //www.familynet.or.kr

• 미혼모 시설

구세군두리홈 02-363-5722 www.sawoman.or.kr

애란원 02-393-4702 www.aeranwon.org

열린집 02-563-7420 www.openhouse.or.kr

마음자리 02-2691-4365 www.maumjary.com

아름뜰 02-384-4616 www.holtarum.or.kr

생명누리의집 02-332-5891 www.smnuri.or.kr

마리아모성원 051-253-7543 www.marymosungwon.or.kr

5) 성폭력 피해자 및 가해자 상담

(1) 성폭력 관련 용어

성폭력은 성을 매개로 상대방의 의사에 반해 이뤄지는 모든 가해행위로 성희롱, 성추행, 성폭행 등을 모두 포괄하는 개념이다. '성을 매개로 상대방의 의사에 반해 이뤄지는 모든 가해행위'를 일컫는다. 성희롱은 성에 관계된 말과 행동으로 상대방에게 불쾌감, 굴욕감 등을 주거나 고용상에서 불이익을 주는 등의 피해를 입히는 행위를 뜻한다. 음란한 농담, 언서, 외모에 대한 성적으로 비유를 들거나 평가하는 것, 상대가 원하지 않는 신체접촉을 하는 것, 회식이나 야유회 등에서 술을 따르도록 강요하는 행위 등이 성희롱에 포함된다. 성희롱은 「남녀고용평등법」과 「남녀차별금

지법」에서 처음으로 명문화되었으며 「성발전기본법」 「국가인권위원회법」 등에 성희롱 방지를 위한 조항이 규정돼 있다. 특히 「남녀고용평등과 일 · 가정 양립 지원에 관한 법률」 에서는 직장 내 성희롱을 "사업주 · 상급자 또는 근로자가 직장 내의 지위를 이용하거나 업무와 관련하여 다른 근로자에게 성적 언동 등으로 성적 굴욕감 또는 혐오감을 느끼게 하거나 성적 언동 또는 그 밖의 요구 등에 따르지 아니하였다는 이유로 근로조건 및 고용에서 불이익을 주는 것"으로 정의한다. 한편, 성희롱은 피해자가 사업주에게 가해자에 대한 부서전환과 징계 등의 조치 요청이 가능하고, 성희롱 가해자를 대상으로 손해배상을 청구할 수 있다. 그러나 이때 가해자는 형사처벌 대상이 되지는 않는다. 성추행은 강제추행을 뜻하는 것으로, 성희롱과 다른 것은 폭행이나 협박을 수단으로 추행한다는 것이다. 즉, 성희롱이 성적인 수치, 혐오의 감정을 느끼게 하는 일체의 행위라면 성추행은 이러한 추행 행위에 폭행, 협박 등 강제력이 가해지는 경우이다. 「형법」 제298조에 따라 강제추행한 자는 10년 이하의 징역 또는 1500만 원 이하의 벌금에 처한다. 성폭행은 강간과 강간미수를 의미한다. 강간은 '폭행 또는 협박을 가해 사람과 교접행위를 하는 것'을 말한다. 「형법」 제297조에 따라 강간한 자는 3년 이상의 유기징역에 처해진다. 국내에서 강간죄는 폭행이나 협박 등 물리력이 있어야 성립하는데, 이 때문에 국내법이 성폭행 피해자를 충분히 보호하지 못한다는 비판이 제기된다. 이에 따라 피해자가 거부했음에도 성관계가 이뤄졌을 경우 이를 성폭행이라고 판단해야 한다는 비동의 간음죄 원칙이 적용되어야 한다는 쟁점이 제기 되고 있다(2019, pmg 지식엔진연구소).

(2) 성범죄의 구분: 강간, 추행, 성 풍속에 관한 죄

「형법」은 강간과 추행의 죄(2편 32장)와 성 풍속에 관한 죄(2편 22장)로 구분하고 있다. 강간과 추행의 죄는 개인적 법익, 즉 개인의 성적 자기결정의 자유를 보호하기 위한 것이며, 성 풍속에 관한 죄는 사회적 법익, 즉 사회 일반의 건전한 성 도덕, 성 풍속을 보호하기 위한 것이다. 그러나 보다 넓게 성범죄에는 이러한 「형법」의 규정 외에도 「성폭력 범죄의 처벌 및 피해자 보호 등에 관한 법률」 「아동복지법」 「풍속영업의 규제에 관한 법률」 「윤락행위 등 방지법」 「경범죄처벌법」 등 특별법상 규정된 성 관련 범죄 일체가 포함된다. 현행 「형법」상 강간과 추행의 죄에는 강간죄(제297조), 강제추행죄(제298조), 준강간 · 준강제추행죄(제299조), 강간 등에 의한 치사

상죄(제301조), 미성년자 등에 대한 간음죄(제302조), 업무상 위력 등에 의한 간음죄(제303조), 13세 미만인 자에 대한 간음 · 추행죄(제305조) 등이 있다. 특별형법으로는 「성폭력 범죄의 처벌 및 피해자 보호 등에 관한 법률」상의 특수강도강간(제5조), 특수강간(제6조) 등이 있으며, 「특정강력범죄의 처벌에 관한 특례법」상의 특별한 누범가중(제2조 제1항 제3호, 제3조) 등이 있다(두산백과, 2019).

(3) 성폭력 피해자 상담

① 상담 방향

피해자는 불안과 공포, 분노와 죄책감이 뒤엉킨 상태에서 상담자를 만나게 된다. 상담자는 피해자를 만나면 마음이 아프고 속상하기도 할 것이다. 이때 안타까운 마음에 피해자에게 피해를 입었다는 사실에 대해 훈계하거나 '~하지 그랬어.' 등의 충고나 비난을 하게 될 수도 있다. 그러나 이러한 충고나 비난은 절대 금물이다. 상담자의 이런 태도는 피해자를 더욱더 심한 죄책감에 쌓이게 만들거나, 자기 자신에 대한 왜곡된 인지, 자포자기해 버리고 싶은 마음을 갖게 한다. 상담자는 피해자를 진심으로 지지해 주고, 진술에 대해 충분히 듣고 존중하는 자세를 보여 주며, 피해자의 진술에 대해 믿어 주는 자세를 가져야 한다. 피해자의 정서적 고통에 대한 공감과 지지를 통해 피해자 자신에 대한 자아개념이 손상되지 않도록 최대한 심리적 보호와 안정감을 전달해 주며 상담을 이끌어 나가도록 한다.

또한 피해자가 이후 사건을 극복하는 데 필요한 감정적 처리뿐 아니라 실제적 적응을 위한 상담을 진행해 나가야 한다. 가해자 처벌 정도와 어떤 식의 사과를 받기 원하는지 등 사건 처리에 대한 피해자와 보호자의 입장에 대해 정리하고, 처리 방법을 찾아 나간다. 학교나 어떤 기관 내에서 사건을 다루게 될 경우 담당자와 상담자를 각각 따로 두어 사건 처리 및 정서 관리를 하는 것이 이상적이다.

② 상담 지침

상담자는 우선 피해 내담자의 불안, 공포, 분노, 죄책감 등의 감정을 공감해 주고, 적절하게 표현할 수 있도록 도와준다. 또한 피해에 대한 의료적 · 법적인 지원과 지속적 상담에 대한 안내를 해 준다. 피해 상황에 대한 정확한 기록을 해 두며, 상황

재현을 통해 사건을 객관화시키고, 상담자도 객관적으로 파악할 수 있도록 한다. 물적 증거, 목격자, 사건 직후 피해자의 전화, 휴대전화의 문자 등 당시 피해자의 심리상태, 행동 등에 대한 증거를 확보한다. 가해자와 접촉한 증인들의 증언 및 증거 또한 확보한다. 사건 이전의 다른 피해자는 없는지, 이후에도 또 다른 피해자가 없는지 확인하며, 면담 내용을 반드시 기록해 둔다. 면담과정에서 피해자로 하여금 가해자와 사건에 대한 분노, 억울함 등을 충분히 표현할 수 있도록 하여 2차 가해나 다른 추가 피해나 스트레스 상황에 처하지 않도록 보호 조치를 마련한다. 또한 외상후 스트레스 장애(PTSD) 등의 발생 가능성 및 대처 방안에 대해 안내한다. 증거 채취 및 원스톱지원센터 연결을 통해 의료적 · 법적 지원을 받을 수 있는 방법을 안내할 뿐만 아니라 필요시 동행 등 실질적인 도움을 주도록 한다. 상담을 시작할 때는 상담을 통해 얻고 싶은 요구사항들을 확인하고, 합의된 상담 목표를 이룬 후에도 지속적인 상담 및 추후상담이 가능함을 안내한다. 상담자는 피해자 개개인과의 상담 지침 숙지뿐 아니라 학교 등 조직 내에서 피해자를 어떻게 보호할 것인지에 대한 기관의 입장을 염두에 두어야 한다.

(4) 성폭력 가해자 상담

① 상담 방향

성폭력 가해자에 대해서는 일반적으로 공감하기가 쉽지 않기 때문에 먼저 가해자의 정서는 어떠할지, 가해자는 어떤 인지적 특성을 가지고 있는지에 대해 미리 주지하고 있어야 한다.

사건이 발생한 이후 가해자는 '성폭행범'이라는 사회적 · 도덕적 낙인에 대한 두려움을 갖는다. 이 두려움은 억울하게 가해자가 되었다는 피해의식으로 이어지고, 피해자 및 사건처리 관련자들에 대한 원망과 분노, 죄의식 그리고 회피하고자 하는 복합적인 감정에 휩싸인다. 시간이 지나면서는 가해자는 사건 자체에 대한 부인, 원인에 대한 책임전가, 합리화를 하게 된다. 예를 들면, '사건 장소에 간 일이 없다.' '또는 그 시간에 다른 곳에서 다른 일을 하고 있었다.'와 같이 사실에 대해 전면 부인을 하면서 어떤 반성이나 인정을 회피하려는 경향을 드러내는 가해자가 있을 수 있다. 또는 남성중심적 성적 고정관념에 의거하여, '피해자가 전혀 거부하지 않았으며, 오히려 상대도 원했다.' '상대가 나를 꼬셨다.' 또는 '너무 야하게 옷을 입은 건 그쪽도 무슨 의도가 있었던 것 아니냐.' '왜 그 늦은 시간에 밤길에 혼자 다녔겠느냐.' '술을 여자가 그렇게 무방비로 마시는 건 왜냐.'와 같이 책임전가를 하는 가해자가 있을 수 있다.

또한 남성은 성 충동을 잘 주체하지 못하는 존재이니 충동에 의한 한 번의 실수쯤으로 사건을 취급해 주어야 한다고 주장하는 경우도 있다. '술을 마셔서 아무것도 기억나지 않는다.' 등 사건에 관한 책임을 상황에 전가하거나, 오히려 자신이 취한 상황에서 피해자라는 주장을 하기도 한다. 상담자는 이런 가해자의 주장이나 의도에 휘말리지 않고, 가해자의 현재 감정을 잘 읽어 주어 진심으로 대화를 나눌 수 있도록 노련하게 개입해야 한다.

② 상담 지침

성폭력 가해자는 대개 남성중심적 성 인지 개념을 갖고 있다. '밤늦게 돌아다니거나 노출이 있는 옷을 입는 여자는 헤픈 여자이며, 성적인 관계를 원하는 여자다.' 등의 성역할 고정관념을 성폭력 정당화에 대한 근거로 삼는다. 성관계를 통한 만족감이나 친밀감은 남성중심적 · 강압적 성관계에서 극대화되는 것이 아닌데도 가해자들은 이런 일방적인 관계 맺기가 자신의 성욕을 충족시키며 심지어는 상대의 만족감을 높인다고 생각하는 경우도 있다. 청소년 성상담자는 가해 청소년들로 하여금 성관계, 성적 행동을 하는 두 사람은 행위 이전에 정서적인 친밀감을 서로 확인하고, 성적 행동에 대해 합의를 해야 한다는 것을 인식시켜 주어야 한다.

그러나 가해자 교육에서 핵심이 되어야 하는 것은 성 인지 발달에 대한 것뿐 아니라 '내가 저지른 일은 내가 책임진다.'는 책임의식을 갖도록 하는 것이다. 따라서 가해자 상담은 단순한 교육, 그리고 처벌을 면하게 하거나 줄여 주기 위한 상담이 되어서는 안 된다. 일반적인 가해자 상담은 사건 발생의 원인을 탐색하고 성행동에 대한 태도나 패턴이 일방적이거나 충동적 · 공격적이지는 않은지 탐색하는 것에서 시작한다.

동시에 가해 당시의 자신의 감정, 사건 이후 현재의 죄책감, 수치감, 불안, 분노 등의 감정을 다루어야 한다. 이 과정에서 가해 청소년 내담자는 사건 당시 상황을 객관적으로 바라보고, 자신의 행위에 대한 이해를 하며, 피해자의 입장에 서 보게 될 것이다. 피해자의 입장에 서 보는 과정을 통해 내담자는 피해자에게 미친 사건의 영향에 대해 인식하고 피해자의 깊은 상처를 공감하게 될 것이다. 피해자에 대한 공감은 가해 내담자가 자신의 행동의 심각성을 인지하고, 진심으로 뉘우치며 상대에게 용서를 구하고, 다시는 유사한 범죄를 저지르지 않겠다는 결심을 하도록 이끈다.

(5) 데이트 폭력

① 상담 방향

세계보건기구(WHO)는 데이트 폭력을 "신체적 공격(physical aggression), 성적 강요(sexual coercion), 심리적 학대(psychological abuse) 및 통제행동(controlling behaviours)을 포함하여 신체적 · 성적 또는 심리적 해를 초래하는 행동"이라 정의하였다(World Health Organization, 2010: 11). 데이트 폭력은 데이트를 하는 관계에서 발생하는 신체적 · 정서적 · 언어적 · 성적 · 경제적 폭력을 말한다. 데이트 폭력에는 친밀한 관계가 밑바탕이 되어 있으며, 사랑과 관심이라는 미명하에 상대의 행동을 감시하거나 통제하려는 폭력이라는 특징이 있다. 상대방에게 직접적으로 행사하는 폭력뿐 아니라 일상생활에서의 감시와 통제를 포함한다. 감시, 통제의 한 형태인 스토킹은 상대의 의사와 상관없이 지속적이고 반복적인 감시, 통제를 함으로써 괴롭히는 행위를 말한다. 이는 데이트 관계 중에서 이루어질 뿐 아니라 이별 통보 이후, 혼인관계 이후, 혹은 전혀 알지 못하는 관계 사이에서도 이루어진다.

데이트 폭력에는 신체적 폭행, 성적 폭행, 언어적 폭행, 정서적 폭행, 경제적 폭행 등이 있다. 이런 폭행 행동은 통제 행동으로서 그에 대한 지식이 없으면 자신이 당하고 있는 폭행이 애정행위가 아닌 데이트 폭력이라는 인식을 하기가 어렵다. 친밀한 관계 속에서 이루어지기 때문에 성적 · 언어적 · 정서적 · 경제적 폭력행동에 대해 주변에 알리기가 더 어렵다는 점도 데이트 폭력 피해를 보다 장기화 · 극대화시킨다. 따라서 상담자는 데이트 폭력과 스토킹이란 무엇이며 어떤 행위들이 데이트 폭력에 해당하는지에 대해 숙지하고 있어야 한다. 상담자는 내담자가 데이트를 통해 얻고자 하는 것, 얻고 있는 것과 현재 데이트 폭력에서 경험하는 것은 어떻게 다른지를 정리하도록 돕는다. 이 과정을 통해 데이트 폭력에 대한 문제 인식을 높이는 공감적 · 교육적 상담 효과를 거둘 뿐 아니라 신고 등의 신속한 대처와 증거 확보가 필요한 부분이 있는지 확인하면서 내담자의 데이트 폭력에 대한 대처 방안을 안내하도록 한다.

② 상담 지침

피해자가 여성이든 남성이든 문제를 느꼈을 때는 바로 대응 행동을 취하도록 해야 한다. 데이트 폭력 피해자가 상담실을 찾아올 때는 이미 폭력이 지속된 지 이미 오랜 시간이 지났거나 혹은 강도 높은 데이트 폭력에 노출된 상태인 경우가 많다. 하지만 요즘에는 데이트 폭력이나 스토킹에 관한 인식이 증가하면서 모호한 괴롭힘과 고통이 데이트 폭력이 아닌가 하여 상담실을 방문하기도 한다. 이때 상담자는 정서적인 지지뿐 아니라 구체적인 대처 행동을 숙지시키고 바로 조치를 취하도록 돕는다. 구체적 대처 행동 방안들은 다음과 같다.

먼저는 상담소 또는 도움을 줄 수 있는 사람에게 알려야 한다. 안전이 위협되는 상황이라면 긴급전화 112, 여성긴급전화 1366에 전화를 건다. 이때 본인의 위치부터 말하도록 한다. 사이버경찰청, 경찰관서를 방문할 수도 있다. 증거를 모아 두고, 날짜, 시간, 장소, 가해행동, 상황, 피해내용 등을 6하 원칙에 따라 기록해 두도록 한다. 몸에 난 상처는 사진을 남기고 병원에 가서 데이트 폭력에 의한 상처라는 기록 등 상해진단서 발급을 위한 진료기록을 남겨야 한다. 상처뿐 아니라 부서진 기물에 대한 사진, 파트너와 주고받은 문자, 메신저, 메일, 통화 녹음 등을 저장해 두어야 한다. CCTV 영상은 주기적으로 삭제되는 경우가 많아서 필요시에는 빨리 확보해야 한다. 데이트 폭력은 가해자가 자신의 결점, 폭력행동을 사랑이라는 테두리 안에서 용인해 줄 거라 믿을 수 있는 연인을 대상으로 자행하는 폭력행위다. 피해자는 연인으로서 나의 묵인과 인내가 파트너를 변화시키고 상황을 호전시킬 거라는 생각을 하게 된다. 혹은 내 노력이 부족해서 파트너의 분노나 폭력행동이 발생한다는 생각으로 데이트 폭력에 대해 침묵하는 경우도 있다. 또는 둘의 관계에서 촬영된 영상, 사진 등을 유포하겠다는 협박 때문에 주변 사람에게 알리거나 도움 요청을 하지 못하는 경우도 있다. 이때 상담자는 내담자로 하여금 데이트 관계에서 발생하는 불편감이나 고통이 데이트 폭력일 가능성을 인식하고, 관계를 점검하도록 도와야 한다.

데이트를 하는 과정에서 파트너가 자주 비난을 하거나 폭력적 성향을 드러낼 경우 즉시 피드백을 주는 것이 좋다. 정서적인 폭력도 데이트 폭력에 해당하므로 이런 행위를 당하는 상대가 느끼게 되는 괴로움과 두려움에 대해서도 행위자에게 알리고 느끼게 해야 한다. 커플 간에 이러한 의사소통이 잘 되지 않는 경우, 혹은 피드백이나 대화 시도에 대해 파트너가 폭력적으로 반응하는 경우 상담소, 여성의 전화 등에 바로 상담 신청을 하고 도움을 구해야 한다. 그리고 원치 않는 파트너의 말과 행동, 요청 등에 대해서는 분명하고 단호하게 거부의사를 표해야 한다. 데이트를 하는 사실이나 그 사이에서 발생하는 어려움에 대해서 지인 중 누군가에게 이야기를 해 두는 것이 좋다. 상담을 통해 데이트 관계의 위험성이 드러난 경우 내담자로 하여금 가해자를 자극하지 않으면서 가해자와 거리를 유지하도록 하고, 데이트 폭력 관련 증거물을 최대한 모으고 112에 신고하도록 안내한다.

6) 학교에서의 성상담

(1) 상담 방향

학교에서 주로 발생하는 성 관련 문제는 '남학생이 지나가며 슬쩍 스치는 등 여학생에게 의도적인 신체 접촉' '계단 또는 교실에서 여학생의 치마 속 촬영' '체육복 갈아입는 장면 숨어 보기, 촬영하기' '또래, 후배 협박 성추행, 일진 신고식 등에서 동성 간 스킨십 강요' '데이트 강간' '음란물 사진, 그림, 동영상 돌려보기' '야동 흉내' '여학생 이름 도용 상담 또는 게시글 올리기' '특수학급 학생 관련 사례 또는 특수학교에서의 사례' 등이다.

학교는 분명 성 관련 문제, 성폭력 사건이 발생할 가능성이 높은 곳임에도 불구하고, 성교육 시수 및 수업 내 교육 시수가 매우 부족한 상황이다. 그리고 성교육 전담교사의 전문성 및 교육 시간 확보에 있어서도 현실적 한계점을 안고 있다는 것이 학교 성상담의 현실이다. 또한 성 문제는 처리 매뉴얼의 개발뿐 아니라 예방교육 및 성 인지 개념 발달을 위한 인성교육이 매우 중요한데 이에 관한 지침이나 교육 효과에 대한 검증이 부족한 것이 사실이다.

(2) 상담 지침

교내 성폭력 사건이 발생한 경우 처리과정에서의 전문성 부족으로 인해 피해자가 교사 등 교내 구성원과 환경에 의해 2차 및 3차 추가 피해를 입게 되는 경우가 있다. 상담자로서 가장 어려운 부분은 관리자의 사건 해결 의지 및 피해자 보호 의지가 부족할 경우 어떻게 이 사건을 처리해 나갈 것인가가 난관으로 작용하게 되는 것이다. 그리고 충격에 빠질 보호자에게 사건을 고지하는 방법과 시기를 정하며 추후 처리 가이드를 주는 일은 상담자의 중요한 과제가 될 수 있다. 피해자는 비밀보장을 요구하는 경우가 많지만 미성년자의 사건 처리에 있어서는 보호자와 협력하지 않을 수 없다. 따라서 사건이 발생하자마자 피해자의 동의 없이 보호자를 바로 대면시키고, 보호자에게 대처 가이드를 제공하지 않은 채로 양측을 귀가시키지 않도록 해야 한다. 피해자나 보호자 모두 어떻게 사건을 정리하고 서로를 대해야 할지에 대한 준비 없이 만나게 되면, 서로에게 상처만 주면서 피해 청소년의 분노와 죄책감만 더 키우는 결과를 낳을 수 있기 때문이다.

가해자의 가해자 부모와의 관계, 그리고 가해자의 가해자 및 피해자 부모와의 대면 문제도 교사 또는 상담자의 중재가 필요한 부분이다. 또한 사건화된 성 문제 대상자를 법적으로 보호하기 위해서 교육청에 고지해야 하는데 이 과정에서 피해자를 어떤 식으로 보호할지에 대해서 학교에서 세심한 배려를 하여야 한다. 사건을 처리하는 과정에서 형사고발, 경찰서 방문 또는 진술 등이 필요하다면, 이러한 낯설고 어렵고 때로는 감정적으로 치우칠 수 있는 과정이 가장 합리적 · 객관적인 방법으로 이루어지도록 안내해야 한다. 상담자는 이 과정에서 자신의 역할의 한계와 범위를 적절하게 설정하도록 한다.

1388, 한국성폭력상담소, 원스톱서비스센터로의 연계를 통해 실질적 문제해결에 나서며, 가능한 한 그 자리에서 바로 사건을 신고하도록 안내하는 것이 좋다. 피해자는 하룻밤 새 몇 번이나 감정이 바뀌고, 그냥 없었던 일로 사건을 덮어 버리고 싶은 마음이 앞서 객관적인 상황 판단을 하기 어려운 상태가 되기 때문이다. 또한 가해자에 대한 분노 감정은 사건 직후에 바로 나타나지 않는 경우가 많아서 시간이 흐른 뒤 사건 처리를 하려고 하면 아무런 증거 자료를 확보하지 못해 후회하기 때문이다.

학교는 각 학생들이 전인적인 인격체로 성장하도록 지도하는 교육의 장이므로 가해자의 교육에도 주의를 기울여야 한다. 위 클래스(Wee class) 등의 교내 상담사가 직접 가해자 교육을 할 수도 있고, 외부 전문기관에서 전문가를 학교로 초빙하거나 또는 외부 기관에서 가해 학생 또는 가해자를 교육시킬 수 있다. 학교의 공식적 사건 처리 방식과 태도는 많은 학생에게 사회에 대한 신뢰감을 형성하는 데 매우 중요한 작용을 할 것이며, 사회 정의 구현과 인권 존중의 교육적 의미를 마음 깊이 새기게 할 것이다.

7) 부모 성상담

(1) 상담 방향

부모 성상담에서는 부모 자신의 성 문제보다는 자녀의 성 문제로 야기된 감정—불안, 분노, 갈등, 좌절 등—을 다루게 된다. 현재 부모로서 느끼게 되는 불안, 분노 등의 감정을 충분히 다루면서 대처 방법 및 앞으로의 성 관련 발달 과업에 대한 교육을 제공하게 된다. 또한 경우에 따라서는 현재 부모로서의 감정을 다루다 보면 부모 개인의 성경험 및 성 인지 형성의 발달 배경 등에 대해서도 깊이 있게 다루게 되기도 한다. 성상담자로서 모범 답안과 관련한 입장만 전달하려 하기보다는 부모의 염려와 불안, 좌절감을 깊이 공감하며, 부모의 입장에 서 보고 상담을 진행하도록 한다.

(2) 상담 지침

부모로서 자기 자녀에 대한 성교육의 목표는 자녀의 성적 자율권을 인정해 주고 자녀가 자신의 행동에 대해 책임지도록 하는 데 있다. 그래서 자녀가 성적인 존재임을 인식할 수 있도록 도우며, 이에 대해 수용하도록 하는 것이 부모 성상담의 목표다. 아이인 줄로만 알았던 내 자녀가 성적 관심, 성적 행동을 보이는 것을 알게 되었을 때 부모로서의 불안감과 당황스러움에 대해 공감해 주는 것이 부모 성상담의 출발점이 될 것이다.

공감과 동시에 부모로 하여금 자녀에 대한 불안을 느끼게 하는 원인은 무엇인지에 대해 다루도록 한다. 부모의 이러한 불안이 자녀의 성숙에 대한 막연한 불안인지, 학업 성취에 악영향을 끼칠 것 같은 불안인지, 성과 관련한 자신의 불편감을 투사한 불안인지를 판단하여 개입해야 한다. 부모의 성에 대한 가치관, 감정, 인식 등을 탐색하는 과정에서 부모 자신의 섹슈얼리티에 대한 부정적 인식이 드러난다면, 그 원인에 대해 살펴보고 긍정적 인식을 가질 수 있도록 돕는다.

부모가 자녀의 빈방을 뒤지거나 가방을 검사하기, 편지 · 일기 · 문자 등을 몰래 들추어보고 내용에 대해서 추궁하기, 노크 없이 방에 들어가기 등의 행동을 하지 않도록 안내해야 한다. 만일 학부모 상담과정에서 이런 행동들을 적절히 통제하지 못하는 부모를 만나면, 상담자는 그런 행동을 유발하는 원인과 그것을 하는 부모 자신의 감정을 다루어야 한다. 청소년의 성 발달 문제를 다루기 위한 부모의 역할은 무엇이며(예: 성적 의사결정권에 대한 의견 나누기, 바른 성 의식 함양, 청소년 자녀 스스로 통제해야 하는 자율적 환경 조성하기, 성행동에 대한 책임을 진다는 것이 구체적으로 무엇인지 지도하기 등) 어떻게 실행에 옮길 수 있는지에 대해 생각해 보고 실제로 실행할 수 있도록 도움을 준다.

부부가 합의하여 가정 내 규범을 재정비함으로써 가족 간의 예의를 지키고, 부모 스스로가 본이 될 수 있도록 격려한다. 예를 들어, 부모가 속옷 바람으로 돌아다니거나 지나치게 노출된 복장으로 있지 않기, 속옷, 스타킹 등을 아무 데나 벗어 두지 않기, 음담패설이나 성적 농담 등을 아무런 가치관이나 상대에 대한 배려 없이 하지 않기, 가족 간이라도 이성 간에 예의 지키기 등 구체적인 생활습관에 대해서 이야기를 나누는 것이 도움이 된다. 성적인 존재로서의 자녀가 존중받는다는 느낌을 갖게 되면 부모와 성 관련 관심거리나 문제에 대해 이야기를 해 보고 싶다고 느끼게 되므로 부모의 존중은 자녀와의 소통의 계기가 된다.

건강한 자녀로 자라도록 지도하기 위해 부모도 자녀들과 마찬가지로 성 지식 쌓기, 다른 부모와 정보 공유하기 등의 지속적인 노력을 기울여야 한다. 성에 관한 이슈에 대해서 소통이 가능하도록 먼저 일상 속에서의 의사소통 노력을 기울이고, 관련 주제를 다루기 위한 미디어, 도서, TV 교양 프로그램 등에 관심을 갖도록 한다.

4. 제언

박현이 등(2005)의 '십대 청소년의 성경험 및 성 태도에 관한 실태조사'에서는 십대 남성의 성관계 경험 비율이 22.1%에 이른다고 보고하였다. 많은 성 관련 문제가 성관계 경험이 없었던 청소년들보다 있었던 청소년들에게 계속 재발할 가능성이 높다. 따라서 성상담자는 성관계를 가진 경험이 있는 학생들을 어떻게 다룰 것인지를 고민하고 준비할 필요가 있다. 보다 현실적으로 청소년들에게 필요한 것, 그들이 알고 싶어 하고 이야기를 나누고 싶어 하는 지점을 찾아 상담할 수 있어야 한다.

따라서 이제는 성상담이나 성교육의 관점을 보호와 예방, 단순한 재발 방지 및 사건 처리 차원에서 청소년 한 명 한 명이 성 인지와 성적 자기결정권에 대한 역량을 강화하는 방향에 맞추어야 한다. 상담자, 학부모, 교사인 성인들은 청소년의 인권에 대해 어떻게 주장하고, 지켜 가고, 또 신장시킬 수 있을지를 가르쳐 주어야 할 것이다. 이 과정에서 다양한 보건 서비스를 이용할 수 있는 제반 환경을 갖추어 주고 멘토로서의 역할을 할 수 있는 상담자나 지도자를 확보하는 데 노력해야 한다. 또한 '아하청소년또래지기'와 같이 청소년 스스로 참여할 기회를 제공하고 청소년들이 자신들의 생각과 경험을 공유할 수 있는 네트워크를 형성할 수 있도록 장을 마련해 주는 것이 필요하다. 이러한 상담 및 교육의 기회 제공은 청소년들 스스로 건강한 성 문화를 창출해 가고 누릴 수 있도록 하는 진정한 문화유산이 될 것이다.

성에 대한 청소년의 교육과 보호받을 권리

〈청소년의 성적 권리 선언문〉

청소년은 하나의 성적 인격체로서 성적 권리를 누릴 수 있고 자신의 행동에 대한 책임을 이행할 의무가 있다. 모든 청소년에게는 차별적이고 폭력적인 성 문화로부터 보호받을 권리가 있으며. 가정. 학교. 사회 그리고 국가는 청소년의 인간다운 삶을 보장하고 청소년이 행복을 가꾸며 살아갈 수 있도록 여건과 환경을 조성해야 한다.

- 교육받을 권리
  - 청소년은 책임 있는 성적 선택과 준비를 위해 필요한 교육을 받을 권리가 있다.
  - 청소년은 준비가 되었을 때 성에 관한 모든 것을 결정할 권리를 가진다.
  - 청소년은 성 평등의 가치를 배우고 이를 모든 생활에서 실천할 의무가 있다.
  - 청소년은 자신이 개성과 성적 지향성으로 인해 차별받지 않을 권리를 가진다.
  - 청소년은 건강한 성 문화 관련 모임에 참여하여 자신의 생각과 느낌을 표현할 권리를 가진다.

• 보호받을 권리
– 청소년은 상대와의 신체적 또는 성적인 관계를 어떤 단계에서도 그만둘 수 있다.
– 청소년은 신체적 또는 성적인 관계를 갖도록 압력을 받지 않을 수 있다.
– 청소년은 음란물로부터 피해를 받지 않는 사회에서 살 권리가 있다.
– 청소년은 성매매 등 물질적 압력에 의한 성적 행위로부터 보호받을 권리가 있다.
– 청소년이 성범죄(성폭력, 성매매) 피해자가 되었을 때 국가로부터 도움을 받을 권리가 있다.

초안 작성: 아하! 청소년또래지기클럽(2001).

요약

청소년기는 법적으로 미성년의 시기지만, 사회적으로는 성인처럼 대우받길 원하는 자의식이 강해지는 시기이자 생물학적으로는 성인으로 2차 성징이 나타나는 시기이기도 하다. 따라서 성상담자는 이러한 청소년의 정서적·신체적·사회적 역할에 대한 특성을 이해하고, 이들에게 가장 적합한 상담 기법을 체득해야 한다. 그리고 성상담과 관련한 전문지식을 갖추어, 청소년들에게 가장 적절한 방식으로 상담할 수 있도록 끊임없이 준비하고 노력해야 한다. 성상담이 상담 주제 및 관련 사건에 따라 요구되는 전문 지식과 대처 방법이 다르기 때문에 상담자는 발생 가능한 모든 종류의 상담에 전문가답게, 또한 신속하게 대처할 수 있도록 준비하고 있어야 한다.

청소년 성상담자가 청소년에 대한 상담 전문가로서의 이해가 없으면 피해자 및 가해자 등에게 일어난 일련의 사건에 대한 훈육과 훈계 상담을 진행할 가능성이 높다. 상담자는 청소년이 성인이 아니라는 이유로 일방적인 상담을 진행해서는 안 된다. 내담자의 상담 주제가 어떠하든지 상담자는 청소년 내담자에게 존중과 수용, 이해와 기대를 전달함으로써 상담자에 대한 신뢰뿐 아니라 사회와 기성세대에 대한 신뢰를 가질 수 있도록 도와야 한다. 이러한 상담과정에서 청소년은 자신의 존재 가치와 타인의 가치에 대해 새로이 인식하게 될 것이다. 이 과정은 단지 성상담으로만 그치는 것이 아니라 자존감 향상 및 진로 정체감 향상에도 긍정적인 영향을 미칠 것으로 기대한다.

생각해 볼 문제

1. 다음 중 청소년 성상담자의 대처에 대한 내용으로 옳은 것은?
   ① 올바른 청소년으로 양육하기 위해 어떤 성 관련 매체물을 접하지 않고 생각지도 않도록 교육하는 것이 최선의 방책이다.
   ② 성폭력 피해 내담자가 내방하면 가장 먼저 가해자가 누구인지 확인하고 처벌 여부를 검토한다.
   ③ 성 피해를 당한 내담자에게 사건의 원인을 일부 제공했음을 주지시키고, 원인이나 빌미를 제공하지 않도록 다짐받는다.
   ④ 학업과 진로에 대해서만 집중할 수 있도록 하기 위해 가급적이면 성 인지나 성과 관련한 문제를 언급하지 않게끔 상담을 유도하는 것이 바람직하다.
   ⑤ 성적 의사결정 시 다른 압력 없이 상대의 동의하에 주체적으로 결정하고, 결과를 예측할 수 있으며 그에 대한 책임을 지는 것이 성 주체성이다.

2. 다음에서 설명하는 개념은 무엇인가?

> 10대 여성, 남성이 교제 시 자신의 성적 욕구를 조절하고 원하는 바를 당당하게 주장하면서 의사소통을 통해 쌍방 간에 만족스러운 합의를 도출할 수 있으며, 주변의 영향력(돈, 폭력, 또래의 압력 등)과 상관없이 내가 원하지 않는 것을 거절할 수 있고, 마지막으로 자신의 행동과 그에 따른 결과에 대해 책임지는 것을 말한다.
>
> (십대 청소년의 성경험 및 성 태도에 관한 실태 조사, 2005)

   ① 섹슈얼리티
   ② 성적 자기결정권
   ③ 성역할 고정관념
   ④ 성(gender)
   ⑤ 성역할의 고정화

3. 다음 중 성상담자의 사건 처리에 대한 설명으로 옳지 않은 것은?
   ① 성 문제 발생 시 가해자 처벌을 통한 일벌백계의 차원으로 처벌과정과 내용을 교내 게시판에 공지하여 다시는 유사한 사건이 발생하지 않도록 조치한다.
   ② 피해자와 부모가 바로 대면하기보다는 상담자를 통해 사건 처리 절차 및 대면 시 유의할 부분에 대해 안내받은 후 대면하도록 한다.

③ 성과 관련해 아무런 자극과 유혹이 없는 환경을 조성하는 것보다 우선되어야 할 것은 스스로 자신에게 유익한 것과 그렇지 않은 것을 판단하고 선택할 수 있는 힘을 기르는 것이다.
④ 성폭행 사건 직후 피해자가 신고 및 사건 처리를 꺼리더라도 즉시 해결 및 처리 방안을 찾도록 조언을 줄 수 있다. 또한 외상후 스트레스 장애(PTSD)에 대해서도 안내한다.
⑤ 가해자를 무조건 징계하기보다는 가해자 교육을 통해 진정한 반성과 사과를 하고, 전인적인 성인으로 자랄 수 있도록 돕는다.

정답 1. ⑤ 2. ② 3. ①

참고문헌

강동효(2001). Basic 고교생을 위한 윤리 용어사전. 서울: 신원문화사.

고영복(2000). 사회학사전. 서울: 사회문화연구소.

권혁남(2017). 데이트 폭력 문제: 젠더 역할과 파워 관계에 관한 연구. 인문사회 21, 8(4), 1141-1156.

남미애(2002). 청소년의 성적 자기결정권에 관한 연구. 사회과학논문집, 21(2), 127-151.

대한가족보건복지협회(2000). 성교육 성상담.

대한가족보건복지협회(2000). 성폭력 전문상담교육.

두산백과(2013). 성(gender). https: //terms.naver.com/entry.nhn?docId=1188068&cid=40942&categoryId=31614

두산백과(2013). 성범죄. https: //terms.naver.com/entry.nhn?docId=69288&cid=43667&categoryId=43667

두산백과(2013). 성폭력. https: //terms.naver.com/entry.nhn?docId=1112567&cid=40942&categoryId=31721

박광배(2000). 아동 · 청소년의 성적 행위결정능력에 관한 심리학적 연구. 청소년 보호위원회.

박현이(1996). 비행청소년의 여성관과 성폭력과의 관계: 보호관찰대상자(성폭력범)의 사례연구. 서강대학교 대학원 석사학위논문.

박현이, 이명화, 박수선(2005). 십대 청소년의 성경험 및 성태도에 관한 실태조사. 아하!청소년성문화센터.

배상균(2017). 일본의 데이트 폭력 문제와 예방에 관한 검토. 법과 정책연구, 17(3), 1-29.

서울대학교 교육연구소(1995). 교육학 용어사전. 서울: 하우.

서울특별시 늘푸른여성지원센터(2004). 십대여성의 안전, 건강과 역량강화. 국제심포지엄 자료집.

서울특별시 늘푸른여성지원센터(2007). 성인지적 성교육정책의 비전과 과제: 십대의 십대의 섹슈얼리티, 십대를 위한 섹슈얼리티 교육. 국제심포지엄 자료집.

송인규(1999). 고립된 성. 서울: IVP.

아하!청소년또래지기클럽(2013). 청소년의 성적 권리 선언문. http://www.isay.or.kr/bbs/board.php?bo_table=law&wr_id=1 (2013.6.21).

아하!청소년성문화센터(2005a). 상담 실무자를 위한 청소년 성상담 지침서.

아하!청소년성문화센터(2005b). 성주체성, 성개방성, 몸이미지, 성갈등, 성평등성의 관계는? 청소년 성문화 연구조사 세미나 자료집.

아하!청소년성문화센터(200a). 아하! 청소년 성교육 프로그램 워크숍. 아하! 청소년 성교육 지도자 워크숍 자료집.

아하!청소년성문화센터(200b). 내 안의 성적 고정관념! 그 벽을 넘어서~. 아하! 성상담 전문가 워크숍 자료집.

윤철경, 이명아(2002). 성!! 현명한 선택을 위한 준비. 한국청소년개발원.

이순열, 배병주(1997). 성 몽땅 알려주세요. 서울: 한빛출판사.

채규만(2004). 성피해 심리치료. 서울: 학지사.

청소년보호위원회, 대한가족보건복지협회(2004). 2004 청소년 성보호 전문지도자 교육(기본과정) 워크숍 자료집.

홍봉선(2002). 청소년 성주체성에 관한 연구. 청소년학연구, 9(3), 79-117.

PMG 지식엔진연구소(2013). 성폭력. 시사상식사전. 박문각. http://terms.naver.com/ entry.nhn?cid=123&docId=69288&mobile&categoryId=123 (2013.6.21).

Balswick, J. O., & Balswick, J. K. (2002). 진정한 성. (홍병룡 역). 서울: IVP. (원저는 1999년에 출판).

Bass, E., & Davis, L. (2012). 아주 특별한 용기. (이경미 역). 서울: 동녘출판사. (원저는 2008년에 출판).

Kahn, T. J. (2011). *Pathways: A guided workbook for youth beginning treatment* (4th ed.). VT: Safer Society Press.

Kathryn, L. (2000). 토성에서 온 소녀, 목성에서 온 소년. (민승남 역). 서울: 친구미디어.

Kelly, G. F. (2006). *Sexuality today: The human perspective* (8th ed.). New York:

McGraw-Hill Companies.

Long, L. L., Burnett, J. A., & Thomas, R. V. (2013). **성상담의 이론과 실제.** (문인옥 외 공역). 서울: 시그마프레스. (원저는 2006년에 출판).

Roehm, M., & Monson-Burton, M. (2000). **최고 남자되기.** (글수레 편집부 역). 서울: 글수레. (원저는 1998년에 출판).

Wheat, M. D., & Wheat, G. W. (2000). **즐거움을 위한 성.** 권영석, (송경숙 공역). 서울: IVP. (원저는 1997년에 출판).

World Health Organization. (2010). *Preventing intimate partner and sexual violence against women: Taking action and generating evidenc*. Geneva: WHO Press.

제11장

위기상담

ADOLESCENT COUNSELIN

어쩌면, 청소년은 성숙에 대한 대가로 매일 자신의 아동기를 애도하는 순간순간을 보내고 있는 것 같다(Herman, 1992).

청소년기는 정상적인 발달 단계에서 이미 위기 상황에 있다. 이에 더해서 우리의 청소년들에게는 발달적 위기 상황을 심화시키는 다양한 외부 요인이 산재한다. 그런 이유로 청소년기의 다양한 요인을 위기 상황의 위험 요소로 보기보다는 변화와 성장의 잠재적 디딤돌로 승화시키는 상담자의 현명함이 필요하다. 이를 지원하고자 이 장에서는 위기와 관련된 주요 이론과 관련 정신병리를 살펴보고, 위기상담 관련 모델 및 단계별 상담 전략과 주요 과제, 평가 도구 등을 설명할 것이다.

학습목표

1. 위기를 정의하고 위기의 특성과 유형을 이해하며 위기의 발달 단계를 인지한다.
2. 위기상담의 목표와 원칙을 이해하고, 위기상담의 접근 이론 및 기법을 이해한다.
3. 위기 청소년이 자신의 발달 단계에 맞게 가정과 사회에 잘 적응하거나 변화할 수 있도록 돕는다.
4. 위기 청소년을 도와 건강한 정서적 안정 및 내적 균형감을 찾도록 지원한다.
5. 위기 평가를 통해 위기 청소년의 개인적 · 환경적 특성을 분석하여 관계성을 통한 대처 및 자원을 이해한다.

사람은 누구나 인생에서 위기를 만난다(Gilliland & James, 1997). 그 만남은 조우일 수도 있고 필연적인 인과물일 수도 있다. 위기를 만났을 때 어떤 이는 더 추락하는 반면 어떤 이는 더 성장하게 된다. 왜 그럴까?

한국 청소년의 위기는 정상적인 발달 단계와 일상생활의 사건에서 다양한 모습과 강렬함(intensity)으로 존재하지만, 때론 그 결과가 매우 극적으로 드러나기도 한다. 한 예로, 지난 10년간 우리나라 청소년의 사망 원인 1위는 자살이다(통계청, 2019). 이러한 현실에서 우리는 청소년의 위기를 어떻게 도와야 할까? 이 장에서는 이러한 질문들에 대한 답을 얻는 방식으로 꾸려진다.

일반적응증후군(general adaptation syndrome: GAS)의 원리에 의하면, 개인은 위기를 만나면 방어심리가 약화되거나 소멸된다. 또한 논리적인 분별, 판단, 이해, 의사결정 능력이 약화된다. 하지만 곧 위기에 대처하고자 하는 생리적 · 심리적 반응이 일어나게 되고, 이 에너지를 바탕으로 사람들은 위기 극복을 하기도 한다. 위기에 대한 성공 경험을 가진 사람들은 터널 비전(ternal vision)에서 벗어나 현재 겪고 있는 위기(危機)를 **기회**(機會)로 보는 관점이 열리며(turning point, 가치관의 변화) 결과적으로 위기 해결 능력이 향상되어 전반적인 삶의 방식이 성장하는 계기가 되기도 한다(Caplan, 1961).

위기는 한순간에 일어나기도 하지만 일생 동안 다양한 형태로 발생하기 때문에, 위기 사건 자체를 예방하는 것은 매우 어렵고, 때론 불가능하기도 하다. 이는 인간이 죽음을 피해 갈 수 없는 것과 같은 이유이기도 하다. 인간으로서의 최선은 다양한 **위기에 반응하는 개인의 긍정적이고 건강한 태도와 조절/관리 역량을 기르는 것**이라 하겠다.

유약한 아동에게 부모가 큰 힘이 되는 것처럼, 위기에 처한 개인에게 **주변과 사회의 지지**는 큰 힘이 된다. 중앙자살예방센터(2019)에 따르면, 청소년기의 자살 동기는 '정신적 어려움'이 가장 크다. 따라서 위기에 처한 많은 청소년에게 위기상담 전문가의 개입은 절대적이다. 이를 위해 위기상담 전문가들은 위기 관련 이론을 학습하고, 위기 상황을 경험하고 있는 사람들의 위기 극복을 위한 성격, 심리적 · 정서적 요인 등을 진단/평가하여 위기의 역기능적 요인을 분석하고, 이를 바탕으로 위기상담을 함으로써 내담자가 안정적인 사회복귀 및 적응을 이루고 행복한 일상생활을 영위하도록 지원해야 할 것이다.

1. 위기의 정의와 특징

위기란 무엇인가? 위기(危機)의 한자어는 위험(危)과 기회(機)를 말한다. 위기라는 불균형 상황을 통해 인간은 성장하고 변화하며, 새로운 기술과 대처 전략을 익혀 나가고, 다음 단계로 도약할 수 있는 힘을 기르게 된다. 위기의 학술적 정의를 살펴보면, 위기(crisis)란 개인의 자원과 대처 기제를 압도하는 견딜 수 없는 어려움과 같은 사건 혹은 상황에 대한 **지각**(Gilliland & James, 1997)으로서, 개인의 신체적·정서적·인지적 균형을 깨뜨리는 내·외부적 사건(Rapoport, 1965)에 기인한 **개인의 반응**을 의미한다.

개인이 감당할 수 있는 수준의 위기 사건은 위기 이전보다 성장한 내적 균형감과 통합을 개인에게 가져올 수 있다(Aguilera, 1994). 위기는 삶의 한 부분이며, 인간의 삶은 위기의 연속이라 할 수 있다. 결핍은 인간에게 완성의 동기를 부여한다. 마찬가지로 삶의 위기는 극복을 통해 개인의 삶을 완성하고자 하는 동기를 부여할 수 있다. 삶의 위기는 때로는 친구이며 스승일 수 있다.

하지만 기존에 사용하던 문제해결 전략 및 자원으로 해결되지 않아서 개인을 압도해 버리는 위기는 심각한 정서적·인지적·행동적 역기능을 야기하고 때로는 정신병리나 자살로 이끌기도 한다. 또한 위기는 개인에게 공포·두려움·공허감·좌절감·상실감과 같은 급격한 정서 변화를 일으킨다. 개인이 가벼운 위기를 도전, 발돋움 및 외상 후 성장의 기회로 경험하면 4~6주 내에 자연 치유와 회복이 이루어질 수 있지만, 심각한 위기는 대상자의 적응 능력의 상실로 인해 오래가는 상처(trauma)로 남을 수도 있다.

이러한 **위기의 특징**은 다음과 같다. 첫째, 위기는 병리적 사건이 아니다. 둘째, 위기는 상담 개입의 결정적 시기(critical period)가 존재한다. 따라서 제한된 시간 안에 단기적·집중적 개입의 여부가 개입 및 상담의 효과성을 좌우하며 예후에도 큰 영향을 미친다. 셋째, 위기는 사건의 발생에서 회복까지 일정 단계와 과정을 거치는 현상이다. 넷째, 위기는 대체로 인과관계가 존재한다. 그래서 자극-반응의 관점에서 위기 사건과 위기 반응을 구분하여 조망하는 것이 필요하다. 다섯째, 위기는 예방과 중재 활동이 가능하며 예방과 적극적 개입이 비용 절감의 효과가 훨씬 크다. 여섯째, 전망이론(prospect theory; Kahneman & Tversky, 1979)에서 말하듯이 위기 상황 속의 내담자는 매우 불안정하고 손실을 겪고 있기 때문에 변화에 대한 의사결정이 용이한 상태에 있다. 이는 상담의 효과를 극대화할 수 있는 기회라고도 볼 수 있다. 그러므로 위기상담은 한 개인에게 있어 성장과 발전의 기회로 작용할 수 있으며 문제해결 역량을 향상할 수 있는 기회로 활용할 수 있다.

2. 위기 이론

스트레스, 위기, 심리적 외상(psychological trauma)의 현상은 신경생리학적 기반으로 살펴볼 때 동일한 작동기제에서 시작하나 매우 다른 측면을 가지고 있다. 스트레스는 위기와 외상을 유발하기는 하나, 모든 스트레스가 위기나 외상으로 발달하지는 않는다. 개인의 대처 역량을 압도하는 스트레스는 위기 사건으로 지각되며, 이 위기 사건이 치명적인 정신적 상처로 남는 경우 외상화(traumatized)되었다고 볼 수 있다. **위기에 대한 공통적인 심리적 반응**(Wainrib & Bloch, 1998)으로는 불신, 과각성, 둔감화, 플래시백(flashback), 사회적 탈퇴/철회, 악몽과 같은 수면장애, 분노/우울/과민성, 건망증, 생존자의 죄책감, 희망의 손실, 알코올 및 약물 사용의 증가 등이 있다.

응급(emergency), 위기, 외상을 구분하는 중복 모델([그림 11-1] 참조)에 따르면, **응급**은 즉각적인 손상을 막기 위한 즉각적인 대처가 우선시되는 긴급 상황이며, **위기**는 응급 사건보다는 보다 광범위한 문제이고 시간적으로 응급 상황은 아니나 개인의 심리적/신경생리학적 불균형(disequilibrium)을 경험하는 사건으로 그로 인한 위기 반응이 4~6주간 지속될 수 있다. **트라우마**는 사건으로 인한 외상 반응, 즉 위협과 무력감, 주관적 불편감(subjective discomfort)을 6주 이상 경험하게 되어, 보다 전문적인 심리상담개입이 요구되는 상황을 말한다(Callahan, 1994). 임상 현장에서 이 세 가지 상황을 구분하여 대처하는 것은 쉽지 않은데, **세 가지 상황에 공통적**으로 할 수 있는 최적의 심리(치료)적 개입은 **현재 자원과 대처기제에 대한 심리교육**을 하고 그것을 향상시켜서 **일상생활에서 안전을 구축**해 주는 것이다(Najavits, 2002).

체계 이론(system theory; Gilliland & James, 1997)에 의하면, 모든 요소는 서로 관계가 있고, 서로 관계가 있는 부분에서 어느 한 수준의 변화가 전체 체계의 변화를 일으키게 된다. 정서 체계, 의사소통 체계, 욕구 충족과 요구 체계 등이 하위 체계이며, 각 체계 간의 소통도 이루어진다. 이를 위기 현상에 대입해 보면, 위기 사건의 발생이 한 개인의 정서/인지/동기/사회적 체제를 흔들어서 다양한 문제를 발생시키는데, 위기상담의 기본은 이렇게 흔들린 개인의 체계를 다시 원상태로 돌리거나 혹은 예전의 생활이 가능할 수 있도록, 통합적이고 균형 있는 체계로 조절하는 데 필요한 대처 역량을 학습하고 향상시키도록 조력하는 것임을 알 수 있다. 즉, 개인이 경험하는 특정 트라우마 반응을 소거시키는 것도 치료적이지만, 그 개인의 일상

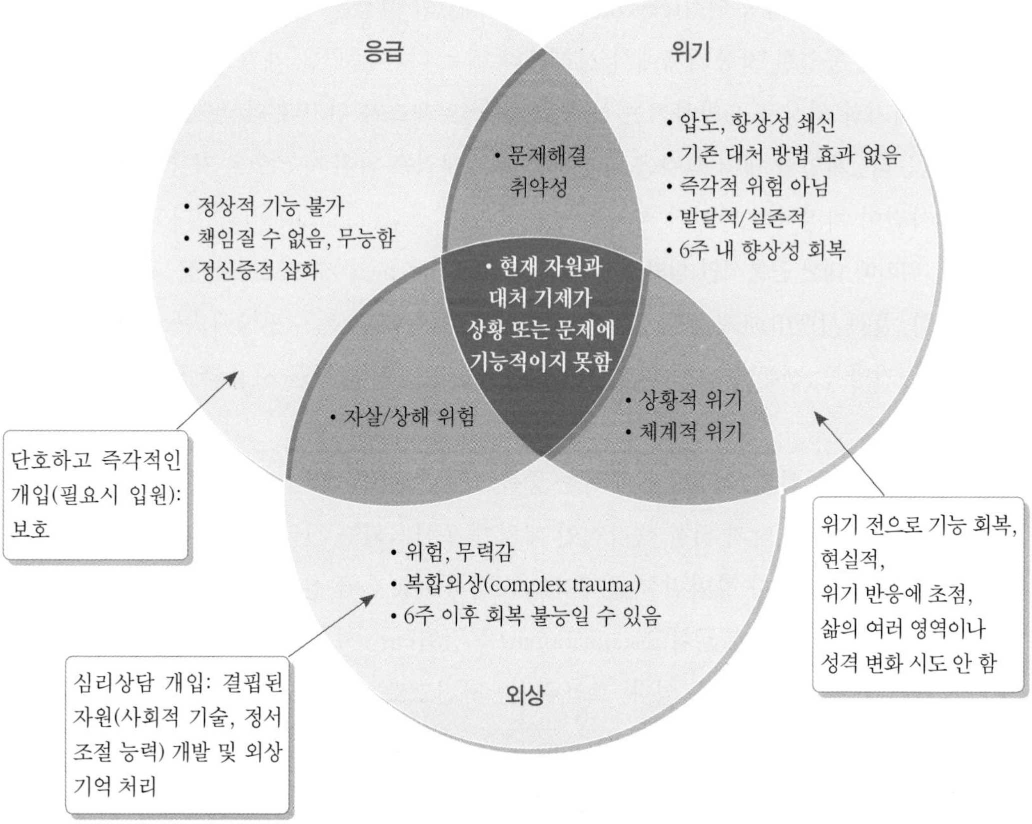

그림 11-1 **중복 모델(Callahan, 1994)**

생활에서의 안전(safety)을 구축하는 것이 위기상담의 핵심이다.

1) 위기의 유형

위기의 유형은 위기 사건의 특성에 따라 발달적 위기, 상황적 위기, 실존적 위기, 환경적 위기로 분류할 수 있다.

(1) 발달적 위기

발달적 위기는 인간이 성장함에 따라 학령기나 사춘기에 도달하는 것과 마찬가지로 발달 과업이나 생물학적 변화에서 야기되며(Erickson, 1956), **성숙 위기**라고 불리기도 한다. 인간은 청소년기의 정상적인 발달적 위기에 직면하게 되고, 이 위기의 극복 여부는 추후 성인기 이후의 정서적 안녕 상태에 결정적인 영향을 미친다.

청소년기의 정상적인 발달에 따른 주요 변화를 살펴보면, 첫째, 호르몬 계통이 급격한 변화(2차 성징)를 일으키며, 이는 급격한 신체적 변화와 생리적 변화를 겪는 성장 급등기(growth spurt)를 초래한다. 이 시기에는 내분비계의 활성화로 성 호르몬 분비가 왕성해지고 중추신경계의 자극으로 인해 정서적으로 흥분과 우울감의 교차가 빈번하고 정서의 높낮이 변화도 크게 나타나게 된다.

둘째, 호르몬의 변화로 인한 외모의 변화와 함께 심리적 변화도 눈에 뜨일 정도로 많으며 급격하게 발생한다. 감수성이 극도로 예민해지는 시기며, 합리적인 사고보다는 감정에 이끌리는 사고 판단과 문제해결책을 찾기 쉽다. 장기적으로 자신에게 도움이 되는 결정보다는 즉각적이고 임시적인 해결책을 선택하기 쉽다.

셋째, 개인의 정체성을 찾고자 하는 독자적인 행동과 태도로 인한 극심한 변화가 가족과 사회 환경에서 발생한다. 청소년기에는 유년기까지 받은 부모의 보호로부터 벗어나 정신적 · 사회적으로 독립하고자 하나, 청소년의 경제적인 의존성과 청소년으로서 제한된 자유(예: 지위비행) 등으로 인해 완전 독립이 불가능함을 깨닫게 된다. 청소년은 성인기 전까지의 부분적 의존과 독립, 미완성된 자유 등의 특성으로 인해 자신의 정체성을 찾기 위한 시행착오와 혼란기를 겪게 된다.

넷째, 우리나라의 청소년들은 외부 환경의 많은 요구와 자신들의 욕구가 상이하나, 이를 효과적으로 대처할 만한 역량이나 주변의 지원이 부족하기 때문에 스트레스를 받게 된다. 가정과 사회는 청소년이 중·고등학교 재학 중에 자신의 인생 목표를 탐색하고 선택·결정하고 이를 위해 노력을 경주할 것을 요구한다. 이로 인한 압박감, 자신의 미비된 역할과 정립되지 못한 정체성에서 오는 불안감, 심리적 긴장감과 혼란 등은 청소년기의 주요 스트레스로 남게 된다. 이러한 스트레스가 다양한 위기 상황(예: 학업 부적응, 비행, 일탈, 자해 등)으로 귀결되기도 한다.

(2) 상황적 위기

상황적 위기는 예측 불가능한 사건, 즉 부모의 사망, 이혼, 경제적 파산, 장애, 신체질환, 학대, 이사, 만성 질병 같은 대인관계의 문제나 상황적인 사건에 기인한 위기를 일컫는다. 가족의 죽음은 모든 사람에게 가장 큰 스트레스 요인이며, 가장의 실직은 삶의 경제적 기반을 흔들고 사회적 기능을 위축시킨다. 부모의 이혼은 청소년에게는 친밀한 사람과의 관계 상실로 큰 위기 경험이 될 수 있다(〈표 11-1〉 참조).

표 11-1 주요 생활사건에 대한 스트레스 강도

주요 생활사건	충격 강도	주요 생활사건	충격 강도
가까운 가족의 사망	100	친한 친구와의 심한 다툼	40
친한 친구의 사망	73	경제적 지위의 변화	39
부모의 이혼	65	전공의 변화	39
법적 구속	63	부모와의 갈등	39
심한 신체적 질병	63	업무의 증가	37
해고나 실직	50	진학한 첫 학기	35
중요한 과목에서 실패	47	주거 상황의 변화	31
가족의 질병이나 손상	45	교수님과의 심한 언쟁	30
성적(sexual) 문제	44	기대보다 낮은 성적	29

출처: Zimbarado & Weber (1997).

(3) 실존적 위기

실존적 위기는 실존주의 심리치료에서 말하는 실존적 불안감과 연결되어 있다. 실존적 위기는 개인이 자신의 삶의 목적, 방향성, 의미 등 인간의 존재성과 관련한 중요한 내적 갈등이나 실존적 불안에서 파생된 위기감을 말한다. 필자가 상담했던 내담자 중에서 인생의 가장 행복하고 절정인 시기에 불현듯 올라온 실존적 불안감을 경험하면서 힘들어하던 내담자가 있었는데 그 내담자가 죽음에 대해 편하게 이야기하고 죽음이란 주제를 수용하게 조력하는 것만으로도 내담자의 실존적 불안감이 많이 감소되었다.

(4) 환경적 위기

환경적 위기는 미리 예측할 수 없는 홍수, 화재, 폭풍과 같이 흔하지 않고 광범위한 환경적 변화를 일으키는 사건에 기인한 위기를 말한다. 화재, 가스 폭발, 사고뿐만 아니라 전쟁이나 폭동 등과 같은 인재(人災)도 포함한다.

이 밖에도 위기 사건은 그 사건의 특성에 따라 다양하게 분류할 수 있다. 예를 들어, ① 예측된 위기 대 예측 불가능한 위기, ② 단일 위기 사건(Type I) 대 반복 위기 사건(Type II), ③ 개인의 경험 대 집단의 경험으로 분류할 수 있다. **위기 사건의 특성 자체에 따라 상담에 주는 함의가 다르므로**, 위기 대상자가 받은 신체적 상해나 고통, 폭력의 유무, 생명 위협의 수준을 사정하여 위기 사건을 분류하고 그에 적합한 개입 및 상담을 진행해야 한다.

2) 위기의 단계

위기는 개인이 위기 사건을 받아들이는 시간적 진행 단계에 따라 다른 특징을 가지고 있다. **1단계**는 개인이 정신적 충격에 빠진 상황으로, 스트레스인(stressor)의 발생에 대해서 개인이 **내적 불균형**을 경험한다. 내적 불균형은 신경생리학적 불균형과 심리적 불균형을 모두 포함한 의미로, 대상자에게 불안, 당혹감, 긴장감 등 부적 정서를 유발한다. 또한 해결하기 어려운 위협적 사건이라고 지각하게 되면 불안은 더욱 가중된다. 이렇게 증가된 부적 정서나 혼란감이 인지적 · 신체적 · 사회적 · 행동적 증상으로 발현된다. **2단계**에서 개인은 **방어적 철회**(withdrawal)를 한다. 철회 기간 동안 개인은 위기를 어떻게 다룰지에 대한 인지적 판단을 하게 되고, 신체적 · 정신적 태세를 갖추기 위한 시간을 갖는다. **3단계**에서 개인은 위기 상황을 **극복**하든가 혹은 **적응**한다. 위기 상황의 극복은 성공 경험이 되어 개인과 그가 속한 환경의 외상 후 성장을 이끌지만, 압도감으로 인한 포기·무력감·무비판적 수용 등의 경험은 개인과 그가 속한 가정/지역사회체계를 위기 사건 이전보다 더 건강하지 못한 상태로 이끌게 된다.

3) 발달 위기(청소년 발달 단계)

청소년기는 신체적·정서적·심리적으로 취약한 시기(Elkind, 1998)이며, 정체성 형성(생애사적 과제)이 이루어지는 시기다. 과도기적 위치에 있기 때문에, 청소년들은 대처 능력 및 경험이 부족하고 심리적으로 불안정하며 이로 인해 대체로 미성숙한 방어기제를 사용한다. 앞서 언급했듯이 발달 위기는 성숙 위기라고도 불리며, 인간의 정상적인 성장·발달 과정 중 누구에게나 일어날 수 있는 예측 가능한 발달상의 위기로서, 입학/졸업, 첫 월경, 첫 신체적 접촉 등을 그 예로 볼 수 있다. 청소년의 경우, 위기는 발달 단계에 따른 경험(예: 사춘기, 입시 공부 등)이 포함된다. 또한 성인과 같은 수준의 위기 반응이라 할지라도, **지위비행**(status delinquency)이란 측면과 맞물려져 비정상적/일탈적 행동으로 낙인이 찍히기 쉽다. 청소년기의 위기는 가족과 사회의 위기로까지 확대·전환될 수 있으며, 또래 문화와도 깊게 연관되어 있는데 도박과 약물, 가출, 성매매(조건 만남) 등 가정과 사회 전반에 걸친 문제로 확장되어 나타날 수 있다.

우리나라 청소년의 경우, 입시 위주의 주입식 교육과정으로 인해 정체성 형성, 의사결정 기회, 문제해결 대처 방식 등을 훈련할 수 있는 기회가 일상생활에서 절대적으로 부족하다. 이로 인해, 위기 상황에 대한 극단적인 반응은 청소년기라는 발달적으로 취약한 시기와 맞물려서 자살/자해와 같은 극대화된 위기 반응을 이끌 수도 있다. 또한 IT기술의 혁신적인 발달은 청소년들에게 **만족지연(delay of gratification)의 경험** 자체를 삭제하고 있다. 만족지연은 자기통제의 하위 영역 중 하나로서, 더 큰 성취를 위하여 지금의 즉각적인 즐거움, 보상, 욕구를 자발적으로 억제하고 통제하면서 욕구충족의 지연에 따른 좌절감을 인내하는 능력을 말한다. 많은 연구에서, 만족지연이 발달된 사람들이 더 많은 성취와 행복감을 누린다고 알려져 있다. 사회적 요인으로 IT기술의 발달은 즉시적인 만족과 그 만족성 추구의 자동성(automaticity)

을 강화함으로써, 자기조절(self-regulation)의 피드백을 얻을 기회를 원천 봉쇄하고 오히려 청소년들의 충동성을 강화하는 환경적 요인이 될 수 있다.

청소년기는 인간의 다른 발달 단계보다 더 많은 요인이 얽혀 위기 반응을 이끌어 낸다. 즉, 각 개인의 기질이나 성격, 과거 생활 경험, 신체적 · 정신적 발달 단계, 사건의 내용과 강도, 가족 상황, 또래 상황, 사회문화적 특징 등이 주요 변인이 될 수 있다. 따라서 청소년기의 다양한 요인을 위기 상황의 위협적 요소로 보기보다는 변화를 용이하게 하는 잠재적 힘, 즉 강점으로 전환하고 상담 접근을 하는 것이 바람직하다.

4) 위기와 정신병리

위기는 다양한 부적 정서를 일으키며 이를 발달시켜 다양한 정서 문제(우울, 강박, 분노, 불안 등)와 일상생활 장애를 초래한다. 위기 경험이 외상화되어 외상후 스트레스 장애(post-traumatic stress disorder: PTSD)로 발전할 수도 있다. 위기(외상) 사건은 대체로 시간이 지남에 따라 자연 치유되어 PTSD로 발전하는 비율은 높지 않으나, 위기 사건의 특정 유형(예: Type II 사건)이나 PTSD 취약군의 경우 특별한 심리치료적 관심이 필요하다.

『정신질환진단 및 통계 편람-5(Diagnostic and Statistical Manual of Mental Disorder, 5th ed. DSM-5)』[American Psychiatric Association(APA), 2013]에 의하면, PTSD를 진단하는 가장 첫 번째 기준은 외상 사건의 직간접적 경험이다. 하지만 만성적 · 지속적 위기(외상)를 겪고 있는 청소년에게 PTSD 진단은 설명력이 매우 협소하다(van der Kolk, 2005). 변화무쌍한 발달적 시기에서 아동학대 · 가정폭력 · 학교폭력 · 왕따 등의 만성적 · 지속적 · 대인관계적 및 (가해자의) 의도적 위기 상황을 겪는 청소년들에게는 **복합 외상후 스트레스 장애**(complex PTSD; Herman, 1997)가 보다 적합한 진단적 개념이라 본다. 복합 PTSD의 진단 기준이 되는 증상은 다음과 같다(Herman, 1997).

- 정서적 충동 조절의 변화: 지속적인 침울, 분노와 자기파괴적 행위 조절의 어려움, 감정적 규제의 어려움, 중독, 자해 행동 등
- 주의력과 의식의 변화: 기억력 상실, 해리, 이인화, 재경험

- 자기인식의 변화: 무력감 또는 주도성의 마비, 만성적 죄책감과 수치심, 자기비난, 오명과 낙인의 느낌
- 가해자에 대한 인식의 변화: 가해자에 대해 왜곡된 믿음을 갖거나 이상화함, 가해자와의 관계에 몰두, 가해자의 신념 체계에 대한 수용 또는 합리화
- 타인과의 관계 변화: 고립과 회피, 친밀한 관계의 장해, 타인을 신뢰하지 못함
- 신체화 증상
- 의미 체계의 변화: 신념의 상실, 무망감과 절망감

아동 · 청소년의 경우, 아동학대를 직접 경험한 외상 사건뿐만 아니라 부모 간의 가정폭력을 목격한 외상 사건만으로도 복합외상(complex trauma) 반응을 보이기도 한다. 특히 외상 사건이 정서적으로 매우 친밀하고 의존도가 높은 관계 내에서 발생하는 경우, **애착외상**(attachment trauma)이라 구분하여 설명하고 있다(Allen, 2010). 가족의 행동을 학습한다는 측면에서 가정폭력은 청소년들에게 **폭력 행동의 세대 간 전이성**(Kashani & Allan, 1998)을 촉발 · 강화한다. 이러한 청소년들은 대인관계의 어려움뿐만 아니라 공격 행동과 비행에 대한 진입장벽이 낮고 물질장애, 인터넷 중독(Lee, 2010) 등의 공존병리를 가지기 쉽다.

위기 해결과정에서 나타난 갈등으로 인해, 대상 청소년들(특히 피해자와 가해자가 발생하는 위기 사건의 경우) 간에 **2차 피해**가 발생할 수 있다. 사회나 언론의 흥미위주의 호기심, 낙인효과, 근거 없는 소문 등이 대표적인 2차 피해의 사례다. 피해 청소년들은 대체로 보복에 대한 두려움으로 인해 자신의 권리와 이익을 보호하지 못하고 주눅 들거나 철회하거나 무력감을 보이기도 한다. 피해에 대한 치료와 중재를 적절하게 받지 못한 경우, 피해 청소년의 분노와 억울함은 일반화(generalization)되어 학교나 가정에서 폭력가해자로 발전하는 동력이 되기도 한다. 2차 피해는, 외상 사건에 비해 상대적으로 예방이 더 용이하고, 그 예방효과는 개인의 PTSD치료뿐만 아니라 해당 가정과 학교, 지역사회의 외상후 성장에도 큰 영향을 미친다. 외상 사건 경험 후, 가정/친구/사회가 표현하는 지지와 대처는 피해자뿐만 아니라 지켜보는 모든 사람에게 세상/사람/자신은 아직 희망이 있고 신뢰할 만하며 미래를 계획할 만하다는 당위성을 이성 체계(rational system)에서뿐만 아니라 **경험적 체계**(experiential system)에서도 증명하기 때문이다.

3. 청소년 위기상담

위기 청소년의 당면 과제 및 문제를 해결하고, 개인의 내적 균형감을 되찾아 다시 **일상생활로 복귀**(reconnection; Herman, 1997)할 수 있도록 돕는 것이 청소년 위기상담의 목표라고 할 수 있다. 이를 위해 신체적으로 **안전한 환경**에서 위기로 인해 손상된 정신적 · 신체적 · 사회적인 기능과 관계를 회복하도록 돕고, 죄책감 · 불안 · 적대감 · 분노감을 다룰 수 있는 **애도과정**(mourning)이 선행되어야 한다.

1) 위기상담의 단계에 따른 개입 전략

Gilliland와 James(1993)가 정의하는 위기 개입 6단계 모델의 순서는 ① 문제 정의 → ② 안전 확보 → ③ 지지 제공 → ④ 대안 탐색 → ⑤ 계획 수립 → ⑥ 긍정적 활동이다. 필자는 관계 형성이나 문제 정의보다 우선시되거나 동시에 수행되어야 할 첫 번째 상담 과제가 **위기 청소년의 안전(safety) 확보**라고 믿는다. 내담자의 심리적 안전, 특히 신체적 안전은 가장 우선시되어야 할 상담 과제이며, 상담과정과 상담 종결 이후에도 확보되어야 하는 필수 구조화다. 생명 위협의 치명성 · 중요성, 이동의 장애(immobility), 상황의 심각성을 모두 사정하는 것이 필요하다. 이를 위해 직접적/패쇄적 질문을 사용한다. 정확한 상황 진단을 위해 위기분류사정척도 등과 같은 척도를 활용하는 것도 도움이 된다. 응급 위기 상황에서는 위기상담과 입원(격리) 중 내담자에게 최선인 선택을 고르는 것이 중요하다.

두 번째 단계이지만, 첫 번째 단계와 시간 차이가 나지 않고 동시적으로 행해져야 하는 것이 **위기 사건의 확인 및 구체화 단계**다. 내담자 관점에서 문제를 검토하고 정의해야 하는데, 이때는 적극적 경청 기법이 도움이 된다. 내담자의 언어적 · 비언어적 표현에 더해서, 주변의 정보도 같이 수집 · 평가하면서 문제 상황을 전체적으로 파악하는 것이 중요하다. 위기 수준을 평가하기 위해 면담뿐만 아니라 객관적인 척도도 활용한다.

위기 촉발 사건과 그에 대한 내담자의 반응을 내담자 스스로 지각할 수 있도록 돕는다. 사건과 그로 인해 야기된 감정(반응)들을 분리하고, 문제를 구체적이고 명확히 설정하여 위기상담의 목표가 무엇인지 분명히 알도록 도와준다. 태도상의 문제, 심리적 갈등의 문제, 정신질환을 평가하여 위기상담의 범위를 구체화하고 합의하도록 한다.

세 번째 단계에서는 절망감, 미래에 대한 희망감 상실과 같은 정서에 초점을 둔다. 모든 정서적 혼돈은 위기 사건으로 인해 발생할 수 있는 극히 **정상적인(normalization) 발현**임을 상기시킨다. 그리고 내담자가 원하고 통제 가능한 수준에서 안전하게 애도할 수 있도록 시간과 공간적 여유를 주는 것이 필요하다. 동시에 내담자의 고유 특성 그리고/혹은 사건으로 인한 일시적인 특징일 수 있는 인지적 오류(과잉일반화, 흑백논리, 의미 축소, 의미 확대 등)에 대해 상담 작업을 하도록 한다. 사건을 왜곡하게 되면 사건과 스트레스의 관계를 인식하기 어렵고, 이로 인해 문제를 효율적으로 해결하기 어려우며 긴장도 완화될 수 없다. 이때 상담자는 내담자를 돌보고, 긍정적 · 비소유적 · 비심판적 · 수용적인 상담 태도를 보여 주어야 한다. 아울러 위기로 인해 발생하는 보편적인 감정과 인지 변화를 이해할 수 있도록 **교육적인 상담**을 제공할 수 있다.

네 번째 단계에서는 해결책을 찾기 위한 본격적인 **정보 제공**이 필요하다. 상담자는 내담자에게 자신의 현재 상태와 피해를 최소화하기 위한 정보를 제공한다. 내담자가 현재 성취 및 시도 가능한 선택사항을 탐색한다. 또한 즉각적인 상황적 지지, 대처 기제, 긍정적 사고를 찾아내도록 촉진한다. 내담자의 상황에 적합한 지원 체계를 활용하고, 내담자가 과거에 성공적으로 활용했던 대처 기제나 지원 체계, 환경 체계 등을 모두 고려하여 가장 적합한 대안을 찾아낸다. 지지 체계는 구체적으로 사정하는 것이 중요하고, 한정된 시간에 되도록 많은 전문가 및 지지자가 체계적으로 개입해야 더 좋은 효과를 거둘 수 있다.

다섯 번째 단계에서는 내담자의 **강점(보호 요인)**과 **약점(위험 요인)**을 분석하여 **대처 전략**에 최대한 활용한다. 스트레스 감소 훈련, 긍정적 사고 전환, 관점 변화 등의 해결책을 모색하는데, 긍정적 대처 기술로는 환경에 빠르게 순응하는 능력, 행동 실행력, 자원 활용력, 감정 표현 및 처리 능력, 도움 요청 능력, 불안이나 부정 정서를 다루는 능력(긴장 완화, 명상 등), 위기 사건에서 긍정적 가치나 의미를 발견하는 긍정성, 회복탄력성 등이 있다.

여섯 번째 단계는 해결책을 실제에 적용하고 평가하는 것이다. 즉, **일상생활로의**

복귀(reconnection)를 실행하는 단계다. 상담자는 이용 자원을 명확히 하고 대처 기제를 제공할 수 있는 긍정적 · 현실적 · 행동적 · 단기 계획을 세우도록 돕는다. 또한 위기와 관련된 문제행동을 구체적으로 정의해 두는데, 일상생활에서 갑자기 나타날 수 있는 침입적 사고, 재경험, 마비와 같은 개인 내적 반응의 위기 전조를 인지하고 수준별로 위기를 표식하는 것이 유용하다. 이를 통해 위기 상황을 피하거나 위기에 봉착하더라도 개인 내적인 불균형감을 최소화할 수 있다. 내담자의 참여에 대한 스스로의 자신감을 확고히 하기 위해 계약서 작성과 같은 가시화된 상담기법을 활용하는 것도 좋다.

2) 위기상담의 기술

(1) 초기 심리적 개입

위기상담의 원칙은 **즉각**적이고 **단기**적인 개입을 하고, 주로 **현재**와 관련된 상황을 다루는 것이 우선시된다. 즉, 초기 심리적 개입(Early Psychological Intervention: EPI)이 중요하다.

위기상담의 목표는 현장 기반으로 책정하며, 위기상담의 **한시적/전문적 한계**를 수용하는 태도가 필요하다. 자연치유 · 회복군뿐만 아니라 PTSD 취약군, 나아가 해당 가정/학교/지역사회에 있어 적응적인 문제해결 기술 및 전략을 세우고 위기를 통한 외상 후 성장의 의미를 강화시킨다.

(2) 아웃리치와 협업

기본적인 위기상담 전략은 위기 청소년 곁에 정신적으로 함께하면서 공감 · 안전감(safety) · 관심 · 돌봄을 제공하는 것이다. 신체나 대인 간 지지 체계가 손상된 경우, 이를 해결하기 위해 적극적인 개입을 제공한다. 여기에는 가족(부모)과의 협업, 협력기관과의 협업, 옹호, 찾아가는 상담, 전문가 의뢰, 사례관리 등이 포함된다. 특히 회피나 도망 기제를 가진 은둔형 위기 청소년이나 학교밖 청소년에게는 찾아가는 맞춤형 상담이 필요하다.

아웃리치(out reach)란 상담자가 내담자의 물리적 공간, 즉 가정, 학교, 지역사회, 직장 등을 직접 방문하여 내담자의 위기 상황을 해결하는 상담 활동을 말한다

(Lewis, Lewis, Daniels, & D'Andrea, 2003). 위기상담에서는 개인의 고민을 상담해 주는 차원을 넘어서 내담자의 삶에서 총체적이고 체계적인 개입이 필요한 상황이 자주 발생한다. 청소년 혼자만의 통찰로는 위기 개입이 충분치 않고, 실제적인 문제해결에는 환경적 안정화가 필요한 경우가 많기 때문이다. 생태체계적 위기 개입과 다문화적 요구에 대응할 수 있는 상담자의 유연한 시각과 적극적 행동이 필요하다.

위기상담에서 실제적인 아웃리치는 즉각적 · 직접적 안전보장을 실행하며 지지체계를 형성하는 여러 전문가와의 통합적 개입이다. 물리적 안전을 위해서는 쉼터나 다른 안전하게 거처할 곳을 알아보고, 학교폭력 등이 심할 경우 전학을 고려해 볼 수 있다. 신체적 안전을 위해서는 응급센터 및 경찰과 연계하는 것이 필요하다. 경제적 지원 체계를 구축하기 위해서는 관계기관, 지역사회(동사무소 등)와의 적극적인 소통도 필요하다.

(3) 심리적 응급처치

위기 상황에서는 평형 상태를 되찾도록 즉각적인 도움을 제공하는 단기상담이 활용되어야 한다. 위기 사건이 발생한 후 충격단계에서 즉각적인 개입이 이루어지는 처음 48~72시간이 결정적 시간이고, 4~6주 안에 위기를 해결할 수 있도록 최대한 지원해야 한다. **짧고 집중적이며 시간 제한적인** 상담기술이 장기적 질환으로의 이행을 막고 PTSD 증상의 심각도를 내리는 데 큰 도움이 된다. 특히 사건 발생 후 48시간~1주 이내에는 심리적 응급처치(psychological first aid)를 활용하여, 전문성보다 접근성과 신속성을 우선시하는 개입을 한다. **심리적 응급처치**는 강제적이지 않은 실질적인 지원이며, 전문가만 할 수 있는 전문적인 상담이 아니다. 무엇보다 '심리적 경험 보고(Psychological Debriefing)[1)]'가 아니기 때문에, 대상자가 겪은 일을 자세하게 설

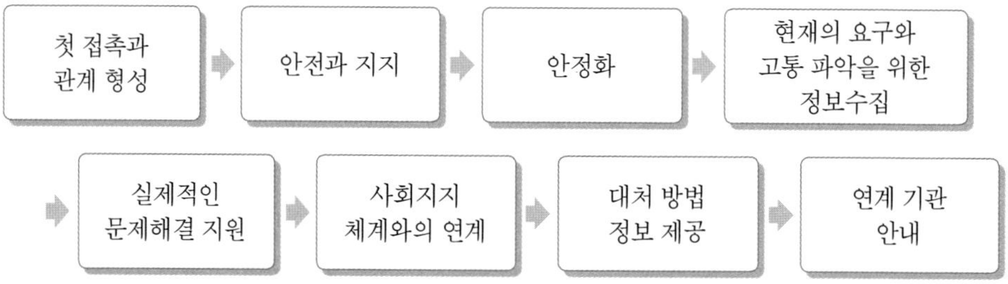

그림 11-2 심리적 응급처치의 8가지 핵심 활동

명할 것을 요구하지 않도록 주의해야 한다([그림 11-2] 참조).

(4) 치유적 심리교육

위기는 그 사건 자체로 이미 개인의 현재 자원과 대처 기제를 압도한다. 그로 인해 개인이 보이는 위기 반응으로는 공포, 충격, 고통, 상실감 등이 있다. 따라서 안전한 상황에서 부적 정서를 표출하고 인지가 왜곡되지 않도록 도와주어야 한다. 위기상담의 실제에서는 **사건과 반응(reaction)을 분리**하는 것이 중요하다. 사건은 외부, 즉 통제 불가능 영역에서 오는 것이 많은 반면, (사건으로 인한 위기) 반응은 개인의 내부, 즉 통제 가능한 영역에서 나오는 것이다. 일반 상담의 효과에서처럼, 내담자가 상황을 통제 가능하다고 느끼게 되는 경우 위기상담의 효과는 극대화될 수 있다.

'**위기 사건(자극)-신경생리학적 반응-위기로 인한 정서/신체적 감정-행동**'의 관계를 이해하도록 심리교육을 제공한다. 이를 통해 위기 청소년들이 스스로 자신의 위기 사건과 반응을 이해하고 수용하여 언어화 등으로 건강한 표출을 하도록 돕는다. 이러한 과정을 통해 대상자들은 자연스럽게 자신에게서 일어나는 낯선 반응들을 **정상화**(normalization)하는 것이 가능해진다. 해당 위기 청소년들에게 언어가 최선의 표현 방식이 아니라면 미술이나 음악, 글쓰기, 체육 활동과 같은 다양한 오브제를 활용하여 표현할 수 있도록 돕는다.

(5) 그라운딩

그라운딩(Grounding)은 착지기법이라고도 불리며, 안전기반치료(2017)에서 소개되고 있으나 저자인 Najavits 박사도 자신의 정신과 수련에서 익힌 기법이라 소개하고 있다. 위기상담에서 그라운딩은 3가지의 목적 아래 수행될 수 있다.

첫째, 충격단계에서 자신의 정서조절을 익힘으로써 과각성으로 인한 증상의 심각화와 2차 외상을 예방한다.

둘째, 위기상담 시간 동안 안전한 상담과정을 구축하는 데 활용된다. 위기상담의 면담 도중, 대상자가 과각성이 일어나지 않도록 안전한 수준에서 상담과정이

---

1) 미국임상심리학회(Society of Clinical Psychology)에서는 심리적 경험보고가 재외상화율이 높다는 많은 연구 결과에 기반하여, 그 사용을 제한하고(No Research Support/Treatment is potentially harmful) 있다.

일어나도록 해야 하며, 주관적 고통 지수(Subjective Units of Distress: SUDS)가 5 이상으로 넘어간다면, 그라운딩(grounding)을 실시하여 각성 수준을 안정된 수준(예: 3수준)으로 만들고, 이후 면담을 지속하는 방식으로 안전하게 진행하는 것이 필요하다(Najavits, 2002). 셋째, 무엇보다도 남이 아니라 내담자 자신이 자신의 증상을 통제할 수 있다. **통제감을 경험하고 치유를 위한 경험적 체계를 다시 쌓아가게 하는 데** 도움이 된다.

(6) 창의적 기법: 위기 사건 유형별 적용

위기의 유형별로 현장에서 적용해야 할 기술이 다를 수 있다. 예를 들어, 설명하자면, 발달적 위기의 경우, 이를 준비하고 대처하는 것을 도울 수 있는 생활지도 활동을 계획하고 실시하며 예방교육과 심리교육의 형식을 활용한다. 상황적 위기의 경우, 다른 청소년들도 유사하게 경험한다는 것(보편성)을 듣는 것만으로도 위로와 평안을 얻고 유사 경험을 한 다른 청소년에게서 해결 방법을 배울 수 있는 집단상담도 도움이 된다. 환경적 위기에서는 구체적인 생활지도 경험을 고안하여 개인과 집단 상담을 통해 도와줄 수 있다. 필자의 경험상, 실존적 위기를 다루는 기본 기술로 상담자 자신이 죽음 등과 같은 실존적 이슈에 대해서 회피하지 않고 수용하고 고민했던 경험들을 자기 노출했던 것이 유용한 사례가 있었다. 상담자의 태도와 관점을 모델링하는 것이 내담자가 막연하고 실체가 안 보이는 실존적 불안감/위기감을 통제하는 데 도움이 되었던 것 같다.

(7) 의뢰

위기상담은 그 특성상 단기상담이다. 6주 이후에도 내담자가 회복되지 않는다면, 트라우마상담의 태세로 전환하고 필요하다면 다른 전문가들과 협업하는 것이 필요하다. 또한 위기상담에서 자신의 전문성을 뛰어넘는 사례는 매우 많고 다양하므로 언제나 의뢰(referral)할 수 있는 태세를 갖추는 것이 윤리적이다. 위기 내담자가 지적장애라면 특수교육의 전문성을 가진 상담자가 최선일 것이다. 정신장애를 가진 내담자라면 정신과 등의 전문가와 협업하는 위기상담자의 솔직한 용기가 필요하다. 또한 자살 위험성 평가에서 자살 생각이 심하고 정신과적 장애로 인해 심한 생활 스트레스를 겪고 있다면, 정신과 의사 및 사회복지사와의 협업도 고려해 볼 일이다.

3) 위기 평가

위기를 극복하는 데에는 환경적 · 의료적 · 경제적 지원이 절대적이므로 이에 대한 평가가 반드시 선행되어야 한다. Maslow의 욕구단계와 심리적 응급처치에 따르면, 사건 충격 후 48시간 내에 할 수 있는 최대의 심리치료(위기상담)는 **안전**(예: 의식주 제공 등)일 수 있다. 안전(safety)의 구축은 이후 이어질 위기상담과 심리치료를 보다 용이하게 해 주는 다리(예: 라포형성)가 될 수 있다.

동일한 위기 사건이라 할지라도, 개인의 특성(예: 성별, 가족 역할, 경험)에 따라 나타나는 내적 불균형 반응과 행동 양식은 다르다. 위기는 개인의 지각에 따른 상대적인 평가이다. 따라서 상담면접이나 검사 도구를 통한 객관적인 평가도 필요하지만 객관적 평가결과를 개인이 겪는 고통을 폄하하거나 공감을 방해하는 도구로 사용해서는 안 된다. 또한 충격 상태나 외상 사건이 진행 중인 상황에서 자기보고된 심리검사결과는 신뢰성이 많이 떨어진다. 따라서 검사 도구뿐만 아니라 면접평가를 통합하여, 전반적인 해석을 하는 것이 필요하다.

위기는 매우 개인적인 의미를 가지고 그 주관적 정의(subjective definition)에 따라 그 심각성이 달라진다(Bloom, 1965). 따라서 이에 대한 사정과 그 주관적 정의에 영향을 미친 과거 경험을 탐색하는 것이 중요하다. 또한 해당 청소년의 인구사회학적 특성을 탐색하여 위험 및 보호 요인을 찾아낸다.

요약하자면, 다양한 위기 관련 척도를 활용하여, 충격 및 스트레스 수준을 객관적으로 측정하고 그 평가 결과를 청소년 내담자와 나누고 대처 행동 전략 및 기술을 함께 발달시켜 나간다.

위기상담에서 객관적 평가 도구의 사용은 위기 상황에 대한 객관적인 평가라는 1차적 역할뿐만 아니라 다양한 전문가집단의 의사소통 체제를 강화시킴으로써 즉각적인 위기 개입과 상담 개입의 효과를 조력하는 역할을 할 수 있다.

(1) 사건의 특성

위기 사건의 특성에 따라 개인의 외상 반응이 다르게 나타나므로 이에 따른 상담자의 중재가 맞춤형으로 적용되어야 한다. 개인의 증상을 평가하기에 앞서, 위기 사건의 특성만으로도 상담 전략 및 과제를 미리 준비 · 계획할 수 있다. 이를 위해 '사건에 따라 일반적으로 나타나는 심리적 충격(〈표 11-1〉)'을 참조할 수 있다. 또한 앞에서 설명했던 예측 불가능/비통제적 사건 대 예측 가능/자발적/통제적 사건과 이에 대한 위기 반응을 학습하는 것은 상담자의 태세를 갖추는 데 도움이 된다.

둘째, 위기 사건이 단순하고 일회적인 경우 Type I 외상 사건이라 구분하고, 장기적으로 반복된 경우 Type II 외상 사건이라 구분한다(Herman, 1992). Type I 외상의 경우에는 선명한 기억과 오지각이 주요 반응이다. 반면, Type II 외상자들은 부정 · 마비 · 멍해짐 · 해리 · 분노 등의 외상반응을 주로 호소한다(Terr, 1991).

셋째, 위기의 근접성 원리를 활용하여 평가할 수도 있다. 근접 거리에서 위기를 겪은 사람이 생명의 위협을 더 강하게 느끼며 더 강한 외상 반응을 보인다. 따라서 상담 및 개입 순서에 있어, 위기 사건과 가장 근접 거리에 있었던 개인을 우선시하는 상담 전략이 필요하다.

(2) 개인적 특성

인구사회학적 특성은 단순한 기본 정보 수준을 넘어서, 위기 상황을 지각하는 개인의 독특한 방식을 이해하고 구체적인 지지 체계를 구성하는 데 유용하게 활용된다. 위기 반응은 연령에 따라 다르게 나타나므로, Piaget, Erikson, Kohlberg의 발달 이론을 적용하여 발달 단계, 자아 발달, 인지 수준, 도덕 발달, 기질 특성을 통합적으로 살펴볼 필요가 있다. 위기 이전의 적응(가정, 학교, 대인관계, 의료 상태), 성공적 적응 경험, 실패 경험(약물중독, 비행, 관계 철회 등), 대처 양식, 자아 발달, 위기 관련 과거 경험(목록, 사후 변화 · 적응, 폭력 경험), 전반적 기능 평가(Global Assessment Function: GAF), 낙천성/긍정성 등을 파악하는 것이 유용하다. 예를 들어, 개인의 대처 양식을 평가할 때는 구체적으로 위기 대처 능력, 인지적 해석, 방어기제, 회복탄력성(resilience)을 주시하여 사정한다. 그리고 이 평가 결과를 긍정 대 부정으로 분류하고 위험 요인 대 보호 요인과 연결하여 분석하는 것이 상담 전략을 세우는 데 도움이 된다.

위기상담에서 **관점의 전환**이 궁극적인 회복의 열쇠인데, 이 점에서 개인의 회복탄력성과 긍정성을 중요한 강화제로 활용할 수 있다. 위기 상황에 대한 개인의 인지적 · 정서적 도식 및 의미성 평가를 통해 내담자의 죄책감, 올바른 행동에 대한 가치관, 우선순위 등을 파악한다. 부정적 대처 기술을 가지고 있지는 않은지도 확인한다. 과도한 부인(denial), 도피, 위축, 충동성, 분노, 책임 회피, 의존적 행동, 무기력감, 약물남용, 지원 체제 활용 능력의 부재 등을 사정한다.

건강 행동 및 일상생활 양식, 수면 상태의 변화, 소화불량, 식이 행동의 변화, 흡연이나 음주 등 행위의 측정, 운동 패턴의 변화를 측정한다. 건강 행동의 변화는 더 큰 건강 문제 및 2차적 위기 상황을 가져올 수 있으므로 건강 행동의 변화를 주의 깊게 파악해야 한다(Taylor, 2014).

특별히 상담자의 관심과 주의를 요하는 개인적 요인은 성격·기질적 취약성이 있는 경우, 사망자와 친밀했던 경우, 부모나 주 양육자가 부재한 경우, 신체적·발달적·정신적 장애가 있는 경우, 사회적 지지 체계가 부재한 경우 등이 있다.

(3) 환경적 특성

환경적 특성을 사정하는 가장 중요한 이유는 안전 확보와 지지 체계를 분석·구축하기 위해서다([그림 11-3] 참조). 예를 들어, 내담자의 가족 구성 형태가 핵가족인

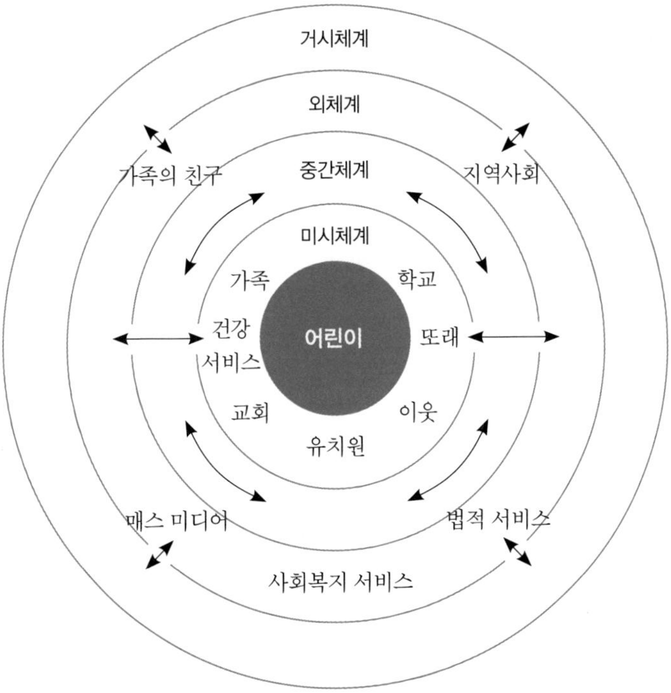

그림 11-3 Bronfenbrenner의 생태학적 체계 이론

지 혹은 확대가족인지 친밀관계를 알 수 있는 가계도를 그려 보는 것이 유용하다. 학교, 친구/지역사회, 문화/종교와 같은 이용 가능한 지지 자원을 얼마나 개인별로 잘 활용하는가를 알아보아야 한다. 예를 들어, 마약이나 폭력, 우범 지역에 사는 청소년들은 폭력 사건에 반응하는 예민성이 다른 지역의 청소년과 다를 것이다. 그들은 폭력 사건에 더 둔감하거나 오히려 더 강한 반응을 보일 수도 있다.

(4) 척도의 활용

위기 평가는 위기상담을 위한 적절한 도구로 사용되어야 한다. 대체로 심리적 충격 상태에 있는 위기 대상자들은 자기보고식 평가 도구에 적절하게 반응하지 못할 수도 있고, 그것을 사용하는 것이 시기적으로 부적절할 수도 있다. 따라서 평가를 실시할 때는 위기 대상자들이 편안한 상태에서 실시하도록 하고 부담을 주지 않도록 하며 진단명으로 인한 낙인 효과를 경계하여 적용해야 한다.

평가 결과를 해석할 때는 사건 발생 후 경과 시간을 반드시 참고해야 한다. 심한 스트레스 반응은 4~6주 안으로 완화되거나 자연적 회복으로 소거되는 경향이 있다. 특히 Type I 외상 사건의 경우 자연회복군의 비율이 높은 반면, Type II 외상사건의 경우는 그 비율이 더 낮다. 위기에 따른 증상 평가(주로 PTSD 취약군을 선별하는 스크리닝)는 즉각적으로 이루어지되, 스트레스 관련 진단명을 부여할 때는 스트레스인/위기 사건이 종료되었는지를 먼저 확인하고 시간적 완화 상태를 함께 고려하여 종합적인 면접평가를 하도록 한다.

위기로 인한 충격 상태를 평가하기 위해 현장에서 널리 사용되는 자기보고식 검사도구 중에 사건충격척도(Impact of Event Scale-Revised: IES-R)가 있다. 22문항으로 되어 있는 IES-R은 4가지 증상(과각성, 회피, 침습, 수면장애 및 정서적 마비, 해리 증상)별 상태와 전체적인 상태를 평가할 수 있어 간편하고 매우 유용한 편이다.

사건 충격 척도 개정판: Impact of Event Scale-revised, IES-R-K

IES-R(Weiss & Marmar, 1997)은 문항별로 아래와 같은 4가지 영역으로 해석하여, 대상자에게 어떤 증상을 더 고통스럽게 경험하고 있는지를 평가하기에도 용이하다.

- 과각성: 6개 문항. 4, 10, 14, 18, 19, 21
- 회피: 6개 문항. 5, 8, 11, 12, 17, 22
- 침습: 5개 문항. 1, 3, 6, 9, 16
- 수면장애 및 정서적 마비, 해리 증상: 5개 문항. 2, 7, 13, 15, 20

IES-R은 전체 점수를 활용하여 평가하는 것도 가능하다. 25 미만인 경우, 자연치유회복군으로 볼 수 있고, 25~39점(mild/moderate)인 경우 경도~중등의 충격상태로 볼 수 있으며. 40~59점(severe)인 경우, 중증의 충격상태, 60점(very severe) 이상인 경우 고도 중증의 충격상태로 볼 수 있다. 자세한 문항은 다음과 같다.

지난 한 주 동안에 당신이 얼마나 자주 경험하였는지를 각 문항에 ○표하세요. 만약 그 기간 동안 경험하지 못했다면 '전혀 없다'에 표시하시기 바랍니다.

0 = 전혀 없다/ 1 = 드물게 있다/ 2 = 가끔 있다/ 3 = 자주 있다/ 4 = 많이 있다

1. 그 사건을 떠올리게 하는 어떤 것이 나에게 그때의 감정을 다시 불러일으켰다.
2. 나는 수면을 지속하는 데 어려움이 있었다.
3. 나는 다른 일들로 인해 그 사건을 생각하게 된다.
4. 나는 그 사건 이후로 예민하고 화가 난다고 느꼈다.
5. 그 사건에 대해 생각하거나 떠오를 때마다 혼란스러워지기 때문에 회피하려고 했다.
6. 내가 생각하지 않으려고 해도 그 사건이 생각난다.
7. 그 사건이 일어나지 않았거나, 현실이 아닌 것처럼 느꼈다.
8. 그 사건을 상기시키는 것들을 멀리하며 지냈다.
9. 그 사건의 영상이 나의 마음속에 갑자기 떠오르곤 했다.
10. 나는 신경이 예민해졌고 쉽게 깜짝 놀랐다.
11. 그 사건에 관해 생각하지 않기 위해 노력했다.
12. 나는 그 사건에 관해 여전히 많은 감정을 가지고 있다는 것을 알지만 신경 쓰고 싶지 않았다.
13. 그 사건에 대한 나의 감정은 무감각한 느낌이었다.
14. 나는 마치 사건 당시로 돌아간 것처럼 느끼거나 행동할 때가 있었다.
15. 나는 그 사건 이후로 잠들기가 어려웠다.
16. 나는 그 사건에 대한 강한 감정이 물밀듯 밀려오는 것을 느꼈다.

17. 내 기억에서 그 사건을 지워 버리려고 노력했다.
18. 나는 집중하는 데 어려움이 있었다.
19. 그 사건을 떠올리게 하는 어떤 것에도 식은땀, 호흡 곤란, 구역질, 심장 두근거림 같은 신체적인 반응을 일으켰다.
20. 나는 그 사건에 관한 꿈들을 꾼 적이 있다.
21. 내가 주위를 경계하고 감시하고 있다고 느꼈다.
22. 나는 그 사건에 대해 이야기하지 않으려고 노력했다.

4) 청소년 위기상담 관련 특정 이슈

모든 위기상담의 공통적인 첫 번째 과제는 **안전(safety)확보**다. 적어도 위기상담의 기간 동안에는 모든 임상적 의사결정에서 우선순위를 '안전'에 두는 것이 유용하다. 동시에, 특정 위기 사건의 주제별로 중요 상담 과제도 있다. 예를 들어, 자살/자해 위기상담의 경우는 안전 서약서 작성이 반드시 필요하며, 성폭력 응급 위기상담의 경우는 의학적 체크(예: 성폭력 응급키트)가 1순위로 이루어져야 한다. 학교폭력의 경우, 안전, 가해자로부터의 격리 필요성, 생명 위협성 여부 등이 상담 진행 전에 먼저 확인되어야 한다. 중독의 경우, 위기 청소년이 위기에 대응하는 임시적 자구책 혹은 자기파괴적 방편으로 중독 행위 및 매개를 활용할 수 있다. 중독자의 기본 반응은 부인(denial)이므로, 청소년들의 자기보고에만 기초를 두고 개입을 할 경우 오류가 생기기 쉽다. 따라서 가족과 주변인들의 객관적인 평가를 통합해서 전반적인 평가가 이루어져야 한다.

Type I의 외상 사건일 경우, 동병상련의 기회를 갖는 집단상담 자체가 치료 기제로 작용한다. 그러나 Type II의 외상 사건일 경우, 지속적이고 만성적인 위기 상황으로 인해 내담자는 사람과 세상에 대한 신뢰감이 매우 낮아진 상태이고, 집단에서 자기 노출(정서나 기억)을 하는 것을 매우 어려워한다. 그리고 집단 리더의 엄격한 준비 없이 시행된 집단상담에서의 자기노출은 집단원끼리 서로의 촉발제로 작동되는 위험한 상황(예: 재외상화와 2차 외상)이 연출될 수 있다. 따라서 Type II의 외상 사건의 경우, Type I의 집단상담자보다 더 숙련된 집단상담자와 더 긴 상담 회기 혹은 개인상담이 더 효과적일 수 있다. 이 경우, 미국임상심리학회(Society of Clinical

Psychology)에서 제안한 PTSD에 효과적인 증거기반(strong research support) 심리치료로 선정된 안전기반치료(Seeking Safety; Najavits, 2002)를 추천한다.

(1) 자살/자해/타살

자살의 가능성에 대한 질문은 직접적이면서도 구체적으로 탐색해야 한다. 이는 상담자 자신의 안전을 위해서도 필수적인 요소다. 자살 시도 가능성이 있는 것으로 평가된 청소년의 경우는 **자살 관념을 언어화**하도록 하는 것이 필요하다. 즉, 막연하게 머릿속에 떠도는 생각들을 언어화 혹은 시각화하여 다른 관점으로 바라볼 수 있도록 돕는다.

초보 상담자들은 청소년 내담자와 자살 문제를 같이 논의하는 것이 내담자의 자살 관념을 더 강화하는 것은 아닐까 염려한다. 하지만 이러한 염려의 근원이 상담자 자신의 사고가 투사된 결과는 아닌지 스스로 살펴볼 필요가 있다. 실제로는 내담자와 자살 문제를 다루는 것 자체가 아닌 **다루는 방식**이 문제의 소지가 될 수 있다. 자

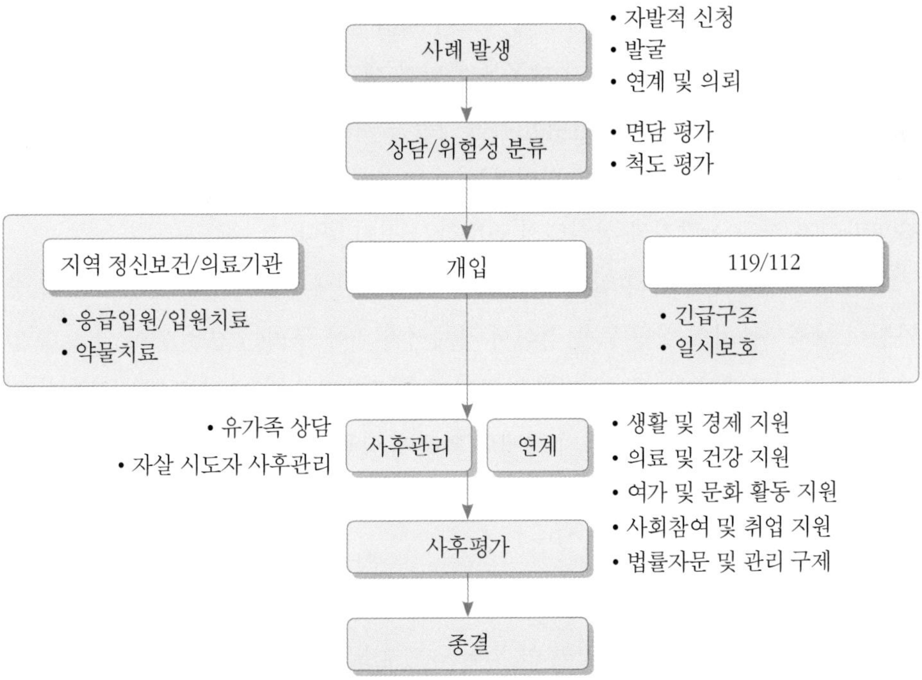

그림 11-4 일반적인 자살 위기상담의 흐름도

출처: 한국자살예방협회(www.suicideprevention.or.kr).

살에 대한 논의는 자살에 대한 객관적인 검토를 가능하게 해 주고, 이것이 내담자가 자살에 대해 좀 더 현실적인 인식을 갖도록 하는 데 도움을 준다. 내담자 자신과 내담자의 자살 생각 간의 분리를 통해 합리적인 의사결정을 하도록 돕기 위해 자살 문제에 대한 객관적인 논의에서 활용할 수 있는 질문 기법을 활용하는 것이 좋다. 자유연상법보다는 의미 있고 합리적인 질문을 통해 대화를 유도하는 적극적인 상담 기법이 필요하다.

(2) 아동 · 청소년 학대

아동 · 청소년이 자신의 위기 상황(가정폭력, 학대 등)을 직접 상담자에게 말하는 경우는 흔하지 않다. 주로 제3자에 의해 발견되거나, 다른 큰 사건으로 인해 노출되어 아동학대까지 같이 알려지게 되는 경우를 많이 본다. 따라서 아동 · 청소년이 직접 상담자에게 언급하는 경우는 여러 가지 이유에서 그나마 다행스러운 일이다. 하지만 안타깝게도 초보 상담자들은 아동 · 청소년들의 호소 문제를 듣기보다 주변인(교사, 부모)의 주 호소 문제를 우선적으로 다루는 경우를 종종 보게 된다. 초보 상담자들이 학대나 폭력이라는 무거운 주제보다 학습장애, 정서불안, 행동장애라는 주제가 훨씬 다루기 쉽다고 느끼기 때문은 아닐까 생각한다. 아동학대는 명백한 범죄이며, 이를 다루지 않는 것은 어떠한 사유에서든 직무유기이고 상담 자격마저 잃게 될 수 있는 큰 사건이다. 따라서 회피하는 것은 최선이 될 수 없으며, 당황하지 말고 슈퍼바이저/상급 상담자와 상의해서 진행하는 것이 좋다.

위기가족 상담에는 자녀 살인 미수(예: 경제적 위기에서 자식과 동반자살), 가족 중 가장이 상해 · 불치의 질병 등을 겪어서 경제적 위기에 몰리는 경우 등이 있을 수 있다. 엄격한 기준에서 볼 때, 이 역시 아동학대에 포함된다. 자녀의 생명이 부모의 것은 아니기 때문이다. 또한 가정의 경제력 여건에 상관없이 아동은 생존과 발전의 권리를 가지고 있기 때문이다(유엔아동권리협약).

(3) 상실

모든 상실은 다 아프다. 하지만 아직 몸도 마음도 온전한 발달 단계를 지나지 않은 청소년들에게 다가온 상실이란 차마 직면하기 어려운 주제일 수 있다. 청소년들에게 상실이란 이성 친구와의 이별에서부터 부모와의 이별/사별, 폭력과 학대 등 다양한 수준에서 발생할 수 있다. 2014년 세월호 사건을 겪은 많은 청소년들은 1차적으로 사건 관련 충격으로 아파했다면, 이후에는 교실에서 당연히 함께해야 할 친구들의 모습이 삭제(delete)된 자신의 현실을 수용하고 그 상실감을 자신의 삶에 받아들이는 매우 가슴 아픈 시간들을 보내야 했다. 성폭력을 당한 청소년의 경우, 자신의 순결한 신체를 잃어버린 허망감은 폭력자체와는 또 다른 커다란 인생의 상실로 다가올 수 있다. 또한 이혼 등을 통해 해체가정을 수용해야 하는 청소년에게도 남들과 다른 가족이라는 가족 구조의 상실은 고통스럽다. 아동학대 피해 아동은 자신을 학대하고 죽이려 했던 너무나 미운 부모라 할지라도, 자신의 삶에서 부모라는 존재 자체를 삭제해야 한다는 상실감은 상상할 수 없을 만큼 견디기 어려운 감정이다. 상실은 그런 양가감정의 형태로 나타날 수 있고, 또 그것이 더 자연스러울 수 있다.

위기상담자의 응급처치로는 우선 신체적/일상생활의 안전(감) 구축과 청소년 자신이 잃어버린 것(사람, 관계 등)에 대한 통제 가능한 수준의 애도 반응이다. 그리고 청소년 내담자가 상실 전의 일상생활 패턴으로 살아갈 수 있도록 도와주는 것이 필요하다. 신체적 상해가 흉터를 만들 듯이 정신적 상실도 심리적 흉터를 남긴다. 우리의 몸에 생긴 크고 작은 흉터를 보듬어 안고 내 것임을 인정하며 자신을 사랑하듯이, **상실과 세상이 내게 남긴 심리적 흉터를 사랑하는 것**을 배울 때 진정한 상실의 극복과 성장이 이루어질 것이다.

(4) 비자살적 자해

2013년 개정된 DSM-5에서 비자살성 자해(non-suicidal self-injury: NSSI)란 진단명이 새롭게 등장하였다. 비자살성 자해란 자신을 해치려는 고의적인 의도를 가지고 자기손상을 하나, 그 자기손상이 자살을 의도한 것이 아닌 자해를 말한다. NSSI는 6개월에서 1년 이상 지속되며 일주일에 5일 이상 반복될 경우 NSSI 진단 기준에 들어간다. NSSI를 시도하는 청소년들의 의도는 주로 스트레스 상황이나 심리적 고통으로부터 일시적인 회피라고 볼 수 있다. 자살 의도가 없기 때문에 자해도구의 치명성은 낮은 편이다(Muehlenkamp & Kerr, 2010). NSSI 시도를 통해 안도감, 진정효과, 일시적 고통의 감소를 얻을 수 있으며, 나아가 대인관계와 학습의 수행능력도 향상되는 효과를 얻을 수도 있다. 그렇지만 이러한 긍정적 효과가 생존회로를 통해 조건화되고 강화될 경우 중독화되는 위험성이 있다. NSSI에 대한 효과적인 심리치료적 개입법은 아직 많은 연구와 논의 중에 있다. 일부 청소년들에게는 NSSI가 자신들이 할 수 있는 최선에서 자신의 문제를 해결해 보려고 했던 시도일 수 있다. 상담자들은 이 점을 초점화하고 강화하여 대상자들의 치료적 협조와 동기강화를 이끌어 내는 것이 필요하다. 또한 대상자들의 안전을 위해 NSSI를 어떤 방식으로든 멈추는 계획을 초기면접 단계부터 세워 나가야 하고, 이 계약서를 상담 동의서 조항에 포함시켜야 할 것이다. 상담 도중에 NSSI를 다시 시도하게 되더라도, 그 실수가 치유의 한 과정임을 교육하고 낙담하거나 포기하지 말고 지속적으로 상담을 유지

표 11-2 비자살성 자해(NSSI)의 DSM-5 진단 기준

A. 지난 1년간 5일 또는 그 이상 신체 표면에 고의적으로 출혈, 상처, 고통을 유발하는 행동(예: 칼로 긋기, 불로 지지기, 자르기, 과도하게 문지르기)을 자신에게 스스로 가하며, 이는 단지 경도 또는 중등도의 신체적 손상을 유발할 수 있는 자해 행동을 하려는 의도에 의한 것이다(즉, 자살 의도가 없음).

※ 주의점: 자살 의도가 없다는 것이 개인에 의해 보고된 적이 있거나, 반복적인 자해 행동이 죽음에 이르게 하지는 않을 것이라는 점을 개인이 이미 알고 있었거나 도중에 알게 된다고 추정된다.

B. 개인은 다음 중 하나 또는 그 이상의 기대하에 자해 행동을 시도한다.

1. 부정적 느낌 또는 인지 상태로부터 안도감을 얻기 위하여
2. 대인관계 어려움을 해결하기 위하여
3. 긍정적인 기분 상태를 유도하기 위하여

※ 주의점: 개인은 원했던 반응이나 안도감을 자해 행동 도중에 또는 직후에 경험하게 되고, 반복적인 자해 행동에 대한 의존성을 시사하는 행동 양상을 보일 수 있다.

C. 다음 중 최소한 한 가지와 연관된 고의적인 자해 행동을 시도한다.

1. 우울, 불안, 긴장, 분노, 일반화된 고통, 자기비하와 같은 대인관계 어려움이나 부정적 느낌 또는 생각이 자해 행위 직전에 일어남
2. 자해 행위에 앞서 의도한 행동에 몰두하는 기간이 있고 이를 통제하기 어려움
3. 자해 행위를 하지 않을 때에도 자해에 대한 생각이 빈번하게 일어남

D. 행동은 사회적으로 제재되는 것이 아니며(예: 보디 피어싱, 문신, 종교적 또는 문화적 의례의 일부), 딱지를 뜯거나 손톱을 물어뜯는 것에 제한되지 않는다.

E. 행동 또는 그 결과는 대인관계, 학업 또는 다른 중요한 기능 영역에서 임상적으로 현저한 고통이나 방해를 초래한다.

해 나가도록 격려하는 것이 필요하다.

(5) 학교밖 청소년

일반적인 학업중단자, 의무교육기관 미취학자, 상급학교 미(비)진학자 등을 모두 포함하는 개념이다. 법률적인 정의(「학교 밖 청소년 지원에 관한 법률」 제2조 제2호, 2014년 제정)에 의하면, 학교 밖 청소년이란 다음 각 목의 어느 하나에 해당하는 청소년을 말한다.

- 초등학교 · 중학교 또는 이와 동일한 과정을 교육하는 학교에 입학한 후 3개월 이상 결석하거나 취학의무를 유예한 청소년
- 고등학교 또는 이와 동일한 과정을 교육하는 학교에서 제적 · 퇴학 처분을 받거나 자퇴한 청소년
- 고등학교 또는 이와 동일한 과정을 교육하는 학교에 진학하지 아니한 청소년

최근 늘어난 학교밖 청소년들은 기존의 알려진 퇴학/자퇴생의 이미지와 많이 다르다. 실제로 학교체제에서 도움을 얻지 못하는 경우(학교폭력 피해자, 가정사 등), 부득이하게 자퇴를 선택하기도 한다. 하지만 학교 밖 청소년들 중에는 자기 혼자 공부해서 괄목할 만한 성과를 내기도 하고, 주도적인 공부 스타일과 진로 설계를 지향하는 학생들이 자퇴를 선택하기도 한다. 한국청소년정책연구원(2013)에서는 학업 중단 청소년 패널조사 및 지원방안 연구에서 학교 밖 청소년 유형을 **학업형**, **무업형**, **직업형**, **비행형**, **은둔형**의 5가지로 구분하였다. 따라서 학교 밖 청소년을 대할 때 상담자 자신의 선입견을 검토하는 것이 중요하다.

학교 밖 청소년에게 시간적 여유가 많은 것이 자유롭고 주도적인 일을 할 수 있다는 장점이 되는 반면, 시간 관리가 안 되는 청소년에게는 다양한 유흥(PC방 등)에 노출되기도 쉽다. 2015년에 시행된 「학교 밖 청소년 지원에 관한 법률」에서는 학교 밖 청소년 지원센터(꿈드림)를 설치하고 청소년안전망과의 연계 협력을 명시하고 있다. 기존의 학교교육 체제뿐만 아니라 통합지원 체계를 통해, 학생 맞춤형 지도/위기 상담을 통해, 해당 청소년을 미래사회의 인재로 성장시키는 기회로 삼아볼 만하다.

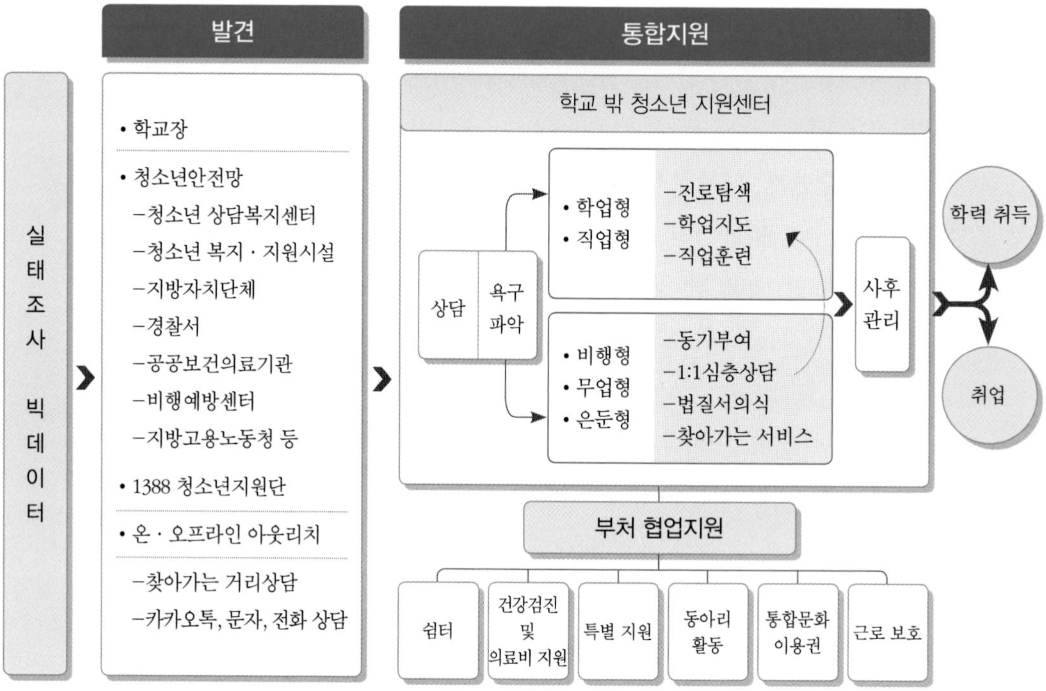

그림 11-5 **학교 밖 청소년 지원 체계 구축**

(6) 학교폭력

청소년은 스스로가 자신의 문제 상황을 제대로 인지하기 어려울 수 있으므로 주변인들에 대한 체계적인 탐색과 중재가 필요하다. 학교폭력 사건은 다양하고 복잡한 변수의 결과물일 가능성이 높다. 따라서 학교폭력은 관련 지식과 경험이 풍부한 숙련된 상담자가 제공하는 총제적이고 조화로운 위기상담 서비스를 요구하는 대표적인 영역이라 할 수 있다.

상황에 대한 통찰이 완성되지 않은 발달 단계의 청소년을 위해 찾아가는 상담과 실천적 구출 행동이 필요하다. **학교폭력 피해자와 가해자 모두를 위한 위기 개입**이 필요하므로, 가해자를 다루는 상담자의 마음 태세(mind set)가 먼저 훈련되어야 하며, Type II 위기 사건일 경우에는 신뢰 형성에 더 많은 시간과 전문가적 에너지를 쏟아야 한다.

또한 보복에 대한 두려움, 해결과정에서 생성된 주변인들과의 갈등관계를 고려하여 상담 이후의 그림을 그리는 것도 중요하다. 피해자와 가해자가 모두 청소년이며 같은 공간에서 생활해야 할 확률이 높다면 피해자와 가해자의 관계 회복이 더 중요한 상담 목표일 수 있다. 주변인들과의 관계가 다시 원만하게 이어질 수 있도록 살피고, 현재의 피해자가 미래의 피해자/가해자가 되지 않도록 살펴야 할 것이다.

학교폭력은 단기상담보다는 지속적인 상담(1개월~1년)이 적합하며, 체제와 잘 협업하는 것이 중요하다. 학교와 가족의 지원을 받아 내는 것이 실제 상담에서 가장 중요한 변수로 작용하기도 한다. 위기상담자는 학교 · 경찰 · 병원 · 사회복지사와의 교섭 · 중재 · 협업의 전문성이 필요하다.

위기상담자는 학교폭력을 단순히 눈에 보이는 관련자들의 위기 상황이라고 보기보다는 인권의 보호라는 확장된 개념으로 접근하여 조직 내의 힘의 불균형으로 파생되는 **인간관계의 불균형**(oppression theory; Herman, 1997)을 볼 줄 아는 눈이 필요하다.

4. 위기상담 전문가 교육

1) 자기관리

첫째, 위기 상황은 다양한 변수로 인해 통제 불가능한 요인들이 생기기 쉽다. 이를 유연하게 대처할 수 있는 위기상담 전문가의 적응 능력과 낙관적인 태도가 필요하다. 위기 개입에서는 짧은 시간 내에 치료적 동맹을 형성하는 능력과 위기 개입 능력, 문제해결 능력이 필요하다. 또한 지역 내 다양한 정보를 확보하여 다른 전문가와 협력하고 내담자를 연계 · 의뢰할 수 있는 네트워크 역량이 필요하다.

둘째, 위기상담자는 위기 사건의 발생 구조와 메커니즘에 대한 지식과 통찰을 갖춘 전문가다. 위기는 단순한 사건도 있지만 복잡하고 다양한 변수의 결과물일 경우도 있기 때문에 상담자의 전문성이 요구되는 영역이라 할 수 있다. 위기상담자는 위기 사건과 위기상담에 관한 전문적인 지식과 상담 경험을 겸비하여, 위기 청소년들이 생채기가 덜 생기고 빨리 아물도록 혹은 피할 수 없는 위기의 흉터를 포용하고 보다 유연하게 수용하며 살 수 있도록 도와주어야 한다.

셋째, 일반 상담과 다르게 현장에서 이뤄지는 위기상담의 경우, 내담자와의 첫 번째 회기에서 해야 할 상담 과제가 많고 매우 중요하다. 필자의 경우에는, 폭력피해 내담자의 첫 회기는 1시간이 아니라 주로 1일 이상의 업무인 경우가 많다. 또한 위기 사건 주제와 내용 자체가 매우 충격적일 수 있기 때문에 위기상담자는 대리외상(간접외상)과 소진을 예방하는 자기관리 능력이 필수다. 그 자기관리 능력 중의 하나가 정기적으로 슈퍼바이저를 만나는 것이다.

마지막으로, 필자는 모든 상담자가 내담자에 대해서 가장 잘 알고 있는 사람이라고 믿고 있다. 슈퍼바이저는 큰 그림을 보면서 도와줄 수는 있지만, 상담자와 내담자 사이의 섬세한 역동과 현장에서의 직관적 경험 및 지식을 다 보는 것은 어려울 수 있다. 따라서 위기상담자는 **실제 현장의 전문가**로서의 자신의 역할에 자긍심과 책임감을 가져야 한다. 위기상담 역동 체계에서 가장 약자인 내담자를 대표하고 그의 권익을 위해 나설 수 있는 수퍼맨은 내담자와 직접적인 관계를 맺고 있는 상담자라고 믿는다. 상담자가 **자신이 얼마나 중요한 역할을 차지**하고 **얼마나 많이 내담자를 도울 수 있는지**를 잊지 않고 기억하는 것이 가장 효과적인 상담을 만듦과 동시에 가장 윤리적인 상담을 만드는 길이다.

2) 위기상담 윤리

위기상담에서는 전문가적 상담 윤리를 따라간다. 자살 및 타살의 위험성이 있을 경우, 내담자에게 비밀보장의 원칙을 지킬 수 없음을 미리 알려야 하고 기록화해야 한다. 여러 전문가가 투입되는 상황에서는 기록된 문서가 의사소통을 원활히 하도록 돕는다. 의뢰나 아웃리치를 할 때는 정보 공유를 할 때마다 내담자의 허락을 받는 것이 원칙이다. 위기상담은 종종 법적인 상황까지 갈 수 있으므로 내담자와 자신을 보호하는 전문가로서의 업무 습관이 매우 중요하다.

5. 위기예방교육

위기 관련 대처비용보다 예방비용이 훨씬 저렴하며 이미 청소년들이 가지게 된 외상은 없어지기보다는 조절 · 관리의 대상이 되므로, 위기예방교육이 더욱 필요하고 중요하다. 위기예방교육은 일반 청소년을 대상으로 삶과 죽음에 관한 교육, 정신보건교육, 정서 및 행동 발달 선별검사 등을 통해 이뤄질 수 있고, 잠재적 위기 대상 청소년들에게는 찾아가는 상담, 학생의 안전 확보, 환경적 · 사회적 지원 등을 통해 위기발생을 예방할 수 있다.

현재 주로 시행되는 위기예방 프로그램은 학교폭력, 자살과 인터넷 중독을 주제로 하는 예방교육이 많이 시행되는 것으로 보인다. 하지만 위기예방교육의 주제는 매스미디어에서 다뤄진 큰 사회 사건에 대한 대응책으로 보일 뿐, 근본적인 관심과 예방교육 체계는 아직 미흡한 것으로 보인다. 그리하여 좀 더 다각적인 측면에서 **다양한 전문가가 참여하는 예방교육이 활성화될 필요**가 있다.

위기예방교육은 잠재적 위기 사건 대상자뿐만 아니라 위기 사건과 상담 체제에 관련한 전문가들을 위해서도 필요하다. 한 예로, 미국의 가정폭력상담센터에서는 검사 등 법조인 · 경찰관만을 위한 정기적인 교육이 있으며, 주요 일간지에 관련 내용을 칼럼으로 기재하고 라디오방송에 출연하여 보다 폭넓은 방법으로 예방교육을 실시하기도 한다. 엘리트 패닉(Elite panic)이 재난위기상황에서 더 큰 해악을 일으키듯이, 위기 사건별 법률/체제의 의사결정자들을 대상으로 한 예방교육은 필수적이다. 위기 사건의 발생은 단순히 관련 대상자들만의 역동이 아니다. 특히 청소년 위기 상황은 외부적 요인이 더욱 더 크다. 즉, 청소년보다 상황적 요인에 큰 영향력을 발휘할 수 있는 성인, 영향력이 있는 인사, 사회 체제 등이 위기예방교육의 주 대상자가 되는 것이 필요하다. 근본적인 위기예방교육은 **사회 체제 전반을 위한 교육**이어야 그 본연의 예방교육의 목적을 달성할 수 있을 것이다.

요약

청소년의 위기는 반전의 힘을 가지고 있다. 청소년의 위기는 상황적 위기뿐만 아니라 정상적인 발달상에서 나타나는 위기도 포함하고 있다. 위기는 사건에 대한 개인의 지각과 반응의 수준에 따라 정의된다. 즉, 위기를 기회로 보고 위기 상황을 유연하고 긍정적인 관점에서 경험하면 더 큰 성장을 얻게 되지만, 위기에 압도되면 외상으로 인한 다양한 정신병리가 발생할 수 있다. 위기는 크게 발달적 위기, 상황 위기, 실존적 위기, 환경적 위기로 분류할 수 있는데, 유형별로 차별화·전문화된 상담 접근이 필요하다.

위기는 내담자의 주관적인 의미가 많이 반영되는 개념이므로, 위기 평가에 있어 내담자의 특성뿐만 아니라, 사건 자체의 특성, 객관적인 척도, 환경적 요인, 가족/외부 영역의 전문가들 의견을 참조하여 통합적이고 체계적인 평가를 내려야 한다.

위기는 단기적·집중적 개입이 필요한 상담 주제이며, 단계별로 성취해야 할 상담 목표와 과제가 존재한다. 스트레스, 위기, 외상은 하나의 스펙트럼상에 존재하지만, 상담 전략에서 다른 개입을 요구한다. 모든 위기상담의 첫 번째 공통 과제는 내담자의 안전이며, 이는 상담과정과 상담 종결 이후에도 확보되어야 한다. 일반 상담과정에서 반드시 추가되어야 하는 위기상담의 과정은 애도와 일상생활로의 복귀(reconnection)다. 위기상담의 실제에서 환경적 요인은 큰 변수로 작용할 수 있다. 따라서 내담자의 가족, 학교, 또래 집단, 사회적 체제 관련 요인에도 주의를 기울여서 상담과정에 포함시켜야 한다. 위기상담은 상담자의 소진율이 높은 영역이므로, 보다 구체화되고 정기적인 자기관리와 슈퍼비전 체제를 구축하는 것이 좋다.

생각해 볼 문제

1. 위기를 유형별로 분류하여 설명하시오.

2. 위기의 특징을 설명하시오.

3. 위기상담의 단계를 설명하시오.

참고문헌

통계청(2012). 2012년 사망원인 통계결과.

통계청(2019). 2019년 청소년 통계.

Aguilera, D. C. (1994). *Crisis intervention: Theory and methodology* (7th ed.). St. Louis: Mosby.

Allen, J. G. (2010). 트라우마의 치유 (*Coping with trauma hope through understanding*). (권정혜, 김정범, 조용래, 최혜경, 최윤경, 권호인 공역). 서울: 학지사. (원저는 2004년에 출판).

American Psychiatric Association. (2013). *Diagnostic and statistical manual of mental disorders* (DSM-5®). American Psychiatric Pub.

Bloom, B. L. (1965). Definitional aspects of the crisis concept. In H. J. Parad (Ed.), *Crisis intervention: Selected readings* (pp. 303-311). New York: Family Service Association of America.

Callahan, J. (1994). Defining crisis and emergency. *Crisis*, 15, 164-171.

Caplan, G. (1961). *An approach to community mental health*. New York: Grune & Stratton.

Elkind, D. (1998). *All grown up and no place to go: Teenagers in crisis* (2nd ed.). Cambridge: Perseus Books.

Erikson, E. H. (1956). The problem of ego identity. *Journal of the American Association, 4*, 56-121.

Erikson, E. H. (1963). *Childhood and Society* (2nd ed.). New York: Norton.

Foa, E., Cashman, L., Jaycox, L., & Perry, K. (1997). The validation of a self-report measure of PTSD: The posttraumatic diagnostic scale. *Psychological Assessment, 9*, 445-451.

Gilliland, B. E., & James, R. K. (1993). *Crisis intervention strategies* (2nd ed.). Pacific Grove, CA: Brooks/Cole.

Gilliland, B. E., & James, R. K. (1997). *Crisis Intervention strategies* (3rd ed.). Pacific Grove, CA: Brooks/Cole.

Herman, J. L. (1997). *Trauma and recovery: The aftermath of violence from domestic abuse to political terror* [(Previous ed.: 1992) ed.]. Basic Books.

Kashani, J. H., & Allan, W. D. (1998). *The impact of family violence on children and adolescent 98*. Thousand Oaks, CA: Sage Publications.

Kahneman, D., & Tversky, A. (1979). Prospect theory: An analysis of decision under risk. *Econometrica, 47*(2), 263-291.

Kohlberg, L. (1964). Development of moral character and moral ideology. In M. L. Hoffman & L. W. Hoffman (Eds.), *Review of child development research* (Vol. I, pp. 381-431). New York: Russel Sage Foundation.

Lee, E. A. (2010). Features of adult internet addicts with interpersonal trauma in childhood. 서울대학교 대학원 박사학위논문.

Lewis, J. A., Lewis, M. D., Daniels, J. A., & D'Andrea, J. J. (2003). *Community counseling: Empowerment strategies for a diverse society*. Pacific Grove, CA: Wadsworth.

Muehlenkamp, J. J., & Kerr, P. L. (2010). Untangling a complex web: how non-suicidal self-injury and suicide attempts differ. *The Prevention Researcher, 17*(1), 8-11.

Najavits, L. M. (2002). *Seeking safety: A treatment manual for PTSD and substance abuse.* Guilford Publications.

Najavits, L. M. (2017). **안전기반치료** (*Seeking safety: A treatment manual for PTSD and substance abuse*). (이은아 역). 서울: 하나의학사. (원저는 2002년에 출판).

Piaget, J. (1969). *The psychology of the child*. New York: Basic Books.

Rapoport, L. (1965). The state of crisis: Some theoretical consideration. In H. J. Parad (Ed.), *Crisis intervention: Selected readings* (pp. 22-31). New York: Family Service Association of America.

Taylor, S. E. (2014). **건강심리학** (Health psychology). (한수미, 이은아, 김현진 공역). 서울: 학지사. (원저는 2008년에 출판).

Terr, L. C. (1991). Childhood traumas: An outline and overview. *American Journal of Psychiatry, 148*(1), 10-20.

van der Kolk, B. (2005) Developmental trauma disorder. *Psychiatric Annals, 35*(5), 401-408.

Wainrib, B. R., & Bloch., E. (1998). *Crisis intervention and trauma response: Theory and practice*. New York: Springer.

Weiss, D. S., & Marmar, C. R. (1997). The impact of event scale—Revised. In J. Wilson & T. Keane (Eds.), *Assessing psychological trauma and PTSD* (pp. 399-411). New York: Guildford Press.

제12장

스마트 미디어 중독 상담

ADOLESCENT COUNSELIN

청소년들을 대상으로 상담을 진행하다 보면 빠질 수 없는 이야기가 바로 인터넷 게임, SNS와 같은 스마트 미디어 관련 내용이다. 우리나라 청소년들은 특히 스마트 미디어 중독에 쉽게 노출될 수밖에 없는 환경에 놓여 있다. 이런 환경 속에서 스마트 미디어 중독 청소년들을 상담할 때 고려해야 할 요소는 무엇인지 상담자들이 알고 있는 것은 매우 중요하다. 이 장에서는 스마트 미디어에 중독된 청소년들을 상담하기 위해서 알아야 할 청소년들의 특징, 스마트 미디어 중독의 요인에 대해서 알아보고, 상담할 때 어떤 방법을 활용할 수 있는지 제시해 보고자 한다.

학습목표

1. 스마트 미디어 중독 청소년들의 특징과 개념을 이해하고 설명할 수 있다.
2. 스마트 미디어 중독의 원인을 알고 적절한 척도를 사용할 수 있다.
3. 스마트 미디어 중독 상담을 진행하는 방법을 이해하고 상담에 적용해 볼 수 있다.

ADOLESCENT COUNSELING

스마트 미디어 중독의 개념은 기존의 인터넷 중독과 스마트폰 중독의 개념에서 차용하여 좀 더 확장된 것이다. 즉, 스마트 미디어 중독은 인터넷 중독 또는 스마트폰 중독뿐만 아니라 스마트 기기 대부분에 중독되는 것을 포함한다. 이 장에서는 스마트 미디어 자체가 가지는 매력, 청소년들이 인터넷 속에서 충족시키는 욕구, 가정 변인과 학교 변인이 포함되는 스마트 미디어 중독의 원인에 대해 자세히 살펴본다. 또한 스마트 미디어 중독을 스크리닝할 수 있는 척도, 선용 정도를 확인할 수 있는 척도, 청소년들의 인터넷 사용 욕구를 확인할 수 있는 척도를 소개하여 상담에 도움을 주고자 한다. 그리고 스마트 미디어 중독 상담에 활용할 수 있는 동기강화상담, 인지행동치료, ICT 진로적성 프로그램을 소개한다.

1. 스마트 미디어 중독의 개념

청소년 상담에 있어서 인터넷 중독이 매우 중요한 주제가 되어 온 것은 오래되었다. 이제는 단순히 PC방을 출입하면서 빠져드는 인터넷 중독의 문제를 넘어서서 빠르게 이루어진 스마트폰 보급으로 인해 스마트폰 중독의 심각성 또한 매우 높아졌다. 또한 아이패드나 갤럭시탭과 같은 스마트 패드 사용에 따른 중독도 많아지고 있는 실정이다. 이러한 상황에서 PC, 스마트폰, 스마트 패드, 앞으로 상용화될 또 다른 많은 스마트 기기에 중독되는 현상을 통틀어 이 장에서는 **스마트 미디어 중독**으로 설명하고자 한다.

스마트 미디어 중독의 개념을 잘 살펴보기 위해서는 우선 인터넷 중독의 개념과 그 구성 요소에 대해서 이해할 필요가 있다. 인터넷 중독이라는 개념을 처음 제시했던 사람은 Young(1998)이다. Young(1996)은 인터넷 중독 척도를 개발하면서 인터넷 속에서 하고 있는 활동에 대해 느끼는 집착, 인터넷을 사용하면서 좋은 기분을 느끼는 것, 인터넷 사용으로 인해 일상생활 가운데 문제가 생기는 것, 점점 더 많은 시간을 인터넷에서 보내는 것, 인터넷을 사용하지 못하게 되면 화가 나고 짜증이 나는 것 등을 인터넷 중독의 주요 증상으로 보았다. Goldberg(1996) 또한 인터넷 중독장애라는 개념을 제시하면서 이러한 금단, 내성, 갈등, 재발, 현저성, 기분 변화 등을 인터넷 중독의 특징으로 보았다. 이러한 인터넷 중독의 개념은 국내에서 김동일과 정여주(2005)가 함께 연구하면서 가상적 대인관계 지향성, 긍정적 기대, 금단, 내성, 일상생활장애, 일탈행동, 현실구분장애라는 하위 구인을 가지고 정의하였다. 각각의 특징은 다음과 같이 설명할 수 있다.

- **가상적 대인관계 지향성**: 인터넷 안에서 만들어지는 관계를 선호하며, 이러한 관계에 매몰되어 현실에서의 관계보다 더 우선시함
- **긍정적 기대**: 인터넷을 하고 있으면 자신감이 생기고 기분이 좋아진다고 느낌
- **금단**: 인터넷을 하지 못하는 상황이 되면 화가 나고 짜증이 남
- **내성**: 인터넷을 사용하면 할수록 더 많은 시간을 사용하고 싶어짐
- **일상생활장애**: 인터넷을 많이 사용하는 문제로 인해 가족과의 갈등, 학교생활 적응의 어려움, 학업 문제 등의 문제가 생김
- **일탈행동**: 인터넷을 사용하기 위해 돈을 빼앗거나 욕을 하는 등의 일탈행동 문제를 보임
- **현실구분장애**: 인터넷 속 세계와 현실 세계를 잘 구분하지 못하고 헷갈리며, 현실 속에서도 인터넷을 하고 있는 듯한 기분, 환청, 환상을 경험함

또한 2013년 개정된 DSM-5에서는 인터넷 중독 전체는 아니지만 인터넷게임장애를 앞으로 더 연구해서 진단 기준에 들어올 수 있는 항목으로 제시하면서 〈표 12-1〉과 같은 기준을 제시하였다. 그리고 최근 인터넷 중독을 ICD에서 질병으로 인정하면서 코드를 부여하는 움직임이 해외에서 일어나고 있다. 그러나 스마트 미디어 중독이 이러한 정신장애 또는 질병 코드에 들어가는 것이 옳은 것인지 아닌지에 대한 논란이 계속 진행되고 있으며, 상담이나 교육 현장에서는 스마트 미디어 중독을 질병으로 보는 것은 낙인효과를 비롯한 다양한 문제가 있다는 의견이 대두되고 있다. 따라서 앞으로 스마트 미디어 중독을 어떻게 개념화할 것인지에 대해서도 논란이 계속될 것으로 보인다.

표 12-1 인터넷게임장애의 DSM-5 진단 기준

게임을 위해 인터넷을 지속적이고 반복적으로 사용하는 것이 임상적으로 유의한 손상이나 고통을 가져옴. 12개월 동안 아래 목록 중 5개 이상의 증상을 보임
1. 인터넷 게임에 몰두(예전 게임을 떠올리고 다음번 게임을 생각. 인터넷 게임이 하루 생활에서 지배적인 활동이 됨)
2. 인터넷 게임을 못하게 되면 금단 증상을 보임
3. 내성. 인터넷 게임에 사용되는 시간이 더 증가함
4. 인터넷 게임 참여를 통제하려고 시도하지만 성공하지 못함
5. 예전의 취미나 오락에 대한 흥미를 잃음
6. 심리사회적 문제가 있다는 것을 알고 있지만 과도한 사용을 지속함
7. 인터넷 게임을 한 시간에 대해 가족, 치료자, 다른 사람을 속임
8. 인터넷 게임은 불쾌한 정서(무력감, 죄책감, 불안 등)로부터 도피하거나 완화하기 위한 방법임
9. 중요한 관계, 직업, 교육 및 경력상의 기회를 위태롭게 하거나 상실함

출처: APA (2015).

기존의 인터넷 중독 개념을 바탕으로 하여 한국정보화진흥원(2014)에서는 스마트 미디어 중독의 개념에 기존 금단, 내성, 일상생활장애, 가상적 관계지향과 함께 좀 더 편리하게 접속이 가능하며, 접근이 증대되고, 또 다양하고 창조적인 콘텐츠들이 늘어나는 부분을 감안해야 한다고 이야기했다. 김동일, 정여주, 이윤희(2013)는 중독 관련 전문가들에게 델파이 연구를 실시하여 전문가들의 의견을 모아 보고자 하였다. 그 결과, 스마트 미디어 영역에 중독이라는 용어를 사용하기에는 아직 이르다는 의견과 사용하는 것이 좋다는 의견으로 갈리기는 하였으나, 스마트 미디어 중독의 개념 안에는 금단, 일상생활장애, 갈등, 집착 등의 요소가 들어가야 할 것이라는 점에서는 어느 정도 의견의 일치를 본 것으로 나타났다.

이와 같은 스마트 미디어 중독에 관한 기존의 연구들을 종합하여 보면, 스마트 미디어 중독은 '스마트 기기를 과도하게 사용하여 스마트 미디어에 지배당하여, 사용하지 못하는 상황에서는 초조함을 느끼고 학업, 직업, 가정생활 등에서 갈등과 문제가 생기는 것'으로 정의해 볼 수 있다.

2. 스마트 미디어 중독의 원인

스마트 미디어 중독의 원인은 매우 다양한 관점에서 살펴볼 수 있다. 이 장에서는 그 중에서 상담적으로 접근하는 데 의미가 있는 원인들을 위주로 개관해 보고자 한다.

1) 스마트 미디어의 특징

청소년들이 스마트 미디어에 중독되는 원인 중 하나는 스마트 미디어 자체가 가지고 있는 매우 매력적인 특성들 때문이다. 스마트 미디어의 특징을 알아보기 전에 인터넷 공간 자체가 가지고 있는 매력적 특성을 살펴보면 [그림 12-1]과 같다.

인터넷 자체의 속성이 욕구를 충족시켜 주는 보상 능력이 있고 다양한 매력적 특성을 가지고 있어서 중독을 야기할 수 있다는 의견들이 있다. 인터넷 속의 공간은 현실 공간에 비해서 높은 수준의 흥분을 일으켜 주며, 원하기만 하면 그것을 24시간 지속할 수 있게 해 준다. 또 실제 생활에서는 느끼지 못하는 수준의 유능감을 느끼게 해 주기도 하며, 강렬하고 짜릿한 경험을 선물해 주기도 한다. 실제 생활과는 다른 왜곡된 시간 세계에 들어가게 하기도 하며, 시간이 흐르고 있다는 사실을 잘 지각하지 못하게도 한다. 그리고 무엇보다도 익명성으로 인해 자신이 현실 세계에서는 표현하기 힘들어하는 욕구도 마음껏 표현하고 억제하지 않도록 만들어 주는데, 이는 중독을 일으킬 수 있는 큰 요소이기도 하다. 예를 들어, 현실에서는 수줍음을

그림 12-1 인터넷의 중독적 특성

타는 사람이 인터넷 안에서는 적극적인 모습을 가지기도 하며, 현실에서는 모범적인 학생이 인터넷 안에서는 공격성을 표출하기도 한다. 또 인터넷에서 만난 사람들에게는 현실에서 만난 사람들과는 또 다른 느낌의 친밀감을 느낄 수 있고, 그들과 쉽게 상호작용할 수 있으며, 특히 모르는 사람들과 쉽게 접촉하고 다양한 사람을 만날 수 있게 해 준다. 마지막으로, 최근 나온 인터넷 게임이나 SNS 공간들은 기존에 만들어진 대로 행동하게 하는 것이 아니라 끝없이 과정을 창조하면서 자신이 원하는 대로 만들어 나갈 수 있는 경우가 많은데, 이는 사람들에게 큰 매력으로 다가올 수 있다.

2) 청소년들의 인터넷 사용 욕구

앞에서 설명한 것과 같이 인터넷 자체가 가지는 매력적 특성과 맞물려서, 청소년들이 그러한 인터넷에서 자신들의 욕구를 충족시킬 수 있기 때문에 중독이 되기 쉽다. 따라서 인터넷 중독의 원인 중에는 청소년들이 인터넷 속에서 욕구를 충족시킬 수 있는 것 또한 들어갈 수 있다. 이를 제대로 파악하기 위해서는 인터넷 속에서 청소년들이 어떠한 욕구를 충족시켜 나가고 있는지를 아는 것이 중요한데, 한국정보화진흥원(2017)과 정여주, 이아라, 고영삼, 김한별, 전아영(2017)은 [그림 12-2]와 같이 청소년의 인터넷 사용 욕구를 정리하고 있다. 각 욕구에 대한 간략한 설명은 다음과 같다.

- **온라인 관계 형성 욕구**(Online relationship): O유형의 청소년들은 인터넷을 통해 새로운 관계 형성 욕구를 충족시킨다. 인터넷 속 사람들과 함께 이야기를 나누면서 친밀한 관계를 형성하는 것을 추구한다.
- **현실 친구 소속 · 인정 욕구**(Belonging and acceptance): B유형의 청소년들은 인터넷을 통해 기존의 관계 속에서 소속감을 느끼고 인정을 받고자 하는 욕구를 충족시킨다. 인터넷을 하면서 실제 현실 속 친구들과 더 돈독한 관계를 유지하고자 노력하며, 게임이나 SNS, 메신저 등을 통해 친한 친구들에게 소속되어 있다고 느끼고 싶어 한다.
- **괜찮은 자기확인 욕구**(Good self Identification): G유형의 청소년들은 인터넷 속의 세

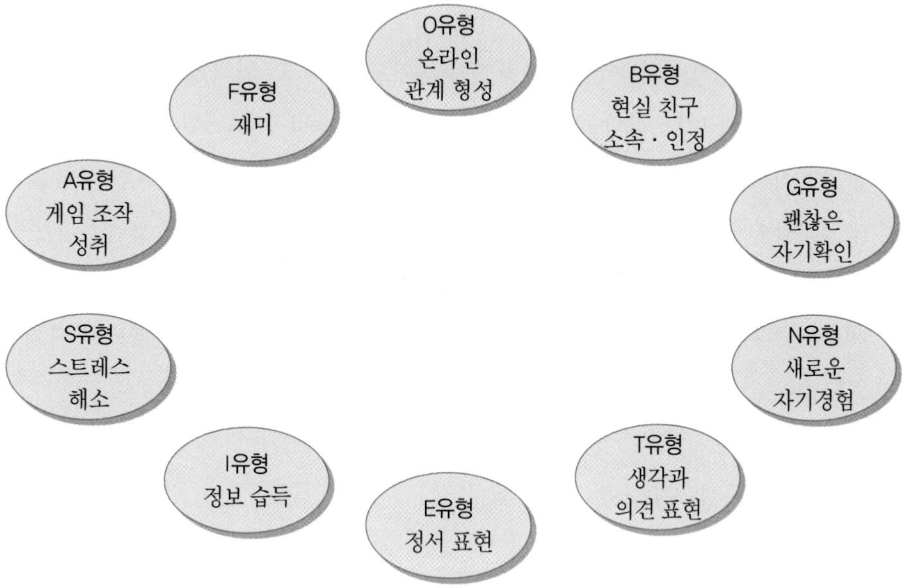

그림 12-2 **청소년의 인터넷 사용 욕구**

상에서 괜찮은 자기의 모습을 확인하고자 하는 욕구를 충족시킨다. 인터넷 속에서 자신이 설정한 목표를 달성하거나, 주변 사람들에게 리더십을 보이는 등 괜찮은 자기를 찾아 나가고자 한다.

- **새로운 자기경험 욕구**(New self experience): N유형의 청소년들은 새로운 자신의 모습을 경험해 보고자 하는 욕구를 충족시킨다. 지금까지 가지고 싶었으나 하지 못했던 자신의 모습이나, 아니면 가지고 있기는 하나 여러 가지 현실의 제약 때문에 보여 주지 못했던 자신의 모습을 인터넷 속에서 내보인다. 익명성이 있는 공간에서 이러한 새로운 자기를 창출해 내는 경우도 많다.
- **생각과 의견 표현 욕구**(Thought expression): T유형의 청소년들은 인터넷 안에서 자신의 생각을 표출하고자 하는 욕구를 충족시킨다. 이들은 사회적 이슈에 대해 의견을 제시하고, 기사나 영상을 보고 댓글을 달면서 표현을 한다.
- **정서 표현 욕구**(Emotion expression): E유형의 청소년들은 인터넷 안에서 자신의 감정을 표현하고 정서를 교류하고자 하는 욕구를 충족시킨다. 인터넷 안에서의 친구들과 자신의 솔직한 감정들을 표현하면서 더 돈독한 관계를 유지하기도 한다.

- **정보 습득 욕구**(Information gathering): I유형의 청소년들은 인터넷 안에서 정보를 습득하고 새로운 지식을 습득하고자 하는 욕구를 충족시킨다. 이들은 새로운 정보를 찾느라 인터넷 속을 헤매며 최신 트렌드를 찾는 것 등을 좋아한다.
- **스트레스 해소 욕구**(Stress reduction): S유형의 청소년들은 자신이 가지고 있는 스트레스를 해소하고자 하는 욕구를 충족시키기 위해 인터넷을 한다. 이들은 현재 경험하고 있는 고통과 어려움을 잊기 위해 인터넷을 하는데, 게임이나 웹 서핑, 쇼핑 등을 하면서 현실에서 느끼는 짜증, 슬픔, 답답함 등을 정화시키고자 한다.
- **게임 조작 성취 욕구**(Accomplishment in game): A유형의 청소년들은 인터넷 게임을 하면서 무엇인가를 성취하고 싶은 욕구를 충족시킨다. 게임 속 세상에서 자신이 무엇인가를 통제하고 원하는 방향대로 움직이면서 성취감을 느낀다. 또 게임을 하면서 점수를 높이는 것만이 아니라 게임의 역사, 구성, 디자인 등 게임 자체의 특성을 연구하면서 성취감을 느끼기도 한다.
- **재미 욕구**(Fun): F유형의 청소년들은 인터넷 속에서 즐거움과 짜릿함을 느끼고자 한다. 즐거움을 찾기 위해 자신이 관심 있는 글을 읽거나 유머러스한 글 또는 동영상을 보기도 한다. 먹방이나 유머 유튜버들의 영상을 보면서 시간을 보내는 것도 그에 속할 수 있다. 인터넷 속에서 유쾌한 정서를 느끼고 싶어 하는 청소년들로 생각할 수 있다.

3) 가정환경 원인

스마트 미디어 중독만이 아니라 모든 청소년 비행의 원인에는 가정환경 변인이 들어간다. 특히 스마트 미디어 중독의 원인이 되는 가정환경의 문제는 여러모로 연구가 되고 있다. 초기에는 맞벌이가정에서 자라는 경우가 외벌이가정에서 자라는 경우보다 인터넷 중독이 많이 나타난다는 연구 결과도 있었으나, 최근에는 부모가 맞벌이냐 또는 외벌이냐는 그렇게 중요한 원인이 아닌 것으로 밝혀졌다. 그보다는 부모-자녀 관계의 질, 부모가 자녀에게 얼마나 애착을 가지고 관심을 보이는지 등이 중요할 수 있는데, 스마트 미디어 중독을 많이 일으킬 수 있는 가정환경을 몇 가지 고려해 보면 다음과 같다.

- **부모와의 불안정 애착**: 스마트 미디어 중독만이 아니라 대부분의 중독은 **애착**과 연관된다. 어린 시절에 불안정 애착, 즉 회피형, 저항형, 혼란형 애착을 형성하면, 청소년기에 중독과 연관될 가능성이 높아진다. 앞에서 설명한 스마트 미디어 세상에서 청소년들이 충족시키는 욕구 중 중요한 것이 바로 관계 형성과 소속 · 인정의 욕구인데, 이를 부모-자녀 관계에서 충분히 충족시켜 왔다면 굳이 스마트 미디어 세상에 매달릴 필요는 없을 것이다. 그러나 가정 안에서 마음 붙일 사람이 없고 믿고 의지하며 안정감을 느낄 상대가 없다면, 인터넷 안에서 그런 대상을 찾아 헤매기 쉽다.
- **부모의 감독 부재**: 스마트폰이나 스마트 패드를 처음 접하게 되면 신기하고 재미있기 때문에 누구나 빠져들게 된다. 요즘은 어린 나이부터 스마트 패드로 동영상을 보면서 시간을 보내거나 학습을 하는 경우가 많다. 이처럼 스마트 기기에 많이 노출된 학생들에게는 적절한 시간에 이를 활용하고 멈출 수 있는 자기조절 능력이 필요하다. 그러나 자기조절 능력은 성장하면서 천천히 갖춰 나갈 수 있는 것이므로, 어린 시절에는 부모가 자녀의 스마트 미디어 기기 사용에 관심을 기울이고 이를 적절하게 **감독**할 필요가 있다. 그런데 이러한 감독이 전혀 없고 부모가 방임하게 된다면 자녀가 스마트 미디어 중독을 갖게 될 가능성이 크다.
- **부모의 강압적 훈육**: 앞서 말한 것처럼 부모의 감독이 중요하다고 해서 부모가 무조건 아이에게 스마트폰을 못 쓰게 하거나 이유 없이 인터넷 접속을 끊어 버리는 태도를 보인다면 오히려 금단 현상이 발생해 중독에 빠져들게 하기 쉽다. 강압적으로 훈육하면 처음에는 무서워서 스마트 미디어를 끊는 듯 보일 수 있으나, 오히려 보이지 않는 곳에서 더 사용하게 되는 경우가 많다.
- **부모의 정서조절 능력**: 부모가 정서조절 능력이 낮고 자신의 감정을 부정적으로 발산하거나 아니면 아예 숨기고 보여 주지 않는 경우, 아이는 부모와 안정 애착을 형성하기 어려울 수 있다. 부모와 정서를 잘 교류하고 감정을 수용하게 되면, 아이는 스트레스나 부정적 감정을 인터넷에서 풀거나, 인터넷 세상 속에 들어가서 회피하고자 하는 욕구가 줄어들 수 있다. 반대로 가정 안에서 이러한 수용이 이루어지지 못하면, 아이가 인터넷 세상으로 피할 위험이 크다.

4) 학교환경 원인

스마트 미디어 중독에 영향을 미치는 원인 중 학교환경 또한 매우 중요한 변인으로 이야기된다. 학교환경에는 굉장히 많은 요인이 포함되어 있지만 여기에서는 상담에서 접근할 수 있는 몇 가지 요인만 생각해 보고자 한다.

- **또래 친구와의 관계**: 스마트 미디어 중독인 청소년들을 상담해 보면, 학급 안에서 적절한 친구를 사귀지 못한 경우가 많다. 학교 안에서 마음을 나누고 함께 시간을 보낼 친구가 없는 경우, 인터넷 속에서 그런 대상을 찾고 그 대상에게 빠져들 가능성이 높다. 이러한 청소년들은 왕따를 당했다고 여기기보다는 스스로 자신들은 인터넷에서 만난 사람들이 있기 때문에 학교에서 친구를 사귈 필요가 없다고 생각하기도 한다. 또 현실에서 친구와의 관계에 문제가 생겼을 때 이를 적절하게 해결할 수 있는 갈등 해결 기술이 없는 경우에도 스마트 미디어 중독으로 빠져들 수 있다.
- **교사와의 관계**: 교사와의 관계는 모든 비행 행동에 영향을 미친다. 스마트 미디어 중독의 경우에도 교사와의 관계가 나쁘거나 교사가 학생에게 관심이 없고 소원한 경우 영향을 많이 미치는 것으로 나타나 있다. 청소년들이 학교에서 교사에게 애착을 느끼고 관계를 잘 형성하거나, 교사를 존경하고 가치관을 수용하거나, 교사가 학생에게 진심 어린 관심을 가지고 스마트폰이나 인터넷 사용을 조절해 준다면 중독에서 벗어날 수 있는 경우가 많다.
- **지지 그룹**: 꼭 교사나 또래 친구가 아니더라도 학교 안에 상담사나 복지사 등 학생을 지지해 줄 수 있는 그룹이 있다면 스마트 미디어 중독에서 멀어질 수 있다. 그러나 교사 및 또래와의 관계도 좋지 않은데 학교에서 그 외에 의지할 지지 그룹이 없다면 쉽게 스마트 미디어 중독을 갖게 될 수 있다.

3. 스마트 미디어 중독 척도

스마트 미디어 중독 청소년을 상담하기 위해서는 우선 그 내담자의 중독 위험 수준이 어느 정도인지 정확하게 스크리닝하고, 특히 어떤 하위 구인이 높이 부상하는지 알 수 있으며, 인터넷 선용 수준은 어떠한지, 그리고 인터넷에서 어떠한 욕구를 충족시키면서 인터넷에 빠져들고 있는지 등을 확인하는 것이 좋다. 이러한 내용은 추후 상담 목표와 계획을 세우며 상담을 진행해 나가는 데 도움을 줄 수 있으며, 더 나아가 상담에서 청소년 내담자의 마음을 공감하고 해석을 진행하는 데도 도움을 줄 수 있다.

1) 스마트폰 중독 척도(S-척도)

국내에서 스마트폰 중독을 측정하기 위해 많이 사용되고 있는 척도는 한국정보화진흥원(2011)이 개발한 척도다. 이 척도는 기존에 사용하고 있던 인터넷 중독 척도에서 문항의 내용만 스마트폰으로 수정한 것으로 하위 구인 또한 인터넷 중독 척도의 금단, 내성, 일상생활장애, 가상세계지향을 사용한다. 그러나 이후 한국정보화진흥원(2014)과 김동일, 정여주, 이윤희, 김병관, 전호정(2016)은 문항과 하위 구인을 청소년의 스마트폰 사용에 맞는 것으로 수정한 후 문항 수를 늘려서 현저성, 충동·강박적 사용, 금단, 내성, 문제, 대인 간 갈등을 하위 구인으로 하는 척도를 개발하였다. 이 척도의 내용과 채점 방법은 〈표 12-2〉 및 〈표 12-3〉과 같다.

표 12-2 청소년 스마트폰 중독 척도

번호	문항	전혀 그렇지 않다	그렇지 않다	그렇다	매우 그렇다
1	스마트폰이 옆에 있으면 다른 일에 집중할 수 없다.				
2	평소 스마트폰을 사용할 생각에 다른 일에 집중할 수 없다.				
3	스마트폰 생각이 머리에서 떠나지 않아 힘들다.				
4	스마트폰이 없는 내 삶은 생각할 수도 없다.				
5	스마트폰 게임과 SNS에 대한 생각이 하루 종일 나를 지배하고 있다.				
6	스마트폰 메신저에 바로바로 답장을 해야 하기 때문에 다른 일을 할 수 없다.				
7	스마트폰 알림 소리가 들리면 하던 일을 중지하고 스마트폰을 살펴본다.				

8	아침에 눈을 뜨자마자 스마트폰에 접속하지 않으면 불안하다.				
9	확인하지 못한 문자나 알림이 있을까 봐 수시로 스마트폰을 꺼내 확인한다.				
10	일 또는 공부를 하고 있을 때는 스마트폰 알림 소리가 들려도 스마트폰을 잘 열어 보지 않는다.				
11	스마트폰을 사용하는 데 방해를 받으면 나도 모르게 폭력적이 된다.				
12	스마트폰을 사용하지 못할 때 날카로워지고 예민해진다.				
13	스마트폰을 사용하지 못하게 하면 화가 난다.				
14	스마트폰을 오랫동안 사용하지 못하면 초조하고 불안해진다.				
15	스마트폰 사용을 제재하는 부모님(혹은 주변 사람들)에게 화가 난다.				
16	요즘 들어 스마트폰을 그만 사용하라는 말을 자주 듣는다.				
17	스마트폰 사용 시간이 점점 늘어나는 것 같다.				
18	생각보다 스마트폰을 더 많이 사용하게 되어 다른 일을 하는 데에 지장이 있다.				
19	스마트폰 게임을 하다가 한 번만 더 해야지 하고 마음을 먹지만 결국 오랜 시간 동안 하게 된다.				
20	스마트폰 게임을 원래 계획했던 만큼만 하고 그만둔다.				
21	스마트폰을 더 하고 싶어서 어른들에게 자주 거짓말을 한다.				
22	밤늦게까지 스마트폰을 사용하느라 잠이 부족하다.				
23	스마트폰을 오래 사용해서 손목이 아프다.				
24	스마트폰을 많이 사용해서 학교 성적이 떨어졌다.				
25	스마트폰 게임 아이템을 구입하기 위해서 돈을 훔친 적이 있다.				
26	스마트폰 앱(메신저 등)으로 친구랑 주로 이야기하다 보니 실제 관계에서는 멀어진다.				
27	스마트폰에 집중하느라 옆에 있는 친구에게 소홀해져서 싸운 적이 있다.				
28	데이터 한도 초과로 부모님 스마트폰을 사용하다가 자주 혼이 난다.				
29	앱이나 아이템을 구입하느라 지출한 비용이 많아 가족과 갈등을 겪은 적이 있다.				
30	친구들 또는 가족과 함께 있을 때는 스마트폰 사용을 조절한다.				

출처: 김동일 외(2016).

표 12-3 청소년 스마트폰 중독 척도의 채점 및 해석

<table>
<tr><td rowspan="3">채점
방법</td><td>[1단계]
문항별</td><td>전혀 그렇지 않다: 1점, 그렇지 않다: 2점, 그렇다: 3점, 매우 그렇다: 4점
※단, 문항 10번, 20번, 30번은 다음과 같이 역채점 실시
〈전혀 그렇지 않다: 4점, 그렇지 않다: 3점, 그렇다: 2점, 매우 그렇다: 1점〉</td></tr>
<tr><td>[2단계]
총점 및
요인별</td><td>총점 ▶ ① 역문항(10번, 20번, 30번)을 제외한 27문항 합계
요인별▶ ② 금단(11, 12, 13, 14, 15번) 합계
③ 내성(16, 17, 18, 19번) 합계
④ 문제(21, 22, 23, 24, 25번) 합계</td></tr>
<tr><td>[3단계]
역문항−
순문항
짝계산</td><td>* 앞에서 계산한 역문항 값에서 짝을 이루는 문항 값을 뺀 후 절댓값을 구하여 합산한다.
|10번(역)−7번|+|20번(역)−18번|+|30번(역)−27번|이 6점 이상인 경우
⇒검사에 성실하게 응답하지 않았을 가능성이 높으므로 검사 재실시를 권고</td></tr>
<tr><td rowspan="3">고위험
사용자군</td><td colspan="2">총점 ▶ ① 79점 이상
요인별▶ ② 금단 16점 이상, ③ 내성 14점 이상, ④ 문제 15점 이상</td></tr>
<tr><td colspan="2">판정: ①에 해당하거나, ②~④ 모두 해당되는 경우</td></tr>
<tr><td colspan="2">스마트 미디어 사용으로 인하여 일상생활에서 심각한 문제를 보이면서 내성 및 금단 현상이 나타난다. 스마트 미디어로 이루어지는 대인관계가 대부분이며, 비도덕적 행위와 막연한 긍정적 기대가 있고 특정 앱이나 기능에 집착하는 특성을 보이기도 한다. 현실 생활에서도 습관적으로 사용하게 되며 스마트 미디어 없이는 한순간도 견디기 힘들다고 느낀다. 따라서 스마트 미디어 사용으로 인하여 학업이나 대인관계를 제대로 수행할 수 없으며 자신이 스마트 미디어 중독이라고 느낀다. 또한 심리적으로 불안정감 및 대인관계 곤란감, 우울한 기분 등이 흔하며, 성격적으로 자기조절에 심각한 어려움을 보이며 무계획적인 충동성도 높은 편이다. 현실세계에서 사회적 관계에 문제가 있으며, 외로움을 느끼는 경우도 많다.
▷ 스마트 미디어 중독 경향성이 매우 높으므로 관련 기관의 전문적 지원과 도움이 요청된다.</td></tr>
<tr><td rowspan="3">잠재적
위험
사용자군</td><td colspan="2">총점▶ ① 73점 이상~78점 이하
요인별▶ ② 금단 14점 이상, ③ 내성 13점 이상, ④ 문제 14점 이상</td></tr>
<tr><td colspan="2">판정: ①~④ 중 한 가지라도 해당되는 경우</td></tr>
<tr><td colspan="2">고위험 사용자군에 비해 경미한 수준이지만 일상생활에서 문제를 보이며, 다른 활동보다 스마트 미디어 사용에 집착을 보이며, 사용 시간이 점점 늘어나게 된다. 학업에 어려움이 나타날 수 있으며, 심리적 불안정감을 보이지만 절반 정도는 자신이 아무 문제가 없다고 느낀다. 다분히 계획적이지 못하고 자기조절에 어려움을 보이며 자신감도 낮게 된다.
▷ 스마트 미디어 과다 사용의 위험을 깨닫고 스스로 조절하고 계획적인 사용을 하도록 노력한다. 스마트 미디어 중독에 대한 주의가 요망된다</td></tr>
</table>

일반 사용자군	총점▶ ① 72점 이하 요인별▶ ② 금단 13점 이하, ③ 내성 12점 이하, ④ 문제 13점 이하
	판정: ①~④ 모두 해당되는 경우
	대부분이 스마트 미디어 중독문제가 없다고 느낀다. 심리적 정서문제나 성격적 특성에서도 특이한 문제를 보이지 않으며, 자기 행동을 관리한다고 생각한다. 주변 사람들과의 대인관계에서도 자신이 충분한 지원을 얻을 수 있다고 느끼며, 심각한 외로움이나 곤란감을 느끼지 않는다. ▷ 때때로 스마트 미디어의 건전한 활용에 대하여 자기점검을 지속적으로 수행한다.

출처: 한국정보화진흥원(2014).

2) 스마트폰 건전 사용 척도

청소년의 스마트폰 사용을 중독의 관점에서만 바라보는 것이 아니라 건전하게 사용하고 있는지를 측정하며, 기존의 문항 방식이 아닌 스마트폰을 사용하는 상황을 제시해 주고 이를 측정하는 방식의 척도가 있는데, 이는 김동일, 정여주, 이윤희(2014)가 개발한 척도다. 이 척도는 금단, 스마트폰 관계반응성, 갈망, 일상생활문제의 4개 요인의 총 15문항으로 구성되어 있으며, 문항 예시는 〈표 12-4〉와 같다.

표 12-4 청소년 스마트폰 건전 사용 척도의 문항 예시

1. 스마트폰으로 대화나 게임을 신나게 하고 있는데, 부모님께서 과일을 함께 먹자고 거실에서 부르신다. 당신은 보통 어떻게 답하는가?
   ① 바로 "네."라고 대답하고 스마트폰으로 하던 것을 중단하고 기꺼이 거실로 나간다.
   ② 중단하기 싫지만 거실에 나가 가족과 과일을 먹는다. 스마트폰을 가져가기는 하고 신경은 계속 쓰이지만 옆에 내려놓고 사용하지는 않는다.
   ③ 거실로 나가서 가족들과 과일을 먹기는 하지만 눈과 손으로는 여전히 스마트폰을 사용하고 있다.
   ④ "과일 안 먹어요."라고 말하고 그대로 방에서 스마트폰으로 하던 것을 계속한다.

2. 스마트폰의 기종이 기능이 훨씬 많고 속도도 빠른 것으로 새로 나왔다. 당신은 보통 어떻게 반응하는가?
   ① 그렇게 큰 차이 있겠어? 그냥 내 스마트폰이 편하다. 내 폰이 망가지거나 못 쓰게 될 때까지 그냥 내 스마트폰을 사용한다.

② 갖고 싶다. 그렇지만 현실적으로 비싸고 내 스마트폰도 멀쩡하니까 새 스마트폰의 가격이 저렴해질 때까지 내 스마트폰을 사용하고, 생일이나 기념일 때 부모님께 사 달라고 부탁해 보겠다.
③ 몹시 갖고 싶다. 부모님께 사 달라고 졸라 보거나, 용돈을 모으고 아르바이트를 해서 돈이 모아지면 사겠다.
④ 지금 당장 저 스마트폰을 가져야 한다. 친구에게 돈을 빌리든, 부모님께 반항을 하든, 안 되면 대리점에서 스마트폰을 훔쳐서라도 새로운 기종을 가져야 한다.

3. 스마트폰으로 게임을 하다가 문득 시간을 보니 밤 12시가 넘었다. 게임을 몇 판만 더 하면 레벨업을 시킬 수 있을 것 같은데 이때 나는 어떻게 할 것인가?
① 너무 시간이 늦었으므로 바로 잔다.
② 딱 한 판만 더 한다.
③ 레벨업을 할 때까지 게임을 한다.
④ 레벨업을 하고 나서도 계속해서 게임을 하게 된다.

4. 쉬는 시간, 내 바로 앞자리 친구가 카톡을 보냈다. 당신은 어떻게 답할 것인가?
① 카톡이 온 줄 확인을 자주 안 해서 모를 것이다. 친구가 뒤를 돌아보며 "야~ 나랑 매점 가자고 카톡 보냈는데 왜 확인 안 하냐?"라고 말한다.
② 카톡 말고 그냥 앞에 있는 그 친구를 불러서 말로 대답한다.
③ '어? 바로 뒤에 있는데 왜 카톡으로 보내지?' 하고 생각하며 카톡으로 답한다.
④ 카톡으로 대화하는 게 더 편하다. 그냥 얼굴도 안 들고 카톡으로 대답한다.

5. 실제 현실에서의 내 모습과 스마트폰 속에서의 내 모습을 비교한다면 당신은 어떠한가?
① 스마트폰 속에서 오히려 답답하다. 많이 사용하지 않아서 카톡이나 게임 등이 불편하고 현실에서의 모습이 더 인정받고 자신 있다.
② 현실에서 다르지 않다. 내가 나인데 실제 현실과 스마트폰 속에서의 내 모습이 다를 수 없다. 거의 비슷한 모습이다.
③ 현실에서보다 스마트폰 속에서 더 능력이 편하게 발휘되는 것 같다. 조금 더 자신감 있고 말이 잘 나온다.
④ 솔직히 현실에서는 자신감이 없고 다른 사람들과 대화할 때에도 위축되는데 스마트폰 속에서 나는 인정받고 더 크고 자신감 있는 사람으로 느껴진다.

출처: 김동일 외(2014).

3) 인터넷 사용 욕구 척도

스마트 미디어 중독 청소년을 상담하기 위해서는 청소년의 인터넷 및 스마트폰 중독을 측정하는 척도만이 아니라 청소년들이 어떠한 욕구 때문에 이러한 스마트 미디어에 빠져드는지 측정하고 그 욕구를 파악할 필요가 있다. 이런 필요에 따라 만들어진 척도가 **청소년 인터넷 사용 욕구 검사**(정여주, 이아라, 고영삼, 김한별, 전아영, 2017)이다. 이 척도는 상담 장면에서 청소년 내담자를 잘 이해하는 데 활용할 수 있다.

표 12-5 청소년 인터넷 사용 욕구 검사의 문항

하위 요인	문항
게임 조작 성취	1. 인터넷 게임에서 전략을 짜고 경쟁에서 이기는 것을 즐긴다.
	2. 잘 만들어진 인터넷 게임을 보면 좋다.
	3. 인터넷 게임 전략을 구상하고 이를 적용해 보는 것이 재미있다.
괜찮은 자기확인	4. 인터넷 안에서 내가 멋진 사람이 된 것 같다.
	5. 인터넷 안에서 내가 자랑스럽게 느껴진다.
	6. 인터넷 안에서 내가 바라는 모습이 되는 것 같다.
	7. 인터넷 안에서 나도 무엇인가를 잘 할 수 있는 사람이라는 것을 알게 되었다.
새로운 자기경험	8. 인터넷 안에서 나도 모르는 내 모습을 경험할 수 있어서 좋다.
	9. 인터넷 안에서는 안 해 봤던 행동들도 해 볼 수 있어서 좋다.
	10. 인터넷 안에서 다른 성격의 사람으로 지낼 수 있어서 좋다.
소속과 인정	11. 인터넷을 사용하면 나에게 역할이 주어져서 함께하는 느낌이 든다.
	12. 인터넷 게임이나 SNS 등을 하지 않으면 친구들과 소속감이 사라질 것 같다.
	13. 페이스북 등에서 좋아요 또는 추천을 받으면서 사람들에게 인정받고 있다는 생각이 든다.
현실관계 유지 심화	14. 현실 속 친구들의 SNS 글에 '좋아요' 등을 누르면서 호감을 표현하기를 좋아한다.
	15. 현실 속 친구들과 방과 후에도 소통을 하기 위해서 카톡이나 페이스북, 메일 등을 사용한다.
	16. 현실 속 친구들과 더 친해질 수 있어서 인터넷을 하게 된다.
	17. 인터넷을 하지 않으면 친구들과 대화할 내용이 없을 것 같아서 하게 된다.
	18. 현실 속 친구들에 대해서 더 잘 알기 위해서 인터넷을 사용한다.

온라인 관계 형성	19. 인터넷에서 만난 사람들과 함께하는 느낌이 들어서 좋다.
	20. 인터넷 속 사람들과 서로 도움을 주고받는 것을 좋아한다.
	21. 인터넷에서 사귄 사람과는 맺고 끊음이 편해서 좋다.
	22. 인터넷에서 만난 친구와 얘기할 땐 일일이 반응해 주지 않아도 돼서 편하다.
	23. 인터넷에서 만난 친구들과는 창피한 마음이 생기지 않아서 편하다.
	24. 인터넷에서 만나 친구들은 더 안정적이고 친밀감이 느껴져서 좋다.
새로운 관계 형성	25. SNS, 블로그, 카페 등에서 인기가 많은 사람들을 알게 되는 것을 즐긴다.
	26. SNS, 블로그, 카페 등에서 모르는 사람과 알게 되는 것을 즐긴다.
	27. 인터넷에서는 얼굴을 직접 보지 않기 때문에 쉽게 다가갈 수 있어서 좋다.
정보습득	28. 인터넷에서 입시나 공부 관련 정보를 찾아서 보는 것을 즐긴다.
	29. 인터넷을 활용하여 최신 트렌드를 알아보는 것이 좋다.
	30. 인터넷을 활용하여 강의를 듣거나 과제를 해결할 수 있어 좋다.
	31. 인터넷을 사용하여 정보를 얻고 알아 가는 것이 좋다.
재미	32. 인터넷을 활용하여 관심 있는 동영상을 보는 것이 재미있다.
	33. 웹툰이나 기사, 다른 사람의 생각 등을 보면 흥미진진하고 재미있다.
	34. 인터넷 게임, 웹툰 등을 보면 신나고 재미있다.
	35. 심심할 때 시간을 때우기 위해서 인터넷을 사용하는 것이 좋다.
스트레스 해소	36. 인터넷을 하면 다른 생각을 안 할 수 있어서 좋다.
	37. 인터넷을 하면 마음이 차분해지는 것 같아서 좋다.
	38. 인터넷을 하면서 답답했던 것들을 다 풀 수 있어서 좋다.
	39. 인터넷을 하면 마음이 평화로워져서 좋다.
긍적적 정서표현	40. 인터넷을 통해 좋아하는 마음을 더 잘 표현할 수 있어서 좋다.
	41. 인터넷 속에서 내 마음을 더 강하게 표현할 수 있어서 좋다.
	42. 이모티콘으로 내 마음을 쉽게 표현할 수 있어서 좋다.
공격성 표현	43. 인터넷을 통해 화가 난 마음을 표출할 수 있어서 좋다.
	44. 게임을 하면서 피가 튀거나 죽이는 장면을 통해 공격성을 표출해 보는 것이 재미있다.
	45. 익명의 인터넷 공간에서 남들에게 보여 주지 않았던 화를 표현해 볼 수 있어서 좋다.
생각과 의견 표현	46. 인터넷 안에서 누군가의 글에 대한 내 생각을 표현할 수 있어서 좋다.
	47. 인터넷 안에서 나랑 다른 생각을 가진 사람들과 토론할 수 있어서 좋다.
	48. 인터넷을 통해서 다양한 사람들과 생각을 공유하고 나눌 수 있어서 좋다.

출처: 정여주 외(2017).

4. 스마트 미디어 중독 상담

1) 상담자가 갖춰야 할 자세

스마트 미디어 중독 청소년들을 대상으로 상담을 진행하기 위해서는 우선적으로 상담자가 청소년들이 스마트 미디어 세상 속에서 무엇을 하고 있고, 왜 그러한 것들을 추구하고 있는지 잘 이해하고 공감하는 것이 중요하다. 이것이 선행되지 않는다면 청소년들과 라포를 형성하고 대화해 나가기 쉽지 않을 것이다. 인터넷 중독 상담자들이 상담을 진행한 내용을 수퍼비전하다 보면, 무조건 상담의 목표를 인터넷 사용 시간을 줄이는 것으로 해야 한다는 생각에 사용 시간을 행동적으로 체크하고 이를 줄여 나가는 방식으로 상담을 하는 경우가 많다. 물론 이러한 작업도 필요할 수 있겠지만, 그보다 중요하게는 내담자가 스스로 스마트 미디어에 중독되어 있는 자신을 돌아보고 자신이 어떠한 욕구 때문에 스마트 미디어에 중독되어 있는지 깨달을 수 있도록 이끌어 줄 필요가 있다. 이를 위해 스마트 미디어 중독 청소년을 상담하는 상담자가 갖춰야 할 자세는 다음과 같다.

- 청소년들의 스마트 미디어 문화 이해
- 인터넷 게임에 대한 지식
- 청소년들이 스마트 미디어 세상에서 해결하는 욕구 이해
- 사이버폭력 등 스마트 미디어 세상에서 일어나는 부수적 문제들에 대한 이해
- 스마트 미디어 사용에 대한 열린 마음

2) 스마트 미디어 중독 상담에 많이 사용되는 상담이론

스마트 미디어 중독 상담을 진행할 때는 많은 상담자가 부담을 가진다. 일반적인 심리상담과 달리 스마트 미디어 중독 상담의 청소년들은 특이점을 가지고 있다고 여기기 때문이다. 인터넷이나 스마트폰에 중독되어 있는 청소년들을 상담하면서 중독상담에 대한 지식이나 인터넷 환경 자체에 대한 이해, 스마트 미디어를 사용할 수밖에

없는 청소년들에 대한 이해는 기본적으로 필요하다. 그러나 스마트 미디어 중독 청소년이라고 해서 특별히 다른 상담이론을 적용해야 한다고 볼 수는 없다. 기존에 상담자가 주로 사용하는 상담이론이 있다면 그것을 접목시키면서 스마트 미디어의 특징과 중독의 특징을 이해하면서 다가가면 된다. 그러나 그럼에도 불구하고 스마트 미디어 중독 상담에 많이 사용되는 이론들이 몇 가지 있어서 이를 간단히 소개하고자 한다.

(1) 동기강화상담

동기강화상담은 변화에 대한 동기가 없고 상담으로 인한 변화에 대한 의지가 없는 내담자를 대할 때 좋은 상담이론이다. 인터넷 중독이나 스마트폰 중독 청소년들은 스마트 미디어를 줄이고자 하는 의지가 없고 이를 즐기고 있는 상태인 경우가 많다. 상담에 의뢰된 것도 부모나 교사에 의한 경우가 많기 때문에 더더욱 동기가 없는 상태이다. 이런 청소년들에게 동기강화상담은 도움이 될 수 있다.

동기강화상담은 내담자가 변화하고자 하는 동기를 갖도록 하며 내담자가 가지고 있는 가치와 흥미를 토대로 스스로를 변화로 이끌 수 있도록 도와주는 데 초점을 두는 협력적 대화 스타일이다. 특히 변화를 해야 하는데 앞으로 나아가지 못하고 묶여 있는 사람들이 양가감정을 지닌 상태에 있다고 보고, 상담자가 이러한 양가감정의 어느 한쪽에 서는 것이 아니라 양쪽의 감정을 모두 제대로 공감해 주면서 변화 대화로 이끄는 것을 목표로 한다.

동기강화상담에서는 인간의 변화에 대한 초이론적 모델로 내담자를 이해한다. 초이론적 모델은 [그림 12-3]과 같으며, 간단한 설명은 다음에 제시되어 있다. 초이론적 모델에서는 전숙고 단계에서 유지 단계까지 흘러가며, 재발 단계에서는 다시 이 사이클을 돌게 될 수 있다고 본다. 이는 스마트 미디어 중독 상담에서도 어느 정도 회복해서 유지 단계로 들어섰다가도 재발할 수 있다고 보며, 이러한 재발이 상담 성과의 후퇴를 의미하는 것이 아니라 성장해 나가기 위한 단계일 수 있다고 본다.

- **전숙고 단계**: 사람들이 현재 전혀 변화를 고려하지 않고 있는 상태라고 볼 수 있다. 예를 들어, 게임 중독으로 상담에 의뢰된 청소년이 전혀 게임하는 것에 대해서 문제의식을 느끼고 있지 않으며, 상담으로 인해 변화하고 싶다는 의지가 없는 상태를 의미한다.

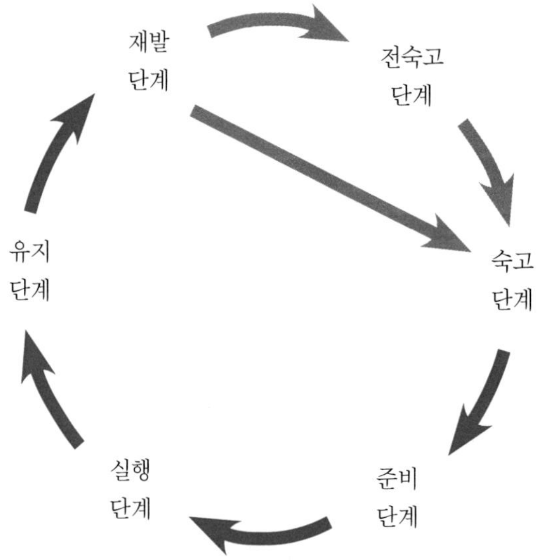

그림 12-3 동기강화상담의 초이론적 모델

- 숙고 단계: 변화가 필요한지 아닌지에 대하여 심각하게 고려해 보는 단계다. 즉, 게임 중독에 대해서 전혀 의식하지 않고 있던 청소년이 자신의 게임 사용에 문제가 있을 수도 있다는 것을 인지하게 되면서 사용 조절을 하는 것이 좋을지, 아니면 이대로 계속 게임에 빠져 있는 것이 좋을지 고민하게 되는 상태다.
- 준비 단계: 변화를 계획하고 의지를 다지는 단계다. 게임 중독인 청소년이 자신의 문제를 깨닫고 변화하기로 결정하면서, 어떻게 하면 게임 사용을 줄이거나 조절할 수 있을지 상담자와 함께 고민하고 변화를 위한 계획을 세우는 상태다.
- 실행 단계: 실제적인 변화를 행동으로 실천하는 단계로, 게임 중독에서 벗어나기 위해 상담자와 세운 계획을 실천해 보고 어려운 부분은 상담자와 논의하며 계획을 수정하여 다시 실행해 보는 단계다.
- 유지 단계: 실행 단계에서 얻어진 것들을 굳건히 하고 재발을 막기 위해 노력하는 단계다. 이때 내담자는 어느 정도 게임 사용을 조절할 수 있게 되며, 재발될 수 있는 위험 요인들을 파악하고 이를 막기 위해 노력한다.
- 재발 단계: 유지 단계에서 재발은 불가피하게 일어날 수 있으며, 재발이 되었을 때 무너져 버리는 것이 아니라 다시 숙고 단계부터 천천히 단계를 밟아 나가면서 성장할 수 있도록 이끌어 준다.

〈동기강화상담의 과정〉

동기강화상담의 과정은 크게 관계 형성하기, 초점 맞추기, 유발하기, 계획하기의 순서로 이루어진다. 그 단계는 다음과 같다.

- **관계 형성하기(engaging)**: 대화의 양측이 서로에게 도움이 되는 협력적 관계로 연결되는 과정이다. 스마트 미디어 중독 청소년들은 상담자가 자신을 혼내는 부모나 교사와 비슷할 것이라고 생각하고 상담자를 신뢰하지 않거나 협력하지 않으려 하는 경우가 많다. 따라서 관계 형성하기 단계에서 상담자와 내담자가 신뢰 있고 따뜻한 관계를 만드는 것은 매우 중요하다.
- **초점 맞추기(focusing)**: 변화에 대한 대화과정에서 특정한 방향을 설정하고 그것을 유지해 나가는 과정을 말한다. 대화를 통해서 스마트 미디어 중독 청소년들도 어떤 방향으로 변화를 설정하기 원하는지에 초점을 맞추고 그 목표를 유지해 나가도록 도울 수 있다.
- **유발하기(evoking)**: 변화에 대한 내담자 자신의 동기를 이끌어 내는 과정이다. 스마트 미디어에 중독된 내담자가 자신도 변화하고 싶고 스마트 미디어 사용을 조절하고 싶은 마음이 있으나 양가감정 때문에 그것이 막혀 있음을 깨닫고 이를 변화 대화로 이끌어 내는 과정이다.
- **계획하기(planning)**: 변화에 대한 결심 공약을 발전시키고 구체적인 행동 계획을 마련하는 과정이다. 스마트 미디어 사용에 대한 변화를 이루기로 결심하고, 이러한 결심 공약을 행동 계획으로 수립해 나간다.

(2) 인지행동치료

인지행동치료는 다양한 문제를 지닌 내담자에게 적용할 수 있는 일반적인 상담 이론이다. 인지행동치료는 어떤 문제 상황이 생겼을 때 그 상황 자체가 아닌 그 상황을 해석하는 사고가 중요하다고 본다. 어떻게 생각하는지에 따라 그에 따른 감정이나 반응의 결과가 달라진다고 볼 수 있다. 예를 들어, 부모님이 매일 싸우고 갈등을 겪다가 이혼한 가정의 청소년 내담자를 생각해 보자. 이때 내담자가 부모의 이혼은 재앙과 같은 사건이고 그로 인해 자신의 인생이 끝났다고 극단적으로 생각한다면, 공부고 친구고 다 필요 없고 파괴적인 인터넷 게임만 하면서 거기에 빠져들 수 있다. 그러나 부모의 이혼이라는 같은 상황을 겪을지라도, 그것이 슬프기는 하지만 내 인생은 내가 만들어갈 수 있다고 합리적으로 생각하는 내담자라면, 굳이 인터넷 게임에 빠져들어 자신을 해치려고 하지는 않을 것이다.

인지행동치료의 방법은 대부분 잘 알고 있기 때문에 상담의 과정을 자세히 설명하지는 않고, 여기에서는 인지행동치료를 스마트 미디어 중독 내담자에게 적용할 경우 고려할 사항과 스마트 미디어 중독 내담자들이 많이 이야기하는 비합리적 신념에 대해서만 살펴보고자 한다.

〈인지행동치료로 스마트 미디어 중독 내담자를 상담할 때 고려할 사항〉

- 인지행동치료를 진행할 때 많이 오해하는 부분 중 하나는 라포 형성이 가볍게 이루어져도 된다는 것이다. 그러나 인지행동치료에서 논박의 과정이야말로 내담자와 라포 형성이 탄탄하게 이루어져 있지 않으면 성공하기 어렵다. 특히 스마트 미디어 중독 청소년의 경우 상담자와 내담자의 라포 형성은 상담의 성패를 좌우하는 매우 중요한 요소다. 따라서 첫 시작부터 비합리적 신념을 논박할 것이 아니라, 논박을 적용할 수 있을 정도로 서로 신뢰하는 분위기와 따뜻한 공감대를 형성하도록 해야 한다.
- 스마트 미디어 중독 청소년들이 갖고 있는 비합리적 신념은 매우 다양하며, 내담자에 따라 다를 수 있다. 따라서 다음에서 나열한 비합리적 신념을 염두에 두고 상담에 들어가기는 하되, 내담자가 스스로 이야기하는 신념들을 찾아내고자 해야 한다.
- 스마트 미디어 중독 청소년들은 상담자에 대한 저항이 심할 수 있다. 따라서 비합리적 신념을 논박할 때는 내담자가 받아들일 수 있는 수준이 어느 정도인지 잘 파악하여 논박해 나가는 것이 중요하다. 또 너무 세게 논박을 하면 내담자는 교정반사로 반대쪽 입장을 더 고수하기 쉽다. 따라서 중독 내담자의 신념을 논박할 때는 그것이 논박이라고 느껴지지 않을 정도로 공감적이고 부드럽게 진행해야 한다.
- 인지행동치료를 적용한다고 해서 정서를 전혀 다루지 않으면 문제가 될 수 있다. 인터넷 중독이나 스마트폰 중독 청소년들은 관계에 문제를 가지고 있는 경우가 많으므로 이러한 관계 문제를 정서를 함께 다루면서 다가갈 필요가 있다.

〈스마트 미디어 중독 내담자들이 이야기하는 비합리적 신념의 예〉

- 인터넷 게임을 하면 나의 힘든 감정은 모두 사라질 것이다.
- 인터넷 속에 빠져 있으면 현실의 어려움도 없어질 것이다.
- 인터넷에서 찾은 내 모습이 마음에 든다면 현실 속에서의 내 모습은 사라져도 된다.
- 인터넷 게임을 시작했다면 무조건 끝까지 목표를 달성해야만 한다.
- 지금 여기서 인터넷을 끈다면 친구들과의 관계가 모두 단절될 것이다.
- 카카오톡 메시지에 바로 답장하지 않으면 친구관계가 끊길 것이다.
- SNS에서 '좋아요'를 많이 받지 못한다면 나는 못난 사람이다.
- SNS를 하루에 한 개 이상 올려야 인기를 유지할 수 있다.
- 인터넷 게임도 열심히 해야만 한다.
- 인터넷 서핑을 끝까지 해야만 한다. 그렇지 않으면 나는 올바른 정보를 얻지 못할 것이다.
- 인터넷 속에서 만든 캐릭터는 완벽해야만 한다.

(3) ICT 진로적성 프로그램

한국정보화진흥원(2018)에서는 인터넷 중독 청소년들을 위한 진로적성 프로그램을 개발하여 매뉴얼을 배부하고 있다. 이 프로그램의 진행과정을 살펴보면, 우선 인터넷 중독 청소년이 가지고 있는 인터넷 사용 욕구를 확인하고 이러한 욕구를 가지고 있는 자기를 확인하게 한다. 두 번째로, 욕구 충족을 위한 반응적 패턴으로 인터넷이나 스마트폰에 과의존하게 됨을 인식하고 자신의 바람을 긍정적으로 실현시키고자 하는 의지를 다지게 한다. 세 번째로, 자신의 욕구에 맞는 진로를 확인하고 해당 진로로 나아가기 위한 지식, 기술, 태도 등을 이해하게 한다. 마지막으로, 흥미 있는 분야에서 관심이 있는 다양한 직업 중 몇 가지 기준에 따라 미래 직업을 선택해 보고 이를 실현시키기 위한 계획을 세우게 한다. 이는 김창대(2012)가 개발한 통합적 상담 모형인 과정기반개입모형(process-based intervention model: PBIM)을 인터넷 중독 청소년에 대입하여 정여주, 김옥미, 윤서연, 정송이가 함께 개발한 프로그램(한국정보화진흥원, 2018)이다.

이 프로그램은 다른 스마트 미디어 중독 프로그램들과 차별되는 두 가지 특징이 있다. 첫째, 통합적 상담 모형을 적용하여 어떤 하나의 상담이론이 아닌 대부분의 주요 상담이론에서 강조하는 과정과 기법을 아우르고 있다. 둘째, 스마트 미디어 중독 문제 자체만을 다루는 것이 아니라, 중독 청소년들이 인터넷에 빠져드는 욕구를 찾고자 하는 관점으로 접근하여 그 욕구를 인터넷 속에서만 채우는 것이 아닌 현실 세계 속에서 채울 수 있도록 인도한다. 따라서 인터넷 중독 청소년들이 인터넷 안에서 가지는 욕구를 먼저 파악하고 이를 적용할 수 있는 진로를 함께 찾아보는 방식으로 프로그램이 진행된다. 전체 프로그램은 6회기로 진행되며 그 내용을 요약하면 〈표 12-6〉과 같다.

표 12-6 ICT 진로적성 프로그램 개요

PBIM 영역	회기	프로그램 제목	회기별 목표	활동 내용
자기이해 및 욕구탐색	1	욕구로 접속하라!	어떤 목적과 이유로 인터넷을 사용하는지 자기를 탐색한다.	• 상담자 소개 및 전반적인 상담 구조화 • 인터넷 사용습관 나누기 • 인터넷 사용욕구검사 결과 해석하기
진로개발 동기강화	2	패턴에서 벗어나자!	인터넷 과의존 패턴을 확인하고 변화의 필요성을 느끼며, 인터넷 사용욕구를 긍정적으로 재개념화한다.	• 인터넷 사용습관이 삶에 미치는 영향 알기 • 결정저울을 통해 변화의 필요성 다지기 • 변화 결정하기 • 자기성장과 변화의 욕구에 접촉하기
진로흥미 및 정보탐색	3	욕구와 흥미의 세계로!	ICT 진로흥미 영역을 이해하고 인터넷 사용욕구와 종합하여 진로를 모색한다.	• ICT 진로흥미검사 결과를 예측하기 • 내용분류에 따른 ICT 진로흥미검사의 영역 이해하기 • 직무분류에 따른 ICT 진로흥미검사의 영역 이해하기 • 인터넷 사용욕구와 진로흥미 영역 종합하기

진로흥미 및 정보탐색	4-A	직업정보 탐색의 장으로!	ICT 관련 직업에 대해 자신이 알고 있는 정도를 파악하고 진로정보를 탐색해 본다.	• ICT 직업정보 수준 확인하기 • 관심 있는 ICT 직업 선택하기 • 자신의 진로분야 탐색하기
	4-B		ICT 관련 신기술의 발전으로 인해 새롭게 등장하거나 변화하게 될 다양한 직업들을 떠올리면서 미래의 직업 세계 변화에 대한 정보를 탐색하고, 변화하는 미래의 직업 세계에서 자신의 진로 흥미를 탐색해 본다.	• ICT 직업정보 수준 확인하기 • 관심 있는 ICT 직업 선택하기 • 자신의 진로분야 탐색하기
진로결정 연습	5	진로 결정 하는 사람 나야 나!	인터넷 사용욕구 및 진로흥미에 대한 이해를 기초로 잠정적 진로 결정 연습을 한다.	• 진로의사결정 이해하기 • 관심 직업 목록 작성 • 직업 이상형 월드컵
종결	6	나는야 꿈꾸는 나무!	자신에 대한 종합적 이해를 바탕으로 진로계획을 세운다.	• 종합적 자기이해 나누기 • 나의 진로 선언문 작성하기

출처: 한국정보화진흥원(2018).

요약

스마트 미디어 중독은 스마트 기기를 과도하게 사용하여 스마트 미디어에 지배당하여, 사용하지 못하는 상황에서는 초조함을 느끼고 학업, 직업, 가정생활 등에서 갈등과 문제가 생기는 것이다. 스마트 미디어 중독은 인터넷 중독 또는 스마트폰 중독뿐만 아니라 스마트 기기 대부분에 중독되는 것을 포함하고 있다. 스마트 미디어 중독의 원인에는 스마트 미디어 자체가 가지는 매력 요인인 익명성, 탈억제, 시간 개념의 왜곡, 유능감, 높은 수준의 흥분 등이 있으며, 청소년들이 인터넷 속에서 충족시키는 욕구에는 온라인 관계 형성 욕구, 괜찮은 자기확인 욕구, 게임 조작 성취 욕구 등이 있다. 가정에서의 부모와의 관계, 애착 등과 학교에서의 또래 및 교사와의 관계 또한 스마트 미디어 중독의 원인이 될 수 있다. 또 상담을 제대로 하기 위해서는 스마트 미디어 중독을 스크리닝할 수 있는 척도, 선용 정도를 확인할 수 있는 척도, 청소년들의 인터넷 사용 욕구를 확인할 수 있는 척도를 활용하여 내담자를 제대로 파악하는 것이 좋다. 스마트 미디어 중독 내담자를 상담할 때는 이 장에서 소개한 동기강화상담, 인지행동치료, ICT 진로적성 프로그램뿐만 아니라 다양한 스마트 미디어 중독 상담 프로그램을 활용하면 좋을 것이다.

생각해 볼 문제

1. 다음 중 스마트 미디어 중독의 개념을 형성하는 요인이 아닌 것은?
   ① 금단
   ② 내성
   ③ 일상생활 문제
   ④ 현저성
   ⑤ 사용 시간

2. 청소년들이 인터넷에서 충족시키는 욕구 중 3가지를 예를 들어 설명하시오.

3. 스마트 미디어 중독의 원인 중 스마트 미디어 자체의 매력 요인이 아닌 것은?
   ① 익명성
   ② 끝없는 과정 창조
   ③ 현실 시간 개념
   ④ 상호작용
   ⑤ 탈억제

4. 동기강화상담의 초이론적 모델을 설명하시오.

5. 스마트 미디어 중독 내담자들의 비합리적 신념의 예를 3개 이상 드시오.

정답 1. ⑤ 3. ③

참고문헌

김동일, 정여주(2005). 인터넷 중독 모형 분석. **상담학연구, 6**(4), 1307-1319.

김동일, 정여주, 이윤희(2013). 스마트 미디어 중독 개념 및 특성 분석 델파이 연구. **아시아교육연구, 14**(4), 49-71.

김동일, 정여주, 이윤희(2014). 청소년 스마트폰 건전 사용 척도 개발과 타당화. **청소년상담연**

구, 22(1), 393-421.

김동일, 정여주, 이윤희, 김병관, 전호정(2016). 청소년 스마트폰 중독 자가진단 척도 개발 및 타당화. 상담학연구, 17(3), 319-335.

김창대(2012). 과정기반개입모형(PBIM)과 사례개념화.

정여주, 이아라, 고영삼, 김한별, 전아영(2017). 청소년 인터넷 사용 욕구 검사 개발. 학습자중심교과교육연구, 17(21), 531-552.

한국정보화진흥원(2011). 인터넷중독 진단척도 고도화(3차) 및 스마트폰중독 진단척도 개발연구.

한국정보화진흥원(2014). 스마트미디어 중독 척도(S-척도) 개편 연구.

한국정보화진흥원(2017). 청소년 ICT 진로적성 상담프로그램 개발 및 활용방안.

한국정보화진흥원(2018). 청소년 ICT 진로적성 상담프로그램 매뉴얼.

American Psychiatric Association (APA). (2015). 정신질환의 진단 및 통계 편람(제5판)(DSM-5). (권준수, 김재진, 남궁기, 박원명, 신민섭, 유범희, 윤진상, 이상익, 이승환, 이영식, 이헌정, 임효덕, 강도형, 최수희 공역). 서울: 학지사. (원저는 2013년에 출판).

Goldberg, I. (1996). *Internet addiction*. Electronic message posted to research discussion list.

Young, K. S. (1998). *Caught in the net: How to recognize internet addiction and a winning strateht for recovery*. NY: John Wiley & Sons, Inc.

청소년 상담학 개론(2판)

제13장

심리 검사 및 평가

ADOLESCENT COUNSELIN

이 장은 청소년 상담사가 익혀야 할 심리 검사 및 평가의 기본적 개념과 방법을 다루고 있다. 표준화 검사, 관찰, 면접, 비형식적 검사의 평가 방법에 대하여 개괄하며, 특히 청소년 상담에서 꼭 필요한 표준화 심리검사에서 지능검사, 성격검사, 학습검사에 초점을 두어 상세하게 설명하였다.

학습목표

1. 검사, 측정, 사정, 평가의 정의를 설명할 수 있다.
2. 평가의 네 가지 유형에 대하여 설명할 수 있다.
3. 지능검사, 성격검사, 학습검사의 대표적인 검사의 특징을 설명할 수 있다.

1. 검사와 평가의 이해

검사 및 평가 체제는 다양한 필요성과 기대로 인하여 중요하게 인식되어 왔다. 특히 검사로 대표되는 평가 체제는 우리의 생활 구석구석에 영향을 미치고 있다. 연례 행사처럼 보도되는 각급 학교의 입학고사를 비롯하여, 다변화되는 취업 및 입사 시험과정, 그리고 학기 중간에도 실시되는 학력고사와 각종 심리검사(지능검사, 적성검사 등)를 비롯하여 수많은 공식 및 비공식 검사를 치르고 그 결과에 영향을 받고 있다. 취학 전이나 학령기 아동, 학교나 일반 사회에 있는 청소년들, 직업을 가지고 있는 성년들에 이르기까지 여러 대상에게서 필요한 정보를 모으기 위해 검사와 평가는 개인의 생애에 지속적으로 제시되고 있다. 특히 특별한 교육 및 상담 · 치료 서비스가 필요한 청소년을 정확하게 이해하고 그들에 대하여 합당한 정신건강, 상담, 특수교육, 임상 서비스를 제공하는 것이 가장 중요한 의사결정의 핵심이다(김동일, 고은영, 이기정, 최종근, 홍성두, 2017).

1) 검사, 측정, 사정, 평가의 정의

검사(檢査, test)는 평가 활동에서 매우 중요한 위치를 차지하고 있으며, 그 정의를 살펴보면 다음과 같다.

> 검사는 인간 행동 및 인간 행동에 관련된 현상을 관찰하고 수량척도나 고정된 유목을 이용하여 그것을 기술하기 위한 체계적 절차이다(황정규, 1990, p. 37).
>
> 검사란 예정된 행동 유형을 통하여 반응을 할 수 있도록 고안된 질문이나 작업의 집합체이다(Salvia & Ysseldyke, 1995, p. 32).

평가 방법에서 검사가 유용한 이유는 각각의 평가 대상에게 동일한 질문이 제공되어 그 반응이 미리 고안된 조건하에서 나타난 것이기에 비교 가능하다는 것이다. **측정**(測定, measurement)이란 관심 있는 대상의 특정한 속성에 대하여 숫자를 부여하는 것을 말한다. 예컨대, A학생의 몸무게에 관심이 있다고 할 때, 저울(측정 도구)을 가지고 재어서 몸무게가 몇 kg인지 숫자를 부여하는 것을 말한다. 한국교육평가학회(2004)에서는 측정을 다음과 같이 정의하였다. 요컨대, 측정은 '양적 또는 수량적 자료를 수집하는 과정'으로 정의되고(이승희, 2010), 사정이나 평가와 개념적으로 구별되기도 한다. 여기서 양적 자료(quantitative data)란 수량적 형태로 제시되거나 요약된 자료(예: 지필검사 점수, 5점 척도 점수 등)를 의미한다.

> 물리적 대상을 자나 저울과 같은 도구를 사용하여 양을 나타내듯이 인간의 인지적 · 정의적 · 심동적 영역에 속하는 여러 가지 특성을 검사나 질문지와 같은 도구를 이용하여 수량화하는 일련의 과정이다. 교육 분야에서 속도나 높이와 같은 심동적 영역의 측정은 물리적 특성의 측정과 관련이 있지만, 수학 능력이나 지능과 같은 인지적 영역과 흥미나 태도와 같은 정의적 영역에서의 측정은 눈에 보이지 않는 잠재적 특성들을 다루고 있다. 따라서 교육 분야의 측정은 대부분이 측정을 위한 척도를 개념적으로 제작하는 것이라고 볼 수 있으며, 이는 20세기 초에 과학주의의 발달과 함께 객관적인 자료의 중요성이 강조되면서 평가 분야에서 특히 강조되었다. 측정을 위한 도구 및 방법으로는 검사, 질문지, 면접, 관찰 등이 있는데, 측정 결과는 평가를 위한 정보를 제공할 수 있다. 한편, 측정의 질은 일반적으로 타당도, 신뢰도, 객관도, 실용도 등의 준거에 따라 평가된다(한국교육평가학회, 2004, 369).

사정(査定, assessment)은 '교육적 의사결정에 필요한 자료를 수집(조사)하는 과정'으로 정의되고(이승희, 2010), 이렇게 얻어지는 자료에는 양적/수량적 자료뿐만 아니라 질적 자료도 포함한다. 여기서 질적 자료(qualitative data)란 서술적 형태로 제시되거나 요약된 자료[예: 행동 또는 과제물에 대한 기술적(descriptive) 표현]를 의미한다. 이렇게 볼 때, 사정은 측정을 포함하는 보다 포괄적인 용어이고, 사정을 통하여 수집되는 자료가 양적 자료에 국한되는 경우를 특별히 측정이라고 지칭한다고 구별할 수 있다. 참고로 한국교육평가학회(2004)에서는 사정을 다음과 같이 정의하였다.

> 체계적인 가치 판단에 관심을 두기보다는, 측정 활동을 통하여 특정 목적을 달성하기 위하여 근거 자료를 수집하는 과정에 중점을 두는 활동을 말한다. 일반적으로 평가와 동일한 개념으로 활용되기도 하나 평가가 타당성과 신뢰성을 중시한 근거 자료에 입각한 체계적인 가치 판단을 강조하는 반면, 사정은 검사를 실시하거나 조사 활동을 통하여 자료를 수집하고 그를 수량화하거나 지표화하는 데 중점을 두고 수집된 자료를 총합적으로 활용하는 데 보다 많은 관심을 둔다. 부동산에 대한 세금을 사정(査定)하는 경우, 학력검사 실시 결과를 통하여 학생들의 성적을 사정하는 경우, 교사의 수업 능력을 사정하는 경우, 응모자의 특정 태도를 사정하는 경우, 교과별 성적을 바탕으로 내신성적을 사정하거나 진급 및 졸업 여부를 사정하는 경우 등이 이에 해당된다. 평가 활동이 판단 기준 및 근거를 강조하고 측정 활동이 측정도구의 타당도 및 신뢰도를 강조하는 것과는 달리, 사정 활동은 주어진 목적에 부응하기 위한 근거 자료를 체계적으로 수집하여 그 목적에 부합하도록 활용하는 데 중점을 둔다. 등급을 정하기, 검사하기(조사하기), 자격을 부여하기, 요구(needs)를 사정하기 등이 사정 활동의 대표적인 결과인 동시에 그 목적으로 추구되는 유사 평가 활동으로 인정되고 있다(한국교육평가학회, 2004; 193-194).

평가(評價, evaluation)는 측정이나 사정을 통하여 얻어진 자료를 바탕으로 관심 대상이 가진 속성에 대하여 값어치를 매기는 것, 즉 가치 판단을 하는 것을 말한다. 그래서 '수집된 자료에 근거하여 가치 판단을 통하여 교육적 의사결정을 내리는 과정'으로 정의되기도 한다(이승희, 2010). 참고로 한국교육평가학회(2004)에서는 평가를 다음과 같이 정의하였다.

> 일반적으로 평가 대상의 장점과 가치를 결정하는 과정을 말한다. 교육평가의 정의를 목표 달성도 확인, 의사결정을 위한 정보 제공, 그리고 가치의 판단으로 구분할 수 있다. 목표 달성 중심 정의는 교육평가를 교육과정과 수업 활동을 통해 교육목표가 실제로 도달된 정도를 결정하는 과정으로 규정한다. 대표적 학자로는 R. W. Tyler를 들 수 있다. …(중략)… 의사결정 중심 정의는 교육평가를 교육과 관련된 의사결정을 내리는 데 필요한 정보를 수집하는 활동 또는 그 과정으로 규

> 정한다. 대표적인 학자로는 L. J. Cronbach와 D. L. Stufflebeam 등을 들 수 있다. …(중략)… 가치 판단 중심 정의는 교육평가를 교육과 관련된 어떤 대상의 장점, 질, 가치 등을 판단하는 과정과 그 산물로 규정한다. 대표적인 학자로는 Michael S. Scriven과 Robert E. Stake 등을 들 수 있다. …(이하 생략)…(한국교육평가학회, 2004, pp. 393-394).

학자에 따라서 사정과 평가를 개념적으로 구분하지 않고, 사정을 자료 수집 및 의사결정을 포함하는 포괄적 개념으로 보는 경우도 있다(김동일 외, 2017).

2) 평가 방법

평가는 단순히 검사를 실시해서 점수를 산출하거나 검사와 면접을 통해 평가한 후 DSM-5의 진단 기준에 따라 진단명을 부여하는 것으로 한정되는 것이 아니다. 적합한 의사결정을 위하여 정보의 형태나 내용에 따라 각기 다른 평가 방법이 필요하게 된다. Sattler(1990)에 따르면 평가를 이루는 네 가지의 기둥(방법)은 표준화 검사, 면접, 관찰, 비형식적 검사이다. 이 네 가지의 기둥은 상호 보완하는 기능을 하면서 평가 대상에 대한 올바른 의사결정을 하기 위한 명확한 기반을 제공한다. 여러 가지 경로를 통해 수집된 정보는 서로 조화롭게 엮여서 전체적인 모습이 잘 통합되어 이해될 수 있어야 한다(김동일, 이대식, 신종호, 2009).

(1) 표준화 검사

현재까지 행동과학에서 표준화 검사는 매우 중요한 위치를 차지하였다. 표준화 검사란 표준화된 조건하에서 개개인의 지식, 기능, 성격 등의 특정한 측면을 측정하도록 고안된 일련의 행동 표본의 집합체이다. 대부분의 검사는 측정하고자 하는 구인이나 개념에 대하여 일관성 있게 개인차를 드러내게 하며 체계적으로 그 차이를 알아볼 수 있다. 그리하여 물리학이나 여타 자연과학에서 쓰이는 측정 도구(자, 몸무게, 온도계)와 같은 수준의 측정 도구를 행동과학에서 구안하려고 하였다. 이러한 배경하에서는 동일한 방식으로 개인의 특성을 양화하고 그에 합당한 점수를 매길 수 있다는 것이다. 이러한 표준화 검사는 금세기에 들어와서 급격히 발전하였고 매우 다양한 영역으로 확대되었다.

표준화 검사의 장점으로는 여러 가지가 있으나 가장 중요한 것은 검사에 정의된 영역에 대한 검사 대상의 기능성을 객관적으로 알아볼 수 있다는 점이다. 비교적 짧은 시간에 제한된 행동 표본으로써 능숙한 관찰자조차 알아낼 수 없는 규준화된 정보를 제공하는 것은 검사를 사용하는 매력적인 장점이다. 그리고 현재 매우 많은 우수한 검사가 개발되어 있어 각각의 장점과 특징을 잘 알고 있으면 다양한 영역에 대한 적용도 가능하다. 그러나 검사의 대상이 물리적 실체가 아니고 매우 복잡하고 변화하는 심리 · 사회적 실체이므로 이를 정확하게 측정한다는 것은 거의 불가능한 일이다. 또한 도구 성격상 표준화 검사는 매우 제한적인 정보만을 제공할 뿐이다. 개개인의 한 특성은 한 단면만을 측정하여 유추하기가 곤란하며 맥락 속에서 다른 특성과의 상호작용을 고려하여야 하므로 좀 더 포괄적인 검사를 개발하거나 다른 절차를 이용하여 보완하여야 한다. 이와 같은 단점에도 불구하고 표준화 검사는 다음과 같은 장점이 있다.

첫째, 검사자체의 질을 평가하여 볼 수 있는 내적 준거를 지니고 있다. 검사 반응의 일관성을 표현하는 신뢰도, 검사가 의도하는 바를 얼마나 충실히 측정하고 있는지를 나타내는 타당도, 모든 대상이 동일한 절차대로 검사를 받아야 한다는 표준화 절차, 그리고 더 나아가 적절한 비교집단을 중심으로 의미 있는 점수로 환원해 내는 규준의 적합성 등은 표준화 검사가 지니는 내적 준거이다.

둘째, 개인의 내면적 특성이나 환경의 특성을 객관적으로 수량화할 수 있다.

(2) 면접

평가 대상에 대한 풍부하고 가치 있는 정보를 얻는 경로로는 면접을 빼놓을 수 없다. 자기 자신, 부모, 교사, 친구들을 통하여 표준화 검사에 비하여 훨씬 개방적이고 자유로운 상황에서 그들의 언어로 표현된 현실에 대한 깊은 이해를 할 수 있다. 특히 임상적 상황에서 사용되는 면접은 정보를 얻어 내는 수단일 뿐만 아니라 치료 효과도 지니고 있는 경우가 많다.

평가 절차로서의 면접은 몇 가지 중요한 장점이 있다. 능숙한 면접자는 대상으로부터 정확하고 완벽한 응답을 도출해 내며, 적절한 질문을 자유롭게 할 수 있고, 이해가 안 되는 부분이 있으면 그 자리에서 확인할 수 있으며, 문제 상황의 맥락적인 정보나 발달사에 대한 자세한 정보를 끌어낼 수 있다. 더욱이 얻어진 정보의 진위를 다른 질문이나 대상의 여러 가지 언어적 · 비언어적인 행동을 통해 파악하여 볼 수 있으며, 면접 질문과 관련된 평가 대상의 가치관, 신념, 기대, 앞으로의 예후 등에 대한 부가적인 정보를 얻어 내는 데 적합하다. 면접은 매우 유연한 절차로서 상황에 따라서 목표까지도 바꾸어 가면서 진행할 수 있다. 여러 가지 자극을 면접자가 잘 조직하여 방향을 선도해 나갈 수도 있고 대상의 다양한 반응에 대한 예민한 질문을 하여 진행시킬 수 있다. 또 검사와는 달리 신체의 제한성 혹은 낮은 지적 수행 능력 때문에 수용 언어, 표현 언어에 제한을 지닌 평가 대상에게도 적절하게 적용할 수 있는 강력한 평가 도구이다.

면접 방법의 가장 치명적인 약점은 신뢰도와 타당도를 확보하기 어렵다는 점이다. 이 약점을 개선하기 위해 구조화된 면접(structured interview) 방법이 소개되었다. 구조화된 면접은 1980년대 이후에 급격히 발달하기 시작했다. 구조화 면접은

표 13-1 면접을 통한 평가의 장단점

장점	단점
• 동기의 촉진: 정확하고 충실한 답을 하도록 동기를 촉진할 수 있다. • 유연성: 검사받는 아동에게 질문할 수 있는 유연성이 있다. • 명료성: 모호한 반응에 대해 분명한 반응을 요구할 수 있다. • 오해의 즉시적 해결: 오해를 즉각 해결할 수 있다. • 맥락에 대한 이해: 아동의 문제행동과 관련된 맥락과 배경에 대한 정보를 얻을 수 있다. • 행동관찰 가능: 면접을 하면서 아동의 언어 · 비언어적 행동을 동시에 관찰함으로써 정보의 타당성을 평가할 수 있다. • 주변인에 대한 이해: 자녀의 행동에 대해 부모가 가지고 있는 신념, 가치, 기대 등을 알 수 있다. • 개입의 효율성에 대한 판단: 아동이 다양한 개입 방법을 얼마나 수용할 수 있을지 동시에 평가할 수 있다.	• 신뢰도 및 타당도 미확보: 평가방법의 신뢰도나 타당도를 확보하기 어렵다. • 비객관성: 아동이나 부모는 부정확한 정보를 제공할 수 있다. • 면접자의 비의도적 영향: 아동은 면접자로부터 의도하진 않았지만 아주 미묘한 자극을 받아서 자신의 반응을 왜곡시킬 수 있다. • 편견의 발생: 특히 다른 문화권의 대상을 면접할 때 편견이 발생할 수 있다.

다시 면접의 대체적인 방향만 제시하는 반구조화 면접(semi-structured interview)과 질문의 순서, 단어, 각 질문에 대한 채점 방식까지 미리 정해진 완전구조화 면접(highly structured interview)으로 구분된다.

(3) 관찰

관찰은 각 생활 장면에서 나타나는 평가 대상의 행동을 직접 기술해 내는 것이다. 관찰에 의한 평가 방법은 교육이나 제 사회과학의 연구에서 중요한 위치를 차지하여 왔다. 임상 장면에서 행동장애 아동의 주의집중에 관한 연구나 교육 장면에서의 학습장애 아동의 학습 집중 시간에 관한 연구로 대표되는 초기 연구 사례에서 보다시피 관찰평가는 자주 사용되는 방법이다(Lovitt, Kunzelmann, Nolen, & Hulten, 1968; Walker & Buckley, 1968). 그러나 최근까지 관찰에 의한 평가 체제는 임상가나 연구자들에 의하여 상당히 제한된 분야에서만 사용되었다. 그 이유는 표준화 검사로 대표되는 규준지향 교육 및 심리검사만이 합당한 측정 도구로 인정되는 경향이 있었고, 교육측정 분야에서도 관찰평가와 표준화 심리검사는 다른 것으로 인정되어 발전되어 왔으며, 무엇보다도 교육평가에서의 주안점이 대상아동을 교육 프로그램에 합당하게 배치하는 것에 있기 때문이었다(Stoner, Shinn, & Walker, 1991). 즉, 아동에게 제공되는 교육 및 프로그램의 성격과 효과와 개별 아동들이 어떻게 적응하고 발달하여 가는가에 대한 고려보다도 '객관적'이고 '정당'하게 대상아동들을 교육 프로그램에 배치하고 그 자격 기준을 세우는 데 평가 체제의 강조점이 주어졌다.

그러나 관찰평가에 대한 관심은 최근의 여러 가지 요인으로 더욱 증폭되고 있다(김동일, 1995). 첫째, 규준지향 표준화 검사에 대한 문제점이 지적되었다. 특히 개별 학급이나 학교에서 실제로 가르치는 내용을 정확히 반영하지 못하고, 문항이나 규준이 소수집단이나 문화적으로 다른 집단을 제대로 고려하지 못하여 왜곡이 될 소지가 있으며, 교수와 평가의 유기적인 연결보다는 괴리가 발견되는 등의 비판을 받아 왔다(Deno, 1985). 결과적으로 규준지향 표준화검사에 대한 대안이나 보조수단으로 관찰평가가 부각되었다.

관찰을 통한 평가의 방법은 크게 ① 이야기기록법(narrative recording), ② 시간표집법(interval recording), ③ 사건기록법(event recording), ④ 척도사용법(rating recording) 등이 있다. 이야기기록법이란 아동의 자연스러운 행동을 풍부하고 포괄

표 13-2 관찰을 통한 평가의 특징

일상생활의 관찰을 통한 평가는 ① 아동의 자연스럽고 자발적인 행동을 평가할 수 있다. ② 아동의 대인관계나 학습 양식을 평가하기 용이하다. ③ 아동의 행동뿐 아니라 다른 사람의 반응도 동시에 평가할 수 있다. ④ 아동의 행동에 대해 부모나 교사가 보고한 내용을 확인할 수 있다. ⑤ 평가상황과 자연스러운 상황에서 아동의 행동을 비교할 수 있다. ⑥ 다른 방식으로는 평가하기 어려울 정도로 어리거나 발달적 장애가 있는 아동을 평가할 수 있다.

적으로 기술하기 위한 방법이다. 이 방법은 기록한 내용을 양적인 부호 체계를 기준으로 분석하지 않고 있는 그대로 기술하는 것을 의미한다. 시간표집법이란 초점이 되는 아동의 행동을 관찰하되 일정 시간간격을 두고 관찰하는 방법이다. 즉, 전체 관찰 시간을 30분으로 한다면, 관찰자가 아동의 행동을 30분 내내 관찰하는 것이 아니라 일정 간격으로 분할하여 분할된 시간마다 아동의 행동을 관찰하는 방법이다. 대체로 관찰자는 5초에서 30초의 간격을 두는데 이는 한 번 관찰할 때 지속하는 시간에 따라 좌우된다. 사건기록법은 사건표집법(event sampling)이라고도 하는데, 일정 관찰 시간 동안 초점이 되는 행동이 발생할 때마다 기록하는 것을 말한다. 사건기록법은 수집 단위가 일정 시간인 시간표집법과는 달리 수집 단위가 특정 사건이다. 척도사용법이란 일정 관찰 기간이 지난 후 마지막에 특정한 척도를 사용하여 아동의 행동을 평가하는 방법이다. 대체로 이 방법은 다른 방법에 비해 관찰자의 주관이 많이 개입되는 특성이 있다.

그러나 대부분 표준화된 개인검사를 실시할 경우 행동관찰을 수행하여야 한다. 대상아동을 평가하면서 평가자는 검사에 직접 관련된 반응 외에도 검사에 참여하는 아동의 행동을 주의 깊게 관찰해야 한다. 아동의 행동에 대한 관찰은 검사 결과와 함께 아동 전체를 이해하는 데 중요한 정보를 제공한다. 이와 같은 행동관찰은 평가에서 검사를 사용하든, 관찰을 사용하든 상관없이 평가과정에 항상 필요하다.

(4) 비형식적 검사

표준화된 규준지향검사는 종종 준거지향 검사나 교사가 직접 만든 검사와 같이 비형식적인 검사에 의해서 보완되어야 좀 더 완전한 정보를 얻을 수 있다. 예를 들면, 대상아동에게 직접 글을 읽게 하거나 다양한 상황에서 읽기 수행 능력이 어떻게 달라지는가 알아볼 수 있다. 비형식적 검사가 포괄할 수 있는 영역은 방대하다. 필요에 따라 다양한 형식의 비형식적 검사를 만들 수 있고 이미 개발되어 있는 것을 차용할 수도 있다. 그러나 대체로 평가 도구의 적절성에 대한 정보가 없기 때문에 이들 검사를 이용하고 해석할 때 주의가 필요하다.

(5) 통합적 활용

지금까지 살펴본 평가의 네 가지 유형은 좀 더 완전한 평가 정보를 얻기 위하여 모두 필요한 것이다. 상호 보완을 통하여 적절한 의사결정이 내려져야 하고, 각각의 도구로부터 나온 정보가 서로 일치하여야 한다. 만일 상이하다면 이에 대한 합당한 이유를 찾아야 올바른 진단이 가능한 것이다. 또한 각 유형에 의한 평가 도구에 대한 '평가'를 할 때 장점과 유의점을 같이 고려하여야 한다. 검사 내적인 측면에서 대표적인 준거는 타당도, 신뢰도, 규준의 대표성이다(AERA, APA, & NCME, 1985; Cohen, Swerdlik, & Smith, 1992).

더 나아가 실제로 '좋은' 평가 도구라면 다양한 기준에 적합한 방법과 도구를 일컫는다고 하겠다. 검사 외적 준거 측면에서 보면 인쇄가 깨끗하게 잘되어 있고 실시할 때 간편하며 검사 결과가 잘 정리되어 보기 쉽게 되어 있는 것 등이 중요하다.

3) 심리검사의 역사적 배경과 전망

현대 심리검사의 발전은 19세기 Darwin, Galton, Cattell 등이 발전시킨 개인차 연구와, Weber와 Fechner, Wundt, Herbart 등 감각 측정에 몰두했던 심리물리학(psychophysics)의 양대 세력에서 비롯되었다. 이 중 개인차 연구의 전통은 Cattell(1890)의 정신검사(mental test) 및 고전심리검사 이론의 측정 이론으로 확장되었으며, 심리물리학은 심리학의 과학화 기치 아래 실험심리학 및 정신 기능의 직접적 측정에 관심을 두는 경향으로 각기 발전하였다(Kaplan & Saccuzzo, 2010).

1838년 프랑스의 Esquirol은 오늘날의 지적장애에 해당되는 백치(idiot)와 정신병의 차이를 기술하였으며, 그가 사용했던 과제들은 언어성 지능검사의 효시가 되었다. Esquirol의 제자인 Seguin은 1866년 백치를 교육시키는 운동 및 감각적 방안에 관심을 가짐으로써 오늘날의 동작성 지능검사의 기반을 제공하였다(Neukrug & Fawcett, 2006). 이러한 선구적 성과들은 Binet와 Simon(1905)의 최초의 지능검사 개발에 결집되었다. Terman은 1916년 Binet의 검사를 스탠퍼드-비네 검사로 미국에 도입하였고, 이는 현재 5판(2003)까지 출간되었다. 1917년 제1차 세계대전으로 대규모 징병 선발이 요청되자 최초의 집단지능검사인 언어성 Army-Alpha와 비언어성 Army-Beta가 당시 미국심리학회 회장인 Yerkes의 주도로 개발되었다. 오늘날 가장 인기 높은 개인용 지능검사인 웩슬러 지능검사는 1939년 Wechsler에 의해 웩슬러-벨뷰(W-B) 검사가 출간된 이후 WAIS-IV(2008)까지 수차 개정되었다.

최초의 객관적 자기보고형 성격검사는 1917년 우드워스 개인자료기록지(woodworth Pesonal Data Sheet: PDS)이며(Gibby & Zickar, 2008), 규준참조 심리검사의 융성은 1930년대 Thurstone 등으로 대표되는 심리측정학의 발전과 궤를 같이하였다. 1940년대 경험적 문항 개발 방식에 따라 개발된 미네소타 다면적 인성검사(MMPI)는 자기보고형 임상 성격검사의 원형이 되었으며, 1987년에 개정판 MMPI-2가 출간되었다. 일반인의 성격 측정을 위한 도구로는 Gough(1951)의 캘리포니아 성격검사(CPI) 및 Myers와 Briggs(1962)의 MBTI가 대표적이다. 그 외의 다양한 직업 관련 및 인사 선발용 심리검사가 법칙 정립적(nomothetic) 접근 방식에 기초하여 다수 개발되었는데, 대표적인 것은 Strong(1927)의 직업흥미검사다.

법칙 정립적 접근에 대비되는 개별 기술적(idiographic) 접근에 의한 심리검사는 인상묘사검사(impressionistic test)로 분류될 수 있는데(Cronbach, 1984), 이는 개별 점수보다는 총체적 인상을 기술함으로써 인간의 전체 모습을 이해하려는 기술이론(description theory)에 근거한 방식이다(김영환, 문수백, 홍상황, 2005). Galton(1879)은 일찍이 일련의 단어 자극이 인격의 가장 깊은 곳을 해부하듯이 밝혀 줄 수 있을 것이라고 가정하였다(DuBois, 1970). 하지만 본격적인 투사적 심리검사로 분류되는 인상묘사검사들은 1921년 스위스의 정신과 의사인 Rorschach의 잉크반점검사(Rorschach Test), 1926년 Goodenough의 인물화검사(Draw-A-Person Test), 1938년 Murray의 주제통각검사(TAT) 등이 대표적이다. 투사 기법은 정신역동 이론이 심리학에 큰 영향을 미치던 1940~1950년대까지 객관적 심리검사보다 훨씬 인기가 높기도 하였다. 하지만 이후 정신역동 이론이 쇠퇴하면서 많은 투사법 검사가 심리측정적 취약성 탓에 그 인기를 잃게 되었다. 오늘날 투사적 심리검사는 객관적 심리검사를 보완하는 유용성에 근거하여 여전히 활용되고 있다.

다른 영역을 보면, 양육자의 보고에 의한 Doll(1936)의 바인랜드 사회성숙도검사가 개발되었고(2005년에 II판으로 개정), 임상면담에 대한 중요성이 부각되어 정신의학 영역에서 DSM(1952)이 출현하여 2013년 DSM-5에 이르고 있다. 1960~1970년대 미국에서는 장애를 가진 학생들에 대한 평가가 강조되었으며, 이 과정에서 학생의 학습 문제를 평가하기 위한 관찰 및 행동 평정, 분류 기법, 개인 기록물 및 문서에 의한 정보수집 등이 강조되었다(Neukrug & Schwitzer, 2006).

Archer, Maruish, Imhof와 Piotrowiski(1991)가 보고한 미국 임상 장면에서의 청소년 대상 심리검사의 사용 현황에 의하면, 웩슬러 지능, 로르샤흐, 벤더게슈탈트, 문장완성, MMPI, 인물화, H-T-P, 다면성취검사(Wide Range Achievement Test: WRAT), 동적 가족화(Kinetic Family Drawing), Beck의 우울척도(BDI), Millon의 청소년용 인성검사, McAndrew의 문제음주척도, 아동문제행정평정척도(CBCL) 등이 상위 순위를 점했다. 이러한 양상은 Archer와 Newsom(2000)의 연구에서도 유사한 결과였다. 그 외 학교 장면에서는 지능검사 외에 성취검사 및 적성검사, 직업흥미검사 등이 상위 순위를 차지하였다(Elmore, Ekstrom, Diamond, & Whittaker, 1993). 국내 청소년종합상담실에서 1999년 1년간 사용된 현황조사(김영빈, 김계현, 2001)에서는 성격유형검사를 비롯하여 적성탐색검사, 직업흥미검사, MMPI, 적성진단검사 순으로 큰 이용 빈도를 보이고 있다.

역사적으로 심리검사의 개발 방식은 초반에는 이론적-합리적 방식이 주류였으나, 1940년대 MMPI를 기점으로 경험적 방식이 대두되었고, 준거 지향 및 요인 분석적 방식이 1950년대 이후 주류를 이루어 왔다. 현대의 심리검사들(예: NEO-PI 및 PAI 등)은 과거와는 달리 여러 개발 방식의 장점을 통합하여 제작되고 있으며, 문항반응 이론 등 새로운 심리검사 이론에 힘입어 특화된 검사 개발도 활발한 상황이라고 할 수 있다.

Matson, Andrasik과 Matson(2012)은 아동·청소년의 심리평가에서 향후 강조될 여섯 가지 경향성으로 ① 신경심리평가의 보편화, ② 평가의 환경적·체계적 접근,

③ 개별 장애에 대한 문제 중심적 평가, ④ 다중 영역, 다중 방법, 다중 정보제공자에 의한 평가, ⑤ 기능 분석에 의한 기능 평가, ⑥ 증거기반 평가 등을 지적하였다. Embretson(2001)은 신경심리학의 눈부신 발전과 컴퓨터 및 스마트 기기의 일상화에 힘입어 심리검사의 발전에 많은 변화가 있을 것으로 예상하였는데, 컴퓨터 등에 의한 시행 및 자동화된 자료 수집에 근거하여 타당화 연구가 용이해질 것이며, 능력의 측정이 더 간결해지면서도 신뢰도가 향상될 것이고, 평가의 진행은 수검자 응답에 따라 제시 문항이 변화하는 식으로 역동적 특성을 보일 것으로 전망하였다.

2. 지능검사

지능 이론은 Spearman(1927)의 2요인 이론(일반 g요인과 특수 s요인)을 필두로, Thurstone(1938)의 다요인 이론[지능은 주요 정신 능력(primary mental abilites: PMA)]인 언어의미, 수리, 단어유창성, 지각속도, 공간능력, 추론, 기억 등의 7개 요인으로 구성), Vernon(1950)의 위계 모형 등이 제기되었다. 위계 모형에서는 최상위 수준의 일반지능(g), 두 번째 하위 수준인 대집단은 언어-교육-수리(v: ed) 요인과 실용-공간-기계(k: m) 요인, 세 번째 및 네 번째의 소집단과 특수요인은 v: ed 요인에 언어(어휘, 독해, 쓰기)와 수리(논리추론, 산수, 행렬추론), k: m 요인에 기계(기계지식, 수공능력, 모양 맞추기)와 공간(차례 맞추기, 토막 짜기, 기호 찾기), 실용(지각, 기억, 사무) 요인의 위계적 구성을 주장하였다.

Cattell(1963)은 유동성 지능(fluid intelligence: Gf)과 결정성 지능(crystallized intelligence: Gc)을 제기하였다. Gf는 14세경까지 계속 발달되지만 22세 이후 급격하게 감소되는 선천적 기능으로서, 뇌 손상이나 정상적 노령화에 따라 감소되는 지적 능력이다. 기억이나 공간 능력 등이 이에 해당된다. Gc는 유동성 지능을 바탕으로 개인의 문화적 · 교육적 · 동기적 경험에 따라 영향을 받는 기능으로서 통상 40세까지, 때로는 그 이후에도 발전될 수 있는 지능이다. 어휘 및 일반 상식 등이 대표적인 예로 거론될 수 있다. Horn(1985)은 20~60세 사이의 성인기 동안 Gf는 하강하고 Gc는 상승하는 경향을 보고했으며, 일부 연구자는 WAIS-R에서 동작성 검사가 유동성 지능인 Gf를 측정하는 반면, 언어성 검사는 결정성 지능인 Gc를 측정한

표 13-3 국내 주요 지능검사

검사명	대상	저자	발행처	발행년도 (개정년도)
한국 웩슬러 유아지능검사 IV	만 2세 6개월~ 만 7세 7개월	박혜원, 이경옥, 안동현	인싸이트	2016
한국 웩슬러 아동청소년 지능검사 V	만 6세 0개월~ 만 16세 11개월	곽금주, 장승민	인싸이트	2019
한국 웩슬러 성인지능검사 IV	만 16세 0개월 이상	황순택, 김지혜, 박광배, 최진영, 홍상황	한국 심리 주식회사	2012
K-ABC II 한국 카우프만 아동 지능검사	만 3세 0개월~ 만 18세 11개월	문수백	인싸이트	2014
한국판 라이터 비언어성 지능검사	만 2세 0개월~ 만 7세 11개월	신민섭, 조수철	인싸이트	2010
인물화에 의한 간편지능검사	만3세 0개월~ 만12세 11개월	김재은, 김동극, 여광응	교육과학사	1973
한국판 그림지능검사	만 4세 0개월~ 만 7세 11개월	서봉연, 정보인	중앙적성출판사	1983
KISE 한국형 개인지능검사	만 5세 0개월~ 만 7세 11개월	박경숙, 정동영, 정인숙	교육과학사	2002

다고 제안하기도 하였다. 그 외 지능 이론으로는 Sternberg(1985)의 삼원지능 모형, Gardner(1983)의 다중지능 모형 등이 흔히 거론된다.

심리학 및 교육학 분야에서 다양한 목적으로 인지적 수준을 평가하기 위하여 지능검사가 실시되고 있다. 현재 국내에서 인지적 기능을 평가하기 위한 주요 개인검사는 〈표 13-3〉과 같다.

1) 웩슬러 지능검사 개관

Wechsler는 이전 Binet의 학습능력 위주의 지능 개념에 반대하고, 지능검사에 비인지적인 요소를 포함하여야 한다고 주장한 연구자 중 하나이다. 그는 인지적 능력뿐 아니라 지적인 행동(intelligent behavior)이 평가되어야 한다고 주장하였으며

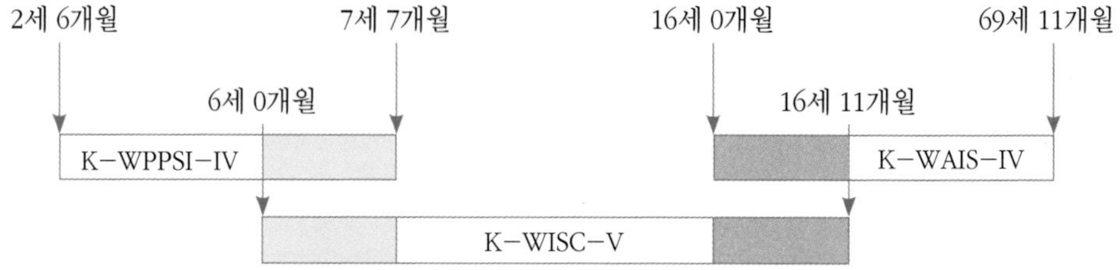

그림 13-1 웩슬러 검사 사용을 위한 피검자 연령대

(Kaplan, & Saccuzzo, 2009), 그가 개발한 웩슬러 지능검사는 이를 직접적으로 측정하지는 않더라도 이러한 그의 생각을 반영하여 개발되었다(Kaplan, & Saccuzzo, 2009). 웩슬러는 피검자의 연령대에 따라 유아, 아동 · 청소년, 성인의 3개 지능검사를 개발하였으며, 우리나라에서는 이 세 검사 모두 표준화되어 사용하고 있다.

성인을 대상으로 하는 지능검사인 Wechsler Adult Intelligence Scale(WAIS)는 1939년 세 검사 중 가장 먼저 개발되었으며(1939), 현재 4번째 개정판이 활용되고 있다. 우리나라에서는 2008년 개발된 WAIS-IV를 2012년 번안, 표준화한 K-WAIS-IV를 사용하고 있다. Wechsler Intelligence Scale for Children(WISC)은 1949년에 개발되었으며, 이 역시 다섯 번째 개정판이 미국과 한국 모두에서 표준화되어 활용되고 있다(곽금주, 장승민, 2019). 마지막으로, Wechsler Preschool and Primary Scale of Intelligence(WPPSI)는 1967년 처음 개발되었으며, 2012년 WPPSI-IV가 개발 사용되고 있다. 우리나라에서는 2016년 WPPSI-IV를 표준화한 K-WPPSI-IV가 사용되고 있다.

피검자의 연령에 따라 사용할 수 있는 웩슬러 검사의 종류는 [그림 13-1]과 같다. K-WISC는 K-WPPSI와 K-WAIS-IV와 각각 겹치는 연령대가 있기 때문에 이 연령대에 속하는 피검자를 평가할 때에는 주의를 하여야 한다. 예를 들어, 7세 0개월의 아동의 경우 가능하면 K-WISC를 사용하는 것이 더 많은 인지 영역에 대한 아동 능력을 평가할 수 있다. 그러나 피검자가 또래에 비하여 수준이 낮은 것으로 의심된다면 K-WPPSI를 실시할 때 피검자가 피로감을 덜 느끼고 검사를 수행할 수 있다. 반대로 16세 0개월의 청소년 중 영재 혹은 평균 이상의 능력을 보이는 피검자라면 K-WAIS를 사용할 때 더 많은 정보를 얻을 수 있다.

(1) K-WISC 검사 및 구성

K-WISC-Ⅳ는 6세 0개월에서 16세 11개월까지의 아동의 인지적 능력을 평가하기 위한 검사 도구이다. K-WISC-Ⅳ는 이전 언어성 지능과 동작성 지능으로 전체 지능 점수를 산출하던 K-WISC-Ⅲ와는 다르게 네 가지 지표 점수, 즉 언어이해(Comprehension Index: VCI), 지각추론(Perceptual Reasoning Index: PRI), 처리속도(Processing Speed Index: PSI), 작업기억(Working Memory Index: WMI)과 전체 지능 점수를 제공한다. 언어이해(VCI)는 언어추론, 이해, 개념화, 단어지식 등을 이용하는 피검자의 언어 능력을 측정한다. 지각추론(PRI)은 시각적 자극을 통합하거나 비언어적으로 추론하는 능력, 학습을 통해 배울 수 없는 문제를 해결하기 위해 시공간적인 시각-운동 기술을 적용하는 능력을 측정하고 처리속도(PSI)는 간단한 시각적 정보를 빠르고 정확하게 탐색하고 변별하는 능력, 정신 속도와 소근육 처리 속도를 측정한다. 작업기억(WMI)은 주의력, 집중력, 작업기억(제시되는 정보를 효율적으로 처리하기 위해 아주 짧은 시간 동안 머릿속에 정보를 유지하는 능력)을 측정한다.

K-WISC-IV는 15개의 소검사로 구성되어 있다. K-WISC-III와 동일한 10개 소검사와 5개의 새로운 소검사(공통그림찾기, 순차처리, 행렬추리, 선택, 단어추리)가 추가되었다. 일반적으로 10개의 주요 검사만 활용하더라도 위의 4개 지표 합성점수 및 총점수를 얻을 수 있으나, 장애학생이나 1년 이하의 기간 내에 반복 검사를 할 때 보충검사 5개를 활용할 수 있다. 15개의 소검사 및 그에 대한 설명은 〈표 13-4〉와 같다.

표 13-4 K-WISC-IV의 소검사

소검사	약호	설명
토막짜기	BD	아동이 제한시간 내에 흰색과 빨간색으로 이루어진 토막을 사용하여 제시된 모형이나 그림과 똑같은 모양을 만든다.
공통성	SI	아동이 공통적인 사물이나 개념을 나타내는 두 개의 단어를 듣고, 두 단어가 어떻게 유사한지를 말한다.
숫자	DS	숫자 바로 따라 하기에서는 검사자가 큰 소리로 읽어 준 것과 같은 순서로 아동이 따라 한다.숫자 거꾸로 따라 하기에서는 검사자가 읽어 준 것과 반대방향으로 아동이 따라한다.
공통 그림찾기	PCn	아동에게 두 줄 또는 세 줄로 이루어진 그림들을 제시하며, 아동은 공통된 특성으로 묶일 수 있는 그림을 각 줄에서 한 가지씩 고른다.

기호쓰기	CD	아동은 간단한 기하학적 모양이나 숫자에 대응하는 기호를 그린다. 기호표를 이용하여 아동은 해당하는 모양이나 빈칸 안에 각각의 기호를 주어진 시간 안에 그린다.
어휘	VC	그림 문항에서 아동은 소책자에 있는 그림들의 이름을 말한다. 말하기 문항에서는 아동은 검사자가 크게 읽어 주는 단어의 정의를 말한다.
순차연결	LN	아동에게 연속되는 숫자와 글자를 읽어 주고, 숫자가 많아지는 순서와 한글의 가나다 순서대로 암기하도록 한다.
행렬추리	MR	아동은 불완전한 행렬을 보고, 다섯 개의 반응선택지에서 제시된 행렬의 빠진 부분을 찾아낸다.
이해	CO	아동은 일반적인 원칙과 사회적 상황에 대한 이해에 기초하여 질문에 대답한다.
동형찾기	SS	아동은 반응부분을 훑어보고 반응부분의 모양 중 표적모양과 일치하는 것이 있는지를 제한시간 내에 표시한다.
빠진곳 찾기	PCm	아동이 그림을 보고 제한시간 내에 빠져 있는 중요한 부분을 가리키거나 말한다.
선택	CA	아동이 무선으로 배열된 그림과 일렬로 배열된 그림을 훑어본다. 그리고 제한시간 안에 표적그림들에 표시한다.
상식	IN	아동이 일반적 지식에 관한 광범위한 주제를 다루는 질문에 대답을 한다.
산수	AR	아동이 구두로 주어지는 일련의 산수문제를 제한시간 내에 암산으로 푼다.
단어추리	WR	아동이 일련의 단서에서 공통된 개념을 찾아내어 단어로 말한다.

(2) 검사 실시

K-WISC-IV는 소검사의 순서에 대하여 잘 이해하고 검사를 실시해야 하는데, 이는 아동의 흥미를 계속 증가시키고 다양성을 유지하며 아동의 피로 효과를 최소화하도록 구성되어 있기 때문이다. 먼저 주요 검사들이 실시되고, 이어 보충검사들이 실시된다. 검사자는 상황에 따라 주요 소검사 대신 보충 소검사로 대체할 수 있으며, 이를 결정하기 위해서는 추가적인 임상 정보, 차이 분석, 또는 처리검사를 고려한다.

또한 검사 시간을 단축시키고 아동의 흥미를 유지하기 위하여 모든 검사는 계산된 생활연령에 맞는 시작점이 있으며, 연속하여 0점을 받는 경우(소검사마다 차이가 있음) 검사를 중지하도록 한다. 소검사 중 토막짜기, 기호쓰기, 동형찾기, 빠진곳찾기, 선택, 산수는 모두 초시계로 시간을 정확하게 측정하도록 되어 있으며, 토막짜기, 기호쓰기, 선택은 신속하고 정확한 수행이 이루어진 경우 시간 보너스 점수가 주어진다. 뿐만 아니라 몇몇 문항은 가르치는 문항과 연습 문항이 있으며, 필요한 경우 추가 질문, 촉구, 문항반복 등 소검사별 별도의 가이드라인을 확인한다.

(3) 검사 해석

K-WISC-IV의 검사 결과는 ① K-WISC-IV 검사 소개, ② 소검사별 결과 프로파일, ③ 하위영역별 및 전체 지능 결과 프로파일, ④ 지표 수준 및 소검사 수준의 점수 차이 비교 및 소검사별 강약점, ⑤ 처리 점수 분석 결과를 제공한다.

① K-WISC-IV 검사 소개

본 검사에 대한 개괄적인 소개와 함께 네 가지 지표 점수[언어이해(VCI), 지각추론(PRI), 작업기억(WMI), 처리속도(PSI)]에 대한 전반적인 설명을 제공한다. 또한 이후 제시될 네 가지 지표점수와 전체 IQ의 평균과 백분위 그리고 신뢰구간에 대한 의미를 실제 예시를 가지고 설명함으로써 지능에 대하여 익숙하지 않은 경우에라도 쉽게 이해할 수 있도록 전반적인 설명을 제공한다. 또한 본 검사의 활용 방법에 대한 간단한 팁을 제공하고 있다. 특히 다른 검사에 비하여 지적장애나 영재 아동을 판별하고, 신체적·언어적·감각적 제한이 있는 장애학생에게 활용할 수 있도록 다양한 검사 조정이 가능하며, 인지적 강점과 약점 확인이 가능함을 설명하고 있다.

② 소검사별 프로파일

언어이해, 지각추론, 작업기억, 처리속도 등의 네 가지 지표 순으로 소검사의 점수를 나열하여 환산 점수를 그래프로 제공하며, 환산 점수의 평균은 10점이다.

③ 하위 영역별 및 전체 지능 결과 프로파일

K-WISC-IV는 소검사 점수를 통하여 언어이해, 지각추론, 작업기억, 처리속도의 네 가지 지표 점수와 전체적인 IQ검사 점수의 다섯 가지 합성 점수를 얻을 수 있다. 일반적으로 15개의 소검사로 이루어져 있지만 합성 점수를 얻기 위해서는 대부분 10개의 주요 검사만 실시한다.

④ 지표와 소검사 수준에서의 차이 비교 및 강약점 결정하기

네 가지 지표가 각각 유의미한 차이가 있는지 혹은 소검사 수준에서 차이가 있는지를 비교하고, 피검자가 어떤 강점이나 약점을 보이는지에 대한 정보를 제공한다.

차이 비교

	환산 점수 1		환산 점수 2		차이	임계치	유미의한 차이 (Y) 또는 (N)	누적 비율
지표 수준	언어이해지표	106	지각추론지표	109	−3	9.207	N	43.71
	언어이해지표	106	작업기억지표	120	−14	8.630	Y	21.04
	언어이해지표	106	처리속도지표	124	−18	11.831	Y	16.42
	지각추론지표	109	작업기억지표	120	−11	8.871	Y	25.69
	지각추론지표	109	처리속도지표	124	−15	12.008	Y	21.08
	작업기억지표	120	처리속도지표	124	−4	115.571	N	41.14
소검사 수준	숫자	13	순차연결	14	−1	2.21	N	44.81
	기호쓰기	12	동형찾기	16	−4	2.98	Y	10.54
	공통성	7	공통그림찾기	13	−6	2.88	Y	5.07

강점 및 약점 결정하기

소검사	소검사 환산 점수	평균 환산 점수	평균과의 차이	임계치	강점(S)또는 약점(W)	누적 비율
토막짜기	12	12.2	−0.2	1.71	NA	100.0
공통성	7	12.2	−5.2	1.85	W	94.1
숫자	13	12.2	0.8	1.50	NA	100.0
공통그림찾기	13	12.2	0.8	2.09	NA	100.0
기호쓰기	12	12.2	−0.2	1.70	NA	100.0
어휘	11	12.2	−1.2	1.62	NA	100.0
순차연결	14	12.2	1.8	1.67	S	100.0
행렬추리	9	12.2	−3.2	1.78	W	99.9
이해	11	12.2	−1.2	2.23	NA	100.0
동형찾기	16	12.2	3.8	2.32	S	99.0

그림 13-2 **지표와 소검사 수준에서의 차이 비교 및 아동의 강약점 결정**

[그림 13-2]에서 Y는 지표 간 혹은 소검사 간 유의미한 차가 있음을 의미하며, N은 없음을 의미한다. 또한 S는 강점, W는 약점, NA는 뚜렷한 강점이나 약점이 없음을 의미한다.

[그림 13-2] 아동의 경우, 언어이해 능력은 작업기억 및 처리속도 지표와 비교하였을 때 유의미하게 낮은 능력을 보이고 있으며, 지각추론 능력은 처리속도 및 작업기억 지표와 비교하였을 때 유의미하게 낮은 수준을 보인다. 즉, 지능은 정상 범주(119)이면서 평균보다 1표준편차 이상의 능력을 보이긴 하지만, 하위 지표를 비교하였을 때, 언어이해 능력과 지각추론 능력에 비하여 처리속도 능력과 작업기억 능력이 높다고 볼 수 있다.

⑤ 처리 점수 분석 결과

K-WISC-IV는 3개의 소검사(토막짜기, 숫자, 선택)에서 7개의 처리 점수를 제공한다. 이러한 점수들은 아동의 소검사 수행에 기여하는 인지적 능력에 대한 보다 자세한 정보를 제공하도록 고안되었다. 처리 점수는 다른 소검사 점수로 대체할 수 없으며, 합성 점수에도 포함되지 않는다. 예를 들어, 시간 보너스가 없는 토막짜기 처리 점수는 문항을 빨리 완성하는 것에 대한 추가적인 시간 보너스 점수 없이 토막짜기에서 보이는 아동 수행에 기초한다.

(4) K-WISC-V 검사 개관

① K-WISC-V의 개정 방향

K-WISC-V는 K-WISC-IV(곽금주, 오상우, 김청택, 2011)가 보이는 시간의 경과에 따른 제한점을 보완하고자 개정되었다(곽금주, 장승민, 2019). WISC-V는 지능 이론은 물론이고, 인지 발달, 신경 발달, 인지신경과학, 학습 과정에 대한 최근 심리학 연구들에 기초하여 개발되었으며 이런 원판의 특성을 그대로 반영하여 K-WISC-V가 제작되었다.

K-WISC-V의 구체적인 개정 목표는 다음과 같다. 첫째, 구조적 변화를 모색하고자 한다. K-WISC-V는 언어이해, 지각추론, 처리속도, 작업기억과 전체 지능 점수를 제공하던 K-WISC-IV와 다르게 다섯 가지 기본기본지표 점수로서 언어이해

(Verbal Comprehension: VCI), 시공간(Visual Spatial: VSI), 유동추론(Fluid Reasoning: FRI), 작업기억(Working Memory: WMI), 처리속도(Processing Speed: PSI) 점수를 제공한다. 새롭게 추가된 시공간지표(VSI)과 유동추론지표(FRI)는 각각 시각 · 공간적 부분 및 전체의 관계를 이해하는 능력과 비언어 · 시각 자극을 통한 개념 · 추상적 사고 및 동시 처리 능력을 평가한다.

또한 K-WISC-V는 양적추론(Quantitative Reasoning), 청각작업기억(Auditory

표 13-5 WISC-IV와 WISC-V 간의 구조적 차이에 대한 비교

WISC-IV의 FSIQ			
언어이해지표	지각추론지표	작업기억지표	처리속도지표
공통성 어휘 이해	토막짜기 공통그림찾기 행렬추리	숫자 순차연결	기호쓰기 동형찾기

WISC-V의 기본지표척도				
언어이해지표	시공간지표	유동추론지표	작업기억지표	처리속도지표
공통성 어휘	토막짜기 퍼즐	행렬추리 무게비교	숫자 그림기억	기호쓰기 동형찾기

WISC-IV의 선택지표척도	
일반능력지표	인지효율지표
공통성, 어휘 이해, 토막짜기 공통그림찾기 행렬추리	숫자 순차연결 기호쓰기 동형찾기

WISC-V의 추가지표척도				
양적추론지표	청각작업 기억지표	비언어지표	일반능력지표	인지효율지표
무게비교 산수	숫자 순차연결	토막짜기 퍼즐 행렬추리 무게비교 그림기억 기호쓰기	공통성 어휘 토막짜기 행렬추리 무게비교	숫자 그림기억 기호쓰기 동형찾기

Working Memory), 비언어(Nonverbal), 일반능력(General Ability), 인지효율(Cognitive Proficiency)이라는 5가지의 추가지표 점수를 도입하였다. WISC-IV와 WISC-V 간의 구조적 차이에 대한 비교는 〈표 13-5〉와 같다.

둘째, K-WISC-V는 인지능력 평가를 향상시키고자 하였다. 기존에 사용하던 지각추론지표(PRI)를 시공간지표(VSI)와 유동추론지표(FRI)로 분리하여 인지능력과 관련된 독립적인 하위영역의 수행에 대해 보다 구체적인 정보를 제공한다. 또한 토막짜기 소검사에 대해 새로운 처리점수를 도입하여 인지능력에 대해 추가적인 정보를 제공한다.

셋째, 유동적추론에 대한 평가를 강화하고자 하였다. K-WISC-V는 세 가지 소검사(무게비교, 퍼즐 그리고 그림기억)를 새로이 도입하여 유동 추론을 측정하고 있으며, 이에 따라 이전 판과 비교했을 때 사용할 수 있는 소검사의 종류가 16가지로 증가하였다.

넷째, 실시와 채점 절차가 수정되었다. 토막짜기, 공통성, 행렬추리, 숫자, 기호쓰기, 어휘, 무게비교, 퍼즐, 그림기억, 동형찾기, 상식, 공통그림찾기, 순차연결, 선택, 이해 그리고 산수의 순으로 K-WISC-V의 소검사는 실시된다. 척도의 유용성을 개선하기 위해 채점 절차 역시 편리하게 수정되었으며, 규준의 최신성 또한 확보되었다.

② K-WISC-IV와 K-WISC-V 소검사 비교

K-WISC-IV는 총 15개의 소검사로 구성되어 있으며, 소검사의 수준은 핵심소검사와 보충소검사로 분류된다. K-WISC-V는 총 16개의 소검사로 구성되어 있으며(원판은 총 21개의 소검사로 구성되어 있다), 소검사의 수준은 기본소검사와 추가소검사로 분류된다. 무게비교(FW), 퍼즐(VP), 그리고 그림기억(PS) 소검사가 추가되었으며, 빠진 곳 찾기(PCm)와 단어 추리(WR) 소검사는 제외되었다. 소검사의 실시 및 채점 방식에는 변화가 없으며, 추가된 소검사에 대한 설명은 〈표 13-6〉과 같다. 또한 지표 수준의 측정에서 1개의 소검사를 대체할 수 있었던 K-WISC-IV와 달리 K-WISC-V는 지표 수준의 소검사 대체가 불가능하며, 전체지능 점수 산출 시에도 7개의 소검사 중 하나의 소검사에 한해서 소검사 대체가 가능하다.

표 13-6 K-WISC-IV에 추가된 소검사에 대한 설명

소검사	약호	설명
무게비교	FW	아동은 양쪽 무게가 달라 균형이 맞지 않는 저울 그림을 보고 균형을 맞추는데 필요한 반응 선택지를 찾는다.
퍼즐	VP	아동은 완성된 퍼즐을 보고, 그 퍼즐을 만들 수 있는 세 개의 선택지를 제한시간 내에 찾는다.
그림기억	PS	아동은 주어진 그림을 나열된 순서대로 기억한 후, 앞에서 본 그림을 순서대로 말한다.

(5) 기타 웩슬러 검사의 구성

① K-WPPSI

한국형 웩슬러 유아 지능검사(Korean Wechsler Preschool and Primary Scale of Intelligence; K-WPPSI)는 취학 전 아동인 만 3세 0개월부터 7세 3개월 아동의 지능을 측정하는 미국의 WPPSI-R을 박혜원, 곽금주, 박광배(1994)가 표준화하였다. K-WPPSI는 동작성 검사와 언어성 검사의 두 하위검사로 구성되어 있으며, 각각 5개의 소검사와 1개씩의 보충 소검사를 가지고 있다. 검사 실시 결과는 K-WISC와 같이 지능점수 평균 100이고 표준편차 15인 정규분포를 가진 점수가 제공되며, 동작성 IQ, 언어성 IQ, 전체 IQ가 제공된다.

일반적으로 언어성 지능이 동작성 지능에 비하여 10~15점 높은 경우 아동의 문화적 환경이 좋거나 부모가 학업을 강조하는 경우 혹은 전문직 종사자인 경우가 많다고 하며, 반면 언어성 지능이 10~15점 낮은 경우 읽기장애 등의 학습장애를 의심하거나 문화적으로 결핍된 경우인 경우가 많다(김동민 외, 2013). 또한 심리적으로 위축된 유아는 빠진곳찾기 점수가 낮을 수 있으며, 문제 행동을 보이는 경우 상식 소검사가 저하될 수 있다고 한다.

② K-WAIS

한국형 웩슬러 성인용 지능검사(Korean Wechsler Adult Intelligence Scale: K-WAIS)는 2008년 미국에서 개정된 WAIS-IV를 2012년 번안・표준화하였다. 이 검사는 16세

0개월부터 69세 11개월까지의 청소년과 성인의 인지 능력을 평가하도록 되어 있으며, K-WISC-IV와 마찬가지로 하위검사를 언어성 검사와 동작성 검사로 구분하지 않고 언어이해, 지각추론, 작업기억, 처리속도의 4요인 구조를 사용하고 있다.

3. 성격검사

이 절에서는 대표적인 객관적 성격검사인 MBTI와 MMPI를 중심으로 설명한다.

1) MBTI(Myers-Briggs Type Indicator)

(1) 개요

MBTI는 현재 광범위하게 상담 현장이나 인사조직 등에서 활용되고 있는 성격검사 중 하나로서 특정 유형에 대한 개인의 선호를 측정하는 검사로 성격의 좋고 나쁨이나 특정 기술, 성취 수준을 보고하는 것은 아니다. Myers와 Briggs가 C. G. Jung의 이론을 기초로 하여 비임상적 집단에게 사용할 수 있도록 만든 자기보고형 검사이다. 심리적 유형에 대한 Jung의 이론은 동기, 소질, 성취, 의사소통 유형, 직업 유형에 대한 자료를 예측하고 해석하기 위한 참조틀을 제공한다. Myers와 Briggs는 Jung의 저서들이 영어로 번역된 1923년 이래로 20여 년 동안 가족과 친구들에게 Jung의 모델을 집중적으로 검증하였고, 그 가치를 확신하게 되었다. 제2차 세계대전 동안 자신의 유형의 흥미와 맞지 않는 직업을 선택하는 많은 사람을 보았고, 사람들을 Jung의 모델로 기술할 수 있는 지표를 만들어 낼 수 있음을 알게 되었다. 1942년 초반에 MBTI는 개발되었고, 1950년대 초반에 5,355명 의과대학생을 표본으로 수집하였으며, 이후에 태도, 성취, 의학 전공 선택에서의 유형 차이를 결정하기 위해 추수조사를 하였다. 1962년에 연구 도구로 ETS에서 출간된 이후 여러 차례 MBTI는 수정되었다. 1975년에 MBTI는 응용 분야의 사용에 고려되기 시작했고, Myers와 McCaulley는 MBTI 연구와 훈련을 위한 비영리센터를 설립하였다. 이후 많은 학자가 저널에서 연구를 출간하였고, 심리 유형 저널도 출간되기에 이르렀으며, 사용은 급속도로 증가되었다. 상담자들은 고등학생부터 중년을 대상으로 학업적 조언, 직업상담 등을 위해 개인, 가족 및 집단 상담에 MBTI를 사용하기 시작하였고, 다음으로 교육 커뮤니티에서는 학습 양식과 교수 양식, 능력, 성취, 동기에서의 개인차를 이해하는 데 있어서 MBTI의 가치를 발견하였다. 최근에는 회사나 정부와 같은 조직들도 MBTI를 리더십 훈련, 직업 설계, 팀워크, 참여적 운영을 위한 도구로 채택하였다.

(2) 하위척도

MBTI 문항들은 4개의 양극단 선호를 묻는 질문들로 구성되어 있다. 문항들은 두 개의 동일한 선상의 양극단에 위치하며 다른 것에 비해 상대적인 선호를 결정하도록 되어 있다.

(3) 결과 해석

MBTI 검사 결과는 4개의 영문자로 이루어진 16개 유형 중 한 유형으로 확인하게

	감각(S)		직관(N)		
내향(I)	ISTJ 세상의 소금형: 신용가, 절약가, 보수파, 준법자	ISFJ 임금 뒤편의 권력형: 보호자, 관리자, 공급자, 봉사자	INFJ 예언자형: 예언가, 현자, 예술가, 신비가	INTJ 과학자형: 과학자, 이론가, 발명가, 독창가	판단 (J)
	ISTP 백과사전형: 낙천가, 소비가, 모험파, 개척자	ISFP 성인군자형: 예술가, 온정가, 낙천가, 연기자	INFP 잔다르크형: 탐색가, 예술가, 신념가, 이상가	INTP 아이디어뱅크형: 건축가, 철학자, 과학자, 이론가	인식 (P)
외향 (E)	ESTP 수완 좋은 활동가형: 활동가, 주창가, 수완가, 촉진자	ESFP 사교적인 유형: 낙천가, 현실가, 접대자, 사교가	ENFP 스파크형: 열성가, 작가, 참여가, 외교술가	ENTP 발명가형: 창의자, 활동가, 능력가, 해결사	인식 (P)
	ESTJ 사업가형: 행정가, 운영자, 사업가, 추진가	ESFJ 친선도모형: 사교가, 봉사자, 친선도모자, 협조자	ENFJ 언변능숙형: 지도자, 교사, 언변가, 협조자	ENTJ 지도자형: 지도자,통솔자, 정책자, 활동가	판단 (J)
	사고(T)	감정(F)	감정(F)	사고(T)	

그림 13-3 MBTI의 16가지 성격 유형

된다. 높은 점수는 어떤 것을 선택할 때 자신이 무엇을 선호하는지 더욱 분명히 알고 있고 일관되게 선택했다는 것을 의미한다. 선호성의 강도가 우수함이나 유능감을 의미하지는 않는다.

2) MMPI

(1) 개요

미네소타 다면적 인성검사(Minnesota Multiphasic Personality Inventory: MMPI)는 세계적으로 가장 광범위하게 사용되고 연구가 활발히 되고 있는 객관적 성격검사로, Hathaway와 McKinley(1943)에 의해 개발되었다. MMPI는 임상 장면의 규준집단을 사용하여, 어떤 문항이 개인이 속한 집단을 잘 변별하는지를 검토한 후 문항을 선정하는 '경험적 방법'을 적용하여 다양한 척도를 구성하였다. 이러한 경험적 방법은 제작 당시에는 매우 혁신적인 것으로, 기존의 성격검사들은 대부분 논리적인 방법, 즉 안면타당도에 근거해서 논리적으로 문항 선택/제작하고, 그 문항을 통해 측정하려는 속성을 잘 드러낸다고 생각되는 반응이 무엇인지 검사 제작자가 주관적으로 판단하여 채점에 의해 개발된 것이었으나, 이러한 방법이 임상적 경험과 연구자료에 의해 피검자들이 자신을 드러내고자 선택한 방향으로 왜곡하거나 속일 수 있음이 밝혀지자 이후 기존의 주관적 방법이 지닌 문제점을 극복하는 방법이었다. 본래 일반적 성격 특성을 측정하기 위한 것이 아니었으나, 진단적 · 병리적 분류의 개념이 정상인의 행동을 설명하는 데에도 어느 정도 유효하다는 전제하에 일반적 성격 특성을 유추하기 위한 용도로도 사용되고 있다.

처음에 개발된 MMPI는 550개의 문항을 포함하였는데, 이 중 수검자의 일관된 반응 경향을 파악하기 위한 16개 문항이 중복되어 총 566개의 문항으로 구성되어 있다. 피검자들은 각 문항에 대해 '그렇다' '아니다'의 두 가지 답변 중 하나를 택하여 반응하도록 되어 있으며, 이들의 반응은 10개의 임상척도와 4개의 타당도 척도에 의해 채점된다.

MMPI가 처음 개발된 이후 MMPI-2가 개발된 1989년까지 여러 가지 문제 제기가 이루어졌다. 첫째, 처음 출간된 이후 40여 년이 넘게 한 번도 개정되지 않았기에 연구자 편의에 의해 구성된 원판 표준화 집단의 적절성에 심각한 우려가 제기되었다.

둘째, 원판 MMPI의 문항 내용에 관한 문제 제기도 있었다. 문항에 사용된 단어나 표현 중 지금은 일반적으로 쓰이지 않게 된 것들이 있었다. 셋째, 원판 MMPI의 몇몇 문항에는 현재 기준으로 심리검사 사용에 부적합한 성차별적인 단어가 사용되었고, 어려운 표현 등은 이해하기가 힘들었다. 마지막으로, 원판 MMPI 문항 선정에 사용된 예비 문항의 폭이 좁아서 자살 시도, 물질 중독 및 치료와 관련된 행동 등을 측정하는 문항들이 매우 적었다.

이에 따라 새로운 규준 자료를 수집하고, 최종 남자 1,138명과 여자 1,462명을 포함한 전체적인 모집단을 적절하게 대표하는 대규모 규준집단을 사용하여 1989년에 MMPI−2로 재표준화되었다. MMPI−2는 총 567개의 문항으로 재구성 임상척도, 내용척도, 보충척도, 성격병리 5요인 척도(PSY−5 척도) 등이 포함되었으며, 원판 MMPI의 기본 타당도 척도 및 임상척도의 틀은 그대로 유지되었다. 구시대적인 표현, 성차별적인 문구 등은 제외되고 대신 성적표현, 자살 및 약물 문제 등이 포함되었다.

(2) 검사의 구성

① 타당도 척도

MMPI−2는 기존 3개의 타당도 척도(L,F,K)에 6개의 타당도 척도가 추가되었으며 각 타당도 척도와 내용은 다음과 같다.

표 13−7 MMPI-2 타당도척도

척도명	약어	문항 수	내용
무응답척도	?		응답하지 않은 문항이나 '네' '아니오' 모두에 답한 문항들의 총합
부인척도	L	15	여러 가지 사소한 결점과 성격적 결함에 대해 물어서 대부분 망설임 없이 인정할 수 있는 내용의 문항들로 구성된 척도로, 수검자가 자신을 좋은 방향으로 나타내 보이려는 세련되지 못한 시도를 측정
비전형척도	F	60	대다수의 보통 사람이 흔히 대답하지 않는 내용의 문항들로 구성된 척도

교정척도	K	30	입원한 환자이지만 정상 프로파일을 보이는 사람과 어떤 이유로 비정상적 프로파일을 보이는 정상인을 감별할 목적으로 구성된 척도
무선반응비일관성 척도	VRIN	98	내용이 유사하거나 상반되는 문항쌍으로 구성된 척도
고정반응비일관성 척도	TRIN	40	내용이 상반된 문항쌍으로 구성된 척도
비전형-후반부 척도	F(B)	40	검사 후반부에 보통사람들이 흔히 대답하지 않는 내용의 문항들로 구성된 척도
비전형-정신병리 척도	F(P)	27	규준집단과 정신과 외래환자 모두 매우 낮은 빈도로 반응을 보인 문항들로 구성된 척도
증상타당도	FBS	43	개인 상해 소송 장면에서 자신의 증상을 과장하는 사람들을 탐지하기 위한 목적으로 구성된 척도
과장된 자기제시 척도	S	50	인사 선발 장면에서 자신을 좀 더 긍정적으로 보이고자 하는 사람들을 가려낼 목적으로 구성된 척도

② 임상척도

척도명보다는 척도 번호로도 지칭할 수 있으며, 자세한 내용은 〈표 13-8〉과 같다.

표 13-8 MMPI-2 임상척도

척도명	척도 번호	약어	문항 수	내용
건강염려증 (Hypochondriasis)	1	Hs	32	신체적 기능, 건강에 관한 신경증적 집착과 걱정을 반영하는 문항들로 구성
우울증 (Depression)	2	D	57	슬프고 우울한 기분, 의기소침, 비관, 무력감과 관련된 신체적 증상, 불만족감, 걱정, 긴장, 적대적 충동부인, 사고과정 통제의 어려움을 포함하는 내용의 문항들로 구성
히스테리 (Hysteria)	3	Hy	60	수면문제, 특정 신체 증상의 호소, 심리적 갈등 및 대인관계에서의 불편감을 부인하는 경향 등과 관련된 문항들로 구성

반사회성 (Psychopathic Deviate)	4	Pd	50	학교나 사회에서 규칙 및 법을 지키는 데서의 어려움 인정, 사회적 · 도덕적 규범의 무시, 가정문제, 삶에 대한 만족감 결여를 반영하는 문항들로 구성
남성특성-여성특성 (Masculinity-Feminity)	5	Mf	56	직업 및 여가에 대한 관심, 걱정과 두려움, 과민성, 가족 관계 등 다양한 주제와 관련된 문항들, 전통적 남성적 성역할 또는 여성적 성역할에 대한 흥미를 반영
편집증 (Paranoia)	6	Pa	40	명백한 정신병적 행동(의심, 관계사고, 피해망상, 과재망상), 민감성, 냉소, 반사회적 행동, 과도한 도덕적 미덕, 타인에 대한 불평 등과 관련된 문항들로 구성
강박증 (Psychasthenia)	7	Pt	48	통제되지 않는 강박적 사고, 두려움과 불안, 자신의 능력에 대한 의심, 불행감, 신체적 호소, 집중력의 어려움과 관련된 문항들로 구성
정신분열증 (Schizophrenia)	8	Sc	78	명백한 정신병적 증상(기이한 정신상태, 지각의 기이함, 피해망상, 환각), 사회적 소외, 가족관계 문제, 성적 문제, 충동 통제와 집중 곤란, 두려움, 걱정, 불만족 등과 관련된 문항으로 구성
경조증 (Hypomania)	9	Ma	46	경조증적 특징(활동 수준, 흥분성, 과대지각), 가족관계, 도덕적 가치와 태도, 신체적 문제 등과 관련된 문항으로 구성
사회적 내향성 (Social Introversion)	0	Si	69	대인관계 및 사회적 상황에 대한 참여, 일반적인 신경증적 부적응 및 자기비하 등과 관련된 문항으로 구성

③ 재구성 임상척도

임상척도 간 높은 상관 문제를 해결하기 위하여 Tellegen과 동료들이 9개의 재구성 임상척도(Reconstructed Clinical: RC)를 개발하였다.

표 13-9 MMPI-2 재구성 임상척도

척도명	약어	문항 수	내용
RCd	dem	24	의기소침(demoralization)
RC1	som	27	신체 증상 호소(somatic complaint)
RC2	lpe	17	낮은 긍정 정서(low positive emotions)
RC3	cyn	15	냉소적 태도(cynicism)

RC4	asb	22	반사회적 행동(antisocial behavior)
RC6	per	17	피해의식(ideas of persecution)
RC7	dne	24	역기능적 부정 정서(dysfunctional negative emotions)
RC8	abx	18	기태적 경험(aberrant experiences)
RC9	hpm	28	경조증적 상태(hypomanic activation)

④ 내용척도, 보충척도 및 성격병리 5요인 척도

내용척도(content scales)는 논리적 접근을 통하여 개발되었으며, 내용 차원의 특징을 잘 반영하는 명백한 문항으로 구성되어 있다. 보충척도(supplementary scales)는 타당도 및 임상척도의 해석을 보완할 목적으로 부가적으로 사용되는 특수척도이다. 성격병리 5요인 척도(Personality Psychopathology Five Scale: PSY−5)는 정상적

표 13-10 MMPI-2 내용척도, 보충척도 및 성격병리 5요인 척도

구분	특징	
내용척도	• 불안(ANX, 23문항) • 강박증(OBS, 16문항) • 건강 염려(HEA, 36문항) • 분노(ANG, 16문항) • 반사회적 특성(ASP, 22문항) • 낮은 자존감(LSE, 24문항) • 가정 문제(FAM, 25문항) • 부정적 치료지표(TRT, 26문항)	• 공포(FRS, 23문항) • 우울(DEP, 33문항) • 기태적 정신상태(BIZ, 24문항) • 냉소적 태도(CYN, 23문항) • A유형 행동(TPA, 19문항) • 사회적 불편감(SOD, 24문항) • 직접적 곤란(WRK, 33문항)
보충척도	• 불안(A, 30문항) • 자아강도(Es, 52문항) • 사회적 책임감(Re, 30문항) • 적대감(Ho, 50문항) • 중독 인정(AAS, 13문항) • 남성적 성 역할(GM, 47문항) • 결혼생활 부적응(MDS, 14문항) • 외상후스트레스장애(PK, 46문항) • MacAndrew의 알코올중독(MAC-R, 49문항)	• 억압(R, 37문항) • 지배성(Do, 25문항) • 대학생활부적응(Mt, 41문항) • 적대감 과잉통제(O-H, 28문항) • 중독 가능성(APS, 39문항) • 여성적 역할(GF, 46문항)

성격병리 5요인 척도 (PSY-5척도)	• 공격성(AGGR, 18문항) • 정신증(PSYC, 25문항) • 통제 결여(DISC, 29문항) • 부정적 정서성/신경증(NEGE, 33문항) • 내향성/낮은 긍정적 정서성(INTR, 34문항)

기능과 임상적 문제 모두와 관련되는 성격 특징을 평가하기 위하여 제작되었다. 성격장애를 정상적 성격 기능의 스펙트럼상에서 정도 차이로 개념화하였으며 성격 특성 모델인 5요인(Big-5) 성격 모델과 관련이 있다.

4. 학습검사

학습평가 영역에서 많이 사용되는 국내 검사들로는 기초학습기능 수행평가체제(BASA), 국립특수교육원 기초학력검사(NISE-B · ACT), 기초학습기능검사, 읽기진단검사, 학습준비도검사, 학습장애선별척도(LDST) 등을 꼽을 수 있다. 이들 검사는 대체로 읽기, 쓰기, 셈하기(혹은 수학) 등의 영역을 전반적으로 또는 특정 영역만을 분리하여 피검자의 학습 능력을 측정하거나, 학습준비도를 확인하여 교육(중재) 프로그램을 계획하는 데 활용하거나, 학습장애 선별 및 진단에 필요한 정보를 제공해 준다. 이 절에서는 특히 학업에 어려움을 겪는 학생들의 기초학습기능을 평가하는 것은 물론이고, 대상학생에게 제공된 교육(중재) 프로그램의 효과성을 지속적인 점검과정을 통해 확인하는 데 평가 정보를 활용함으로써 평가와 중재를 긴밀하게 연계시키는 기초학습기능 수행평가 체제(BASA)와, 유 · 초 · 중등학생에 걸친 비교적 넓은 연령 범위의 학생들을 대상으로 개발되어 특수교육 분야에서 활용도가 높은 국립특수교육원 기초학력검사(NISE-B · ACT)에 대하여 상세하게 살펴보고자 한다.

1) 기초학습기능 수행평가체제(BASA)

(1) BASA의 구성

기초학습기능 수행평가 체제(Basic Academic Skills Assessment: BASA)는 학습의 기초가 되는 기능 3R, 즉 읽기, 수학, 쓰기 영역과 관련한 기초학습 기능의 수행 수준을 파악하는 것은 물론, 중재에 따른 진전도를 모니터링할 수 있도록 개발된 일련의 선별 · 진단 평가 체제이다(김동일, 2008). 읽기, 수학, 쓰기의 발달을 다음과 같이 각각 3단계로 나누어 본다면, 기초학습기능 수행평가 체제(BASA)는 기초부터 심화과정의 능력 및 진전도 평가 체제이다. 각 하위검사별 간략한 소개는 다음과 같다(김동일 외, 2017).

표 13-11 기초학습 기능의 발달 단계와 기초학습기능 수행평가체제(BASA)의 연계

구분	읽기(Reading)	수학(Arithmetic)	쓰기(Writing)
심화	BASA−V(어휘검사) BASA−RC(이해검사) (*어휘와 이해)	BASA−MP(문장제검사) (*수학 문장제)	BASA−쓰기검사 (*작문/생각쓰기 및 작문의 질)
유창성	BASA−R(읽기검사) (*음독유창성)	BASA−M(수학 연산검사) (*연산유창성)	BASA-쓰기검사 (*작문/쓰기유창성)
기초	BASA−EL(초기문해) (*음운인식)	BASA−EN(초기수학) (*수감각, Number Sense)	− (*철자/듣고쓰기) (*습자/보고쓰기)

① BASA−EL 초기문해(Early Literacy)검사

만 4세 이상의 아동에게 실시하고, 아동의 초기문해 수행 수준과 읽기장애를 조기에 판별하여 문제를 예방할 수 있으며 아동의 성장과 진전도 측정에 유용하다.

이 검사는 기초평가와 형성평가로 이루어져 있으며, 기초평가[음운인식, 음운적 작업기억, 음운적 정보회상, 단어인지, 읽기유창성(선택)]를 통해 아동의 기초선을 확인한 후, 목표선을 설정할 수 있고, 형성평가(*음운인식)를 통해 아동의 발달을 모니터링할 수 있다.

② BASA-EN 초기수학(Early Numeracy)검사

만 4세 이상의 아동에게 실시하고, 수 감각 능력 발달과 성장을 측정하여 초기수학 부진 아동의 진단 및 평가, 수학학습장애 혹은 학습장애 위험군 아동의 조기 판별 및 초기수학 준비 기술을 평가하는 데 활용할 수 있는 검사 도구이다.

이 검사는 크게 기초평가와 형성평가 두 가지로 구성되어 있고, 각 검사는 네 가지 하위 영역, 즉 수 인식, 빠진 수 찾기, 수량 변별, 추정과 관련한 180문항으로 구성되어 있다. 기초평가를 통해 아동의 현재 수준을 점검하고, 기초선을 확인하여 그를 기준으로 한 목표치를 설정한다. 후에 형성평가를 이용하여 지속적으로 유아의 초기수학 학습능력을 확인함으로써 발달 정도를 파악하고 궁극적으로 수학학습에 필요한 능력을 증진시킬 수 있다.

③ BASA-R(읽기유창성 검사)

초등학교 1학년~성인을 대상으로 읽기학습 부진 학생의 선별, 읽기장애의 진단을 위한 읽기유창성 검사이다(김동일, 2008).

④ BASA-M(수학 연산 검사)

초등학교 1학년~성인을 대상으로 수학학습 부진 학생의 선별, 특수교육 대상자의 수학 수행 수준을 진단·평가하기 위한 연산유창성 검사이다. 검사의 구성과 검사 실시 방법 중 특징적인 점에 대하여 간략히 제시하면 다음과 같다.

- 이 검사는 네 가지 검사로 구성되어 있다. I단계 검사는 1학년 수준, II단계 검사는 2학년 수준, III단계 검사는 3학년 수준, 통합 단계는 1, 2, 3학년의 내용을 모두 다루는 문제를 담고 있다. 초등 1학년 학생에게는 I단계와 통합 단계, 초등 2학년 학생에게는 II단계와 통합 단계, 초등 3학년 이상 학생에게는 III단계와 통합 단계의 검사를 실시한다. 그 결과, 백분위가 15% 이하인 경우에는 아래 학년 단계의 검사를 실시하여 백분위를 확인한다.
- 이 검사는 채점할 때 계산과정을 포함하여 맞은 숫자의 수, 즉 자릿수만큼을 점수화하는 CD(Correct Digits) 방식을 채택한 점이 특징이다. 이러한 채점 방식은 풀이과정까지 점수화함으로써 대상학생의 학습 수행 진전을 보다 민감하게 파

악할 수 있고, 보다 상세한 오류 분석이 가능하여 중재 계획을 수립하는 데 유용한 정보를 얻을 수 있다는 장점이 있다.

⑤ BASA-WE(쓰기 검사)

초등학교 1학년~성인을 대상으로 쓰기 문제를 가진 학생을 지도하기 위해 쓰기 능력의 발달 수준을 측정하고 평가하기 위한 검사 도구이다. 제시된 이야기 서두를 읽고, 1분 동안 구상한 다음, 3분 동안 생각나는 바를 이어서 쓰도록 하는 방식으로 검사를 실시하고, 채점은 정량적 평가(정확안 음절의 수)와 정성적 평가['글의 형식' '글의 조직' '글의 문체' '글의 표현' '글의 내용' '글의 주제' 영역에 대하여 평가기준표(rubric)에 따라 각각 1~5점으로 평가]를 병행하는데, 형성평가를 통한 쓰기(작문)유창성의 진전도 모니터링은 정량적 평가 결과를 활용한다.

⑥ 심화과정 검사

BASA: RC(읽기이해), BASA: V(어휘), BASA: MP(수학문장제)검사가 개발되어 피험자의 능력 진단과 향상률을 점검할 수 있다.

표 13-12 학령별 BASA 적용

만 4세 이상	목적
BASA: EL 초기문해	초기문해 및 읽기 학습수준의 진단, 아동의 초기 읽기 영역에서의 학습부진 예방 및 평가
BASA: EN 초기수학	수 감각 능력 발달과 성장을 측정, 초기수학 부진 아동의 진단 및 평가

초등학교 1학년 이상	목적
BASA: R 읽기	특수아동을 위한 학습부진 및 학습장애 영역에서의 읽기장애 진단
BASA: WE 쓰기	쓰기능력 발달과 성장을 측정, 쓰기부진 아동의 진단 및 평가
BASA: M 수학	수학 학습 수준의 발달과 성장을 측정하고 학습부진, 특수교육 아동을 위한 진단 및 평가

초등학교 3학년 이상	목적
BASA: RC 읽기이해	읽기이해 영역에서 학습자의 수준을 진단하고 평가 결과에 따른 적절한 중재 프로그램을 제공
BASA: V 어휘	어휘능력을 조기에 진단하고 모니터링을 통해 교육적 중재에 필요한 구체적인 평가정보를 제공
BASA: MP 수학문장제	아동의 문제해결력 진단 및 수학능력 향상

(2) BASA의 특징(김동일, 2008)

① 교육과정중심측정(Curriculum-Based Measurement: CBM) 절차에 근거하여 개발되었다. 학생이 실제로 배운 내용을 평가하고, 그 결과(정보)를 중재 계획의 수립 및 변경에 활용함으로써 표준화 검사 위주의 전통적 평가 방식에서 평가 결과(정보)가 중재 계획 수립에 그다지 유용한 정보를 제공하지 못하는 약점을 보완할 수 있는 대안적 평가 접근이다.

② 실시가 간편하고 시간이나 비용이 적게 든다. 한 개의 검사를 실시하는 데 읽기검사는 1분, 수학검사는 2분, 쓰기검사는 구상 시간 1분을 포함하여 4분이면 실시가 가능하여 검사를 자주 실시할 수 있기 때문에, 중재에 따른 수행 수준의 변화를 점검하기 위한 형성평가로 활용할 수 있다.

③ 학습효과 확인 및 진도, 교수 계획, 중재 계획 수립에 유용하다. 기초선 측정 및 목표선 설정 후 중재에 따른 진전도 모니터링을 통한 목표 또는 중재 방법의 수정·결정 등에 검사 결과를 활용할 수 있다. BASA는 단순히 명명('판별')을 위한 평가라기보다는 오히려 '중재'를 위한 (형성)평가의 성격이 더욱 강조되는 검사 체제이다.

④ (읽기, 쓰기, 수학) 기초학습 기능과 관련하여 집단에서의 상대적 위치(*백분위)뿐만 아니라 오류 유형 및 강약 부분을 직접적으로 확인할 수 있다. 이를 바탕으로 (읽기, 쓰기, 수학) 곤란이나 (읽기, 쓰기, 수학)장애 진단 또는 예측 도구로도 활용 가능하다.

(3) BASA의 적용: BASA-R(읽기검사)을 중심으로

① 목적 및 대상

BASA-R(읽기검사)는 초등학생 이상의 학령기 아동 및 성인을 포함하여 읽기 곤란/장애 진단(*기초선) 및 변화 점검(*형성평가)을 목적으로 개발된 검사이다(김동일, 2008). 규준(norm)은 초등학교 1, 2, 3학년까지 학년별로 각각 2개씩(1학기는 5월 규준, 2학기는 10월 규준) 갖춰져 있으며, 읽기(음독)유창성 발달이 초등학교 3학년 이후에는 미미해지기 때문에 4학년 이상의 초등학생, 중고생, 성인 등을 대상으로 한 경우에는 초등 3학년 2학기 규준에 비추어 수행 수준을 해석하면 된다.

② 구성

다른 영역의 BASA와 마찬가지로, BASA-R(읽기검사)은 크게 기초평가와 형성평가로 구성되어 있다. 기초평가는 3회의 읽기검사(읽기검사 자료 1)를 실시하여 아동의 중재 이전의 수행 수준, 즉 기초선(baseline)을 확인하기 위한 것인데, 참고 자료로 아동의 독해력을 간접적으로 측정할 수 있는 읽기검사 자료 2(빈칸채우기검사)를 포함하고 있다. 형성평가는 중재에 따른 아동의 성장(변화) 추세를 지속적으로 점검하고 중재 계획을 수립하는 데 참고할 정보를 수집하기 위한 것이다.

③ BASA-R(읽기검사)의 실시, 채점 및 결과 해석

가. 검사 실시

• 기초평가

기초평가는 대상학생의 중재 이전의 읽기(음독)유창성을 3회의 검사를 통해 측정하여 기초선 점수로 삼기 위한 읽기검사자료 1과 대상학생의 독해력을 간접적으로 측정하여 읽기 중재 계획 수립에 참고자료로 활용하기 위한 읽기검사자료 2(빈칸 채우기 검사)로 구성되어 있다.

읽기검사 자료 1은 개인검사로 각각 학생용과 검사자용 자료가 따로 있는데, 검사자용 자료에는 우측 끝에 해당 줄까지의 누적 음절 수를 의미하는 숫자가 기록되어 있어 채점하기 쉽도록 되어 있다. 읽기(음독)유창성 검사는 자료 1-(1) '토끼야 토끼야', 자료 1−(2) '분명히 내동생인데', 자료 1−(1) '토끼야 토끼야'의 순서로 각각 1분씩 3회 실시하면 된다.

읽기검사 자료 2(빈칸채우기검사)는 '남자와 여자'라는 글에서 발췌한 본문을 읽다가 문장 가운데 삽입된 괄호 안에 제시된 3개의 단어 중 문맥에 맞는 적절한 단어를 선택하도록 되어 있고, 검사 시간은 3분이다.

• 형성평가

형성평가는 중재에 따른 아동의 읽기(음독)유창성의 변화(성장) 추세를 지속적으로 점검하고 중재 계획을 수립하는 데 참고할 정보를 수집하기 위하여 실시한다. 일주일에 2~3회 정도 실시할 것을 권장하고, 동형검사의 성격이 있는 총 22개의 읽기검사자료 중 매 회기에 무선적으로 하나를 선택하여 읽기검사 자료 1과 같은 요령으로 실시하면 된다. 검사 자료 한 개만 실시하면 되므로 1분이면 검사를 마칠 수 있다.

• 채점 방법

기초평가 및 형성평가로서 BASA−읽기검사는 학생이 맞게 읽은 음절 수를 점수로 한다. 따라서 검사자용 검사지 옆에 표시된 글자 수를 보고 학생이 읽은 전체 음절 수에서 틀리게 읽은 음절 수를 빼서 계산한다. 읽기검사가 진행되는 동안 학생이 틀리게 읽은 음절에는 사선(/) 표시를 해 두면 좋다. 읽기에 어려움을 겪는 아동들이 자주 범하는 오류에는 대체, 누락, 잘못된 발음, 삽입, 반복 등이 있다.

다. 결과 해석

기초평가 결과에 대한 해석은 대상학생에게 실시하여 얻은 3개의 원점수로부터 시작한다. 이들 3개의 원점수 중에서 중앙치(median)를 대상학생의 대푯값으로 삼아 해당 학생의 읽기(음독)유창성 수행 수준에 대한 해석을 가하게 된다. T점수, 백분위 점수 및 백분위 점수 단계, 학년 점수 등은 검사 요강에 제시된 규준표를 참고하면 되는데, 어느 규준표에 비추어 해석해야 하는지는 대상학생의 현재 학년(1학년, 2학년, 3학년 이상), 검사 실시 시기(8월 이전/1학기는 5월 규준, 9월 이후/2학기는 10월 규준), 그리고 중앙치를 얻은 검사 자료가 무엇인지[자료1−(1) '토끼야 토끼야', 자료 1-(2) '분명히 내 동생인데']에 따라 달리해야 한다. 빈칸채우기검사(읽기검사 자료 2) 결과에 대한 해석도 검사요강을 참고하면 된다.

④ BASA-읽기검사의 활용

기초학습기능 수행평가 체제(BASA)의 진가는 기초평가보다도 형성평가에서 드러난다고 해도 과언이 아니다. 앞서 설명한 바와 같이, 형성평가는 중재에 따른 아동의 읽기(음독)유창성의 변화(성장) 추세를 지속적으로 점검하고 중재 계획을 수립하는 데 참고할 정보를 수집하기 위하여 실시하는데, 일주일에 2~3회 정도 실시할 것을 권장한다.

가. 그래프 작성

BASA에서는 아동의 읽기, 쓰기, 수학과 관련한 기초학습 기능의 수행 수준을 향상시키기 위한 중재에 따른 효과를 시각적으로 쉽게 판단할 수 있도록 그래프를 작성하여 활용한다. 가장 먼저 기초평가에서 얻어진 3개의 원점수 중 중앙치를 대상 학생의 기초선 점수로 결정한다.

나. 목표 설정 및 목표선(goal line) 긋기

개별화교육계획을 수립할 때 목표를 설정하는 방법으로는 다음 세 가지를 고려할 수 있다.

- 월진전도를 이용한 목표치 설정 (*규준표 활용): 기초선 값 + 월 진전도 × 목표 기간(월)
- 또래들의 평균 수행 수준을 목표선으로 설정하는 방법: 학급 내 중간 수행 수준의 아동 3명에게 검사를 실시하여 그 평균점을 목표로 설정
- 교사의 판단: 교사가 전문적 식견에 의거하여 아동에게 적합한 목표를 설정

다. 진전도 분석

3주에 한 번씩 또는 검사 점수가 9~12개 이상이 되면, 진전도 분석을 하고 이에 따른 교수 수정 여부를 결정해야 한다. 데이터 포인트(Data Points)를 이용하는 방법

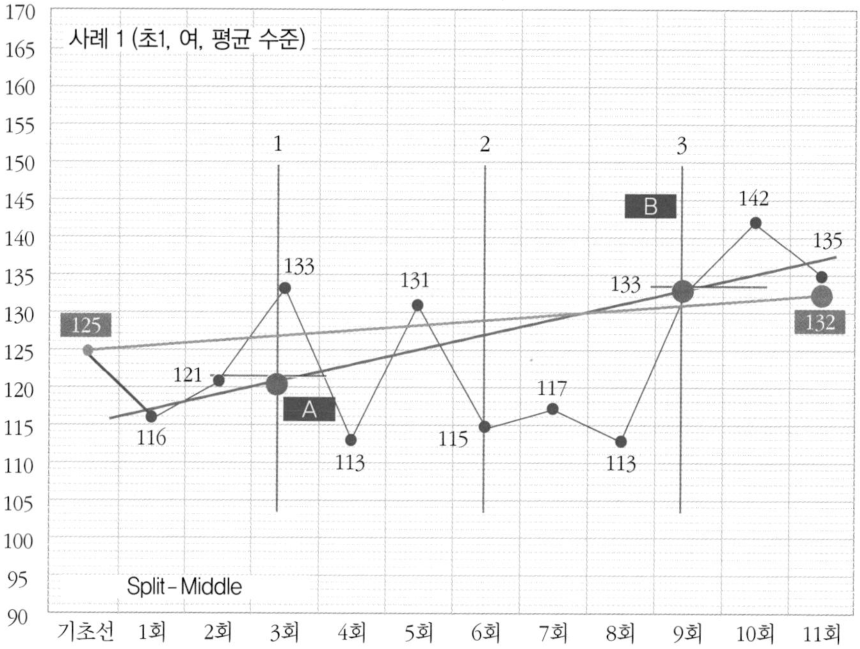

그림 13-4 BASA-읽기검사의 활용: 읽기발달선을 활용한 진전도 분석

과 읽기 발달선(trend line)을 이용하는 방법 중 하나를 선택하여 현재 아동의 학습 진전도를 교사가 설정한 목표선과 비교한다. 그 결과에 따라 현재의 교수법을 계속 사용하거나, 교수법을 수정하거나, 목표를 수정한다(김동일, 2008).

- 데이터 포인트(Data Points)를 이용하는 방법

  대상학생의 검사점수가 4회 이상 연속하여 목표선 아래로 떨어지면, 교수법을 변경할 수 있다. 또는 아동의 검사점수가 3회 이상 연속하여 목표선 위로 올라가면, 목표를 상향조정할 수 있다.

- 읽기 발달선을 이용하는 방법

  읽기 발달선은 아동의 학습 진전도를 시각적으로 요약해 주어 아동에 대한 교수 프로그램의 효과성을 한눈에 알아볼 수 있게 해 준다. 읽기 발달선의 기울기가 목표선보다 훨씬 작으면 중재 전략 변경을 고려하고, 기울기가 같으면 현재의 교수법을 계속 사용하고, 읽기 발달선의 기울기가 목표선보다 크면 목표(점수)를 상향 조정할 수 있다. [그림 13-4]는 기초선 점수 결정, 목표 설정, 반분

(split-middle) 방법을 활용한 읽기발달선 추정 절차 등 BASA-읽기검사를 중재 계획 수립 및 수정 등에 활용하는 일련의 과정을 예시한 것이다.

2) 국립특수교육원 기초학력검사(NISE-B · ACT)

(1) 목적 및 대상

국립특수교육원 기초학습능력검사(National Institute for Special Education-Basic Academic Competence Test: NISE-B · ACT)는 유치원에서 중학교에 재학하고 있는 학생(만 5세 0개월에서 만 14세 11개월 30일까지)의 기초학습 능력을 평가하고, 이를 통해 특수교육 대상학생을 선별하며, 특수교육 대상학생의 기초학습 능력을 진단하기 위하여 개발된 검사이다. 이 검사는 학생의 적격성 결정과 함께 향후의 교육 프로그램을 개발하는 데 필요한 기초 정보를 제공한다. 일반적으로 기초학습능력검사는 학습자의 현재 학업성취 수준을 파악하고 학습자의 잠재된 능력을 최대한 계발할 수 있는 정보를 제공한다는 점에서 의의를 찾을 수 있다. NISE-B · ACT의 주요 특징을 요약하여 제시하면 다음과 같다.

① NISE-B · ACT는 규준참조검사(norm-referenced test)로 구성되어 있다. 사용자의 편리성과 교육적 의사결정을 명료하게 할 수 있도록 학년-학기 규준을 개발하였다.

② NISE-B · ACT는 종합적인 검사 도구이다. 현재 특수교육 분야에서 읽기, 쓰기, 수학기초 학습 영역을 종합적으로 평가할 수 있는 검사 도구가 부족하기에 NISE-B · ACT는 학생들의 기초학습을 검사할 수 있는 종합적인 검사 도구로 개발되었다.

③ NISE-B · ACT는 개인용 검사로 구성되어 있다. 개인용 검사이기에 보다 신뢰할 만하고 타당하게 특수교육 대상학생에 대한 적격성과 교육 계획을 수립할 수 있는 정보를 얻을 수 있다. 또한 표준화 과정에서 집단검사가 아닌 개별검사로 표준화를 진행함으로써 개인용 검사로서의 적합성을 높였다.

④ NISE-B · ACT는 수행능력을 평가하는 검사로 구성되어 있다. 기초학습 능력은 그 자체로 목적적 영역일 뿐만 아니라 다른 교과를 학습하기 위한 도구적

속성을 가지고 있다. 따라서 아동의 수행 능력 평가를 통해 잠재 능력을 파악하고 교육 계획을 수립하는 데 도움을 줄 수 있다.

(2) 구성

NISE-B · ACT는 학습에 가장 필요한 기초학습 능력인 읽기와 쓰기, 수학이라는 하위 영역으로 구성되었다.

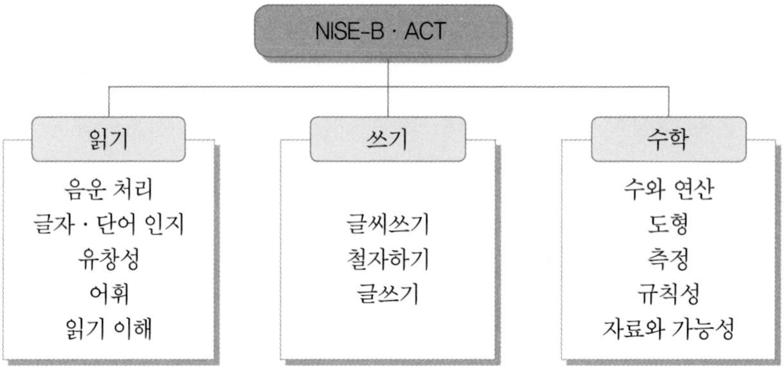

그림 13-5 NISE-B · ACT의 구성

① 읽기

표 13-13 NISE-B · ACT(읽기)의 구성

소검사	하위검사	문항(개)
음운 처리 검사	음절합성	8
	음절탈락	8
	음절변별	8
	음절대치	8
	음소변별	10
	빠른 자동 이름대기(사물)	1
	빠른 자동 이름대기(색깔)	1
글자 · 단어 인지 검사	글자 인지 검사	20
	단어 인지 검사(규칙단어)	40
	단어 인지 검사(불규칙단어)	40

유창성 검사	글 읽기 유창성(비문학)	1
	글 읽기 유창성(문학)	1
어휘 검사	단어가 뜻하는 그림 찾기	9
	반대말	14
	비슷한말	13
	유추	10
	빈칸 채우기	13
읽기 이해	문장 이해	10
	짧은 글 이해	7
	긴 글 이해	10

② 쓰기

표 13-14 NISE-B · ACT(쓰기)의 구성

소검사	하위검사	문항(개)
글씨 쓰기	쓰기 준비도	7
	글씨의 질	5
철자하기	받아쓰기	11
	옳은 철자 찾기	9
	기억해서 쓰기	8
글쓰기	문장 완성하기	10
	문법 지식	9
	이야기 구성하기 및 짧은 글짓기	5
	쓰기 유창성	4

③ 수학

표 13-15 NISE-B·ACT(수학)의 구성

소검사	구분	하위검사	문항(개)
수와 연산	산술	네 자리 이하의 수, 두 자리 수의 덧셈과 뺄셈, 곱셈구구	53
		다섯 자리 이상의 수 세 자리 수의 덧셈과 뺄셈, 곱셈, 나눗셈, 자연수의 혼합 계산, 분수, 소수, 분수와 소수의 덧셈과 뺄셈	
		약수와 배수, 분수의 덧셈과 뺄셈, 분수의 곱셈과 나눗셈, 소수의 곱셈과 나눗셈, 분수와 소수, 소인수분해	
	유창성	덧셈, 뺄셈	30
		곱셈, 나눗셈	22
도형	기본수준	입체도형의 모양, 평면도형의 모양, 평면도형과 그 구성요소	16
	중간수준	도형의 기초, 평면도형의 이동, 원의 구성요소, 여러 가지 삼각형, 여러 가지 사각형, 다각형	
	상위수준	합동과 대칭, 직육면체와 정육면체. 각기둥과 각뿔, 원기둥과 원뿔, 입체도형의 공간 감각	
측정	기본수준	양의 비교, 시각 읽기, 시각과 시간, 길이	20
	중간수준	시간, 길이, 들이, 무게, 각도, 어림하기(반올림, 올림, 버림)	
	상위수준	평면도형의 둘레와 넓이, 무게와 넓이의 여러 가지 단위, 원주율과 원의 넓이, 겉넓이와 부피	
규칙성	기본수준	규칙찾기	15
	중간수준	규칙찾기, 규칙과 대응	
	상위수준	비와 비율, 비례식과 비례 배분, 정비례와 반비례, 문자의 사용과 식의 계산, 일차방정식, 좌표 평면과 그래프, 일차 함수와 그래프	
자료와 가능성	기본수준	분류하기, 표 만들기, 그래프 그리기	14
	중간수준	자료의 정리, 막대 그래프와 꺾은선 그래프,	
	상위수준	가능성과 평균, 자료의 표현, 비율 그래프(띠 그래프, 원 그래프), 자료의 정리와 해석	

(3) 검사 실시

검사별로 소요 시간이 다르지만 약 40~60분 정도 소요될 수 있다. 피검자의 수검 양식에 따라 시간은 단축되거나 늘어날 수 있다. 검사자는 한 번의 회기 내에 전체 검사를 실시하고자 노력하여야 하지만, 피검자의 상태나 부적절한 상황 등으로 인해 전체 검사를 실시하지 못한 경우에 하위 영역별로 분리해서 검사를 실시할 수 있다. 나누어서 하는 경우에 두 번째 검사는 첫 번째 검사 회기로부터 일주일 이내에 실시하여야 한다.

(4) 결과 해석 및 보고

NISE-B·ACT검사 결과 처리 및 해석은 웹사이트에서 자동적으로 이루어진다. 각 영역별로 소검사 총합 점수를 입력하면 환산 점수 및 표준 점수로 변환이 자동적으로 이뤄지고 검사 결과가 자동으로 산출된다. 검사 결과로는 백분위 점수, 학력지수(평균 100, 표준편차 15), 환산 점수(평균 10, 표준편차 3), 학년 규준이 산출된다.

요약

검사 및 평가 체제는 우리의 일상생활에 커다란 영향을 미치고 있다. 취학 전이나 학령기 아동, 학교나 일반 사회에 있는 청소년들, 직업을 가지고 있는 성년들에 이르기까지 여러 대상에게서 필요한 정보를 모으기 위해 검사와 평가는 개인의 생애에 지속적으로 제시되고 있다. 특히 특별한 교육 및 상담·치료 서비스가 필요한 청소년을 정확하게 이해하고 이들에 대하여 합당한 정신건강, 상담, 특수교육, 임상 서비스를 제공하는 것이 평가를 통한 의사결정의 핵심이다. 평가는 단순히 검사를 실시해서 점수를 산출하거나 검사와 면접을 통해 평가한 후, DSM-5의 진단 기준에 따라 진단명을 부여하는 것으로 한정되는 것이 아니다. 적합한 의사결정을 위하여 정보의 형태나 내용에 따라 각기 다른 평가 방법이 필요하게 된다. 평가를 이루는 네 가지의 기둥(방법)은 표준화 검사, 면접, 관찰, 비형식적 검사이다. 이 네 가지의 기둥은 상호 보완하는 기능을 하면서 평가 대상에 대한 올바른 의사결정을 위한 명확한 기반을 제공한다.

이 장에서는 검사, 측정, 평가, 사정에 대한 개념적 정의를 제시하고 있으며 다양한 평가 유형의 특징과 실시상의 유의점을 설명하고 있다. 청소년 상담사가 꼭 알아야 할 표준화

검사 영역을 지능, 성격, 학습으로 정하고 각 영역별로 대표적인 검사의 특징을 자세하게 제시하였다. 연령군에 따른 다양한 웩슬러 지능검사 그리고 MBTI와 MMPI의 개요 및 결과에 대한 설명을 제시하였으며, 학습검사로는 기초학습기능 수행평가체제(Basic Academic Skills Assessment: BASA), 국립특수교육원 기초학력검사(NISE-B · ACT)의 특징과 결과를 설명하였다.

생각해 볼 문제

1. 검사, 측정, 사정, 평가의 정의를 제시하시오.
2. 평가 방법의 다양한 형태를 설명하시오.
3. 학업 및 성격 검사의 주요 특징을 설명하시오.

참고문헌

곽금주, 오상우, 김청택(2011). **K-WISC-Ⅳ 전문가 지침서**. 서울: 인싸이트.

곽금주, 장승민(2019). **K-WISC-V 실시와 채점 지침서**. 서울: 인싸이트.

김동민, 강태훈, 김명식, 박소연, 배주미, 선혜연, 이기정, 이수현, 최정윤(2013). **심리검사와 상담**. 서울: 학지사.

김동일(1995). 특수아를 위한 교육 및 심리검사 절차와 운영의 조정: 검사의 비교가능성을 중심으로. **특수교육논총 12집**. 서울: 한국특수교육학회.

김동일(2008). **기초학습기능 수행평가 체제: 읽기(BASA: Reading)**. 서울: 인싸이트.

김동일, 고은영, 이기정, 최종근, 홍성두(2017). **특수교육 · 심리 진단과 평가**. 서울: 학지사.

김동일, 이대식, 신종호(2009). **학습장애아동의 이해와 교육(2판)**. 서울: 학지사.

김영빈, 김계현(2001). 청소년상담에서의 심리검사 활용실태: 시 · 도 청소년종합상담실을 중심으로. **한국심리학회지: 상담 및 심리치료, 13**(3), 149-162.

김영환, 문수백, 홍상황(2005). **심리검사의 이론과 실제**. 서울: 학지사.

박혜원, 곽금주, 박광배(1994). 한국형 유아지능검사(WPPSI-R)의 표준화. **한국심리학회지 발달, 7**(2), 38-52.

신민섭, 조수철(2010). **한국판 라이터 비언어성 지능검사**. 서울: 인싸이트.

이승희(2010). **특수교육평가(2판)**. 서울: 학지사.

한국교육평가학회(편)(2004). **교육평가 용어사전**. 서울: 학지사.

황정규(1990). 학교장면에서 사용되는 현행 심리검사의 문제점. **심리검사의 활용**. 서울: 한양대학교 학생생활연구소.

American Educational Research Association (AERA), American Psychological Association (APA), and National Council on Measurement in Education (NCME). (1985). *Standards for educational and psychological testing*. Washington, DC: American Psychological Association.

Archer, R. P., Maruish, M., Imhof, E. A., & Piotrowiski, C. (1991). Psychological test usage with adolescent clients: 1990 survey findings. *Professional Psychology: Research and Practice, 22*, 247-252.

Archer, R. P., & Newsom, C. R. (2000). Psychological test usage with adolescent clients: Survey update. *Assessment, 7*, 227-235.

Binet, A. & Simon, Th. A. (1905). Méthodes nouvelles pour le diagnostic du niveau intellectual des anormaux. *l'Annet Psychologie, 11,* 191-336.

Cattell, J. M. (1890). *Mental tests and measurements.* Mind.

Cattell, R. B. (1963). Theory of fluid and crystallized intelligence: A crystal experiment. *Journal of Educational Psychology, 54*, 1-22.

Cohen, R., Swerdlik, M., & Smith, D. (1992). *Psychological testing and assessment* (2nd ed.). Mountain View, CA: Mayfield.

Cronbach, L. J. (1984). *Essentials of psychological testing* (4th ed.). New York: Harper & Row.

Deno, S. (1985). Curriculum-based Measurement: The emerging alternative. *Exceptional Children, 52*, 219-233.

Doll, E. A. (1936). Preliminary standardization of the vineland social maturity scale. *American Journal of Orthopsychiatry, 6*(2), 283.

DuBois, P. H. (1970). *A history of psychological testing*. New York: Allyn & Bacon.

Elmore, P. B., Ekstrom, R. B., Diamond, E. E., & Whittaker, S. (1993). School counselors test use patterns and practices. *The School Counselor, 41*, 73-80.

Embretson, S. (2001). *The second century of ability testing: Some predictions and speculations*. http://www.ets.org/Media/Research/pdf/PICANG7/pdf.

Gardner, H. (1983). *Frames of mind: The theory of multiple intelligences*. New York: Basic Books.

Galton, F. (1879). *Psychometiric experiments. Brain, 2,* 149-162.

Gibby, R. & Zickar, M. (2008). A history of the early days of personality testing in American industry: An obsession with adjustment. *History of psychology. 11*. 164-84. 10.1037/a0013041.

Goodenough, F.L. (1926). *Measurement of intelligence by drawings*. World Book Co.

Gough, H. G. (1951). *The California psychological inventory*. Berkeley, CA: The University of California Press.

Hathaway, S. R., & McKinley, J. C. (1943). *Manual for the minnesota multiphasic personality. inventory*. New York: Psychological Corporation.

Horn, J. L. (1985). Remodeling old model in intelligence, In B. B. Wolman (Ed.), *Handbook of intelligence: Theories, measurements, and applications* (pp. 267-300). New York: John Wiley & Sons.

Kaplan, R. M., & Saccuzzo, O. P. (2009). *Psychological testing: Principles, applications, and issues* (7th ed., pp. 250). Belmont, CA: Wadsworth.

Kaplan, R. M., & Saccuzzo, D. P. (2010). *Psychological testing: Principles, applications, and issues* (8th ed.). Belmont, CA: Wadsworth, Cengage Learning.

Lovitt, T., Kunzelmann, H., Nolen, P., & Hulten, W. (1968). The dimensions of classroom data. *Journal of Learning Disabilities, 1*, 710-721.

Matson, J. L, Andrasik, F., & Matson, M. L. (2012). **아동기 심리장애와 발달장애의 평가** [*Treating childhood psychopathology and developmental disabilities*]. 하은혜, 진미경, 김서윤, 이희연 공역. 서울: 시그마프레스. (원저는 2008년에 출판).

Murray, H. A. (1938). *Explorations in personality*. Oxford, England: Oxford University. Press.

Myers-Briggs, I. (1962). *The myers-briggs type indicator manual*. Princeton, NJ: Educational Testing Service.

Neukrug, E. S., & Fawcett, R. C. (2006). *Essentials of testing and assessment: A practical guide for counselors, social workers, and psychologist*. Singapore: Thomson.

Neukrug, E. S., & Schwitzer, A. M. (2006). *Skills and tools for today's counselors and psychotherapists: From natural helping to professional counseling* (with DVD). Thomson/Brooks/Cole.

Rorschach, H. (1921). *Psychodiagnostik: Methodik und ergebnisse eines warhrnehmungsdiagnostischen Experiments (deutenlassen von zufallsformen)* (Vol. 2). E. Bircher.

Salvia, J., & Ysseldyke, J. (1995). *Assessement* (6th ed.). Boston, MA: Houghton Mifflin.

Sattler, J. (1990). *Assessment of children* (3rd ed.). San Diego: Jerome M. Sattler.

Spearman, C. (1927). *The abilities of man*. New York: Macmillan.

Sternberg, R. J. (1985). *Beyond IQ: A triarchic theory of human intelligence*. MA: Cambridge University Press.

Stoner, G., Shinn, M., & Walker, H. (Eds.). (1991). *Interventions for achievement and behavior problems.* Silver Spring, MD: National Association for School Psychologists.

Strong, E. K. (1927). *The vocational interest blank*. Stanford, CA: Stanford University Press.

Terman, L. M. (1916). *The measurement of intelligence: An explanation of and a complete guide for the use of the Stanford revision and extension of the Binet-Simon intelligence scale*. New York, NY: Houghton Mifflin.

Thurstone, L. L. (1938). Primary mental abilities. *Psychometric Monographs* (No. 1).

Vernon. P. E. (1950). *The structure of human abilities*. London: Methuen.

Walker, H., & Buckley, N. (1968). The use of positive reinforcement in conditioning attending behavior. *Journal of Applied Behavioral Analysis, 1*, 245-252.

찾아보기

인명

내용

ㅊ

저자 소개

김동일(Kim, Dongil) / 제13장

미국 미네소타 대학교 교육심리학 박사

현 서울대학교 교육학과 교수

김은향(Kim, Eunhyang) / 제1장

서울대학교 교육학 박사

현 청주교육대학교 교육학과 조교수

김지연(Kim, JiYeon) / 제5장

서울대학교 교육학 박사

현 계명대학교 교육대학원 진로진학상담전공 조교수

김형수(Kim, HyoungSoo) / 제8장

서울대학교 교육학 박사

현 단국대학교 교육대학원 교수

박승민(Park, Seungmin) / 제6장

서울대학교 교육학 박사

현 숭실대학교 기독교학과 상담심리전공 부교수

이명경(Lee, MyungKung) / 제7장

서울대학교 교육학 박사

현 한국집중력센터 소장

이원이(Lee, Won E) / 제10장

서울대학교 교육학 박사

현 이원이 공감컴퍼니 대표

이은아(Lee, EunA) / 제11장
서울대학교 교육학 박사
현 경일대학교 상담심리학과 부교수

이제경(Lee, Jekyung) / 제4장
서울대학교 교육학 박사
현 한국기술교육대학교 HRD 전문대학원 진로 및 직업상담전공 교수

이주영(Lee, Juyoung) / 제2장
서울대학교 교육학 박사
현 단국대학교 상담학과 조교수

정여주(Chung, Yeoju) / 제12장
서울대학교 교육학 박사
현 한국교원대학교 교육학과 상담심리전공 교수

최수미(Choi, Sumi) / 제3장
서울대학교 교육학 박사
현 건국대학교 상담학과 부교수

최은영(Eun Young Choi) / 제9장
서울대학교 교육학 박사
현 횃불트리니티신학대학원대학교 기독교상담학과 교수

청소년 상담학 개론(2판)
Adolescent Counseling (2nd ed.)

2014년 2월 10일 1판 1쇄 발행
2019년 9월 20일 1판 5쇄 발행
2020년 3월 20일 2판 1쇄 발행
2023년 1월 20일 2판 3쇄 발행

지은이 • 김동일 · 김은향 · 김지연 · 김형수 · 박승민 · 이명경 · 이원이
이은아 · 이제경 · 이주영 · 정여주 · 최수미 · 최은영

펴낸이 • 김진환

펴낸곳 • (주)학지사
04031 서울특별시 마포구 양화로 15길 20 마인드월드빌딩
대표전화 • 02-330-5114 팩스 • 02-324-2345
등록번호 • 제313-2006-000265호

홈페이지 • http://www.hakjisa.co.kr
페이스북 • https://www.facebook.com/hakjisa

ISBN 978-89-997-2049-9 93180

정가 23,000원

저자와의 협약으로 인지는 생략합니다.
파본은 구입처에서 교환해 드립니다.

이 책을 무단으로 전재하거나 복제할 경우 저작권법에 따라 처벌을 받게 됩니다.

이 도서의 국립중앙도서관 출판시도서목록(CIP)은 서지정보유통지원시스템 홈페이지(http://seoji.nl.go.kr)와 국가자료공동목록시스템(http://www.nl.go.kr/kolisnet)에서 이용하실 수 있습니다.
(CIP 제어번호: CIP2020006211)

출판미디어기업 학지사

간호보건의학출판 **학지사메디컬** www.hakjisamd.co.kr
심리검사연구소 **인싸이트** www.inpsyt.co.kr
학술논문서비스 **뉴논문** www.newnonmun.com
교육연수원 **카운피아** www.counpia.com